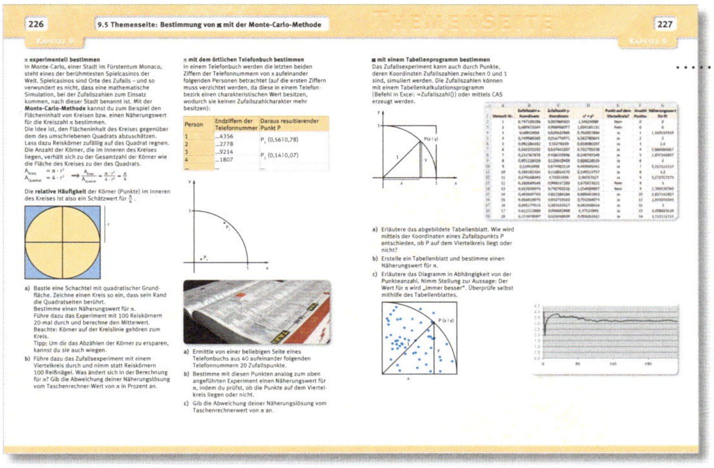

Die **Themenseite** enthält oftmals anspruchsvolle Aufgaben zu einem einzigen, interessanten Thema. Die mathematischen Inhalte werden dabei miteinander verbunden.

Der **zweite Teil** enthält „Diskussionsaufgaben“: Bezieht Stellung zu den Behauptungen und begründet oder widerlegt sie. Anschließend vergleicht ihr eure Ergebnisse mit einem Partner.

Die Doppelseite **Das kann ich!** hat verschiedene Teile: Im **ersten Teil** findet ihr Aufgaben, die ihr alleine löst. Anschließend bewertet ihr euch selbst. Die Lösungen dazu stehen im Internet. Näheres findet ihr auf den Seiten selbst. Die Aufgaben sind einfach gehalten, ihr solltet also einen Großteil davon gut schaffen.

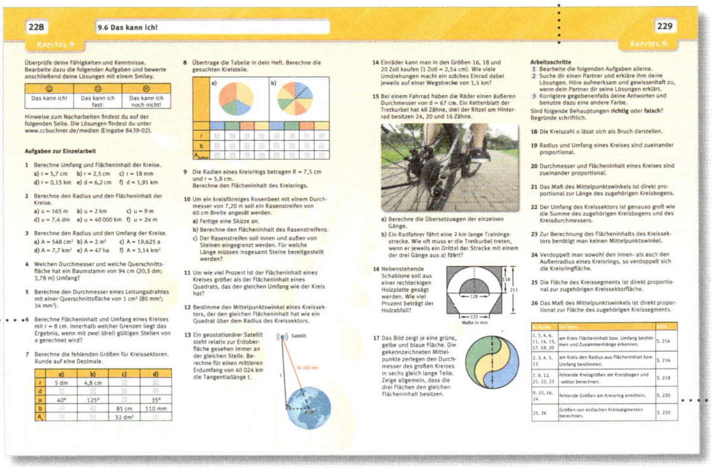

Mithilfe der Tabelle könnt ihr prüfen, was ihr gut könnt und wo ihr noch üben müsst. Ihr findet auch Seitenverweise zum Nacharbeiten.

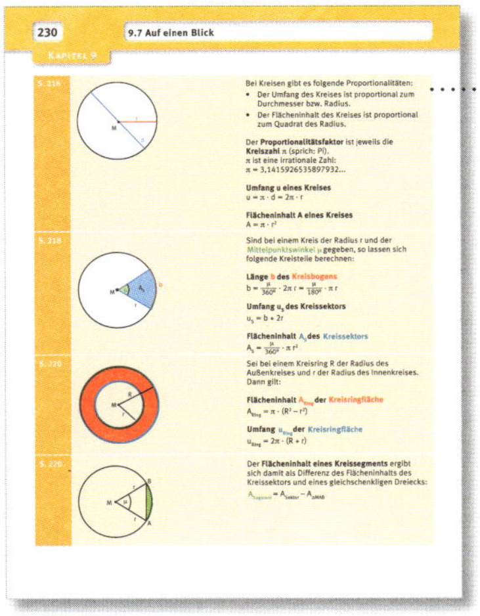

Die Seite **Auf einen Blick** enthält das Grundwissen des Kapitels in kompakter Form.

Habt ihr auch nichts vergessen? Auf den Seiten **Kreuz und quer**, die „zwischen zwei Kapiteln“ stehen, könnt ihr testen, ob ihr im Stoff der zurückliegenden Kapitel bzw. Schuljahre noch fit seid.

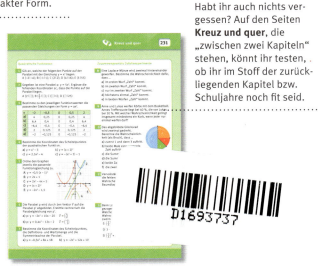

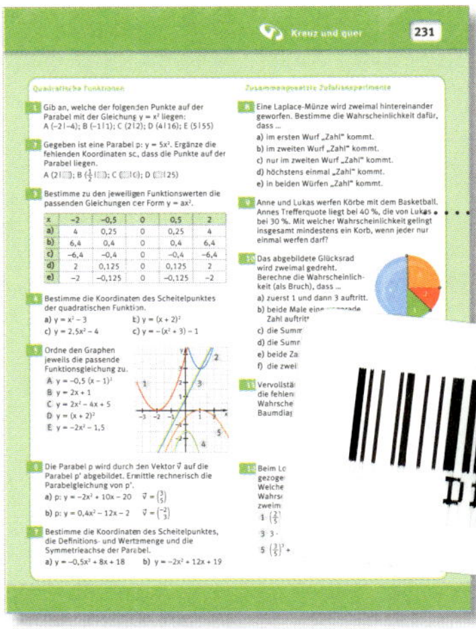

Mädchenrealschule St. Ursula Donauwörth
Juni 2015

# Mathe.Logo 9 I

## Realschule Bayern

Herausgegeben von Michael Kleine
und Patricia Weixler

Bearbeitet von Andreas Gilg,
Ivonne Grill,
Michael Kleine,
Evelyn Mühlbauer,
Andreas Schüßler,
Andreas Strobel,
Katja Trost,
Patricia Weixler,
Simon Weixler

C.C.BUCHNER

# Mathe.Logo

**Realschule Bayern**
Herausgegeben von Michael Kleine und Patricia Weixler

**Mathe.Logo 9 I**
Bearbeitet von Andreas Gilg, Ivonne Grill, Michael Kleine, Evelyn Mühlbauer, Andreas Schüßler, Andreas Strobel, Katja Trost, Patricia Weixler und Simon Weixler

1. Auflage, 1. Druck 2015
Alle Drucke dieser Auflage sind, weil untereinander unverändert, nebeneinander benutzbar.

Dieses Werk folgt der reformierten Rechtschreibung und Zeichensetzung. Ausnahmen bilden Texte, bei denen künstlerische, philologische oder lizenzrechtliche Gründe einer Änderung entgegenstehen.

Die Mediencodes enthalten ausschließlich optionale Unterrichtsmaterialien; sie unterliegen nicht dem staatlichen Zulassungsverfahren.



Redaktion: Georg Vollmer
Layout und Satz: Wildner + Designer GmbH, Fürth
Druck- und Bindearbeiten: creo Druck und Medienservice GmbH, Bamberg

www.ccbuchner.de

ISBN 978-3-7661-**8439**-9

1 Lineare Gleichungssysteme

2 Flächeninhalt ebener Vielecke



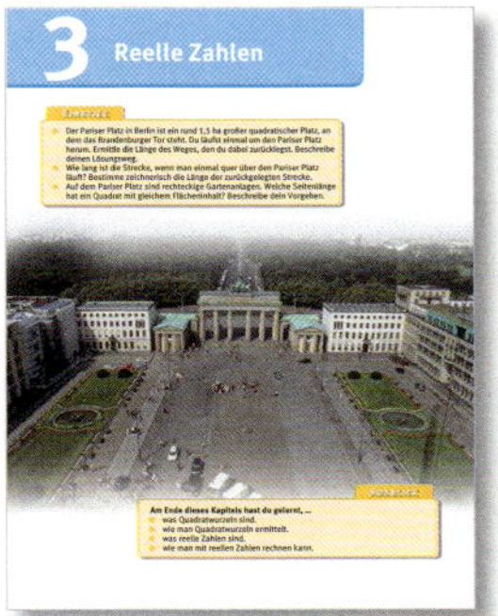
3 Reelle Zahlen



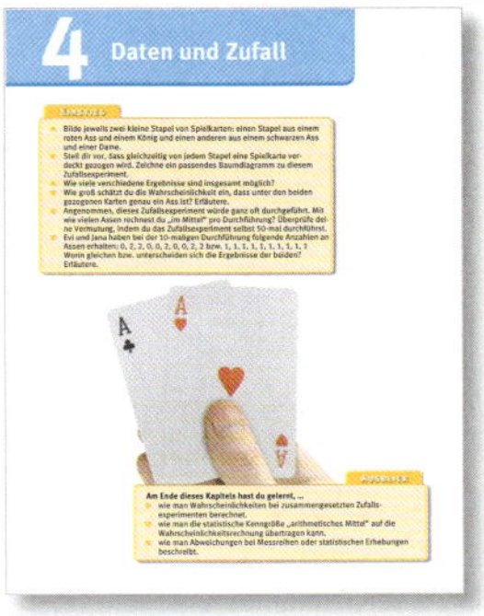
4 Daten und Zufall

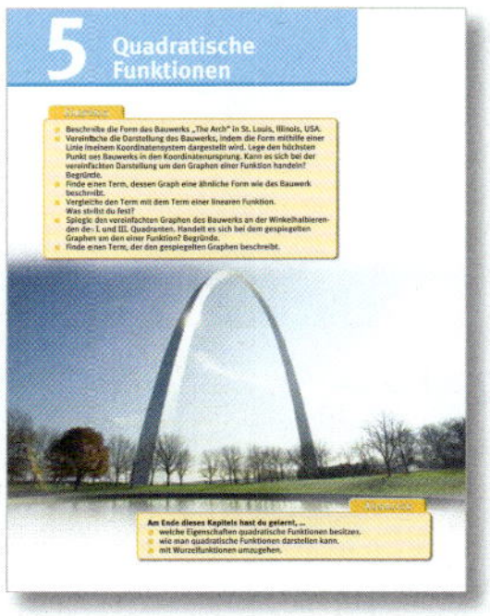
5 Quadratische Funktionen

6 Zentrische Streckung



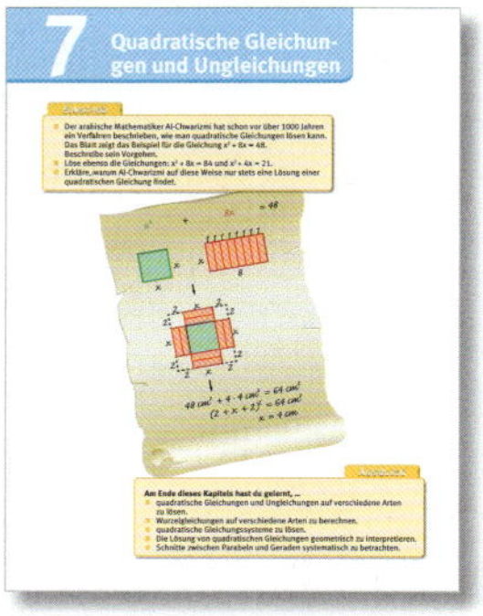
7 Quadratische Gleichungen und Ungleichungen

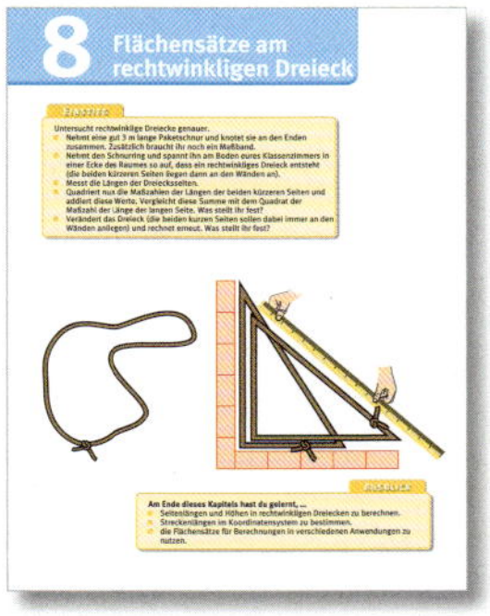
8 Flächensätze am rechtwinkligen Dreieck

9 Berechnungen am Kreis



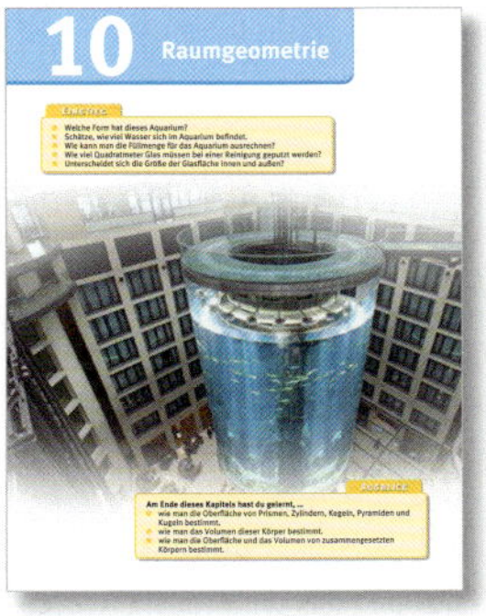
10 Raumgeometrie

# Mathematische Zeichen und Abkürzungen

| | |
|---|---|
| $\mathbb{N}_0$ | Menge der natürlichen Zahlen mit Null |
| $\mathbb{Z}$ | Menge der ganzen Zahlen |
| $\mathbb{Q}$ | Menge der rationalen Zahlen |
| $\mathbb{R}$ | Menge der reellen Zahlen |
| $\mathbb{G}$ | Grundmenge |
| $\mathbb{L}$ | Lösungsmenge |
| $\varnothing$ | leere Menge |
| $\{a; b; c\}$ | aufzählende Form der Mengendarstellung „Menge mit den Elementen a, b und c“ |
| $\{x \mid ...\}$ | beschreibende Form der Mengendarstellung; „Menge aller x (der vereinbarten Grundmenge), für die gilt ...“ |
| $[x; y]$ | abgeschlossenes Intervall |
| $[x; y[$, $]x; y]$ | halboffene Intervalle |
| $]x; y[$ | offenes Intervall |
| $\lvert a \rvert$ | (absoluter) Betrag von a |
| $(3 \mid 4)$ | geordnetes Zahlenpaar |
| $M_1 \times M_2$ | Produktmenge: „$M_1$ Kreuz $M_2$“ |
| $T_1, T_2, ...$ | Terme |
| $\wedge$ | und zugleich |
| $\vee$ | oder auch |
| $\Longrightarrow$ | daraus folgt |
| $\Longleftrightarrow$ | äquivalent; genau dann, wenn |
| f, g | Funktionen |
| $\longmapsto$ | ist zugeordnet, hat als Bild, wird abgebildet auf |
| $f^{-1}$ | Umkehrfunktion zu f |
| $f(x)$ | Funktionsterm |
| $\approx$ | ungefähr gleich |
| $= (\neq)$ | gleich (nicht gleich) |
| $\cong$ | kongruent zu |
| $\widehat{=}$ | entspricht |
| $> (\geqq)$ | größer als (größer als oder gleich) |
| $< (\leqq)$ | kleiner als (kleiner als oder gleich) |
| $\in (\notin)$ | Element von (nicht Element von) |
| $\subset, \subseteqq$ | echte Teilmenge von (Teilmenge von) |
| $\cap$ | geschnitten mit |
| $\cup$ | vereinigt mit |
| $5 \mid 10$ | 5 teilt 10, 5 ist Teiler von 10 |
| $3 \nmid 10$ | 3 teilt nicht 10, 3 ist nicht Teiler von 10 |
| $a^k$ | Potenzschreibweise; „a hoch k“ |

| | |
|---|---|
| $\sqrt{a}$ | Quadratwurzel aus a |
| $P(x \mid y)$ | Punkt P mit den kartesischen Koordinaten x und y |
| g, h, ... | Geraden |
| $d(P; g)$ | Abstand des Punktes P von der Gerade g |
| PQ | Gerade durch P und Q |
| [PQ | Halbgerade durch Q mit dem Anfangspunkt P |
| [PQ] | Strecke mit den Endpunkten P und Q |
| $\overline{PQ}$ | Länge der Strecke [PQ] |
| $k(M; r)$ | Kreislinie mit Mittelpunkt M und Radius r |
| $\mathbb{H}$ | Halbebene, die von einer Randgerade begrenzt ist |
| $\overset{\frown}{AB}$ | positiv orientierter Kreisbogen vom Punkt A zum Punkt B |
| $\sphericalangle ASB$ | Winkel mit Scheitel S und Schenkeln [SA und [SB, auch Maß dieses Winkels |
| $\alpha, \beta, \gamma, ...$ | Winkelbezeichnungen, Winkelmaße |
| $m_{[AB]}$ | Mittelsenkrechte der Strecke [AB] |
| $w_\alpha$ | Winkelhalbierende des Winkels $\alpha$ |
| A | Flächeninhalt |
| V | Rauminhalt, Volumen |
| u | Umfangslänge |
| r | Radius eines Kreises |
| d | Durchmesser eines Kreises |
| LE, FE, VE | Längen-, Flächen-, Volumeneinheit |
| $\perp$ | senkrecht auf, orthogonal zu |
| $\parallel$ | parallel zu |
| $\overrightarrow{PQ}$ | Pfeil von P (Fuß) nach Q (Spitze); Vektor, dessen Vertreter der Pfeil $\overrightarrow{PQ}$ ist |
| $\vec{a}$ | Vektor |
| $\lvert \vec{a} \rvert$ | Betrag des Vektors $\vec{a}$ |
| $\begin{pmatrix} a \\ b \end{pmatrix}$ | Vektor mit den Koordinaten a und b in Matrixschreibweise |
| $\begin{pmatrix} a & b \\ c & d \end{pmatrix}$ | Matrix |
| $\begin{vmatrix} a & b \\ c & d \end{vmatrix}$ | zweireihige Determinante |
| $\vec{a} \oplus \vec{b}$ | Summe der Vektoren $\vec{a}$ und $\vec{b}$ |
| $k \cdot \vec{a}$ | Produkt aus Vektor $\vec{a}$ und Zahl k |
| $\overline{x}$ | arithmetisches Mittel |
| m | Modalwert |
| z | Zentralwert |
| R | Spannweite |

Die Lösungen zum Grundwissen findest du unter www.ccbuchner.de/medien (Eingabe 8439-01).

## Mit rationalen Zahlen rechnen

**1** Berechne.

a) $(-75{,}6) + (-63{,}4)$ b) $105{,}8 + (-116{,}2)$

c) $(-40{,}56) - (-32{,}44)$ d) $(-100{,}78) - 78{,}22$

e) $231\frac{5}{6} - \left(-456\frac{5}{12}\right)$ f) $\left(-31\frac{7}{8}\right) - \left(-29\frac{3}{56}\right)$

g) $234\frac{18}{19} + \left(-166\frac{3}{57}\right) - 56{,}25 + \left(-156\frac{1}{4}\right) - (-7)$

**2** Übertrage die Multiplikationstabelle (Additionstabelle) ins Heft und fülle aus.

| | $7\frac{3}{8}$ | $-3\frac{5}{16}$ | $-4{,}625$ | $4{,}75$ |
|---|---|---|---|---|
| $24\frac{1}{4}$ | ▢ | ▢ | ▢ | ▢ |
| $-78{,}125$ | ▢ | ▢ | ▢ | ▢ |
| $0{,}25$ | ▢ | ▢ | ▢ | ▢ |
| $-2\frac{3}{16}$ | ▢ | ▢ | ▢ | ▢ |

**3** Berechne und benutze die Rechengesetze, wenn es sinnvoll ist. Gib in dem Fall das Gesetz an.

a) $\frac{7}{11} \cdot \frac{2}{13} - \frac{4}{13} \cdot \frac{4}{11}$

b) $(0{,}25 + 3{,}57) + 2{,}43$

c) $(-0{,}25 + 2{,}45) + \left(-0{,}75 + 1\frac{55}{100}\right)$

d) $-\frac{3}{5} : (-0{,}2) + \frac{9}{20}$

e) $\frac{3}{4} + \frac{1}{5} + 0{,}25 + 0{,}8 + \frac{1}{2}$

### Addition rationaler Zahlen

Bei gleichen Vorzeichen der Summanden werden die Beträge addiert; das gemeinsame Vorzeichen bleibt.
Beispiel: $(-4{,}2) + (-1{,}4) = -5{,}6$
Bei verschiedenen Vorzeichen der Summanden wird der kleinere Betrag vom größeren Betrag subtrahiert; das Ergebnis hat das Vorzeichen des Summanden mit dem größeren Betrag.
Beispiel: $(-6{,}3) + (+1{,}7) = -4{,}6$

### Subtraktion rationaler Zahlen

Die Subtraktion einer rationalen Zahl lässt sich stets durch die Addition ihrer Gegenzahl ersetzen.

### Multiplikation und Division rationaler Zahlen

Zwei rationale Zahlen werden multipliziert (dividiert), indem man zunächst deren Beträge multipliziert (dividiert). Haben beide Zahlen dasselbe Vorzeichen, so ist das Ergebnis positiv, andernfalls negativ.

### Rechengesetze in $\mathbb{Q}$ (für alle a, b, c $\in \mathbb{Q}$)

**Kommutativgesetz**
$a + b = b + a$ $a \cdot b = b \cdot a$

**Assoziativgesetz**
$a + (b + c) = (a + b) + c$ $a \cdot (b \cdot c) = (a \cdot b) \cdot c$

**Distributivgesetz**
$a \cdot (b + c) = ab + ac$ $a \cdot (b - c) = ab - ac$

## Potenzgesetze

**4** Schreibe das Produkt als Potenz und berechne seinen Wert.

a) $-\left(\frac{2}{3} \cdot \frac{2}{3} \cdot \frac{2}{3} \cdot \frac{2}{3}\right)$ b) $\left(-\frac{4}{7}\right) \cdot \left(-\frac{4}{7}\right) \cdot \left(-\frac{4}{7}\right)$

c) $\frac{1}{5} \cdot \frac{1}{5} \cdot \frac{1}{5} \cdot \frac{1}{5}$ d) $\left(-\frac{0}{13}\right) \cdot \left(-\frac{0}{13}\right)$

**5** Fasse zusammen und berechne.

a) $\left(\frac{4}{7}\right)^3 \cdot \left(\frac{4}{7}\right)^3$ b) $1{,}7^5 \cdot 1{,}7^{-2}$

c) $\left(-\frac{3}{4}\right)^8 : (-0{,}75)^3$ d) $\left(-\frac{2}{3}\right)^4 \cdot (-18)^4$

e) $0{,}25^5 : (-0{,}25)^5$ f) $\left(\left(-\frac{4}{5}\right)^3\right)^2 \cdot \left(-\frac{4}{5}\right)^3$

g) $(0{,}4^3)^3 \cdot 0{,}4^2$ h) $\left(\frac{1}{9}\right)^0 : \left(\frac{1}{9}\right)^3$

i) $(x^2)^3 : (y^{-2} \cdot x^6)$ j) $(0^3)^1 : 1^0$

$a^1 = a$ für alle $a \in \mathbb{Q}$ $a^0 = 1$ für alle $a \in \mathbb{Q} \setminus \{0\}$

1. Werden **Potenzen mit gleicher Basis** multipliziert (dividiert), bleibt die **Basis erhalten.** Der Exponent ist die Summe (Differenz) **der Exponenten.**
$(-3)^5 \cdot (-3)^3 = (-3)^{5+3} = (-3)^8$
$(-3)^5 : (-3)^3 = (-3)^{5-3} = (-3)^2$
2. Werden **Potenzen mit demselben Exponenten** multipliziert (dividiert), dann bleibt der **gemeinsame Exponent erhalten**. Die Basis ist dabei das Produkt (der Quotient) **der einzelnen Basen.**
$(-8)^5 \cdot 2^5 = (-8 \cdot 2)^5 = (-16)^5$
$(-8)^5 : 2^5 = (-8 : 2)^5 = (-4)^5$
3. Wird eine Potenz potenziert, werden die Exponenten multipliziert. Die Basis bleibt erhalten.
$(7^3)^5 = 7^{3 \cdot 5} = 7^{15}$

## Mit Termen rechnen

**6** Finde die zu $T(x) = 8x - 10$ äquivalenten Terme.

$T_1(x) = 4x \cdot (-2) - (-3)^2 - 1$

$T_2(x) = 10 - 2^3x$

$T_3(x) = -(-5) + 5x - (-5) + 4x - 2^2 \cdot 5 - 2^0x$

$T_4(x) = -2^0 + 2^3 - (-2)^3x - 2^4 - 2^0$

$T_5(x) = -5^2 + 8x$

**7** Vervollständige die Additionsmauer.

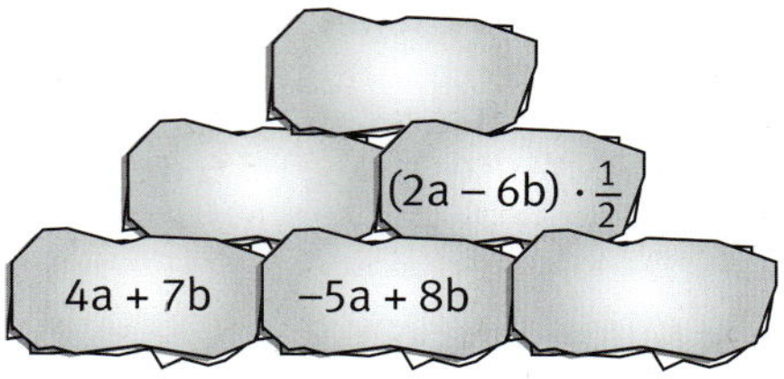


1 **Gleichartige Summanden** lassen sich zusammenfassen.
$3xy + 7xz - 7xy + 2xy - 2xz = -2xy + 5xz$

2 Wird eine **Summe (Differenz) addiert**, dann bleiben nach Auflösen der Klammer die Vorzeichen in der Klammer gleich.
$x + (y - z) = x + y - z$

3 Wird eine **Summe (Differenz) subtrahiert**, dann kehren sich nach Auflösen der Klammer die Vorzeichen in der Klammer um.
$x - (y - z) = x - y + z$

4 Wird eine **Summe mit einem Faktor multipliziert**, dann wird **jeder Summand** mit dem Faktor **(aus-) multipliziert**. Die entstandenen Produkte werden mit ihren Vorzeichen addiert.
$x \cdot (y + 12) = x \cdot y + 12x$

5 Kommt in einer **Summe von Produkten** in jedem Summanden **derselbe Faktor** vor, dann kann dieser **ausgeklammert werden**.
$x^2y + 12xy = xy \cdot (x + 12)$

## Summenterme und binomische Formeln

**8** Multipliziere aus und vereinfache.
**a)** $(z + 6) \cdot (z + 3)$
**b)** $(-v + 7) \cdot (8 + w)$
**c)** $(2x - 3) \cdot (x - y)$
**d)** $\left(\frac{2}{3}y - 1\right) \cdot \left(\frac{2}{3}x + 2\right)$
**e)** $\left(\frac{3}{4}x - 0{,}75y\right) \cdot \left(-\frac{1}{2}y - 0{,}25x\right)$

**9** Löse die Klammern auf und vereinfache.
**a)** $(x - 5)^2$
**b)** $(x + 7b)^2$
**c)** $-(2a - b)^2$
**d)** $\left(\frac{3}{4}x + y\right)^2$
**e)** $(-0{,}25a^2 - y^0)^2$
**f)** $(-xa^2 + y^3)^2$
**g)** $(a^2 + c^3) \cdot (-c^3 + a^2)$
**h)** $(3v - z^2) \cdot (z^2 + 3v)$

Beim **Multiplizieren von Summentermen** muss **jeder Summand** der ersten Klammer **mit jedem Summanden** der zweiten Klammer **multipliziert** werden.
Beispiel:
$(a - b) \cdot (c - d) = ac - ad - bc + bd$

Mithilfe der **binomischen Formeln** lassen sich bestimmte Terme umformen.

1 $(a \oplus b)^2 = a^2 \oplus 2ab + b^2$
2 $(a \ominus b)^2 = a^2 \ominus 2ab + b^2$
3 $(a + b) \cdot (a - b) = a^2 - b^2$

## Extremwerte von quadratischen Termen

**10 a)** Erkläre die einzelnen Schritte der Aufgabe.

$$\begin{aligned} T(x) &= -3x^2 - 12x - 6 \\ &= -3 \cdot [x^2 + 4x + 2] \\ &= -3 \cdot [x^2 + 4x + 2^2 - 2^2 + 2] \\ &= -3 \cdot [(x + 2)^2 - 2] \\ &= -3 \cdot (x + 2)^2 + 6 \end{aligned}$$

$T_{max} = 6$ für $x = -2$

**b)** Bestimme den Extremwert:
$T(x) = 4x^2 - 24x + 32$

Terme der Form $\mathbf{ax^2 + bx + c}$, $a \neq 0$, nennt man **quadratische Terme**. Sie haben stets einen **Extremwert**, den man mit Wertetabellen bestimmen kann. Es gilt:
$a > 0$: Minimum $T_{min}$ $a < 0$: Maximum $T_{max}$

Quadratische Terme kann man stets so **quadratisch ergänzen**, dass man sie mit binomischen Formeln umformen und den Extremwert direkt ablesen kann.

## Bruchterme

**11** Erweitere die Bruchterme jeweils mit den Termen (1) bis (4) ($\mathbb{G} = \mathbb{Q}$). Gib vor und nach dem Erweitern die Definitionsmenge der Bruchterme an.

(1) $x - 2$ (2) $2x + 4$ (3) $-2x - 3$ (4) $x + 2$

a) $\frac{4}{x}$ b) $\frac{x}{x-2}$ c) $\frac{y+2}{2x+3}$ d) $\frac{x-2}{x+2}$

**12** Gib die Definitionsmenge in $\mathbb{G} = \mathbb{Q}$ an. Kürze dann den Bruchterm so weit wie möglich.

a) $\frac{5x-10}{x^2-4}$ b) $\frac{x+5}{x^2+10x+25}$

c) $\frac{6x^2-6}{8x^2-16x+8}$ d) $\frac{x^2+24x+144}{2x^2-288}$

Terme, die im Nenner wenigstens eine Variable enthalten, nennt man **Bruchterme.**
Die **Definitionsmenge** $\mathbb{D}$ eines Bruchterms bezüglich seiner Grundmenge $\mathbb{G}$ ist die Menge aller Elemente aus $\mathbb{G}$, für die der Nenner nicht Null wird.

Beispiel in $\mathbb{G} = \mathbb{Q}$: $\frac{2}{x+5}$ $\mathbb{D} = \mathbb{Q} \setminus \{-5\}$

Bruchterme kann man **erweitern** oder **kürzen**, indem man Zähler und Nenner des Bruchterms mit dem gleichen Term (ungleich Null) multipliziert bzw. dividiert.

## Rechnen mit Bruchtermen

**13** Vereinfache soweit wie möglich

a) $\frac{7}{12x^2} \cdot 8x$ b) $\frac{x+2}{6x-3} \cdot \frac{3x}{x^2-4}$ c) $\frac{1}{x} : \frac{x-2}{x^2}$

**14** Übertrage die Tabelle in dein Heft. Bestimme die Definitionsmenge der Bruchterme in $\mathbb{G} = \mathbb{Q}$. Addiere die Bruchterme.

| | $\frac{2}{x-3}$ | $\frac{2x+4}{4x+12}$ | $\frac{2^3x}{2x^2+12x+18}$ |
|---|---|---|---|
| $\frac{x+3}{4x}$ | ☐ | ☐ | ☐ |
| $\frac{4}{x^2-4}$ | ☐ | ☐ | ☐ |

Beim Rechnen mit Bruchtermen gelten **dieselben Regeln** wie beim Rechnen mit Brüchen.

**Addition und Subtraktion von Bruchtermen**
- Ungleichnamige Bruchterme gleichnamig machen
- Gleichnamige Bruchterme: Zähler addieren (subtrahieren), Nenner beibehalten

**Multiplikation und Division von Bruchtermen**
- Zähler mit Zähler und Nenner mit Nenner multiplizieren
- Durch einen Bruchterm dividiert man, indem man mit seinem Kehrbruch multipliziert.

## Lineare Gleichungen lösen

**15** Bestimme die Lösungsmenge der Gleichung für $\mathbb{G} = \mathbb{Q}$ ($\mathbb{G} = \mathbb{N}$; $\mathbb{G} = \mathbb{Z}$).

a) $(4x - 8) : 4 = 22 - (x + 2)$

b) $4x = 10 - (23 - 3x)$

c) $-(0{,}5x - 3) + 3 = 4x - 3 + x - (2 - 6x)$

d) $-(x - 2)^2 + 2^3 - 4x = 4 - (x + 2) \cdot (x - 2) + 0{,}75x$

e) $-\frac{2}{3}x - 6 + 8 - 1\frac{1}{3}x = 4 - \left(\frac{4}{6}x + 5 - \frac{1}{3}x\right) - 2^0$

**16** In einer Gleichung fehlt der Koeffizient ($\mathbb{G} = \mathbb{Q}$).
$7x - 12 + ☐x = 8 - x$
Bestimme den Koeffizienten so, dass sich die angegebene Lösungsmenge ergibt:

a) $\mathbb{L} = \{2\}$ b) $\mathbb{L} = \{5\}$

c) $\mathbb{L} = \varnothing$ d) $\mathbb{L} = \{-2\}$

Gleichungen, die die Variable in der ersten Potenz enthalten, heißen **lineare Gleichungen**.
Die **Grundmenge** $\mathbb{G}$ gibt an, welche Zahlen für die Variable eingesetzt werden dürfen.
Die **Lösungsmenge** $\mathbb{L}$ gibt die Zahlen aus $\mathbb{G}$ an, die man für die Variable einsetzen kann, damit eine wahre Aussage entsteht.

Die Lösungsmenge einer linearen Gleichung kann man durch **Äquivalenzumformungen** erhalten.

1. Zusammenfassen und ordnen von Summanden mit Variablen auf der einen Seite und Summanden ohne Variablen auf der anderen Seite der Gleichung
2. Durch den Koeffizienten der Variablen dividieren liefert die Lösung
3. Lösungsmenge angeben

## Lineare Ungleichungen lösen

**17** Bestimme die Lösungsmenge für $\mathbb{G} = \mathbb{Q}$ ($\mathbb{G} = \mathbb{N}$; $\mathbb{G} = \mathbb{Z}$).

a) $(x-4)^2 + 3x^2 < (4x-3) \cdot x + 3^2$

b) $(x-3)^2 > (x+2) \cdot (x-2) + 4^0$

c) $\frac{1}{6}x \geqq \frac{1}{36} \cdot \left(x - \frac{9}{5}\right)$

**18** Stelle eine Ungleichung auf und löse diese. Gib eine sinnvolle Grundmenge an.
Die Summe aus dem 4-Fachen einer ganzen Zahl und 2 ist mindestens so groß wie das Produkt aus 9 und der Differenz der Zahl und 2.

Ungleichungen, die die Variable in der ersten Potenz enthalten, werden als **lineare Ungleichungen** bezeichnet.

Bei einer linearen Ungleichung enthält die **Lösungsmenge** meist mehr als nur ein Element:

- **aufzählende Form**, z. B.: $\mathbb{L} = \{-3; -2; -1; 0; 1; ...\}$
- **beschreibende Form**, z. B.: $\mathbb{L} = \{x \mid x \leqq 10\}$

Werden beide Seiten einer Ungleichung mit derselben **negativen Zahl multipliziert (dividiert)**, **dreht** sich das **Relationszeichen um**.

## Bruchgleichungen

**19** Löse die Gleichungen in $\mathbb{G} = \mathbb{Q}$. Bestimme zunächst die Definitionsmenge $\mathbb{D}$. Kürze rechtzeitig.

a) $\frac{4}{x+5} = \frac{15}{24}$

b) $\frac{0{,}5}{x - \frac{1}{4}} = \frac{3}{x+2}$

c) $\frac{x+1}{x} = \frac{x}{x-4}$

d) $\frac{1}{x} + 3 = \frac{7}{5x}$

e) $\frac{x^2 - 16}{x^2 - 8x + 16} = \frac{3}{4}$

f) $\frac{x-4}{x^2-16} = \frac{2x-8}{x^2+8x+16}$

**20** Ein Lkw fährt einen Aushub von 405 $m^3$ in x Fahrten zur Deponie. Ein anderer Lkw braucht dazu 9 Fahrten weniger. Zusammen schaffen beide Lkw den Aushub in je 20 Fahrten. Berechne die Anzahl der Fahrten und die Ladekapazität der Lastwagen.

**Gleichungen**, die **wenigstens einen Bruchterm** enthalten, nennt man **Bruchgleichungen**. Man löst Bruchgleichungen, indem man zunächst die Gleichung mit einem gemeinsamen Nenner multipliziert. Die Definitionsmenge von Bruchgleichungen ist so zu wählen, dass alle Bruchterme definiert sind.

## Prozent- und Zinsrechnung

**21** Übertrage und vervollständige die Tabelle.

| | a) | b) | c) |
|---|---|---|---|
| alter Preis | 340 € | ▢ | 288 € |
| Erhöhung | 12 % | 4,4 % | ▢ |
| neuer Preis | ▢ | 28,71 € | 306,72 € |

**22** a) Herr Schlau hat eine Gehaltserhöhung von 5 % bekommen. Jetzt verdient er 2688 €. Wie viel hatte er vorher verdient?

b) Ein PC-Händler gewährt bei Barzahlung 3 % Rabatt. Der Computer kostet nun 921,50 €. Welcher Preis war zuerst angesetzt?

c) Zu welchem Zinssatz muss ein Kapital von 15 000 € angelegt werden, wenn es im ersten Jahr 525 € Zinsen erbringen soll?

Bei der Prozentrechnung gibt der **Grundwert GW** das Ganze an, der **Prozentwert PW** den Teil vom Ganzen sowie der **Prozentsatz p** die Anzahl der Hundertstel, die dem Prozentwert entsprechen.

Es gilt: $\frac{PW}{p} = \frac{GW}{100}$.

Entspricht ein Grundwert einem Prozentsatz von mehr als 100 Teilen (weniger als 100 Teilen), so spricht man vom vermehrten (verminderten) Grundwert.

Die **Zinsrechnung** ist angewandte Prozentrechnung.

| Zinsrechnung | Prozentrechnung |
|---|---|
| Kapital (K) | Grundwert (GW) |
| Zinsen (Z) | Prozentwert (PW) |
| Zinssatz (p) | Prozentsatz (p) |

## Relationen und Funktionen

**23** Stelle folgende Produktmengen grafisch dar.

**a)** $[1; 4{,}5]_{\mathbb{Q}} \times [-2; 4]_{\mathbb{Z}}$ **b)** $\{-1; 0; 1; 2\} \times [-1; 2]_{\mathbb{Z}}$
**c)** $[-2; 2]_{\mathbb{Q}} \times [1; 3]_{\mathbb{Q}}$ **d)** $\{1\} \times [0; 2]_{\mathbb{Z}}$
**e)** $\mathbb{Z} \times \mathbb{N}$ **f)** $\mathbb{Q} \times \mathbb{Q}$

**24** Gegeben sind die Relationen $R_1$ und $R_2$.
$R_1 = \{(-3|5); (-2|5{,}5); (-1|5); (0|4{,}5); (1|4)\}$
$R_2 = \{(2|4); (2|3); (2|0); (2|-1); (2|-3)\}$

**a)** Bestimme jeweils $\mathbb{D}$ und $\mathbb{W}$.
**b)** Bestimme jeweils die Umkehrrelation.
**c)** Gib an, welche der Relationen $R_1$, $R_2$, $R_1^{-1}$, $R_2^{-1}$ Funktionen sind. Begründe.

Alle **geordneten Paare (x|y)** mit $x \in M_1$ und $y \in M_2$ bilden die **Produktmenge** $M_1 \times M_2$.

**Beispiel:** $M_1 = \{a; b\}$ $M_2 = \{0; 2\}$
$M_1 \times M_2 = \{(a|0); (a|2); (b|0); (b|2)\}$

Eine **Relationsvorschrift** legt zwischen zwei Mengen $M_1$ und $M_2$ eine **Relation R** fest. Diese stellt eine Teilmenge der Produktmenge $M_1 \times M_2$ dar.

Die **Definitionsmenge** $\mathbb{D}$ wird aus der Menge aller ersten Komponenten der Zahlenpaare einer Relation gebildet, die **Wertemenge** $\mathbb{W}$ aus der Menge aller zweiten Komponenten.

## Lineare Funktionen

**25** Gib die Funktionsgleichungen der abgebildeten Geraden an.

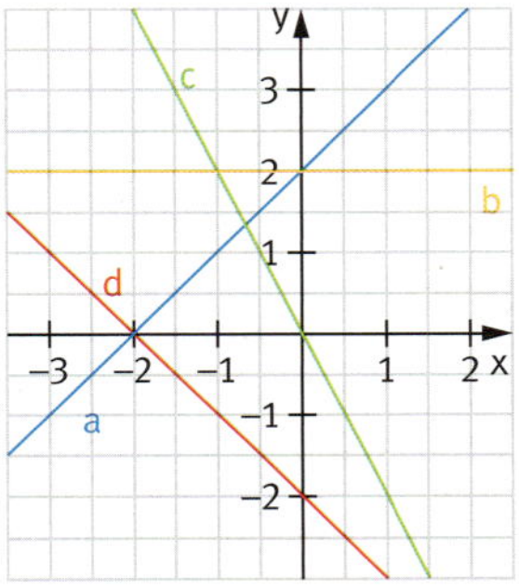


**26** Die Gerade g = AB hat die Steigung m und den y-Achsenabschnitt t. Bestimme die Gleichung der Gerade in Normalform. Überprüfe zeichnerisch.

**a)** A (−2|−4); B (0,5|2,5) **b)** t = 2; A (1|−3)
**c)** m = −0,5; B (−2|3,5) **d)** $m = -\frac{1}{3}$; t = −1

**Lineare Funktionen** lassen sich durch eine Gleichung folgender Form (**„Normalform"**) beschreiben:

$y = mx + t \quad (m, t \in \mathbb{Q})$

Steigung y-Achsenabschnitt

Ihre Graphen sind Geraden. Die Steigung m einer Gerade lässt sich als Quotient der Koordinatendifferenzen zweier Geradenpunkte $P_1\ (x_1|y_1)$ und $P_2\ (x_2|y_2)$ mit $x_1 \neq x_2$ berechnen: $m = \frac{y_2 - y_1}{x_2 - x_1} = \frac{\Delta y}{\Delta x}$

Weitere Darstellungsformen einer linearen Funktion:

- **allgemeine** Geradengleichung:
  g: $ax + by + c = 0$ $a, c \in \mathbb{Q}; b \in \mathbb{Q}\backslash\{0\}$
- **Punkt-Steigungs-Form:**
  g: $y = m\,(x - x_P) + y_P$ mit $P\ (x_P|y_P) \in g$; $m \in \mathbb{Q}$

## Besondere Eigenschaften bei linearen Funktionen

**27** Zeige rechnerisch, dass das Viereck ABCD mit A (−3|0), B (0|1), C (−1|4) und D (−4|3) ein Quadrat ist.

**28** Zeichne das Geradenbüschel g (m): y = mx + 3 für m ∈ {−2; −1; −0,5; 0; 0,5; 1; 2}. Welche der Geraden stehen senkrecht aufeinander?

**29** Unter den Geraden der Parallelenschar g (t): y = 2x + t ist eine, die durch P (2|−5) geht. Bestimme deren Gleichung und ihre Nullstelle.

Bei zueinander senkrechten Geraden $g_1$ und $g_2$ gilt für das Produkt der Steigungen: $\mathbf{m_1 \cdot m_2 = -1}$

Geraden, die die **gleiche Steigung** $m_0 \in \mathbb{Q}$, aber unterschiedliche y-Achsenabschnitte $t \in \mathbb{Q}$ besitzen, bilden eine **Parallelenschar g (t)** mit $\mathbf{y = m_0x + t}$.

Alle Geraden, die durch einen bestimmten Punkt $B\ (x_B|y_B)$ verlaufen, bilden ein **Geradenbüschel g (m)** mit $\mathbf{y = m \cdot (x - x_B) + y_B}$ und $m \in \mathbb{Q}$.

## Statistische Kennwerte

**30** Eine Messung ergab folgende Datenreihe:
1,55 m; 1,58 m; 1,81 m; 1,64 m; 1,53 m; 1,46 m; 1,81 m; 1,54 m; 1,87 m; 1,47 m

**a)** Bestimme das arithmetische Mittel.

**b)** Ermittle die Spannweite.

**31** Bei einer Datenreihe bestehend aus fünf Werten ergibt sich für den Zentralwert 7, der Modalwert ist 8. Wie könnte die Datenreihe lauten?

**Lagemaße und Streumaße**

- **arithmetisches Mittel $\overline{x}$:**
  $\overline{x} = \frac{\text{Summe aller Einzelwerte}}{\text{Anzahl der Einzelwerte}}$
- **Zentralwert z**: mittlerer Wert in einer der Größe nach geordneten Liste von Daten
- **Modalwert m**: Wert mit der größten absoluten Häufigkeit
- Die **Spannweite R** errechnet sich als Differenz zwischen dem größten Wert einer Datenmenge (**Maximum**) und dem kleinsten Wert (**Minimum**).

## Laplace-Experiment

**32** Ein blauer und ein roter Spielwürfel werden gleichzeitig geworfen. Aus den Augenzahlen werden zweistellige Zahlen gebildet, wobei der rote Würfel die Zehner anzeigt.

**a)** Nenne alle möglichen Ergebnisse.

**b)** Handelt es sich um ein Laplace-Experiment?

**33** In einer Urne befinden sich drei schwarze, drei rote und eine grüne Kugel, die von 1 bis 7 durchnummeriert sind. Gib ein Zufallsexperiment an, bei dem es sich (nicht) um ein Laplace-Experiment handelt.

Alle sich voneinander unterscheidenden möglichen Ergebnisse eines Zufallsexperiments bilden zusammen den **Ergebnisraum** $\Omega$.

Jede Teilmenge des Ergebnisraums stellt ein **Ereignis** dar. Enthält eine Teilmenge nur ein einziges Element, so ist das betreffende Ereignis ein **Elementarereignis**.

Sind bei einem Zufallsexperiment mit endlich vielen möglichen Ergebnissen alle Ergebnisse gleich wahrscheinlich, so ist es ein **Laplace-Experiment**.

## Laplace-Wahrscheinlichkeit

**34** Gegeben ist ein Glücksrad.

**a)** Gib die Wahrscheinlichkeit für E = {2; 3; 5; 7} an. Formuliere das Ereignis in Worten.

**b)** Gib die Wahrscheinlichkeiten an:

1. G = {2; 4; 6; 8}
2. H: „Die Zahl ist grün."
3. T: „Die Zahl ist durch 2 teilbar und grün."

**35** In einer Tüte befinden sich 5 blaue, 4 rote und ein gelbes Gummibärchen. Man zieht zwei Bärchen ohne Zurücklegen und betrachtet die gezogenen Farben. Bestimme die Wahrscheinlichkeit.

**a)** A: „Beide Bärchen haben die gleiche Farbe."

**b)** B: „Beide Bärchen sind unterschiedlich farbig."

**c)** C: „Ein Bärchen ist gelb."

Bei einem Zufallsexperiment kann jedem **Ereignis** eine **Wahrscheinlichkeit** zugeordnet werden. Man schreibt:

**P (E)** „Wahrscheinlichkeit des Ereignisses E"

Liegt ein **Laplace-Experiment** vor, dann gilt:

$$P(E) = \frac{|E|}{|\Omega|}$$

|E|: Anzahl der Elemente des Ereignisses E
|Ω|: Anzahl der Elemente des Ergebnisraums Ω

## Satz des Thales

**36** Berechne jeweils die fehlenden Winkelmaße.

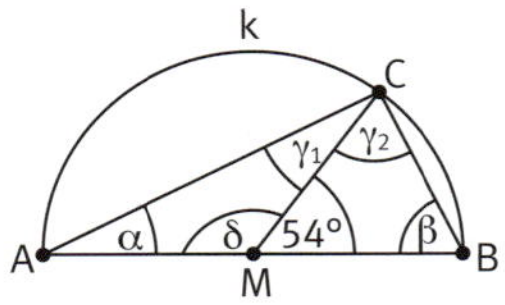


**37** Konstruiere ein rechtwinkliges Dreieck ABC mit Hypotenuse c = 8 cm und a = 3 cm.

**Satz des Thales**
Liegt der Punkt C eines Dreiecks ABC auf einem Halbkreis (**„Thaleskreis"**) über der Strecke [AB] ($C \notin [AB]$), dann hat das Dreieck bei C einen rechten Winkel.

## Zusammenhänge im Dreieck

**38** Berechne jeweils die fehlenden Winkelmaße.

**a)** 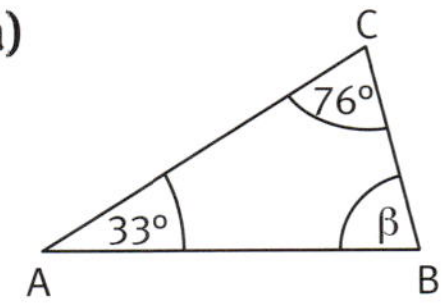


**b)** 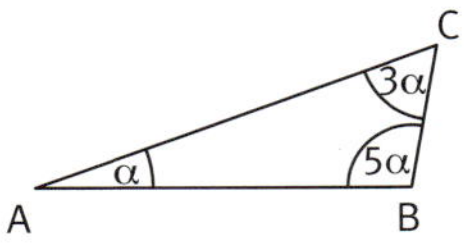

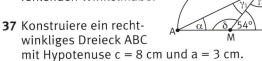

**39** Entscheide, ob ein Dreieck möglich ist. Begründe.

**a)** a = 2,5 cm; b = 4 cm; c = 7 cm

**b)** a = 6,2 cm; b = 7,1 cm; c = 2 cm

**c)** a = 5 cm; b = 4 cm; $\beta$ = 100°

**Summe der Innenwinkel**
In jedem Dreieck beträgt die Summe der Innenwinkel stets 180°.

**Seite-Winkel-Beziehung**
In jedem Dreieck liegt der größeren Seite auch der größere Winkel gegenüber und umgekehrt.

**Dreiecksungleichung**
In einem Dreieck sind zwei Seiten zusammen stets länger als die dritte Seite (z. B. $a + b > c$).

## Kongruenzsätze für Dreiecke

**40** Konstruiere das Dreieck ABC. Begründe, wenn das Dreieck nicht konstruierbar ist.

**a)** a = 4 cm; b = 4,8 cm; c = 6 cm

**b)** a = 5,2 cm; b = a; c = 2a

**c)** c = 5,4 cm; $\alpha$ = 45°; $\beta$ = 30°

**d)** b = 4,3 cm; $\alpha$ = 57°; $\beta$ = 80°

**e)** a = 4 cm; c = 7 cm; $\gamma$ = 90°

**f)** a = b; $\alpha$ = 50°; $\gamma$ = 80°

**Kongruenzsätze für Dreiecke**
Dreiecke sind genau dann kongruent, wenn sie …

- in der Länge aller Seiten übereinstimmen (**SSS**).
- in der Länge zweier Seiten und dem Maß des eingeschlossenen Winkels übereinstimmen (**SWS**).
- in der Länge einer Seite und dem Maß beider anliegenden Winkel übereinstimmen (**WSW**).
- in der Länge zweier Seiten übereinstimmen sowie dem Maß des Winkels, der der längeren Seite gegenüberliegt (**SsW**).

## Symmetrische Vierecke

**41** Konstruiere das angegebene Viereck.

**a)** Parallelogramm:
a = 5,5 cm; b = 4,5 cm; $\alpha$ = 65°

**b)** Raute: a = 4 cm; $\alpha$ = 70°

**c)** Rechteck: e = 5,5 cm; a = b

**d)** gleichschenkliges Trapez:
a = 5,5 cm; b = 3,5 cm; $\alpha$ = 75°

**e)** Drachenviereck: a = 3 cm; e = 6 cm; $\beta$ = 90°

**Achsensymmetrische Vierecke**

- Ein Viereck, bei dem eine **Diagonale** Symmetrieachse ist, bezeichnet man als **Drachenviereck**.
- Ein Viereck, bei dem eine **Mittelsenkrechte** Symmetrieachse ist, heißt **gleichschenkliges Trapez**.

**Punktsymmetrische Vierecke**
Ein punktsymmetrisches Viereck ist ein **Parallelogramm**.

## Beweisverfahren

**42** Beweise, dass in einem gleichschenkligen Dreieck die Basiswinkel gleich groß sind.

**43** In einem gleichseitigen Dreieck ABC werden von den Ecken gleich lange Strecken so abgetragen, dass die Punkte D, E und F entstehen. Beweise, dass das Dreieck DEF gleichseitig ist.

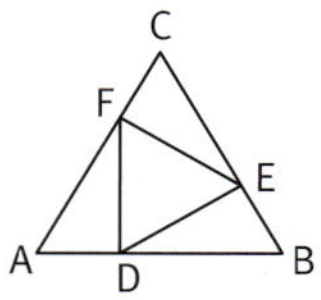


Ein Verfahren zur Begründung einer mathematischen Aussage nennt man einen **Beweis**.

**Geometrische Zusammenhänge** lassen sich oft mithilfe folgender Zusammenhänge **beweisen**:

- Kongruenzsätze für Dreiecke
- Eigenschaften symmetrischer Abbildungen
- Eigenschaft von Vektoren

## Geraden und Ebenen im Raum

**44** Gegeben ist ein Würfel ABCDEFGH.

a) Benenne alle Geraden, auf denen die Kanten des Würfels liegen.

b) Benenne zueinander senkrechte (parallele) Geradenpaare, die sich durch die Eckpunkte beschreiben lassen.

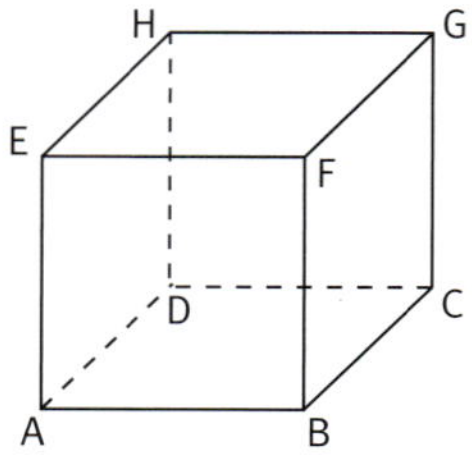


c) Finde vier windschiefe Geradenpaare, die durch Eckpunkte des Würfels festgelegt sind.

d) Bezeichne alle Ebenen, die die Punkte F und D beinhalten.

**45** Betrachte die Pyramide ABCDS mit rechteckiger Grundfläche. Ergänze die Aussagen.

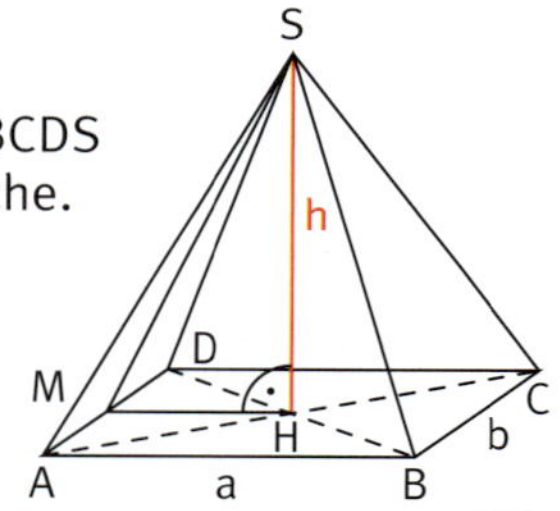


a) DA ☐ BC

b) AB ☐ DA

c) $BC \cap DB =$ ☐

d) AC ☐ SH

e) $E(ABH) \cap E(ADS) =$ ☐

f) $E(MHS) \cap SH =$ ☐

g) $CD \cap E(ABS) =$ ☐

**Ebenen** können wie folgt festgelegt werden.

- durch drei Punkte P, Q und R, die nicht auf einer Gerade liegen
- durch eine Gerade g und einen Punkt P mit $P \notin g$
- durch zwei parallele Geraden $p_1$ und $p_2$
- durch zwei sich schneidende Geraden g und h

**Geraden in der Ebene**
Zwei Geraden können **sich schneiden, parallel zueinander** verlaufen oder **identisch** sein.

**Geraden und Ebenen im Raum**

- **Gerade – Gerade**: Neben den Lagebeziehungen in der Ebene können zwei Geraden im Raum auch windschief sein.
- **Gerade – Ebene**: Die Gerade verläuft in der Ebene, sie schneidet die Ebene oder liegt parallel zur Ebene.
- **Ebene – Ebene**: Zwei Ebenen können sich in einer Gerade schneiden (Sonderfall $E_1 \perp E_2$), können parallel zueinander liegen ($E_1 \parallel E_2$) oder identisch sein.

## Winkel im Raum

**46** Gegeben ist ein Würfel ABCDEFGH mit Kantenlänge s = 3 cm (Skizze siehe oben).

a) Wie groß ist der Winkel zwischen den Flächendiagonalen und Kanten des Würfels?

b) Bestimme die Länge der Flächendiagonale durch Konstruktion.

c) Wie groß ist das Maß des Winkels ACE?

Der Winkel zwischen zwei Geraden im Raum lässt sich auf den Winkel zwischen zwei Geraden in der Ebene zurückführen.

Sucht man den Winkel zwischen einer Gerade g und einer Ebene E oder zwischen zwei sich schneidenden Ebenen $E_1$ und $E_2$ im Raum, führt man diese Fälle auf den Schnitt zweier Geraden zurück.

# 1 Lineare Gleichungssysteme

## Einstieg

- Tee gibt es in verschiedenen Sorten. Stelle jeweils in einem Schaubild dar, wie sich für jede Teesorte die Kosten in Abhängigkeit von der Teemenge ändern. Welche Art von Zuordnung liegt vor?
- Tee wird oft aus verschiedenen Sorten gemischt, damit sich die Aromen oder die gesunden Wirkungen der Teesorten ergänzen.
  Ein Teehändler mischt grünen Tee aus Indien und Sri Lanka miteinander. Wie viel Tee muss er von jeder Sorte nehmen, wenn er 2 kg der Teemischung zum Preis von 3,25 € pro 100 g herstellen möchte?

| Herkunftsland | Teesorte | Preis pro 100 g |
|---|---|---|
| **Indien** | Grüner Tee – first cut | 4,00 € |
| **Sri Lanka** | Grüner Tee – fermentiert | 2,80 € |
| **Pakistan** | Grüner Tee – Hochlage | 3,20 € |

## Ausblick

**Am Ende dieses Kapitels hast du gelernt, ...**
- was lineare Gleichungssysteme sind.
- wie man lineare Gleichungssysteme grafisch lösen kann.
- wie man lineare Gleichungssysteme rechnerisch lösen kann.
- wie die Lösungsmenge eines linearen Gleichungssystems aussehen kann.

In einem Gasthof gibt es Zweibett- und Dreibettzimmer.
Insgesamt hat der Gasthof 10 Zimmer mit 24 Betten.
Zur Bestimmung der Anzahl der Zweibett- und Dreibettzimmer werden folgende lineare Gleichungen aufgestellt:

*Wofür steht x, wofür y?*

I $x + y = 10$ II $2x + 3y = 24$

- Beschreibe die Bedeutung jeder Gleichung.

*$y = mx + t$*
*m: Steigung*
*t: y-Achsenabschnitt*

Um die Anzahl der Zimmer zu bestimmen, werden die Zahlenpaare, die die Gleichungen erfüllen, grafisch dargestellt.

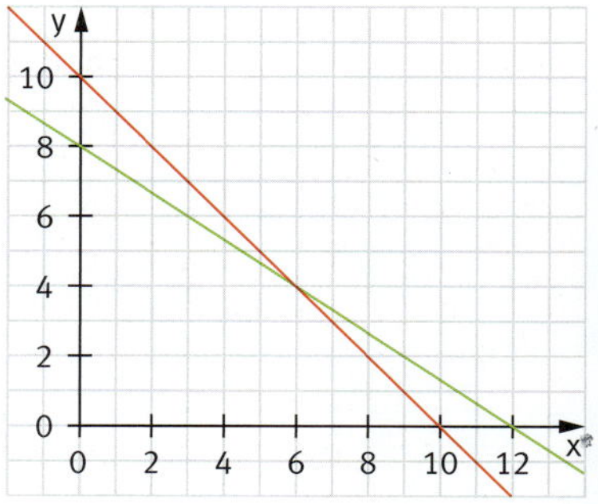


- Welche Gerade gehört zu welcher Gleichung? Forme jede Gleichung nach y um und begründe.
- Bestimme die Grundmenge jeder Gleichung und des Gleichungssystems.
- Beschreibe, wie du mithilfe der Geraden die Lösung der Aufgabe bestimmen kannst.

## Merkwissen

Die **Lösung einer linearen Gleichung** mit zwei Variablen sind **Zahlenpaare (x|y)**.

**Beispiel:** $y - 3x = 1{,}5$
nach y auflösen: $y = 3x + 1{,}5$

Graph:

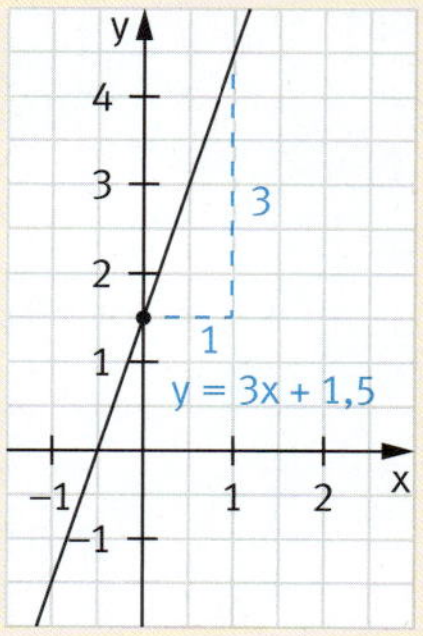


Alle Lösungen einer linearen Gleichung lassen sich durch eine **Gerade** darstellen.

*Beachte:*
*Löse die Gleichung erst nach y auf, bevor du den Graphen zeichnest.*

Sollen Zahlenpaare (x|y) **zwei lineare Gleichungen gleichzeitig erfüllen**, so spricht man von einem **linearen Gleichungssystem**.
Die Zahlenpaare der **Lösungsmenge** $\mathbb{L} = \{(x|y)\}$ eines linearen Gleichungssystems sind sowohl Elemente der Lösungsmenge $\mathbb{L}_1$ der ersten Gleichung als auch Elemente der Lösungsmenge $\mathbb{L}_2$ der zweiten Gleichung: $\mathbb{L} = \mathbb{L}_1 \cap \mathbb{L}_2$.

## Beispiele

*Bei $\mathbb{G} = \mathbb{N} \times \mathbb{N}$ steht die erste Zahlenmenge für die Grundmenge von x, die zweite Zahlenmenge für die Grundmenge von y.*

I Stelle zwei Gleichungen für die beschriebene Situation auf ($\mathbb{G} = \mathbb{N} \times \mathbb{N}$).

**a)** Max zahlt für 4 Semmeln und 3 Brezeln 4,00 €. Maria zahlt für 3 Semmeln und 5 Brezeln 5,20 €.

**b)** Gesucht werden zwei Zahlen, deren Summe 12 und deren Differenz 4 ist.

**Lösung:**

**a)** x: Anzahl Semmeln; y: Anzahl Brezeln
I $4x + 3y = 4$
$\wedge$ II $3x + 5y = 5{,}20$

**b)** x: 1. Zahl; y: 2. Zahl; $x > y$
I $x + y = 12$
$\wedge$ II $x - y = 4$

**II** Bestimme die Lösungsmenge der linearen Gleichungssysteme zeichnerisch ($\mathbb{G} = \mathbb{Q} \times \mathbb{Q}$). Welche Fälle lassen sich unterscheiden? Beschreibe.

**a)** I $y = 0{,}5x + 1$
$\wedge$ II $y = -x + 4$

**b)** I $y = 0{,}8x + 1{,}5$
$\wedge$ II $y = \frac{4}{5}x$

**c)** I $y = x + 0{,}5$
$\wedge$ II $y = 2 \cdot \left(\frac{1}{2}x + \frac{1}{4}\right)$

**Lösung:**

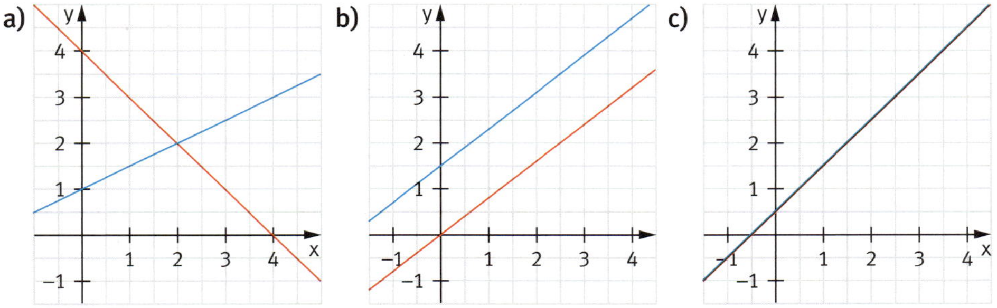


a) Die Geraden **schneiden sich in genau einem Punkt**. Das zugehörige Zahlenpaar (2 | 2) erfüllt beide Gleichungen. Das lineare Gleichungssystem hat **genau eine Lösung**: $\mathbb{L} = \{(2|2)\}$

b) Die Geraden verlaufen **parallel zueinander**. Es gibt kein Zahlenpaar, das beide Gleichungen erfüllt. Das lineare Gleichungssystem hat **keine Lösung**: $\mathbb{L} = \varnothing$

c) Die Geraden sind **identisch**. Jedes Zahlenpaar, das die erste Gleichung erfüllt, erfüllt auch die zweite. Das lineare Gleichungssystem hat **unendlich viele Lösungen**: $\mathbb{L} = \{(x|y) \mid y = x + 0{,}5\}$

*Wenn die Geraden identisch sind, dann ist es egal, welche der beiden Gleichungen man für die Lösungsmenge verwendet: Sie sind beide äquivalent.*

## Verständnis

- Wie viele Zahlenpaare benötigt man mindestens, um die Lösung einer linearen Gleichung zeichnerisch zu bestimmen? Begründe.
- Kann die Lösungsmenge eines linearen Gleichungssystems aus genau zwei Zahlenpaaren bestehen? Begründe.

## Aufgaben

**1** Überprüfe durch Einsetzen, ob das Zahlenpaar zur Lösungsmenge einer der beiden Gleichungen gehört oder sogar das lineare Gleichungssystem erfüllt.

| | | | | | |
|---|---|---|---|---|---|
| **a)** | I $y = x$ | II $y = -0{,}5x + 3$ | (2 \| 2) | (6 \| 6) | (8 \| 3) |
| **b)** | I $y = -x + 6$ | II $y = \frac{1}{2}x - 3$ | (6 \| 0) | (4 \| –1) | (5 \| 1) |
| **c)** | I $y = 2x + 1$ | II $y = \frac{1}{2} \cdot (2 + 4x)$ | (3 \| 7) | (–1 \| –1) | (0 \| 1) |
| **d)** | I $y = 1{,}5x + 1$ | II $y = -\frac{3}{2}x + 4$ | (–6 \| –8) | (1 \| 2,5) | (4 \| –2) |
| **e)** | I $y = 3 - x$ | II $y = -x + 2$ | (4 \| –2) | (–5 \| 7) | (3 \| 0) |
| **f)** | I $y = -2x + 9$ | II $y = 2 \cdot \left(1 - \frac{2}{3}x\right)$ | (10,5 \| –12) | (–7,5 \| 24) | (6 \| –6) |

**2** Bestimme die Lösungsmenge zeichnerisch ($\mathbb{G} = \mathbb{Q} \times \mathbb{Q}$). Mache die Probe.

**a)** I $y = x - 3$
$\wedge$ II $y = -x + 7$

**b)** I $y = 2x$
$\wedge$ II $y = 0{,}5x + 3$

**c)** I $y = x - 3$
$\wedge$ II $y = 4 + x$

**d)** I $y = 4x - 1$
$\wedge$ II $y = -0{,}5x + 3{,}5$

**e)** I $x - y + 5 = 0$
$\wedge$ II $x + y + 3 = 0$

**f)** I $3x - 5y = 5$
$\wedge$ II $2x = 5y$

**g)** I $y = 2x - 1$
$\wedge$ II $2y - 2x = 4$

**h)** I $x - 2y + 6 = 0$
$\wedge$ II $x - 2 = 0$

*Lösungen zu 2:*
$\mathbb{L} = \{(2|4)\}$; $\mathbb{L} = \{(1|3)\}$;
$\mathbb{L} = \{(3|5)\}$; $\mathbb{L} = \{(5|2)\}$;
$\mathbb{L} = \{(-4|1)\}$; $\mathbb{L} = \{(5|2)\}$;
$\mathbb{L} = \{(2|4)\}$; $\mathbb{L} = \varnothing$

**3** ①

②

**a)** Stelle jeweils zwei Gleichungen auf. Beschreibe jeweils, wofür x und y stehen.

**b)** Löse jeweils das lineare Gleichungssystem aus a). Welche Bedeutung hat die Lösung für die dargestellte Situation?

*Finde zunächst eine geeignete Grundmenge.*

*Die Lösungen ergeben eine Stadt in Bayern.*

**4** Stelle jeweils zwei Gleichungen auf und löse zeichnerisch.

C (9|3) A (8|−2) U (1|5) D (6|−2) H (8|4) A (6|2)

① Gesucht werden zwei Zahlen: Ihre Summe ist 4 und ihre Differenz ist 8.

② Gesucht werden zwei Zahlen: Ihre Differenz ist 10. Dividiert man die größere Zahl durch die kleinere, so erhält man −4.

③ Gesucht werden zwei natürliche Zahlen: Die erste Zahl ist dreimal so groß wie die andere, die Differenz der beiden Zahlen ist 6.

④ Gesucht wird eine positive zweistellige Zahl: Ihre Quersumme ist 12 und die Zehnerziffer ist doppelt so groß wie die Einerziffer.

⑤ Gesucht wird eine positive zweistellige Zahl: Ihre Quersumme ist 8. Die Zehnerziffer ist dreimal so groß wie die Einerziffer.

⑥ Gesucht wird eine positive zweistellige Zahl: Ihre Quersumme ist 6. Die Zehnerziffer ist um 4 kleiner als die Einerziffer.

**5** Markus, Svenja und Sarah lösen jeweils ein Gleichungssystem ($\mathbb{G} = \mathbb{Q} \times \mathbb{Q}$).

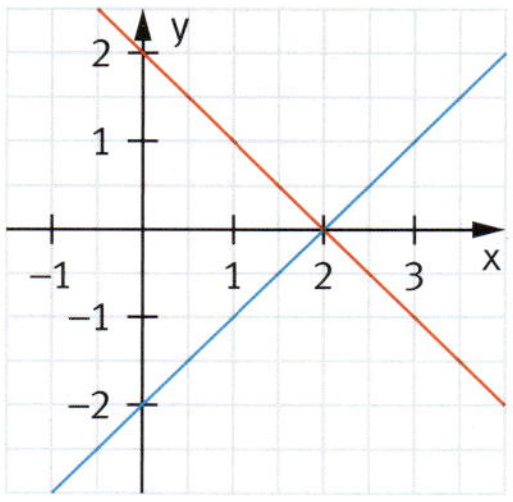

Markus:
I $4x + 4y = 8$
∧ II $2x - 2y = 4$

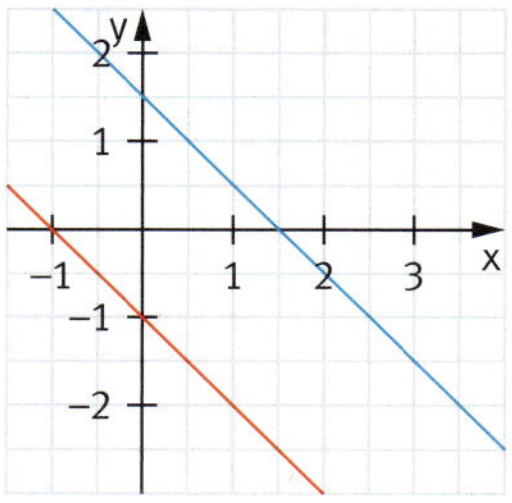

Svenja:
I $x + y = -1$
∧ II $2x + 2y = 3$

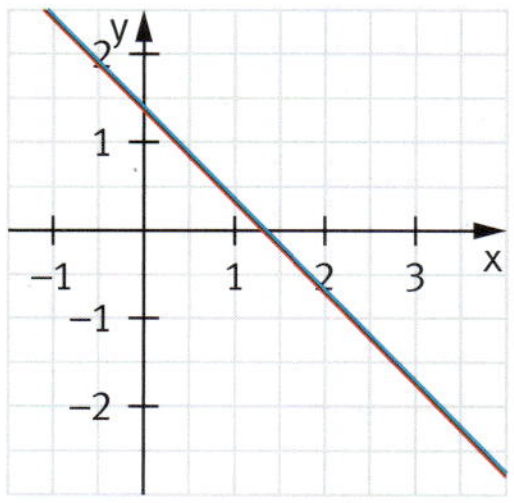

Sarah:
I $3x + 3y = 4$
∧ II $x + y = 1\frac{1}{3}$

**a)** Was kannst du zu der Lösungsmenge des jeweiligen Gleichungssystems sagen?

**b)** Löse die Gleichungen nach y auf. Wie kannst du daran erkennen, wie viele Lösungen das Gleichungssystem hat? Notiere einen Merksatz und begründe ihn.

**6** Bestimme die Anzahl der Lösungen des linearen Gleichungssystems ($\mathbb{G} = \mathbb{Q} \times \mathbb{Q}$).

**a)** I $x + 2y = 3$
∧ II $2x - y = 4$

**b)** I $4x - y = 6$
∧ II $-2x + \frac{1}{2}y = -3$

**c)** I $2x + 2y = 10$
∧ II $-x - y = 5$

**d)** I $6x - 4y + 6 = 0$
∧ II $4x + 2y - 3 = 0$

**e)** I $-x + 8y = 12$
∧ II $6y - 3x = 4$

**f)** I $-\frac{2}{3}x + 3y = 8$
∧ II $x - \frac{1}{9}y = -4$

**g)** I $5y - 3x + 5 = 0$
∧ II $-\frac{3}{5}x + y = 2$

**h)** I $2 \cdot (3x + y) = 4$
∧ II $3x = 2 - y$

**i)** I $\frac{1}{4}x - 3 = -y$
∧ II $0{,}5y + 1 = \frac{1}{2}x$

**7** Bestimme zeichnerisch die Lösungsmenge des linearen Gleichungssystems ($\mathbb{G} = \mathbb{Q} \times \mathbb{Q}$).

*Kontrolliere mit einem GTR.*

**a)** I $3x + 3y = 3$
∧ II $2y + 4x = 2$

**b)** I $-3x + 6y = 9$
∧ II $-8y + 4x = -6$

**c)** I $-x + 2y = -3$
∧ II $-2x + 4y = -4$

**d)** I $2x + 4y = 5$
∧ II $-x - 2y + \frac{5}{2} = 0$

**e)** I $2x + y = 6$
∧ II $2y + 3x - 8 = 0$

**f)** I $2x - 4y = 12$
∧ II $2y + 6 = x$

**8** 1
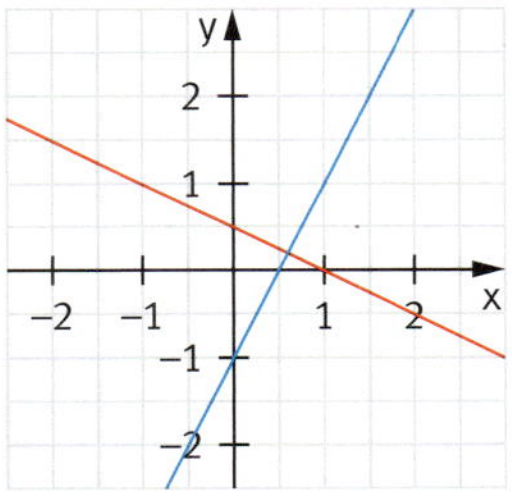

2
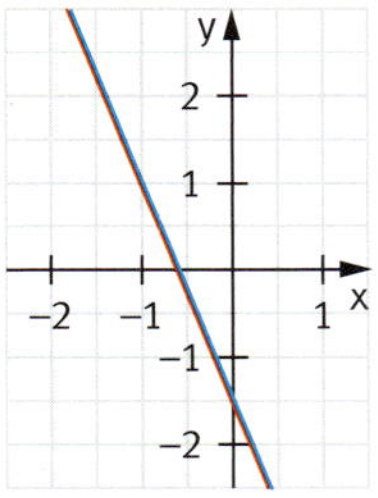

3
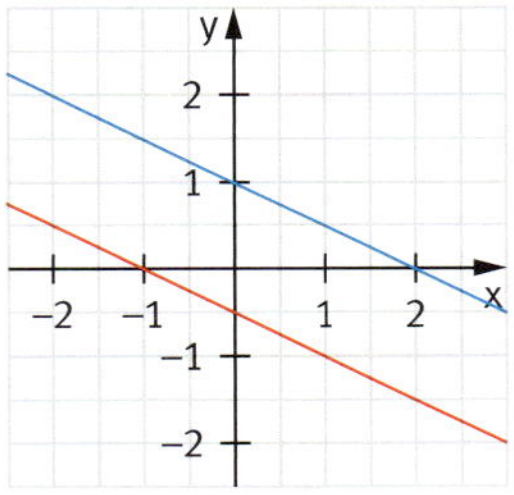

**a)** Finde jeweils ein passendes lineares Gleichungssystem ($\mathbb{G} = \mathbb{Q} \times \mathbb{Q}$).

**b)** Wie lauten die Lösungsmengen zu den linearen Gleichungssystemen aus a)?

**9** Übertrage das lineare Gleichungssystem in dein Heft ($\mathbb{G} = \mathbb{Q} \times \mathbb{Q}$) und vervollständige die Lücke so, dass …

*Wie viele Möglichkeiten findest du jeweils?*

**a)** die Lösungsmenge leer ist.

1 I $y = 5x + 7$
∧ II $y = 5x + ☐$

2 I $y = 3x - 2$
∧ II $y = ☐x - 4$

3 I $y = -4x + 5$
∧ II $☐y = 2x - 1$

4 I $y = -\frac{2}{3}x - 5$
∧ II $y = ☐$

**b)** es unendlich viele Lösungen gibt.

1 I $y = -3x + 2$
∧ II $y = -3x + ☐$

2 I $y = x - 5$
∧ II $y = ☐x - 5$

3 I $2y = -6x - 2$
∧ II $y = -3x + ☐$

4 I $y = -\frac{5}{6}x + \frac{3}{2}$
∧ II $3y = ☐$

**c)** die Lösungsmenge aus genau einem Zahlenpaar besteht.

1 I $y = \frac{1}{5}x - 4$
∧ II $y = ☐x - 4$

2 I $y = 2x - 1$
∧ II $y = ☐x - 5$

3 I $y = -\frac{1}{4}x$
∧ II $4y = ☐x + ☐$

4 I $y = 2{,}5x - 4$
∧ II $2y = ☐$

**10** 1 I $-3x + \frac{1}{4}y = -1$
∧ II $5x + y = 4$

2 I $-2x + \frac{1}{2}y = 1$
∧ II $3x - y + 2\frac{1}{2} = 0$

**a)** Löse jede Gleichung des linearen Gleichungssystems nach y auf und zeichne die zugehörigen Graphen ($\mathbb{G} = \mathbb{Q} \times \mathbb{Q}$).

*Du kannst einen GTR nutzen.*

**b)** Bestimme die Lösungsmenge aus der Zeichnung. Welche Probleme gibt es?

**c)** Welche Vor- und Nachteile kann das zeichnerische Lösen eines linearen Gleichungssystems haben? Diskutiere mit einem Partner und präsentiert eure Ergebnisse.

Xenia und Mia lösen ein lineares Gleichungssystem unterschiedlich ($\mathbb{G} = \mathbb{Z} \times \mathbb{Z}$).

**Xenia:**

$$\begin{aligned} &\text{I} \quad 2x - y = 1 \\ \wedge\ &\text{II} \quad y = -x + 2 \end{aligned}$$

$$\begin{aligned} 2x - (-x + 2) &= 1 \\ 2x + x - 2 &= 1 \\ 3x - 2 &= 1 \quad | +2 \\ 3x &= 3 \quad | :3 \\ x &= 1 \end{aligned}$$

Einsetzen in Gleichung I:

$$\begin{aligned} 2 \cdot 1 - y &= 1 \quad | -2 \\ -y &= -1 \quad | \cdot(-1) \\ y &= 1 \end{aligned}$$

Probe mit Gleichung II:

$1 = -1 + 2$ wahr

$\mathbb{L} = \{(1|1)\}$

**Mia:**

$$\begin{aligned} &\text{I} \quad 2x - y = 1 \quad | +y-1 \\ \wedge\ &\text{II} \quad y = -x + 2 \end{aligned}$$

Auflösen nach y:

$$\begin{aligned} &\text{I} \quad y = 2x - 1 \\ \wedge\ &\text{II} \quad y = -x + 2 \end{aligned}$$

$$\begin{aligned} 2x - 1 &= -x + 2 \quad | +x+1 \\ 3x &= 3 \quad | :3 \\ x &= 1 \end{aligned}$$

Einsetzen in Gleichung II:

$y = -1 + 2 = 1$

Probe mit Gleichung I:

$2 \cdot 1 - 1 = 1$ wahr

$\mathbb{L} = \{(1|1)\}$

- Beschreibe das Vorgehen von Xenia und Mia.
- Erstelle jeweils einen Merkzettel zur Lösung eines linearen Gleichungssystems.
- Überprüfe das Vorgehen anhand der folgenden Gleichungssysteme:

1. $\text{I} \quad \frac{1}{4}x - y = -4 \quad \wedge \quad \text{II} \quad y = 2x + 4$
2. $\text{I} \quad y = -x + 5 \quad \wedge \quad \text{II} \quad -2x + y = -6$

*Das Lösungsprinzip für lineare Gleichungssysteme besteht darin, aus zwei Gleichungen mit zwei Variablen eine Gleichung mit einer Variablen zu erhalten. Man sagt, eine Variable wird* ***eliminiert****.*

## Merkwissen

Es gibt verschiedene Verfahren, um ein lineares Gleichungssystem zu lösen.

**Einsetzungsverfahren**

Löst man eine der Gleichungen nach einer Variable (z. B. y) auf, dann kann man den erhaltenen Term für die Variable in die andere Gleichung einsetzen.

**Beispiel:**

$$\begin{aligned} &\text{I} \quad -x - 2y = 3 \\ \wedge\ &\text{II} \quad y = 2x - 1 \end{aligned}$$

einsetzen

$-x - 2 \cdot (2x - 1) = 3$

Auflösen liefert: $x = -\frac{1}{5}$

Einsetzen in II: $y = 2 \cdot \left(-\frac{1}{5}\right) - 1 = -1\frac{2}{5}$ $\quad \mathbb{L} = \left\{\left(-\frac{1}{5} \middle| -1\frac{2}{5}\right)\right\}$

Probe:

I $\quad -\left(-\frac{1}{5}\right) - 2 \cdot \left(-1\frac{2}{5}\right) = 3$ wahr

II $\quad -1\frac{2}{5} = 2 \cdot \left(-\frac{1}{5}\right) - 1$ wahr

**Gleichsetzungsverfahren**

Löst man beide Gleichungen nach einer Variable (z. B. y) auf, dann kann man die erhaltenen Terme gleichsetzen.

**Beispiel:**

$$\begin{aligned} &\text{I} \quad y = 2x - 1 \\ \wedge\ &\text{II} \quad y = -x + 5 \end{aligned}$$

gleichsetzen

$2x - 1 = -x + 5$

Es folgt: $x = 2$

Einsetzen in I: $y = 2 \cdot 2 - 1 = 3$ $\quad \mathbb{L} = \{(2|3)\}$

Probe:

I $\quad 3 = 2 \cdot 2 - 1$ wahr

II $\quad 3 = -2 + 5$ wahr

## Beispiele

**I** Löse das lineare Gleichungssystem mithilfe des Einsetzungsverfahrens ($\mathbb{G} = \mathbb{Q} \times \mathbb{Q}$). Beschreibe dein Vorgehen.

$$\begin{array}{ll} \text{I} & 3x + 4y = 12 \\ \wedge\ \text{II} & x + 3y = 4 \end{array}$$

**Lösung:**

$$\begin{array}{lll} \text{I} & 3x + 4y = 12 & \\ \wedge\ \text{II} & x + 3y = 4 & \mid -3y \\ \hline \text{I} & 3x + 4y = 12 & \\ \wedge\ \text{II} & x = -3y + 4 & \\ \hline \end{array}$$

$$\begin{aligned} 3(-3y + 4) + 4y &= 12 \\ -9y + 12 + 4y &= 12 \\ -5y + 12 &= 12 \quad \mid -12 \\ -5y &= 0 \\ y &= 0 \end{aligned}$$

Einsetzen in II:
$x = -3 \cdot 0 + 4$
$x = 4$

Probe:
I $3 \cdot 4 + 4 \cdot 0 = 12$ wahr
II $4 + 3 \cdot 0 = 4$ wahr
$\mathbb{L} = \{(4 \mid 0)\}$

Vorgehen:
- Löse eine Gleichung nach einer Variablen (hier: x) auf.
- Setze den Term für x in die andere Gleichung ein. Vergiss die Klammern nicht.
- Berechne y duch Äquivalenzumformungen.
- Setze den Wert für y in eine Gleichung ein, in diesem Fall Gleichung II.
- Berechne den Wert für x.
- Führe die Probe durch.
- Gib die Lösungsmenge an.

## Verständnis

- Begründe, dass das Gleichsetzungsverfahren ein Sonderfall des Einsetzungsverfahrens ist.
- Erläutere den Zusammenhang zwischen dem Gleichsetzungsverfahren und dem grafischen Lösen von linearen Gleichungssystemen.

## Aufgaben

**1** Löse das lineare Gleichungssystem aus Beispiel I mit dem Gleichsetzungsverfahren und beschreibe ebenso das Vorgehen.

**2** Löse nach dem Einsetzungsverfahren ($\mathbb{G} = \mathbb{Q} \times \mathbb{Q}$).

*Überlege zuerst, ob es günstiger ist, das Verfahren mit Variable y oder mit x durchzuführen.*

**a)** I $2x + 5y = 4$ ∧ II $y = 2x + 8$
**b)** I $3x + y = 15$ ∧ II $y = 5x - 11$
**c)** I $x - y = 5$ ∧ II $x = 2y - 4$
**d)** I $4x + y = 9{,}6$ ∧ II $3x + y = 9{,}2$
**e)** I $2x - 15 = 7y$ ∧ II $6x = 3y + 9$
**f)** I $x - 3y = 5$ ∧ II $3x - 15 = 10y + 2$

**3** Löse nach dem Gleichsetzungsverfahren ($\mathbb{G} = \mathbb{Q} \times \mathbb{Q}$).

**a)** I $y = 2x - 4$ ∧ II $3y = -2x + 12$
**b)** I $x - y = 65$ ∧ II $y = -x + 107$
**c)** I $6x + 2y = -10$ ∧ II $x + 2y = 5$
**d)** I $x = 3y - 1$ ∧ II $x + 5y = -7$
**e)** I $2x - 3 = 3y$ ∧ II $2x = 3$
**f)** I $3x - 2y = -7$ ∧ II $3x - 11 = 0$
**g)** I $5x + 3y = -1$ ∧ II $4x + 8y = 12$
**h)** I $7x + 32y = 13$ ∧ II $9x + 8y = 83$
**i)** I $2x - 5y = -9$ ∧ II $3x + 7y = 1$

*Lösungen zu 3:*
$\mathbb{L} = \{(3 \mid 2)\}$; $\mathbb{L} = \{(1{,}5 \mid 0)\}$;
$\mathbb{L} = \left\{\left(-\frac{13}{4} \mid -\frac{3}{4}\right)\right\}$;
$\mathbb{L} = \{(86 \mid 21)\}$; $\mathbb{L} = \{(-3 \mid 4)\}$;
$\mathbb{L} = \left\{\left(-\frac{11}{7} \mid \frac{16}{7}\right)\right\}$;
$\mathbb{L} = \left\{\left(\frac{11}{3} \mid 9\right)\right\}$; $\mathbb{L} = \{(11 \mid -2)\}$;
$\mathbb{L} = \{(-2 \mid 1)\}$

**4** Sofie und Jenny lösen dasselbe Gleichungssystem ($\mathbb{G} = \mathbb{Q} \times \mathbb{Q}$).

*Sofie*

$$\begin{array}{ll} I & 4x + 2y = 5 \\ \wedge\ II & 10x + 4y = 6 \\ \hline I & 2y = -4x + 5 \\ \wedge\ II & 2y = -5x + 3 \\ \hline \end{array}$$

$$-4x + 5 = -5x + 3$$

*Jenny*

$$\begin{array}{ll} I & 4x + 2y = 5 \\ \wedge\ II & 10x + 4y = 6 \\ \hline I & y = -2x + \frac{5}{2} \\ \wedge\ II & y = -\frac{5}{2}x + \frac{3}{2} \\ \hline \end{array}$$

$$-2x + \frac{5}{2} = -\frac{5}{2}x + \frac{3}{2}$$

**a)** Vervollständige die Lösungswege in deinem Heft.

**b)** Vergleiche die Rechenwege. Welches Vorgehen findest du geschickter? Diskutiere mit einem Partner.

**c)** Löse das lineare Gleichungssystem möglichst geschickt ($\mathbb{G} = \mathbb{Q} \times \mathbb{Q}$).

*Vergleiche die Lösungsmengen mit denen aus Kapitel 4.1.*

① I $-3x + 2y = 2$ ∧ II $18x + 6y = 15$

② I $5x + 4y = 16$ ∧ II $x + 7y = 22$

③ I $2x + 2y = 10$ ∧ II $2x + 16y = 38$

**5** Löse das lineare Gleichungssystem ($\mathbb{G} = \mathbb{Q} \times \mathbb{Q}$). Was fällt dir auf?

**a)** I $3x - 2y = 8$ ∧ II $2y = 3x + 5$

**b)** I $2x + 5y = 12$ ∧ II $y = -\frac{2}{5}x + 2\frac{2}{5}$

**c)** I $y = 3x + 2{,}5$ ∧ II $6x - 5 = 2y$

**6** Löse das lineare Gleichungssystem mit einem Verfahren deiner Wahl ($\mathbb{G} = \mathbb{Q} \times \mathbb{Q}$).

*Kontrolliere die Lösungen mit einem GTR.*

**a)** I $2x - 3y + 3 = 0$ ∧ II $2x = 3$

**b)** I $3x - 3y = -7$ ∧ II $3x = 11$

**c)** I $2x + 6y + 4 = 0$ ∧ II $y = -\frac{1}{3}x - \frac{2}{3}$

**d)** I $x + 4y = 2$ ∧ II $y = -\frac{1}{4}x + 1$

**e)** I $\frac{1}{3}x + \frac{1}{2}y = \frac{2}{3}$ ∧ II $3x - 5y = 25$

**f)** I $2x - 5y = -9$ ∧ II $2x + 7y = 1$

**7** Das Ziel, aus zwei Gleichungen mit zwei Variablen eine Gleichung mit einer Variablen zu erhalten, lässt sich auch durch die Addition beider Gleichungen erreichen, wenn vor einer Variable betragsgleiche Koeffizienten stehen, die ein unterschiedliches Vorzeichen haben. Man spricht vom **Additionsverfahren.**

**Beispiele:**

*Mithilfe von Äquivalenzumformungen lassen sich die Koeffizienten zu einer Variablen in beiden Gleichungen auf die gewünschte Form bringen.*

①

$$\begin{array}{lll} I & 2x - 2y = -5 & \\ \wedge\ II & 4x + 2y = -7 & \\ \hline I + II & 6x = -12 & |:6 \\ & x = -2 & \end{array}$$

Einsetzen in I:

$2 \cdot (-2) - 2y = -5$

$y = \frac{1}{2}$

$\mathbb{L} = \left\{\left(-2 \mid \frac{1}{2}\right)\right\}$

②

$$\begin{array}{lll} I & 6x - 5y = 9 & |\cdot 2 \\ \wedge\ II & 4x - 7y = -5 & |\cdot(-3) \\ \hline I & 12x - 10y = 18 & \\ \wedge\ II & -12x + 21y = 15 & \\ \hline I + II & 11y = 33 & |:11 \\ & y = 3 & \end{array}$$

Einsetzen in I:

$6x - 5 \cdot 3 = 9$

$x = 4$

$\mathbb{L} = \{(4 \mid 3)\}$

Löse mit dem Additionsverfahren ($\mathbb{G} = \mathbb{Q} \times \mathbb{Q}$).

**a)** I $x + 5y = -14{,}5$ ∧ II $-x - y = 2{,}5$

**b)** I $2x + y = 10{,}3$ ∧ II $3x - y = 1{,}2$

**c)** I $8x - 5y - 3 = 0$ ∧ II $5 \cdot (y - 3x) = -10$

**d)** I $3x - 5y = 14$ ∧ II $x + y = 10$

*Lösungen zu 7:* $\mathbb{L} = \{(1 \mid 1)\}$; $\mathbb{L} = \left\{\left(\frac{1}{2} \mid -3\right)\right\}$; $\mathbb{L} = \{(2{,}3;\ 5{,}7)\}$; $\mathbb{L} = \{(8 \mid 2)\}$

**8**

| ① | ② | ③ |
|---|---|---|
| I $y = 2x + 5$<br>∧ II $y = -x + 3$ | I $y = 4 - x$<br>∧ II $2x - y = 8$ | I $6x - 3y = 5$<br>∧ II $2x + 3y = 9$ |

**a)** Begründe, welches Lösungsverfahren du wählen würdest.

**b)** Löse das lineare Gleichungssystem mit dem gewählten Verfahren ($\mathbb{G} = \mathbb{Q} \times \mathbb{Q}$).

**9** Löse das lineare Gleichungssystem mit einem Verfahren deiner Wahl ($\mathbb{G} = \mathbb{Q} \times \mathbb{Q}$).

**a)** I $4x + 5y = 7$ ∧ II $3y - 4x = 17$

**b)** I $2x + 5y - 3 = 0$ ∧ II $3x + 8y = 4$

**c)** I $2x - 2y = x - 6$ ∧ II $3 \cdot (x + 3) = 4 \cdot (y - 2)$

**d)** I $7x + 32y = 13$ ∧ II $9x + 8y = 83$

**e)** I $-x + 7y = -12$ ∧ II $2x - y = 11$

**f)** I $3 \cdot (y - 4) = -(x + 8)$ ∧ II $x + 1 + 2y - 8 = 0$

**10** Die Variablen in einem linearen Gleichungssystem müssen nicht immer x und y heißen. Im Zahlenpaar ordnet man die Koordinaten in alphabetischer Reihenfolge.

(a|b) (v|w) (s|t) ...

**a)** I $2a - 4b = -10$ ∧ II $5a - 3b - 11 = 0$

**b)** I $4s - 3t = -5$ ∧ II $3s = 6 - t$

**c)** I $2v - 3w = 10$ ∧ II $3w + 5v = 25$

**d)** I $\frac{1}{3}m + \frac{1}{2}n = \frac{2}{3}$ ∧ II $3m - 5n = 25$

**e)** I $u + 4v = 4$ ∧ II $v = -\frac{1}{4}u + 1$

**f)** I $8k - 5l = 3$ ∧ II $5 \cdot (l - 3k) = -10$

**11** **a)** Berechne die Koordinaten von C und D im Quadrat ABCD (A (1|2) und B (5|1)).

**b)** Bestimme rechnerisch die Koordinaten des Diagonalenschnittpunkts.

*Du kannst Vektoren verwenden.*

**12** Berechne die Koordinaten des Schnittpunkts S von g = AB und h = CD ($\mathbb{G} = \mathbb{Q} \times \mathbb{Q}$).

**a)** A (−4|0); B (4|4); C (4|−2); D (0|4)

**b)** A (1|2); B (4|5); C (−1|3); D (1|9)

**c)** A (2|3); B (−1|6); C (2|4); D (8|2)

**d)** A (−3|1); B (4|3); C (−2|3); D (4|−1)

*Lösungen zu 12: (−2,5|−1,5); $\left(-\frac{1}{5}\middle|\frac{9}{5}\right)$; (1|2,5); (0,5|4,5)*

**13** Wie lauten die rationalen Zahlen? Stelle ein lineares Gleichungssystem auf.

**Beispiel:** Die Summe zweier Zahlen ist 0,5, ihre Differenz −5,5.
I $x + y = 0,5$
II $x - y = -5,5$

**a)** Die doppelte Summe zweier Zahlen ergibt 24, deren dreifache Differenz −6.

**b)** Eine Zahl ist um 8 größer als eine andere und um 10 kleiner als deren Dreifaches.

**c)** Eine zweistellige Zahl ist 2,5-mal so groß wie ihre Quersumme. Vertauscht man die Ziffern der Zahl, ergibt sich eine neue Zahl, die um 6 größer ist als das Dreifache der ursprünglichen Zahl.

**d)** Gesucht ist eine dreistellige natürliche Zahl. Die Summe aus Einer- und Hunderterziffer ist 8, die Zehnerziffer lautet 5. Vertauscht man Hunderter- und Einerziffer, so erhält man eine Zahl, die um 396 kleiner ist als die ursprüngliche.

**14** Gegeben ist die Gerade g = AB mit A (0|2) und B (8|6) sowie die Gerade h = CD mit C (0|6) und einem beweglichen Punkt $D\left(x \middle| y = \frac{1}{2}x\right)$. Nutze ein Geometrieprogramm.

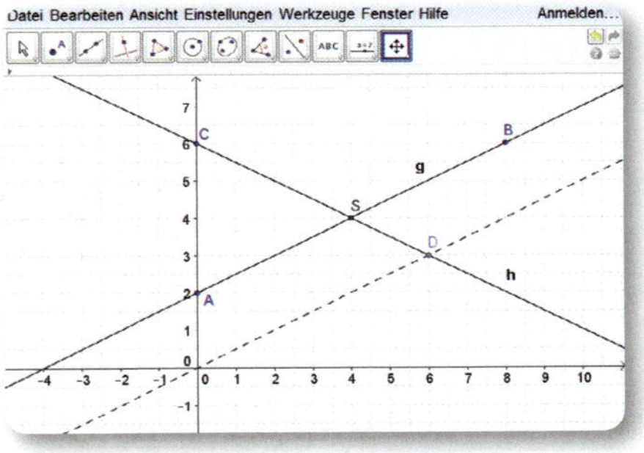


**a)** Zeichne für x = 6 die beiden Geraden und lege den Schnittpunkt S von g und h fest.

**b)** Finde im Geometrieprogramm bei beweglichem D ganzzahlige Zahlenpaare für S. Welche besondere Lage haben alle diese Punkte S?

*Beispiel GTR:*

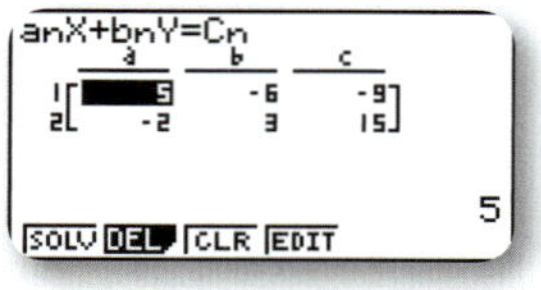


Gegeben ist ein lineares Gleichungssystem mit zwei Variablen folgender Form. Die Koeffizienten werden nach einem Schema angeordnet. In dieser Grundform gibt man das lineare Gleichungssystem auch in den GTR ein.

$$\begin{array}{lcccccc} \text{I} & a_1x & + & b_1y & = & c_1 \\ \wedge\ \text{II} & a_2x & + & b_2y & = & c_2 \end{array}$$

Um die Variablen x und y zu bestimmen, kann man das lineare Gleichungssystem allgemein nach den beiden Variablen auflösen:

Auflösen nach x:

$$\begin{array}{lrl} \text{I} & a_1x + b_1y = c_1 & |\cdot b_2 \\ \wedge\ \text{II} & a_2x + b_2y = c_2 & |\cdot(-b_1) \\ \hline \text{I} & a_1b_2x + b_1b_2y = c_1b_2 & \\ \wedge\ \text{II} & -a_2b_1x - b_1b_2y = -c_2b_1 & \\ \hline & (a_1b_2 - a_2b_1)\,x = c_1b_2 - c_2b_1 & \end{array}$$

$$x = \frac{c_1b_2 - c_2b_1}{a_1b_2 - a_2b_1}$$

Auflösen nach y:

$$\begin{array}{lrl} \text{I} & a_1x + b_1y = c_1 & |\cdot(-a_2) \\ \wedge\ \text{II} & a_2x + b_2y = c_2 & |\cdot a_1 \\ \hline \text{I} & -a_1a_2x - a_2b_1y = -a_2c_1 & \\ \wedge\ \text{II} & a_1a_2x + a_1b_2y = a_1c_2 & \\ \hline & (a_1b_2 - a_2b_1)\,y = a_1c_2 - a_2c_1 & \end{array}$$

$$y = \frac{a_1c_2 - a_2c_1}{a_1b_2 - a_2b_1}$$

- Erkläre jeweils das Vorgehen.
- Beschreibe Zusammenhänge zwischen den Lösungen für x und y.
- Berechne die Lösungen und überprüfe mit einem anderen Lösungsverfahren.

**1** I $3x + 4y = 6$ ∧ II $-4x + 6y = 60$

**2** I $-2x + 5y = 1$ ∧ II $5x - 8y = 11$

**3** I $3x + 9y = 10$ ∧ II $2x + 6y = 12$

## Merkwissen

Die **Determinante** ist eine Funktion, die jedem Koeffizientenschema eindeutig einen Zahlenwert zuordnet. Im linearen Gleichungssystem

$$\begin{array}{lcccccc} \text{I} & a_1x & + & b_1y & = & c_1 \\ \wedge\ \text{II} & a_2x & + & b_2y & = & c_2 \end{array}$$

x-Spalte  y-Spalte  Lösungsspalte

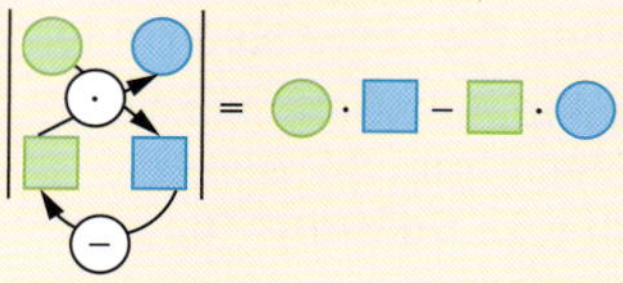

**Beispiel:** $\begin{vmatrix} 3 & 4 \\ 5 & 8 \end{vmatrix} = 3 \cdot 8 - 5 \cdot 4 = 24 - 20 = 4$

treten folgende Determinanten auf:

$D_N = \begin{vmatrix} a_1 & b_1 \\ a_2 & b_2 \end{vmatrix} = a_1b_2 - a_2b_1$  $D_x = \begin{vmatrix} c_1 & b_1 \\ c_2 & b_2 \end{vmatrix} = c_1b_2 - c_2b_1$  $D_y = \begin{vmatrix} a_1 & c_1 \\ a_2 & c_2 \end{vmatrix} = a_1c_2 - a_2c_1$

Die Determinanten $D_x$ und $D_y$ erhält man, indem man in der Koeffizientendeterminante $D_N$ die x-Spalte bzw. die y-Spalte durch die Lösungsspalte ersetzt.

Für $D_N \neq 0$ ergibt sich als Lösungsmenge: $\mathbb{L} = \left\{\left(\frac{D_x}{D_N} \middle| \frac{D_y}{D_N}\right)\right\}$ (Cramer'sche Regel)

Für $D_N = 0$ gilt: Für $D_x = 0 \wedge D_y = 0$ gibt es unendlich viele Lösungen.
Für $D_x \neq 0 \vee D_y \neq 0$ gibt es keine Lösung.

## Beispiele

**I** Bestimme die Lösungsmenge mit dem Determinantenverfahren.

$$\begin{array}{ll} \text{I} & 5x - 6y = -9 \\ \wedge\ \text{II} & -2x + 3y = 15 \end{array}$$

**Lösung:**

$D_N = \begin{vmatrix} 5 & -6 \\ -2 & 3 \end{vmatrix} = 15 - 12 = 3$

$D_x = \begin{vmatrix} -9 & -6 \\ 15 & 3 \end{vmatrix} = -27 + 90 = 63$ $\qquad$ $D_y = \begin{vmatrix} 5 & -9 \\ -2 & 15 \end{vmatrix} = 75 - 18 = 57$

$x = \frac{D_x}{D_N} = \frac{63}{3} = 21$ $\qquad$ $y = \frac{D_y}{D_N} = \frac{57}{3} = 19$

$\mathbb{L} = \{(21 \mid 19)\}$

Probe: $\quad$ I $\quad 5 \cdot 21 - 6 \cdot 19 = 105 - 114 = -9$ $\quad$ wahr
$\wedge$ II $\quad -2 \cdot 21 + 3 \cdot 19 = -42 + 57 = 15$ $\quad$ wahr

## Verständnis

- Begründe, dass es für $D_N = 0$ unendlich viele Lösungen gibt, wenn gilt: $D_x = 0 \ \wedge \ D_y = 0$.
- Begründe, dass es für $D_N = 0$ keine Lösungen gibt, wenn gilt: $D_x \neq 0 \ \vee \ D_y \neq 0$.

## Aufgaben

*Wenn nichts anderes vereinbart ist, gilt:*
$\mathbb{G} = \mathbb{Q} \times \mathbb{Q}$

**1** Bestimme den Wert der Determinante.

a) $\begin{vmatrix} 1 & 2 \\ 3 & 4 \end{vmatrix}$ $\quad$ b) $\begin{vmatrix} -1 & 2 \\ -5 & 8 \end{vmatrix}$ $\quad$ c) $\begin{vmatrix} 2 & 0 \\ 12 & -1 \end{vmatrix}$ $\quad$ d) $\begin{vmatrix} -7 & -2 \\ 6 & 3 \end{vmatrix}$ $\quad$ e) $\begin{vmatrix} 0 & 1{,}2 \\ -3 & -4{,}5 \end{vmatrix}$

**2** Bestimme a.

a) $\begin{vmatrix} a & 5 \\ 1{,}6 & 3 \end{vmatrix} = 4$ $\quad$ b) $\begin{vmatrix} 4 & 3 \\ 4a & 6a \end{vmatrix} = 6$ $\quad$ c) $\begin{vmatrix} a-2 & a \\ a-1 & a+3 \end{vmatrix} = 0$

d) $\begin{vmatrix} 4a-2 & a \\ 8a+5 & 2a+1 \end{vmatrix} = 5$ $\quad$ e) $\begin{vmatrix} a+1 & 1-a \\ 1-a & a-1 \end{vmatrix} = 2{,}4$ $\quad$ f) $\begin{vmatrix} a^2 & (a+3)\cdot(a-3) \\ 2+a & a \end{vmatrix}$

**3** Bestimme die Lösungsmenge durch das Determinantenverfahren. Mache die Probe.

a) I $\ x + 3y = 11{,}1$
$\wedge$ II $\ 2x - 5y = -13$

b) I $\ 5x + 4y = 5$
$\wedge$ II $\ 4x - 2y = 0{,}1$

c) I $\ 3{,}75x - 5{,}4y = 3$
$\wedge$ II $\ -2{,}7x + 4{,}5y = 0{,}9$

d) I $\ 5y - 3x + 4 = 0$
$\wedge$ II $\ 4x = 52 - 5y$

e) I $\ 3 - y - 1{,}5x = 0$
$\wedge$ II $\ 2{,}5 \cdot (y - 3) = -3{,}75x$

f) I $\ 5x - 2y = 1$
$\wedge$ II $\ 3{,}5y + 3{,}5x = 10{,}5$

g) I $\ 3x + 2y = 13$
$\wedge$ II $\ 4x - 3y = -18$

h) I $\ y - \frac{1}{3}x = -21$
$\wedge$ II $\ y = \frac{1}{3} \cdot (x - 1)$

i) I $\ 4{,}1x + 7{,}4y = -9{,}01$
$\wedge$ II $\ -6{,}1x + 3{,}8y = -39{,}91$

*Lösungen zu 3:*
$\mathbb{L} = \emptyset$; $\mathbb{L} = \{(1 \mid 2)\}$
$\mathbb{L} = \{(8 \mid 4)\}$; $\mathbb{L} = \{(8 \mid 5)\}$
$\mathbb{L} = \{(1{,}5 \mid 3{,}2)\}$;
$\mathbb{L} = \{(4{,}3 \mid -3{,}6)\}$;
$\mathbb{L} = \{(0{,}4 \mid 0{,}75)\}$;
$\mathbb{L} = \left\{\left(\frac{3}{17} \mid 6\frac{4}{17}\right)\right\}$;
$\mathbb{L} = \{(x \mid y) \mid y = -1{,}5x + 3\}$

**4** Welche Zahlen sind gesucht? Schreibe als lineares Gleichungssystem und löse.

a) Addiere zu einer ersten Zahl 6, so erhältst du das Dreifache einer zweiten Zahl. Addiere zu der zweiten Zahl 9, so erhältst du das Vierfache der ersten Zahl.

b) Die Summe zweier Zahlen ist 25. Das Doppelte der ersten Zahl ist gleich dem Dreifachen der zweiten Zahl.

c) Gesucht ist eine zweistellige Zahl. Vertauscht man die Ziffern, so entsteht eine um 18 kleinere Zahl. Die Quersumme der gesuchten Zahl ist 12.

d) Addiert man zu einer zweistelligen Zahl das Vierfache ihrer Quersumme, so erhält man 108. Dividiert man die Zahl durch ihre Quersumme, so ergibt sich 8. Wie heißt die Zahl?

**5** Bei einem Fußballturnier haben Hansi und Thomas zusammen 13 Tore geschossen. Hätte Hansi 2 Tore weniger und Thomas 3 Tore mehr geschossen, hätten beide gleich viele Tore geschossen. Wie viele Tore hat jeder erzielt?

*Lösungen zu 1:*
$\mathbb{L} = \left\{\left(\frac{8}{3} \middle| 0\right)\right\}$; $\mathbb{L} = \emptyset$;
$\mathbb{L} = \left\{(x|y) \mid y = -\frac{4}{7}x + 1\right\}$
$\mathbb{L} = \{(x|y) \mid y = 0{,}5x - 0{,}75\}$;
$\mathbb{L} = \{(-100|148)\}$;
$\mathbb{L} = \{(6{,}5|5{,}75)\}$;
$\mathbb{L} = \{(14|25)\}$;
$\mathbb{L} = \{(x|y) \mid y = x - 3\}$;
$\mathbb{L} = \{(-46|29)\}$

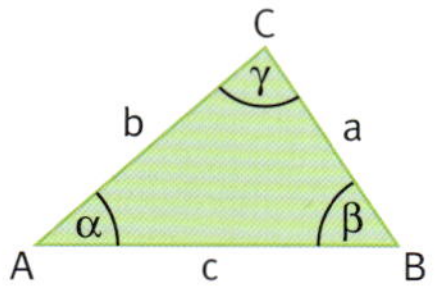


*Die Katheten sind diejenigen Seiten im rechtwinkligen Dreieck, die am rechten Winkel anliegen.*

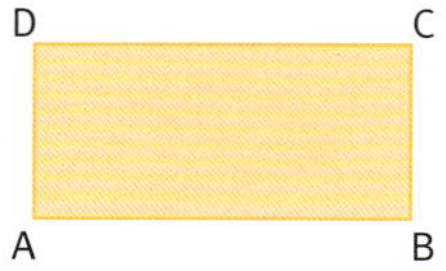


**1** Löse das lineare Gleichungssystem mit einem Verfahren deiner Wahl ($\mathbb{G} = \mathbb{Q} \times \mathbb{Q}$).

**a)** I $2x - y = 3$
$\wedge$ II $9x - 5y = 1$

**b)** I $x = y + 3$
$\wedge$ II $y = \frac{1}{2}(2x - 6)$

**c)** I $x - 2y = 1{,}5$
$\wedge$ II $3{,}8y - 1{,}9x = -2{,}85$

**d)** I $6y + 9x + 12 = 0$
$\wedge$ II $x = 48 - y$

**e)** I $x = 2y - 5$
$\wedge$ II $y = \frac{1}{2}(3x - 8)$

**f)** I $3x + 5y = 7$
$\wedge$ II $-5x - 8y + 2 = 0$

**g)** I $1{,}5x + 6y - 4 = 0$
$\wedge$ II $3x - 4y = 8$

**h)** I $4x - 3y = -2$
$\wedge$ II $6 = x - \frac{3}{4}y$

**i)** I $\frac{4}{7}x - 1 = -y$
$\wedge$ II $2x = \frac{7}{2} \cdot (1 - y)$

**2** Rund ums Dreieck: Stelle ein lineares Gleichungssystem auf und löse es mithilfe eines geeigneten Verfahrens.

**a)** Im Dreieck ABC mit $\alpha = 42°$ ist $\gamma$ um 24° größer als $\beta$. Bestimme $\beta$ und $\gamma$.

**b)** In einem gleichschenkligen Dreieck ABC ist der Basiswinkel $\alpha$ um 9° größer als der Scheitelwinkel $\gamma$. Bestimme die Maße aller Innenwinkel.

**c)** In einem rechtwinkligen Dreieck verhalten sich die Längen der Katheten wie 28 : 33. Eine Kathete ist um 2 cm kürzer als die andere.

1 Berechne die Längen der Katheten.

2 Bestimme den Flächeninhalt des Dreiecks.

**3** Wie lang sind die ursprünglichen Rechtecksseiten? Löse mithilfe eines linearen Gleichungssystems.

**a)** Verkürzt man die längere Seite eines Rechtecks um 2 cm und verlängert die andere um 1 cm, dann nimmt der Flächeninhalt um 5 $cm^2$ ab. Wird jedoch beim ursprünglichen Rechteck die längere Seite um 2 cm verkürzt und die andere Seite um 3 cm verlängert, dann nimmt der Flächeninhalt um 3 $cm^2$ zu.

**b)** Ein Rechteck hat einen Umfang von 45 cm. Verlängert man eine Seite um 3 cm und verkürzt die andere gleichzeitig um 3 cm, so wächst der Flächeninhalt um 42 $cm^2$.

**4** Löse in Abhängigkeit von a für $a \in \mathbb{Q} \setminus \{-1; 0\}$.

**a)** I $a \cdot (x - a) = y + 1$
$\wedge$ II $x + y = 2a$

**b)** I $ax + 3y = 2a^2 - 9$
$\wedge$ II $ax - 3y = 2a^2 + 9$

**c)** I $ax = y - a^2$
$\wedge$ II $y - 2ax = 2a^2 + 2{,}25$

**5** Für welchen Wert des Parameters k ($k \in \mathbb{Q}$) besitzt das lineare Gleichungssystem

I $x + y = 4$
$\wedge$ II $kx + y = 2$

**a)** … die Lösungsmenge $\mathbb{L} = \{(-1|5)\}$?

**b)** … keine Lösung?

**c)** … die Lösungsmenge $\mathbb{L} = \{(2|-1)\}$?

**d)** … die Lösungsmenge $\mathbb{L} = \{(0|4)\}$?

**6** Die kleinere von zwei ganzen Zahlen ist so groß wie der fünfte Teil der größeren Zahl. Die größere Zahl ist um 76 größer als die kleinere. Welchen Wert hat die Summe beider Zahlen?

**7** Ein Geschäft kauft 35 T-Shirts und 25 Pullis, die zusammen 1844,50 € kosten. Die T-Shirts werden mit 20 %, die Pullis mit 30 % Aufschlag weiterverkauft und ergeben eine Verkaufssumme von 2317,35 €. Stelle ein lineares Gleichungssytem auf und ermittle die Einkaufspreise von T-Shirt und Pulli.

**8** Bei der Stichwahl für das Amt der Bürgermeisterin siegt Frau Schwab mit einer Mehrheit von 1236 Stimmen gegenüber Frau Beyer. Das Stimmenverhältnis der gültigen Stimmen war 5 : 4.
Wie viele Stimmen hatte jede der beiden Kandidatinnen?

**9** Im Rechenbuch von Adam Ries findet sich die folgende Aufgabe:

*Einer spricht zum anderen: „Gib mir einen Pfennig, so habe ich soviel wie du.“ Darauf spricht der andere zum ersten: „Gib du mir einen Pfennig, so habe ich zweimal so viel als dir bleibt.“*

Wie viele Pfennige hatte jeder? Hinweis: Ein Pfennig ist eine alte Geldeinheit.

*Der im 15./16. Jahrhundert lebende Rechenmeister Adam Ries wurde 1492 oder 1493 im oberfränkischen Bad Staffelstein geboren.*

**10** **a)** Sven ist zur Zeit viermal so alt wie sein Bruder Paul. Vor drei Jahren war Sven siebenmal so alt wie Paul. Wie alt sind Sven und Paul heute?

1 Erkläre den folgenden Ansatz:

| | heute | vor 3 Jahren |
|---|---|---|
| Alter von Sven in Jahren: | x | x − 3 |
| Alter von Paul in Jahren: | y | y − 3 |
| | I x = 4y | ∧ II x − 3 = ☐ |

2 Löse die Aufgabe.

**b)** Berechne ebenso: Wie alt sind die Personen heute?

1 Marcos Onkel ist heute dreimal so alt wie Marco. Vor fünf Jahren war er viermal so alt wie Marco.

2 Majas Mutter ist in zwei Jahren doppelt so alt wie Maja. Vor acht Jahren war sie noch dreimal so alt wie ihre Tochter.

**11** An einem zweiseitigen Hebel wirken die Kräfte $F_1$ und $F_2$. Beide Kräfte zusammen haben einen Betrag von 7 N (N: Newton). Wie groß sind die beiden Kräfte in der dargestellten Anordnung?

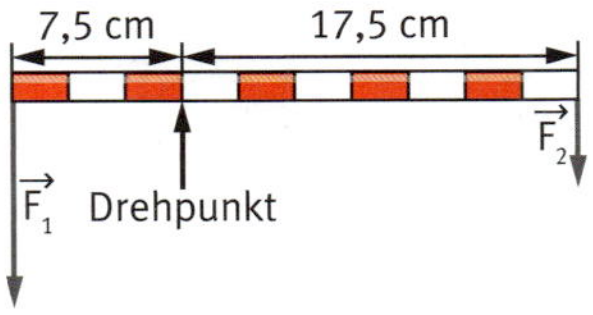


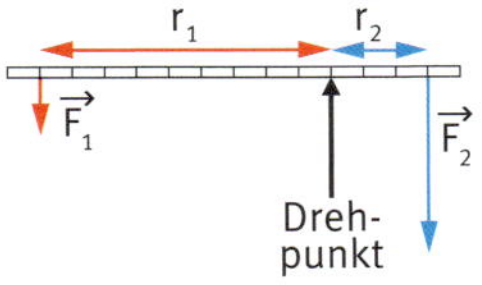


*Wirkt die Kraft senkrecht auf den Hebelarm, gilt:*
*$r_1 \cdot F_1 = r_2 \cdot F_2$ (Hebelgesetz)*

**12** In einem Versuch wird die Abhängigkeit der Stromstärke I (in Milli-Ampere) von der Spannung U (in Volt) bei zwei kleinen Elektromotoren gemessen.

| U in V | 10 | 20 | 30 | 40 | 50 | 60 |
|---|---|---|---|---|---|---|
| Motor 1: $I_1$ in mA | 15 | 30 | 45 | 60 | 75 | 90 |
| Motor 2: $I_2$ in mA | 12 | 24 | 36 | 48 | 60 | 72 |

**a)** Stelle den Sachverhalt in einem Schaubild dar.
(x-Achse: 1 cm ≙ 10 V; y-Achse: 1 cm ≙ 10 mA)

**b)** Begründe anhand des Schaubilds, dass eine Funktion vorliegt.

**c)** Gib für beide Zuordnungen jeweils einen Funktionsterm an.

**d)** Welche Stromstärken kann man bei beiden Motoren für eine Spannung von 70 V erwarten? Wie groß ist die prozentuale Abweichung, wenn bei dieser Spannung Stromstärken von $I_1$ = 100 mA und $I_2$ = 86 mA gemessen werden?

**e)** Bestimme, bei welcher Spannung in Motor 1 ein um 10 mA stärkerer Strom fließt als in Motor 2.

**Break-even-point: Der Punkt zum Gewinn**
Wenn die Kosten höher sind als die Einnahmen, macht ein Unternehmen Verlust. In einem sogenannten Break-even-Diagramm sehen Wirtschaftsfachleute auf einen Blick, in welchem Bereich die Verlustzone und wo die Gewinnzone liegt. Als „Break-even-point" bezeichnet man den Punkt, an dem die Kosten und die Einnahmen eines Unternehmens gleich sind.

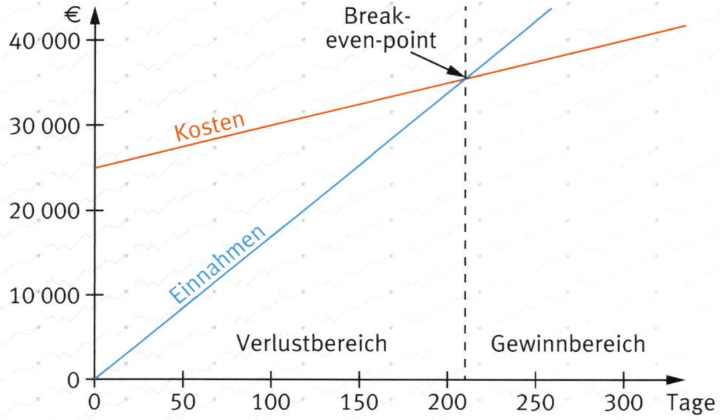


**a)** Ein Verleger möchte Arbeitshefte drucken lassen.

**Kosten**
- Heft durch einen Grafiker setzen lassen: 2000 € insgesamt
- Farbdruck: 1,70 € pro Heft

**Einnahmen**
Nettopreis 4,90 € pro Heft

Wie viele Hefte muss der Verleger herstellen und verkaufen, damit er den „Break-even-point" genau erreicht?

**b)** Ein Hotelmanager stellt eine einfache Gewinn-und-Verlustrechnung für sein Hotel mit 80 Betten auf.

**Kosten**
- Versicherungen, Zinsen, Steuern: 150 000 € pro Jahr
- Unterhaltskosten pro vermietetes Zimmer (Reinigung, Wasser, Strom, Heizung, ...): 25 € pro Tag
- Unterhaltskosten pro leeres Zimmer (Strom, Heizung, ...): 10 € pro Tag

**Einnahmen**
Zimmermiete: 45 € pro Tag
Das Hotel hat an 365 Tagen im Jahr geöffnet.

Wie viele Zimmer müssen am Tag im Durchschnitt vermietet sein, damit das Hotel am Ende des Jahres (Ende September) den „Break-even-point" erreicht?

### Spare, spare, Häusle baue

Familie Meisel finanziert den Bau eines Eigenheims mit einem Bauspardarlehen und einem Bankkredit. Beide zusammen betragen 320 000 €.
Das Bauspardarlehen ist mit 2,5 %, der Bankkredit mit 3 % verzinst. Die gesamten Zinsen im ersten Jahr betragen 8600 €.
Berechne die Höhe des Bauspardarlehens und des Kredits.

### Money, money, money ...

Christopher hat 20 000 € geerbt und in zwei Fonds angelegt.

| | |
|---|---|
| Global-Fonds<br>Aussicht: stabil | 4,5 % durchschnittlich erwarteter Ertrag |
| Öko-Fonds<br>Aussicht: schwankend | 5,5 % durchschnittlich erwarteter Ertrag |

**a)** Wie viel Geld hat er in jedem Fonds investiert, wenn er im ersten Jahr 1050 € Zinsen erwartet?

**b)** Tatsächlich schwankte der Öko-Fonds im ersten Jahr erheblich, sodass nur ein durchschnittlicher Ertrag von 3,5 % erwirtschaftet wurde. Wie hoch waren die Zinsen in dem Jahr mit der Investitionsverteilung aus a)?

### Alles Theater

Ein Theatermanager kalkuliert die Kosten für ein Gastspiel eines bekannten Künstlers wie folgt:

- Der Künstler erhält 10 000 € sowie 40 % der Einnahmen aus dem Kartenverkauf.
- Mietkosten für einen Saal mit 1400 Plätzen, Sicherheitsdienst, Versicherungen, Werbung etc. betragen zusammen 15 000 €

Der Konzertveranstalter plant zwei verschiedene Kartenkategorien: 1. Rang und 2. Rang.

**a)** Macht Vorschläge, wie der Theatermanager die Kartenpreise kalkulieren sollte, damit er keinen Verlust macht.
Geht von verschiedenen Verkaufszahlen für die Karten aus und stellt eure Ergebnisse der Klasse vor.

**b)** Der Theatermanager glaubt, dass das Gastspiel ausverkauft ist, wenn er die Preise wie folgt festlegt:
1. Rang: 40 €     2. Rang: 32 €

① Der Term $10\,000 + 0{,}4 \cdot (40x + 32y)$ beschreibt die Kosten für den Künstler. Erläutere, wie man auf diesen Term kommt.

② Wie viele Karten müssen in jedem Rang verkauft werden, wenn der Manager mit einem Gewinn von 5000 € rechnet?

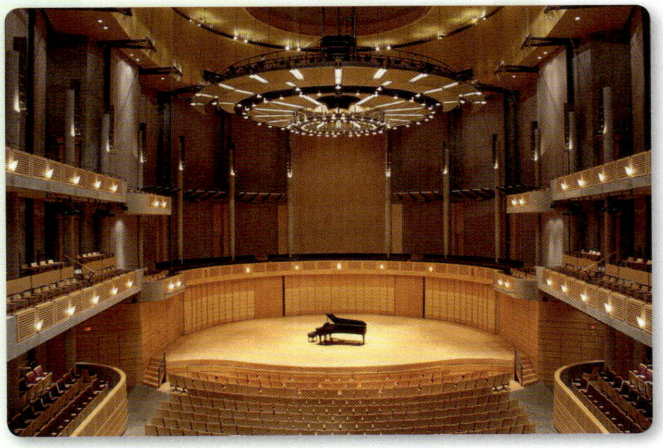

Überprüfe deine Fähigkeiten und Kenntnisse. Bearbeite dazu die folgenden Aufgaben und bewerte anschließend deine Lösungen mit einem Smiley.

| ☺ | 😐 | ☹ |
|---|---|---|
| Das kann ich! | Das kann ich fast! | Das kann ich noch nicht! |

Hinweise zum Nacharbeiten findest du auf der folgenden Seite. Die Lösungen findest du unter www.ccbuchner.de/medien (Eingabe 8439-02).

**Aufgaben zur Einzelarbeit**

**1** Bestimme die Lösungsmenge des linearen Gleichungssystems zeichnerisch ($\mathbb{G} = \mathbb{Q} \times \mathbb{Q}$).

**a)** $\text{I}\ \ 2x + y = 10$
$\wedge\ \text{II}\ -4x + 2y = -12$

**b)** $\text{I}\ \ \frac{1}{2}x - 2y = -\frac{3}{2}$
$\wedge\ \text{II}\ x - y = -\frac{3}{2}$

**c)** $\text{I}\ \ -x + \frac{1}{2}y - 3 = 0$
$\wedge\ \text{II}\ 2y = 4x + 12$

**d)** $\text{I}\ \ 5x + 4y + 3 = 0$
$\wedge\ \text{II}\ \frac{7}{8}x + 2y = -1{,}5$

**e)** $\text{I}\ \ 1{,}5x + 3y = 4$
$\wedge\ \text{II}\ 6y - 2 = -3x$

**f)** $\text{I}\ \ 10x - 3y = 10$
$\wedge\ \text{II}\ 2y - 2{,}5x + 4 = 1$

**2** ①

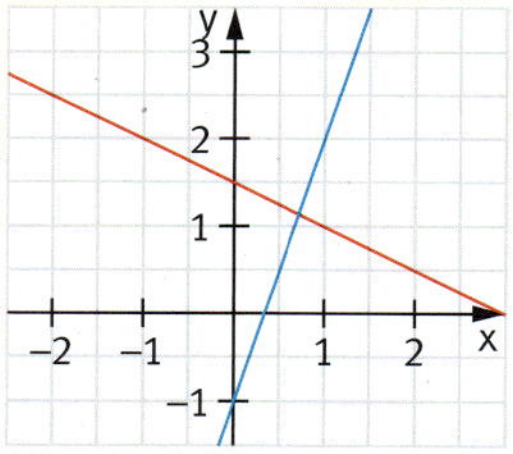


②

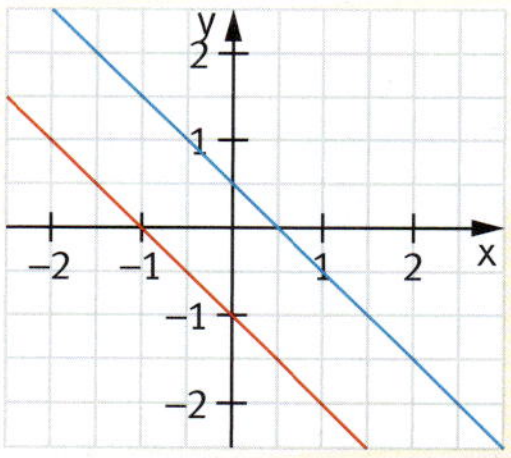


**a)** Bestimme ein zugehöriges lineares Gleichungssystem ($\mathbb{G} = \mathbb{Q} \times \mathbb{Q}$).

**b)** Wie lautet die Lösungsmenge?

**3** Bestimme die Lösungsmenge mit dem Einsetzungsverfahren ($\mathbb{G} = \mathbb{Q} \times \mathbb{Q}$).

**a)** $\text{I}\ \ y = 4x - 4$
$\wedge\ \text{II}\ x + y = 6$

**b)** $\text{I}\ \ x = 8 - \frac{1}{2}y$
$\wedge\ \text{II}\ 6x + y = 40$

**c)** $\text{I}\ \ 2y = 9x - 19$
$\wedge\ \text{II}\ 3x = -y + 2$

**d)** $\text{I}\ \ -2x - 8y = -12$
$\wedge\ \text{II}\ 5x + y = 30$

**e)** $\text{I}\ \ 2x + y - 11 = 0$
$\wedge\ \text{II}\ 3x = 2y$

**f)** $\text{I}\ \ 10x - 7y = 44$
$\wedge\ \text{II}\ 7y - 3x + 23 = 0$

**4** Bestimme die Lösungsmenge mit dem Gleichsetzungsverfahren ($\mathbb{G} = \mathbb{Q} \times \mathbb{Q}$).

**a)** $\text{I}\ \ y = 6x - 2$
$\wedge\ \text{II}\ y = 2x - 1$

**b)** $\text{I}\ \ 2y = 4x - 14$
$\wedge\ \text{II}\ 3y = 15 - 6x$

**c)** $\text{I}\ \ x = 2y - 4$
$\wedge\ \text{II}\ x = 16 - 3y$

**d)** $\text{I}\ \ 2x + 2y = -4$
$\wedge\ \text{II}\ 2x + y = 2$

**e)** $\text{I}\ \ 2x = y + 1$
$\wedge\ \text{II}\ 2x - 3y + 21 = 0$

**f)** $\text{I}\ \ 2y = \frac{1}{2}x - 2$
$\wedge\ \text{II}\ 10 - \frac{1}{2}x = 2y$

**5** Bestimme die Lösungsmenge mit dem Additionsverfahren ($\mathbb{G} = \mathbb{Q} \times \mathbb{Q}$).

**a)** $\text{I}\ \ 5x - 4y = -37$
$\wedge\ \text{II}\ x + 4y = 7$

**b)** $\text{I}\ \ 3x + 4y = 11$
$\wedge\ \text{II}\ 3x + 3y = 9$

**c)** $\text{I}\ \ 5x + 2y = 23$
$\wedge\ \text{II}\ -3x + 2y = -1$

**d)** $\text{I}\ \ x - y = -14$
$\wedge\ \text{II}\ x + y = 10$

**e)** $\text{I}\ \ 4x + 7y = 72$
$\wedge\ \text{II}\ x + y = 15$

**f)** $\text{I}\ \ 7x + 15y = 2$
$\wedge\ \text{II}\ 21x - 3y = -90$

**6**

① $\text{I}\ \ -2x + 6y = 16$
$\wedge\ \text{II}\ \ 10x - 6y = 64$

② $\text{I}\ \ y = 2x + 5$
$\wedge\ \text{II}\ \ y + 5 = 3x$

③ $\text{I}\ \ x = y - 18$
$\wedge\ \text{II}\ \ \frac{1}{2}y - 9 = \frac{1}{2}x$

④ $\text{I}\ \ 4x - 2y = 8$
$\wedge\ \text{II}\ \ x = y - 2$

⑤ $\text{I}\ \ y = 10x - 22$
$\wedge\ \text{II}\ \ 2y = 4x + 4$

⑥ $\text{I}\ \ 2x + y = 11$
$\wedge\ \text{II}\ \ 3x - y = 4$

**a)** Begründe, welches Verfahren für das lineare Gleichungssystem geeignet erscheint.

**b)** Löse das lineare Gleichungssystem mit dem gewählten Verfahren ($\mathbb{G} = \mathbb{Q} \times \mathbb{Q}$).

**7** Berechne die Determinante.

**a)** $\begin{vmatrix} -2 & 1 \\ 3 & 5 \end{vmatrix}$ **b)** $\begin{vmatrix} \frac{1}{2} & \frac{1}{3} \\ -3 & 6 \end{vmatrix}$ **c)** $\begin{vmatrix} 2{,}5 & 1 \\ -3 & 0 \end{vmatrix}$

**8** Bestimme die Lösungsmenge mit dem Determinantenverfahren ($\mathbb{G} = \mathbb{Q} \times \mathbb{Q}$).

**a)** $\text{I}\ \ -5x + y = 6$
$\wedge\ \text{II}\ -10x + 2y = 8$

**b)** $\text{I}\ \ y - x - 11 = 0$
$\wedge\ \text{II}\ \frac{1}{2}y + x = 14$

**9** Löse das lineare Gleichungssystem mit einem Verfahren deiner Wahl ($\mathbb{G} = \mathbb{Q} \times \mathbb{Q}$).

**a)** $\text{I}\ \ 3x - 4y = 1{,}2$
$\wedge\ \text{II}\ 2y - 1{,}5x = -0{,}6$

**b)** $\text{I}\ \ y - 0{,}7x = 0{,}4$
$\wedge\ \text{II}\ y + 7x = -155$

**c)** $\text{I}\ \ 2a + 3b = -38$
$\wedge\ \text{II}\ 8a - 1{,}5b = 10$

**d)** $\text{I}\ \ 1{,}5p - 3q = -24$
$\wedge\ \text{II}\ -6p + 9q = 87$

**10** Wie viele 1-Liter-Packungen der abgebildeten Milchsorten muss man mischen, um 8 Liter Milch mit einem Fettgehalt von 1,25 % zu erhalten?

**11** Die Schwestern Carmen und Saskia sind zusammen 24 Jahre alt. Carmen ist 4 Jahre älter als Saskia. Wie alt sind beide jeweils?

**12** Sabrina baut eine Pyramide mit quadratischer Grundfläche aus einem 1 m langen Draht. Dabei ist die Kantenlänge s 10 cm länger als die Seitenlänge a des Grundflächenquadrats.

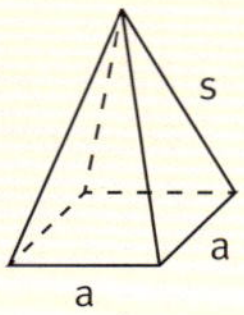


**13** Für 3 Rosenstöcke und 5 Beutel Tulpenzwiebeln zahlt Frau Rasch 50,20 €.
Frau Berger zahlt für 4 Rosenstöcke und 3 Beutel Tulpenzwiebeln 49,70 €. Wie teuer ist ein Rosenstock und ein Beutel Tulpenzwiebeln?

**14** Die größere von zwei natürlichen Zahlen ist um 9 größer als die kleinere. Die Summe beider Zahlen hat den Wert 151. Wie lauten die Zahlen?

**Aufgaben für Lernpartner**

**Arbeitsschritte**

1. Bearbeite die folgenden Aufgaben alleine.
2. Suche dir einen Partner und erkläre ihm deine Lösungen. Höre aufmerksam und gewissenhaft zu, wenn dein Partner dir seine Lösungen erklärt.
3. Korrigiere gegebenenfalls deine Antworten und benutze dazu eine andere Farbe.

Sind folgende Behauptungen **richtig** oder **falsch**? Begründe schriftlich.

**15** Ein lineares Gleichungssystem kann keine Lösung, eine Lösung, zwei Lösungen, drei Lösungen, ... haben.

**16** Das Gleichsetzungsverfahren ist ein Sonderfall des Einsetzungsverfahrens.

**17** Ziel der Lösungsverfahren für lineare Gleichungssysteme ist es, eine Variable zu eliminieren.

**18** Wenn ein lineares Gleichungssystem unendlich viele Lösungen hat, liegen die zugehörigen Geraden der Funktionsgleichungen im Koordinatensystem parallel.

**19** Die rechnerische Lösung linearer Gleichungssysteme ist genauer als die zeichnerische Lösung.

**20** Möchte man Sachaufgaben mithilfe linearer Gleichungssysteme lösen, muss man zunächst die Variablen geeignet festlegen.

**21** Das Additionsverfahren besagt, dass eine Variable stets eliminiert wird, wenn man zwei lineare Gleichungen addiert.

**22** Die Determinante ist das Produkt aller Koeffizienten eines linearen Gleichungssystems.

| Aufgabe | Ich kann ... | Hilfe |
|---|---|---|
| 1, 15, 18, 19 | lineare Gleichungssysteme zeichnerisch lösen. | S. 16 |
| 3 | lineare Gleichungssysteme mit dem Einsetzungsverfahren lösen. | S. 20 |
| 4, 16 | lineare Gleichungssysteme mit dem Gleichsetzungsverfahren lösen. | S. 20 |
| 5, 21 | lineare Gleichungssysteme mit dem Additionsverfahren lösen. | S. 22 |
| 7, 8, 22 | lineare Gleichungssysteme mit dem Determinantenverfahren lösen. | S. 24 |
| 2, 6, 9, 17, 19 | geeignete Lösungsverfahren für lineare Gleichungssysteme auswählen und begründen. | S. 23 |
| 10, 11, 12, 13, 14, 20 | Sachaufgaben mithilfe von linearen Gleichungssystemen lösen. | S. 27 |

**S. 16**

$y = 0{,}5x + 1$
$(\mathbb{G} = \mathbb{Q} \times \mathbb{Q})$

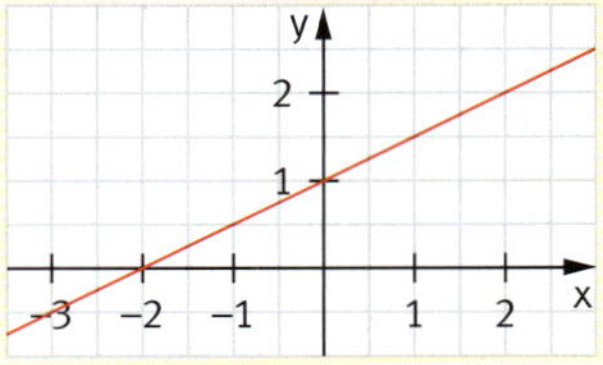

Die **Lösung einer linearen Gleichung** mit zwei Variablen sind **Zahlenpaare (x|y)**.
Alle Lösungen einer linearen Gleichung lassen sich durch eine **Gerade** darstellen.

**S. 16**

1

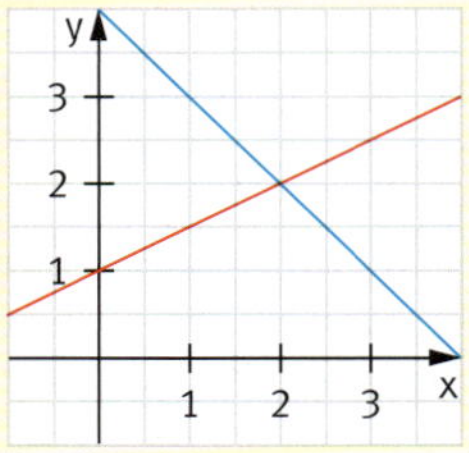

2

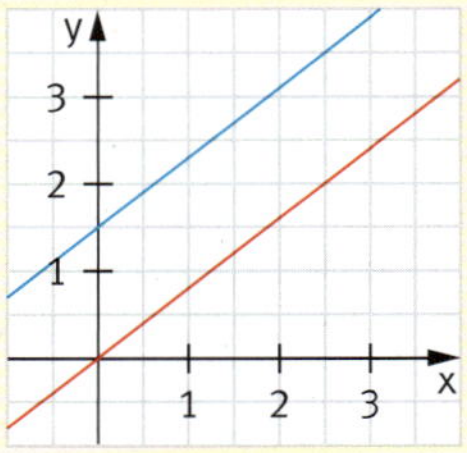

3

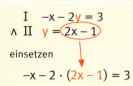

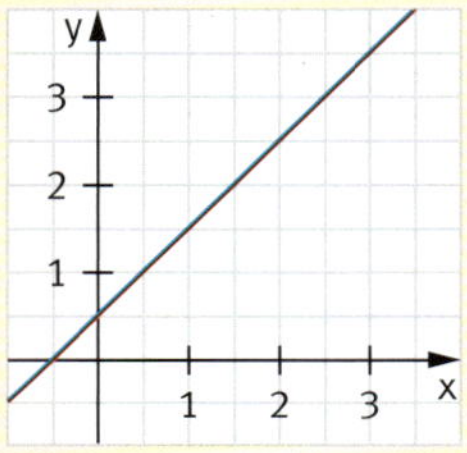

Sollen Zahlenpaare (x|y) **zwei lineare Gleichungen gleichzeitig erfüllen**, so spricht man von einem **linearen Gleichungssystem**.
Die Zahlenpaare der **Lösungsmenge** $\mathbb{L} = \{(x|y)\}$ eines linearen Gleichungssystems sind sowohl Elemente der Lösungsmenge $\mathbb{L}_1$ der ersten Gleichung als auch Elemente der Lösungsmenge $\mathbb{L}_2$ der zweiten Gleichung: $\mathbb{L} = \mathbb{L}_1 \cap \mathbb{L}_2$.

Bei der Lösungsmenge eines linearen Gleichungssystems können folgende drei Fälle auftauchen:

1. Die Geraden **schneiden sich in genau einem Punkt**. Das lineare Gleichungssystem hat **genau eine Lösung**. $\mathbb{L} = \{(2|2)\}$
2. Die Geraden verlaufen **parallel**. Das lineare Gleichungssystem hat **keine Lösung**: $\mathbb{L} = \varnothing$
3. Die Geraden zu beiden Gleichungen sind **identisch**. Das lineare Gleichungssystem hat **unendlich viele Lösungen**: $\mathbb{L} = \{(x|y) \mid y = x + 0{,}5\}$

**S. 20**

$$\begin{aligned} &\text{I} \quad -x - 2y = 3 \\ \wedge\ &\text{II} \quad y = 2x - 1 \end{aligned}$$

einsetzen

$$-x - 2 \cdot (2x - 1) = 3$$

### Einsetzungsverfahren

Löst man eine der Gleichungen nach einer Variable (z. B. y) auf, dann kann man den erhaltenen Term für die Variable in die andere Gleichung einsetzen.

**S. 20**

$$\begin{aligned} &\text{I} \quad y = 2x - 1 \\ \wedge\ &\text{II} \quad y = -x + 5 \end{aligned}$$

gleich-setzen

$$2x - 1 = -x + 5$$

### Gleichsetzungsverfahren

Löst man beide Gleichungen nach einer Variable (z. B. y) auf, dann kann man die erhaltenen Terme gleichsetzen.

**S. 22**

$$\begin{aligned} &\text{I} \quad 2x - 2y = -5 \\ \wedge\ &\text{II} \quad 4x + 2y = -7 \\ \hline &6x = -12 \quad |:6 \\ &x = -2 \end{aligned}$$

### Additionsverfahren

Man addiert beide Gleichungen, wenn vor einer Variable betragsgleiche Koeffizienten stehen, die ein unterschiedliches Vorzeichen haben.

**S. 24**

$$D_N = \begin{vmatrix} a_1 & b_1 \\ a_2 & b_2 \end{vmatrix} = a_1b_2 - a_2b_1$$

$$D_x = \begin{vmatrix} c_1 & b_1 \\ c_2 & b_2 \end{vmatrix} = c_1b_2 - c_2b_1$$

$$D_y = \begin{vmatrix} a_1 & c_1 \\ a_2 & c_2 \end{vmatrix} = a_1c_2 - a_2c_1$$

### Determinantenverfahren

Mithilfe von Determinanten D lässt sich die Lösung eines linearen Gleichungssystems der Form

$$\begin{aligned} &\text{I} \quad a_1x + b_1y = c_1 \\ \wedge\ &\text{II} \quad a_2x + b_2y = c_2 \end{aligned}$$

übersichtlich darstellen.

$\mathbb{L} = \left\{\left(\frac{D_x}{D_N} \middle| \frac{D_y}{D_N}\right)\right\}$ für $D_N \neq 0$ (Cramer'sche Regel)

## Binomische Formeln

**1** Ergänze die binomische Formel und veranschauliche sie geometrisch.
$(a + b)^2 = \square + \square + \square$

**2** Wende die binomischen Formeln an.

**a)** $(z - 2{,}5)^2$ **b)** $(1{,}1 + x)^2$
**c)** $(3 + m) \cdot (m - 3)$ **d)** $\left(p + \frac{4}{5}q\right)^2$
**e)** $\left(1\frac{2}{3} - 2x\right)^2$ **f)** $(3c - 4d) \cdot (3c + 4d)$
**g)** $(1{,}4r^4 + 0{,}2s)^2$ **h)** $(2{,}1 - c^3)^2$

**3** Verwandle in ein Produkt.

**a)** $a^2 + 4a + 4$ **b)** $36 - r^2$
**c)** $9x^2 - 24xy + 16y^2$ **d)** $81a^4 - 1$

**4** Fülle die Lücken so, dass eine binomische Formel entsteht.

**a)** $x^2 - \square + 49y^4 = (x - \square)^2$
**b)** $c^2 - \square + \square = \left(\square - \frac{6}{7}\right)^2$
**c)** $(3m - \square) \cdot (\square + \square) = \square - 4n^2$
**d)** $p^2 + 10op + \square = \square$
**e)** $(v - \square) \cdot (v + \square) = v^2 \square 4w^4x^2$

**5** Welche der angegebenen Terme sind Quadrate von Binomen? Wenn nötig, ändere den Term so ab, dass er das Quadrat eines Binoms ergibt.

| | | |
|---|---|---|
| $a^2 + b^2 + 2ab$ | $a^2 - 2ab + b^2$ | $a^2 + b^2$ |
| $a^2 + b^3$ | $a^2 + 3ab + b^2$ | $a^2 - 2ab - b^2$ |
| $a^2 - b^2$ | $a^2 + 2ab - b^2$ | |

**6** Vereinfache den Term.

**a)** $(a + b)^2 - (a + b) \cdot (a - b)$
**b)** $(4s - 3u) \cdot (4s + 3u) - (3u + 4s)^2$
**c)** $(6r - 5)^2 - (6r - 5) \cdot (6r + 5)$
**d)** $(8x + 6y) \cdot (8x - 6y) - (6x + 8y)^2$

**7** Verlängert man eine Seite eines Quadrats um 2 cm und verkürzt gleichzeitig die andere Seite um 2 cm, so entsteht ein Rechteck. Vergleiche die Flächeninhalte des Quadrats und des Rechtecks.

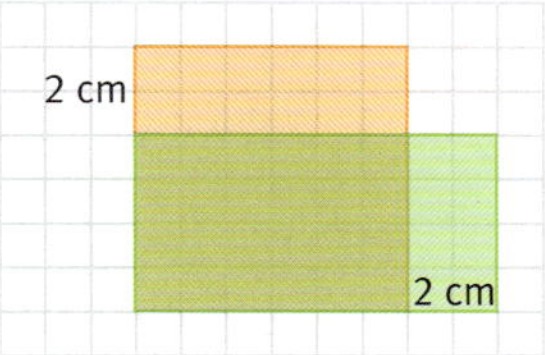


## Dreiecke

**8** Sortiere die Winkel des Dreiecks ABC der Größe nach, wenn a = 6,2 cm, b = 4,1 cm und c = 8,8 cm.

**9** Greta behauptet:

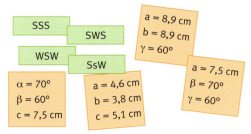

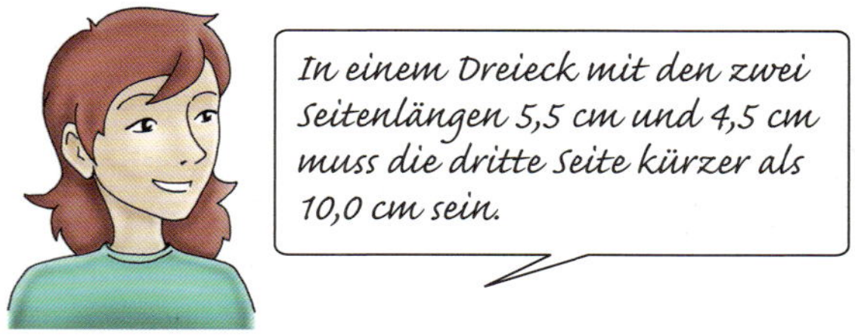

In einem Dreieck mit den zwei Seitenlängen 5,5 cm und 4,5 cm muss die dritte Seite kürzer als 10,0 cm sein.


Nimm Stellung zu Gretas Aussage.

**10** Entscheide, ob die Aussagen wahr sind. Begründe.
Zwei Dreiecke sind kongruent, wenn sie …

**a)** gleichschenklig sind und den gleichen Flächeninhalt besitzen.
**b)** in einer Seite und in den Maßen der beiden anliegenden Winkel übereinstimmen.
**c)** drei gleich große Winkel besitzen.
**d)** in zwei Seitenlängen und dem Maß des von diesen Seiten eingeschlossenen Winkels übereinstimmen.

**11** Konstruiere folgende Dreiecke.

**a)** a = 4 cm; $\gamma = 90°$; $\beta = 30°$
**b)** b = 0,3 dm; $\beta = 30°$; $\alpha = 60°$
**c)** a = 4 cm; b = 55 mm; c = 0,6 dm
**d)** b = 4 cm; c = 3 cm; $\alpha = 80°$

**12** Wähle aus den vorgegebenen Größen jeweils drei aus und überlege anhand einer Planskizze, ob das Dreieck (eindeutig) konstruierbar ist.

a = 6 cm c = 9 cm $\alpha = 40°$
$\gamma = 50°$ $h_a = 4{,}5$ cm

**13** Finde Zusammengehörendes. Eine Skizze kann helfen.

SSS
SWS
WSW
SsW

a = 8,9 cm; b = 8,9 cm; $\gamma = 60°$
a = 7,5 cm; $\beta = 70°$; $\gamma = 60°$
$\alpha = 70°$; $\beta = 60°$; c = 7,5 cm
a = 4,6 cm; b = 3,8 cm; c = 5,1 cm

## Proportionalitäten

**14**

| | | | | | | |
|---|---|---|---|---|---|---|
| 1 | x | 1 | □ | 3 | 9 | 18 |
| | y | □ | 12 | 6 | 2 | □ |
| 2 | x | 1 | 3,6 | 3 | 9 | □ |
| | y | □ | 9 | 7,5 | □ | 45 |

**a)** Überprüfe auf direkte oder indirekte Proportionalität und ergänze die Tabelle entsprechend.

**b)** Zeichne einen Graphen der Zuordnung.

**c)** Finde zu den Werten eine passende Sachsituation.

**15** Welche Zuordnungen sind direkt, welche indirekt proportional? Begründe deine Antwort mit je drei selbstgewählten Zahlenpaaren.

**a)** *Anzahl der Arbeiter auf einer Baustelle ⟼ gesamte Bauzeit*

**b)** *Zeitdauer ⟼ Restmenge Wasser in einem Becken, das abgelassen wird*

**c)** *Ausgaben ⟼ Kontostand*

**16** Die Tankfüllung eines Autos reicht 15 Tage, wenn täglich 45 km gefahren werden. Wie lange reicht das Benzin, wenn täglich 27 km gefahren werden? Gehe von einem konstanten Spritverbrauch aus.

**17** Betrachte die Flächeninhalte der Rechtecke.

1
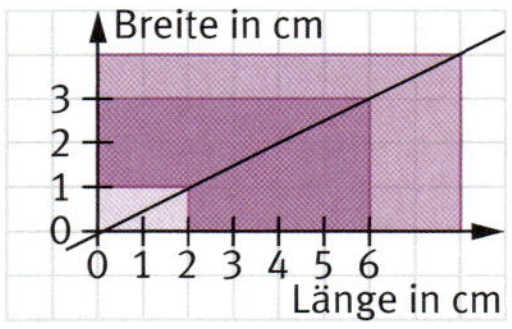


2
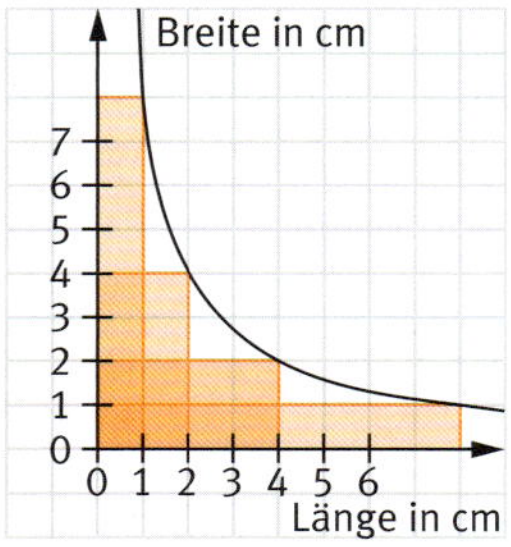


**a)** Beschreibe die Eigenschaften der Rechtecke.

**b)** Finde drei weitere passende Reckecke.

**c)** Gibt es ein Reckteck, das in beide Graphen passen würde?

**d)** Ein Rechteck ist 12 cm lang. Welche Breite und welchen Flächeninhalt hätte es bei 1 bzw. 2 ?

## Laplace-Experimente

**18** Lisa und Leon würfeln. Pro Spiel wird einmal ein Würfel geworfen. Fällt mindestens eine 5, erhält Lisa 2 € von Leon, andernfalls zahlt Lisa 1 € an Leon. Welche Aussage trifft zu? Begründe.

- Lisa hat die besseren Gewinnchancen.
- Leon hat die besseren Gewinnchancen.
- Beide haben die gleichen Gewinnchancen.

**19** Du wirfst eine 2-€-Münze fünfmal in Folge.

**a)** Notiere den Ergebnisraum.

**b)** Wie viele mögliche Ergebnisse gibt es insgesamt?

**20** Aus dem abgebildeten Gefäß wird zweimal verdeckt eine Kugel ohne Zurücklegen gezogen.

**a)** Handelt es sich um ein Laplace-Experiment? Begründe. Ändere das Experiment gegebenenfalls so ab, dass es ein Laplace-Experiment darstellt.

**b)** Bestimme für das dargestellte Experiment die Wahrscheinlichkeit P, dass zwei blaue Kugeln gezogen werden.

**c)** Nun legst du die zuerst gezogene Kugel nach dem Ziehen zurück. Handelt es sich um ein Laplace-Experiment? Berechne nun die Wahrscheinlichkeit für das Ziehen von zwei blauen Kugeln.

**21** An einem Glücksrad wurde wiederholt gedreht. Folgende Ergebnisse wurden ermittelt.

| | |
|---|---|
| Gewinn | 𝍸 𝍸 |
| Trostpreis | 𝍸 𝍸 𝍸 \| |
| Niete | 𝍸 𝍸 𝍸 𝍸 𝍸 𝍸 \|\|\|\| |

**a)** Entscheide, ob folgende Aussagen wahr oder falsch sind. Begründe.

1 Bei über der Hälfte der Versuche wurde eine Niete erzielt.

2 Bei weiteren 60 Versuchen werden wieder zehn Gewinne erdreht.

3 Man könnte bei den nächsten fünf Versuchen fünf Trostpreise erhalten.

4 Nach einem Gewinn kann man nicht sofort wieder einen Gewinn erhalten.

**b)** Skizziere, wie das Glücksrad aussehen könnte.

# 2 Flächeninhalt ebener Vielecke

**Einstieg**

- Welche Formen sind auf dem Bild zu sehen?
- Wie viel Segeltuch braucht man, um solche Segel herzustellen? Schätze ab.
- Wie könnte man vorgehen, um die Größe der Segelfläche zu bestimmen?

**Ausblick**

**Am Ende dieses Kapitels hast du gelernt, ...**

- den Flächeninhalt von Drei- und Vierecken zu bestimmen.
- den Flächeninhalt von Vielecken zu bestimmen.
- den Flächeninhalt von Dreiecken im Koordinatensystem zu berechnen.
- funktionale Abhängigkeiten darzustellen.

Für den Bau einer Straße soll Bauer Friedrich eine Ackerfläche abgeben. Der Staat bietet ihm als Ersatz für sein altes Ackerland (A) eine freie neue Fläche (N) an.

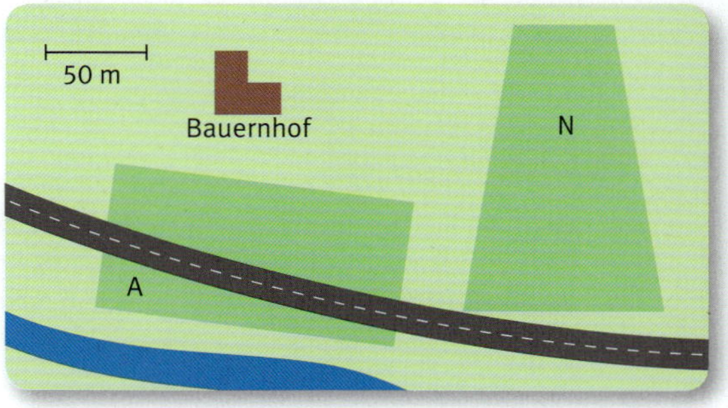


- Sollte Bauer Friedrich auf diesen Tausch eingehen? Welche Überlegungen können bei seiner Entscheidung eine Rolle spielen?
- Vergleiche die Größe der beiden Grundstücke miteinander. Wie kannst du hier vorgehen?
- Welche Eigenschaften kannst du den Vierecken zuordnen?

*Figuren, die in ihrer Form und in ihrer Größe übereinstimmen, nennt man deckungsgleich oder kongruent.*

## Merkwissen

Figuren und Flächen, die sich in **Teilfiguren** zerlegen lassen, die kongruent zueinander sind, nennt man **zerlegungsgleich**. Zerlegungsgleiche Flächen besitzen den **gleichen Flächeninhalt**, sie sind **flächengleich**.

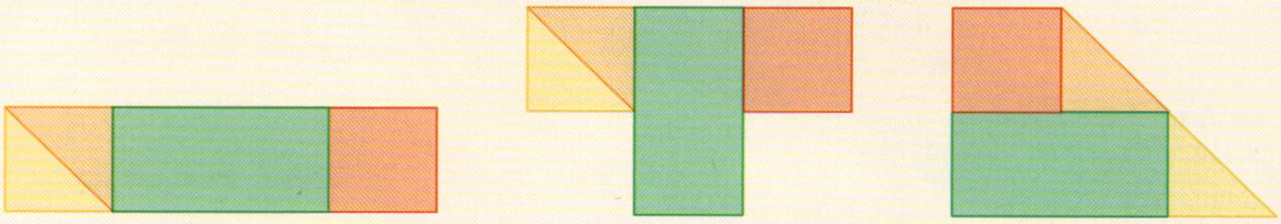

## Beispiele

**I** Welche Figur ist flächengleich zur roten? Überprüfe durch Zerlegen.

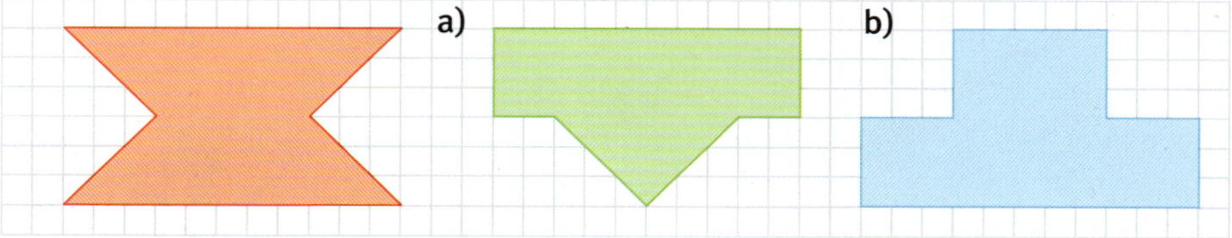


**Lösung**:
Die Figur b) besitzt den gleichen Flächeninhalt. Durch Zerlegen in kongruente Teilflächen erkennt man, dass die beiden Figuren zerlegungsgleich sind.

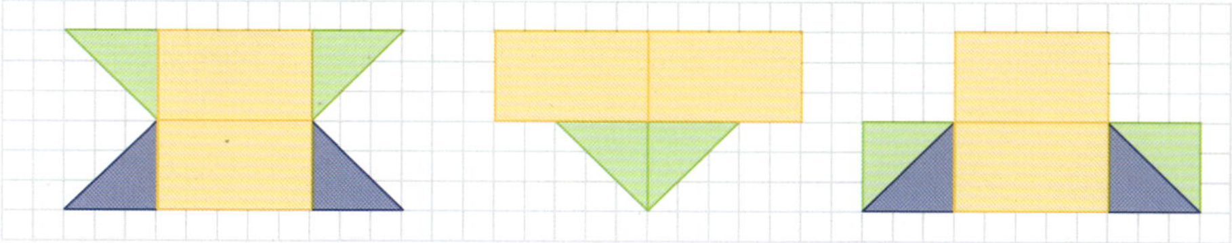

## Verständnis

- Hakan ist der Meinung, dass zwei Figuren mit gleichem Flächeninhalt auch denselben Umfang besitzen. Stimmt das? Erläutere deine Aussage.
- „Ein Dreieck und ein Rechteck können nie zerlegungsgleich sein." Begründe die Aussage oder widerlege sie anhand eines Beispiels.

**1** Zeichne die Figuren a) bis d) ab und schneide sie aus. Zerschneide sie dann mit möglichst wenigen Schnitten so, dass sie sich zu dem blauen Rechteck zusammensetzen lassen. Vergleiche deine Ergebnisse mit denen deines Nachbarn.

*Du kannst auch die doppelte Größe verwenden.*

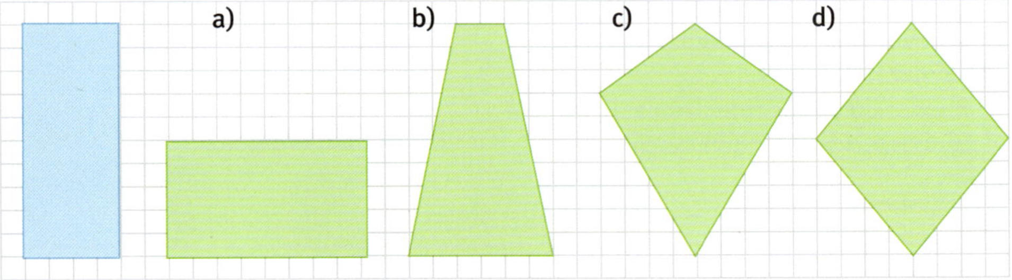


**2** Übertrage die Vielecke ins Heft und zeige, dass sie flächengleich sind. Du kannst dabei die Flächen in kongruente Teilstücke zerlegen und diese gleich färben.

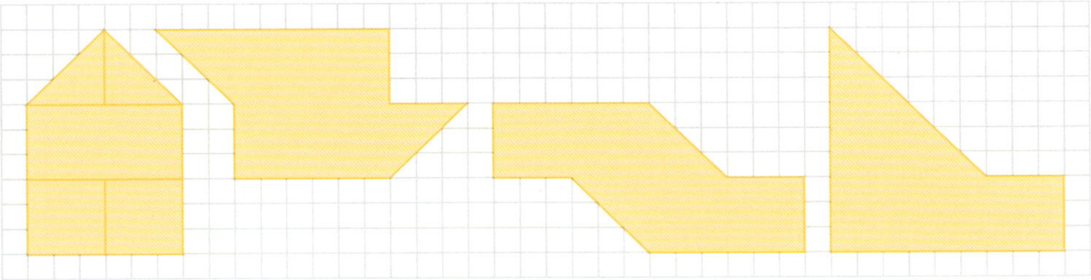

**3** Zeichne ein Quadrat mit 12 cm Seitenlänge und die zusätzlichen Linien auf Karopapier. Alle Linien sind dabei parallel zu den Diagonalen oder den Seitenkanten. Du erhältst das chinesische Legespiel Tangram („Siebenschlau").

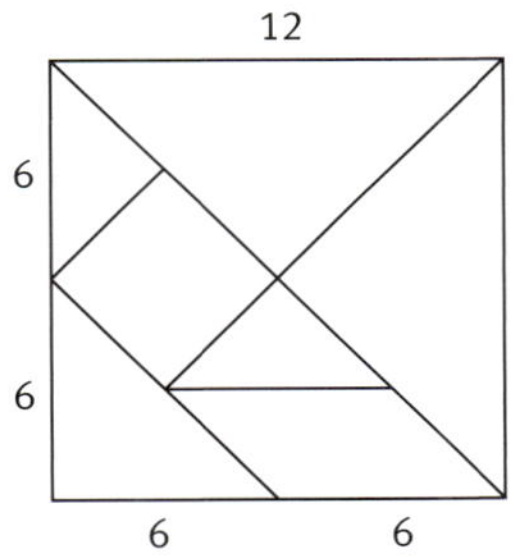


**a)** Lege die abgebildeten Figuren nach und benutze dabei alle sieben Teile des Tangram.

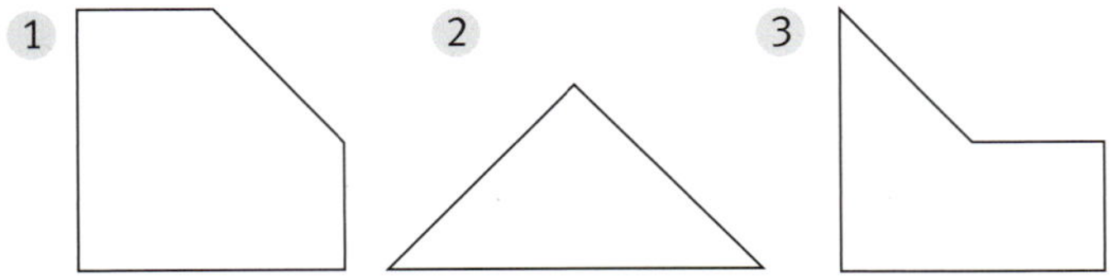


**b)** Welche der gelegten Figuren bedeckt die größte Fläche? Begründe.

**c)** Lege den Anfangsbuchstaben deines Namens. Kannst du weitere Buchstaben deines Namens nachlegen? Zeichne deine Lösungen auf Karopapier.

*Kannst du auch diese Figuren nachlegen?*

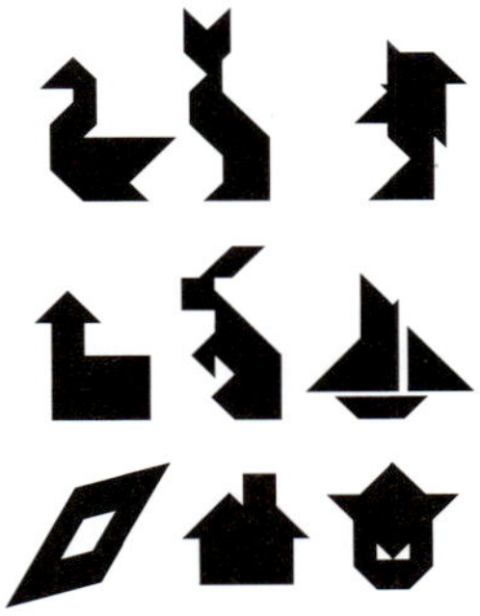

*Das „Y" als Tangrampuzzle*

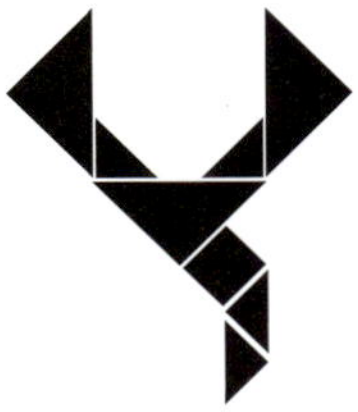

**4** Zeichne die Dreiecke ab und schneide sie aus. Zeige durch geschicktes Zerschneiden und neues Zusammenlegen, dass alle Dreiecke den gleichen Flächeninhalt haben. Was gilt also für alle Dreiecke mit gleicher Höhe h und Grundseite c?

*Versuche zuerst ein Parallelogramm und dann ein Rechteck zu legen.*

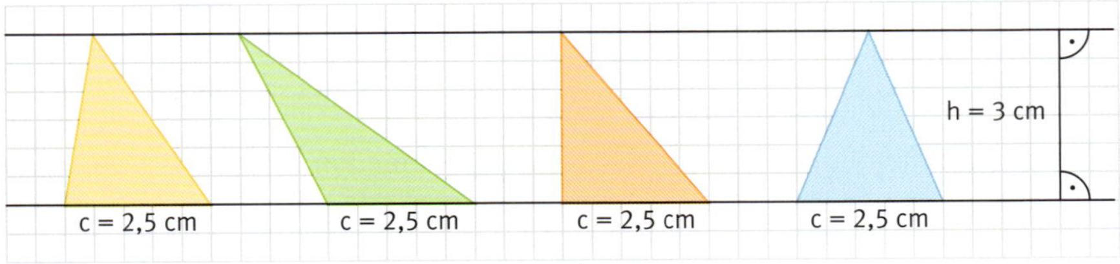

- Zeichne das Parallelogramm auf Karopapier und schneide es aus. Zerlege es anschließend in Teilfiguren und setze diese zu einem Rechteck zusammen. Es gibt verschiedene Möglichkeiten. Zeige sie auf und erläutere.

- Kannst du ein Rechteck so zerschneiden und neu zusammenlegen, dass du ein Parallelogramm erhältst?

*Ein Parallelogramm ist ein Viereck, bei dem gegenüberliegende Seiten parallel sind. Weitere Eigenschaften:*

- *Gegenüberliegende Seiten sind parallel und gleich lang.*
- *Gegenüberliegende Winkel sind gleich groß.*
- *Je zwei benachbarte Winkel ergeben 180°.*
- *Die Diagonalen halbieren sich.*
- *Ein Parallelogramm ist punktsymmetrisch.*

*Statt Grundseite kann man auch Grundlinie sagen.*

## Merkwissen

Jedes **Parallelogramm** kann man in ein flächengleiches Rechteck mit derselben Grundseite und Höhe umwandeln. Die Höhe eines Parallelogramms ist dabei der Abstand der beiden zueinander parallelen Seiten, dementsprechend gibt es zwei verschiedene Höhen.

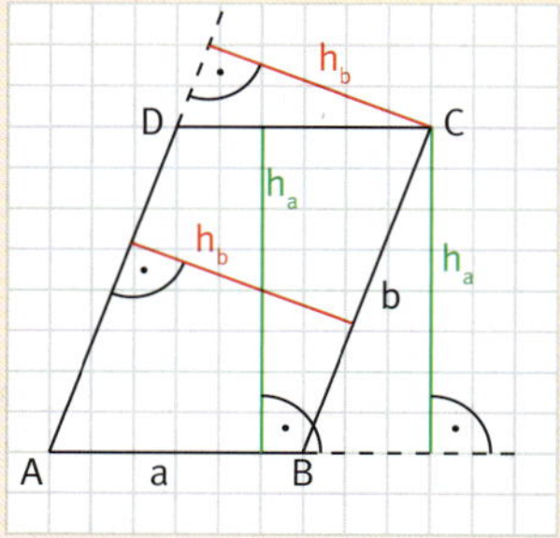


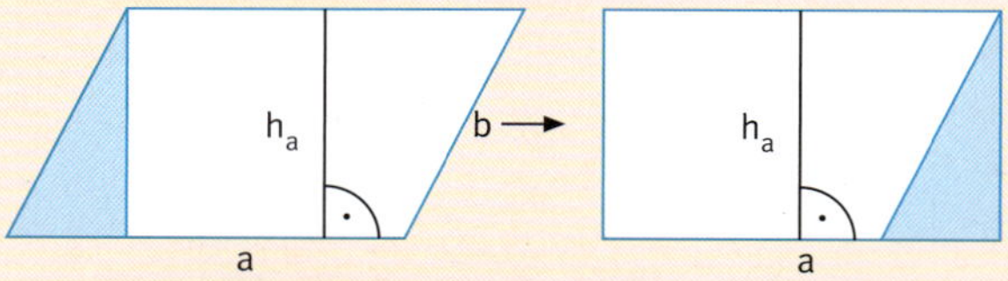


Für den **Flächeninhalt** eines **Parallelogramms** gilt:
$A_P$ = **Grundseitenlänge** g · **zugehörige Höhe** h
$A_P = g \cdot h$ $\quad (A_P = a \cdot h_a$ oder $A_P = b \cdot h_b)$

## Beispiele

*Die Höhen können an verschiedenen Stellen eingezeichnet werden, die teils auch außerhalb des Parallelogramms liegen.*

**I** Gegeben ist ein Parallelogramm mit A (3|0), B (9|0), C (6|4) und D (0|4). Zeichne das Parallelogramm und markiere geschickt eine Grundseite und die zugehörige Höhe in einer Farbe. Berechne anschließend den Flächeninhalt.

**Lösung**:
Die Maßzahl der benötigten Längen erhält man aus der Differenz der entsprechenden Koordinaten.

$a = \overline{AB} = (x_B - x_A)$ cm
$a = (9 - 3)$ cm $= 6$ cm
$h_a = (y_D - y_A)$ cm
$h_a = (4 - 0)$ cm $= 4$ cm
$A_P = a \cdot h_a$
$A_P = 6 \text{ cm} \cdot 4 \text{ cm} = 24 \text{ cm}^2$

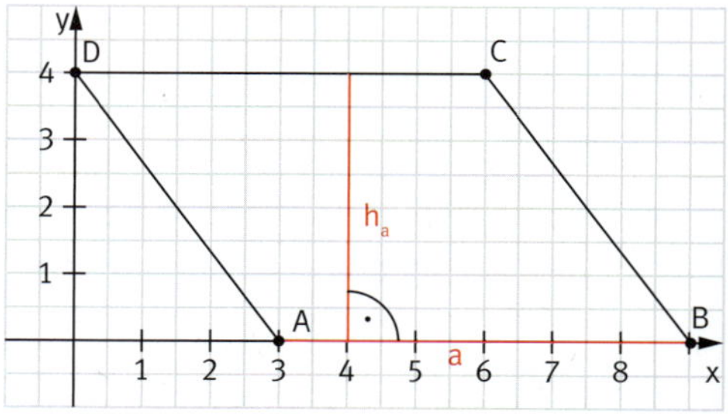


## Verständnis

- Der Flächeninhalt eines Parallelogramms lässt sich genauso berechnen wie der Flächeninhalt eines Rechtecks. Stimmt das?
- Jakob ist der Meinung, dass der Flächeninhalt eines Parallelogramms das Produkt aus den beiden Seitenlängen ist. Stimmt das?

**1** Berechne die fehlenden Werte für Parallelogramme.

|       | a)    | b)     | c)     | d)    | e)     |
|-------|-------|--------|--------|-------|--------|
| a     | 5 cm  | 13 dm  | 9,5 m  | ☐     | 8 cm   |
| b     | ☐     | ☐      | 4 m    | 10 m  | 12 cm  |
| $h_a$ | 8 cm  | ☐      | ☐      | 4,6 m | ☐      |
| $h_b$ | 4 cm  | 5 dm   | 4,75 m | ☐     | ☐      |
| A     | ☐     | 39 dm² | ☐      | 23 m² | 48 cm² |

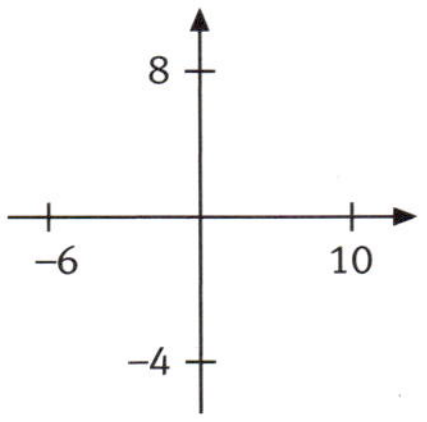

**2** Zeichne die Parallelogramme in ein Koordinatensystem und berechne ihren Flächeninhalt (1 Längeneinheit ≙ 1 cm).

a) A (1|2); B (6|2); C (8|7); D (3|7)    b) E (2|1); F (5|1); G (9|4); H (6|4)

c) I (–2|–3); J (5|–3); K (2|5); L (–5|5)    d) M (1|1); N (0|6); O (–2|6); P (–1|1)

**3** Zeichne vier unterschiedliche Parallelogramme, die alle den gleichen Flächeninhalt haben. Finde eine Möglichkeit, wie du die Aufgabe möglichst einfach lösen kannst.

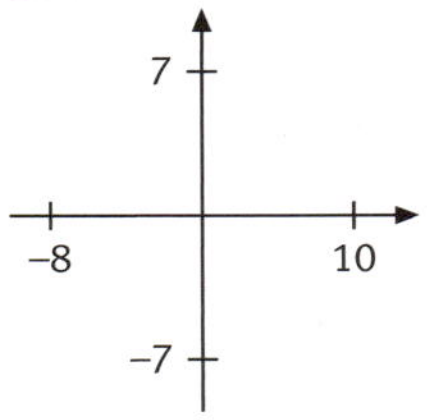

**4** Zeichne mithilfe der Angaben jeweils ein Parallelogramm ABCD in ein Koordinatensystem ein und gib die fehlenden Koordinaten an.

a) B (9|2); D (3|6); $A_P$ = 24 cm²    b) C (3|1,5); B (1|–3,5); $A_P$ = 35 cm²

c) C (–1|–1); D (–7|–1); $A_P$ = 33 cm²    d) A (0|0); $A_P$ = 22 cm²

**5** Die Brüstung eines Treppenaufgangs soll farblich abgesetzt und neu gestrichen werden. Der neue Lehrling hat eine Kalkulation durchgeführt. Finde seinen Fehler und korrigiere ihn.

$$4,70\ m \cdot 2,40\ m = 11,28\ m^2$$

$$11,28\ m^2 \cdot 43\ \frac{€}{m^2} = 485,04\ €$$

4,70 m · 2,10 m · 2,40 m

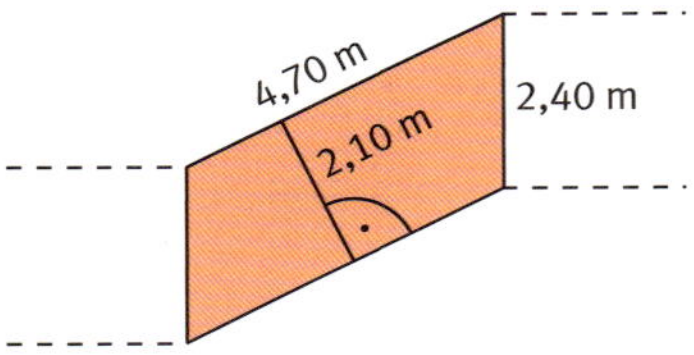

**6** Welcher Anteil des Streifens ist grün?

1 cm · 2 cm · 2 cm

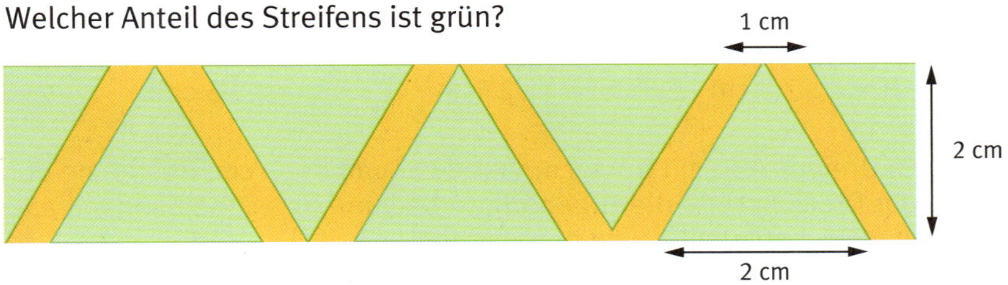

**7** Im Hamburger Fischereihafen steht das Dockland. Dieses Gebäude sieht aus wie eine große Yacht, die Fassade erinnert aber stark an ein Parallelogramm.
Wie viele Quadratmeter Glas sind wohl für die Fassade verwendet worden? Lege deiner Schätzung zugrunde, dass jedes der fünf Stockwerke ca. 5 m hoch ist.

*Lösungen zu 2:*
*9 cm²; 10 cm²; 25 cm²; 56 cm²*

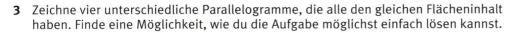

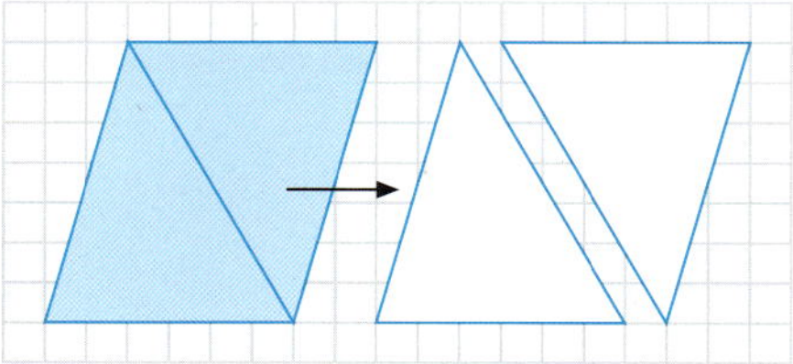

- Zeichne ein Parallelogramm auf Karopapier und bestimme seinen Flächeninhalt.
- Zerschneide nun das Parallelogramm entlang einer Diagonalen: Du erhältst zwei kongruente Dreiecke. Wie groß ist der Flächeninhalt eines Dreiecks?
- Versuche, eine Formel für den Dreiecksflächeninhalt anzugeben.
- Findest du einen Zusammenhang mit dem Flächeninhalt eines Rechtecks? Erläutere.

*Die zur Seite c gehörende Höhe bezeichnet man mit $h_c$.*

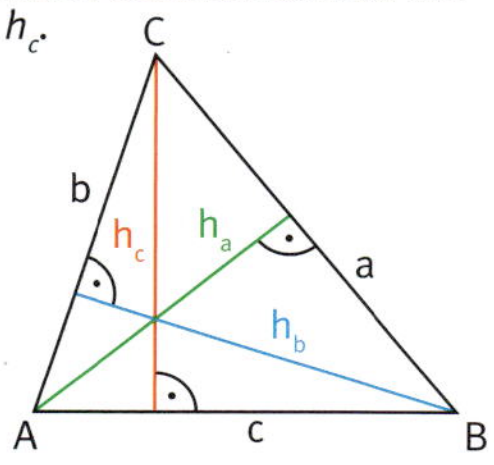


## Merkwissen

Um den Flächeninhalt eines Dreiecks zu bestimmen, kann man ein Dreieck zu einem Rechteck oder Parallelogramm mit doppeltem Flächeninhalt ergänzen:

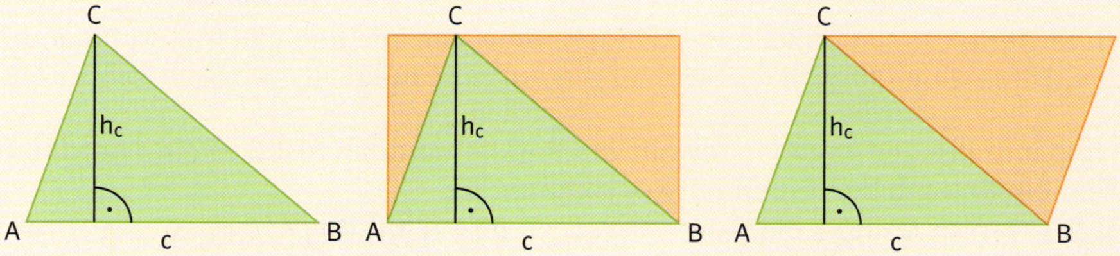


Für den **Flächeninhalt** eines **Dreiecks** gilt:

$A_D = \frac{1}{2} \cdot$ **Grundseitenlänge** g $\cdot$ **zugehörige Höhe** h

$A_D = \frac{1}{2} \cdot g \cdot h$ $\left(A_D = \frac{1}{2} \cdot a \cdot h_a \text{ oder } A_D = \frac{1}{2} \cdot b \cdot h_b \text{ oder } A_D = \frac{1}{2} \cdot c \cdot h_c\right)$

## Beispiele

**I** Berechne den Flächeninhalt eines Dreiecks mit folgenden Angaben.

**a)** $g = 9\text{ cm}; h = 6\text{ cm}$ **b)** $g = 7{,}5\text{ cm}; h = 3{,}6\text{ cm}$

**Lösung:**

**a)** $A_D = \frac{1}{2} \cdot g \cdot h = \frac{1}{2} \cdot 9\text{ cm} \cdot 6\text{ cm} = \frac{1}{2} \cdot 54\text{ cm}^2$ $A_D = 27\text{ cm}^2$

**b)** $A_D = \frac{1}{2} \cdot g \cdot h = \frac{1}{2} \cdot 7{,}5\text{ cm} \cdot 3{,}6\text{ cm} = \frac{1}{2} \cdot 27\text{ cm}^2$ $A_D = 13{,}5\text{ cm}^2$

**II** Konstruiere ein Dreieck ABC mit a = 6 cm, b = 8 cm und c = 7 cm. Bestimme durch Messen zu jeder Dreiecksseite die zugehörige Höhe und berechne dann mit allen Grundseiten den Flächeninhalt sowie den Umfang.

**Lösung:**

Messergebnisse:

$a = 6\text{ cm}$ $b = 8\text{ cm}$ $c = 7\text{ cm}$

$h_a = 6{,}8\text{ cm}$ $h_b = 5{,}1\text{ cm}$ $h_c = 5{,}8\text{ cm}$

*Da Messwerte nur Näherungen sind, schwanken die für den Flächeninhalt berechneten Werte.*

① Grundseite a: $A_D = \frac{1}{2} \cdot 6\text{ cm} \cdot 6{,}8\text{ cm} = 20{,}4\text{ cm}^2$

② Grundseite b: $A_D = \frac{1}{2} \cdot 8\text{ cm} \cdot 5{,}1\text{ cm} = 20{,}4\text{ cm}^2$

③ Grundseite c: $A_D = \frac{1}{2} \cdot 7\text{ cm} \cdot 5{,}8\text{ cm} = 20{,}3\text{ cm}^2$

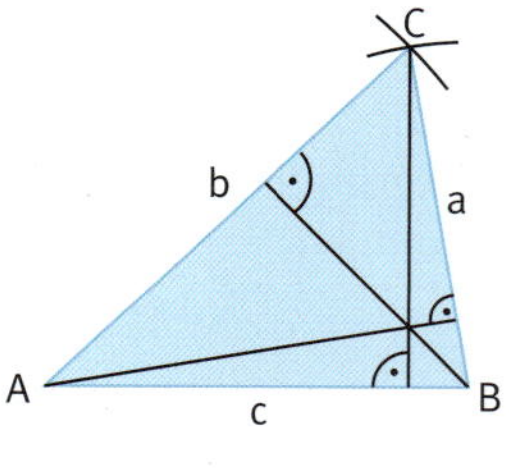


$u_D = a + b + c = 6\text{ cm} + 8\text{ cm} + 7\text{ cm} = 21\text{ cm}$

## VERSTÄNDNIS

- Jedes beliebige Rechteck kann in zwei kongruente Dreiecke mit jeweils dem halben Flächeninhalt des Rechtecks zerlegt werden. Stimmt das?
- Teilt man ein Parallelogramm in zwei Dreiecke, so ist der Umfang eines Dreiecks die Hälfte des Umfangs des Parallelogramms. Stimmt das?

## AUFGABEN

**1** Berechne den Flächeninhalt der abgebildeten Dreiecke.

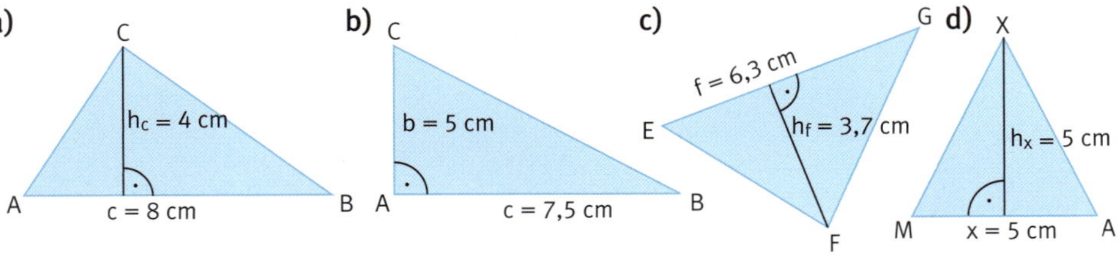


**2** Zeichne die Dreiecke in ein Koordinatensystem und berechne ihren Flächeninhalt.

**a)** A (1 | 1); B (4 | 3); C (1 | 7)
**b)** D (2 | 3); E (6 | –1); F (6 | 4)
**c)** G (4 | –1); H (5 | 3); I (–1 | 3)
**d)** J (0 | 0); K (5 | 0); L (0 | 3)

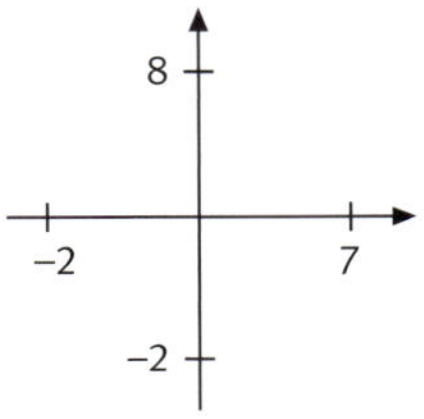


*Lösung zu 2:*
*7,5 cm²; 12 cm²; 10 cm²; 9 cm²*

**3** Zeichne vier unterschiedliche Dreiecke, die alle den gleichen Flächeninhalt haben. Löse die Aufgabe möglichst geschickt.

**4** Klaus möchte sich einen neuen Dreiecksdrachen bauen. Der Stoff, den er dazu benötigt, kostet 12,95 € pro m². Berechne die Kosten für den Stoff. Fertige eine maßstabsgetreue Zeichnung an und entnimm ihr die benötigten Größen.

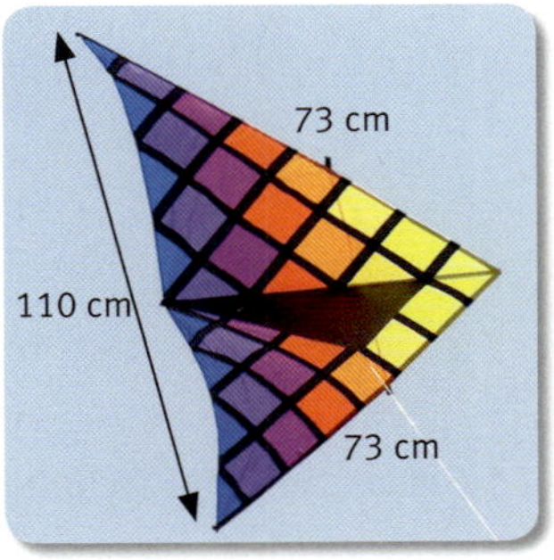


**5** Konstruiere ein Dreieck ABC mit a = 5 cm, b = 7 cm und c = 8 cm.
Entnimm der Zeichnung durch Messung die entsprechenden Größen und berechne den Flächeninhalt des Dreiecks auf drei unterschiedliche Weisen. Vergleiche deine Ergebnisse.

**6** Zeichne das Dreieck ABC in ein Koordinatensystem ein und bestimme seinen Flächeninhalt durch Ergänzung zu einem Rechteck.

**a)** A (4 | 1); B (8 | 3); C (3 | 6)
**b)** A (–4 | –3); B (3 | 0); C (–2 | 5)

*Ergänze das Dreieck zu einem Rechteck, berechne seinen Flächeninhalt und subtrahiere den Flächeninhalt der ergänzten Dreiecke.*

**7** Wie verändert sich der Flächeninhalt eines Dreiecks ABC, wenn …

**a)** sich nur die Länge der Grundseite verdoppelt (verdreifacht, halbiert)?
**b)** sich die Länge einer Seite verdoppelt und die Länge der zugehörigen Höhe halbiert wird?
**c)** der Punkt B auf einer Parallele zu AC verschoben wird?

**8** Der in der Randspalte abgebildete Kirchturm wird renoviert. Dazu muss das Dach neu gedeckt werden. Wie hoch sind die Kosten, wenn 1 m² der neuen Dachfläche 210 € kostet? Die Länge der Höhe im Dreieck muss zeichnerisch ermittelt werden.

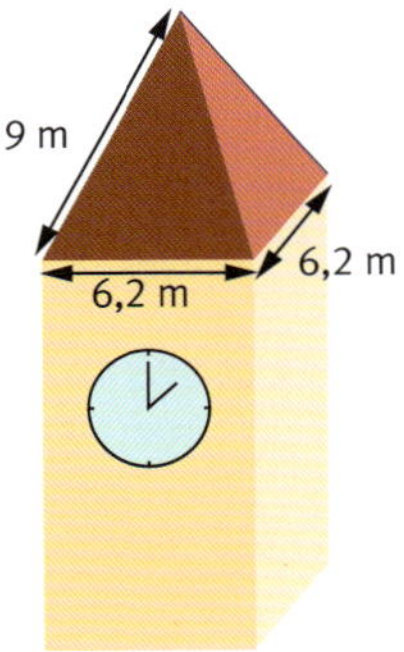

*Die Katheten sind in einem rechtwinkligen Dreieck die beiden Seiten, die am rechten Winkel anliegen.*

**9** Bei **rechtwinkligen** und **stumpfwinkligen Dreiecken** gilt:

Im **rechtwinkligen Dreieck** kann nur eine Höhe „neu“ eingezeichnet werden, denn **zwei Höhen fallen mit den Katheten des Dreiecks zusammen.**

Somit gilt im rechtwinkligen Dreieck auch:

$A_D = \frac{1}{2} \cdot \text{Kathete}_1 \cdot \text{Kathete}_2$

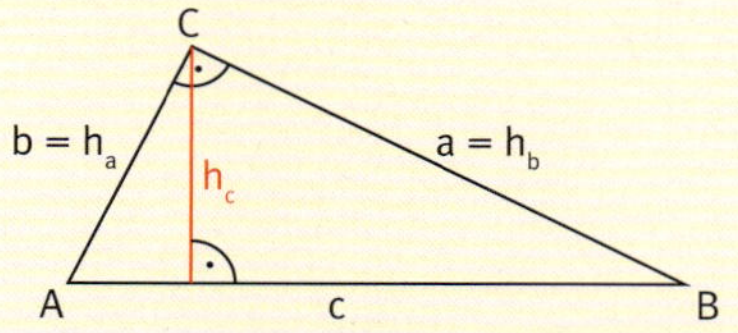


Im **stumpfwinkligen Dreieck** liegen **zwei Höhen außerhalb des Dreiecks.**
Die Flächenformel gilt trotzdem.

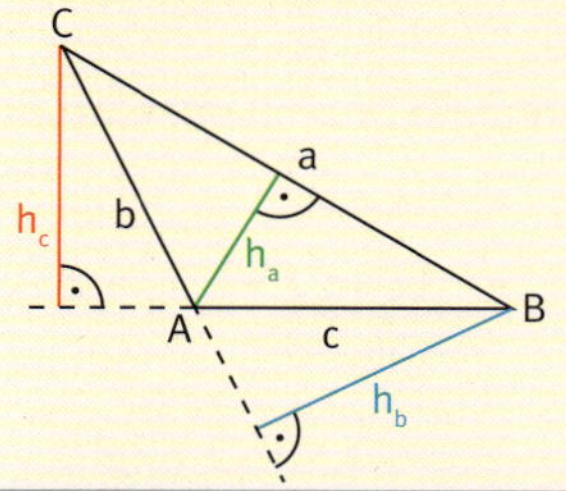


**a)** Bei welchen Dreiecken lässt sich der Flächeninhalt direkt berechnen? Begründe.

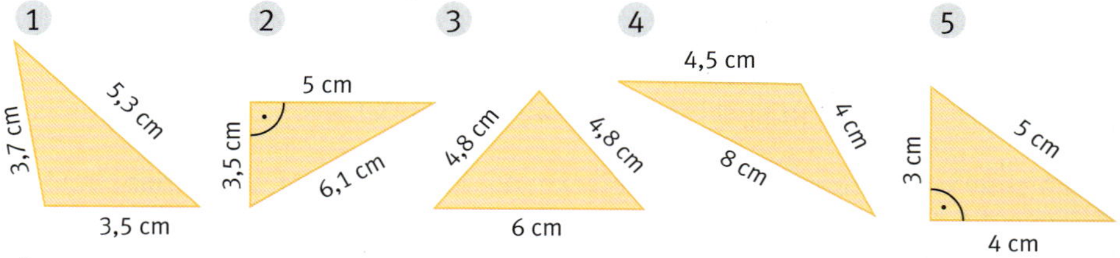


**b)** Übertrage die Dreiecke ins Heft, zeichne geschickt eine Grundlinie und eine Höhe ein und berechne den Flächeninhalt der Dreiecke.

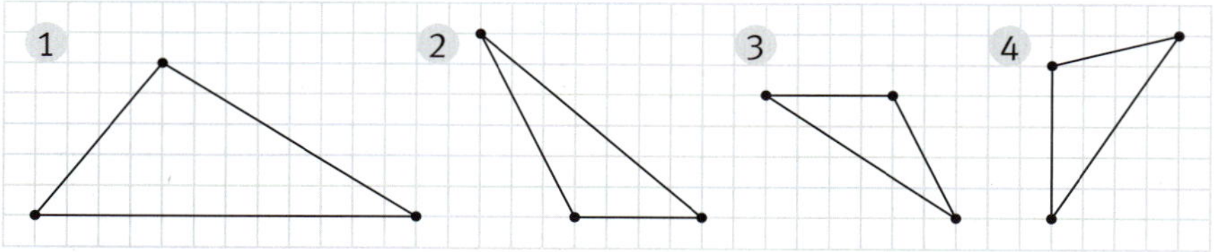


*In allen Fällen ist die Grundfigur ein Rechteck bzw. Quadrat. Alle Maße sind in cm.*

**10** Berechne den Flächeninhalt der blauen Flächen. Beschreibe dein Vorgehen.

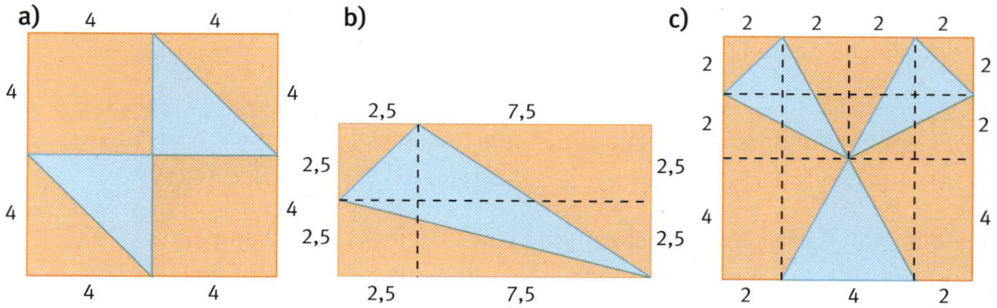


**11** Bestimme den Flächeninhalt der Dreiecke in Abhängigkeit von der Variable a.

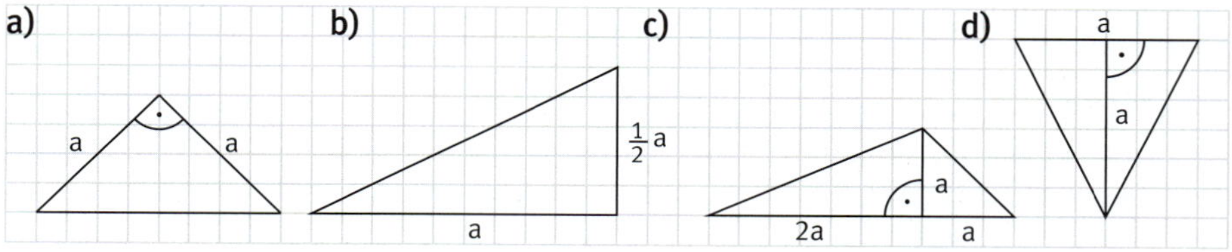

**12** Was haben Steffi, Yasemin und Leon beim Berechnen des Flächeninhalts des Dreiecks falsch gemacht? Gib die richtige Lösung an und beschreibe die Fehler.

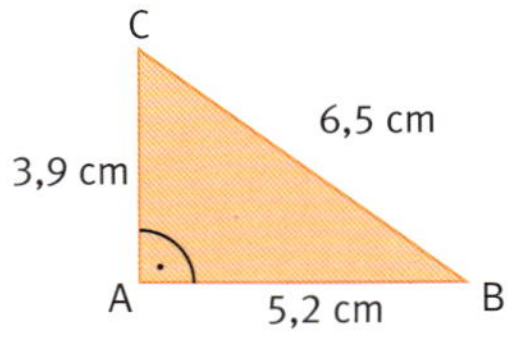


*Steffi*

$A = 6{,}5\ cm \cdot \frac{5{,}2\ cm}{2}$

$= \frac{33{,}8\ cm^2}{2} = 16{,}9\ cm^2$

*Yasemin*

$A = \frac{5{,}2\ cm \cdot 3{,}9\ cm}{2}$

$= \frac{20{,}28\ cm^2}{2} = 40{,}56\ cm^2$

*Leon*

$A = 5{,}2\ cm \cdot 3{,}9\ cm$

$A = 20{,}28\ cm^2$

**13** Einem Rechteck ABCD wird ein Parallelogramm EFGH einbeschrieben.

a) Berechne den Flächeninhalt des Parallelogramms und seinen prozentualen Anteil am Flächeninhalt des Rechtecks.

b) Es gilt: $\overline{AE} = \overline{BF} = \overline{CG} = \overline{DH} = x$ cm. Berechne den Flächeninhalt des Parallelogramms in Abhängigkeit von x. Welche Werte von x sind sinnvoll?

*Maßangaben in cm*

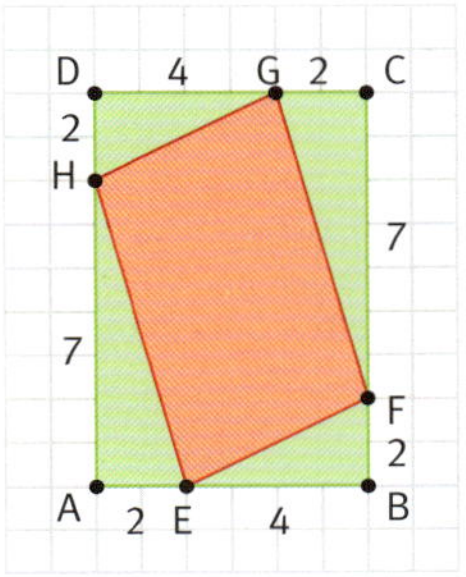


**14** Ein Dachgiebelfenster muss ersetzt werden.

a) Welchen Flächeninhalt hat die Glasscheibe?

b) Für eine dreieckige Glasform verlangt der Glaser einen Flächenaufschlag von 105 %. Ist dies gerechtfertigt? Begründe.

c) 1 $m^2$ Dreifachisolierglas kostet 120 € zuzüglich 19 % MwSt. Wie viel kostet die Scheibe, wenn noch 56 € (inkl. MwSt.) für den Einbau dazu kommen?

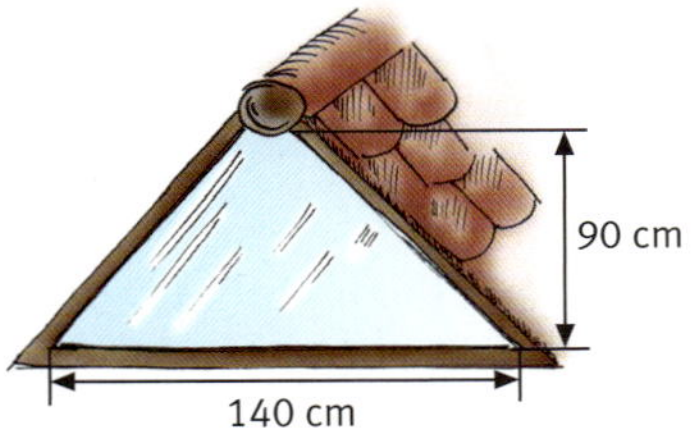


**15** Der Giebel eines kleinen Hauses soll komplett verglast werden, weil das bisherige Fenster zu klein war.

a) Welches Volumen muss der Bauschuttcontainer mindestens haben, wenn die Steine des Mauerwerks eine Dicke von 30 cm haben? Kalkuliere 30 % mehr Volumen beim Bauschutt mit ein.

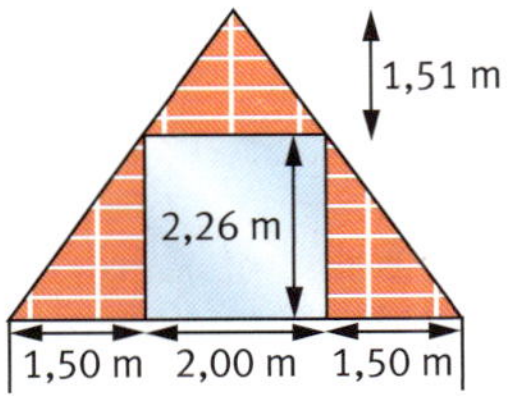


b) Wie groß ist der Inhalt der neuen Glasfläche?

c) Das Angebot lautet über 150 €/$m^2$ Komplettpreis für die Glasfläche zuzüglich 19 % Mehrwertsteuer. Berechne, wie viel der Umbau kostet.

**Anwendung**

### Heißluftballon

Schüler haben einen Modellheißluftballon gebaut. Der Ballon wird durch den Einfüllstutzen mit warmer Luft aus einem Haartrockner gefüllt und steigt dann einige Meter nach oben. Die Ballonhülle in Form eines sogenannten Ikosaeders besteht aus 20 gleichseitigen Dreiecken aus Blumenseide, die 20 g pro Quadratmeter wiegt. Die einzelnen Dreiecke wurden mit Papierklebstoff zusammengefügt.

a) Welchen Flächeninhalt hat ein Dreieckselement, wenn eine Dreiecksseite 1,10 m lang ist? Zeichne ein maßstäbliches Dreieck.

b) Welche Masse hat die Ballonhülle, wenn sich aufgrund der Klebelaschen und des Klebstoffs die Masse pro Quadratmeter um 10 % erhöht?

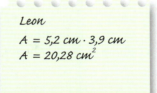

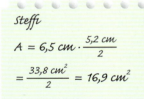

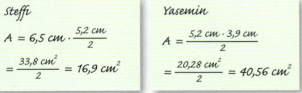

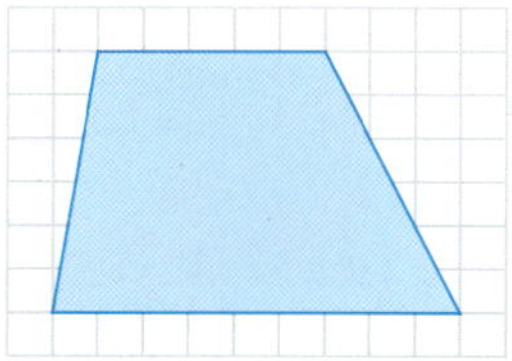

- Zeichnet zwei kongruente Trapeze auf Karopapier. Die Maße des Trapezes könnt ihr selbst festlegen. Partnerarbeit bietet sich an.
- Bestimmt den Flächeninhalt des Trapezes. Von welchen Figuren könnt ihr den Flächeninhalt schon bestimmen? Erinnert euch an die bisherigen Zerlegungs- und Ergänzungsstrategien.
- Könnt ihr eine Formel für den Flächeninhalt des Trapezes angeben?

*Ein Trapez ist ein Viereck mit zwei parallelen Seiten.*

*Die zueinander parallelen Seiten des Trapezes werden auch als seine Grundseiten bezeichnet.*

## Merkwissen

Um den Flächeninhalt eines Trapezes zu bestimmen, kann man es zu einem Parallelogramm mit doppeltem Flächeninhalt ergänzen, indem man ein zweites kongruentes Trapez anlegt:

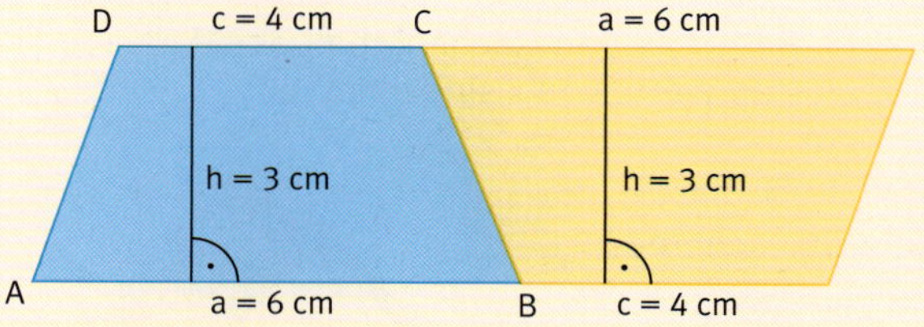


Für den **Flächeninhalt** eines **Trapezes** gilt:

$A_{Tr}$ = **arithmetisches Mittel der beiden parallelen Seiten · Höhe**

$$A_{Tr} = \frac{a + c}{2} \cdot h = \frac{1}{2} \cdot (a + c) \cdot h$$

## Beispiele

**I** Von einem Trapez sind die Längen $a = 6$ cm, $c = 2{,}5$ cm und $h = 3$ cm bekannt. Berechne den Flächeninhalt des Trapezes.

**Lösung:**

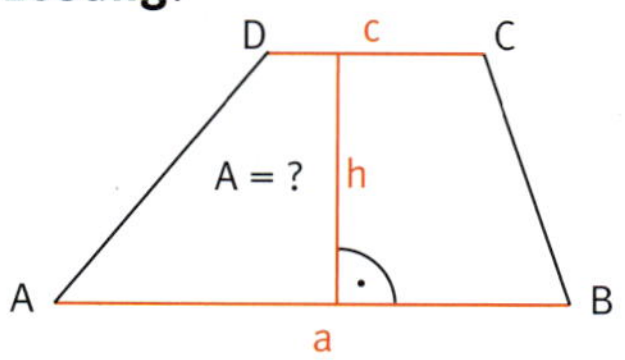


$a = 6$ cm; $c = 2{,}5$ cm; $h = 3$ cm

$$A = \frac{1}{2} \cdot (a + c) \cdot h$$
$$= \frac{1}{2} \cdot (6\text{ cm} + 2{,}5\text{ cm}) \cdot 3\text{ cm}$$
$$= 12{,}75\text{ cm}^2$$

**II** Ein Trapez mit dem Flächeninhalt $A = 26$ cm² hat eine Grundseite $a = 9$ cm und die Höhe $h = 4$ cm. Berechne die Länge der Seite c.

**Lösung:**

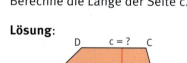

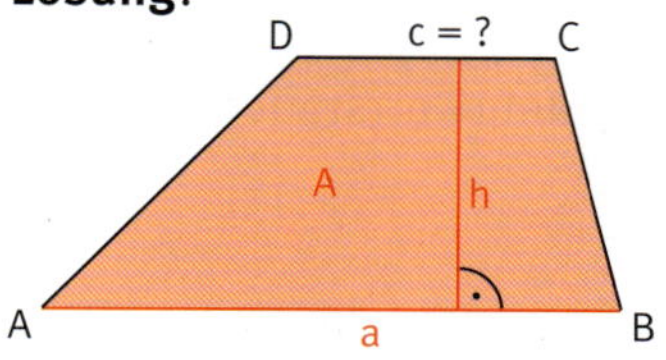


$A = 26\text{ cm}^2$; $a = 9$ cm; $h = 4$ cm

$$A = \frac{1}{2} \cdot (a + c) \cdot h$$
$$26\text{ cm}^2 = \frac{1}{2}(9\text{ cm} + c) \cdot 4\text{ cm}$$
$$26\text{ cm}^2 = (9\text{ cm} + c) \cdot 2\text{ cm} \quad |:2\text{ cm}$$
$$13\text{ cm} = 9\text{ cm} + c \quad |-9\text{ cm}$$
$$4\text{ cm} = c$$

## Verständnis

- Welche anderen Vierecke sind auch Trapeze?
- Timo behauptet: „Wenn man ein Trapez zu einem Parallelogramm ergänzt, dann verdoppelt sich sein Umfang.“ Stimmt das?

**1** Berechne die jeweils fehlende Größe des Trapezes.

| | Seitenlänge a | Seitenlänge c | Höhe h | Flächeninhalt $A_{Tr}$ |
|---|---|---|---|---|
| **a)** | 7,5 cm | 3,5 cm | 5 cm | ▢ |
| **b)** | 11 cm | 1,9 dm | ▢ | 15 $dm^2$ |
| **c)** | 45 mm | ▢ | 0,8 dm | 24 $cm^2$ |
| **d)** | ▢ | 1 cm | 12,5 mm | 4 $cm^2$ |

**2** Übertrage die Trapeze ins Heft. Markiere diejenige Seite blau, die du als Grundseite a wählst, die dazu parallele Grundseite c rot und zeichne die Höhe h grün ein.

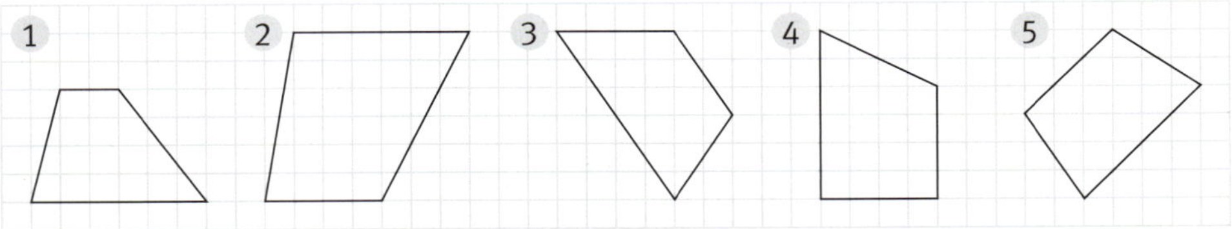


**a)** Miss die nötigen Längen und bestimme dann Flächeninhalt und Umfang.

**b)** Kannst du den Flächeninhalt auch anders bestimmen? Mache Vorschläge.

**3** Zeichne die Trapeze und berechne deren Flächeninhalt.

**a)** A (2|1); B (9|1); C (8|5); D (5|5)
**b)** E (–3|3); F (1|0); G (1|7); H (–3|5)
**c)** I (–2|–4); J (5|–4); K (9|3); L (–1|3)
**d)** M (0|0); N (3|0); O (6|2,5); P (0|2,5)
**e)** Q (0|0); R (4|0); S (4|2); T (0|4)
**f)** U (1|–1); V (5|2); W (2|2,5); X (0|1)

*Lösungen zu 3: 8,25; 11,25; 12; 20; 18; 59,5*

**4** Ersatzklingen für Messer sollen aus einem rechteckigen Blech mit den Maßen 198 cm × 253,5 cm ausgestanzt werden. Dabei sollen möglichst viele Roh-Klingen und möglichst wenig Verschnitt entstehen.

**a)** Sabine teilt den Flächeninhalt des Bleches durch den Flächeninhalt einer Klinge. Beurteile Sabines Vorgehen.

**b)** Wie viele Klingen können aus einem Blech ausgestanzt werden?

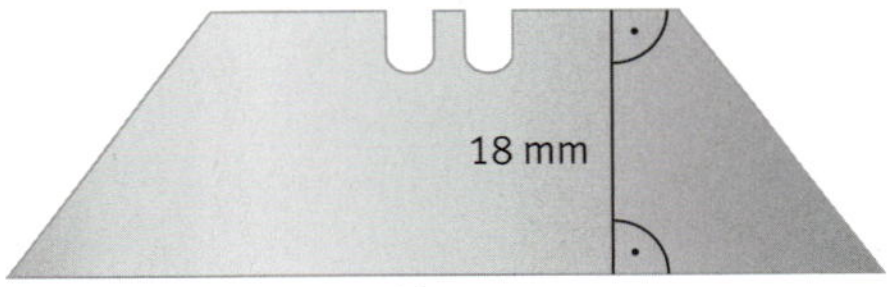


**5** **a)** Gib die Maße von drei unterschiedlichen Trapezen an, deren Flächeninhalt 30 $cm^2$ beträgt. Zeichne die Trapeze.

**b)** Zeichne ein Parallelogramm, ein Dreieck und ein Trapez mit jeweils einer gleich langen Grundseite und gleichem Flächeninhalt.

**6** Das Dach eines Hauses wird neu eingedeckt.

**a)** Bestimme den gesamten Dachflächeninhalt.

**b)** Wie viel kostet das Neueindecken des Daches, wenn die Firma pro Quadratmeter 75 € zuzüglich 19 % MwSt. berechnet?

**c)** Pro Quadratmeter werden 35 Dachziegel benötigt. Ein Ziegel wiegt 1,8 kg. Kann ein Lkw mit 15 t Zuladung alle Dachziegel transportieren?

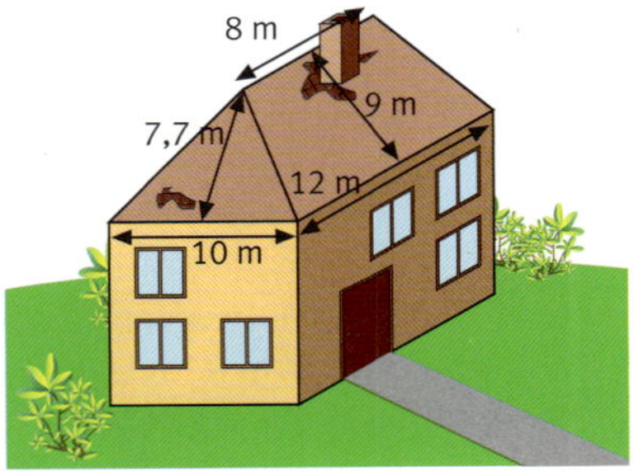


**7** Zeichne drei kongruente Trapeze auf einen Karton. Verwandle jeweils eines davon durch Zerschneiden und Zusammenlegen in ein …

**a)** Parallelogramm. **b)** Rechteck. **c)** Dreieck.

*Verwandle bei c) zuerst in ein Parallelogramm oder Rechteck.*

## 2.5 Flächeninhalt von Drachenvierecken

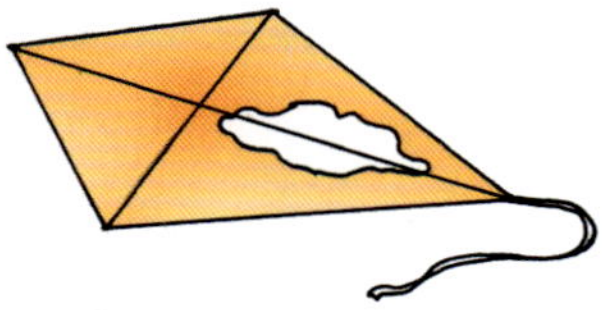

Mathematiker wählen ihre Begriffe manchmal aus dem alltäglichen Leben, sodass man sie sich gut merken kann. Das Drachenviereck wurde beispielsweise nach dem Spielgerät benannt, das man im Wind steigen lassen kann.

- In welche Figuren zerlegen die Holzstäbe den Drachen?
- Wenn du den kaputten Drachen neu bespannen möchtest, musst du wissen, wie viel Papier du mindestens brauchst. Wie kannst du vorgehen?
- Zerschneide ein Drachenviereck so, dass du es zu einem Rechteck zusammenlegen kannst. Wie breit und wie lang ist das Rechteck?

*Ein Drachenviereck ist ein Viereck, bei dem eine Diagonale Symmetrieachse ist. Weitere Eigenschaften:*

- *Die Diagonalen stehen senkrecht aufeinander.*
- *Die Winkel zwischen den unterschiedlich langen Seiten sind gleich groß.*

*Ein Drachenviereck, bei dem beide Diagonalen Symmetrieachsen sind, ist eine Raute.*

### Merkwissen

Jedes Drachenviereck kann man in ein flächengleiches Rechteck umwandeln.

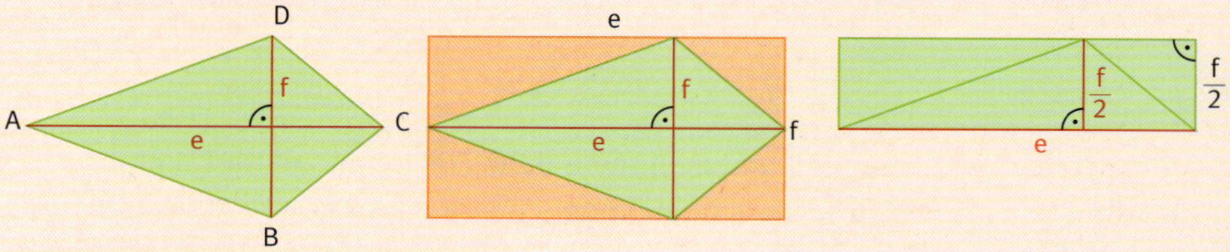


Für den **Flächeninhalt** eines **Drachens** gilt:

$A_{Dr} = \frac{1}{2} \cdot$ **Produkt der beiden Diagonalen**

$A_{Dr} = \frac{1}{2} \cdot e \cdot f$

### Beispiele

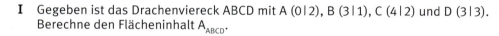

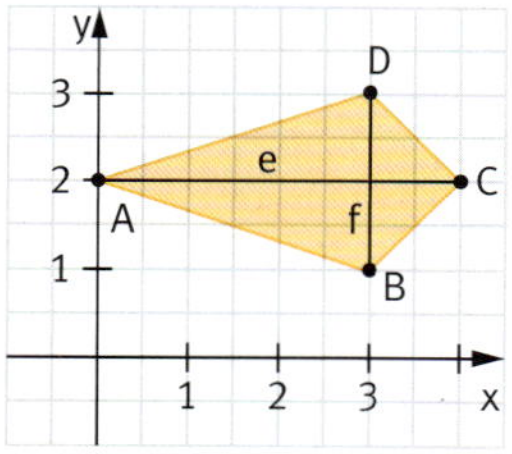


**I** Gegeben ist das Drachenviereck ABCD mit A (0|2), B (3|1), C (4|2) und D (3|3). Berechne den Flächeninhalt $A_{ABCD}$.

**Lösung:**

$\overline{AC} = e = (x_C - x_A)$ cm $= (4 - 0)$ cm $= 4$ cm

$\overline{BD} = f = (y_D - y_B)$ cm $= (3 - 1)$ cm $= 2$ cm

$A_{ABCD} = \frac{1}{2} \cdot \overline{AC} \cdot \overline{BD} = \frac{1}{2} \cdot 4\text{ cm} \cdot 2\text{ cm} = 4\text{ cm}^2$

**II** Ein Drachen hat einen Flächeninhalt von 48 dm². Eine Diagonale ist 12 dm lang. Wie lang ist die andere?

**Lösung:**

Wir nehmen an, dass e = 12 dm ist. Dann gilt:

$48\text{ dm}^2 = \frac{1}{2} \cdot 12\text{ dm} \cdot f \quad \Leftrightarrow 96\text{ dm}^2 = 12\text{ dm} \cdot f \quad \Leftrightarrow f = 8\text{ dm}$

### Verständnis

- Ein Drachenviereck und eine Raute haben den gleichen Flächeninhalt. Muss das Drachenviereck dann auch eine Raute sein?
- Ein Drachenviereck besteht aus zwei gleichschenkligen Dreiecken. Richtig?

### Aufgaben

**1** Berechne die jeweils fehlenden Größen e, f bzw. A des Drachenvierecks.

**a)** e = 13 cm; f = 5,5 cm **b)** e = 9 dm; A = 30,6 dm² **c)** A = 95 cm²; f = 10 cm

**d)** A = 50 cm²; e = f **e)** A = 121 cm²; e = 2f **f)** A = 36 cm²; $\frac{1}{2}f = \frac{1}{4}e$

**2** Zeichne die Drachenvierecke und berechne ihren Flächeninhalt.

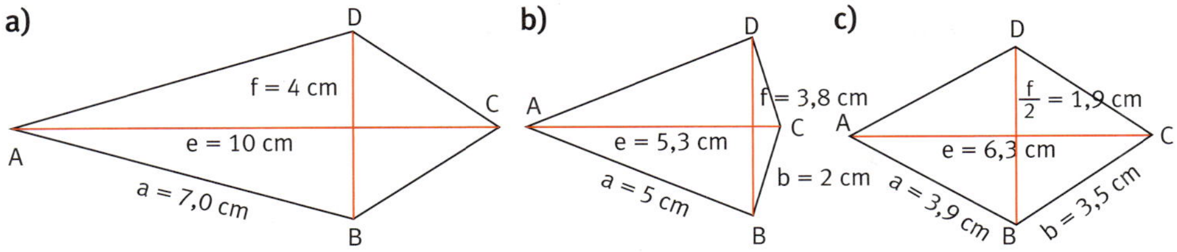


**3** **a)** Ein Drachenviereck hat einen Flächeninhalt von $A = 40\ cm^2$. Zeichne drei mögliche Drachenvierecke mit diesem Flächeninhalt.

**b)** Konstruiere eine Raute mit dem Flächeninhalt $32\ cm^2$.

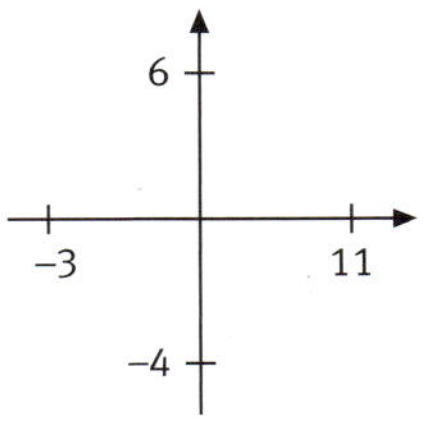


**4** Gegeben ist das Viereck ABCD mit A (–2 | 1), B (4 | –3), C (10 | 1) und D (4 | 5). Zeige auf zwei unterschiedliche Arten, dass das Viereck eine Raute ist.

**5** Konstruiere ein Dreieck ABC mit den Seiten a = 8,5 cm, b = 3 cm, und c = 7 cm. Spiegle das Dreieck an BC. Bei der entstandenen Figur ABA'C gilt für den Flächeninhalt $A = 19{,}76\ cm^2$. Berechne die Länge der Strecke [AA'].

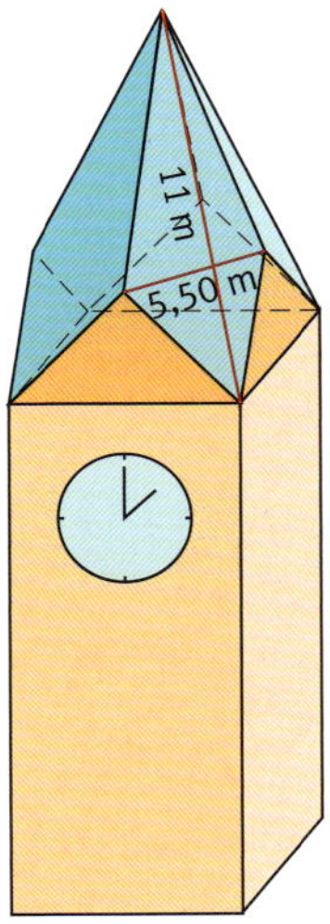


**6** Die Vierecke ABCD ergeben einen Drachen mit Symmetrieachse AC. Zeichne, gib die Koordinate des fehlenden Punktes an und berechne den Flächeninhalt.

**a)** A (4 | 1); B (6 | 5); C (4 | 7)
**b)** A (2 | 3); C (10 | 3); D (4 | 5)
**c)** A (–2 | 4); B (0 | 2); C (7 | 4)
**d)** A (2 | 1); B (5,5 | 1,5); C (6,5 | 7)

**7** Drachenvierecke können auch aussehen wie Pfeile. Zeichne ab, ergänze die Diagonalen und bestimme den Flächeninhalt.

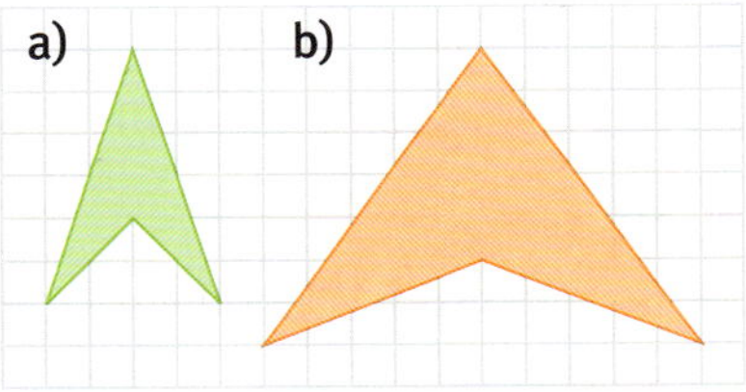


**8** Ein Kirchturmdach muss gedeckt werden. Diese Arbeit ist nur etwas für Dachdeckerspezialisten.

**a)** Berechne den Inhalt der Dachfläche des Turms.

**b)** $1\ m^2$ Dachfläche kostet 150 € ohne MwSt. Wie viel kostet das Eindecken?

**Wissen**

### Flächen von Vielecken

Jedes Vieleck lässt sich durch Diagonalen in Dreiecke oder spezielle Vierecke (Quadrat, Rechteck, Parallelogramm, Trapez oder Drachenviereck) zerlegen. Die Summe der Flächeninhalte der neuen Figuren entspricht dem Flächeninhalt des Vielecks.

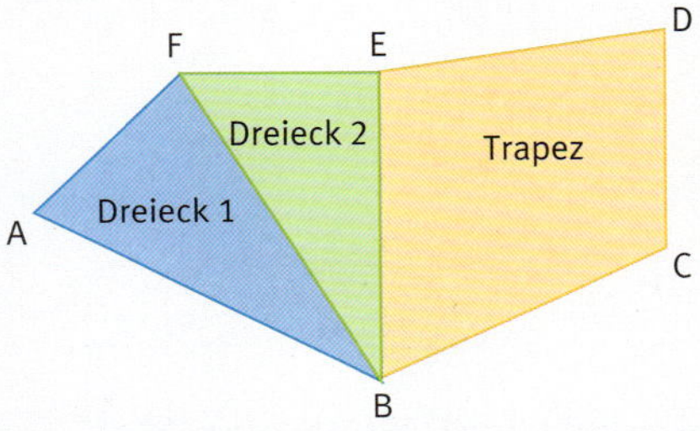


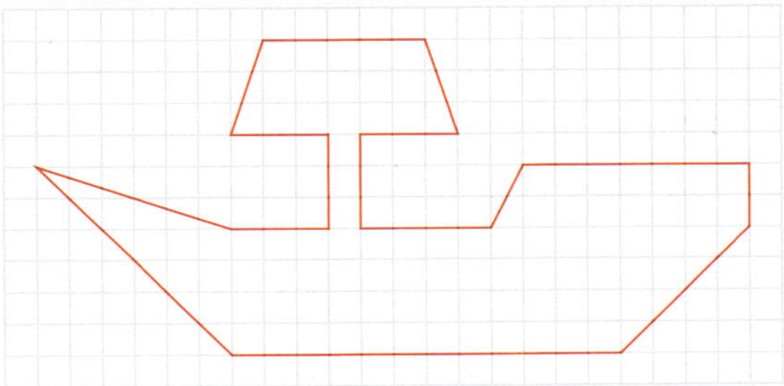

- Übertrage das rote Vieleck in dein Heft. Zerlege es in möglichst wenige geeignete Teilfiguren, entnimm der Zeichnung die notwendigen Maße und berechne den Flächeninhalt des Vielecks.

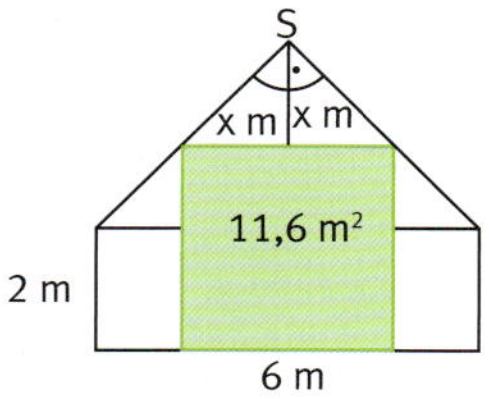


*Verwende zur Lösung ein dynamisches Geometrieprogramm.*

Auf der fensterlosen Rückseite eines kleinen Hauses soll eine in Bezug auf den Flächeninhalt möglichst große, rechteckige Werbefläche angebracht werden. Der Abstand ihrer oberen Seite vom Punkt S ist dabei x m, die Fläche selbst ist dann 2x m breit. Näheres kann der Abbildung entnommen werden.

- Stelle die Änderung der Seitenlängen des Fensters in Abhängigkeit von x dar.
- Bestimme den Flächeninhalt des Fensters in Abhängigkeit von x.
- Bestimme, wie groß die Fensterfläche maximal werden kann.

## Merkwissen

Lässt sich eine **Größe b durch eine Größe a** mithilfe **einer Funktionsgleichung** ausdrücken, spricht man von einer **funktionalen Abhängigkeit** dieser Größen. Die Größe a bzw. ihre Maßzahl x bezeichnet man als **Parameter**.

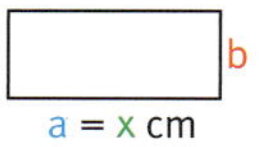


Beispiel: Ein Rechteck ist halb so breit wie lang.

$a = x$ cm $\Longrightarrow$ $b = \frac{1}{2}a = \frac{1}{2}x$ cm

Im Allgemeinen führt man die folgenden Schritte durch.

1 Festlegen eines geeigneten Parameters
2 Aufstellen eines Terms
3 Festlegen der Definitionsmenge
4 Aufstellen einer Funktionsgleichung

## Beispiele

**I** In einem Dreieck ABC ist die Höhe 1,5-mal so lang wie die Grundlinie. Bestimme den Flächeninhalt des Dreiecks in Abhängigkeit von der Länge der Grundlinie.

**Lösung:**

1 Länge der Grundlinie: x cm; also g = x cm
2 $h = 1{,}5 \cdot g$; also $h = 1{,}5 \cdot x$ cm
3 $\mathbb{D} = \mathbb{Q}^+$
4 $A = \frac{1}{2} \cdot g \cdot h$

$A(x) = \frac{1}{2} \cdot x \text{ cm} \cdot 1{,}5 \cdot x \text{ cm} = \left(\frac{1}{2} \cdot 1{,}5 \cdot x \cdot x\right) \text{cm}^2$
$= 0{,}75 \cdot x^2 \text{ cm}^2$

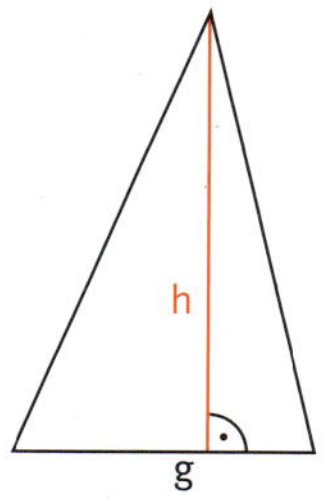


**II** Aus einem Rechteck mit der Länge l = 5 cm und der Breite b = 2,5 cm entstehen neue Rechtecke, wenn die Länge um x cm verkürzt und die Breite um x cm verlängert wird. Bestimme den Flächeninhalt der neuen Rechtecke in Abhängigkeit von x.

**Lösung:**

1 x ist der Parameter.
2 $l_{neu} = (5 - x)$ cm $\quad b_{neu} = (2{,}5 + x)$ cm
3 $\mathbb{D} = [0; 5[$
4 $A(x) = l_{neu} \cdot b_{neu}$

$= (5 - x) \cdot (2{,}5 + x) \text{ cm}^2$
$= (12{,}5 + 5x - 2{,}5x - x^2) \text{ cm}^2$
$= (-x^2 + 2{,}5x + 12{,}5) \text{ cm}^2$

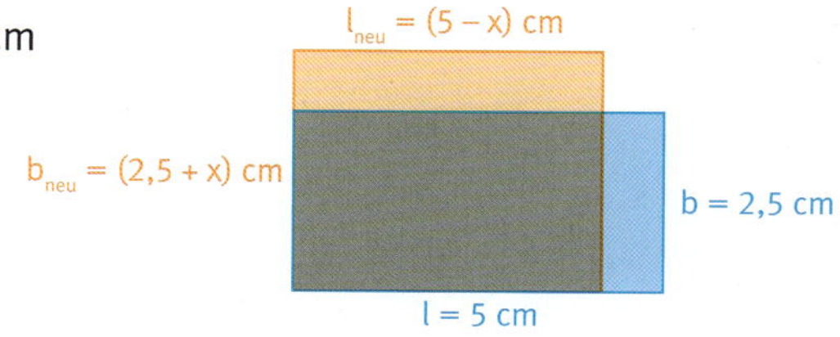


*1 „in Abhängigkeit von x“*

*3 für x = 5 ist $l_{neu}$ = 0 cm, d. h. es gibt kein Rechteck; für x > 5 hätte die neue Länge einen negativen Wert.*

## Verständnis

- Die Seitenlänge a eines Rechtecks beträgt $\frac{2}{3}$ der Seitenlänge b.
  Welche der beiden Beziehungen ist richtig? $a = \frac{2}{3}b$ oder $b = \frac{2}{3}a$? Begründe.

## Aufgaben

**1** Lege, falls nötig, den Parameter fest und gib jeweils die neuen Längen in Abhängigkeit vom Parameter an.

a) Die Höhe eines Dreiecks ist 4-mal so lang wie die zugehörige Grundseite.

b) Die Basis eines gleichschenkligen Dreiecks wird auf jeder Seite um 1,5x cm verlängert, während die Höhe um 2x cm verkürzt wird.

c) Eine 6 cm lange Kathete eines rechtwinkligen Dreiecks wird um 2x cm verlängert, während die 13 cm lange Kathete um 2,5x cm verkürzt wird.

**2** Ein rechteckiges Grundstück ist 90 m lang und 60 m breit. Der Eigentümer muss von der Länge seines Grundstücks abgeben und darf dafür die Breite für jeden abgegebenen Meter um 2 m verlängern. Um wie viel Meter wird er das Grundstück verkürzen, wenn er ein Grundstück mit größtmöglichem Flächeninhalt möchte?

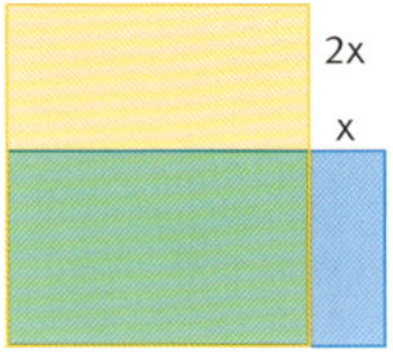


**3** Eine Raute ABCD ist durch $\overline{AC} = 7$ cm und $\overline{BD} = 4$ cm gegeben.

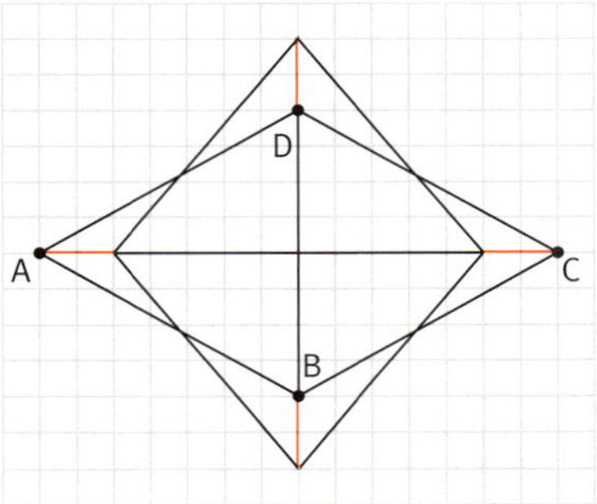


a) Zeichne die Raute ABCD.

b) Es entstehen neue Rauten $A_nB_nC_nD_n$, wenn man [AC] von A und C aus jeweils um x cm verkürzt und [BD] über B und D hinaus jeweils um x cm verlängert. Zeichne eine neue Raute $A_1B_1C_1D_1$ für x = 2,5 und berechne den Flächeninhalt der beiden Rauten.

c) Für welche Werte von x existieren Rauten?

d) Für welchen Wert von x ist die Raute ein Quadrat?

e) Bestimme den Flächeninhalt der Rauten $A_nB_nC_nD_n$.

f) Für welches x entsteht die Raute $A_0B_0C_0D_0$ mit dem größten Flächeninhalt?

*Lösung zu 3 e):*
*$A(x) = (-2x^2 + 3x + 14)$ cm²*

**4** Die Grundlinie [AB] eines gleichschenkligen Dreiecks ABC ist 6 cm und ihre zugehörige Höhe 10 cm lang. Die Form des Dreiecks wird nun so verändert, dass die Höhe um x cm verkürzt wird, während gleichzeitig die Grundlinie in jeder Richtung um x cm verlängert wird. Es entstehen Dreiecke $A_nB_nC_n$.

a) Zeichne das Dreieck ABC und die neuen Dreiecke für $x \in \{1{,}5; 3\}$.

b) Welche Werte darf x annehmen?

c) Stelle den Flächeninhalt der Dreiecke $A_nB_nC_n$ in Abhängigkeit von x dar.

d) Für welchen Wert von x erhält man das flächengrößte Dreieck?

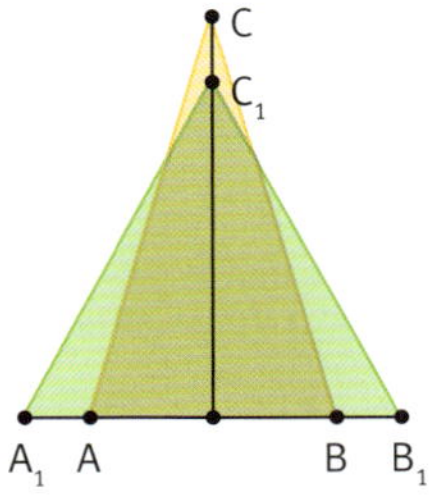


*Überprüfe dein Ergebnis zeichnerisch mit einem Geometrieprogramm.*

*Lösung zu 4 c):*
*$A(x) = (-x^2 + 7x + 30)$ cm²*

**5** Die Gemeinde Keinhausen verkauft Grundstücke. Herr Hansen kann ein dreieckiges Grundstück günstig erwerben und muss nun das rechteckige Baufenster festlegen, auf dem das Haus gebaut werden soll. Herr Hansen möchte die größtmögliche Bebauungsfläche haben. Beachte, dass das Baufenster aufgrund gesetzlicher Vorgaben mindestens 3 m vom oberen und rechten Grundstücksrand entfernt sein muss.

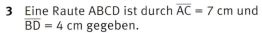

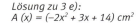

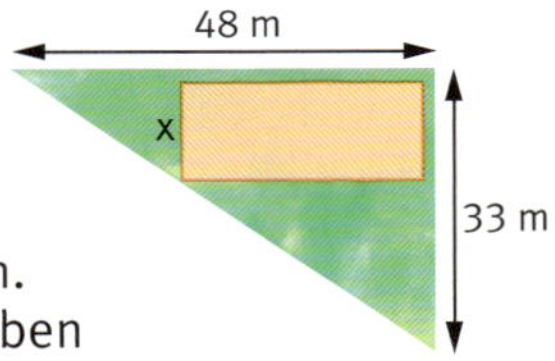


*Ein Baufenster ist der Teil des Grundstücks, der bebaut werden darf.*

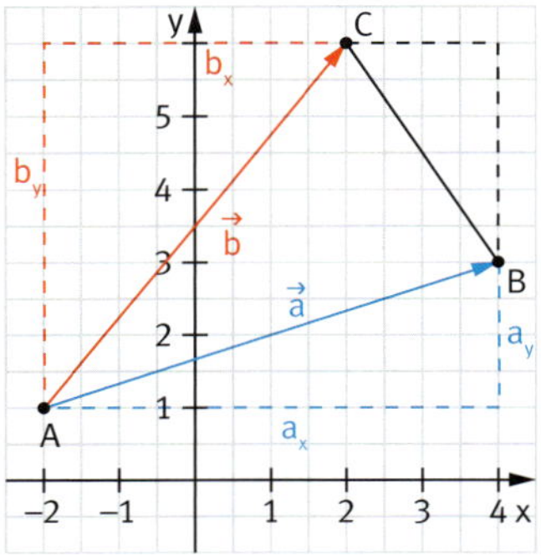


Gesucht ist der Flächeninhalt des Dreiecks ABC. Das Dreieck ist durch die Vektoren $\overrightarrow{AB} = \begin{pmatrix} a_x \\ a_y \end{pmatrix}$ und $\overrightarrow{AC} = \begin{pmatrix} b_x \\ b_y \end{pmatrix}$ eindeutig bestimmt.

- Bestimme den Flächeninhalt des Dreiecks, indem du die Fläche der rechtwinkligen Hilfsdreiecke von der Rechtecksfläche abziehst.
- Die benötigten Längen für die Flächenberechnung lassen sich auch allgemein aus den Koordinaten der Vektoren $\overrightarrow{AB}$ und $\overrightarrow{AC}$ berechnen, sodass man als Term für den Inhalt der Dreiecksfläche erhält:
  $A_{ABC} = a_x \cdot b_y - \frac{1}{2} \cdot a_x \cdot a_y - \frac{1}{2} \cdot (a_x - b_x) \cdot (b_y - a_y) - \frac{1}{2} \cdot b_x \cdot b_y$
  Vereinfache den Term so weit wie möglich, setze die Werte ein und überprüfe dein Ergebnis.

*Beachte:*

- *Beide Vektoren müssen **denselben Anfangspunkt** haben.*
- *Die Vektoren werden so mit $\vec{a}$ und $\vec{b}$ bezeichnet, dass der Winkel zwischen ihnen **mathematisch positiv** orientiert ist ($\vec{a}$ kann man gegen den Uhrzeigersinn Richtung $\vec{b}$ drehen).*

*Determinanten kennst du bereits. Erinnere dich an das Determinantenverfahren zum Lösen eines linearen Gleichungssystems.*

## Merkwissen

Ein Dreieck im Koordinatensystem wird von einem Eckpunkt aus durch **zwei Vektoren** $\vec{a} = \begin{pmatrix} a_x \\ a_y \end{pmatrix}$ und $\vec{b} = \begin{pmatrix} b_x \\ b_y \end{pmatrix}$ **eindeutig aufgespannt.**

Den Term $a_x \cdot b_y - a_y \cdot b_x$ kann man als sogenannte **Determinante** aus den Koordinaten der Vektoren, die das Dreieck aufspannen, darstellen.

Schreibweise: $\begin{vmatrix} a_x & b_x \\ a_y & b_y \end{vmatrix} = a_x \cdot b_y - a_y \cdot b_x$

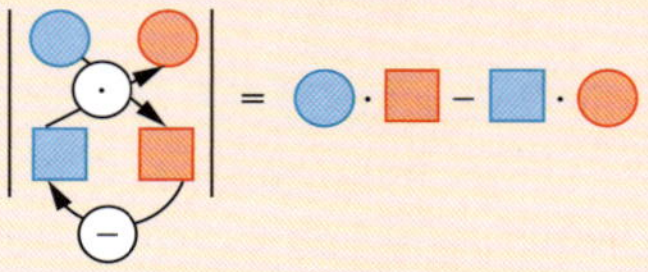

Für den **Flächeninhalt eines Dreiecks im Koordinatensystem**, das von den Vektoren $\vec{a} = \begin{pmatrix} a_x \\ a_y \end{pmatrix}$ und $\vec{b} = \begin{pmatrix} b_x \\ b_y \end{pmatrix}$ aufgespannt wird, gilt dann:

$A = \frac{1}{2} \cdot \begin{vmatrix} a_x & b_x \\ a_y & b_y \end{vmatrix}$ FE $= \frac{1}{2} \cdot (a_x \cdot b_y - a_y \cdot b_x)$ FE

## Beispiele

1. *Lege den Anfangspunkt der Vektoren fest.*
2. *Zeichne zwischen die Vektoren den „Winkelpfeil" (entgegen dem Uhrzeigersinn) ein.*
3. *Der Vektor, bei dem der „Winkelpfeil" beginnt, kommt zuerst in die Determinante. Der Vektor auf den die Spitze des „Winkelpfeils" zeigt, kommt als Zweites in die Determinante.*

**I** Berechne den Flächeninhalt des Dreiecks ABC mit A (1 | 1), B (4 | 2,5) und C (3 | 6).

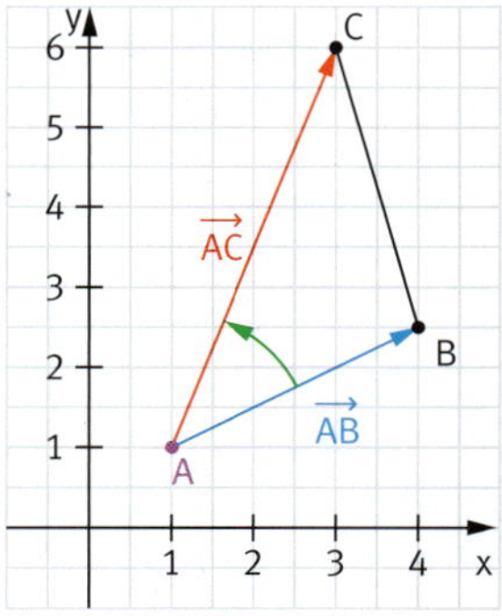


**Lösung:**

$\overrightarrow{AB} = \begin{pmatrix} 4-1 \\ 2{,}5-1 \end{pmatrix} = \begin{pmatrix} 3 \\ 1{,}5 \end{pmatrix}$

$\overrightarrow{AC} = \begin{pmatrix} 3-1 \\ 6-1 \end{pmatrix} = \begin{pmatrix} 2 \\ 5 \end{pmatrix}$

$A = \frac{1}{2} \cdot \begin{vmatrix} 3 & 2 \\ 1{,}5 & 5 \end{vmatrix}$ FE

$= \frac{1}{2} \cdot (3 \cdot 5 - 1{,}5 \cdot 2)$ FE

$= 6$ FE

## Verständnis

Überprüfe, was passiert, wenn …

- die Vektoren in der falschen Reihenfolge in die Determinante eintragen sind.
- sich die Pfeilspitzen der Vektoren in einem Punkt treffen.

*Lösungen zu 1:*
*13,5; 10,5; 17,5; 5,5*

**1** Zeichne die Dreiecke und berechne deren Flächeninhalt.

**a)** A (3 | 5); B (9 | 1); C (6,5 | 4,5) **b)** D (–2 | 2); E (3 | –1); F (0 | 5)

**c)** G (–7 | –9); H (–4 | –6); I (–10 | –3) **d)** J (0 | 0); K (5 | 0); L (0 | 7)

**2** Berechne den Flächeninhalt des Dreiecks ABC mit A (1 | 2), B (4 | –5) und C (6 | 5) auf verschiedene Weise. Verwende jedes Mal einen anderen Fußpunkt für die Vektoren.

**3** Felix und Eva haben den Flächeninhalt des Dreiecks ABC mit A (–2 | 2), B (4 | –1) und C (3 | 5) berechnet. Sie haben unterschiedliche Ergebnisse erhalten. Überprüfe deren Rechnungen und berichtige gegebenenfalls.

*Felix:* $A = \frac{1}{2} \cdot \begin{vmatrix} 6 & 5 \\ -3 & 3 \end{vmatrix}$ FE $= \frac{1}{2} \cdot (6 \cdot 3 - 3 \cdot 5)$ FE $= 1{,}5$ FE

*Eva:* $A = \frac{1}{2} \cdot \begin{vmatrix} 5 & 6 \\ 3 & -3 \end{vmatrix}$ FE $= \frac{1}{2} \cdot (5 \cdot (-3) - 3 \cdot 6)$ FE $= 16{,}5$ FE

**4** Durch A (1 | 1), B (6 | 4) und die Punkte $C_n$ (3,5 | y) ist eine Schar von Dreiecken $ABC_n$ gegeben (y ∈ ℚ).

**a)** Zeichne drei solcher Dreiecke. Welche Werte darf y annehmen?

**b)** Berechne y so, dass der Flächeninhalt des Dreiecks 7,5 FE (10 FE) beträgt.

**5** Durch A (–6 | –2), $B_n$ (3 | y) und C (–3 | 2) sind Dreiecke $AB_nC$ gegeben (y ∈ ℚ).

**a)** Zeichne A und C in ein Koordinatensystem. Wo liegen die Punkte $B_n$?

**b)** Wie findet man das „Dreieck" $AB_0C$ mit dem kleinsten Flächeninhalt? Begründe.

**c)** Zeichne die Dreiecke $AB_1C$, ..., $AB_5C$ für y ∈ {–2; –1; 0; 1; 2}.

**d)** Berechne den Flächeninhalt der Dreiecke $AB_nC$ in Abhängigkeit von y.

**e)** Bestätige das Ergebnis aus b) rechnerisch.

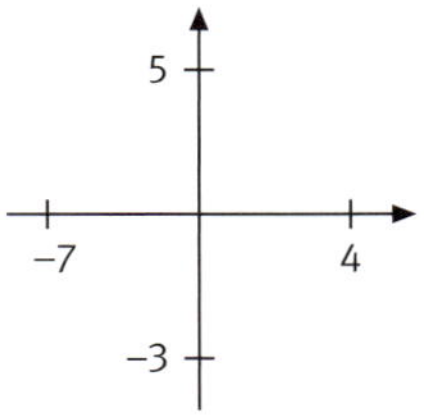


**6** Zeichne das Vieleck und berechne seinen Flächeninhalt, indem du es geschickt zerlegst. Ergänze gegebenenfalls den fehlenden Punkt.

**a)** Parallelogramm SINA: S (–2 | –2); I (1 | 1); A (–3 | –2)

**b)** Raute RUTH: R (–2 | 3); T (2 | –1); H (3 | 4)

**c)** Fünfeck TORBE: T (–3 | –4); O (3 | –4); R (6 | 0); B (0 | 4); E (–6 | 0)

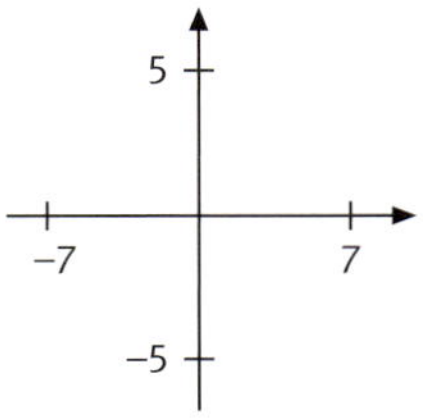


**7**

*Wird ein Parallelogramm von den Vektoren $\vec{a} = \begin{pmatrix} a_x \\ a_y \end{pmatrix}$ und $\vec{b} = \begin{pmatrix} b_x \\ b_y \end{pmatrix}$ aufgespannt, so gilt für seinen Flächeninhalt $A = \begin{vmatrix} a_x & b_x \\ a_y & b_y \end{vmatrix}$ FE.*

**a)** Skizziere die Situation und begründe, dass Nina Recht hat.

**b)** Zeichne die Parallelogramme ABCD und berechne ihren Flächeninhalt.

1 A (0 | 1); B (4 | 0); C (5,5 | 1,5) 2 A (–2,5 | –2,5); B (1 | –2); D (–1,5 | –1,5)

3 A (0 | 2); B (–0,5 | 4); C (–2,5 | 4,5) 4 B (5,5 | 3); C (4,5 | 4,5); D (0,5 | 3,5)

**c)** Zeichne in ein Koordinatensystem ein Parallelogramm (Rechteck) so ein, dass die Grundseite parallel zur x-Achse ist. Überprüfe dann die Formel von a), indem du die beiden Flächeninhalte zunächst auf herkömmliche Weise und anschließend über Vektoren und die Determinante berechnest.

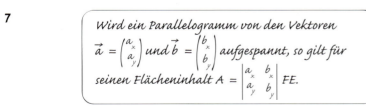

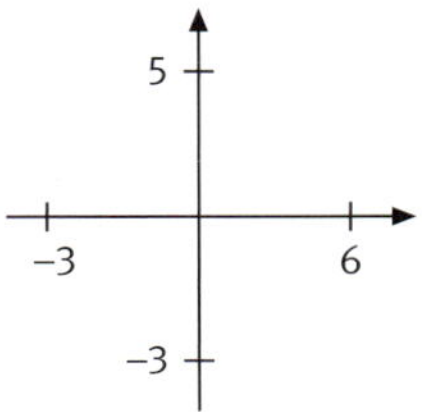

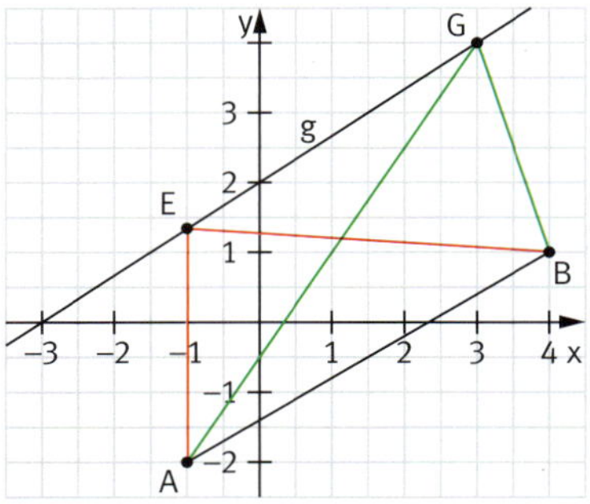


- Bestimme aus der Zeichnung die Gleichung der Gerade g.
- Die Punkte E $(-1 \mid y_E)$ und G $(x_G \mid 4)$ liegen auf g. Berechne die fehlenden Koordinaten der Punkte $(y_E, x_G \in \mathbb{Q})$.
- Berechne den Flächeninhalt der Dreiecke ABE und ABG mit A $(-1 \mid -2)$ und B $(4 \mid 1)$.
- Der Punkt $P_n$ sei ein beliebiger Punkt auf g. Gib seine Koordinaten in Abhängigkeit von der Abszisse x an.
- Berechne nun den Flächeninhalt des beliebigen Dreiecks $ABP_n$ in Abhängigkeit von x. Besprich mit deinem Nachbarn Lösungsmöglichkeiten.

*Liegt der Punkt $P_n$ auf einer Gerade mit der Gleichung $y = mx + t$, so lauten die Koordinaten von $P_n$ $(x \mid mx + t)$.*

## Merkwissen

Auch im **Koordinatensystem** lassen sich **funktionale Abhängigkeiten** bilden. In Aufgabenstellungen hängt dabei meist die y-Koordinate eines Punktes $P_n$ von seiner x-Koordinate und einer weiteren Bedingung (z. B. einer Funktionsgleichung) ab.
Bei der Berechnung des Flächeninhalts in **Abhängigkeit von der x-Koordinate von $P_n$** ist der Rechenaufwand geringer, wenn der Punkt $P_n$ nur in einem Vektor vorkommt, also **nicht der Anfangspunkt** mehrerer Vektoren ist.

## Beispiele

**I** Gegeben ist das Dreieck $ABC_n$ mit A $(-2 \mid -2{,}5)$, B $(2 \mid -0{,}5)$ und $C_n\ (x \mid y) \in g$ mit $y = -x + 3$ $(\mathbb{G} = \mathbb{Q} \times \mathbb{Q})$.

**a)** Zeichne g und das Dreieck $ABC_1$ für $x = -1$ in ein Koordinatensystem.
**b)** Welche Werte darf x annehmen, damit der Umlaufsinn des Dreiecks stimmt?
**c)** Wie lauten die Koordinaten der Punkte $C_n$?
**d)** Bestimme den Flächeninhalt der Dreiecke $ABC_n$ in Abhängigkeit von x.
**e)** Das Dreieck $ABC_2$ hat den Flächeninhalt A = 6 FE. Berechne den zugehörigen Wert von x.

*Hinweis zu b):*
- *Für x = 3 liegt C auf AB, es existiert also kein Dreieck.*
- *Für x > 3 ergibt sich durch den Umlaufsinn ein Dreieck $AC_nB$, was der Aufgabenstellung widerspricht.*

**Lösung:**

**a)**

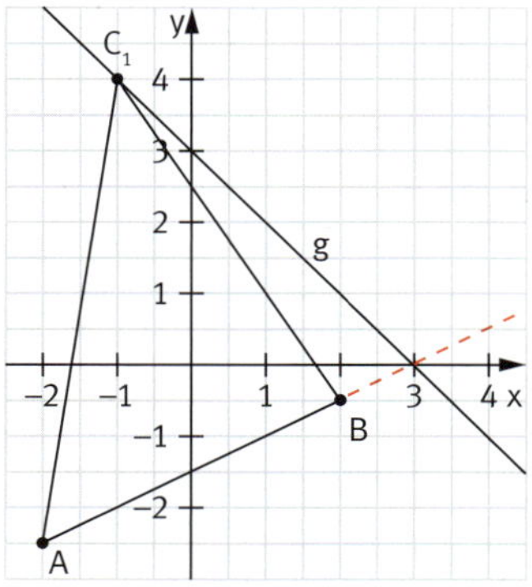


**b)** Für x muss gelten: x < 3.

**c)** $C_n\ (x \mid -x + 3)$

**d)** $\overrightarrow{AB} = \begin{pmatrix} 2-(-2) \\ -0{,}5-(-2{,}5) \end{pmatrix} = \begin{pmatrix} 4 \\ 2 \end{pmatrix}$

$\overrightarrow{AC_n} = \begin{pmatrix} x-(-2) \\ -x+3-(-2{,}5) \end{pmatrix} = \begin{pmatrix} x+2 \\ -x+5{,}5 \end{pmatrix}$

$A(x) = \frac{1}{2} \cdot \begin{vmatrix} 4 & x+2 \\ 2 & -x+5{,}5 \end{vmatrix}$ FE
$= \frac{1}{2} \cdot [4 \cdot (-x + 5{,}5) - 2 \cdot (x + 2)]$ FE
$= \frac{1}{2} \cdot (-4x + 22 - 2x - 4)$ FE
$= \frac{1}{2} \cdot (-6x + 18)$ FE
$= (-3x + 9)$ FE

**e)** $-3x + 9 = 6 \quad \mid -9$
$-3x = -3 \quad \mid :(-3)$
$x = 1$

## Verständnis

- Ein Viereck $ABC_nD$ hat drei fixe Punkte A, B und D und einen freien Punkt $C_n$. Worauf musst du bei der Festlegung von $C_n$ achten, sodass die Vierecke tatsächlich existieren?
- Lege vier Punkte A, B, C und D fest. Erläutere den Unterschied zwischen der Bezeichnung ABCD und ACBD.

## Aufgaben

*Im Folgenden gilt:*
$\mathbb{G} = \mathbb{Q} \times \mathbb{Q}$

**1** Für die Dreiecke $ABC_n$ gilt: A (−3 | −6), B (3 | 1) und $C_n \in g$ mit $y = 0{,}25x + 3$.

**a)** Zeichne die Gerade g sowie zwei verschiedene Dreiecke $ABC_1$ und $ABC_2$ in ein Koordinatensystem und berechne deren Flächeninhalt.

**b)** Zeige, dass für den Flächeninhalt der Dreiecke $ABC_n$ in Abhängigkeit von der x-Koordinate des Punktes $C_n$ gilt: $A(x) = (-2{,}75x + 16{,}5)$ FE.

**c)** Tabellarisiere die funktionale Abhängigkeit aus b) und zeichne den Graphen.

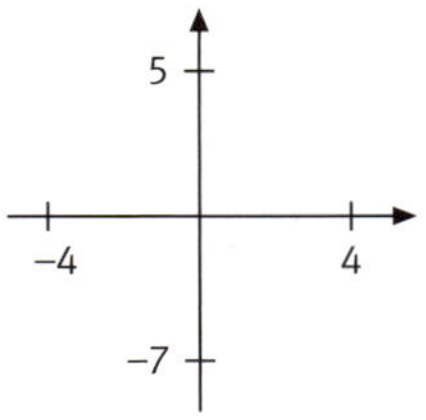


**2** Die Punkte A (−2 | 2) und B (4 | 2) bilden die Grundseite der Dreiecke $ABC_n$. Die Eckpunkte $C_n$ liegen auf der Gerade g mit $y = -\frac{1}{4}x + 5$.

**a)** Zeichne die Gerade g und die Punkte A und B in ein Koordinatensystem.

**b)** Zeichne nun die Punkte $C_1$, $C_2$ und $C_3$ ein für $x_1 = -4$, $x_2 = 0$ und $x_3 = 2$.

**c)** Zeichne für die Dreiecke $ABC_1$, $ABC_2$ und $ABC_3$ die zur Grundseite [AB] gehörenden Höhen ein und berechne den Flächeninhalt des Dreiecks $ABC_1$.

**d)** Bestimme die Höhen der Dreiecke $ABC_n$ in Abhängigkeit von x.

**e)** Für welche Werte von x gibt es keine Dreiecke $ABC_n$?

**f)** Stelle den Flächeninhalt der Dreiecke $ABC_n$ in Abhängigkeit von x dar.

**g)** Berechne die Belegung für x so, dass der Flächeninhalt 7,5 FE beträgt.

**h)** Unter den Dreiecken der Schar gibt es ein gleichschenkliges Dreieck $ABC_4$, bei dem [AB] die Basis ist. Zeichne dieses Dreieck ein und berechne die Koordinaten von $C_4$. Gibt es noch weitere gleichschenklige Dreiecke?

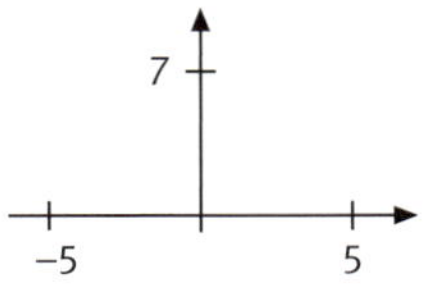


*Lösungen zu 2:*
*d) $h(x) = (-0{,}25x + 3)$ LE*
*f) $A(x) = (-0{,}75x + 9)$ FE*

**3** Durch die Punkte A (−2 | −3), B (3 | −0,5) und $C_n$ (x | −0,5x + 3) ist eine Schar von Dreiecken $ABC_n$ festgelegt.

**a)** Zeichne die Punkte $C_n$ für $x \in [-5; 2]$ mit $\Delta x = 1$ in ein Koordinatensystem. Was kann über die Lage der Punkte ausgesagt werden?

**b)** Zeichne die Dreiecke $ABC_1$ für $x = -1$ und $ABC_2$ für $x = 2$ in das Koordinatensystem. Berechne die Flächeninhalte dieser Dreiecke. Für welche Werte von x erhält man positiv orientierte Dreiecke? Begründe.

**c)** Die Pfeile $\overrightarrow{AB}$ und $\overrightarrow{AC_n}$ spannen die Dreiecke $ABC_n$ auf. Stelle den Flächeninhalt dieser Dreiecke in Abhängigkeit von x dar.

**d)** Unter den Schardreiecken $ABC_n$ gibt es ein Dreieck $ABC_3$ mit dem Flächeninhalt 2,5 FE. Berechne die Koordinaten von $C_3$. Zeichne das Dreieck.

**e)** Es existiert ein Punkt $C_4$ so, dass $ABC_4$ kein Dreieck ist. Bestimme zeichnerisch und rechnerisch die Koordinaten des Punktes $C_4$.

**f)** Zeige, dass es unter den Dreiecken $ABC_n$ nur zwei gleichschenklige gibt.

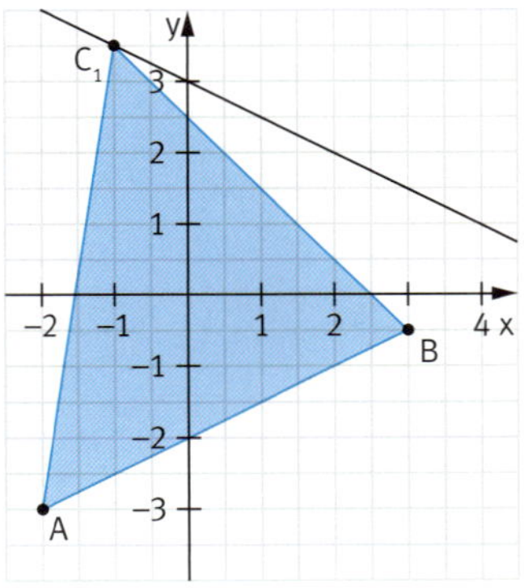


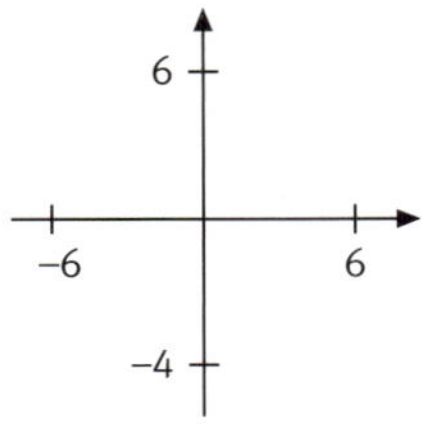


*Lösung zu 3 c):*
*$A(x) = (-2{,}5x + 12{,}5)$ FE*

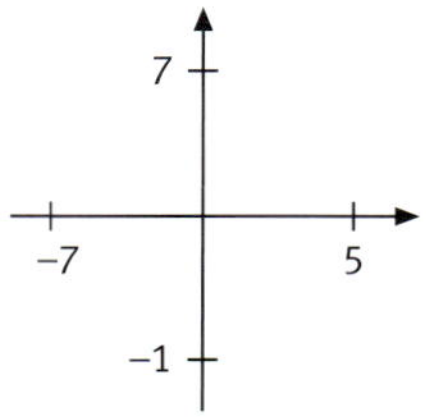


*Lösung zu 4 b):*
*$A(x) = \left(\frac{2}{9}x^2 - 4x + 18\right)$ FE*

**4** Gegeben ist die Gerade g mit der Gleichung $y = -\frac{2}{3}x + 6$. Die Eckpunkte $B_n$ gleichschenklig-rechtwinkliger Dreiecke $A_nB_nC_n$ liegen auf g, die Eckpunkte $A_n$ auf der x-Achse. Diese beiden Eckpunkte besitzen die gleiche x-Koordinate. Die Winkel $C_nB_nA_n$ haben das Maß 90°.

**a)** Zeichne g sowie die Dreiecke $A_1B_1C_1$ mit $A_1$ (3 | 0) und $A_2B_2C_2$ mit $A_2$ (0 | 0) in ein Koordinatensystem.

**b)** Stelle den Flächeninhalt der Dreiecke $A_nB_nC_n$ in Abhängigkeit von der Abszisse x der Punkte $B_n$ dar.

**c)** Berechne aus b) den Flächeninhalt der Dreiecke $A_1B_1C_1$ und $A_2B_2C_2$.

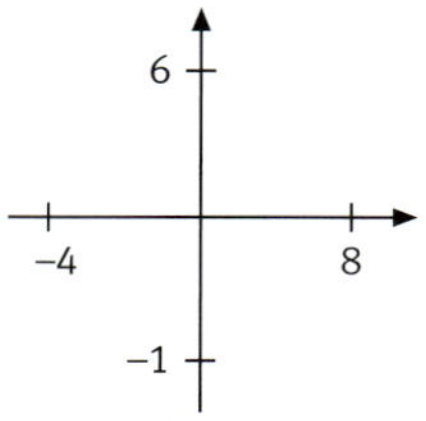


*Zerlege das Viereck geschickt in zwei Dreiecke.*

**5** Die Punkte A (1 | 1), B (5 | 1), C (5 | 3) und $D_n$ bilden Vierecke $ABCD_n$. Die Punkte $D_n$ liegen auf der Gerade g: $y = 2{,}5 + 0{,}5x$.

**a)** Zeichne g sowie die Vierecke $ABCD_1$ und $ABCD_2$ mit $x_1 = 0{,}5$ und $x_2 = 3$.

**b)** Für welche x-Werte ...

1. wird das Viereck ein Dreieck?
2. gibt es besondere Vierecke?
3. erhält man nicht konvexe Vierecke?

**c)** Bestimme den Flächeninhalt der Vierecke $ABCD_n$. Was stellst du fest?

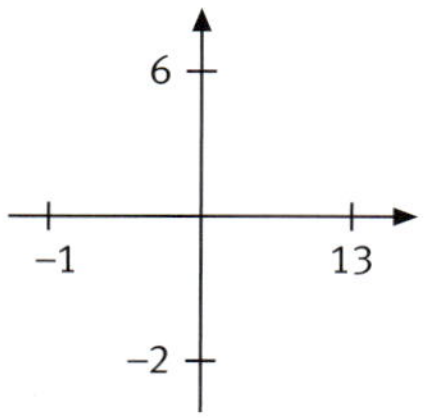


*Lösung zu 6 c):*
*$A(x) = (-0{,}25x^2 + 1{,}25x + 21)$ FE*

**6** Die Trapeze $A_nB_nCD$ sind gegeben durch C (8 | 5), D (1 | 5) und $B_n$ (x | y) auf der Gerade g mit $y = 0{,}5x - 1$. Die Punkte $A_n$ liegen auf der y-Achse und haben die gleiche Ordinate wie $B_n$.

**a)** Zeichne g und die zwei Trapeze $A_1B_1CD$ und $A_2B_2CD$ für x = 3 und x = 5.

**b)** Berechne den Flächeninhalt der beiden Trapeze.

**c)** Stelle den Flächeninhalt der Trapeze $A_nB_nCD$ in Abhängigkeit von der x-Koordinate der Punkte $B_n$ dar.

**d)** Für welche Werte von x existieren Trapeze $A_nB_nCD$?

**e)** Gibt es unter den Trapezen $A_nB_nCD$ eines mit dem Flächeninhalt A = 15 FE?

**f)** Bestimme den Flächeninhalt des Trapezes $A_0B_0CD$, das eine Sonderform eines Trapezes darstellt.

**g)** Für welchen x-Wert von $B_n$ wird der Flächeninhalt des Trapezes $A_nB_nCD$ maximal?

**7** Von den Vierecken $AB_nCD_n$ sind die Punkte A (−3 | 2) und C (5 | 2) festgelegt. Außerdem gilt: $B_n$ (x | −0,5x − 1) und $D_n$ (−x | 0,5x + 8).

**a)** Zeichne die zu $x \in \{-2; 0; 3\}$ gehörenden Vierecke $AB_1CD_1$, $AB_2CD_2$ und $AB_3CD_3$.

**b)** Bestimme den Flächeninhalt der Dreiecke $AB_nC$ und $ACD_n$ in Abhängigkeit von x.

**c)** Gib allgemein den Flächeninhalt der Vierecke $AB_nCD_n$ an.

**d)** Zeige, dass für x = −1,5 ein Trapez vorliegt.

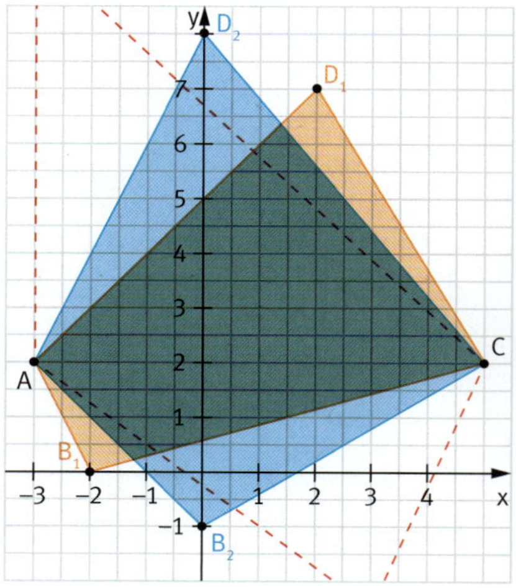

**8** Der Punkt A (–3 | 1) und die Vektoren $\overrightarrow{AB} = \binom{2}{1}$ und $\overrightarrow{AD} = \binom{2}{6}$ legen das Parallelogramm ABCD fest.

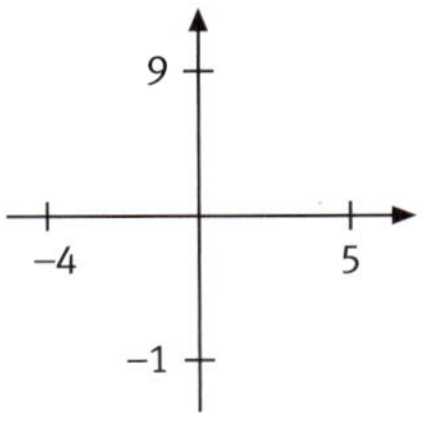


**a)** Zeichne das Parallelogramm ABCD in ein Koordinatensystem.

**b)** Es entstehen neue Parallelogramme $AB_nC_nD_n$, wenn sich die x-Koordinate von $\overrightarrow{AB}$ um a vergrößert und sich gleichzeitig die y-Koordinate von $\overrightarrow{AD}$ um a verringert. Zeichne das Parallelogramm $AB_1C_1D_1$ für a = 3,5.

**c)** Berechne den Flächeninhalt des Parallelogramms $AB_1C_1D_1$.

**d)** Welche Werte sind für a möglich?

**e)** Berechne den Flächeninhalt der Parallelogramme $AB_nC_nD_n$ in Abhängigkeit von a.

*Lösung zu 8 e):*
*$A(a) = (-a^2 + 4a + 10)$ FE*

**f)** Unter den Parallelogrammen $AB_nC_nD_n$ hat das Parallelogramm $AB_0C_0D_0$ den maximalen Flächeninhalt. Gib $A_{max}$ und die zugehörige Belegung von a an.

**9** Es gibt – vor allem in Abschlussprüfungen – auch zweifache Abhängigkeiten.

> Gegeben: Die Punkte $A_n$ liegen auf g mit y = x + 1. Die Punkte $B_n$ liegen auf h mit $y = -\frac{1}{4}x + 7$.
> Die x-Koordinate der Punkte $B_n$ ist um 2 größer als diejenige der Punkte $A_n$.
> Gesucht: Koordinate der Punkte $B_n$
>
> Zunächst gilt: $A_n\,(x \mid x + 1)$; $B_n\,(x_B \mid -\frac{1}{4}x_B + 7)$
>
> Weiter gilt für die x-Koordinate der Punkte $B_n$: $x_B = x + 2$
> Eingesetzt ergibt das:
> $y_B = -\frac{1}{4}(x + 2) + 7 = -\frac{1}{4}x - 0{,}5 + 7 = -\frac{1}{4}x + 6{,}5$
> Daraus ergibt sich: $B_n\,(x + 2 \mid -\frac{1}{4}x + 6{,}5)$.

*Die y-Koordinate $y_A$ der Punkte $A_n$ ist abhängig von der x-Koordinate $x_A$.*
*$x_B$ ist ebenso abhängig von $x_A$.*

**a)** Erkläre, wie die Koordinaten der Punkte $B_n$ ermittelt werden.

**b)** Gegeben sind die Punkte $A_n$ auf g: $y = \frac{1}{2}x + 1$ und $B_n$ auf h: $y = -\frac{1}{3}x + 6$, wobei die Abszisse der Punkte $B_n$ um 3 größer ist als die Abszisse x der Punkte $A_n$. Sie bilden zusammen mit C (1 | 7,5) Dreiecke $A_nB_nC$.

1. Zeichne die Dreiecke $A_1B_1C$ und $A_2B_2C$ für x = 0 und x = 3.
2. Finde durch Probieren oder mithilfe eines Geometrieprogramms eine Annäherung an das für x zulässige Intervall.
3. Berechne den Flächeninhalt der Dreiecke $A_nB_nC$ in Abhängigkeit von x.

*Lösung zu 10 b):*
*$A(x) = (-3x^2 + 9x + 30)$ FE*

**10** Gegeben ist die Raute ABCD mit A (0 | –5), B (3 | 0), C (0 | 5) und D (–3 | 0). Verkürzt man die Diagonale [AC] von A und C aus um x LE und verlängert [BD] über B hinaus um 3x LE, so entstehen neue Drachen $A_nB_nC_nD$.

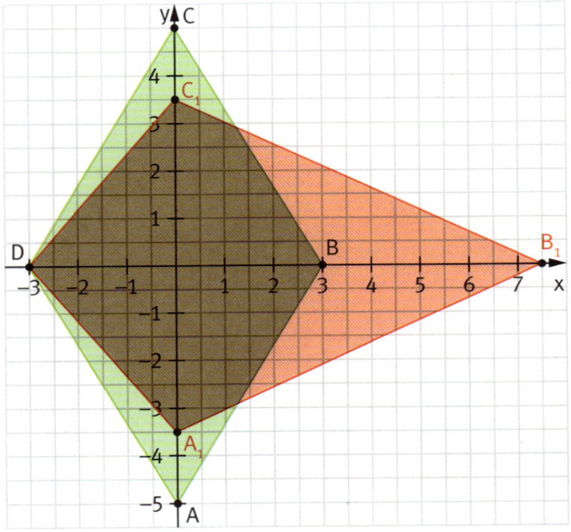


**a)** Zeichne die Raute ABCD und für x = 1,5 den Drachen $A_1B_1C_1D$. Bestimme die Flächeninhalte der Raute ABCD und des Drachens $A_1B_1C_1D$.

**b)** Bestimme den Flächeninhalt der Drachen $A_nB_nC_nD$ in Abhängigkeit von x. Welche Werte für x sind sinnvoll?

**c)** Unter den Drachen $A_nB_nC_nD$ hat der Drache $A_0B_0C_0D$ den maximalen Flächeninhalt. Gib $A_{max}$ und die zugehörige Belegung von x an.

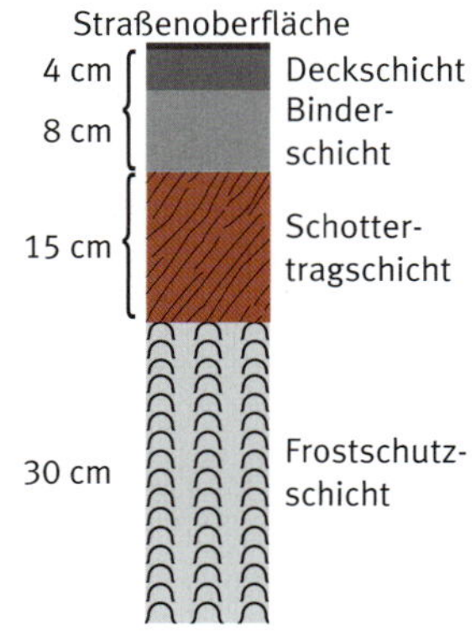


**1** Der nebenstehend abgebildete Ausschnitt einer Straßenkreuzung soll komplett mit einer Asphaltbetondecke versehen werden.

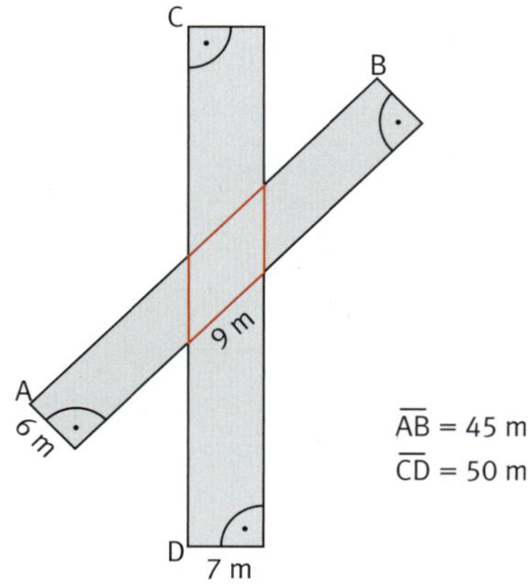


a) Berechne den Inhalt der zu asphaltierenden Fläche.

b) Die Asphaltschicht ist 12 cm dick. Wie viele Kubikmeter Asphalt sind nötig?

c) Unter die Asphaltschicht kommt eine 15 cm dicke Tragschicht aus Schotter. Wie viele Fuhren muss ein Lkw, der pro Fuhre 7 $m^3$ transportieren kann, fahren, um den gesamten Schotter zur Baustelle zu transportieren?

d) Wie schwer ist der Schotter, wenn 1 $m^3$ eine Masse von 2,2 t hat?

e) Welchen Flächeninhalt nimmt der Kreuzungsbereich ein? Wie viel Prozent der zu teerenden Fläche sind das?

f) Berechne die anfallenden Kosten, wenn gilt:
1 $m^3$ Asphalt: 76,50 € 1 t Schotter: 9,20 € 1 Lkw-Fahrt: 11,50 €

g) Die obigen Posten machen 18 %, der Maschineneinsatz 11 % und die Lohnkosten 50 % der Gesamtkosten aus. Zudem müssen 21 % an weiteren Nebenkosten berücksichtigt werden. Hinzu kommen noch 19 % Mehrwertsteuer.

**2** Die Holzverkleidung der Giebelwand dieser Scheune soll neu gestrichen werden.

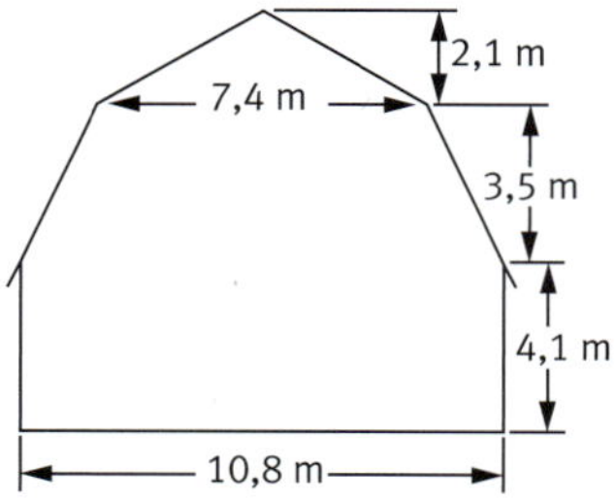


a) Wie viel Dosen Farbe benötigt man mindestens, wenn man mit einer Dose 12,5 $m^2$ streichen kann?

b) Welche Höhe hätte eine flächengleiche rechteckige Fassade bei gleicher Breite?

**3** Eine quadratische Tischdecke der Seitenlänge 120 cm liegt symmetrisch so auf einem ebenfalls quadratischen Tisch, dass die überhängenden dreieckigen Stücke zusammen genau ein Neuntel der Tischdecke ausmachen. Welche Abmessungen haben die überhängenden Teile? Wie groß ist der Tisch? Fertige zunächst eine Zeichnung an und entnimm ihr fehlende Maße.

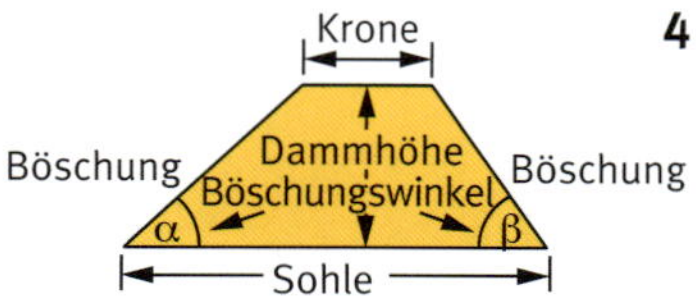


**4** Ein 1,3 km langer Damm mit trapezförmigem Querschnitt dient als Hochwasserschutz an einem Fluss.

a) Zeichne den Dammquerschnitt im Maßstab 1 : 500, wenn die Sohle 36 m lang ist, Krone und Dammhöhe je 10 m lang sind und $\alpha = 53°$ ist.

b) Welchen Flächeninhalt hat der Querschnitt in Wirklichkeit? Welches Volumen hat der ganze Damm?

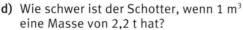

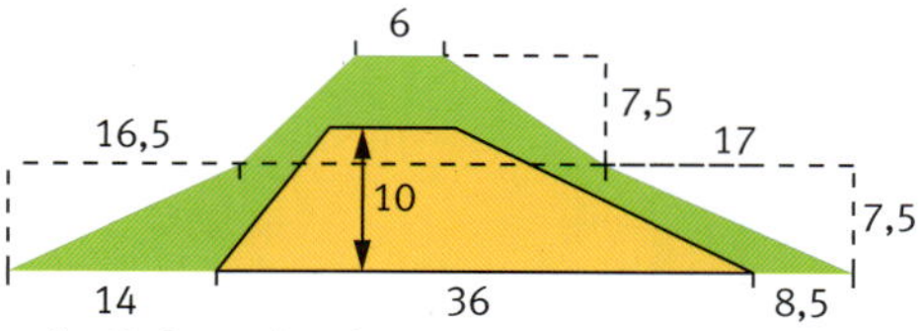

*alle Maßangaben in m*

c) Der Damm soll zum besseren Schutz aufgestockt werden (siehe Zeichnung). Ergänze deine Zeichnung im Heft.

d) Wie viele Kubikmeter Erde müssen bewegt werden, um den Damm aufzuschütten?

e) Um wie viel Prozent ist der Querschnitt des neuen Damms größer gegenüber dem alten geworden?

**5** Um den Flächeninhalt von Bayern zu bestimmen, kann man die Fläche geschickt in Vielecke unterteilen, deren Flächeninhalt man leicht berechnen kann, z. B. Dreiecke und Trapeze.

**a)** Miss die Längen der eingezeichneten Strecken und bestimme die wahren Längen.

**b)** Berechne nun den Flächeninhalt der einzelnen Vielecke und ermittle so den Flächeninhalt des Bundeslandes Bayern.

**c)** Recherchiere den wahren Flächeninhalt von Bayern und vergleiche.

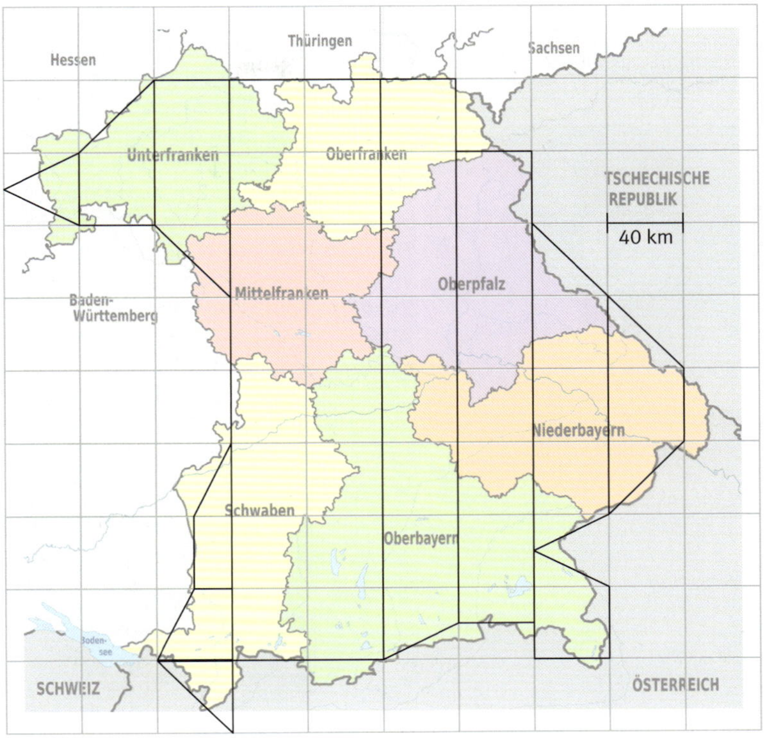


**6** Der Tower der deutschen Flugsicherung auf dem Dresdner Flughafen hat als Grundriss ein regelmäßiges Achteck. Seine Höhe beträgt 25 m.

**a)** Schätze die Länge des Geländers rund um die Plattform ab.

**b)** Die Fenster der Kanzel sind trapezförmig. Bestimme die gesamte Glasfläche. Schätze die entsprechenden Längen aus dem Bild ab.

**7** Bestimme den Flächeninhalt der Figuren. Zerlege oder ergänze dazu geschickt.

**a)**

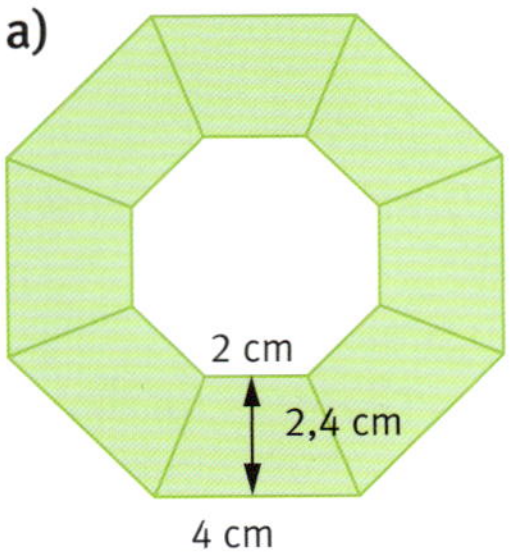


**b)**

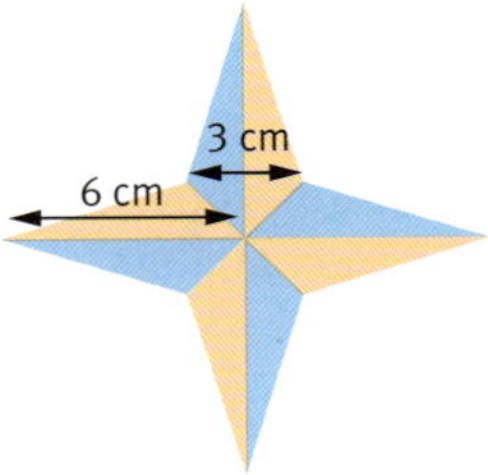


**c)**

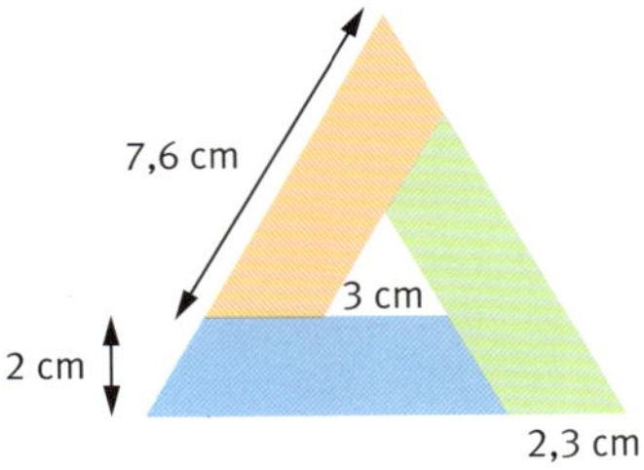

*Diese „abgeschnittene“ Pyramide nennt man in der Mathematik Pyramidenstumpf.*

**8** In Skateparks findet man sogenannte „Pyramiden“, auf denen die Skater ihre Tricks durchführen. Allerdings fehlt diesen Pyramiden die Spitze. Wie viel Stahlblech wird für diese „Pyramide“ benötigt, wenn sie keine Bodenplatte hat?

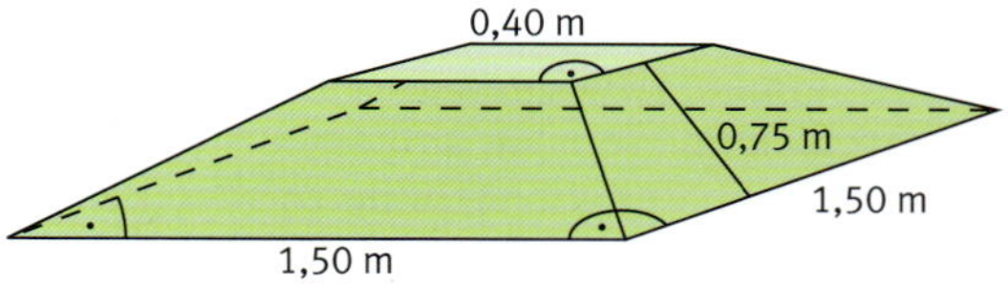


**9** Die grüne Fläche stellt ein Grundstück dar. Um dessen Fläche zu vermessen, wurde zwischen den Eckpunkten A und D eine Diagonale als Standlinie gezogen. Zusätzlich wurden von den restlichen Eckpunkten Lote auf diese Standlinie gefällt. Alle entstehenden Streckenabschnitte wurden vermessen.

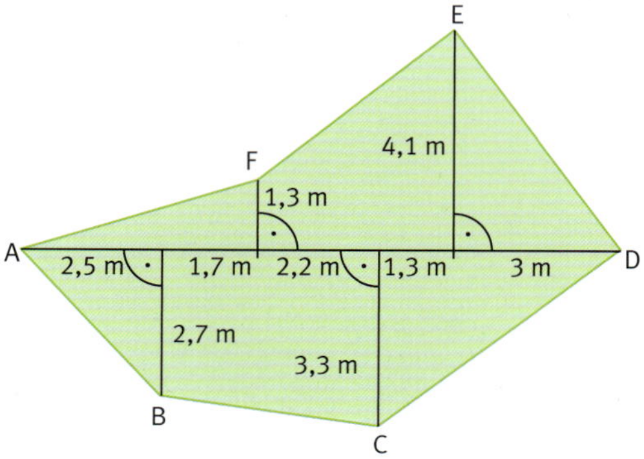


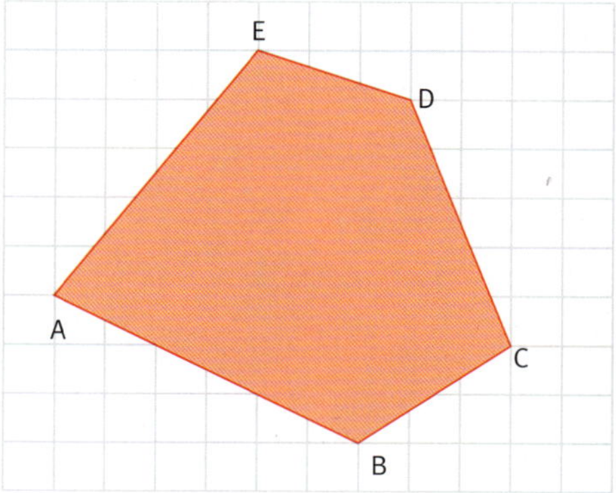


**a)** Erkläre, warum man mit dieser Flächenzerlegung die Grundstücksfläche bestimmen kann. Berechne anschließend den Flächeninhalt der grünen Fläche.

**b)** Führe das Verfahren an der roten Fläche durch (Maßstab 1 : 1000). Übertrage die Figur zunächst in dein Heft und wähle eine Standlinie. Vergleiche deine Lösung mit der deines Nachbarn. Wie erklärst du dir mögliche Abweichungen?

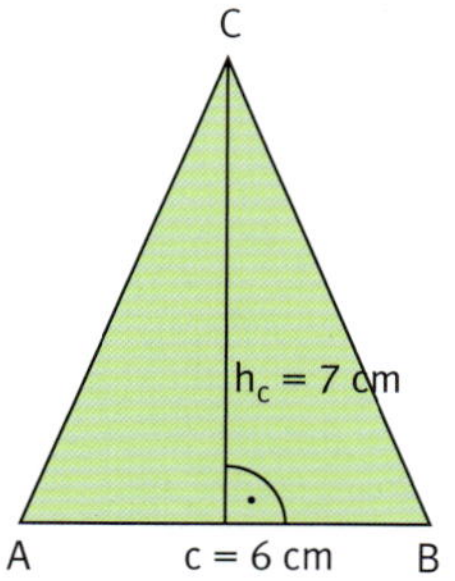


**10 a)** Konstruiere mit einem dynamischen Geometrieprogramm ein gleichschenkliges Dreieck ABC sowie die Höhe zur Basis [AB]. Stelle hierbei die Grundseite und die zugehörige Höhe auf die in der Randspalte angegebenen Werte ein. Berechne ebenso mit dem Programm den Flächeninhalt und den Umfang des Dreiecks.

**b)** Untersuche, wie sich Flächeninhalt und Umfang des Dreiecks ändern, wenn bei gleicher Grundseite c die Länge der Höhe $h_c$ verdoppelt (halbiert) wird.

**c)** Wie verändert sich der Flächeninhalt des Dreiecks bei gleich bleibender Höhe, wenn die Länge der Grundseite verdoppelt (verdreifacht, halbiert) wird?

**d)** Wie verändert sich der Flächeninhalt des Dreiecks, wenn sowohl die Grundseite als auch die zugehörige Höhe verdoppelt (verdreifacht, halbiert) werden?

**e)** Gelten deine Ergebnisse auch für ein beliebiges Dreieck? Begründe.

**11** Gegeben sind die Dreiecke $EFG_n$ mit E (–3 | –5), F (5 | 1) und $G_n$ (x | 4).

**a)** Berechne die x-Koordinate des Punktes $G_1$ so, dass das Dreieck den Flächeninhalt 25,5 FE hat. Zeichne das Dreieck $EFG_1$.

**b)** Die Punkte $G_n$ bewegen sich auf einer Gerade. Gib deren Gleichung an.

**c)** Wo muss der Punkt $G_0$ liegen, damit der Flächeninhalt des Dreiecks minimal ist? Überlege zunächst die Lage von $G_0$ und bestimme dann seine Koordinaten.

**d)** Kann der Flächeninhalt auch einen größten Wert annehmen? Begründe.

**12** In das Rechteck ABCD mit A (–6|–1), B (4|–1), C (4|5) und D (–6|5) ist ein Viereck PQRS so einbeschrieben, das P, Q, R und S jeweils die Seitenmittelpunkte des Rechtecks sind. Es gilt: $P \in [AB]$, $Q \in [BC]$, $R \in [CD]$ und $S \in [DA]$.

**a)** Weise rechnerisch nach, dass PQRS ein Parallelogramm ist.

**b)** Begründe, warum PQRS eine Raute ist.

**c)** Berechne den Flächeninhalt der Raute PQRS.

**d)** Weise nach, dass für jedes beliebige Rechteck gilt:
Der Flächeninhalt des so einbeschriebenen Parallelogramms ist stets halb so groß wie der Flächeninhalt des betreffenden Rechtecks.

**13** Einem Rechteck ABCD mit $\overline{AB} = 10$ cm und $\overline{BC} = 6$ cm werden Parallelogramme $E_nF_nG_nH_n$ einbeschrieben.
Dabei gilt: $\overline{AE_n} = \overline{BF_n} = \overline{CG_n} = \overline{DH_n} = x$ cm

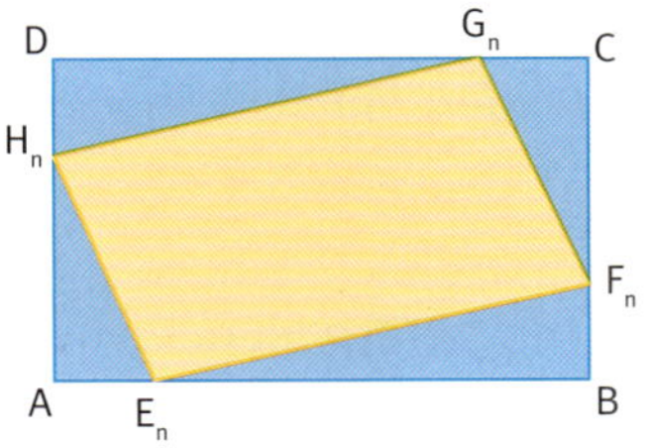


**a)** Zeichne das Rechteck und das Parallelogramm $E_1F_1G_1H_1$ für x = 1.

**b)** Welche Werte für x sind möglich?

**c)** Bestimme den Flächeninhalt der einbeschriebenen Parallelogramme $E_nF_nG_nH_n$ in Abhängigkeit von x.

*Lösung zu 13 c):*
*$A(x) = (2x^2 - 16x + 60)$ cm²*

**d)** Für welches x ist der Flächeninhalt minimal? Gib $A_{min}$ an.

**e)** Berechne den Flächeninhalt des Parallelogramms $E_2F_2G_2H_2$ für x = 1,75.

**14** Die Diagonale e eines Drachenvierecks ABCD wird um x cm verkürzt, während die Diagonale f um 2x cm verlängert wird (siehe Bild).

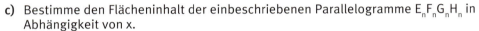

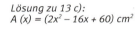

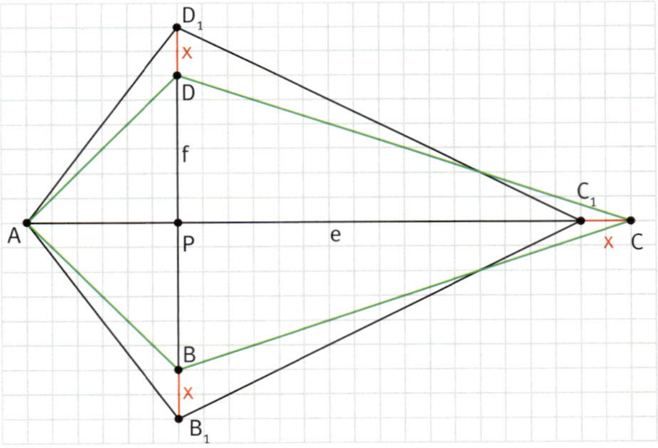


**a)** Zeichne das Drachenviereck ABCD mit e = 12 cm und f = 6 cm und ergänze die Zeichnung für $x \in \{1; 2; 3\}$. Berechne jeweils den Flächeninhalt der Figuren. Die Lage des Diagonalenschnittpunkts P bleibt unverändert. P ist 3 cm von A entfernt.

**b)** Gib die Definitionsmenge für x an, wenn nur konvexe Drachenvierecke betrachtet werden sollen.

**c)** Bestimme den Flächeninhalt der Schardrachenvierecke $AB_nC_nD_n$ in Abhängigkeit von x.

**d)** Überprüfe, ob der Flächeninhalt einen Extremwert besitzt, und bestimme gegebenenfalls den Extremwert und die Belegung für x.

**e)** Für welchen Wert von x erhält man eine Raute?

*Lösung zu 14 c):*
*$A(x) = (-x^2 + 9x + 36)$ cm²*

**15** Ein Parallelogramm ABCD mit A (5|–2), B (2|4) und C (x|3) hat den Flächeninhalt A = 27 FE. Berechne die fehlende x-Koordinate von C sowie die Koordinaten von D.

**16** Gegeben ist das Fünfeck ABCDE mit A (6|2), B (5|4), C (1|6), D (–1|2) und E (2|1).

**a)** Berechne den Flächeninhalt des Fünfecks. Zerlege dafür das Fünfeck von einer Ecke aus in drei Dreiecke.

**b)** Berechne die Koordinaten der Mittelpunkte der Fünfecksseiten.

**c)** Berechne den Flächeninhalt des einbeschriebenen Vielecks, dessen Eckpunkte die Seitenmittelpunkte der Fünfecksseiten darstellen.

### Vermessung seit alters her

Die Form und Größe von Grundstücken war für die Menschen schon immer sehr wichtig. Der Legende nach wurde im alten Ägypten aufgrund der jährlichen Nilüberschwemmungen die Vermessungskunst bzw. Geometrie erfunden. Die Geometrie hat sich, wie es der Name schon andeutet, aus der Erdvermessung entwickelt (altgriech. geo: „Erde“, metria: „messen“). Auch in der heutigen Zeit wird ständig neu vermessen, wenn man beispielsweise einen Tunnel graben, eine Brücke bauen oder auch nur ein Grundstück teilen möchte. Allerdings haben es die Vermessungstechniker heute einfacher als früher. Mithilfe von Satellitentechnik und GPS-gestützten Geräten werden nur noch die Koordinaten der Grundstückseckpunkte aufgenommen. Ein Computerprogramm zeichnet dann aus diesen Werten das Grundstück und berechnet dessen Flächeninhalt. Die Geräte sind also richtig gut, aber ziemlich teuer.

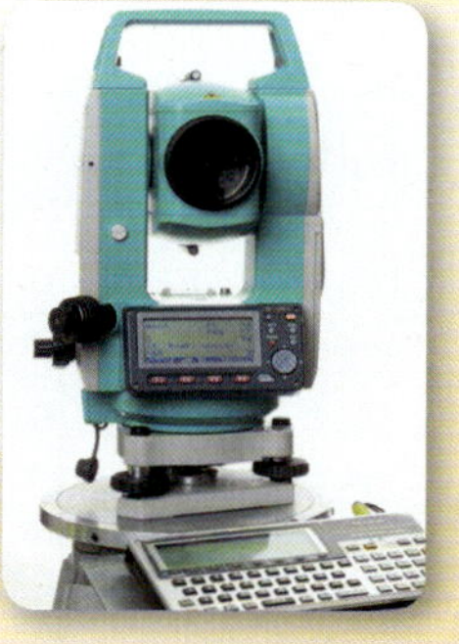

a) Was bedeutet eigentlich GPS?

b) Wie arbeiten Vermessungstechniker heute? Informiere dich im Internet oder frage in deiner Umgebung nach.

c) Suche in deiner Umgebung Vermessungspunkte wie in der Abbildung.

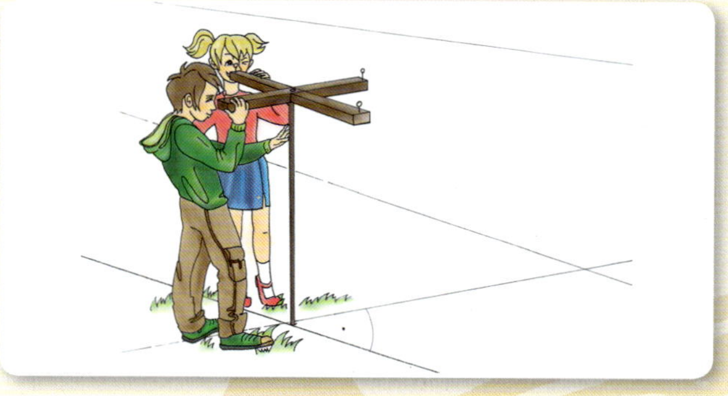

### Einfache Messgeräte selbst gemacht

Wir können aber auch ohne teuere Geräte Vermessungen durchführen. Ein wichtiges Hilfsmittel zur Vermessung ist das Winkelkreuz. Damit lassen sich rechte Winkel in der Umgebung ermitteln und der passende Scheitelpunkt bestimmen. Für ein Winkelkreuz brauchst du folgendes Baumaterial:

- 2 Holzlatten von 50 cm Länge
- 1 Stab, etwa 1,30 m hoch
- 1 Holzschraube, 4 Ringschrauben

Bauplan für die Querlatten des Winkelkreuzes:

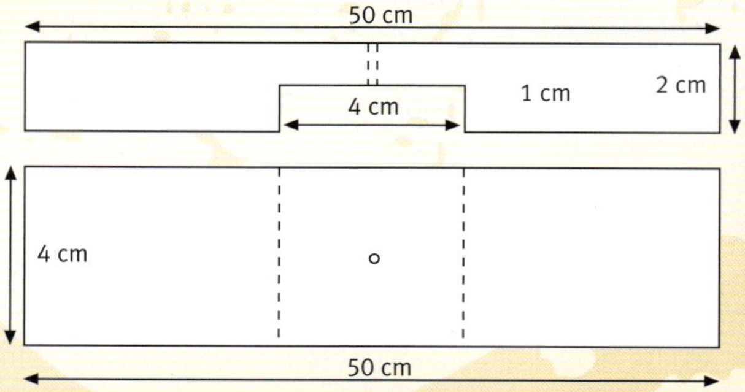


Das Winkelkreuz besteht aus zwei zueinander senkrechten Holzlatten, die auf einem Stab montiert sind. An den Holzlatten sind Ringschrauben als Visiereinrichtungen so angebracht, dass die Blickrichtungen senkrecht zueinander sind. Peilen nun zwei Schüler jeweils eine Fluchtstange an, so bildet das Winkelkreuz den Scheitel eines rechten Winkels. Überprüft die Genauigkeit eures Winkelkreuzes an einer Stelle, von der ihr ganz genau wisst, dass hier ein rechter Winkel vorliegt.

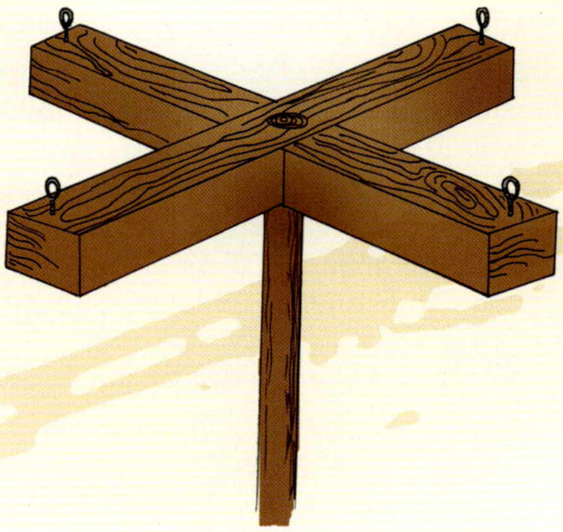

**Wir vermessen ein Grundstück**

Zum Vermessen braucht ihr Folgendes:

- Fluchtstangen (gut sichtbare Holzpfosten)
- 50-m-Maßband (z. B. aus dem Sportunterricht)
- rot-weißes Absperrband aus dem Baumarkt
- Winkelkreuz (siehe Bauanleitung)
- Schreibmaterial

Sucht euch ein passendes Grundstück in der Nähe eurer Schule, das ihr vermessen wollt (z. B. in einem Park). Alternativ könnt ihr auch auf einem Rasen eine beliebige Fläche mit den Fluchtstangen abstecken. Dann geht ihr folgendermaßen vor:

1 Markiert mit den Fluchtstangen die Eckpunkte des Grundstücks. Legt eine Diagonale fest und markiert diese durch ein Absperrband.

2 Findet mit dem Winkelkreuz die Lotfußpunkte der Eckpunkte auf der Diagonalen. In der Abbildung sind die Lote mit Absperrband markiert.

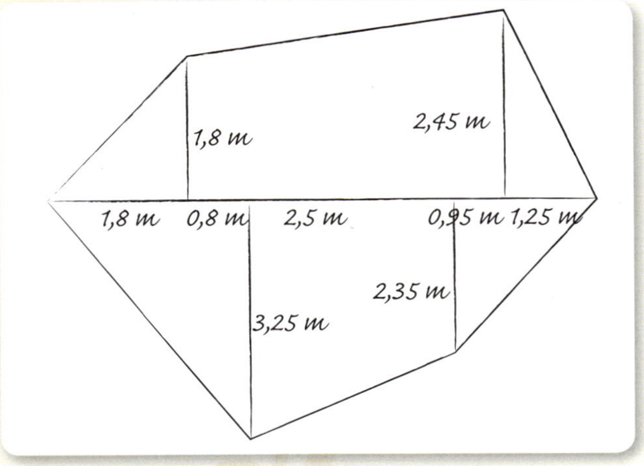


3 Die Fläche wird durch dieses Verfahren in rechtwinklige Dreiecke und Trapeze unterteilt. Skizziert das Grundstück mit der Diagonalen und den Loten auf ein Blatt. Bestimmt nun die Länge der einzelnen Lote und die Abstände zwischen den Lotfußpunkten. Tragt die Messwerte in die Skizze ein.

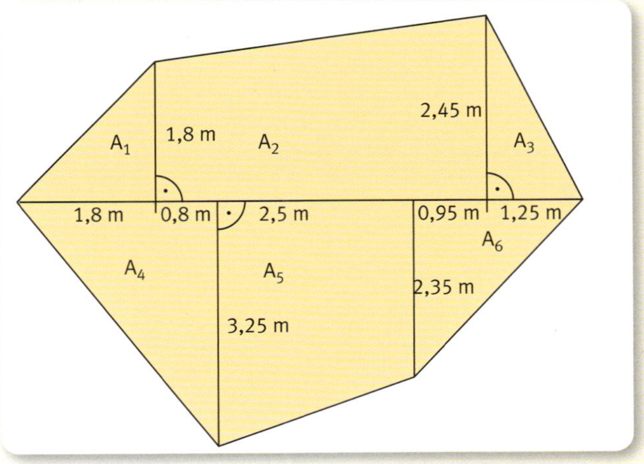


4 Fertigt nun eine maßstäbliche Zeichnung an. Das kann man auch mit einem dynamischen Geometriesystem machen. Berechnet nun die gesamte Grundstücksfläche aus den verschiedenen Trapez- und Dreiecksflächen.
In unserem Beispiel hier:

$A_G = A_1 + A_2 + A_3 + A_4 + A_5 + A_6$
$= 1{,}62\ m^2 + 9{,}03\ m^2 + 1{,}53\ m^2 + 4{,}23\ m^2 +$
$7{,}00\ m^2 + 2{,}59\ m^2 = 26\ m^2$

Überprüfe deine Fähigkeiten und Kenntnisse. Bearbeite dazu die folgenden Aufgaben und bewerte anschließend deine Lösungen mit einem Smiley.

| ☺ | 😐 | ☹ |
|---|---|---|
| Das kann ich! | Das kann ich fast! | Das kann ich noch nicht! |

Hinweise zum Nacharbeiten findest du auf der folgenden Seite. Die Lösungen findest du unter www.ccbuchner.de/medien (Eingabe 8469-02).

**Aufgaben zur Einzelarbeit**

**1** Berechne die fehlenden Größen A, g und h der Dreiecke.

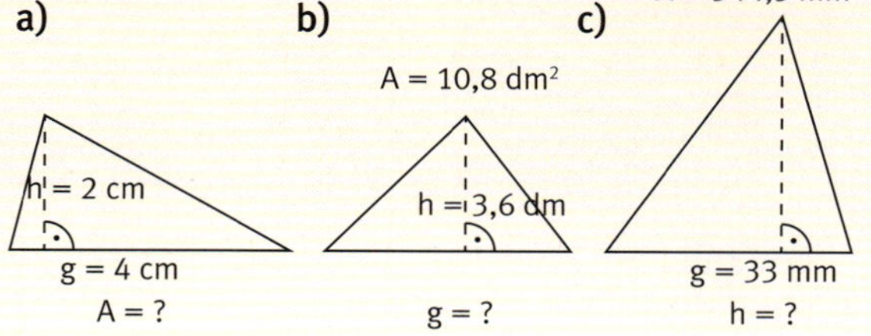


**2** Der Flächeninhalt eines Dreiecks mit b = 7 cm beträgt 15,75 cm². Berechne die zugehörige Höhe.

**3** Berechne die fehlenden Größen der Parallelogramme.

| | a | b | $h_a$ | $h_b$ | A |
|---|---|---|---|---|---|
| a) | 5 cm | 4 cm | 3 cm | ▢ | ▢ |
| b) | 3 dm | ▢ | ▢ | 20 cm | 21 dm² |
| c) | ▢ | 8 m | 9 m | ▢ | 72 m² |
| d) | 3 dm | 12 cm | ▢ | 5 cm | ▢ |

**4** Für ein Parallelogramm ABCD gilt $h_a$ = 5 cm und $\overline{CD}$ = 9 cm. Berechne den Flächeninhalt des Parallelogramms.

**5** Berechne die fehlenden Größen des Trapezes. Es gilt dabei: $m = \frac{1}{2}(a + c)$.
Findest du mehrere Möglichkeiten?

| | a | c | m | h | A |
|---|---|---|---|---|---|
| a) | 5,6 cm | 3 cm | ▢ | 4 cm | ▢ |
| b) | ▢ | 2 cm | 7 cm | ▢ | 14 cm² |
| c) | 1,4 cm | ▢ | 11 cm | 3,5 cm | ▢ |
| d) | ▢ | ▢ | 9 cm | 6,6 cm | ▢ |

**6** Berechne die fehlenden Größen e, f bzw. A der Drachenvierecke.

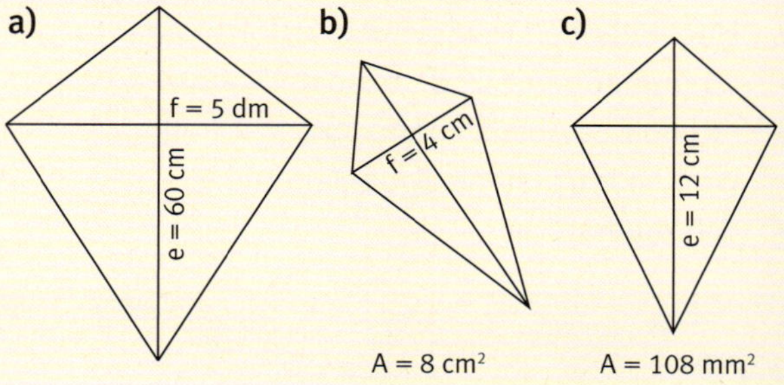


**7** Zeichne eine Raute, ein Drachenviereck und ein Trapez mit dem gleichen Flächeninhalt.

**8** Ein Waldstück, das von drei Wegen eingegrenzt wird, soll aufgeforstet werden.

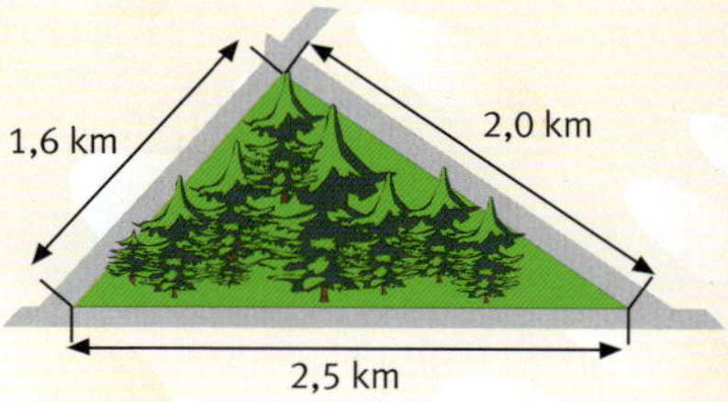


a) Wie groß ist die Waldfläche? Entnimm die benötigten Streckenlängen einer maßstäblichen Zeichnung.

b) Wie viel kostet dies die Forstverwaltung, wenn man mit 8000 € für die Aufforstung von 1 ha rechnen muss?

**9**

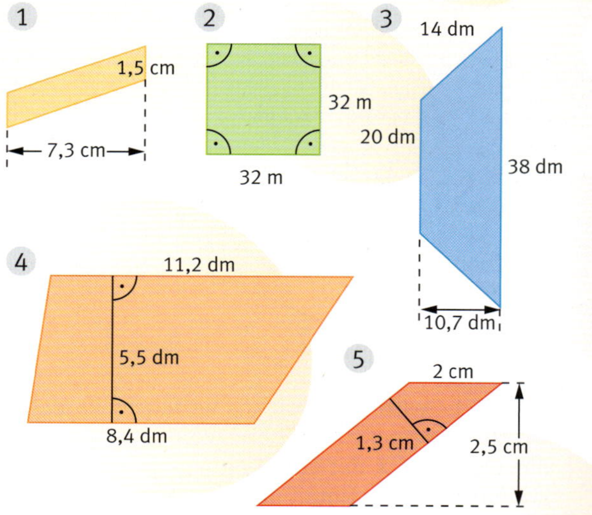


a) Berechne den Flächeninhalt der Figuren.

b) Berechne, falls möglich, den Umfang.

**10** Berechne den Flächeninhalt der Figuren. Übertrage sie dazu ins Heft und zerlege geschickt.

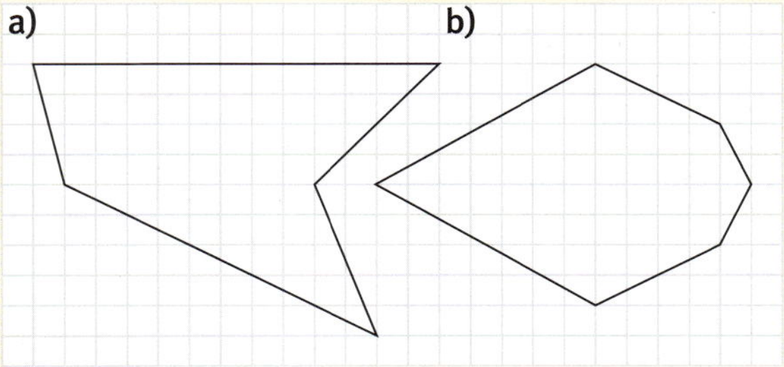


**11** Zeichne das Dreieck in ein Koordinatensystem und berechne seinen Flächeninhalt.

**a)** $\Delta ABC$ mit A (−2 | −1), B (3 | 2) und C (3 | 7)

**b)** $\Delta EFG$ mit E (−4 | 5), F (3 | −1,5) und G (6 | 3)

**12** Gegeben ist das Sechseck LUDWIG mit L (−6 | −3), U (−2 | −4), D (2 | −3), W (4 | 3), I (−1 | 4) und G (−6 | 1,5).
Zeichne es in ein Koordinatensystem ein und berechne den Flächeninhalt durch geschicktes Zerlegen in Dreiecke.

**13** Die Drachenvierecke $ABC_nD$ sind durch A (−3 | 0), B (5 | 1), D (1 | 7) und $C_n$ $(x \mid \frac{2}{3}x + 2)$ gegeben.

**a)** Berechne den Flächeninhalt der Drachenvierecke in Abhängigkeit von der Abszisse x des Punktes $C_n$.

**b)** Welche Werte sind für x möglich, wenn das entstehende Drachenviereck konvex sein soll?

**14** Bei der Raute EFGH mit E (−3 | 3), F (2 | 1), G (7 | 3) und H (2 | 5) wird die Strecke [EG] von E und G aus jeweils um x cm verkürzt, während die Strecke [FH] über F und H jeweils um x cm verlängert wird.

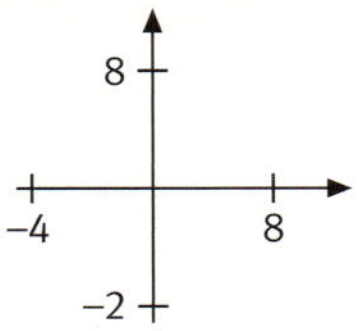


**a)** Zeichne die Rauten EFGH und $E_1F_1G_1H_1$ für x = 2 in ein Koordinatensystem.

**b)** Berechne den Flächeninhalt der Raute EFGH und bestimme den Flächeninhalt der Raute $E_nF_nG_nH_n$ in Abhängigkeit von x.

**c)** Welche Werte kann x annehmen?

**d)** Bestimme die Belegung für x so, dass der Flächeninhalt einen Extremwert annimmt. Gib den Extremwert an.

**Aufgaben für Lernpartner**

**Arbeitsschritte**

1 Bearbeite die folgenden Aufgaben alleine.
2 Suche dir einen Partner und erkläre ihm deine Lösungen. Höre aufmerksam und gewissenhaft zu, wenn dein Partner dir seine Lösungen erklärt.
3 Korrigiere gegebenenfalls deine Antworten und benutze dazu eine andere Farbe.

Sind folgende Behauptungen **richtig** oder **falsch**? Begründe schriftlich.

**15** Jedes n-Eck lässt sich in (n − 2) Dreiecke zerlegen.

**16** Von einem Parallelogramm ABCD sind a = 5 cm und A = 15 $cm^2$ bekannt. Es gibt genau ein Parallelogramm mit diesen Angaben.

**17** Bei einem Trapez ist eine der beiden Grundseiten stets länger als die Höhe.

**18** Den Flächeninhalt eines rechtwinkligen Dreiecks kann man mithilfe der beiden Katheten berechnen.

**19** Ein Rechteck und ein Parallelogramm mit einer gemeinsamen Seitenlänge und gleicher zugehöriger Höhe haben stets den gleichen Flächeninhalt.

**20** Der Flächeninhalt eines Drachenvierecks, dessen Diagonalen genau die gleiche Länge haben wie die Seiten eines Rechtecks, ist genau so groß wie der Flächeninhalt des Rechtecks.

**21** Wenn sich der dritte Punkt eines Dreiecks auf einer zur Grundlinie des Dreiecks parallelen Gerade bewegt, so ändert sich dessen Flächeninhalt nicht.

**22** Für den Betrag des Flächeninhalts ist es gleichgültig, in welcher Reihenfolge die Vektoren in die Determinante geschrieben werden.

| Aufgabe | Ich kann ... | Hilfe |
|---|---|---|
| 3, 4, 9, 16, 19 | den Flächeninhalt von Parallelogrammen bestimmen. | S. 38 |
| 1, 2, 8, 10, 11, 12, 15, 18, 21 | den Flächeninhalt von Dreiecken bestimmen. | S. 40 |
| 5, 9, 17 | den Flächeninhalt von Trapezen bestimmen. | S. 44 |
| 6, 7, 13, 14, 20 | den Flächeninhalt von Drachenvierecken bestimmen. | S. 46 |
| 11, 12, 13, 14, 22 | Flächeninhalte von Figuren im Koordinatensystem bestimmen. | S. 50 |

**S. 38**

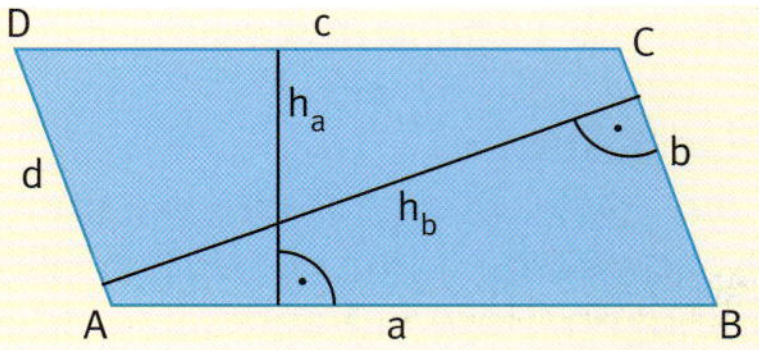


Für den **Flächeninhalt eines Parallelogramms** gilt:

$A_P = g \cdot h$ oder

$A_P = a \cdot h_a$ oder $A_P = b \cdot h_b$

**S. 40**

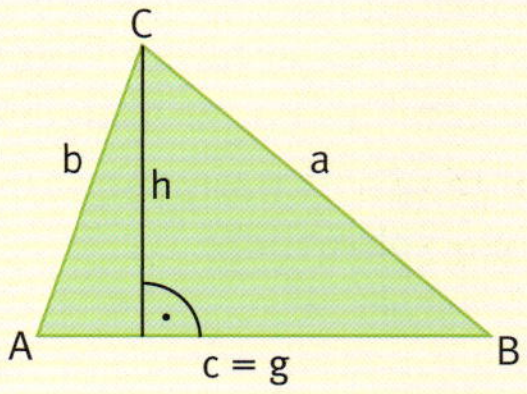


Für den **Flächeninhalt eines Dreiecks** gilt:

$A_D = \frac{1}{2} \cdot g \cdot h$

**S. 44**

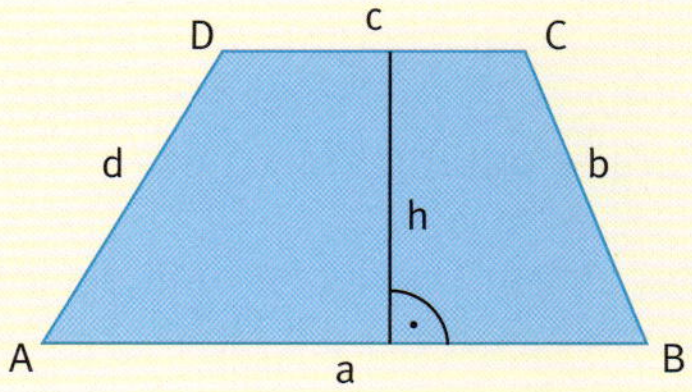


Für den **Flächeninhalt eines Trapezes** gilt:

$A_{Tr} = \frac{a + c}{2} \cdot h = \frac{1}{2} \cdot (a + c) \cdot h$

a und c sind dabei die parallelen Seiten („Grundseiten") des Trapezes.

**S. 46**

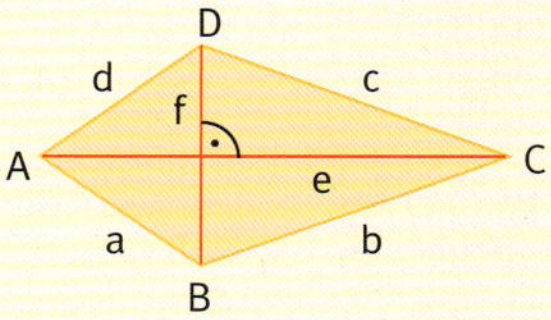


Für den **Flächeninhalt eines Drachens** gilt:

$A_{Dr} = \frac{1}{2} e \cdot f$

**S. 48**

Ein Rechteck ist drei Mal so lang wie breit.
$l = 3 \cdot b$

Geradengleichung:
$y = 2x + 3$

Lässt sich eine Größe durch eine andere ausdrücken, so spricht man von einer **funktionalen Abhängigkeit**.
Bei einer Funktion ist der **Funktionswert y** vom Wert der **Variable x abhängig**.

**S. 50**

$\vec{a} = \begin{pmatrix} 3 \\ 1 \end{pmatrix}, \vec{b} = \begin{pmatrix} 2 \\ 2{,}5 \end{pmatrix}$

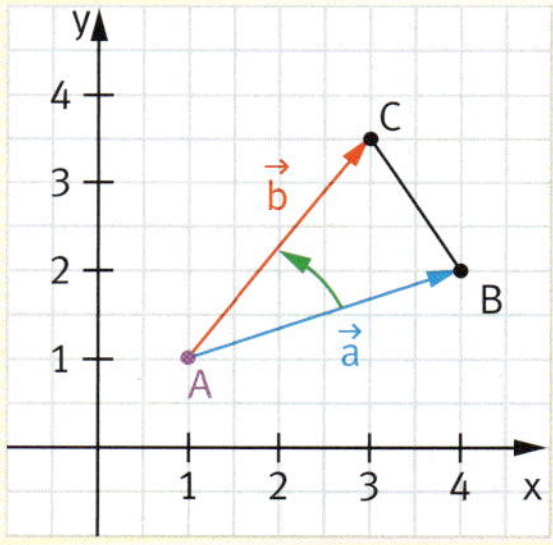


$A = \frac{1}{2} \cdot \begin{vmatrix} 3 & 2 \\ 1 & 2{,}5 \end{vmatrix} \text{ FE} = \frac{1}{2} (3 \cdot 2{,}5 - 1 \cdot 2) \text{ FE}$

$= \frac{1}{2} \cdot (7{,}5 - 2) \text{ FE} = 2{,}75 \text{ FE}$

**Zwei Vektoren** $a = \begin{pmatrix} a_x \\ a_y \end{pmatrix}$ und $b = \begin{pmatrix} b_y \\ b_y \end{pmatrix}$ **spannen eindeutig ein Dreieck** auf.

Für den Flächeninhalt eines solchen Dreiecks gilt:

$A = \frac{1}{2} \begin{vmatrix} a_x & b_x \\ a_y & b_y \end{vmatrix} \text{ FE} = \frac{1}{2} \cdot (a_x \cdot b_y - a_y \cdot b_x) \text{ FE}$

**S. 52**

$A\,(-2\,|-2{,}5)$; $B\,(2\,|-0{,}5)$; $C_n\,(x\,|-x + 3)$

Flächeninhalt des Dreiecks $ABC_n$:

$\overrightarrow{AB} = \begin{pmatrix} 4 \\ 2 \end{pmatrix}$ $\overrightarrow{AC_n} = \begin{pmatrix} x + 2 \\ -x + 5{,}5 \end{pmatrix}$

$A\,(x) = \frac{1}{2} \cdot \begin{vmatrix} 4 & x + 2 \\ 2 & -x + 5{,}5 \end{vmatrix} \text{ FE} = \ldots = (-3x + 9) \text{ FE}$

Mithilfe von **Punktkoordinaten, Vektoren und Determinanten** können Aufgaben zu **funktionalen Abhängigkeiten** im Koordinatensystem bearbeitet werden.

## Lineare Gleichungen und Ungleichungen

**1** Löse die Gleichungen bzw. Ungleichungen.

**a)** $5\,(7 + x) = 3\,(8 + 8x) - 141$

**b)** $2\frac{7}{10} > 2x - 3\frac{7}{10}$

**c)** $(x - 1)^2 - (x - 4)^2 = (x + 3)^2 - (x + 2)^2$

**d)** $\frac{2}{5}x - \frac{1}{3}x + \frac{5}{8} = \frac{3}{4} - \frac{4}{8}x$

**e)** $\frac{3}{4}x - \frac{3}{4} + \frac{1}{2}x < \frac{1}{5} - 3x$

**f)** $\frac{x}{3} - \frac{2\,(3x - 15)}{9} - 4x = 1\frac{1}{3} - \frac{25x - 3}{6}$

**2** Löse die Bruchgleichung. Gib zunächst die Definitionsmenge an ($\mathbb{G} = \mathbb{Q}$).

**a)** $\frac{-5}{x} = \frac{5}{3x + 8}$ **b)** $\frac{x + 1}{3x + 3} = \frac{x - 2}{3x - 6}$

**c)** $\frac{3x - 10{,}5}{(2x - 7)(5x - 2)} = 0$ **d)** $\frac{(3 - x)}{x} = \frac{(6 - 2x)}{2x}$

**3** Familie Huber möchte auf ihrem Grundstück ein Gartenhäuschen mit rechteckiger Grundfläche der Länge l und der Breite b bauen. In der Planung ist Folgendes vorgesehen.

> Das Gartenhaus soll 5,0 m breit sein, die bebaute Fläche soll höchstens 50 m² und der Umfang mindestens 25 m betragen.

**a)** Welche Werte darf die Länge l annehmen?

**b)** Wie verändert sich die Lösung bei folgender Fragestellung? Finde einige Lösungspaare (l|b).

> Die bebaute Fläche soll mindestens 36 m² betragen und der Umfang höchstens 30 m.

**4** Löse mithilfe einer Gleichung. In jedem Becher wurde die gleiche Anzahl an Würfeln versteckt, weitere Würfel wurden neben die Becher gelegt, und zwar so, dass Gelb und Blau insgesamt gleich viele Würfel haben.

**a)** 

**b)** 

**5** Marie gibt in der 1. Woche des Monats ein Drittel ihres Taschengeldes aus, in der 2. und 3. Woche wiederum ein Drittel vom jeweiligen Rest. Danach hat sie noch 12 € zur Verfügung.
Wie viel Taschengeld bekommt Marie?

## Rechnen mit rationalen Zahlen

**6** Bestimme die fehlenden Werte. Der Wert einer Traube ergibt sich aus der Summe bzw. Differenz (von links nach rechts) der beiden Trauben, die darüber liegen.

**a)** + 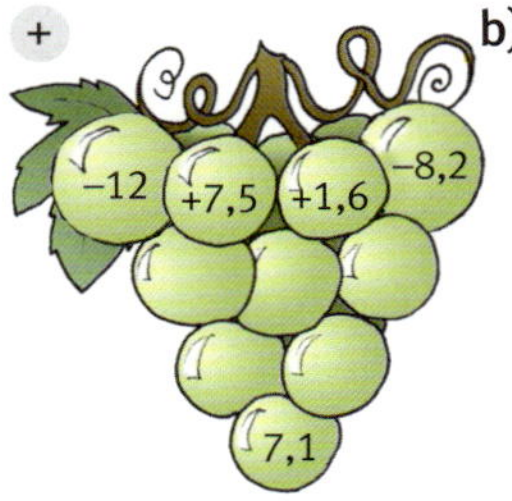


**b)** − 

**7** Verbinde die Zahlen −24, −8, −5 und 11 mit Addition, Subtraktion oder Multiplikation und stelle so einen Term auf, dessen Wert …

**a)** positiv (negativ) ist.

**b)** möglichst groß (möglichst klein) ist.

**c)** möglichst nahe bei 0 liegt.

Du darfst auch Klammern verwenden.

**8** **a)** $x + y = 1;\ x, y \in \mathbb{Q}$

**b)** $x \cdot y = 1;\ x, y \in \mathbb{Q}$

**c)** $\frac{x}{y} = 1;\ x \in \mathbb{Q};\ y \in \mathbb{Q}\backslash 0$

Betrachte die obigen Gleichungen. Welche Aussagen sind jeweils richtig?

1 x und y müssen verschiedene Vorzeichen haben.

2 Wenn x größer als 1 ist, gilt dies auch für y.

3 Wenn x negativ ist, gilt dies auch für y.

4 Wenn x kleiner als 1 ist, dann muss y positiv sein.

**9** Das nebenstehende magische Quadrat ist so aufgebaut, dass die Produkte aller Zahlen in einer Zeile, einer Spalte oder einer Diagonale gleich sind.

| | | |
|---|---|---|
| 4 | 128 | 64 |
| 512 | 32 | 2 |
| 16 | 8 | 256 |

**a)** Überprüfe alle Produkte.

**b)** Finde Variationen dieses magischen Quadrates, die ebenfalls magisch sind.

**10** Bestimme x mithilfe einer Bruchgleichung.
Der Quotient aus einer Zahl x und der Differenz aus dieser Zahl und −4 ergibt $-\frac{3}{5}$.

## Achsenspiegelung

**11** Ein Winkel BAC wurde an einer Achse s gespiegelt. Welche Eigenschaften treffen zu?

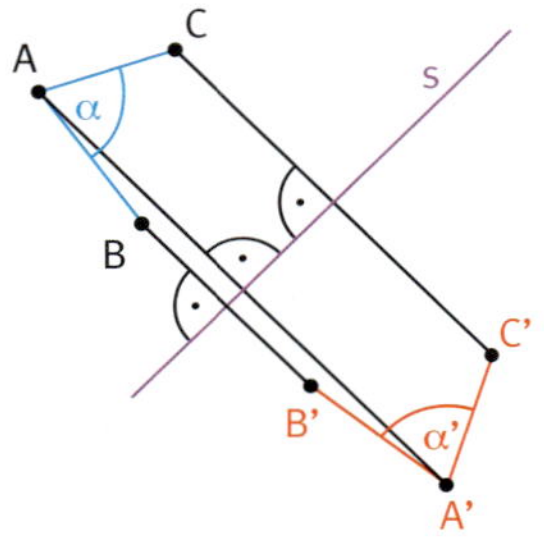


**a)** Beide Winkel haben das gleiche Maß und sind gleich orientiert.

**b)** Die beiden Winkel sind unterschiedlich groß.

**c)** Beide Winkel sind maßgleich, jedoch unterschiedlich orientiert.

**12** Welche der Geraden ist die Spiegelachse?

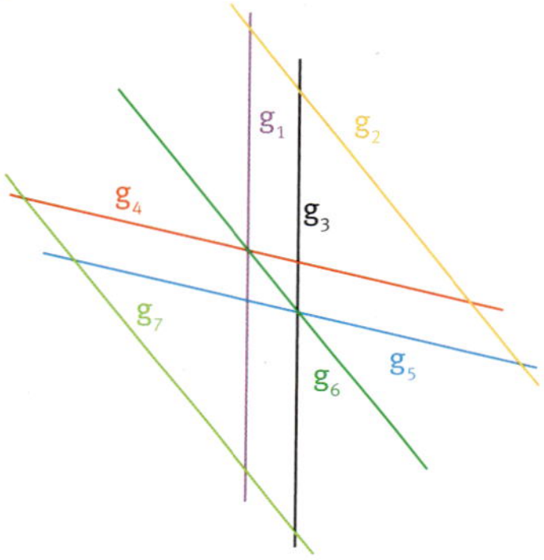


**13** Die Punkte $C_n$ liegen auf dem Graphen einer Funktion mit der Gleichung $y = 4$. Sie bilden mit den Punkten A (0|2) und B (6|0) das Dreieck $ABC_n$. Unter den Dreiecken $ABC_n$ hat das Dreieck $ABC_1$ den minimalen Umfang. Ermittle durch Konstruktion die Koordinaten des Punktes $C_1$.

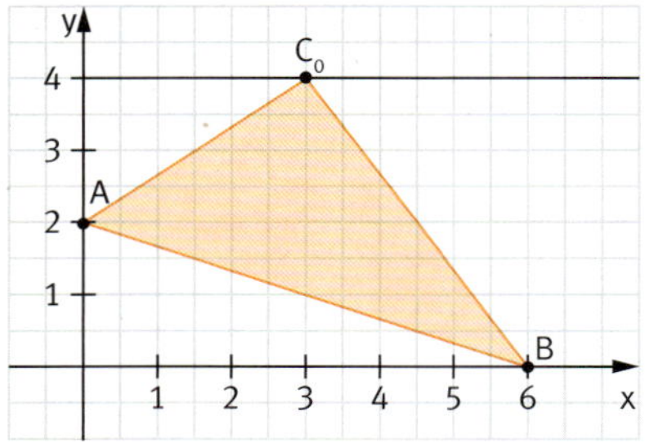


**14** Die Funktion f: $y = 3x + 2$ ist gegeben ($\mathbb{G} = \mathbb{Q} \times \mathbb{Q}$). Überlege zuerst ohne Zeichnung, wie die Funktionsgleichungen lauten, wenn der Graph von f an der x- bzw. an der y-Achse gespiegelt wird. Überprüfe anschließend zeichnerisch.

## Statistische Kenngrößen

**15** Pia hat über einige Tage die Mittagstemperatur gemessen und folgende Werte erhalten:
7 °C; 8 °C; 8 °C; 1 °C; 2 °C; 2 °C; 5 °C; 9 °C; 13 °C; 8 °C; 8 °C

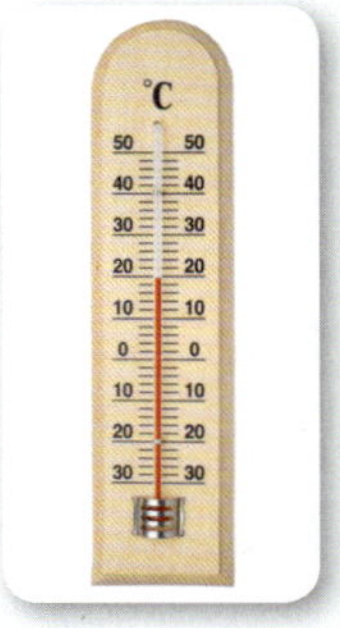


**a)** Ermittle folgende Kenngrößen: Modalwert, Zentralwert, arithmetisches Mittel, Minimum, Maximum, Spannweite

**b)** Zeichne einen Boxplot.

**16** Nimm Stellung zu folgendem Witz.

Ein Statistiker kann seinen Kopf in den Backofen und seine Füße in Eiswasser stecken, und er wird sagen: „Im Durchschnitt geht es mir gut!“


**17** Welcher Wert fehlt bei der Datenreihe, wenn das arithmetische Mittel 17 beträgt?
12; 26; 18; 21; 15; 13; 21; 12; 20; ☐

**18** Welche der Werte der Datenreihe liegen über dem arithmetischen Mittel?
346; 321; 256; 432; 127; 245

**19** Entscheide, welche Aussagen richtig sind.

**a)** Das arithmetische Mittel ist die Summe aller Einzelwerte.

**b)** Das arithmetische Mittel ist der Quotient aus der Summe aller Einzelwerte durch deren Anzahl.

**c)** Der Zentralwert zeigt das arithmetische Mittel an, wenn die Daten ungeordnet sind.

**d)** Der Zentralwert bezeichnet die Grenze zwischen zwei Hälften, wenn die Daten geordnet sind.

**20** Wie groß könnten drei Personen sein, wenn das arithmetische Mittel ihrer Körpergröße 1,74 m und die Spannweite 12 cm ist? Gibt es verschiedene mögliche Lösungen dieser Aufgabe? Erläutere.

# 3 Reelle Zahlen

## Einstieg

- Der Pariser Platz in Berlin ist ein rund 1,5 ha großer quadratischer Platz, an dem das Brandenburger Tor steht. Du läufst einmal um den Pariser Platz herum. Ermittle die Länge des Weges, den du dabei zurücklegst. Beschreibe deinen Lösungsweg.
- Wie lang ist die Strecke, wenn man einmal quer über den Pariser Platz läuft? Bestimme zeichnerisch die Länge der zurückgelegten Strecke.
- Auf dem Pariser Platz sind rechteckige Gartenanlagen. Welche Seitenlänge hat ein Quadrat mit gleichem Flächeninhalt? Beschreibe dein Vorgehen.

## Ausblick

**Am Ende dieses Kapitels hast du gelernt, ...**

- was Quadratwurzeln sind.
- wie man Quadratwurzeln ermittelt.
- was reelle Zahlen sind.
- wie man mit reellen Zahlen rechnen kann.

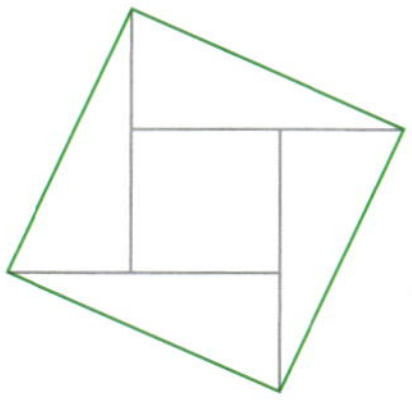

Auf dem Geobrett wurden Quadrate gespannt. Das blaue Quadrat hat einen Flächeninhalt von 1 $cm^2$.

- Bestimme die Flächeninhalte der gelben und grünen Quadrate. Zerlege die Quadrate gegebenenfalls.
- Ermittle die Seitenlängen der Quadrate. Beschreibe auftretende Probleme.

1
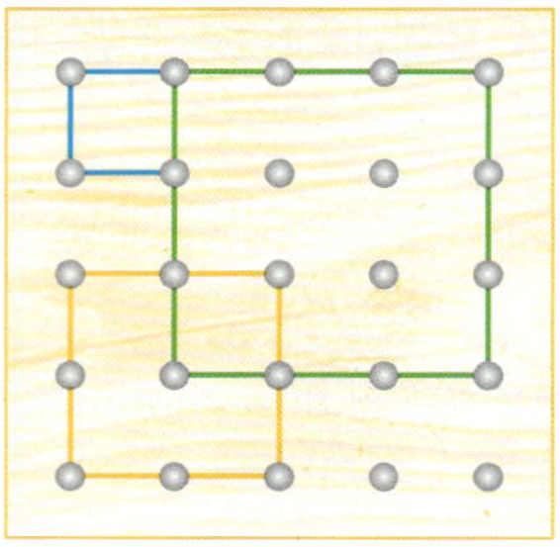

2
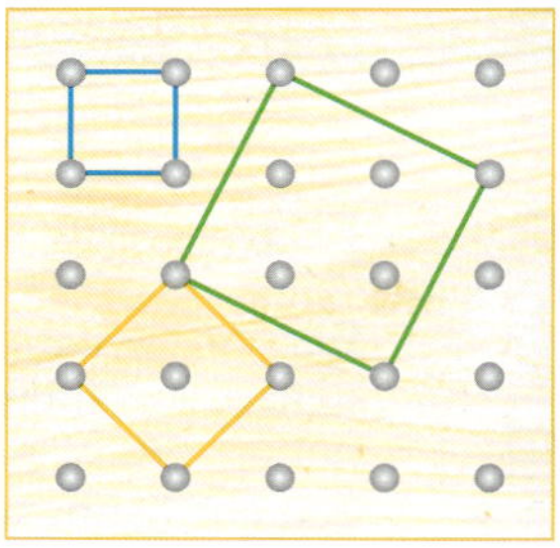

*Radix (lat.) bedeutet „Wurzel". Radieschen sind Wurzelgemüse mit dem gleichen Wortstamm.*

*Quadrieren*

$\sqrt{a}$ → $a$

*Wurzelziehen*

*Beachte:*
$\sqrt{0} = 0$, *denn* $0^2 = 0$

## Merkwissen

Die **Umkehrung des Potenzierens** bezeichnet man als **Wurzelziehen** (**Radizieren**).

Die **Quadratwurzel** aus einer nichtnegativen Zahl a ist diejenige nichtnegative Zahl x, die quadriert a ergibt.
Man schreibt $\sqrt{a} = x$ mit $a, x \in \mathbb{Q}_0^+$.
Sprechweise:
„Die Quadratwurzel aus a ist x." oder kurz: „Die Wurzel aus a ist x."
Den Term unter der Wurzel (hier die Zahl a) nennt man **Radikand**.

**Beispiel:** $\sqrt{144} = 12$. „Die Wurzel aus 144 ist 12."

## Beispiele

**I** Gegeben sind Quadrate mit den Flächeninhalten 169 $cm^2$ und 324 $cm^2$. Gib die Seitenlänge der Quadrate an. Nutze die Wurzelschreibweise.

**Lösung:**
$\sqrt{169\ cm^2} = 13\ cm$, da $13\ cm \cdot 13\ cm = 169\ cm^2$
$\sqrt{324\ cm^2} = 18\ cm$, da $18\ cm \cdot 18\ cm = 324\ cm^2$

**II** Berechne die folgenden Quadratwurzeln und begründe deine Rechnung.
**a)** $\sqrt{289}$ **b)** $\sqrt{625}$ **c)** $\sqrt{1{,}44}$ **d)** $\sqrt{0{,}64}$

**Lösung:**
**a)** $\sqrt{289} = 17$, denn $17 \cdot 17 = 289$
**b)** $\sqrt{625} = 25$, denn $25 \cdot 25 = 625$
**c)** $\sqrt{1{,}44} = 1{,}2$, denn $1{,}2 \cdot 1{,}2 = 1{,}44$
**d)** $\sqrt{0{,}64} = 0{,}8$, denn $0{,}8 \cdot 0{,}8 = 0{,}64$

## Verständnis

- Begründe, warum es keine Quadratwurzeln aus negativen Zahlen gibt.
- „Verzehnfacht man eine rationale Zahl, so verzehnfacht sich auch der Wert ihrer Quadratwurzel." Stimmt das? Begründe.

## Aufgaben

**1** Ein rechteckiges Grundstück ist 64 m lang und 25 m breit. Welche Maße muss ein quadratisches Grundstück mit dem gleichen Flächeninhalt haben?

**2** Zeichne zwei Quadrate mit je 16 $cm^2$ Flächeninhalt. Zerschneide beide Quadrate entlang einer Diagonale und lege alle Teile zu einem neuen Quadrat zusammen.

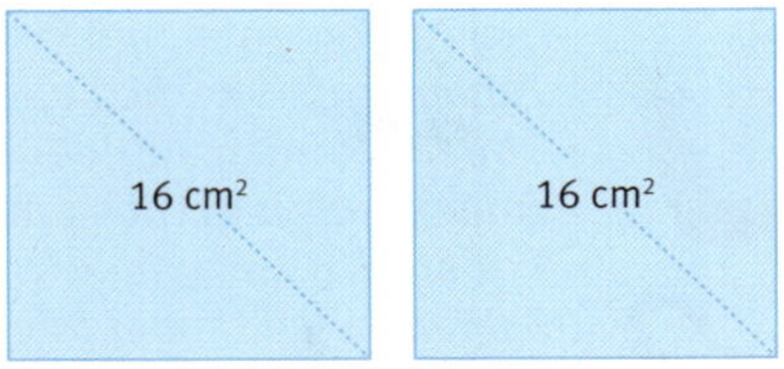


a) Gib den Flächeninhalt des neuen Quadrats an.

b) Bestimme die Seitenlänge des neuen Quadrats durch Messen und rechnerisch.

*Wiederhole die Aufgabe mit zwei Quadraten vom Flächeninhalt 25 $cm^2$.*

**3** a) Beschreibe den Zusammenhang zwischen den Radikanden und den Wurzelwerten. Welche Gesetzmäßigkeit erkennst du?

1 $\sqrt{4} = 2$  $\sqrt{400} = 20$  $\sqrt{40\,000} = 200$  $\sqrt{0{,}04} = 0{,}2$  $\sqrt{0{,}0004} = 0{,}02$

2 $\sqrt{196} = 14$  $\sqrt{19\,600} = 140$  $\sqrt{1{,}96} = 1{,}4$  $\sqrt{0{,}0196} = 0{,}14$

b) Radiziere im Kopf.

1 $\sqrt{625} = 25$:  $\sqrt{62\,500}$  $\sqrt{0{,}0625}$  $\sqrt{6{,}25}$  $\sqrt{625\,000\,000}$

2 $\sqrt{3{,}61} = 1{,}9$:  $\sqrt{3\,610\,000}$  $\sqrt{0{,}000361}$  $\sqrt{361}$  $\sqrt{36\,100}$

3 $\sqrt{48\,400} = 220$:  $\sqrt{\square} = 2{,}2$  $\sqrt{\square} = 0{,}22$  $\sqrt{\square} = 22\,000$  $\sqrt{\square} = 22$

**4** Bestimme die Quadratwurzeln im Kopf.

a) $\sqrt{36}$; $\sqrt{49}$; $\sqrt{81}$; $\sqrt{100}$; $\sqrt{121}$; $\sqrt{169}$; $\sqrt{225}$; $\sqrt{400}$; $\sqrt{625}$; $\sqrt{900}$; $\sqrt{10\,000}$

b) $\sqrt{1}$; $\sqrt{0{,}64}$; $\sqrt{0{,}25}$; $\sqrt{0{,}09}$; $\sqrt{0{,}81}$; $\sqrt{1{,}21}$; $\sqrt{1{,}44}$; $\sqrt{0{,}01}$; $\sqrt{0{,}0001}$; $\sqrt{0{,}0016}$

**5** Welche Ziffern fehlen? Bestimme die Quadratwurzeln.

*Findest du mehrere Möglichkeiten?*

a) $\sqrt{1\square 1} = 11$; $\sqrt{\square 4} = 8$

b) $\sqrt{\square 00} = 10$; $\sqrt{\square 00} = 20$

c) $\sqrt{14\square} = 12$; $\sqrt{25\square} = 16$

d) $\sqrt{\square 25} = \square 5$; $\sqrt{\square 76} = 2\square$

**6** Die Quadrate mit den Seitenlängen a und die Rechtecke mit den Seitenlängen b und c sollen flächeninhaltsgleich sein. Vervollständige die Tabelle im Heft.

| | a) | b) | c) | d) | e) | f) |
|---|---|---|---|---|---|---|
| A | 324 $cm^2$ | □ | 12,25 $dm^2$ | □ | 1,69 ha | □ |
| a | □ | 24 m | □ | 116 mm | □ | □ |
| b | 27 cm | □ | □ | 2,9 cm | 100 m | 3,5 dm |
| c | □ | 14,4 m | 49 cm | □ | □ | 1,4 m |

*Lösungen zu 6: 130; 169; 49; 7; 134,56; 46,4; 35; 25; 576; 40; 12; 18*
*Die Einheiten sind nicht angegeben.*

**WISSEN**

**Wurzeln mit dem Taschenrechner bestimmen**

Mit dem Taschenrechner kann man quadrieren (Taste z. B. $x^2$) und Quadratwurzeln ziehen (Taste z. B. $\sqrt{\ }$).

- Berechne mit deinem Taschenrechner: $3^2$; $62^2$; $245^2$; $3{,}7^2$; $0{,}27^2$; $0{,}054^2$
- Berechne folgende Wurzeln mit dem Taschenrechner.
  a) $\sqrt{64}$; $\sqrt{361}$; $\sqrt{0{,}64}$; $\sqrt{1{,}21}$; $\sqrt{0{,}49}$
  b) $\sqrt{\frac{16}{9}}$; $\sqrt{\frac{49}{196}}$; $\sqrt{\frac{361}{10\,000}}$; $\sqrt{0{,}0289}$
- Mit der Taste ($\sqrt[3]{\ }$) können auch sogenannte „3. Wurzeln“ bestimmt werden, beispielsweise die Kantenlänge eines Würfels mit dem Volumen 27 $cm^3$: $\sqrt[3]{27} = 3$.
  Berechne mit dem Taschenrechner: $\sqrt[3]{125}$; $\sqrt[3]{8}$; $\sqrt[3]{\frac{1}{8}}$; $\sqrt[3]{729}$; $\sqrt[3]{3375}$; $\sqrt[3]{1}$

Der Zahlenteufel und Robert unterhalten sich:
*Zahlenteufel*: Rettich aus vier?
*Robert*: Rettich aus vier ist zwei.
*Zahlenteufel*: Rettich aus 5929?
*Robert*: Du spinnst ja. Wie soll ich das denn ausrechnen?
*Zahlenteufel*: Immer mit der Ruhe. Für solche kleinen Probleme haben wir doch unsern Taschenrechner. Also probier mal.
*Robert*: 77
*Zahlenteufel*: Wunderbar. Aber jetzt kommt's! Drücke bitte $\sqrt{2}$, aber halte dich gut fest!

- Informiere dich über die Bedeutung des Wortes „Rettich" im Text.
- Was liest Robert nach der Eingabe von $\sqrt{2}$ auf dem Taschenrechner? Probiere.

*aus: Hans Magnus Enzensberger: Der Zahlenteufel. Carl Hanser Verlag, München 1997, S. 77 f.*

## Merkwissen

Eine Zahl nennt man **irrational**, wenn man sie nicht als Bruch $\frac{p}{q}$ mit p, q $\in \mathbb{Z}$ und q $\neq$ 0 schreiben kann. Rationale Zahlen lassen sich als endliche oder periodische Dezimalbrüche darstellen, irrationale Zahlen nur als unendliche, nichtperiodische Dezimalbrüche.

**Beispiel:** $\sqrt{2}$ ist irrational, denn es gibt keine rationale Zahl, die quadriert 2 ergibt (zum Beweis siehe nächste Seite).

Die Mengen der **rationalen** und **irrationalen Zahlen** bilden zusammen die Menge der **reellen Zahlen** $\mathbb{R}$.
Jeder reellen Zahl ist genau ein Punkt auf der **Zahlengerade** zugeordnet.

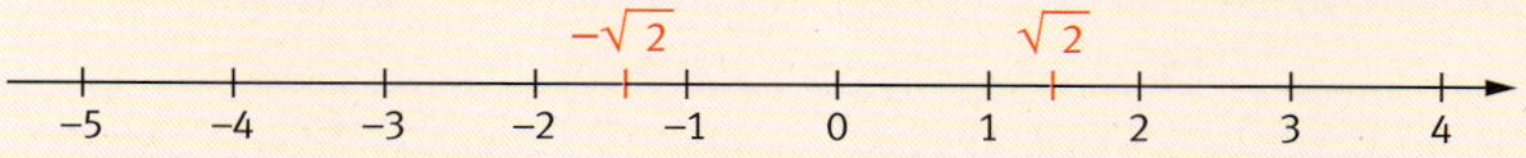


*endlicher Dezimalbruch: 0,5; 1,4; 4,25; –8*

*periodischer Dezimalbruch: 0,333...; 1,45454545...*

*Es gibt unendlich viele rationale Zahlen, aber auch unendlich viele irrationale Zahlen.*

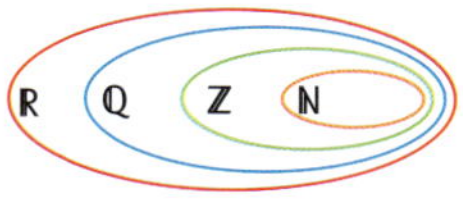


$\mathbb{N} \subset \mathbb{Z} \subset \mathbb{Q} \subset \mathbb{R}$

## Beispiele

**I** Entscheide, ob die Zahl rational oder irrational ist.

a) $\frac{3}{4}$ b) $\sqrt{3}$ c) $\frac{2}{3}$ d) $\sqrt{9}$

**Lösung:**

a) rational b) irrational c) rational d) rational, da $\sqrt{9} = 3$

**II** Zeige, dass die Diagonale eines Quadrats der Seitenlänge 1 LE die Länge $\sqrt{2}$ LE hat.

**Lösung:**

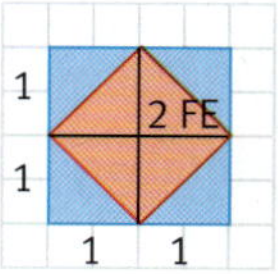


Setzt man vier Quadrate der Seitenlänge 1 LE zu einem großen Quadrat zusammen, dann hat es den Flächeninhalt 4 FE. Das rote Quadrat, dessen Seiten die Diagonalen der kleinen Quadrate sind, hat den halben Flächeninhalt, also 2 FE. Also müssen die Diagonalen die Länge $\sqrt{2}$ LE haben, denn $\sqrt{2}$ LE $\cdot$ $\sqrt{2}$ LE = 2 FE.

*LE steht für Längeneinheit, z. B. cm, dm, ...*

*FE steht für Flächeneinheit, z. B. $cm^2$, $dm^2$, ...*

**III** Stelle die irrationale Zahl $\sqrt{2}$ auf der Zahlenhalbgerade dar.

**Lösung:**

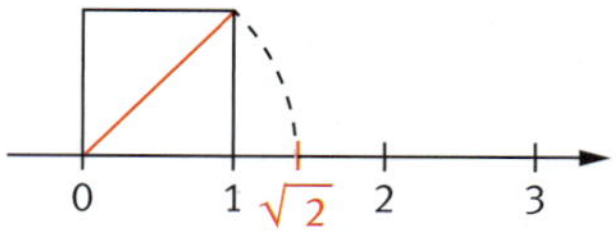

## Verständnis

- Richtig oder falsch? Jede reelle Zahl ist eine rationale Zahl. Begründe.
- Erkläre, warum zwischen den rationalen Zahlen 1,6 und 1,7 unendlich viele weitere rationale Zahlen liegen.

## Aufgaben

**1** Entscheide ohne Taschenrechner, ob der Wert des Terms rational oder irrational ist.

a) $\sqrt{1}$ b) $\sqrt{2+3}$ c) $3\sqrt{2}$ d) $\sqrt{11+5}$
e) $\sqrt{20}+5$ f) $\sqrt{\frac{5}{20}}$ g) $\sqrt{1{,}44}$ h) $-\sqrt{4}$

*Versuche, Quadratzahlen zu erkennen.*

**2** Radiziere. Runde irrationale Zahlen auf zwei Dezimalen.

a) $\sqrt{15}$ b) $\sqrt{36}$ c) $\sqrt{0{,}25}$ d) $\sqrt{\frac{17}{100}}$
e) $\sqrt{40}$ f) $\sqrt{\frac{9}{4}}$ g) $\sqrt{\frac{3}{4}}$ h) $\sqrt{0}$

*Welche Aufgaben kannst du im Kopf lösen?*

**3** Berechne mit dem Taschenrechner und runde auf vier Nachkommastellen.

a) $\sqrt{5}$ b) $\sqrt{23}$ c) $\sqrt{6\cdot 7}$ d) $\sqrt{12} : \sqrt{13}$
e) $\sqrt{\frac{1}{7}}$ f) $\sqrt{17}+\sqrt{54{,}5}$ g) $\sqrt{12:0{,}25}$ h) $\frac{2{,}5\cdot\sqrt{13}}{\sqrt{169}}$

**4** Vergleiche und setze <, > oder =.

a) $\sqrt{5}$ ☐ $\sqrt{6}$ b) $1{,}5$ ☐ $\sqrt{3}$ c) $\sqrt{10}$ ☐ $(\sqrt{10})^2$ d) $\sqrt{25{,}25}$ ☐ $5$
e) $\frac{12}{7}$ ☐ $\sqrt{3}$ f) $3\frac{1}{3}$ ☐ $\sqrt{11}$ g) $\sqrt{27{,}04}$ ☐ $5{,}2$ h) $\sqrt{\frac{1}{9}}$ ☐ $\sqrt{\frac{1}{3}}$

## Wissen

**Beweis der Irrationalität von $\sqrt{2}$**

Mithilfe eines „Widerspruchsbeweises“ kann man zeigen, dass $\sqrt{2}$ keine rationale Zahl ist. Dabei nimmt man zunächst an, dass $\sqrt{2}$ eine rationale Zahl ist, und führt diese Annahme zu einem Widerspruch.

**Annahme:** $\sqrt{2}$ ist rational, d. h. $\sqrt{2}$ lässt sich als Bruch schreiben: $\sqrt{2} = \frac{p}{q}$ mit $q \neq 0$.

**Folgerungen aus der Annahme:**

Quadrieren ergibt: $2 = \frac{p^2}{q^2}$

Umformung zu: $p^2 = 2 \cdot q^2$

> Erinnere dich:
> Jede natürliche Zahl lässt sich eindeutig als Produkt von Primzahlen schreiben.

Zerlegung von p und q in Primfaktoren: $p = p_1 \cdot p_2 \cdot p_3 \cdot \ldots \cdot p_n$; $q = q_1 \cdot q_2 \cdot q_3 \cdot \ldots \cdot q_m$

$$p_1^2 \cdot p_2^2 \cdot p_3^2 \cdot \ldots \cdot p_n^2 = 2 \cdot q_1^2 \cdot q_2^2 \cdot q_3^2 \cdot \ldots \cdot q_m^2$$

Betrachte die Anzahl der Primfaktoren:
Der Linksterm hat durch das Quadrieren eine gerade Anzahl an Primfaktoren, der Rechtsterm jedoch wegen des Faktors 2 eine ungerade Anzahl an Primfaktoren.

**Widerspruch:** Das kann nicht sein, da die Primfaktorzerlegung einer Zahl stets eindeutig ist. Somit kann die Annahme, dass $\sqrt{2}$ eine rationale Zahl ist, nicht stimmen: $\sqrt{2}$ ist irrational.

- Übertrage die Umformungen in dein Heft und beschreibe sie mit eigenen Worten.
- Zeige auf gleiche Weise, dass $\sqrt{3}$ ebenfalls eine irrationale Zahl ist.

**5** Ermittle ohne Rechner, zwischen welchen natürlichen Zahlen die Wurzeln liegen.
a) $\sqrt{6}$ b) $\sqrt{13}$ c) $\sqrt{170}$ d) $\sqrt{650}$ e) $\sqrt{990}$

**6** a) Berechne die Wurzelwerte mit dem Taschenrechner und runde auf zwei Nachkommastellen. Quadriere den gerundeten Wert wieder und bestimme die prozentuale Abweichung vom genauen Wert.
(1) $\sqrt{6}$ (2) $\sqrt{10}$ (3) $\sqrt{43}$ (4) $\sqrt{700}$ (5) $\sqrt{1000}$
b) Führe die Teilaufgabe a) mit drei Nachkommastellen durch.

*Zu 7:*

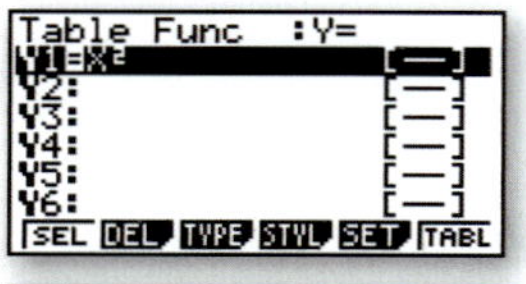


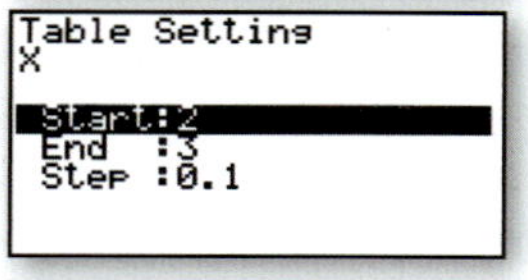


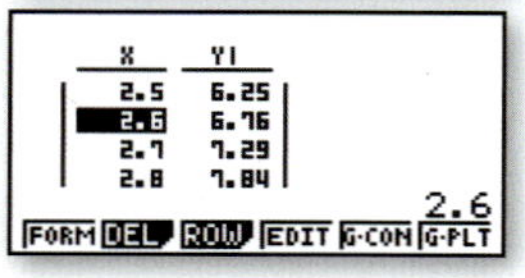


**7** a) Zwischen welchen beiden natürlichen Zahlen liegt $\sqrt{7}$? Begründe.
b) Nimm die kleinere der beiden Zahlen aus a) als Startwert und ermittle mithilfe der Tabellenfunktion des Taschenrechners die ersten drei (vier, ...) Dezimalstellen von $\sqrt{7}$. Gehe zunächst in Schritten von 0,1 vor, danach in Schritten von 0,01 usw.
c) Ermittle so die Näherungswerte weiterer irrationaler Zahlen.

**8** Es gibt verschiedene Möglichkeiten, Näherungswerte für irrationale Wurzeln zu bestimmen. Eines davon ist das Intervallhalbierungsverfahren:

Idee des **Intervallhalbierungsverfahrens**:
(1) Grenze die gesuchte Zahl durch einen unteren (kleineren) und einen oberen (größeren) Wert ein. Verwende als Startwerte zwei natürliche Zahlen.
(2) Bestimme das arithmetische Mittel der beiden Werte.
(3) Prüfe, ob der Mittelwert ein neuer unterer Wert oder neuer oberer Wert für die Eingrenzung ist, und beginne dann unter (1) neu.

**Beispiel:** Näherungswert für $\sqrt{10}$, Startwerte 2 und 5

| | **unterer Wert** | **oberer Wert** | **Mittelwert** |
|---|---|---|---|
| 1 | 2, denn $2^2 = 4 < 10$ | 5, denn $5^2 = 25 > 10$ | $\frac{2+5}{2} = 3{,}5$; $3{,}5^2 = 12{,}25 > 10$ $\Longrightarrow$ oberen Wert ersetzen |
| 2 | 2,0, denn $2{,}0^2 = 4$; $4 < 10$ | 3,5 denn $3{,}5^2 = 12{,}25$; $12{,}25 > 10$ | $\frac{2{,}0+3{,}5}{2} = 2{,}75$; $2{,}75^2 \approx 7{,}6 < 10$ $\Longrightarrow$ unteren Wert ersetzen |
| 3 | 2,75, denn $2{,}75^2 \approx 7{,}6 < 10$ | 3,50 denn $3{,}50^2 = 12{,}25 > 10$ | $\frac{2{,}75+3{,}50}{2} = 3{,}125$; $3{,}125^2 \approx 9{,}8 < 10$ $\Longrightarrow$ unteren Wert ersetzen |
| 4 | ... | | |

*Du könntest als unteren Wert auch z. B. 3 und als oberen Wert z. B. 4 nehmen.*

*Bei jedem Schritt grenzt man den Wert von $\sqrt{10}$ genauer ein.*

a) Übertrage die Intervallhalbierung von $\sqrt{10}$ aus dem Beispiel in dein Heft und führe sie bis zur fünften Nachkommastelle fort.
b) Erkläre den Begriff „Intervallhalbierung".
c) Führe das Intervallhalbierungsverfahren für $\sqrt{2}$, $\sqrt{8}$ und $\sqrt{500}$ durch.
d) Führe das Verfahren mit einem Tabellenkalkulationsprogramm durch.
Hinweis: Du brauchst die „Wenn-Funktion".

AUSBLICK

## Näherungsweise Bestimmung irrationaler Zahlen mit dem Heronverfahren

### 1 Klassische Art

Schon seit Jahrtausenden nutzt man Näherungsverfahren, wenn man Wurzeln nicht exakt angeben kann. Eines davon ist nach Heron von Alexandria benannt, der vor 2000 Jahren in Ägypten lebte.

**Idee am Beispiel der Bestimmung von $\sqrt{10}$**

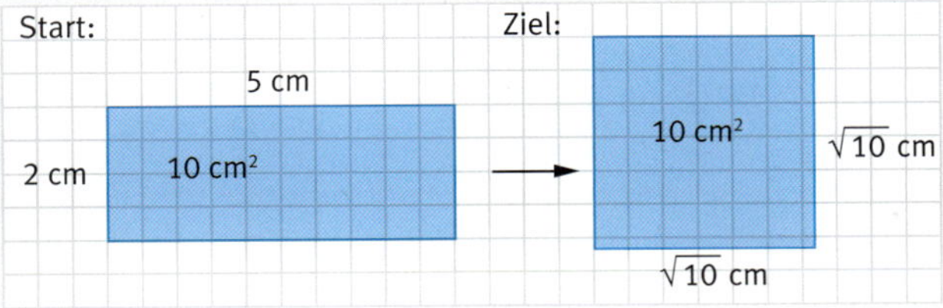


Ein Rechteck mit dem Flächeninhalt 10 cm² wird schrittweise in ein flächeninhaltsgleiches Quadrat umgewandelt.
Man kann für jede Quadratwurzel $\sqrt{n}$ ein solches Ausgangsrechteck finden. Im Beispiel starten wir mit a = 2 cm und b = 5 cm.

**Ablauf**

Wandle das bestehende Rechteck jeweils in ein flächengleiches Rechteck um, indem du als eine neue Seitenlänge das arithmetische Mittel aus den beiden alten Seitenlängen verwendest. Die zweite Seitenlänge ergibt sich dann, indem du den Flächeninhalt durch diese erste neue Seitenlänge teilst.

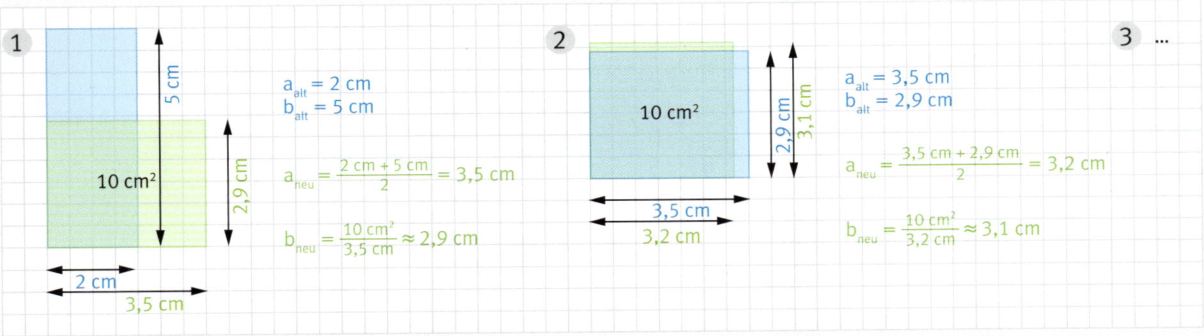


Dieses Vorgehen kann bis zu jeder beliebigen Genauigkeit fortgesetzt werden. Man erkennt anhand dieses Beispiels, dass bereits nach wenigen Schritten die Seitenlängen dicht beieinander liegen.

**a)** Bestimme für die Wurzel einen Näherungswert mit dem Heronverfahren auf zwei Dezimalen genau.

① $\sqrt{2}$ ② $\sqrt{6}$ ③ $\sqrt{12}$ ④ $\sqrt{20}$

**b)** Welche Rolle spielen die Startwerte beim Heronverfahren? Überprüfe am Beispiel $\sqrt{50}$.

### 2 Berechnung am Computer

Beim Heronverfahren werden stets dieselben Rechenschritte durchlaufen, um $\sqrt{n}$ zu bestimmen.

alte Länge, alte Breite

neue Länge: $a_{neu} = \frac{a_{alt} + b_{alt}}{2}$  neue Breite: $b_{neu} = \frac{n}{a_{neu}}$

n steht dabei für den Flächeninhalt des Quadrats bzw. für die zu berechnende Wurzel. Für die Rechnung eignet sich ein Tabellenkalkulationsprogramm.

**a)** Beschreibe den Aufbau und die Einträge des Tabellenblatts.

**b)** Übertrage das Tabellenblatt und berechne damit $\sqrt{40}$ ($\sqrt{99}$) auf vier Dezimalen genau.

| | A | B | C | D |
|---|---|---|---|---|
| 1 | Heronverfahren | | | |
| 2 | | | | |
| 3 | Berechnung von Wurzel | | 10 | |
| 4 | | | | |
| 5 | Schritt | Länge | Breite | Kontrolle |
| 6 | 1 | 2 | 5 | 10 |
| 7 | 2 | 3,5 | 2,85714286 | 10 |
| 8 | 3 | 3,17857143 | =$C$3/B8 | 10 |
| 9 | 4 | 3,16231942 | 3,1622359 | 10 |
| 10 | 5 | 3,16227766 | 3,16227766 | 10 |

$\frac{\sqrt{225}}{\sqrt{100}} \overset{?}{=} \sqrt{\frac{225}{100}}$

$\sqrt{7+9} \overset{?}{=} \sqrt{7} + \sqrt{9}$

$\sqrt{9} \cdot \sqrt{4} \overset{?}{=} \sqrt{9 \cdot 4}$

$\sqrt{\frac{144}{169}} \overset{?}{=} \frac{\sqrt{144}}{\sqrt{169}}$

$\sqrt{16-9} \overset{?}{=} \sqrt{16} - \sqrt{9}$

$\sqrt{64} - \sqrt{15} \overset{?}{=} \sqrt{64-15}$

$\sqrt{6 \cdot 13{,}5} \overset{?}{=} \sqrt{6} \cdot \sqrt{13{,}5}$

$\sqrt{81} + \sqrt{16} \overset{?}{=} \sqrt{81+16}$

- Überprüfe, ob das Gleichheitszeichen gesetzt werden kann.
- Nenne die Rechenarten, für die die Gleichheit gilt.
- Beschreibe die Gesetzmäßigkeiten in Worten und überprüfe an weiteren Beispielen.

## Merkwissen

Die bisher **bekannten Rechengesetze** (Kommutativgesetz, Assoziativgesetz und Distributivgesetz) gelten auch für **reelle Zahlen**.

Terme mit Wurzeln lassen sich wie folgt vereinfachen:
Die **Multiplikation** und **Division** zweier Quadratwurzeln lässt sich zu einer Quadratwurzel **zusammenfassen**.

| **Multiplikation** | **Division** |
|---|---|
| $\sqrt{a} \cdot \sqrt{b} = \sqrt{a \cdot b}$ für a, b ≧ 0 | $\frac{\sqrt{a}}{\sqrt{b}} = \sqrt{\frac{a}{b}}$, für a ≧ 0, b > 0 |
| **Beispiel** | **Beispiel** |
| $\sqrt{16} \cdot \sqrt{9} = \sqrt{16 \cdot 9}$<br>$4 \cdot 3 = \sqrt{144}$<br>$12 = 12$ | $\frac{\sqrt{9}}{\sqrt{16}} = \sqrt{\frac{9}{16}}$<br>$\frac{3}{4} = \frac{3}{4}$ |

Bei der **Addition** und **Subtraktion** lassen sich zwei Quadratwurzeln **nicht** zu einer Quadratwurzel **zusammenfassen**. Ausnahme: Wurzeln mit gleichen Radikanden kann man mithilfe des Distributivgesetzes zusammenfassen.

**Beispiele:**

$\sqrt{9} + \sqrt{16} \neq \sqrt{9+16} = \sqrt{25}$
$3 + 4 \neq 5$

gleicher Radikand:
$2\sqrt{5} + 4\sqrt{5} = (2+4) \cdot \sqrt{5} = 6\sqrt{5}$

Lässt sich ein Radikand in ein Produkt zerlegen, bei dem mindestens ein Faktor eine Quadratzahl ist, so kann man **teilweise radizieren**.

**Beispiele:**

$\sqrt{75} = \sqrt{25 \cdot 3} = \sqrt{25} \cdot \sqrt{3} = 5\sqrt{3}$ $\quad\sqrt{45a^5} = \sqrt{9 \cdot 5 \cdot a^4 \cdot a} = 3a^2 \cdot \sqrt{5a}$

Für das Lösen von einfachen quadratischen Gleichungen gilt:
Die Gleichung $x^2 = a$ mit $a \in \mathbb{R}^+$ hat die Lösungsmenge $\mathbb{L} = \{-\sqrt{a}; +\sqrt{a}\}$.

**Beispiel:**
$x^2 = 169$ hat die Lösungen $x = -13$ und $x = +13$, denn $(+13)^2 = 169 = (-13)^2$.

*Beachte:*
*$x^2 = 0 \Longrightarrow \mathbb{L} = \{0\}$*

## Beispiele

**I** Vereinfache, wenn möglich.

**a)** $\sqrt{2} \cdot \sqrt{32}$ **b)** $\sqrt{2} + \sqrt{5}$ **c)** $\frac{\sqrt{2}}{\sqrt{32}}$ **d)** $3\sqrt{7} - 5\sqrt{7}$

**Lösung:**

a) $\sqrt{2} \cdot \sqrt{32} = \sqrt{2 \cdot 32} = \sqrt{64} = 8$ b) Es ist keine Vereinfachung möglich.

c) $\frac{\sqrt{2}}{\sqrt{32}} = \sqrt{\frac{2}{32}} = \sqrt{\frac{1}{16}} = \frac{1}{4}$ d) $3\sqrt{7} - 5\sqrt{7} = (3-5) \cdot \sqrt{7} = -2\sqrt{7}$

*Durch das Zusammenfassen lassen sich manchmal Wurzeln einfacher ziehen.*

**II** Radiziere teilweise.

a) $\sqrt{192}$ b) $\sqrt{180 \cdot x^5}$ mit $x \geqq 0$

**Lösung:**

a) $\sqrt{192} = \sqrt{64 \cdot 3} = 8 \cdot \sqrt{3}$ b) $\sqrt{180 \cdot x^5} = \sqrt{36 \cdot x^4 \cdot 5 \cdot x} = 6x^2 \cdot \sqrt{5x}$

**III** Entscheide, ob die Umformungen richtig sind.

a) $\sqrt{2} \cdot \sqrt{8} = \sqrt{2 \cdot 8} = 4$ b) $\frac{\sqrt{40}}{\sqrt{10}} = \sqrt{\frac{40}{10}} = \sqrt{4} = 2$ c) $\sqrt{20} + \sqrt{5} = \sqrt{25} = 5$

**Lösung:**

a) richtig b) richtig c) falsch

**IV** Löse die Gleichung $x^2 = 49$.

**Lösung:**
Die Gleichung hat die Lösung $x_1 = \sqrt{49} = 7$; $x_2 = -\sqrt{49} = -7$, denn $7^2 = 49$ und $(-7)^2 = 49$. $\mathbb{L} = \{-7; 7\}$

## Verständnis

- Warum gilt folgende Gleichheit: $\sqrt{0} + \sqrt{0} = \sqrt{0+0}$?
- Ist $\sqrt{8} + \sqrt{6} = \sqrt{6} + \sqrt{8}$? Begründe ohne Rechnung.

## Aufgaben

**1** Berechne. Welche Aufgabe kannst du im Kopf lösen?

a) $\sqrt{12} \cdot \sqrt{3}$ b) $\frac{\sqrt{24}}{\sqrt{6}}$ c) $\sqrt{49} \cdot \sqrt{4}$ d) $\sqrt{144} \cdot \sqrt{9}$

e) $\sqrt{3} \cdot \sqrt{27}$ f) $\sqrt{100} : \sqrt{25}$ g) $\sqrt{45} \cdot \sqrt{5}$ h) $\sqrt{169 \cdot 16}$

i) $\sqrt{5} \cdot \sqrt{45}$ j) $\sqrt{\frac{36}{49}}$ k) $\sqrt{\frac{81}{144}}$ l) $\sqrt{225} \cdot \sqrt{\frac{1}{25}}$

*Lösungen zu 1:*
*$\frac{3}{4}$; $\frac{6}{7}$; 2; 2; 3; 6; 9; 14; 15; 15; 36; 52*

**2** Berechne im Kopf. Nutze Gesetzmäßigkeiten.

a) $\sqrt{5} \cdot \sqrt{20}$ b) $\sqrt{2} \cdot \sqrt{50}$ c) $3\sqrt{4} + 6\sqrt{4}$ d) $\sqrt{0{,}1} \cdot \sqrt{1000}$

e) $\sqrt{\frac{3}{4}} \cdot \sqrt{3}$ f) $\frac{\sqrt{48}}{\sqrt{75}}$ g) $\frac{\sqrt{1350}}{\sqrt{6}}$ h) $\sqrt{0} \cdot \sqrt{7}$

i) $\sqrt{25} + \sqrt{9}$ j) $\sqrt{36 \cdot 81}$ k) $\sqrt{\frac{5}{245}}$ l) $\sqrt{4 \cdot 144 \cdot 25}$

*Lösungen zu 2:*
*0; $\frac{1}{7}$; 0,8; 1,5; 8; 10; 10; 10; 15; 18; 54; 120*

**3** Vereinfache mithilfe von Gesetzmäßigkeiten so weit wie möglich.

a) $\sqrt{4} \cdot \sqrt{12{,}5}$ b) $\frac{\sqrt{144-32}}{\sqrt{14}}$ c) $\sqrt{\frac{2}{7}} \cdot \sqrt{91}$

d) $\sqrt{0{,}0045} : \sqrt{0{,}0003}$ e) $\sqrt{2} \cdot \sqrt{3{,}6} \cdot \sqrt{50}$ f) $\sqrt{12{,}5} \cdot \sqrt{21} \cdot \sqrt{8}$

g) $\sqrt{\frac{3}{7}} \cdot \frac{1}{\sqrt{9}} \cdot \sqrt{49}$ h) $\sqrt{0{,}75} \cdot \frac{\sqrt{8}}{\sqrt{5}} \cdot \sqrt{15}$ i) $\frac{\sqrt{31} \cdot \sqrt{32}}{\sqrt{6{,}4}}$

**4** Vereinfache durch teilweises Radizieren.

a) $\sqrt{18}$ b) $\sqrt{50}$ c) $\sqrt{63}$ d) $\sqrt{343}$
e) $\sqrt{48}$ f) $\sqrt{18} + \sqrt{45}$ g) $\sqrt{80} - \sqrt{112}$ h) $\sqrt{99} + \sqrt{44}$
i) $\frac{\sqrt{60} + \sqrt{15}}{\sqrt{3}}$ j) $\frac{\sqrt{25} - \sqrt{175}}{\sqrt{63}}$ k) $\frac{\sqrt{700} - \sqrt{112}}{\sqrt{175} + \sqrt{63}}$ l) $\frac{\sqrt{1331}}{\sqrt{176}}$

*Der vordere Teil ist jeweils das Ergebnis eines Aufgabenteils.*

**5** Lege die Steine gedanklich zu einer geschlossenen Kette zusammen.

| | | | | | |
|---|---|---|---|---|---|
| 20 | $\sqrt{1125} : \sqrt{5}$ | 18 | $\sqrt{36} \cdot \sqrt{16}$ | 9 | $\sqrt{1690} : \sqrt{10}$ |
| 16 | $\sqrt{324} : \sqrt{4}$ | 24 | $\frac{\sqrt{432}}{\sqrt{27}}$ | 15 | $\sqrt{32} \cdot \sqrt{8}$ |
| 4 | $\sqrt{18} \cdot \sqrt{8}$ | 13 | $\sqrt{6} \cdot \sqrt{54}$ | 12 | $\frac{\sqrt{2000}}{\sqrt{5}}$ |

**6** Radiziere die folgenden Zahlen mit dem Taschenrechner.
Was stellst du fest? Begründe mithilfe der Regeln.

| | | | | | | |
|---|---|---|---|---|---|---|
| 1 | 0,729 | 7,29 | 72,9 | 729 | 7290 | 72 900 |
| 2 | 1258 | 125,8 | 12,58 | 1,258 | 0,1258 | 0,01258 |

**7** Übertrage das Rechennetz in dein Heft und vervollständige es. Entlang derselben Richtung wird immer mit derselben Zahl multipliziert bzw. dividiert.

a)
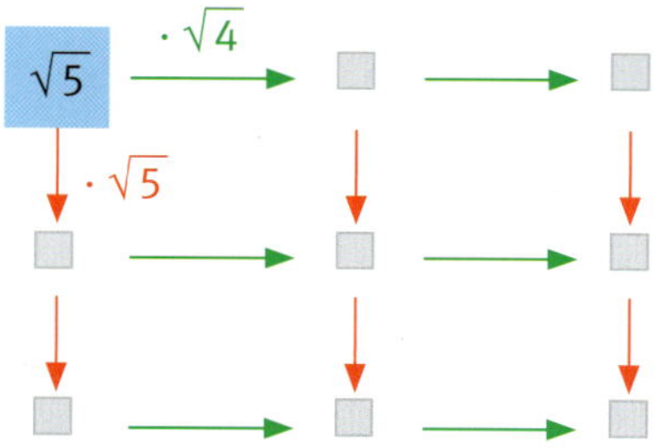


b)
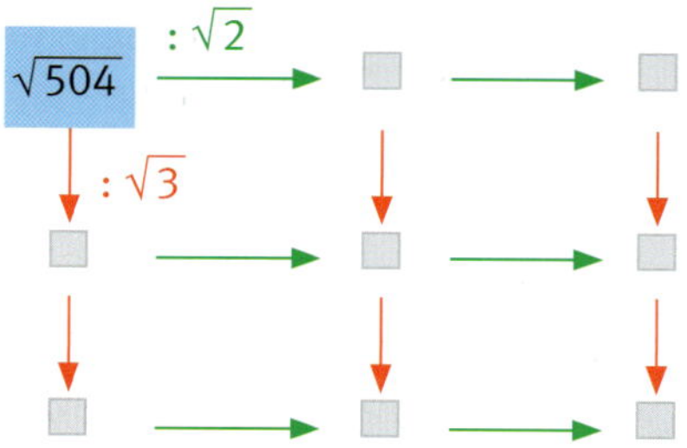

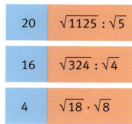

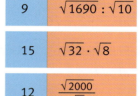

*Alle Variablen stehen für positive rationale Zahlen.*

**8** a) Beschreibe die Vereinfachungen ($\mathbb{G} = \mathbb{R}^+$).

1. $\sqrt{2x} \cdot \sqrt{8x} = \sqrt{2 \cdot 8 \cdot x \cdot x} = \sqrt{16x^2} = \sqrt{16} \cdot \sqrt{x^2} = 4x$
2. $\frac{\sqrt{x^3y}}{\sqrt{xy}} = \sqrt{\frac{x^3y}{xy}} = \sqrt{x^2} = x$

*Lösungen zu 8 b):*
$\frac{3}{7a}$; $6ab$; $\frac{2}{a}$; $4ax$; $\frac{y}{x}$; $3ab$; $8x$; $12xy$; $\frac{4}{5}a$; $\frac{5}{6}x$

b) Vereinfache ebenso folgende Terme so weit wie möglich ($\mathbb{G} = \mathbb{R}^+$).

1. $\frac{\sqrt{xy^5}}{\sqrt{x^3y^3}}$ 2. $\sqrt{4x} \cdot \sqrt{16x}$ 3. $\sqrt{\frac{0{,}4a^2}{0{,}625}}$ 4. $\sqrt{3a} \cdot \sqrt{12ab^2}$ 5. $\frac{\sqrt{12a}}{\sqrt{3a^3}}$
6. $\frac{\sqrt{18a^3b^3}}{\sqrt{2ab}}$ 7. $\frac{\sqrt{150x^3}}{\sqrt{216x}}$ 8. $\sqrt{8x^2y} \cdot \sqrt{18y}$ 9. $\frac{\sqrt{45a^2}}{\sqrt{245a^4}}$ 10. $\frac{\sqrt{48a^5x^3}}{\sqrt{3a^3x}}$

**9** Bestimme die Lösungsmenge in $\mathbb{G} = \mathbb{R}$.

a) $x^2 = 5$ b) $x^2 = 36$ c) $x^2 = -25$ d) $x^2 - 7 = 0$
e) $x^2 = 0{,}5$ f) $2x^2 - 12 = 0$ g) $0{,}5x^2 = 5$ h) $0{,}75x^2 - 9 = 0$
i) $x^2 - 6{,}25 = 0$ j) $x^2 + 5 = 0$ k) $3x^2 = 44 - x^2$ l) $4x^2 = 2 - x^2$

**10** Vereinfache durch teilweises Radizieren. Finde den Weg vom Start zum Ziel.

*Alle Variablen stehen für positive rationale Zahlen.*

| | | | | | |
|---|---|---|---|---|---|
| $5a^2bc\sqrt{7ac}$ | $\frac{\sqrt{18a^3b}}{\sqrt{27b^6}}$ | Start | $\sqrt{5a^2}$ | $\frac{1}{2}\cdot\sqrt{2}$ | Ziel |
| $a\cdot\sqrt{5}$ | $\sqrt{27a^3}$ | $5a^3\sqrt{2a}$ | $\frac{\sqrt{80a^5+9a^5}}{\sqrt{2b^2\cdot 14b^3}}$ | $3a\sqrt{3a}$ | $\sqrt{175a^5b^2c^3}$ |
| $\frac{a^2}{2b^2}\cdot\sqrt{\frac{89a}{7b}}$ | $\frac{\sqrt{3a^3\cdot 2b^4}}{\sqrt{4a^3\cdot 3b^4}}$ | $\frac{a}{b^2}\cdot\sqrt{\frac{2a}{3b}}$ | $\sqrt{21a^7+29a^7}$ | | |

**11** Brüche werden in der Mathematik meist ohne Wurzeln im Nenner geschrieben.

Nenner von **Brüchen** lassen sich **durch Erweitern rational** machen. **Beispiele:**

1 $\frac{3}{\sqrt{5}}=\frac{3\cdot\sqrt{5}}{\sqrt{5}\cdot\sqrt{5}}=\frac{3\cdot\sqrt{5}}{5}=\frac{3}{5}\sqrt{5}$

2 $\frac{7}{\sqrt{7}-\sqrt{2}}=\frac{7\cdot(\sqrt{7}+\sqrt{2})}{(\sqrt{7}-\sqrt{2})\cdot(\sqrt{7}+\sqrt{2})}=\frac{7\cdot(\sqrt{7}+\sqrt{2})}{7-2}=\frac{7}{5}\cdot(\sqrt{7}+\sqrt{2})$

a) Begründe, warum Summenterme im Nenner nur durch die 3. und nicht durch die 1. oder 2. binomische Formel rational gemacht werden können.

b) Mache den Nenner rational und vereinfache so weit wie möglich.

1 $\frac{1}{\sqrt{7}}$ 2 $\frac{8}{\sqrt{5}}$ 3 $\frac{12}{\sqrt{15}}$ 4 $\frac{5}{\sqrt{15}}$ 5 $\frac{24}{\sqrt{32}}$

6 $\frac{\sqrt{4}}{\sqrt{4}-\sqrt{7}}$ 7 $\frac{\sqrt{12}}{\sqrt{3}-\sqrt{11}}$ 8 $\frac{9}{2+\sqrt{7}}$ 9 $\frac{\sqrt{7}+\sqrt{13}}{\sqrt{7}-\sqrt{13}}$ 10 $\frac{1}{\sqrt{3}}-\frac{4}{\sqrt{12}}$

*Lösungen zu 11 b):*
$\frac{8}{5}\sqrt{5}; -\frac{1}{3}\sqrt{3}; -3(2-\sqrt{7});$
$3\sqrt{2}; -\frac{10+\sqrt{91}}{3}; \frac{4+2\sqrt{7}}{-3};$
$\frac{\sqrt{7}}{7}; \frac{3+\sqrt{33}}{-4}; \frac{1}{3}\sqrt{15};$
$\frac{4}{5}\sqrt{15}$

**12** Mache den Nenner rational und vereinfache, falls möglich.

*Beachte die binomischen Formeln.*

a) $\frac{3}{\sqrt{x}}$ b) $\frac{\sqrt{5}}{\sqrt{6-c}}$ c) $\frac{a-b}{\sqrt{a}+\sqrt{b}}$ d) $\frac{a}{\sqrt{3a}-\sqrt{2a}}$ e) $\frac{24}{\sqrt{32}}$

f) $\frac{\sqrt{4}}{\sqrt{4}-\sqrt{7}}$ g) $\frac{8b}{\sqrt{11b}-\sqrt{7b}}$ h) $\frac{\sqrt{5x}-3\sqrt{2y}}{\sqrt{20x}+4\sqrt{8y}}$ i) $\frac{\sqrt{x}-\sqrt{y}}{\sqrt{4x}+\sqrt{5y}}$ j) $\frac{3x-4\sqrt{y}}{3x+4\sqrt{y}}$

**13** Vereinfache so weit wie möglich. Bestimme die Lösungsmenge in $\mathbb{G}=\mathbb{R}$.

a) $(4x+1)^2-(5x-2)^2=13x-15\cdot(2-x)$

b) $(5x-3)\cdot(2x-1)-16x^2+1=x-(x+6)^2$

c) $(3x-4)^2+(2x-5)^2=(7-3x)\cdot(8-6x)+22x$

d) $(x+3)^2+(x-3)^2=(x+3)\cdot(x-3)+31$

e) $(x+3)\cdot(x-4)+(x+4)\cdot(x-3)=8$

f) $(x+3)^2-(x-3)^2+45=(2x+3)^2$

g) $(2x-3)\cdot(x+4)-(x-0{,}5)^2=6x+8$

*Wurzelschnecke*

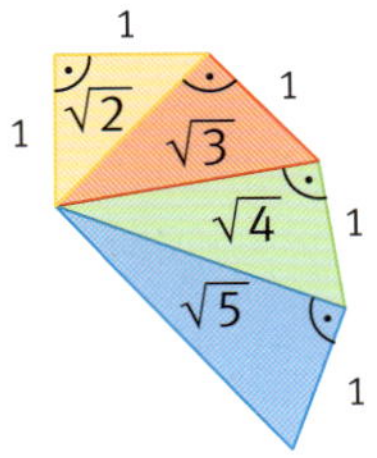


**14** Strecken der Längen $\sqrt{2}$ LE, $\sqrt{3}$ LE, ... kann man näherungsweise mit einer „Wurzelschnecke" ermitteln. Dabei geht man von einem gleichschenklig, rechtwinkligen Dreieck mit der Schenkellänge von 1 LE aus.

a) Übertrage die Wurzelschnecke in dein Heft (1 LE ≙ 1 cm) und setze sie um drei Schritte fort. Markiere die irrationalen Längen.

b) Bestimme den Flächeninhalt der abgebildeten Wurzelschnecke (der Wurzelschnecke in deinem Heft) auf zwei Nachkommastellen genau.

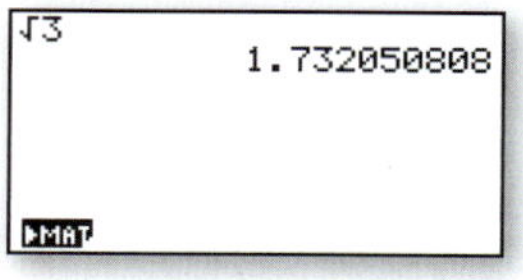


**1** Peter berechnet mit dem Taschenrechner $\sqrt{3}$.
Begründe, dass die Angabe des Taschenrechners nicht exakt sein kann.

**2** Zwischen welchen benachbarten natürlichen Zahlen liegt die Wurzel?
Begründe deine Antwort. Rechne im Kopf.

| a) | b) | c) | d) | e) | f) |
|---|---|---|---|---|---|
| $\sqrt{40}$ | $\sqrt{18}$ | $\sqrt{316}$ | $\sqrt{88}$ | $\sqrt{112}$ | $\sqrt{360}$ |
| $\sqrt{10}$ | $\sqrt{32}$ | $\sqrt{145}$ | $\sqrt{77}$ | $\sqrt{170}$ | $\sqrt{420}$ |
| $\sqrt{5}$ | $\sqrt{60}$ | $\sqrt{200}$ | $\sqrt{99}$ | $\sqrt{168}$ | $\sqrt{501}$ |

**3** Ein Fliesenleger legt Muster aus dreieckigen roten und gelben Fliesen. Aus jeweils zwei bzw. vier bzw. acht Fliesen legt er ein Quadrat. Bestimme die Seitenlängen einer Fliese ...

**a)** zeichnerisch.

**b)** rechnerisch.

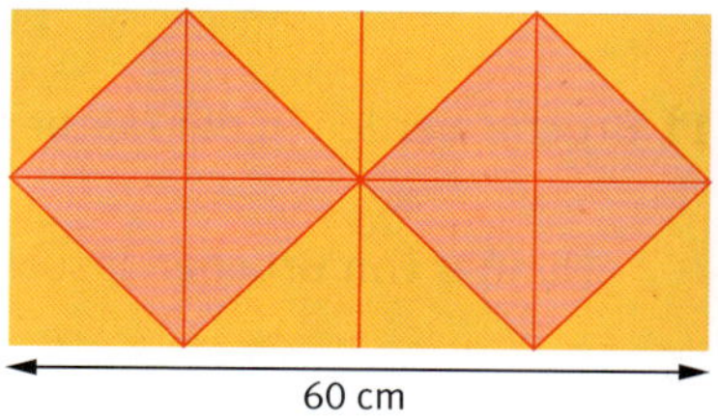


**4** Entscheide, ob die Aussage wahr oder falsch ist.
Begründe.

**a)** $\sqrt{16}$ ist diejenige rationale Zahl, die quadriert 16 ergibt.

**b)** $\sqrt{81}$ kann +9 oder −9 sein.

**c)** $\sqrt{25}$ ist größer als $\sqrt{36}$.

**d)** Wenn a größer wird, wird auch $\sqrt{a}$ größer ($a \in \mathbb{R}_0^+$).

**e)** Es gibt natürliche Zahlen, die reelle Zahlen sind.

**f)** Zwischen den irrationalen Zahlen $\sqrt{2}$ und $\sqrt{3}$ liegen unendlich viele weitere irrationale Zahlen (rationale Zahlen, reelle Zahlen).

**5** Finde eine natürliche Zahl, deren Quadratwurzel möglichst nahe an ...

**a)** 20 **b)** 25 **c)** 100 **d)** 500

liegt, aber nicht gleich dieser Zahl ist. Bestimme jeweils die Abweichung.

**6** **a)** Erkläre mithilfe der Darstellung, dass $\sqrt{9} + \sqrt{16} \neq \sqrt{9 + 16}$.

**b)** Überprüfe die Aussage aus a) an mindestens einem weiteren Beispiel.

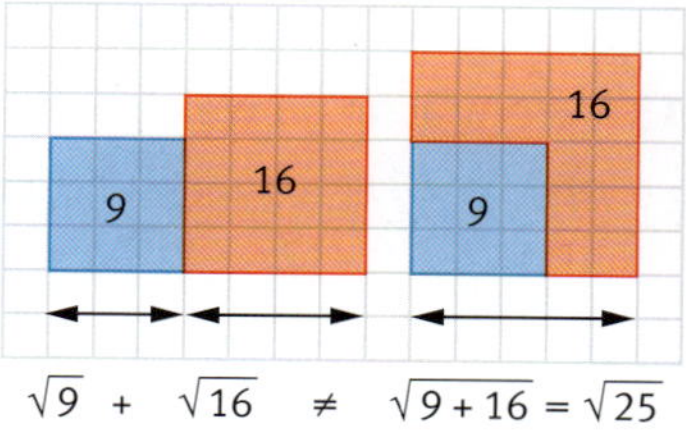


**7** Fülle die Lücken richtig aus.

**a)** $\sqrt{5} \cdot \sqrt{\square} = \sqrt{10}$ **b)** $\sqrt{7} \cdot \sqrt{\square} = \sqrt{21}$ **c)** $\frac{\sqrt{12}}{\sqrt{\square}} = \sqrt{3}$

**d)** $\sqrt{\square} \cdot \sqrt{2{,}5} = \sqrt{20}$ **e)** $\frac{\sqrt{30}}{\sqrt{\square}} = \sqrt{30}$ **f)** $\sqrt{13} \cdot \sqrt{\square} = 13$

**g)** $\frac{\sqrt{\square}}{\sqrt{11}} = \sqrt{11}$ **h)** $\sqrt{12} \cdot \sqrt{\square} = \sqrt{576}$ **i)** $\sqrt{\square} \cdot \sqrt{36} = 18$

**j)** $\sqrt{\square 36} : \sqrt{\square 1} = 4$ **k)** $\sqrt{121} \cdot \sqrt{\square} = 0$ **l)** $\sqrt{169} : \sqrt{\square} = \sqrt{13}$

*Lösungen zu 8:*
*5; 2,5; 9; 24; 8*

**8** Berechne.

**a)** $(\sqrt{5})^2$ **b)** $3 \cdot (\sqrt{8})^2$ **c)** $1{,}5 \cdot (\sqrt{6})^2$ **d)** $(0{,}5 \cdot \sqrt{10})^2$ **e)** $\frac{2}{3} \cdot (\sqrt{12^2})$

*Alle Variablen stehen für positive rationale Zahlen.*

**9** Radiziere teilweise.

a) $\sqrt{32}$  b) $\sqrt{250}$  c) $\sqrt{49 \cdot x^5}$  d) $\sqrt{275} - \sqrt{99}$

e) $\sqrt{288x^3y}$  f) $\sqrt{10a^3 + 22a^3}$  g) $\frac{\sqrt{45} + \sqrt{80}}{\sqrt{147}}$  h) $\frac{\sqrt{363a^2b^7c^9}}{ab^2c}$

**10** Mache den Nenner rational.

a) $\frac{1}{\sqrt{32}}$  b) $\frac{\sqrt{63}}{\sqrt{288}}$  c) $\frac{6}{\sqrt{3} - \sqrt{15}}$  d) $\frac{a}{7 - \sqrt{a}}$

e) $\frac{\sqrt{6a} - \sqrt{3b}}{\sqrt{3b} - \sqrt{6a}}$  f) $\frac{\sqrt{3x} + \sqrt{3y}}{\sqrt{9x} - \sqrt{9y}}$  g) $\frac{x - 5}{\sqrt{x - 5}}$  h) $\frac{9}{3 - \sqrt{7}} - \frac{7}{3 - \sqrt{7}}$

**11** Ordne wertgleiche Terme einander zu. Ein Term bleibt übrig.

$\sqrt{100 + 44}$  $(\sqrt{2})^2 \cdot \sqrt{2}$  $2^2$  $\sqrt{100} + \sqrt{44}$  $\frac{\sqrt{32}}{\sqrt{2}}$

$12$  $2^2 \cdot \sqrt{2}$  $\sqrt{8}$  $\sqrt{32}$

**12** Radiziere wenn möglich im Kopf.

a) $\sqrt{9}$; $\sqrt{100}$; $\sqrt{0{,}01}$; $\sqrt{0{,}25}$; $\sqrt{10^6}$; $\sqrt{0{,}0169}$; $\sqrt{3{,}24}$

b) $\sqrt{\frac{1}{36}}$; $\sqrt{\frac{48}{75}}$; $\sqrt{57\,600}$; $\sqrt{10^8}$; $\sqrt{\frac{20}{45}}$; $\sqrt{0{,}000144}$; $\sqrt{\frac{180}{405}}$

c) $\sqrt{\sqrt{81}}$; $\sqrt{\sqrt{625}}$; $\sqrt{\sqrt{0{,}0001}}$; $\sqrt{\sqrt{0{,}0625}}$; $\sqrt{\sqrt{10\,000}}$

d) $\sqrt{2 \cdot \sqrt{64}}$; $\sqrt{6 \cdot \sqrt{36}}$; $\sqrt{3 \cdot \sqrt{144}}$; $\sqrt{25 \cdot \sqrt{8 \cdot \sqrt{4}}}$; $\sqrt{0{,}8 \cdot \sqrt{0{,}04}}$

*Es gilt:*
*$\sqrt{\sqrt{16}} = \sqrt{4} = 2$*

**13** Ordne der Größe nach. Beginne mit der kleinsten Zahl.

a) $\sqrt{\frac{121}{324}}$; $\sqrt{1{,}2}$; $0{,}45$; $\sqrt{\frac{48}{147}}$  b) $-\sqrt{2{,}25}$; $-\sqrt{\frac{3}{7}}$; $-\sqrt{2{,}45}$; $-\sqrt{2}$

c) $\sqrt{45{,}3}$; $\sqrt{\frac{3}{7}}$; $0{,}\overline{3}$; $\sqrt{1{,}1}$  d) $\sqrt{1{,}4}$; $\frac{6}{5}$; $\sqrt{\frac{64}{49}}$; $\sqrt{\frac{162}{128}}$; $\sqrt{1{,}3225}$

**14** Vereinfache und bestimme die Lösungsmenge in $\mathbb{G} = \mathbb{R}$.

a) $(x + 4)^2 = 19 + 8x$  b) $(x + 3) \cdot (x + 9) = 2 \cdot (x + 3)^2$

c) $2x^2 - 16x + 24 = (x - 8)^2$  d) $(x + 4{,}5) \cdot (x - 8) = -0{,}2 \cdot (17{,}5x - 65)$

*Lösungen zu 14:*
*$\mathbb{L} = \{-3; 3\}$; $\mathbb{L} = \{-\sqrt{3}; \sqrt{3}\}$;*
*$\mathbb{L} = \{-7; 7\}$;*
*$\mathbb{L} = \{-2\sqrt{10}; 2\sqrt{10}\}$*

**15** Bestimme die Definitionsmenge und löse in $\mathbb{G} = \mathbb{R}$.

a) $\frac{x}{6} = \frac{3}{2x}$  b) $\frac{0{,}4x}{15} = \frac{0{,}8}{5x}$  c) $\frac{x - 2}{x} = \frac{6}{x + 8}$  d) $\frac{6x}{5} = \frac{15}{2x}$

e) $\frac{x - 2}{x + 2} = \frac{1 - 2x}{2x + 1}$  f) $\frac{x + 9}{x - 9} = \frac{x + 4}{4 - x}$  g) $\frac{3x + 8}{3x + 2} = \frac{8 - 3x}{3x - 2}$  h) $\frac{2x - 9}{x - 4} = \frac{x + 7}{x + 6}$

**16** Herr Müller hat ein großes, trapezförmiges Grundstück.

a) Welchen Flächeninhalt hat das Grundstück?

b) Vergleiche den Umfang des trapezförmigen Grundstücks mit dem eines flächengleichen, quadratischen Grundstücks.

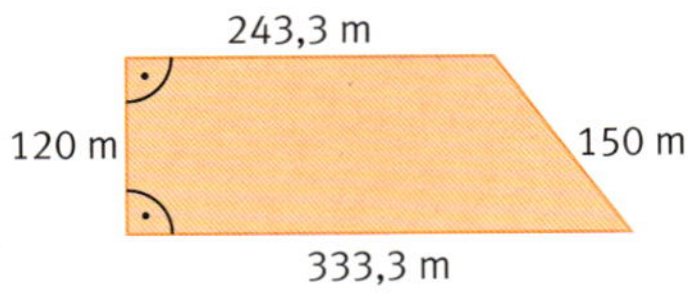


c) Jassin sagt, dass man nicht hätte rechnen müssen, um zu wissen, dass der Umfang des Quadrats kleiner ist als der des Trapezes. Was meinst du?

Überprüfe deine Fähigkeiten und Kenntnisse. Bearbeite dazu die folgenden Aufgaben und bewerte anschließend deine Lösungen mit einem Smiley.

| ☺ | 😐 | ☹ |
|---|---|---|
| Das kann ich! | Das kann ich fast! | Das kann ich noch nicht! |

Hinweise zum Nacharbeiten findest du auf der folgenden Seite. Die Lösungen findest du unter www.ccbuchner.de/medien (Eingabe 8439-02).

**Aufgaben zur Einzelarbeit**

**1** Berechne im Kopf.

**a)** $\sqrt{25}$; $\sqrt{81}$; $\sqrt{121}$; $\sqrt{144}$; $\sqrt{625}$; $\sqrt{10\,000}$

**b)** $\sqrt{0{,}04}$; $\sqrt{0{,}16}$; $\sqrt{\frac{1}{4}}$; $\sqrt{0{,}25}$; $\sqrt{\frac{36}{49}}$; $\sqrt{0{,}0009}$

**2** Berechne mit dem Taschenrechner und runde auf zwei Dezimalen.

**a)** $\sqrt{3}$; $\sqrt{5}$; $\sqrt{6}$; $\sqrt{10}$; $\sqrt{50}$; $\sqrt{80}$; $\sqrt{111}$; $\sqrt{300}$

**b)** $\sqrt{0{,}01}$; $\sqrt{0{,}5}$; $\sqrt{2{,}5}$; $\sqrt{1{,}44}$; $\sqrt{17{,}6}$; $\sqrt{35{,}8}$; $\sqrt{\frac{4}{8}}$

**3** Zeichne jeweils ein Quadrat mit folgendem Flächeninhalt in dein Heft.

**a)** $6\ \text{cm}^2$ **b)** $20\ \text{cm}^2$ **c)** $30\ \text{cm}^2$

**4** ① $\sqrt{4}$; $\sqrt{40}$; $\sqrt{400}$; $\sqrt{4000}$; $\sqrt{40\,000}$; ...

② $\sqrt{9}$; $\sqrt{90}$; $\sqrt{900}$; $\sqrt{9000}$; $\sqrt{90\,000}$; ...

**a)** Berechne und setze die Reihe um drei weitere Schritte fort.

**b)** Beschreibe auftretende Gesetzmäßigkeiten und überprüfe diese an weiteren Beispielen.

**5** Das Rechteck mit den Seitenlängen a und b und das Quadrat mit der Seitenlänge c haben den gleichen Flächeninhalt. Vervollständige die Tabelle. Runde auf zwei Dezimalen.

| A in $\text{cm}^2$ | a in cm | b in cm | c in cm |
|---|---|---|---|
| 144 | □ | 32 | □ |
| 625 | 12,5 | □ | □ |
| □ | 7 | 19 | □ |
| □ | □ | 5 | $\sqrt{7}$ |
| 150 | 13 | □ | □ |
| □ | 10,75 | 43 | □ |

**6** Gib alle $a \in \mathbb{N}$ im Intervall $]1; 1000[$ an, für die die Gleichung $x^2 = a$ eine rationale Lösung hat. Gib jeweils die Lösungsmenge an.

**7** Übertrage die Tabelle ins Heft. Bestimme die Lösungsmenge der folgenden Gleichungen in den angegebenen Grundmengen.

| Lösungsmenge in | | $\mathbb{G} = \mathbb{N}_0$ | $\mathbb{G} = \mathbb{Q}$ | $\mathbb{G} = \mathbb{R}$ |
|---|---|---|---|---|
| **a)** | $x^2 - 196 = 0$ | □ | □ | □ |
| **b)** | $x^2 = 7{,}29$ | □ | □ | □ |
| **c)** | $x^2 + 169 = 0$ | □ | □ | □ |
| **d)** | $x^2 - \frac{5}{16} = 0{,}25$ | □ | □ | □ |
| **e)** | $3x^2 - 35 = 9 - x^2$ | □ | □ | □ |

**8** Für Rechtecke mit einem Flächeninhalt von 12 FE gilt für die Maßzahlen der Seitenlängen x und y mit $x, y \in \mathbb{R}^+$: $x \cdot y = 12$.

**a)** Fertige eine Tabelle für $x \in [1; 12]$ und $\Delta x = 1$ an und trage die möglichen Werte für x und y in ein Koordinatensystem ein.

**b)** Unter allen Rechtecken mit dem gegebenen Flächeninhalt befindet sich ein Quadrat. Ermittle die Seitenlänge des Quadrats aus dem Diagramm aus a). Überprüfe durch eine Rechnung.

**9** Kontrolliere ohne Taschenrechner. Berichtige gegebenenfalls.

**a)** $\sqrt{1600} = 400$ **b)** $\sqrt{9{,}3^2} = 9{,}3$ **c)** $\sqrt{0{,}36} = -0{,}6$

**d)** $-\sqrt{(1{,}5)^2} = -1{,}5$ **e)** $\sqrt{0{,}09} = 0{,}03$ **f)** $\sqrt{0{,}5^2} = 0{,}25$

**10** Berechne, wenn möglich, im Kopf.

**a)** $\sqrt{2} \cdot \sqrt{2}$ **b)** $\sqrt{2} \cdot \sqrt{18}$ **c)** $\sqrt{3} \cdot \sqrt{27}$

**d)** $\sqrt{6} \cdot \sqrt{24}$ **e)** $\sqrt{3} \cdot \sqrt{75}$ **f)** $\sqrt{8} \cdot \sqrt{50}$

**g)** $\frac{\sqrt{8}}{\sqrt{18}}$ **h)** $\frac{\sqrt{72}}{\sqrt{50}}$ **i)** $\frac{\sqrt{6}}{\sqrt{54}}$

**11** Vereinfache, falls möglich.

**a)** $\sqrt{3} \cdot \sqrt{8}$ $\sqrt{3} + \sqrt{8}$ $\sqrt{3} : \sqrt{8}$

**b)** $\sqrt{27} : \sqrt{18}$ $\sqrt{27} - \sqrt{18}$ $\sqrt{27} \cdot \sqrt{18}$

**c)** $\sqrt{99} - \sqrt{11}$ $\sqrt{99} + \sqrt{11}$ $\sqrt{99} : \sqrt{11}$

**d)** $\sqrt{2{,}5} \cdot \sqrt{4}$ $\sqrt{2{,}5} + \sqrt{4}$ $\sqrt{2{,}5} - \sqrt{4}$

**12** Radiziere teilweise.

**a)** $\sqrt{48}$ **b)** $\sqrt{96a^3}$ **c)** $\sqrt{320xy^2}$ **d)** $\sqrt{1000a^4b^3c^2}$

**13** Setze Ziffern so in die Lücken ein, dass die Rechnungen stimmen. Findest du mehrere Möglichkeiten?

a) $\sqrt{2} \cdot \sqrt{\square} = \sqrt{50}$  b) $\sqrt{\square 9} \cdot \sqrt{\square} = \sqrt{196}$

c) $\sqrt{\square 0} \cdot \sqrt{5} = \sqrt{1\square\square}$  d) $\sqrt{432} : \sqrt{\square} = 6$

e) $\frac{\sqrt{1083}}{\sqrt{\square}} = 19$  f) $\sqrt{\square} \cdot \sqrt{57{,}\square} = 17$

**14** Welche Zahlen sind irrational, welche rational?

a) $\sqrt{4}$; $\sqrt{6}$; $\sqrt{8}$; $\sqrt{100}$; $\sqrt{104}$; $\sqrt{400}$; $\sqrt{1000}$

b) $0$; $1$; $\sqrt{0}$; $\sqrt{1}$; $\frac{1}{3}$; $\sqrt{\frac{1}{3}}$; $\frac{1}{9}$; $\sqrt{\frac{1}{9}}$; $\sqrt{\frac{12}{7}}$

**15** Bestimme die Lösungsmenge in $\mathbb{G} = \mathbb{R}$.

a) $x^2 = 5{,}67$

b) $x^2 - 0{,}36 = 2x^2$

c) $(x - 0{,}2)^2 = \frac{2}{5} \cdot (0{,}2 - x)$

**16** Mache den Nenner rational.

a) $\frac{\sqrt{63}}{\sqrt{100}}$  b) $\frac{5}{2 + \sqrt{3}}$  c) $\frac{\sqrt{x}}{\sqrt{2x} - \sqrt{5}}$

**Aufgaben für Lernpartner**

**Arbeitsschritte**

1 Bearbeite die folgenden Aufgaben alleine.

2 Suche dir einen Partner und erkläre ihm deine Lösungen. Höre aufmerksam und gewissenhaft zu, wenn dein Partner dir seine Lösungen erklärt.

3 Korrigiere gegebenenfalls deine Antworten und benutze dazu eine andere Farbe.

Sind folgende Behauptungen **richtig** oder **falsch**? Begründe schriftlich.

**17** Wenn $a < b$ ist, dann ist auch $a^2 < b^2$.

**18** Wenn $a = a^2$ ist, dann ist $a = 1$.

**19** Wenn a eine gerade Zahl ist, dann ist auch $a^2$ eine gerade Zahl.

**20** Quadrieren lässt sich durch das Ziehen der Wurzel rückgängig machen.

**21** $\sqrt{5^2} = 5^2$

**22** Jede Gleichung $x^2 = a$ mit $a \in \mathbb{R} \setminus \{0\}$ hat mindestens eine Lösung.

**23** Es gibt eine Gleichung $x^2 = a$ mit $a \in \mathbb{R}_0^+$, die genau eine Lösung besitzt.

**24** Ein Quadrat mit dem Flächeninhalt 5 $m^2$ hat die Seitenlänge 2,5 m.

**25** Ein Rechteck mit den Seitenlängen 3 cm und 4 cm kann in ein flächeninhaltsgleiches Quadrat mit der Seitenlänge $\sqrt{12}$ cm umgewandelt werden.

**26** $\sqrt{100} + \sqrt{49} = \sqrt{100 + 49}$

**27** Zwei Quadratwurzeln, die multipliziert werden, lassen sich zu einer Quadratwurzel zusammenfassen.

**28** $\sqrt{100} : \sqrt{36} = \frac{5}{3}$

**29** $3\sqrt{7} + 2\sqrt{7} = 5\sqrt{7}$

**30** Jede irrationale Zahl lässt sich als Bruch darstellen.

**31** Jeder Bruch lässt sich in eine Dezimalzahl mit endlich vielen Dezimalstellen umwandeln.

**32** $\sqrt{6}$ ist eine irrationale Zahl.

**33** Jede Quadratwurzel ist eine irrationale Zahl.

**34** Beim Rationalmachen des Nenners muss der Quotient immer mit dem Nenner erweitert werden.

**35** Jede durch vier teilbare natürliche Zahl lässt sich teilweise radizieren.

| Aufgabe | Ich kann ... | Hilfe |
|---|---|---|
| 1, 2, 3, 4, 5, 8, 9, 17, 18, 19, 20, 21, 24, 25, 27 | Quadratwurzeln berechnen. | S. 68 |
| 14, 30, 31, 32, 33 | irrationale von rationalen Zahlen unterscheiden. | S. 70 |
| 12, 34 | irrationale Zahlen näherungsweise bestimmen. | S. 72, 73 |
| 10, 11, 13, 26, 27, 28, 29 | einfache Terme mit Quadratwurzeln vereinfachen. | S. 74 |
| 6, 7, 15, 22, 23 | Gleichungen der Art $x^2 = a$ lösen. | S. 74 |
| 12, 35 | Quadratwurzeln teilweise radizieren. | S. 74 |
| 16, 34 | Nenner von Bruchtermen rational machen. | S. 77 |

**S. 68**

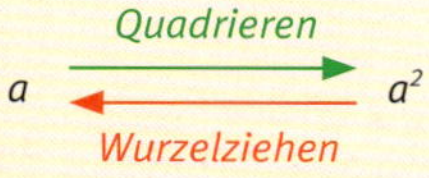


$\sqrt{0} = 0$

$\sqrt{144} = 12$, denn $12 \cdot 12 = 144$
„Die Quadratwurzel aus 144 ist 12.“
„12 ist die Wurzel aus 144.“

Die **Umkehrung des Potenzierens** bezeichnet man als **Wurzelziehen** (**Radizieren**).
Die **Quadratwurzel** aus einer nichtnegativen Zahl a ist diejenige nichtnegative Zahl x, die quadriert a ergibt.
Den Term unter der Wurzel nennt man **Radikand**.

**S. 70**

$\sqrt{2} = 1{,}414213562...$

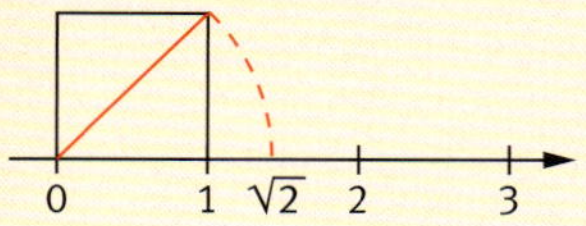


Eine Zahl nennt man **irrational**, wenn man sie **nicht als Bruch** zweier ganzer Zahlen darstellen kann. Die zugehörige Dezimalzahl hat unendlich viele Dezimalen, die nicht systematisch angeordnet sind.

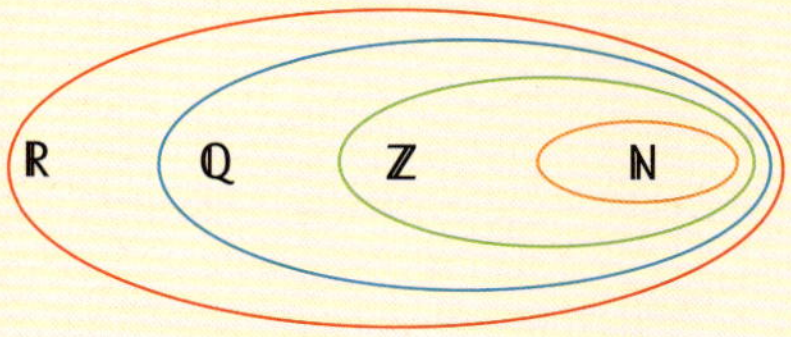


Die Mengen der **rationalen** und **irrationalen Zahlen** bilden zusammen die Menge der **reellen Zahlen** ℝ.

Jeder reellen Zahl ist genau ein Punkt auf der **Zahlengerade** zugeordnet.

**S. 74**

Beim Rechnen mit reellen Zahlen gelten die **bekannten Rechengesetze**.

$$\sqrt{16} \cdot \sqrt{9} = \sqrt{16 \cdot 9}$$
$$4 \cdot 3 = \sqrt{144}$$
$$12 = 12$$

**Multiplikation zweier Quadratwurzeln**
$\sqrt{a} \cdot \sqrt{b} = \sqrt{a \cdot b}$ für $a, b \geqq 0$

$$\frac{\sqrt{9}}{\sqrt{16}} = \sqrt{\frac{9}{16}}$$
$$\frac{3}{4} = \frac{3}{4}$$

**Division zweier Quadratwurzeln**
$\frac{\sqrt{a}}{\sqrt{b}} = \sqrt{\frac{a}{b}}$ für $a \geqq 0$, $b > 0$

$$\left.\begin{array}{l}\sqrt{9} + \sqrt{16} = 3 + 4 = 7\\ \sqrt{9+16} = \sqrt{25} = 5\end{array}\right\} \sqrt{9} + \sqrt{16} \neq \sqrt{9+16}$$

Bei der **Addition** und **Subtraktion** lassen sich zwei Quadratwurzeln **nicht** zu einer Quadratwurzel **zusammenfassen**.

$$3\sqrt{2} + 5\sqrt{2} = (3+5) \cdot \sqrt{2} = 8\sqrt{2}$$

Ausnahme: Wurzeln mit gleichen Radikanden kann man mithilfe des Distributivgesetzes zusammenfassen.

$$\sqrt{75} = \sqrt{25 \cdot 3} = \sqrt{25} \cdot \sqrt{3} = 5\sqrt{3}$$
$$\sqrt{45a^5} = \sqrt{9 \cdot 5 \cdot a^4 \cdot a} = 3a^2 \cdot \sqrt{5a}$$

Lässt sich ein Radikand in ein Produkt zerlegen, bei dem ein Faktor eine Quadratzahl ist, so kann man **teilweise radizieren**.

**S. 74**

| | |
|---|---|
| $x^2 = 144$ | $\mathbb{L} = \{-12; +12\}$ |
| $x^2 = 7$ | $\mathbb{L} = \{-\sqrt{7}; +\sqrt{7}\}$ |
| $x^2 = 0$ | $\mathbb{L} = \{0\}$ |
| $x^2 = -5$ | $\mathbb{L} = \varnothing$ |

Die Gleichung $\mathbf{x^2 = a}$ mit $a \in \mathbb{R}^+$ hat die Lösungsmenge $\mathbb{L} = \{-\sqrt{a}; +\sqrt{a}\}$.

## Drehung

**1**

a) Welche Bedeutung haben die Schilder?

b) Überprüfe die Schilder auf Drehsymmetrie. Gib jeweils den kleinstmöglichen Drehwinkel an.

c) Finde weitere drehsymmetrische Verkehrsschilder.

**2** Das Dreieck ABC mit A (0 | 0), B (3 | 4) und C (1 | 6) wird um 90° um B gedreht.

a) Bestimme rechnerisch die Koordinaten der Bildpunkte.

b) Überprüfe die Rechnung durch Konstruktion.

**3** Die Strecke [PQ] mit P (–1 | 3) und Q (4 | 4) wird durch Punktspiegelung an Z (1 | 2) abgebildet.

a) Bestimme durch Zeichnung und Rechnung die Koordinaten der Bildpunkte P' und Q'.

b) Um welche Art von Viereck handelt es sich beim Viereck PQ'P'Q? Begründe.

**4** Vom Rechteck ABCD sind die Eckpunkte A (–0,5 | 2,5) und D (1,5 | 6,5) sowie der Diagonalenschnittpunkt M (4,5 | 2,5) bekannt. Konstruiere mithilfe der Drehung das Rechteck ABCD und bestimme ebenso rechnerisch die Koordinaten der fehlenden Eckpunkte.

**5** Die Strecke [AB] wird durch Drehung auf die Strecke [A'B'] abgebildet. Ermittle durch Konstruktion das Drehzentrum Z. Gib das Drehwinkelmaß φ näherungsweise an.

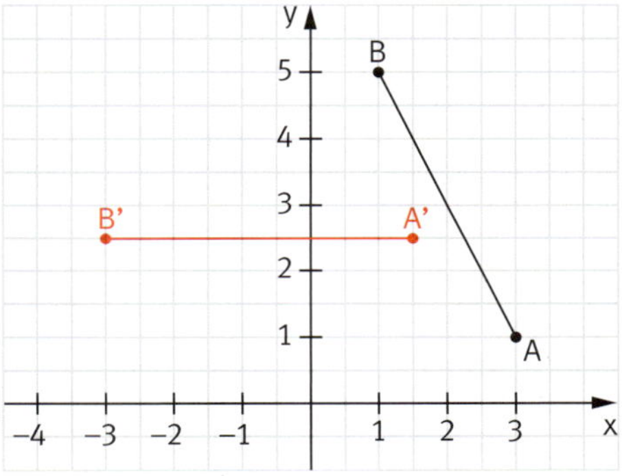


## Bruchgleichungen

**6** a) Ein Schüler der Klasse 9c behauptet, dass der Bruchterm $\frac{x}{x^2+3}$ für jede Belegung aus der Grundmenge $\mathbb{Q}$ einen Termwert besitzt. Stimmt das? Begründe.

b) Wie lautet die Antwort beim Nenner $x^2 - 3$?

**7** Setze aus den folgenden Termen verschiedene Bruchgleichungen zusammen und löse sie. Vergiss die Definitionsmenge nicht.

$2x + 4$ $\quad$ $6 - x$ $\quad$ $0{,}5x + 2$ $\quad$ $x - 1$

**8** Löse folgende Bruchgleichungen. Vergiss nicht, $\mathbb{D}$ und $\mathbb{L}$ anzugeben ($\mathbb{G} = \mathbb{Q}$).

a) $\frac{1{,}5x}{x-4} = \frac{2+3x}{2x-6}$

b) $\frac{x+3}{x^2-5x+16} = 0$

c) $\frac{x}{3x-6} - \frac{x}{3x+6} = \frac{5}{9x^2-36}$

d) $\frac{2x-5}{x} = \frac{4+12x}{6x-1}$

**9** In einer Klasse verhält sich die Anzahl der Mädchen zur Anzahl der Buben wie 2 : 3. Während des Schuljahres treten zwei Mädchen aus und ein Junge kommt neu in die Klasse. Nun verhält sich die Anzahl der Mädchen zur Anzahl der Buben wie 1 : 2.

Wie viele Schüler zählt die Klasse nun? Berechne.

**10** Der Flächeninhalt eines Rechtecks beträgt 144 cm². Verlängert man eine Seite um 3 cm und halbiert die andere Seite, so verhält sich der neue Flächeninhalt zum alten wie 5 : 8.
Berechne, wie groß der neue Flächeninhalt ist.

## Vektoren

**11** **a)** Bestimme die Koordinaten des Vektors $\vec{a}$.

**b)** Zeichne zwei Repräsentanten von $\vec{a}$ in dein Heft, wobei einer davon der Ortsvektor sein soll.

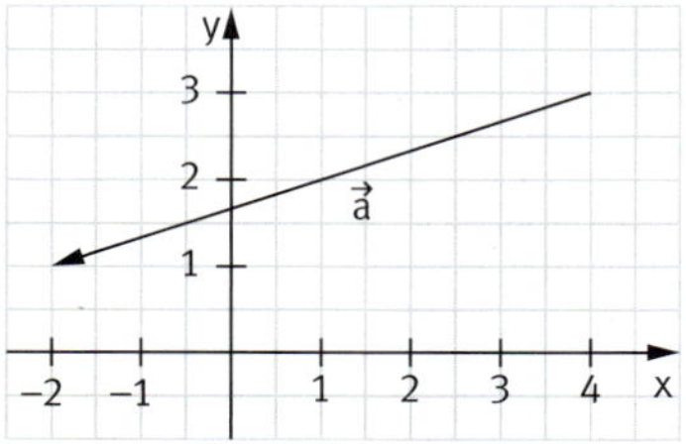


**12** Berechne die fehlenden Koordinaten.

| | a) | b) | c) |
|---|---|---|---|
| $\vec{v} = \overrightarrow{PP'}$ | □ | □ | $\begin{pmatrix}3\\4\end{pmatrix}$ |
| Gegenvektor $\vec{v}^*$ | □ | $\begin{pmatrix}4\\0\end{pmatrix}$ | □ |
| P (x \| y) | (–1,5 \| –2) | (x \| 1,5) | (1 \| 0) |
| P' (x' \| y') | (–3 \| 4,5) | (–2 \| y') | □ |

**13** Ermittle die fehlenden Koordinaten.

$\begin{pmatrix}-x+1\\y-2\end{pmatrix} \oplus \begin{pmatrix}-2\\3\end{pmatrix} \oplus \begin{pmatrix}-4\\-7\end{pmatrix} = \begin{pmatrix}-3\\7\end{pmatrix}$

**14** Ein Dreieck ABC mit A (3 | –4), B (5 | 6) und C (–1 | –2) besitzt die Seitenmittelpunkte $M_a$, $M_b$ und $M_c$. Berechne die Koordinaten der Seitenmittelpunkte. Prüfe zeichnerisch.

**15** Das Viereck ABCD ist ein Parallelogramm.

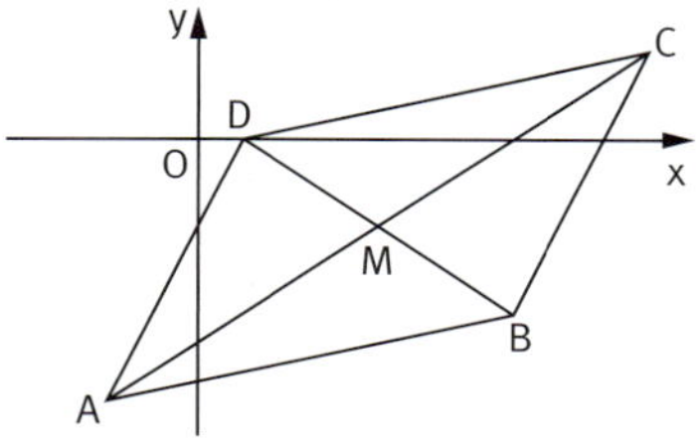


Welche der Aussagen treffen für obiges Bild zu?

1 $\overrightarrow{AB} = \overrightarrow{DC}$

2 $\overrightarrow{AM} = \overrightarrow{CM}^*$

3 $\overrightarrow{AD} \oplus \overrightarrow{AB} = \overrightarrow{DB}$

4 $\overrightarrow{OA} \oplus \overrightarrow{BC} = \overrightarrow{OD}$

**16** Zeichne das Viereck ABCD mit A (2 | 1), B (4,5 | 2), C (–0,5 | 4,5) und D (–1 | 2,5) in ein Koordinatensystem und bestimme seinen Flächeninhalt mithilfe von Vektoren. Um welche Art von Viereck handelt es sich?

## Vierecke

**17** Konstruiere die Vierecke ABCD mit den Diagonalen [AC] der Länge e und [BD] mit der Länge f.

**a)** gleichschenkliges Trapez: a = 5 cm; b = 2,5 cm; $\alpha$ = 110°; Symmetrieachse $m_{[AB]}$

**b)** Drachenviereck: d = 7 cm; b = 3 cm; ∢DCA = 65°; Symmetrieachse AC

**c)** a = 3 cm; b = 6,6 cm; c = 2,5 cm; f = 5 cm; $\beta$ = 80°

**d)** Raute: e = 8 cm; f = 0,76 dm

**18** Nenne alle Vierecke, ...

**a)** die zwei Symmetrieachsen besitzen.

**b)** die zwei verschiedene Symmetrien besitzen.

**c)** deren Diagonalen senkrecht aufeinander stehen.

**d)** die punktsymmetrisch sind.

**e)** die einen Umkreis besitzen.

**f)** die ein Drachenviereck sind und parallele Seiten besitzen.

**19** Der Punkt M (1 | 0) ist der Diagonalenschnittpunkt einer Raute ABCD mit A (4 | 2). Zeichne die Raute so, dass der Punkt D die x-Koordinate 2 hat.

**20** Zeichne das Vieleck und berechne seinen Flächeninhalt. Ergänze fehlende Punkte.

**a)** Parallelogramm ABCD mit A (–2 | –2), B (1 | 1) und D (–3 | –2).

**b)** Raute ABCD mit A (–2 | 3), C (2 | –1) und D (3 | 4)

**c)** Viereck PQRS mit P (3 | 5), Q (–2 | 3), R (–4 | –1) und S (5 | –2)

**d)** Fünfeck ABCDE mit A (–3 | –4), B (3 | –4), C (6 | 0), D (0 | 4) und E (–6 | 0)

**21** Ein Rechteck ist 3 m länger als breit. Verlängert man beide Seiten um 2 m, so nimmt der Flächeninhalt um 26 $m^2$ zu.
Wie lang sind die Seiten des ursprünglichen und des neuen Rechtecks? Berechne.

# 4 Daten und Zufall

**EINSTIEG**

- Bilde jeweils zwei kleine Stapel von Spielkarten: einen Stapel aus einem roten Ass und einem König und einen anderen aus einem schwarzen Ass und einer Dame.
- Stell dir vor, dass gleichzeitig von jedem Stapel eine Spielkarte verdeckt gezogen wird. Zeichne ein passendes Baumdiagramm zu diesem Zufallsexperiment.
- Wie viele verschiedene Ergebnisse sind insgesamt möglich?
- Wie groß schätzt du die Wahrscheinlichkeit ein, dass unter den beiden gezogenen Karten genau ein Ass ist? Erläutere.
- Angenommen, dieses Zufallsexperiment würde ganz oft durchgeführt. Mit wie vielen Assen rechnest du „im Mittel" pro Durchführung? Überprüfe deine Vermutung, indem du das Zufallsexperiment selbst 50-mal durchführst.
- Evi und Jana haben bei der 10-maligen Durchführung folgende Anzahlen an Assen erhalten: 0, 2, 2, 0, 0, 2, 0, 0, 2, 2 bzw. 1, 1, 1, 1, 1, 1, 1, 1, 1, 1
  Worin gleichen bzw. unterscheiden sich die Ergebnisse der beiden? Erläutere.

**AUSBLICK**

**Am Ende dieses Kapitels hast du gelernt, ...**

- wie man Wahrscheinlichkeiten bei zusammengesetzten Zufallsexperimenten berechnet.
- wie man die statistische Kenngröße „arithmetisches Mittel" auf die Wahrscheinlichkeitsrechnung übertragen kann.
- wie man Abweichungen bei Messreihen oder statistischen Erhebungen beschreibt.

Aus beiden Tüten wird gleichzeitig jeweils ein Fruchtgummi zufällig entnommen.

- Zeichne mithilfe von Estelles Idee ein passendes Baumdiagramm.
- Wie viele verschiedene Ergebnisse sich insgesamt möglich?

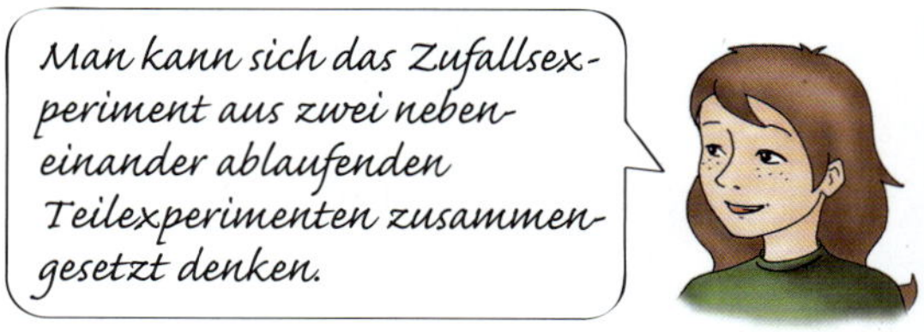


*Ein **mehrstufiges** Zufallsexperiment setzt sich aus mehreren nacheinander ausgeführten Teilexperimenten zusammen.*

*Zum Zeichnen des Baumdiagramms kann man sich vorstellen, dass zuerst der Reißnagel auf dem Boden landet (er bleibt in Pos. 1 oder Pos. 2 liegen), dann die Ansichtskarte (sie bleibt mit dem Bild oder dem Text oben liegen) und schließlich der Tetraeder-Würfel.*

*Insgesamt sind $2 \cdot 2 \cdot 4 = 16$ verschiedene Ergebnisse möglich.*

## Merkwissen

**Zufallsexperimente**, die aus **mehreren** zeitlich nach- oder nebeneinander ablaufenden **Teilexperimenten** bestehen, werden als **zusammengesetzte Zufallsexperimente** bezeichnet. Sie lassen sich mithilfe eines Baumdiagramms darstellen. Jeder Pfad entspricht dabei einem Ergebnis.

**Beispiel:**
Ein Reißnagel, eine Ansichtskarte und ein Tetraeder-Würfel (Seitenflächen weiß, rot, grün und blau) werden gleichzeitig in die Luft geworfen.

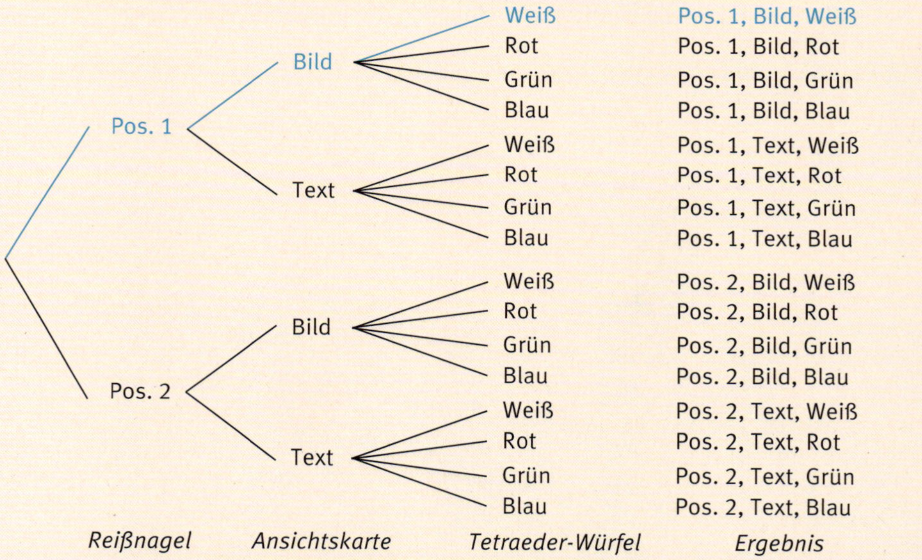


## Beispiele

*Aus einem Baumdiagramm allein ist nicht zwingend erkennbar, ob Vorgänge gleichzeitig stattfinden oder nacheinander ablaufen.*

**I** Zwei identische Münzen werden gleichzeitig geworfen.

a) Zeichne das zugehörige Baumdiagramm.

b) Wie viele Ergebnisse lassen sich insgesamt unterscheiden?

c) Beschreibe ein Zufallsexperiment, zu dem sich ein gleich aussehendes Baumdiagramm ergibt.

**Lösung**:

a)

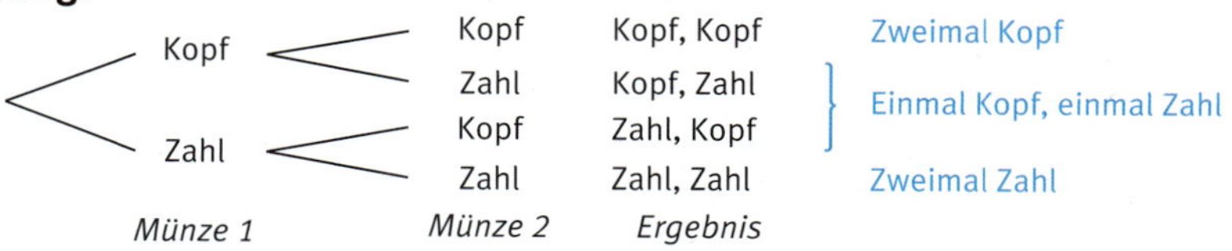

Demnächst lieferbar:

**Mathe.Logo – Bayern**

Herausgegeben von Michael Kleine,
Matthias Ludwig und Patricia Weixler

## Mathe.Logo 10/II

ISBN: 978-3-7661-**8470**-2

Ladenpreis: ca. € 21,40

Erscheint im Oktober 2015

Mit separatem Kapitel zum Prüfungstraining zur optimalen Vorbereitung auf die Abschlussprüfungen

Auf **www.ccbuchner.de** bieten wir folgenden Service an (Eingabe im Suchfeld: 8470):

- die Einreichfassung des Bandes als blätterbares Livebook (ab sofort)
- die ersten beiden Kapitel zum kostenlosen Download (ab September 2015)

**C.C.Buchner Verlag · Telefon +49 951 16098-200 · Fax +49 951 16098-270 · www.ccbuchner.de**

**b)** Insgesamt lassen sich drei Ergebnisse unterscheiden:
„Zweimal Kopf“, „Einmal Kopf, einmal Zahl“ und „Zweimal Zahl“.

**c)** „Zuerst wird eine und dann die andere der beiden Münzen geworfen.“ oder „Eine der beiden Münzen wird zweimal (hintereinander) geworfen.“

## Verständnis

- Was versteht man unter einem zusammengesetzten Zufallsexperiment? Erkläre.
- Gib verschiedene Beispiele für Zufallsexperimente an, welche keine zusammengesetzten Zufallsexperimente darstellen.

## Aufgaben

**1** Aus welchen Teilexperimenten setzt sich das beschriebene Zufallsexperiment zusammen? Erläutere.

*Welches der Zufallsexperimente ist mehrstufig?*

**a)** Aus einem Satz Pokerkarten werden nacheinander vier Karten gezogen.

**b)** Beim „Kniffel“ werden fünf Spielwürfel gleichzeitig geworfen.

**c)** Auf einem Tisch mit harter Oberfläche werden drei hochkant stehende 1-€-Münzen durch Anschnippen gleichzeitig in schnelle Drehung versetzt.

**2** Beschreibe mit Bezug auf eines oder beide der abgebildeten Glücksräder verschiedene Zufallsexperimente, zu denen das Baumdiagramm gehören könnte.

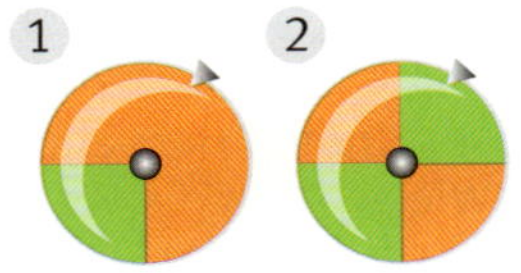


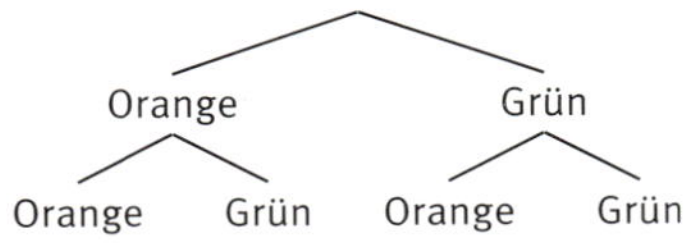


**3** Finde verschiedene Zufallsexperimente, bei denen insgesamt 24 unterscheidbare Ergebnisse möglich sind.

**4** Zwei identisch aussehende 90-ct-Briefmarken werden gleichzeitig in die Luft geworfen. Betrachtet wird, welche Seite nach der Landung jeweils oben liegt.

**a)** Ermittle mithilfe eines Baumdiagramms, wie viele unterscheidbare Ergebnisse insgesamt möglich sind.

**b)** Welche Wahrscheinlichkeiten lassen sich den einzelnen Ergebnissen zuordnen? Erläutere.

*Die Summe der Wahrscheinlichkeiten ist 1.*

## Idee

### Schnelles Drehen einer Münze

Schnippe eine 1-€-Münze auf deinem Tisch so an, dass sie sich schnell dreht. Notiere, welche Seite oben liegt, wenn die Münze auf dem Tisch liegen bleibt. (Wenn die Münze vom Tisch fällt oder sich nicht schnell gedreht hat, zählt der Versuch nicht!)

- Führe jeweils eine große Anzahl an Versuchen mit verschiedenen 1-€-Münzen (z. B. Frankreich 1999, Italien 2002, ...) durch. Für welche der Münzen siehst du die Laplace-Annahme als gerechtfertigt an? Begründe.

Hinweis: Nicht alle scheinbar gleichen Münzen (wie Frankreich 1999) weisen auch das gleiche Verhalten auf, wenn sie in schnelle Drehung versetzt werden. Dies liegt sowohl an Gebrauchsspuren als auch an Unterschieden in der Fertigung: So ist z. B. nicht bei jeder Münze der innere Teil exakt gleich eingesetzt.

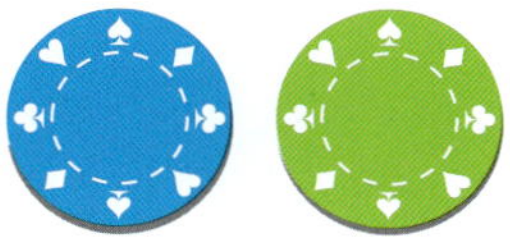

*Vorder- bzw. Rückseite des Spieljetons*

Auf einem Tisch mit harter Oberfläche wird ein hochkant stehender Spieljeton durch Anschnippen in schnelle Drehung versetzt.

- Zeichne ein Baumdiagramm zu diesem Zufallsexperiment.
- Beschrifte die einzelnen Äste mit der zum jeweiligen Ergebnis gehörenden Wahrscheinlichkeit.

Der Spieljeton wird ein zweites Mal in schnelle Drehung versetzt.

- Erweitere diesbezüglich das bereits gezeichnete Baumdiagramm. Erläutere, welche Wahrscheinlichkeiten an den für den zweiten Wurf hinzugekommenen Ästen sinnvollerweise zu notieren sind.
- Gib die möglichen Ergebnisse für das Zufallsexperiment „Zweimaliges schnelles Drehen eines Spieljetons“ sowie die zugehörigen Wahrscheinlichkeiten an. Inwiefern gehen diese Wahrscheinlichkeiten aus dem Baumdiagramm hervor?

## Merkwissen

*Mithilfe dieser beiden Regeln, der **Pfadmultiplikations-** und der **Pfadadditionsregel**, lassen sich Wahrscheinlichkeiten zumeist rasch und einfach berechnen.*

Bei Baumdiagrammen erhält man die Wahrscheinlichkeit für ein **Ergebnis** durch Multiplikation der Wahrscheinlichkeiten entlang des zugehörigen Pfades. Die Wahrscheinlichkeit für ein **Ereignis** ergibt sich aus der Summe der Wahrscheinlichkeiten aller Pfade, die zu diesem Ereignis gehören.

**Beispiel:**
Zum Jubiläum eines Kaufhauses drehen Herr und Frau Alp beide jeweils einmal am abgebildeten Glücksrad. Wie groß ist die Wahrscheinlichkeit, dass sie anschließend zusammen zwei Gläser (ein Glas) O-Saft haben?

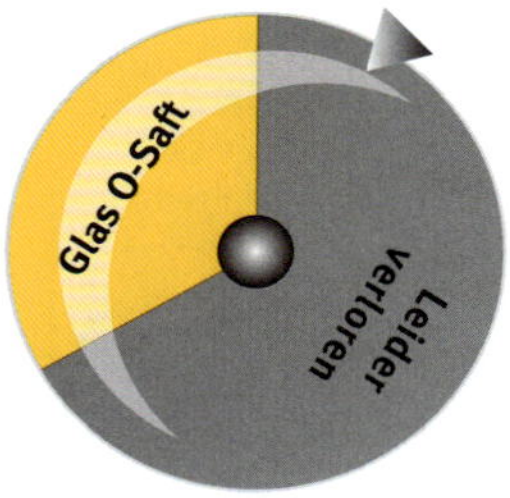


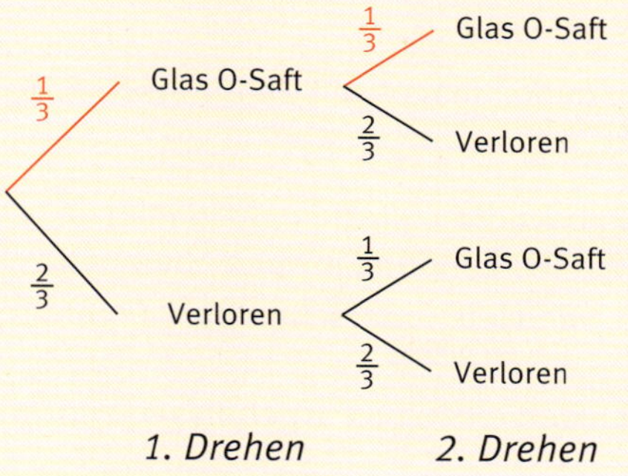

P (Glas O-Saft, Glas O-Saft) $= \frac{1}{3} \cdot \frac{1}{3} = \frac{1}{9}$

P (Glas O-Saft, Verloren) $= \frac{1}{3} \cdot \frac{2}{3} = \frac{2}{9}$

P (Verloren, Glas O-Saft) $= \frac{2}{3} \cdot \frac{1}{3} = \frac{2}{9}$

P (Verloren, Verloren) $= \frac{2}{3} \cdot \frac{2}{3} = \frac{4}{9}$

*Wahrscheinlichkeit des betreffenden Ergebnisses*

*Beachte: Die Summe der Wahrscheinlichkeiten aller Pfade ist stets 1:* $\frac{1}{9} + \frac{2}{9} + \frac{2}{9} + \frac{4}{9} = \frac{9}{9} = 1$

Die Wahrscheinlichkeit, dass sie anschließend zusammen zwei Gläser O-Saft haben, ist $\frac{1}{9}$, die Wahrscheinlichkeit, dass sie anschließend zusammen ein Glas O-Saft haben, $\frac{2}{9} + \frac{2}{9} = \frac{4}{9}$.

## Beispiele

**I** Zu Beginn des Spiels Mensch-ärgere-dich-nicht hat man drei Versuche, um eine Sechs zu würfeln. Mit welcher Wahrscheinlichkeit gelingt dies nicht?

*Bei vielen Problemen reicht es, ein vereinfachtes Baumdiagramm zu zeichnen.*

**Lösung:**
Mit der Wahrscheinlichkeit $\frac{5}{6} \cdot \frac{5}{6} \cdot \frac{5}{6} = \frac{125}{216} \approx 58\ \%$ gelingt dies nicht.

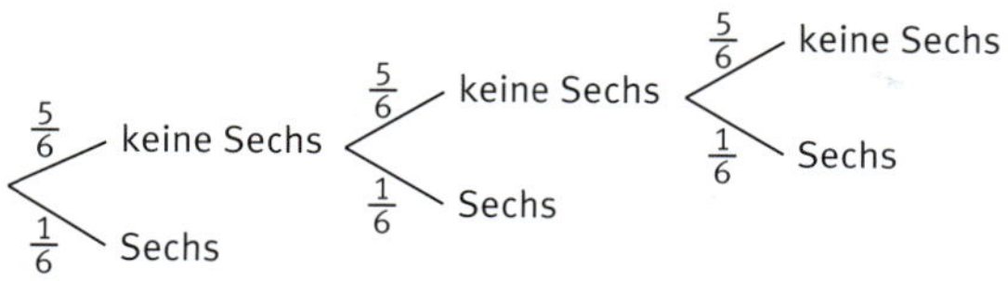

**II** Um eine Jeans aufzuhängen, werden aus einem mit drei blauen, zwei roten und einer weißen Wäscheklammer gefüllten Beutel ohne hinzusehen zwei Klammern gleichzeitig entnommen. Wie groß ist die Wahrscheinlichkeit, dass mindestens eine (keine) der Klammern blau ist?

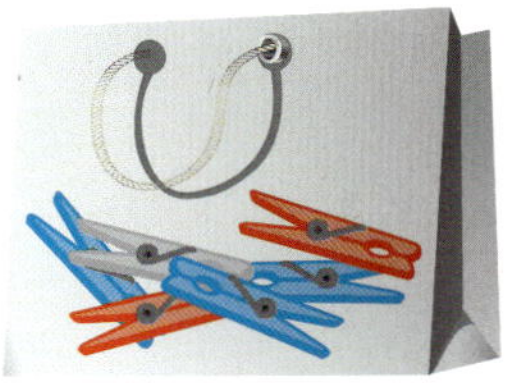

*Beachte als Vorstellung: Wenn die erste Klammer gezogen ist, sind nur noch fünf Klammern im Beutel.*

**Lösung:**

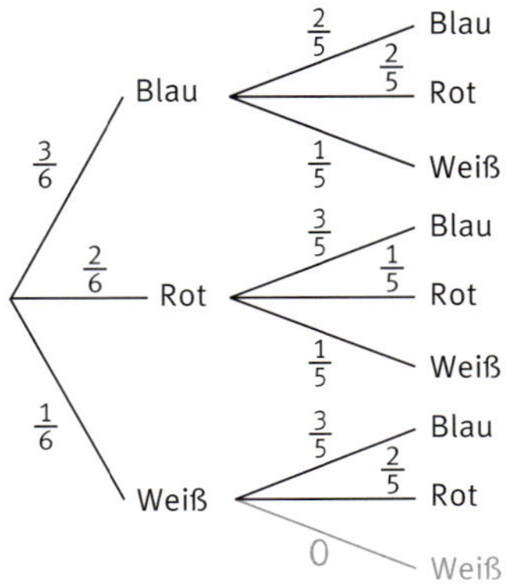


$P\,(\text{Blau, Blau}) = \frac{3}{6} \cdot \frac{2}{5} = \frac{6}{30} = \frac{1}{5}$

$P\,(\text{Blau, Rot}) = \frac{3}{6} \cdot \frac{2}{5} = \frac{6}{30} = \frac{1}{5}$

$P\,(\text{Blau, Weiß}) = \frac{3}{6} \cdot \frac{1}{5} = \frac{3}{30} = \frac{1}{10}$

$P\,(\text{Rot, Blau}) = \frac{2}{6} \cdot \frac{3}{5} = \frac{6}{30} = \frac{1}{5}$

$P\,(\text{Rot, Rot}) = \frac{2}{6} \cdot \frac{1}{5} = \frac{2}{30} = \frac{1}{15}$

$P\,(\text{Rot, Weiß}) = \frac{2}{6} \cdot \frac{1}{5} = \frac{2}{30} = \frac{1}{15}$

$P\,(\text{Weiß, Blau}) = \frac{1}{6} \cdot \frac{3}{5} = \frac{3}{30} = \frac{1}{10}$

$P\,(\text{Weiß, Rot}) = \frac{1}{6} \cdot \frac{2}{5} = \frac{2}{30} = \frac{1}{15}$

$P\,(\text{Weiß, Weiß}) = \frac{1}{6} \cdot 0 = 0$

*Äste mit der Wahrscheinlichkeit 0 werden in der Regel nicht gezeichnet.*

Die Wahrscheinlichkeit, dass mindestens eine der Klammern blau ist, ist $\frac{1}{5} + \frac{1}{5} + \frac{1}{10} + \frac{1}{5} + \frac{1}{10} = \frac{4}{5} = 80\,\%$, die Wahrscheinlichkeit, dass keine der Klammern blau ist, beträgt $\frac{1}{15} + \frac{1}{15} + \frac{1}{15} = \frac{1}{5} = 20\,\%$ bzw. $1 - \frac{4}{5} = \frac{1}{5}$.

*Ist $\bar{E}$ das Gegenereignis des Ereignisses E, so gilt:*
*$P\,(\bar{E}) = 1 - P\,(E)$*

**III** Aus einer Lieferung gleich aussehender Kuckucksuhren wird eine Uhr zufällig entnommen. Die Lieferung besteht aus 95 % Originalen und 5 % Fälschungen, welche äußerlich nicht voneinander unterscheidbar sind. 80 % der Originale und 60 % der Fälschungen funktionieren jeweils, die anderen sind defekt. Mit welcher Wahrscheinlichkeit ist die entnommene Uhr defekt?

*Stell dir vor, dass die Lieferung 100 Uhren umfasst. Davon sind 95 Uhren Originale und fünf Uhren Fälschungen. Die Wahrscheinlichkeit, dass eine zufällig entnommene Uhr ein Original ist, beträgt somit 95 %.*

**Lösung:**
Die entnommene Uhr ist mit der Wahrscheinlichkeit
$0{,}95 \cdot 0{,}2 + 0{,}05 \cdot 0{,}4 = 0{,}21 = 21\,\%$
defekt.

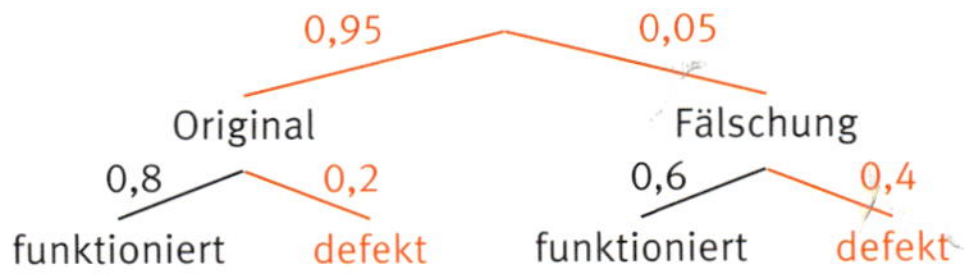


*Die Summe der Wahrscheinlichkeiten aller Äste, die von einem Punkt im Baumdiagramm ausgehen, ist stets 1.*

## VERSTÄNDNIS

- Erkläre mit eigenen Worten, was man unter der Pfadmultiplikationsregel (Pfadadditionsregel) bei Baumdiagrammen versteht.
- Angenommen, eine Münze wird zweimal (dreimal, viermal, n-mal mit $n \in \mathbb{N}$, $n \geqq 2$) nacheinander geworfen. Mit welcher Wahrscheinlichkeit erhält man dabei zweimal (dreimal, viermal, n-mal) Zahl als Ergebnis? Erläutere.

## AUFGABEN

**1** Gonzales hat in seiner Hosentasche zwei Bonbons mit Zitronen- und eines mit Orangengeschmack. Er greift hinein und zieht zwei Bonbons gleichzeitig heraus.

**a)** Mit welcher Wahrscheinlichkeit haben beide Zitronengeschmack?

**b)** Gib ein Ereignis an, das mit der Wahrscheinlichkeit 0 (1) eintritt.

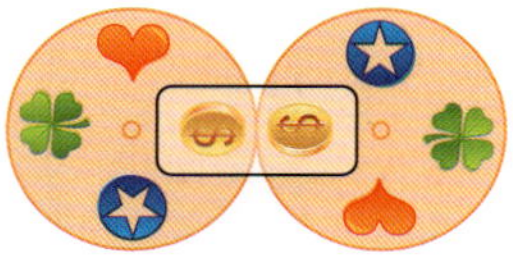

*Jedes Symbol darf auch mehrfach auf jeder Scheibe sein.*

**2** Abgebildet ist ein aus zwei drehbaren Scheiben gebastelter Glücksspielautomat. An beiden Scheiben wird gleichzeitig jeweils einmal gedreht.

**a)** Ermittle die Wahrscheinlichkeit für folgende Ereignisse:
$E_1$ = „Zweimal Kleeblatt" $E_2$ = „Zweimal gleiches Symbol"

**b)** Zeichne selbst zwei Scheiben in dein Heft und bemale sie so, dass die Wahrscheinlichkeit für „Zweimal Kleeblatt" 25 % (12,5 %) beträgt.

*Es genügt, einen Ausschnitt des Baumdiagramms zu zeichnen.*

**3** Zwei gewöhnliche Spielwürfel werden gleichzeitig geworfen. Wie groß ist die Wahrscheinlichkeit, zwei Einser (eine Eins und eine Zwei) zu erhalten?

**4** In einer Kiste befinden sich bis auf die Farbe identische Tennisbälle, insgesamt zwölf gelbe und vier weiße. Boris greift ohne hinzusehen hinein und entnimmt nacheinander zwei Bälle, wobei er den zuerst entnommenen nicht zurücklegt.

**a)** Ermittle mithilfe eines Baumdiagramms die Wahrscheinlichkeit für das Ziehen zweier weißer Bälle.

**b)** Erläutere, inwiefern sich das Baumdiagramm ändert, wenn der zuerst entnommene Ball vor dem Ziehen des zweiten wieder in die Kiste zurückgelegt wird. Welche Wahrscheinlichkeit ergibt sich nun für das Ziehen zweier weißer Bälle?

*Pos. 1* *Pos. 2*

**5** Ein halbkugelförmiges Karamellbonbon wurde 1000-mal geworfen. In Pos. 1 ist es 717-mal liegen geblieben, in Pos. 2 dagegen nur 283-mal. Nun wird das Karamellbonbon erneut geworfen.

**a)** Wie groß schätzt du die Wahrscheinlichkeit ein, dass es in Pos. 1 (Pos. 2) liegen bleibt? Erläutere.

**b)** Ermittle die Wahrscheinlichkeiten für folgende Ergebnisse:
(1) Pos. 1, Pos. 1, Pos. 2 (2) Pos. 1, Pos. 2, Pos. 1 (3) Pos. 2, Pos. 1, Pos. 1

**c)** Was fällt dir auf, wenn du die betreffenden Wahrscheinlichkeiten vergleichst? Erläutere.

*Schafkopf, Skat und Poker werden jeweils mit vier Assen gespielt.*

**6** Aus einem gut gemischten Stapel Spielkarten werden nacheinander vier Karten gezogen, wobei die gezogenen Karten jeweils nicht zurückgelegt werden. Mit welcher Wahrscheinlichkeit sind die vier gezogenen Karten Asse, wenn es sich bei dem Stapel um die …

**a)** 24 Schafkopf-Karten handelt (kurze Karte)?

**b)** 32 Skat-Karten handelt?

**c)** 52 Poker-Karten handelt?

**7** Aus den vorangegangenen 68 Saisonspielen ergibt sich für Bart Duncan, den Superstar der Logoville Baskets, eine Trefferquote von 92,5 % von der Freiwurflinie. Wie groß schätzt du die Wahrscheinlichkeit ein, dass er beide seiner nächsten zwei Freiwürfe verwandelt? Erläutere.

**8** Führe das Zufallsexperiment „Gleichzeitiges Werfen dreier 1-€-Münzen" 50-mal durch und vergleiche die für das Ereignis „Mindestens zweimal Zahl" erhaltene relative Häufigkeit mit der rechnerischen Wahrscheinlichkeit dafür.

**9** Zara wirft einen gewöhnlichen Spielwürfel. Bei einer Eins hat sie gewonnen und das Spiel ist beendet. Bei einer anderen Augenzahl als der Eins ist Jana mit Werfen dran. Sie gewinnt, wenn eine Eins erscheint oder die zuvor von Zara geworfene Augenzahl. Zeige, dass Janas Gewinnchance bei diesem Spiel $\frac{5}{18}$ ist.

**10** Zu einem Zufallsexperiment wurde das Baumdiagramm gezeichnet. Wie könnte das Zufallsexperiment aussehen? Beschreibe es.

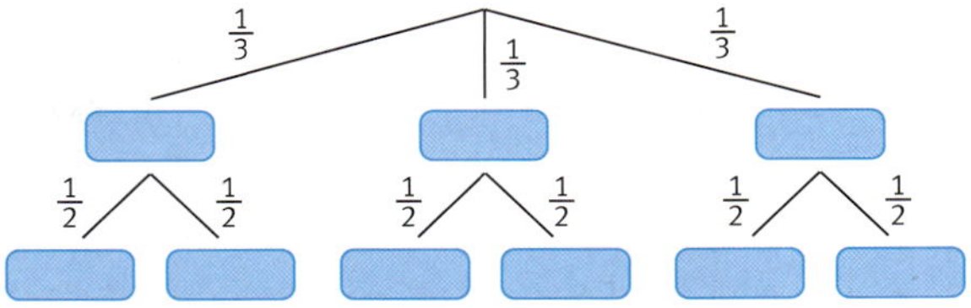


*Finde verschiedene Möglichkeiten.*

**11** Eine gewöhnliche 1-ct-Münze wird fünfmal geworfen. Auf welche der abgebildeten Abfolgen ist die Chance am größten (am kleinsten)? Oder ist sie jeweils gleich? Begründe deine Meinung.

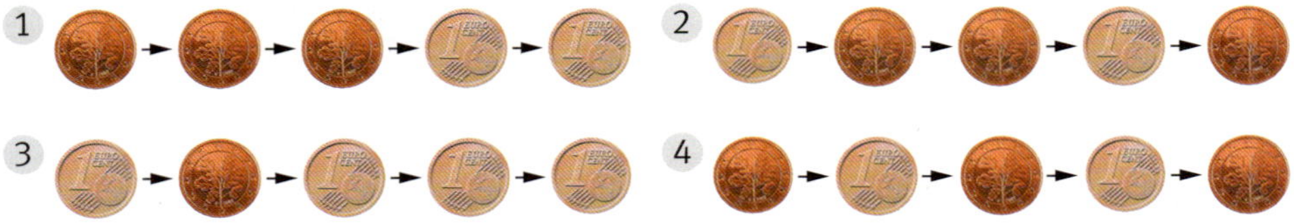


**12** Hans-Peter hat einen gewöhnlichen Spielwürfel sechsmal hintereinander geworfen und jedes Mal eine Sechs erhalten. Annika vermutet, dass der Spielwürfel gezinkt ist. Wie könnte sie ihre Vermutung mathematisch begründen? Erläutere.

**13** Aus den drei Netzen werden Spielwürfel gebaut. Diese werden gleichzeitig geworfen. Ermittle die Wahrscheinlichkeiten für folgende Ereignisse möglichst geschickt:

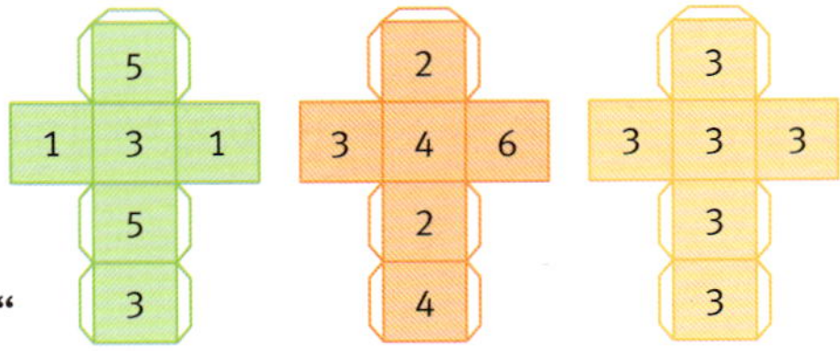


$E_1$ = „Alle drei Spielwürfel zeigen die 3 an."
$E_2$ = „Keiner der drei Spielwürfel zeigt die 3 an."
$E_3$ = „Mindestens einer der drei Spielwürfel zeigt die 3 an."
$E_4$ = „Höchstens einer der drei Spielwürfel zeigt die 3 an."

**14** Ping geht in ein Dorf, um nach dem Weg zu fragen. Aus Erzählungen weiß er: In diesem Dorf lügen 10 % der Leute. 80 % der Leute, die lügen, haben eine rote Nase. Von den 90 % der Leute, die nicht lügen, haben 10 % auch eine rote Nase. Mit welcher Wahrscheinlichkeit hat eine Person aus dem Dorf, die Ping zufällig trifft, eine rote Nase?

**15** Bei einer Quizsendung fehlen der Kandidatin noch drei richtige Antworten bis zum Hauptgewinn. Sie hat keinen Joker mehr. Bei jeder der drei verbleibenden Fragen kann sie zwischen vier vorgegebenen Antworten wählen, von denen genau eine richtig ist, die anderen drei sind falsch. Wie groß ist die Wahrscheinlichkeit, dass die Kandidatin den Hauptgewinn schafft, wenn sie nicht aussteigt und jeweils nur raten kann, da sie überhaupt keine Ahnung hat, welche der vorgegebenen Antworten richtig oder falsch sind?

**16** Überlege dir in Bezug auf das zufällige Antippen einer Taste auf der Computertastatur selbst mögliche Aufgabenstellungen, zu deren Lösung die Anwendung der Pfadadditions- bzw. Pfadmultiplikationsregel nötig ist.

**17** Das Zufallsexperiment „Gleichzeitiges Werfen zweier identischer Tetraeder-Würfel" wird 160-mal hintereinander durchgeführt. Bei wie vielen Würfen erwartest du das Ergebnis ? Erläutere.

*Netz der Tetraeder-Würfel:*

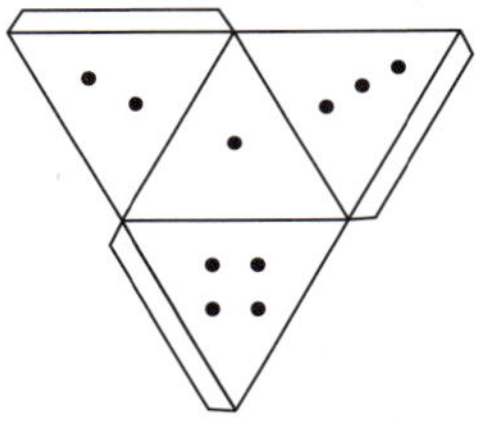

*Als geworfen gilt jeweils die unten liegende, nicht sichtbare Augenzahl.*

# 4.3 Erwartungswert

*Bei einer Spielkarte ist die Vorderseite mit „10" und die Rückseite mit „0" beschriftet.*

*Die Spielkarte wird in die Luft geworfen. Notiert wird, welcher Zahlenwert oben liegt.*

1 Vor dem Werfen ⟶ 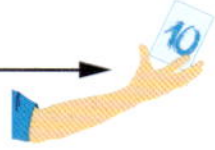 ⟶ 2 Nach dem Werfen

- Übertrage die Darstellung in dein Heft.
- Gib unter 1 die möglichen Ergebnisse des Zufallsexperiments sowie die zugehörigen Wahrscheinlichkeiten an.
- Führe das Zufallsexperiment selbst durch. Halte unter 2 die relativen Häufigkeiten beider Ergebnisse in deiner Klasse fest.
- Berechne unter 2 das arithmetische Mittel der erhaltenen Zahlenwerte. Forme dabei so um, dass die relativen Häufigkeiten ersichtlich sind.
- Ersetze die relativen Häufigkeiten durch die betreffenden Wahrscheinlichkeiten. Notiere die neue Formel unter 1.
- Welchen Zahlenwert kann man beim Wurf der Spielkarte „im Mittel" erwarten? Erläutere.

## Merkwissen

Der **Erwartungswert** bei einem Zufallsexperiment ergibt sich, indem man die Wahrscheinlichkeit jedes möglichen Ergebnisses mit dem zugehörigen Wert des Ergebnisses multipliziert und die einzelnen Produktwerte addiert.

**Beispiel:**
Ein gewöhnlicher Spielwürfel wird geworfen.

| Augenzahl | 1 | 2 | 3 | 4 | 5 | 6 |
|---|---|---|---|---|---|---|
| Wahrscheinlichkeit | $\frac{1}{6}$ | $\frac{1}{6}$ | $\frac{1}{6}$ | $\frac{1}{6}$ | $\frac{1}{6}$ | $\frac{1}{6}$ |

Erwartungswert: $\frac{1}{6} \cdot 1 + \frac{1}{6} \cdot 2 + \frac{1}{6} \cdot 3 + \frac{1}{6} \cdot 4 + \frac{1}{6} \cdot 5 + \frac{1}{6} \cdot 6 = \frac{21}{6} = 3{,}5$

*Der Erwartungswert 3,5 bedeutet, dass man beim Werfen eines gewöhnlichen Spielwürfels „im (Durch-)Schnitt" mit der Augenzahl 3,5 rechnen kann (auch wenn diese selbst nicht geworfen werden kann).*

## Beispiele

**I** Welchen Wert kann man für die Summe der Augenzahlen erwarten, wenn man einen gewöhnlichen Spielwürfel 100-mal wirft?

*Die Ergebnisse der einzelnen Würfe sind voneinander unabhängig.*

**Lösung:**
Bei jedem einzelnen Wurf ist der Erwartungswert 3,5. Folglich kann man für die Summe der Augenzahlen $100 \cdot 3{,}5 = 350$ erwarten.

**II** Kathrin bietet Oscar ein Spiel an. Ist das Spiel fair?

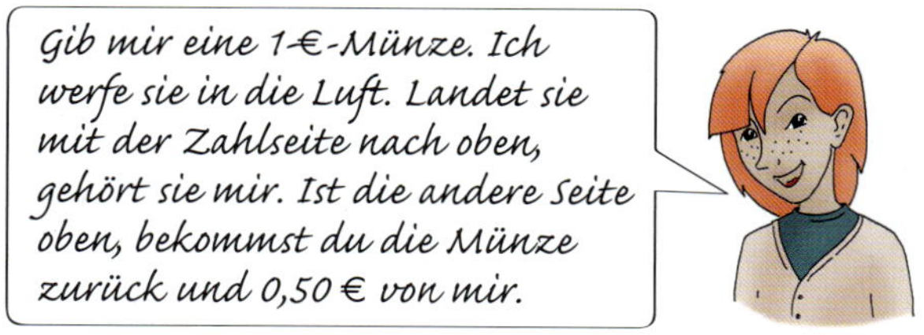

Gib mir eine 1-€-Münze. Ich werfe sie in die Luft. Landet sie mit der Zahlseite nach oben, gehört sie mir. Ist die andere Seite oben, bekommst du die Münze zurück und 0,50 € von mir.


**Lösung:**
Aus Oscars Sicht ergibt sich:

Erwartungswert: $\frac{1}{2} \cdot (-1) + \frac{1}{2} \cdot 0{,}50 = -0{,}50 + 0{,}25 = -0{,}25$
Das Spiel ist nicht fair, da Oscar auf lange Sicht mit einem Verlust von 0,25 € pro Spiel rechnen muss.

*Bei einem **fairen** Glücksspiel ist der Erwartungswert null – langfristig stellt sich weder ein Gewinn noch ein Verlust ein.*

## Verständnis

- Welche Zusammenhänge bestehen zwischen dem, was sich bei einem Zufallsexperiment vor der Durchführung voraussagen bzw. nach der Durchführung berechnen lässt? Erläutere.
- Welcher Erwartungswert ergibt sich bei dem in Beispiel II beschriebenen Spiel aus Kathrins Sicht? Begründe.

## Aufgaben

**1** Aus den zwanzig gelben Karten des Spiels „Elfer raus“, auf denen jeweils eine der Zahlen 1 bis 20 aufgedruckt ist, wird eine Karte gezogen.

a) Gib die möglichen Ergebnisse dieses Zufallsexperiments sowie die zugehörigen Wahrscheinlichkeiten an.

b) Welchen Zahlenwert kann man „im Mittel“ erwarten?

**2** Das abgebildete Glücksrad wird gedreht.

a) Welcher Ergebnisraum könnte betrachtet werden? Gib verschiedene Möglichkeiten an.

b) Berechne den Erwartungswert für die Punktzahl beim einmaligen Drehen.

c) Mit welchem Wert kann man für die Summe der Punktzahlen beim zehnmaligen Drehen rechnen?

**3** Beth hat eine Spielidee: Drei amerikanische 1-Dollar-Noten aus ihrer Geldbörse werden gleichzeitig in die Luft geworfen. Diejenigen Noten, bei denen „ONE“ oben liegt, bekommt ihr Mitspieler als Gewinn.

a) Zeichne ein passendes Baumdiagramm und notiere den Ergebnisraum.

b) Begründe, welchen Mindesteinsatz Beth von ihrem Mitspieler verlangen muss, damit sie auf lange Sicht mit einem Gewinn rechnen kann.

**4** Von den drei verdeckt liegenden Wortkarten wird eine zufällig gezogen. Ermittle den Erwartungswert für die Anzahl der …

Erwarte
das
Unerwartete

a) Buchstaben des gezogenen Wortes.

b) Vokale des gezogenen Wortes.

**5** Lena und Sami unterhalten sich über folgendes Spiel: „Nur 1 € Einsatz! Ziehen Sie aus 20 Losen eines. Ist es das Gewinnlos, so erhalten sie 20 €!“

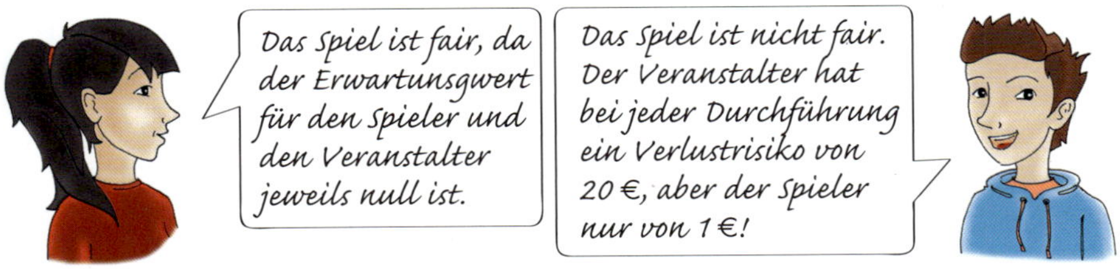

Das Spiel ist fair, da der Erwartunsgwert für den Spieler und den Veranstalter jeweils null ist.
Das Spiel ist nicht fair. Der Veranstalter hat bei jeder Durchführung ein Verlustrisiko von 20 €, aber der Spieler nur von 1 €!


Was meinst du zu den beiden Aussagen? Erläutere.

**6** Zwei gewöhnliche Spielwürfel werden gleichzeitig geworfen. Die von den beiden Würfeln angezeigten Augenzahlen werden addiert. Welchen Wert kann man für die Summe „im Mittel“ erwarten?

Die Startaufstellungen zweier Basketballteams sehen wie folgt aus:

**Green Hornets**

| Position | Körpergröße in cm |
|---|---|
| Point guard | 175 |
| Shooting guard | 190 |
| Small forward | 200 |
| Power forward | 215 |
| Center | 220 |

**Blue Pens**

| Position | Körpergröße in cm |
|---|---|
| Point guard | 195 |
| Shooting guard | 195 |
| Small forward | 200 |
| Power forward | 205 |
| Center | 205 |

- Welches arithmetische Mittel für die Körpergrößen ergibt sich bei jedem Team?
- Erläutere, inwiefern sich beide Teams dennoch unterscheiden.
- Betrachte jedes Team getrennt: Gib die Abweichungen der jeweiligen Körpergrößen vom arithmetischen Mittel an.
- Quadriere die einzelnen Abweichungen und bestimme für jedes Team das arithmetische Mittel aller quadrierten Abweichungen. Was fällt dir auf, wenn du die beiden Teams diesbezüglich miteinander vergleichst?

*Durch das Quadrieren werden alle Werte positiv. Zudem fallen größere Abweichungen vom arithmetischen Mittel stärker ins Gewicht.*

## Merkwissen

Das arithmetische Mittel $\overline{x}$ sagt etwas über die Lage von Daten aus.

Das arithmetische Mittel der Quadrate der Abweichungen der einzelnen Daten vom arithmetischen Mittel $\overline{x}$ wird als **Varianz** bezeichnet. Die Wurzel aus der Varianz ergibt die **Standardabweichung**.

Varianz und Standardabweichung sind Maße für die Streuung von Daten.

**Beispiel:** Die jeweils sechs Eier zweier Schachteln werden einzeln gewogen:

| | Schachtel 1 | Abweichung von $\overline{x}$ | Schachtel 2 | Abweichung von $\overline{x}$ |
|---|---|---|---|---|
| | 64 g | +1 g | 63 g | 0 |
| | 63 g | 0 | 67 g | +4 g |
| | 63 g | 0 | 61 g | −2 g |
| | 64 g | +1 g | 63 g | 0 |
| | 61 g | −2g | 63 g | 0 |
| | 63 g | 0 | 61 g | −2 g |
| arithmetisches Mittel $\overline{x}$: | 63 g | | 63 g | |
| Varianz: | 1 $g^2$ | | 4 $g^2$ | |
| Standardabweichung: | 1 g | | 2 g | |

In beiden Schachteln haben die Eier im Mittel die gleiche Masse, jedoch ist die Streuung der Masse in der zweiten Schachtel größer.

*Aufgrund des Quadrierens sind die ursprünglichen Einheiten im Quadrat. Dies lässt sich durch das Ziehen der Wurzel korrigieren.*

*Berechnung der Varianz für die erste Schachtel:*

$$\frac{(+1\,g)^2 + 0^2 + 0^2 + (+1\,g)^2 + (-2\,g)^2 + 0^2}{6} = \frac{6\,g^2}{6} = 1\,g^2$$

## Beispiele

**I** Für einen Spielfilm auf DVD wird der Preis bei drei Online-Shops ermittelt. Arithmetisches Mittel der Preise: 9,99 € ; Standardabweichung: 0.
Wie lauten die einzelnen Preise?

**Lösung:**
Da die Standardabweichung null ist, muss bereits die Varianz null sein. Dies bedeutet, dass keiner der drei Preise vom arithmetischen Mittel 9,99 € abweicht. Die einzelnen Preise lauten somit jeweils 9,99 €.

**Verständnis**

- Beschreibe das Vorgehen zur Ermittlung der Standardabweichung bei einer statistischen Erhebung in eigenen Worten.
- Warum ist es sinnvoll, die einzelnen Abweichungen vom arithmetischen Mittel zu quadrieren?

**Aufgaben**

**1** Gib für die Datenreihe das arithmetische Mittel, die Varianz sowie die Standardabweichung an.

**a)** 17; 24; 22; 16; 19; 23; 16; 20; 18; 25

**b)** 0,75; 0,80; 0,81; 0,77; 0,79; 0,84; 0,99; 0,76; 0,83; 0,82; 0,78; 0,66

**c)** 2 h 10 min; 2 h 2 min; 2 h 27 min; 2 h 11 min; 2 h 10 min; 2 h 57 min

**2** Ermittle die Schuhgrößen der Schülerinnen und Schüler in deiner Klasse. Halte das Ergebnis in einer Tabelle fest.

| Schuhgröße | 35 | 36 | 37 | ... |
|---|---|---|---|---|
| Anzahl der Mädchen | ☐ | ☐ | ☐ | ☐ |
| Anzahl der Jungen | ☐ | ☐ | ☐ | ☐ |

*Umrechnungstabellen für EU-, UK-, und US-Größen findest du im Internet.*

**a)** Welches arithmetische Mittel ergibt sich bei den Mädchen bzw. Jungen?

**b)** Berechne die jeweiligen Standardabweichungen und vergleiche.

**3** Zwei Maschinen, die Präzisionsschrauben von 3,00 mm Länge herstellen, werden stichprobenartig überprüft.
Das Diagramm zeigt das Ergebnis der Stichprobe. Beurteile unter mathematischen Gesichtspunkten, welche der Maschinen präziser arbeitet.

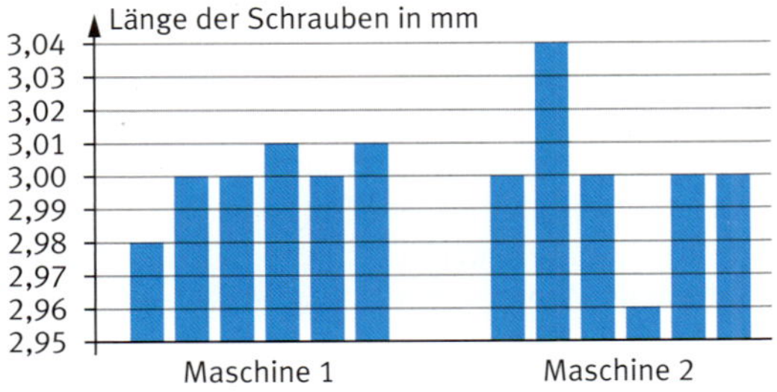


*Erinnere dich auch an Modalwert, Median, Minimum, Maximum...*

**4** Paul und Ted haben beide mehrmals einen Reaktionstest mithilfe eines fallen gelassenen Lineals durchgeführt und die gemessenen „Reaktionslängen“ notiert.
Wer von beiden hat die bessere Reaktion?
Begründe deine Einschätzung.

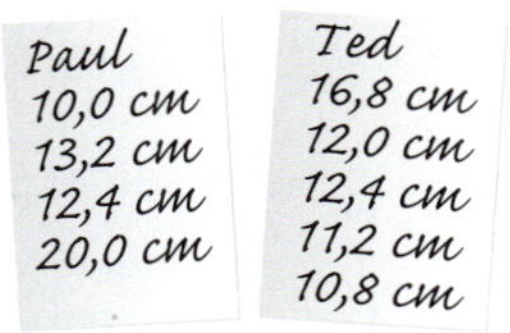


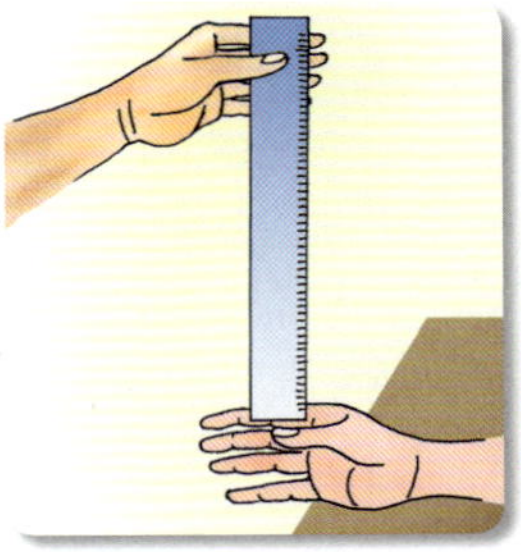

**5** In der Klasse 9a werden die Schultaschen der anwesenden Schülerinnen und Schüler gewogen. Das arithmetische Mittel der 20 Messungen ist 5,5 kg, die Varianz beläuft sich auf 2,25 $kg^2$.
Sophie kommt zu spät, sodass ihre Schultasche separat gewogen wird.
Welche Masse könnte Sophies Schultasche haben? Erläutere.

**1** Ein Oktaeder-Würfel, dessen Begrenzungsflächen mit den Ziffern Eins bis Acht beschriftet sind, und ein Einkaufswagenchip mit schwarzen Sternen auf der Vorder- und gelben Sternen auf der Rückseite werden in einen Würfelbecher gelegt. Der Becher wird geschüttelt und anschließend umgestülpt.

    **a)** Zeichne ein passendes Baumdiagramm zu diesem Zufallsexperiment.

    **b)** Gib die Wahrscheinlichkeiten aller möglichen Ergebnisse an.

**2** Mr. Yellow und Mr. Red haben die Verteilung der Farben in mehr als 100 gleich großen Packungen schokoladeumschlossener Erdnüsse untersucht. Das Ergebnis haben sie in einer Tabelle festgehalten:

| Farbe | Braun | Gelb | Grün | Rot | Orange | Blau |
|---|---|---|---|---|---|---|
| Anzahl | 373 | 426 | 198 | 274 | 171 | 558 |
| Relative Häufigkeit | ☐ | ☐ | ☐ | ☐ | ☐ | ☐ |

*Es gibt verschiedene Möglichkeiten der Modellierung.*

    **a)** Übertrage die Tabelle in dein Heft und vervollständige sie.

    **b)** Stelle die Verteilung der Farben in einem Säulendiagramm dar.

    **c)** Mr. Red öffnet eine weitere Packung und nimmt, ohne hinzusehen, zwei Erdnüsse gleichzeitig heraus. Wie groß schätzt du die Wahrscheinlichkeit ein, dass beide Erdnüsse die Farbe Blau haben? Erläutere.

**3** Anhand der Kartei ihres Blu-ray-Verleihs stellt Ana fest, dass 77 % der Kunden „Graue Schatten" ausgeliehen haben. 82 % davon haben auch die Fortsetzung „Schwarze Schatten" ausgeliehen. Von den 23 % der Kunden, die „Graue Schatten" nicht ausgeliehen haben, haben 7 % ebenfalls „Schwarze Schatten" ausgeliehen. Mit welcher Wahrscheinlichkeit hat ein zufällig aus der Kartei ausgewählter Kunde „Schwarze Schatten" ausgeliehen?

**4** Georg, der Bamberger Starfriseur, bewahrt seine Lockenwickler in großen Schachteln auf. In einer dieser Schachteln befinden sich, wild durcheinander liegend, insgesamt 20 Stück: drei pinke, sieben gelbe, vier blaue und sechs grüne. Während Georg mit seiner Lieblingskundin, der alternden Filmdiva Charlotte, plaudert, greift er gedankenverloren in die Schachtel und holt nacheinander vier Lockenwickler heraus, die er jeweils sogleich auf Charlottes Kopf anbringt.

    **a)** Mit welcher Wahrscheinlichkeit ist der zuerst entnommene Lockenwickler pink (gelb, blau, grün)?

    **b)** Wie groß schätzt du die Wahrscheinlichkeit ein, dass alle vier Lockenwickler auf Charlottes Kopf gleichfarbig sind? Erläutere.

**5** José bietet seiner Schwester Dolores an:

> *Wenn bei drei aufeinanderfolgenden Würfen meines Kofferanhängers die blanke Seite zweimal oder öfter oben liegt, dann trage ich deinen Koffer, ansonsten musst du meinen tragen.*

Soll sie auf sein Angebot eingehen? Begründe.

**6** Bei der Auslosung der Viertelfinalbegegnungen des ÖFB-Cups befinden sich „Austria Wien“, „SV Mattersburg“, „Austria Lustenau“, „RB Salzburg“, „SV Ried“, „Rapid Wien“, „FC Lustenau“ und „LASK Linz“ im Lostopf.
Wie groß ist die Wahrscheinlichkeit, dass als erste Paarung …
1 „SV Mattersburg – SV Ried“ gezogen wird?
2 ein Derby der beiden Wiener Teams gezogen wird?
3 ein Spiel mit Salzburger Beteiligung gezogen wird?

**7** Beschreibe, wie sich mit drei Münzen das Werfen eines gewöhnlichen Spielwürfels simulieren lässt.

*Die Münzen müssen nicht identisch sein.*

**8** Aus den verdeckt liegenden Zahlenkarten werden zwei zufällig ausgewählt und die beiden darauf stehenden Zahlen miteinander multipliziert. Wie groß ist die Wahrscheinlichkeit, dass der Produktwert positiv (negativ, null) ist?

−5 | 4 | −3 | −2 | 0 | 7

**9** Formuliere zu den abgebildeten Billardkugeln selbst eine Aufgabe, bei der die Wahrscheinlichkeit eines Ereignisses bei einem zusammengesetzten Zufallsexperiment zu bestimmen ist. Lasse die Aufgabe anschließend von deinem Banknachbarn lösen.

**10** Ganove Edi hat aus der Zeitung einzelne Buchstaben ausgeschnitten. Sie liegen alle auf einem Haufen. Ohne hinzusehen nimmt Edi nacheinander zwei Buchstaben, wobei er den zuerst genommenen nicht zurücklegt. Zeichne einen passenden Buchstabenhaufen für den Fall, dass …
**a)** die Wahrscheinlichkeit für das Ereignis „Der erste Buchstabe ist ein E und der zweite ein N.“ 10 % beträgt.
**b)** mit einer Wahrscheinlichkeit von 5 % ein A und ein S genommen wird.

*Findest du jeweils verschiedene Möglichkeiten?*

**11** Beim Mittwochslotto 6 aus 49 hat Carin ihren Tippschein wie dargestellt ausgefüllt. Bezüglich der Wahrscheinlichkeit für „Sechs Richtige“ überlegt sie sich:

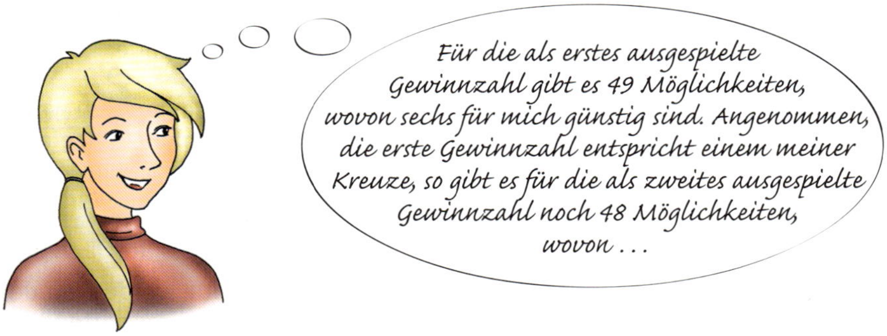

Für die als erstes ausgespielte Gewinnzahl gibt es 49 Möglichkeiten, wovon sechs für mich günstig sind. Angenommen, die erste Gewinnzahl entspricht einem meiner Kreuze, so gibt es für die als zweites ausgespielte Gewinnzahl noch 48 Möglichkeiten, wovon …

Vervollständige Carins Überlegung und bestimme die Wahrscheinlichkeit für „Sechs Richtige“.

*Wie lautet die zugehörige Gewinnchance?*
*1 : ☐*

**12** Ein gewöhnlicher Spielwürfel wird so lange geworfen, bis das erste Mal eine Sechs erscheint. Wie groß ist die Wahrscheinlichkeit, beim n-ten Wurf ($n \in \mathbb{N}$) erstmals eine Sechs zu bekommen?

## 4.7 Auf einen Blick

**S. 86**
**S. 88**

Am abgebildeten Glücksrad wird zweimal nacheinander gedreht. Wie groß ist die Wahrscheinlichkeit, anschließend zwei Gläser (ein Glas) O-Saft zu haben?

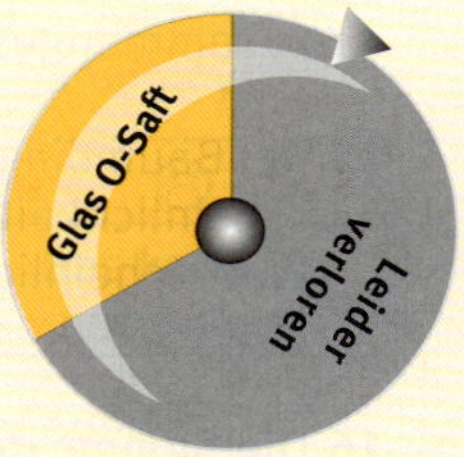


| 1. Drehen | 2. Drehen | Wahrscheinlichkeit des betreffenden Ergebnisses |
|---|---|---|
| $\frac{1}{3}$ O-Saft | $\frac{1}{3}$ O-Saft | P (O-Saft, O-Saft) = $\frac{1}{3} \cdot \frac{1}{3} = \frac{1}{9}$ |
| | $\frac{2}{3}$ Verloren | P (O-Saft, Verloren) = $\frac{1}{3} \cdot \frac{2}{3} = \frac{2}{9}$ |
| $\frac{2}{3}$ Verloren | $\frac{1}{3}$ O-Saft | P (Verloren, O-Saft) = $\frac{2}{3} \cdot \frac{1}{3} = \frac{2}{9}$ |
| | $\frac{2}{3}$ Verloren | P (Verloren, Verloren) = $\frac{2}{3} \cdot \frac{2}{3} = \frac{4}{9}$ |

Die Wahrscheinlichkeit, anschließend zwei Gläser O-Saft zu haben, ist $\frac{1}{9}$; die Wahrscheinlichkeit, anschließend ein Glas O-Saft zu haben, $\frac{2}{9} + \frac{2}{9} = \frac{4}{9}$.

Zufallsexperimente, die aus mehreren zeitlich nach- oder nebeneinander ablaufenden Teilexperimenten bestehen, werden als **zusammengesetzte Zufallsexperimente** bezeichnet. Sie lassen sich mithilfe eines Baumdiagramms darstellen. Jeder Pfad entspricht dabei einem Ergebnis.

**Pfadmultiplikationsregel**
Bei Baumdiagrammen erhält man die Wahrscheinlichkeit für ein **Ergebnis** durch Multiplikation der Wahrscheinlichkeiten entlang des zugehörigen Pfades.

**Pfadadditionsregel**
Die Wahrscheinlichkeit für ein **Ereignis** ergibt sich aus der Summe der Wahrscheinlichkeiten aller Pfade, die zu diesem Ereignis gehören.

**S. 92**

Ein gewöhnlicher Spielwürfel wird geworfen.

| Augenzahl | 1 | 2 | 3 | 4 | 5 | 6 |
|---|---|---|---|---|---|---|
| Wahrscheinlichkeit | $\frac{1}{6}$ | $\frac{1}{6}$ | $\frac{1}{6}$ | $\frac{1}{6}$ | $\frac{1}{6}$ | $\frac{1}{6}$ |

Erwartungswert für die Augenzahl:
$\frac{1}{6} \cdot 1 + \frac{1}{6} \cdot 2 + \frac{1}{6} \cdot 3 + \frac{1}{6} \cdot 4 + \frac{1}{6} \cdot 5 + \frac{1}{6} \cdot 6 = \frac{21}{6}$
$= 3{,}5$

Der **Erwartungswert** bei einem Zufallsexperiment ergibt sich, indem man die Wahrscheinlichkeit jedes möglichen Ergebnisses mit dem zugehörigen Wert des Ergebnisses multipliziert und die einzelnen Produktwerte addiert.

**S. 94**

Die jeweils sechs Eier zweier Schachteln werden einzeln gewogen: In beiden Schachteln haben die Eier im Mittel die gleiche Masse, jedoch ist die Streuung der Masse in der zweiten Schachtel größer.

| | Schachtel 1 | Abweichung von $\bar{x}$ | Schachtel 2 | Abweichung von $\bar{x}$ |
|---|---|---|---|---|
| | 64 g | +1 g | 63 g | 0 |
| | 63 g | 0 | 67 g | +4 g |
| | 63 g | 0 | 61 g | −2 g |
| | 64 g | +1 g | 63 g | 0 |
| | 61 g | −2g | 63 g | 0 |
| | 63 g | 0 | 61 g | −2 g |
| $\bar{x}$: | 63 g | | 63 g | |
| Varianz: | | 1 $g^2$ | 4 $g^2$ | |
| Standardabweichung: | 1 g | | 2 g | |

Das arithmetische Mittel $\bar{x}$ sagt etwas über die Lage von Daten aus. Das arithmetische Mittel der Quadrate der Abweichungen der einzelnen Daten vom arithmetischen Mittel $\bar{x}$ wird als **Varianz** bezeichnet. Die Wurzel aus der Varianz ergibt die **Standardabweichung**. Varianz und Standardabweichung sind Maße für die Streuung von Daten.

## Parallelverschiebung

**1** Das Parallelogramm ABCD mit A (3 | 1), B (7 | 3) und C (2 | 4) wird durch Parallelverschiebung auf das Parallelogramm A'B'C'D' mit A' (3 | 6) abgebildet.

a) Zeichne beide Parallelogramme.

b) Zeichne die Verschiebungspfeile ein und gib ihre Länge an.

**2** Das Dreieck PQR mit P (0,5 | 3), Q (1,5 | 0,5) und R (3 | 2) wird durch Parallelverschiebung mit $\vec{v_1} = \begin{pmatrix} -4 \\ -0,5 \end{pmatrix}$ auf das Dreieck $P_1Q_1R_1$ und anschließend mit $\vec{v_2} = \begin{pmatrix} 3 \\ -2 \end{pmatrix}$ auf das Dreieck $P_2Q_2R_2$ abgebildet.

a) Führe die Abbildung $PQR \xrightarrow{\vec{v_1}} P_1Q_1R_1 \xrightarrow{\vec{v_2}} P_2Q_2R_2$ zeichnerisch durch.

b) Berechne die Koordinaten des Bildpunktes $P_1$.

c) Welche Koordinaten hat der Vektor $\vec{v}$, der das Dreieck PQR direkt auf das Dreieck $P_2Q_2R_2$ abbildet? Zeichne $\vec{v}$.

**3** Gegeben ist das Dreieck ABC mit A (–4 | –4), B (6 | 0) und C (0 | 8).

a) Berechne die Koordinaten der Vektoren $\overrightarrow{AB}$ und $\overrightarrow{BC}$. Überprüfe durch eine Zeichnung.

b) Das Dreieck ABC wird durch Parallelverschiebung mit $\overrightarrow{AB}$ auf das Dreieck A'B'C' abgebildet, dieses dann durch Parallelverschiebung mit $\overrightarrow{BC}$ auf das Dreieck A''B''C''.
Was fällt dir auf, wenn du die Lage der Dreiecke ABC und A''B''C'' vergleichst?

**4** Eine Parallelverschiebung ist eine Doppelachsenspiegelung an parallelen Geraden. Ermittle die Verschiebungspfeile und die Lage möglicher Spiegelachsen bei folgender Abbildung.

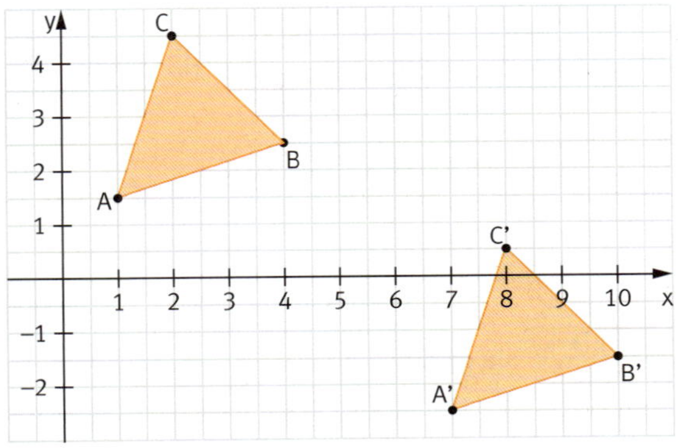


## Rechnen mit rationalen Zahlen

**5** Berechne.

a) $4\frac{1}{2} \cdot \frac{8}{3}$ b) $1\frac{7}{8} : \frac{7}{8}$ c) $\frac{121}{196} : \frac{22}{28}$

d) $\dfrac{\frac{9}{14}}{\frac{5}{21}}$ e) $\dfrac{2\frac{1}{7}}{2\frac{1}{2}}$ f) $\left(\frac{2}{3}\right)^4$

g) $4\frac{2}{3} + \frac{2}{3} \cdot \frac{3}{4}$ h) $\frac{7}{9} + \frac{4}{5} : \frac{3}{10} - \frac{1}{6}$

i) $\left(\dfrac{\frac{1}{2}}{\frac{3}{4}}\right)^2$ j) $0,54 \cdot \frac{2}{5} + 1,407 : 0,07$

**6** Gib für untenstehende Zeichnung die durch die gelben Felder dargestellten Brüche an. Berechne sodann die Termwerte, indem du für ▢ nacheinander +, –, · und : einsetzt.

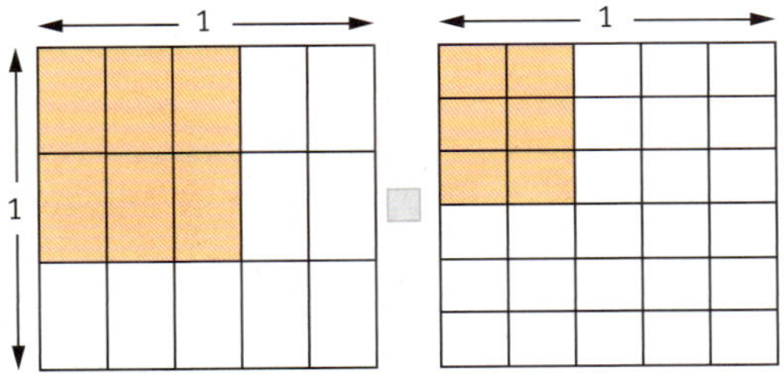


**7** In einer Wirtschaft werden Bratwürste angeboten.

4 Bratwürste 4,20 €
6 Bratwürste 4,95 €
8 Bratwürste 5,70 €
Bratwurstsemmel 1,80 €
Vom Grill
50 Bratwürste 32,50 €
100 Bratwürste 64,50 €

Jeder der 25 Schüler möchte 4 Bratwürste. Berechne, wie viele Euro jeder Schüler spart, wenn stattdessen 100 Würste bestellt werden.

**8** Der Platzwart eines Fußballvereins mäht den Rasen. Nachdem er eine Platzhälfte ganz und ein Drittel der zweiten Hälfte gemäht hat, beginnt es plötzlich zu regnen und er muss aufhören. Welchen Anteil des Fußballplatzes muss er nach der Regenpause noch mähen?

**9** Lisa steht auf einem 100 m langen Rollband im Flughafen und legt die Strecke in 20 s zurück. Zu Fuß würde sie 72 s brauchen. Wie lange würde sie gehend auf dem Rollband für 100 m brauchen?

## Zinsrechnung

**10** Berechne die Zinsen.

a) 3 % von 850 €  b) 1,5 % von 15 000 €
c) 12,25 % von 3000 €  d) 3,75 % von 400 €

**11** Ein Mathematik-Lehrer legte sein Kapital für ein Jahr zu einem Jahreszinssatz von 2 % an. Nach Ablauf dieses Jahres betrug sein Kapital 4182 €. Berechne das Startkapital.

**12** Berechne die fehlenden Werte, runde dabei auf Hundertstel (Zinstage = 360).

| | a) | b) | c) | d) |
|---|---|---|---|---|
| Darlehen in € | 8400 | 12 600 | 24 120 | ▢ |
| Laufzeit in Tagen | 36 | 18 | ▢ | 200 |
| Zinsen in € | ▢ | ▢ | 214,40 | 85 |
| Zinssatz p. a. in % | 5,9 | 4,7 | 6,4 | 8,5 |

**13** Oma Schwarz will 15 000 € für 3 Jahre anlegen. Sie erhält zwei Angebote:

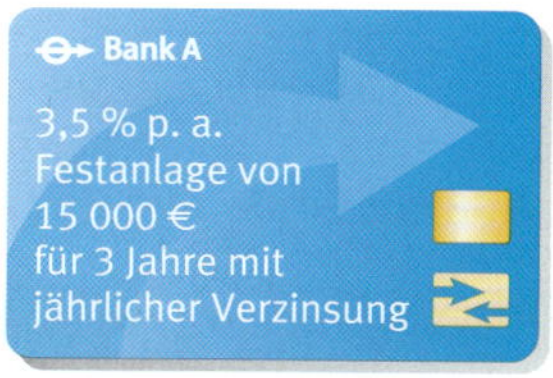


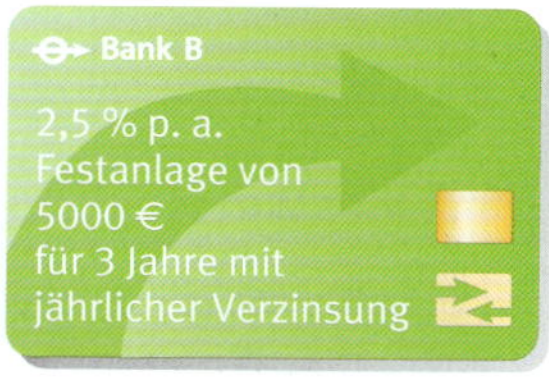


Wie sollte Oma Schwarz ihr Geld anlegen? Berate sie und berechne, welche Zinsen sie bei der von dir vorgeschlagenen Anlageform bekommt.
Zinsen werden mitverzinst.

**14** Auf einem Sparbuch, das mit 1,75 % verzinst wird, sind 650 €.

a) Berechne die Zinsen nach einem Jahr.

b) Vom Sparbuch wird nichts abgehoben. Wie viel Geld ist nach zwei Jahren darauf? Die Zinsen werden mitverzinst.

**15** Herr Schmidbauer gibt 100 000 € zu 3,5 % auf die Bank und legt alljährlich die gewonnenen Zinsen wieder zu seinem Kapital. Damit erhöht sich sein Kapital Jahr für Jahr um den Zinsertrag.
Berechne sein Endkapital nach 5 Jahren.

## Aufgaben für den GTR

**16** Gegeben sind die linearen Funktionen:
$y_1 = 0{,}25x - 27$
$y_2 = -0{,}5x$
$y_3 = -0{,}8x + 10$

a) Untersuche mit dem GTR, ob sich diese drei linearen Funktionen in einem gemeinsamen Punkt schneiden.

b) Ändere das Grafikfenster so ab, dass du eine Aussage über die Anzahl der Schnittpunkte treffen kannst.

**17** In der letzten Schulaufgabe ergaben sich folgende Noten:
2; 3; 4; 5; 3; 2; 4; 2; 1; 4; 3; 3; 4; 1; 2; 4; 3; 2; 1; 5

a) Berechne (z. B. mit dem Menü-Punkt STAT) verschiedene statistische Kenngrößen.

b) Lass die Notenverteilung grafisch darstellen.

**18** Löse die Gleichungssysteme mit dem GTR sowohl grafisch als auch algebraisch.

a) I $8x + 6y = 8$
∧ II $10x - 6y = -6$

b) Das Dreifache einer Zahl ist um 13 kleiner als das 5,5-Fache einer zweiten Zahl. Die Summe beider Zahlen ist um 5 größer als das Vierfache der zweiten Zahl.

**19** Lass dir zu dem gegebenen Term für $\Delta x = 0{,}1$ eine Wertetabelle anzeigen. Ermittle anhand der Wertetabelle, für welches x im Bereich $-10 \leq x \leq 10$ der Termwert null (minimal, maximal) ist.

a) $T(x) = 7x - 27{,}7$

b) $T(x) = x^2 - 81$

c) $T(x) = -(x - 2)^2 + 4$

**20** Gegeben sind die Punkte P (–4 | –1) und Q (2 | –5), die auf der Gerade g liegen. Ermittle mithilfe des GTRs die Geradengleichung.

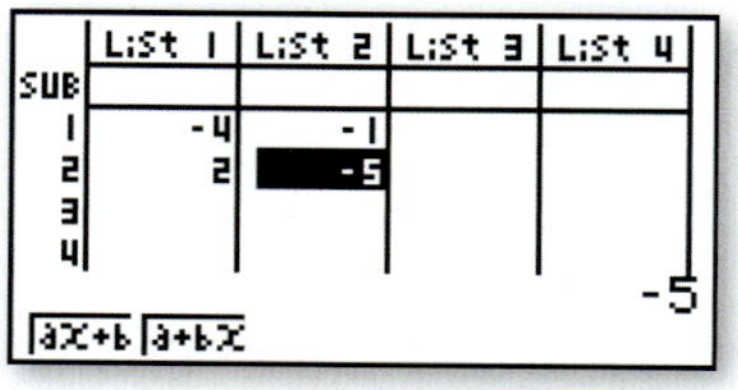

# 5 Quadratische Funktionen

## Einstieg

- Beschreibe die Form des Bauwerks „The Arch“ in St. Louis, Illinois, USA.
- Vereinfache die Darstellung des Bauwerks, indem die Form mithilfe einer Linie in einem Koordinatensystem dargestellt wird. Lege den höchsten Punkt des Bauwerks in den Koordinatenursprung. Kann es sich bei der vereinfachten Darstellung um den Graphen einer Funktion handeln? Begründe.
- Finde einen Term, dessen Graph eine ähnliche Form wie das Bauwerk beschreibt.
- Vergleiche den Term mit dem Term einer linearen Funktion. Was stellst du fest?
- Spiegle den vereinfachten Graphen des Bauwerks an der Winkelhalbierenden des I. und III. Quadranten. Handelt es sich bei dem gespiegelten Graphen um den einer Funktion? Begründe.
- Finde einen Term, der den gespiegelten Graphen beschreibt.

## Ausblick

**Am Ende dieses Kapitels hast du gelernt, ...**
- welche Eigenschaften quadratische Funktionen besitzen.
- wie man quadratische Funktionen darstellen kann.
- mit Wurzelfunktionen umzugehen.

Vergleiche die beiden Funktionen $f_1$: y = 4x und $f_2$: y = $x^2$ mit $\mathbb{G} = \mathbb{R} \times \mathbb{R}$ miteinander.

- Erstelle zu den beiden Funktionen eine Wertetabelle für x ∈ [–4; 4] mit Δx = 1 und zeichne die zugehörigen Graphen in ein Koordinatensystem.
- Ergänze die Tabelle.

| | $f_1$: y = 4x | $f_2$: y = $x^2$ |
|---|---|---|
| Art der Funktion | ■ | ■ |
| Verlauf des Graphen | ■ | ■ |

## Merkwissen

Die Gleichung **y = x²** mit $\mathbb{G} = \mathbb{R} \times \mathbb{R}$ beschreibt eine **quadratische Funktion f** mit folgenden Eigenschaften:

- f (x) ≧ 0 für alle x ∈ $\mathbb{R}$, somit ist $\mathbb{W} = \mathbb{R}_0^+$
- f (x) = f (–x) für alle x ∈ $\mathbb{R}$
- f (0) = 0 (**minimaler** Funktionswert)

Der Graph zur Funktion f: y = $x^2$ ist eine **Normalparabel**. Sie hat folgende Eigenschaften:

- Der Punkt **S (0|0)** heißt **Scheitelpunkt**.
- Der Graph ist **symmetrisch** zur y-Achse
- Der Graph verläuft „oberhalb" der x-Achse und ist nach oben geöffnet.

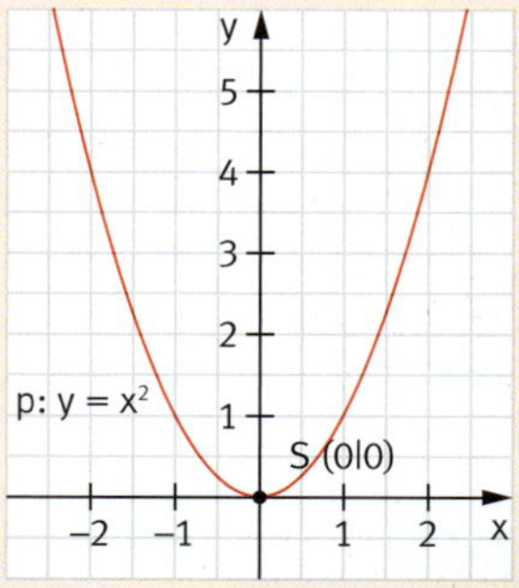


*Die Symmetrieachse wird auch **Parabelachse** genannt.*

*Der Schnittpunkt der Parabel mit ihrer Symmetrieachse wird als Scheitel(punkt) bezeichnet.*

## Beispiele

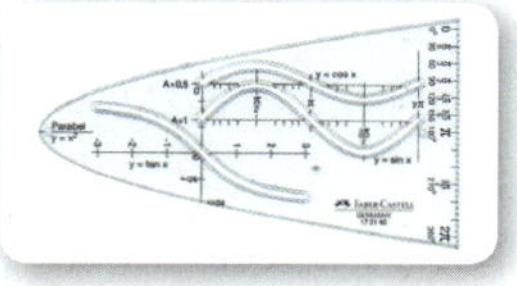

*Zum Zeichnen der Normalparabel kann eine Parabelschablone verwendet werden.*

**I** Spiegle den Graphen von f: y = $x^2$ ($\mathbb{G} = \mathbb{R} \times \mathbb{R}$) am Graphen von y = x. Handelt es sich bei dem gespiegelten Graphen um den einer Funktion? Begründe.

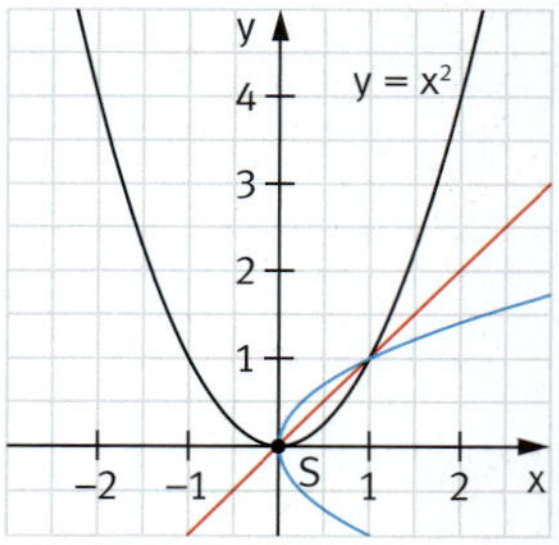


**Lösung:**
Der gespiegelte Graph ist kein Graph einer Funktion, da einem Element x ∈ $\mathbb{D}$ zwei Elemente y ∈ $\mathbb{W}$ zugeordnet sind bzw. da eine Parallele zur y-Achse den Graphen in mehr als nur einem Punkt schneidet.

*Wenn man eine Zahl in den Term $-x^2$ bzw. $x^2$ einsetzt, ist das Setzen einer Klammer hilfreich – obwohl es nicht immer notwendig wäre.*

**II** Gegeben ist die Relation R: y = $-x^2$ ($\mathbb{G} = \mathbb{R} \times \mathbb{R}$).

a) Erstelle für die Relation eine Wertetabelle für x ∈ [–3; 3] mit Δx = 1 und zeichne den Graphen.
b) Liegt eine Funktion vor? Begründe.
c) Bestimme die Nullstelle, die Symmetrieachse und den Extremwert sowie dessen Art.

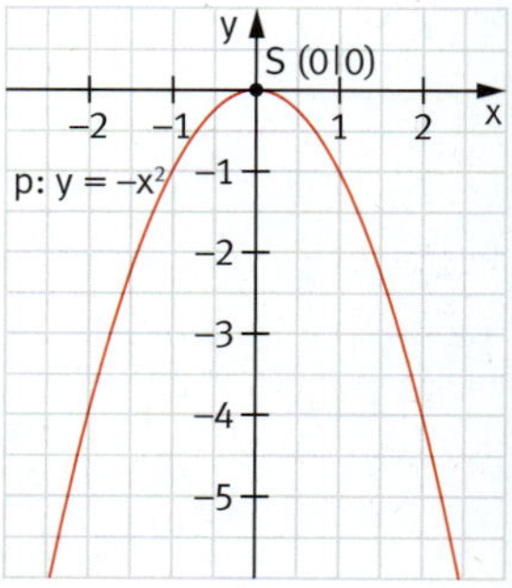


*Der Graph zu f: y = $-x^2$ ist eine an der x-Achse gespiegelte Normalparabel. Sie ist nach unten geöffnet.*

**Lösung:**

a)

| x | –3 | –2 | –1 | 0 | 1 | 2 | 3 |
|---|---|---|---|---|---|---|---|
| y = $-x^2$ | –9 | –4 | –1 | 0 | –1 | –4 | –9 |

b) Ja, da jedem Element x ∈ $\mathbb{D}$ genau ein Element y ∈ $\mathbb{W}$ zugeordnet ist bzw. eine Parallele zur y-Achse den Graphen in höchstens einem Punkt schneidet.

c) Nullstelle der Funktion: y = 0 ⟹ 0 = $-x^2$ ⟺ x = 0
f (–x) = f (x) für alle x ∈ $\mathbb{R}$ ⟹ y-Achse ist Symmetrieachse.
f (0) = 0 ist der Extremwert (maximaler Funktionswert).

**Verständnis**

- Erkläre, welche Gemeinsamkeiten die Graphen der Funktionen $f_1(x) = x$ und $f_2(x) = -x^2$ mit $\mathbb{G} = \mathbb{R} \times \mathbb{R}$ haben.

**Aufgaben**

*Im Folgenden gilt:*
*$\mathbb{G} = \mathbb{R} \times \mathbb{R}$*

**1** Zeichne eine Normalparabel.
Lies Näherungswerte für y ab, wenn $x \in \{0{,}75;\ \sqrt{2{,}2};\ \sqrt{3};\ -\sqrt{7};\ 3{,}5\}$ ist.

**2** Überprüfe rechnerisch, ob die Punkte auf der Parabel p: $y = x^2$ liegen.
A $(-0{,}3 \mid 0{,}09)$ B $\left(\frac{1}{2}\sqrt{2} \mid 0{,}5\right)$ C $\left(-\frac{1}{2} \mid 0{,}25\right)$ D $(10^3 \mid 100^3)$

**3**

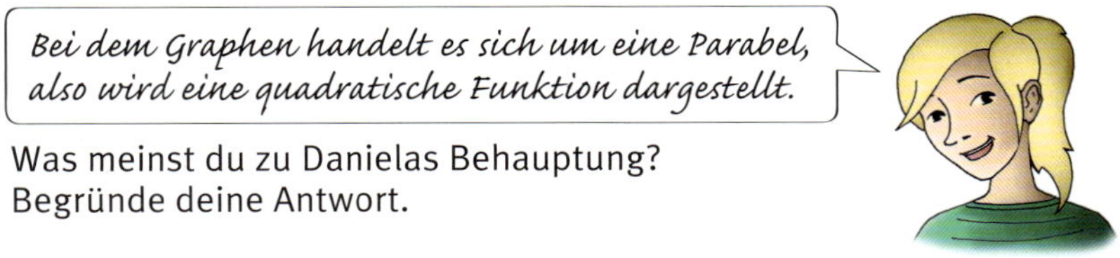

Bei dem Graphen handelt es sich um eine Parabel, also wird eine quadratische Funktion dargestellt.


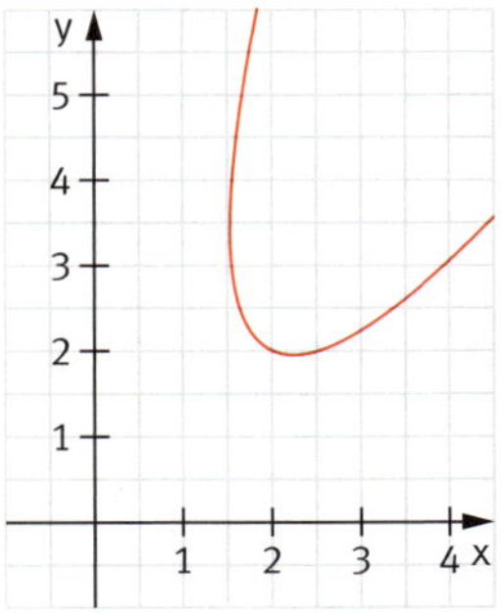


Was meinst du zu Danielas Behauptung?
Begründe deine Antwort.

**4** Die Punkte $P_1$, $P_2$ und $P_3$ liegen auf einer an der x-Achse gespiegelten Normalparabel mit der Gleichung $y = -x^2$. Ergänze die fehlenden Koordinaten durch Ablesen aus einer Zeichnung und überprüfe diese rechnerisch.

**a)** $P_1(1 \mid y_1)$; $P_2(-2{,}5 \mid y_2)$; $P_3(3{,}2 \mid y_3)$ **b)** $P_1(x_1 \mid -0{,}4)$; $P_2(x_2 \mid -6)$; $P_3(x_3 \mid -8{,}1)$

*Beachte: Liegt ein Punkt $P_n$ auf dem Graphen einer Funktion f, so lauten seine Koordinaten: $P_n(x_n \mid f(x_n))$*

**5** Die Eckpunkte eines Dreiecks $A_nBC$ mit A $(x_n \mid y)$, B $(1 \mid 1)$ und C $(2 \mid 4)$ liegen auf einer Normalparabel mit der Gleichung p: $y = x^2$.

**a)** Zeichne für $x_1 = -3$ und $x_2 = -2$ die Dreiecke $A_1BC$ und $A_2BC$.

**b)** Berechne den Flächeninhalt der Dreiecke $A_nBC$.

**c)** Begründe, ob ein Dreieck $A_0BC$ mit Flächeninhalt 21 FE existiert und gib, falls möglich, die Koordinaten von $A_0$ an.

**Wissen**

**Zeichnen einer Parabel**

Eine Parabel ist die Menge aller Punkte einer Ebene, die von einem Punkt F (Brennpunkt) und einer Gerade l (Leitgerade) den gleichen Abstand besitzen.

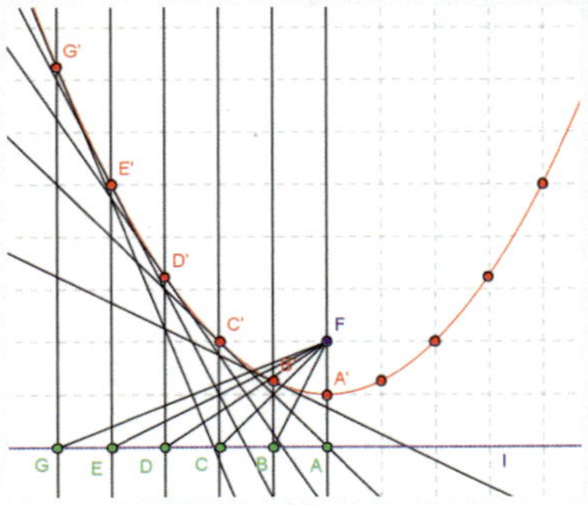


- Zeichne eine Gerade l und einen Punkt F im Abstand von 1 cm.
- Trage ähnlich der Zeichnung Punkte A, B, C, ... auf l ein.
- Die Parabelpunkte entstehen als Schnittpunkte folgender Geraden (am Beispiel der Punkte B bzw. B'):
  1. Senkrechte durch B zu l
  2. Mittelsenkrechte von [BF]
  Führe die Konstruktion mit den Punkten A, B, C, ... durch.
- Verbinde die Punkte zur Parabel (die restlichen Punkte kannst du an einer Symmetrieachse spiegeln).
- Begründe, dass die Punkte A', B', C', ... die obige Bedingung erfüllen.
- Du kannst die Konstruktion auch mit einem dynamischen Geometrieprogramm durchführen. Beschreibe den Verlauf der Parabel bei Veränderung des Brennpunktes F.
  Übrigens kannst du mit dem Parabelwerkzeug des Programms prüfen, ob deine Konstruktion richtig ist.

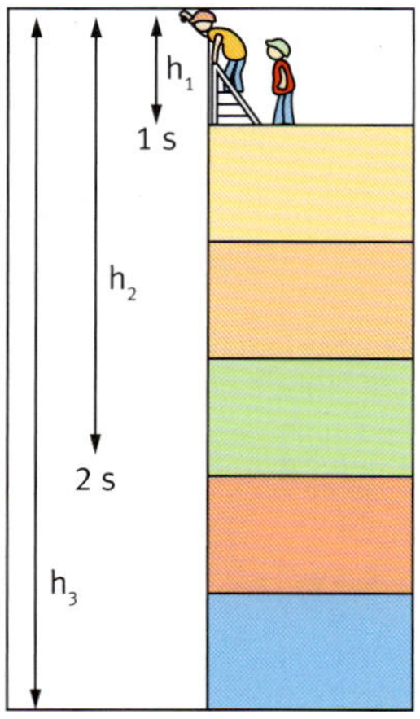


*Berücksichtige bei deinen Überlegungen auch die Funktionsgleichungen.*

Baumeister Bob zeigt seinem Lehrling, wie er die Tiefe des Aufzugschachts des im Rohbau befindlichen Bürogebäudes bestimmen kann. Dazu lässt er vom obersten Ende des Aufzugschachts eine Stahlkugel fallen und bestimmt deren Fallzeit in Sekunden. Die Funktion p: $x \longmapsto 5x^2$ ordnet der in Sekunden gemessenen Fallzeit ungefähr die Höhe in Meter zu.

- Erstelle für p eine Wertetabelle und zeichne den Graphen. Ermittle, aus welcher Höhe die Stahlkugel fallen gelassen wurde, wenn x = 1,5 (x = 2,0) ist.
- Ergänze den Graphen von p durch Spiegelung an der y-Achse und gib für den neuen Graphen die Definitions- und Wertemenge an.
- Zeichne in das Koordinatensystem die Graphen der Funktionen $f_1$: $y = x^2$ und $f_2$: $y = \frac{1}{5}x^2$ mit $\mathbb{G} = \mathbb{R} \times \mathbb{R}$ ein und vergleiche den Verlauf der drei Graphen miteinander. Was stellst du fest?

## Merkwissen

Funktionen mit der Gleichung $y = \mathbf{a}x^2$ mit der **Formvariablen** $a \in \mathbb{R} \setminus \{0\}$ und $\mathbb{G} = \mathbb{R} \times \mathbb{R}$ beschreiben Parabeln, deren Scheitel S im Ursprung liegt.

Für die Form der Parabeln gilt:

Die Parabel ist für **a > 0** nach **oben geöffnet.** / **a < 0** nach **unten geöffnet.**

Die Parabel ist für **|a| > 1 gestreckt.** / **|a| < 1 gestaucht.**

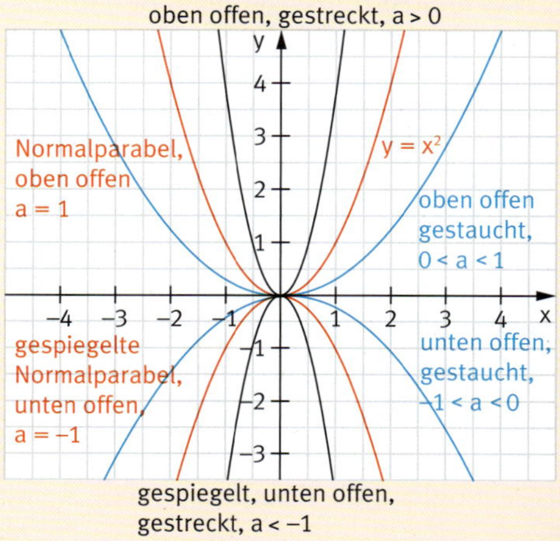


*Ist a = 1, so liegt eine Normalparabel vor.*
*Ist a = –1, so liegt eine gespiegelte Normalparabel vor.*

*Eine gestreckte (gestauchte) Parabel ist „enger/schmäler" („weiter/breiter") als die Normalparabel.*

## Beispiele

**I** Gegeben ist die quadratische Funktion p: $y = -\frac{1}{2}x^2$ mit $\mathbb{G} = \mathbb{R} \times \mathbb{R}$.

a) Beschreibe die Form der Parabel zunächst ohne Zeichnung.

b) Fertige eine Wertetabelle für die Funktion p für $x \in [-3; 3]$ mit $\Delta x = 1$ an und zeichne den zugehörigen Graphen.

**Lösung:**

a) Da a < 0 und |a| < 1 $\Longrightarrow$ gestauchte Parabel, die nach unten geöffnet ist.

b)

| x | −3 | −2 | −1 | 0 | 1 | 2 | 3 |
|---|---|---|---|---|---|---|---|
| $y = -\frac{1}{2}x^2$ | −4,5 | −2 | −0,5 | 0 | −0,5 | −2 | −4,5 |

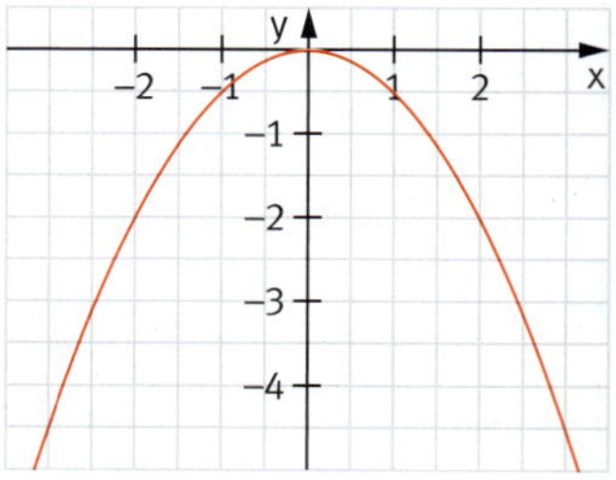

**II** Der Punkt P (1,2 | −3,6) liegt auf der Parabel p: $y = ax^2$. Bestimme die Gleichung der Parabel.

**Lösung:**

Einsetzen der Koordinaten des Punktes P (1,2 | −3,6) in $y = ax^2$ liefert:

$-3{,}6 = a \cdot 1{,}2^2 \;|\; : 1{,}2^2 \iff a = -2{,}5 \Longrightarrow$ p: $y = -2{,}5x^2$

## Verständnis

- Beschreibe den Verlauf des Graphen zu $y = ax^2$ mit $\mathbb{G} = \mathbb{R} \times \mathbb{R}$, wenn die Formvariable $a = 0$ ist.
- Ändert sich die Funktionsgleichung $p: y = ax^2$ mit $a \in \mathbb{R} \setminus \{0\}$ und $\mathbb{G} = \mathbb{R} \times \mathbb{R}$, wenn der zugehörige Graph an der y-Achse gespiegelt wird? Begründe.

## Aufgaben

*Im Folgenden gilt:* $\mathbb{G} = \mathbb{R} \times \mathbb{R}$

**1** Zeichne den Graphen der Funktion f im angegebenen Intervall.

**a)** $f: y = 1{,}2x^2$ $x \in [-3; 3]$ $\Delta x = 1$ **b)** $f: y = -2x^2$ $x \in [-2; 2]$ $\Delta x = 0{,}5$

**c)** $f: y = 0{,}75x^2$ $x \in [-3; 3]$ $\Delta x = 1$ **d)** $f: y = -\frac{1}{3}x^2$ $x \in [-4; 4]$ $\Delta x = 0{,}5$

**2** Ordne den Graphen in der Randspalte die entsprechende Funktionsgleichung zu.

A $y = 0{,}1x^2$ B $y = -\frac{2}{7}x^2$ C $y = -3x^2$ D $y = 1{,}5x^2$ E $y = 4x^2$

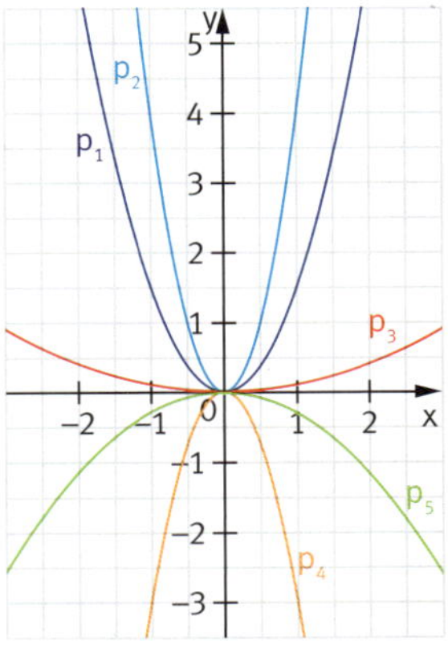


**3** Bestimme a so, dass P auf der Parabel p mit $y = ax^2$ $(a \in \mathbb{R} \setminus \{0\})$ liegt.

**a)** $P(1 \mid -3)$ **b)** $P(\sqrt{2} \mid -3)$ **c)** $P(1{,}6 \mid -7{,}04)$ **d)** $P(-0{,}3 \mid 0{,}09)$ **e)** $P(\sqrt{5} \mid 4)$

**4**

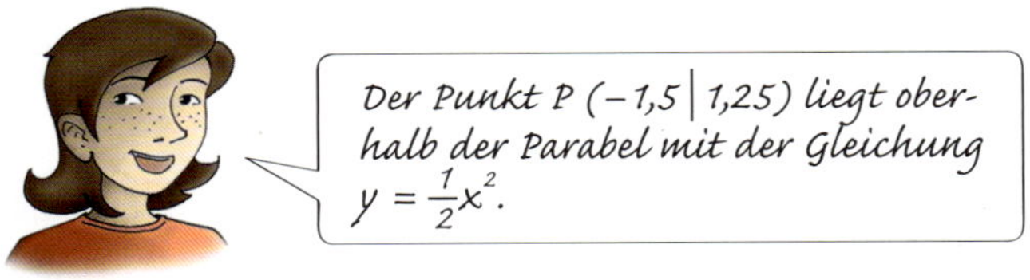


**a)** Überlege, wie Eva zu dieser Feststellung kommen könnte, ohne dabei eine Zeichnung anzufertigen.

**b)** Entscheide, ob der Punkt oberhalb, unterhalb oder auf dem Graphen liegt.

1 $P(4{,}4 \mid 7{,}26)$ $p: y = -\frac{3}{8}x^2$ 2 $P(-4{,}8 \mid -57{,}8)$ $p: y = -2{,}5x^2$

3 $P(-1{,}5 \mid 0{,}45)$ $p: y = 0{,}2x^2$ 4 $P(0{,}5 \mid -0{,}8)$ $p: y = 3{,}2x^2$

**5** Bestimme die fehlenden Koordinaten so, dass gilt: $A, B \in p$.

*Es soll gelten:* $x_A < x_B$.

**a)** $A(-2 \mid y_A)$ $B(x_B \mid 4)$ $p: y = 3x^2$ **b)** $A(x_A \mid -4{,}9)$ $B(-2 \mid y_B)$ $p: y = -0{,}4x^2$

## Verkehr

**Bremsen**

Für die Berechnung der Strecke, die ein sich bewegendes Fahrzeug braucht, bis es vollständig zum Stehen gekommen ist, gilt folgende Formel:

**Anhalteweg = Reaktionsweg + Bremsweg**

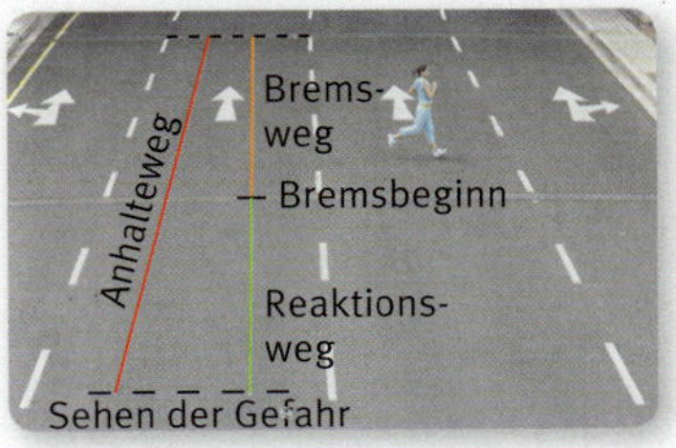


Faustformel für den Reaktionsweg in m: $3 \cdot \left(\frac{\text{Geschwindigkeit in } \frac{\text{km}}{\text{h}}}{10}\right)$

Faustformel für den Bremsweg in m: $\frac{3}{4} \cdot \left(\frac{\text{Geschwindigkeit in } \frac{\text{km}}{\text{h}}}{10}\right)^2$

- Informiert euch, was genau mit Reaktionsweg und Bremsweg gemeint ist.
- Erstellt eine Tabelle für Reaktionsweg, Bremsweg und Anhalteweg für Geschwindigkeiten von $30\frac{\text{km}}{\text{h}}$, $50\frac{\text{km}}{\text{h}}$, $60\frac{\text{km}}{\text{h}}$, $80\frac{\text{km}}{\text{h}}$ und $100\frac{\text{km}}{\text{h}}$.
- Nehmt Pylonen, Maßbänder (min. 50 m) und stellt für $30\frac{\text{km}}{\text{h}}$ und $50\frac{\text{km}}{\text{h}}$ alle „drei Wege“ auf dem Pausenhof dar.

*Verwende bei der Zeichnung verschiedene Farben.*

*Verwende den GTR oder ein dynamisches Geometrieprogramm.*

- Zeichne die Graphen der Funktionen $p_1$: $y = x^2$, $p_2$: $y = x^2 + 3$ und $p_3$: $y = x^2 - 3$ mit $\mathbb{G} = \mathbb{R} \times \mathbb{R}$ für $x \in [-3; 3]$ in ein Koordinatensystem.
- Beschreibe die Lage des Graphen zu $p_2$ ($p_3$) in Relation zum Graphen zu $p_1$. Vergleiche die entsprechenden Koordinaten der Scheitelpunkte der Parabeln miteinander.
- Zeichne die Graphen der Funktionen $p_4$: $y = (x - 3)^2$ und $p_5$: $y = (x + 2)^2$ mit $\mathbb{G} = \mathbb{R} \times \mathbb{R}$ für $x \in [-3; 3]$ in ein neues Koordinatensystem und verfahre ebenso wie mit den vorherigen Graphen.
- Zeichne den Graphen zu $p_1$ auf ein kariertes Blatt und verschiebe die Parabel um 2 Einheiten in die positive y-Richtung. Bezeichne den neuen Graphen mit $p_1$'. Verschiebe diesen um 4 Einheiten in die positive x-Richtung, bezeichne den neuen Graphen mit $p_1$''. Gib die Funktionsgleichung von $p_1$' sowie $p_1$'' an und vergleiche mit der von $p_1$. Was fällt auf?
- Ersetze bei den Funktionen $p_1$ bis $p_5$ den Koeffizienten a = 1 durch a = 2 und führe alle Aufträge erneut aus. Was stellst du fest?

*Überlege dir, wie viele Punkte höchstens parallel verschoben werden müssen, damit die „neue“ Parabel gezeichnet werden kann.*

## Merkwissen

Funktionen mit der Gleichung ...

- $\mathbf{y = ax^2 + y_S}$ mit $a \in \mathbb{R}\setminus\{0\}$, $y_S \in \mathbb{R}$ und $\mathbb{G} = \mathbb{R} \times \mathbb{R}$ beschreiben Parabeln, die **entlang der y-Achse verschoben** sind und den Scheitel **S (0 | $y_S$)** besitzen.
- $\mathbf{y = a(x - x_S)^2}$ mit $a \in \mathbb{R}\setminus\{0\}$, $x_S \in \mathbb{R}$ und $\mathbb{G} = \mathbb{R} \times \mathbb{R}$ beschreiben Parabeln, die **entlang der x-Achse verschoben** sind und den Scheitel **S ($x_S$ | 0)** besitzen.
- $\mathbf{y = a(x - x_S)^2 + y_S}$ mit $a \in \mathbb{R}\setminus\{0\}$, $x_S$, $y_S \in \mathbb{R}$ und $\mathbb{G} = \mathbb{R} \times \mathbb{R}$ beschreiben Parabeln, die **entlang der x- und y-Achse verschoben** sind und den Scheitel **S ($x_S$ | $y_S$)** besitzen.

*Die Gleichung* $y = a(x - x_S)^2 + y_S$ *mit* $a \in \mathbb{R}\setminus\{0\}$, $x_S$, $y_S \in \mathbb{R}$ *wird als* ***Scheitelpunktsform der allgemeinen Parabel*** *bezeichnet.*

## Beispiele

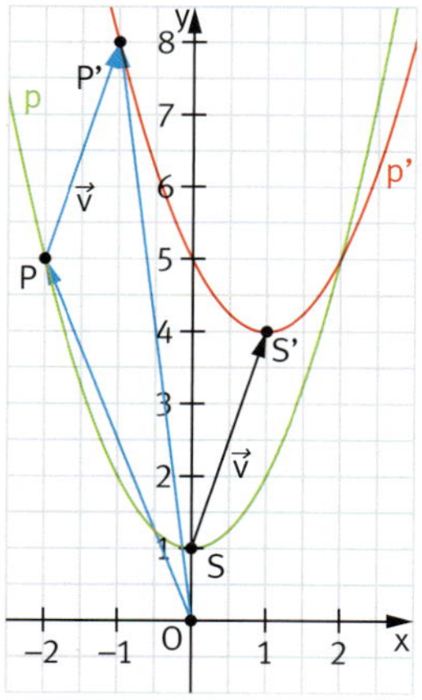


*Bei der Parallelverschiebung handelt es sich um eine Kongruenzabbildung. Somit reicht es aus, nur einen Punkt P ∈ p zu verschieben.*

**I** Der Scheitel einer verschobenen Normalparabel p ist S (−2 | 4).

a) Gib die Wertemenge $\mathbb{W}$ und die Gleichung der Symmetrieachse s von p an.

b) Bestimme die Gleichung von p in der Scheitelpunktsform.

c) Gib die x-Koordinaten der Punkte $Q_1 \in p$ und $Q_2 \in p$ an, die beide die y-Koordinate 5 haben.

**Lösung:**

a) Da p (−2) = 4 der minimale Funktionswert ist, gilt $\mathbb{W} = \{y \mid y \geq 4\}$.
Die Symmetrieachse s verläuft durch den Scheitel S. Ihre Gleichung lautet somit: x = −2.

b) $p$: $y = 1 \cdot (x - (-2))^2 + 4$
$\Leftrightarrow$ $p$: $y = (x + 2)^2 + 4$

c) Da p eine verschobene Normalparabel ist, ihr Scheitel die y-Koordinate 4 hat und x = −2 die Symmetrieachse ist, folgt:
$x_{Q_1} = -3$; $x_{Q_2} = -1$

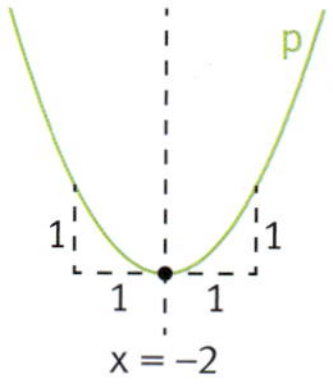


**II** Die Parabel p: $y = x^2 + 1$ ($\mathbb{G} = \mathbb{R} \times \mathbb{R}$) wird mit dem Vektor $\vec{v} = \begin{pmatrix} v_x \\ v_y \end{pmatrix}$ mit $v_x$, $v_y \in \mathbb{R}$ auf die Parabel p' abgebildet. Bestimme die Gleichung von p'.

**Lösung:**

Allgemein gilt: $P(x \mid x^2 + 1) \in p \xrightarrow{\vec{v} = \binom{v_x}{v_y}} P'(x' \mid y') \in p'$

Berechnung mittels Vektorkette liefert:

$\overrightarrow{OP'} = \overrightarrow{OP} \oplus \vec{v} \qquad \Longrightarrow \begin{pmatrix} x' \\ y' \end{pmatrix} = \begin{pmatrix} x \\ x^2 + 1 \end{pmatrix} \oplus \begin{pmatrix} v_x \\ v_y \end{pmatrix}$

$\Longrightarrow \quad \text{I } x' = x + v_x \quad | - v_x \qquad \Longleftrightarrow \qquad \text{I } x = x' - v_x$

$\wedge \text{ II } y' = x^2 + 1 + v_y \qquad\qquad \wedge \text{ II } y' = x^2 + 1 + v_y$

(Darstellung der Parabelgleichung mithilfe eines Parameters)

*Parameter (griech. Hilfsvariable; hier: Hilfsvariable x)*

Das Einsetzen von I in II eliminiert die Hilfsvariable:

$y' = (x' - v_x)^2 + 1 + v_y$

$\Longrightarrow$ Die Gleichung von p' lautet somit $y = (x - v_x)^2 + 1 + v_y$

*Die Gleichung von p' beschreibt den Zusammenhang zwischen y' und x'.*

## VERSTÄNDNIS

- Die Parabel p: $y = 0{,}5x^2$ ($\mathbb{G} = \mathbb{R} \times \mathbb{R}$) wird in y-Richtung verschoben. Erläutere, wie viele Nullstellen die verschobene Parabel besitzen kann.
- Eine verschobene Parabel kann die y-Achse, ebenso wie eine Normalparabel p: $y = x^2$ ($\mathbb{G} = \mathbb{R} \times \mathbb{R}$), nur in genau einem Punkt schneiden. Begründe.

## AUFGABEN

*Im Folgenden gilt: $\mathbb{G} = \mathbb{R} \times \mathbb{R}$*

**1** Gib die Koordinaten des Scheitelpunktes S an und zeichne den Graphen.

**a)** $p_1$: $y = (x - 1)^2 + 2$ **b)** $p_2$: $y = \frac{1}{2}(x + 2)^2 - 4$ **c)** $p_3$: $y = -0{,}1\,(x + 2{,}5)^2 + 3$

**d)** $p_4$: $y = 3x^2 - 2$ **e)** $p_5$: $y = (x - 3)^2$ **f)** $p_6$: $y = (x - 7) \cdot (x - 7) + 1$

**g)** $p_7$: $y = 3 - 2\,(x + 6)^2$ **h)** $p_8$: $4y = (x - 2)^2 - 28$ **i)** $p_9$: $y = -\frac{1}{5}(x - 2)(x + 2)$

**2** Gib zu den Graphen der Funktionen $p_1$ bis $p_5$ die Gleichung in Scheitelpunktsform, die Wertemenge sowie die Gleichung der zugehörigen Symmetrieachse an.

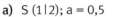

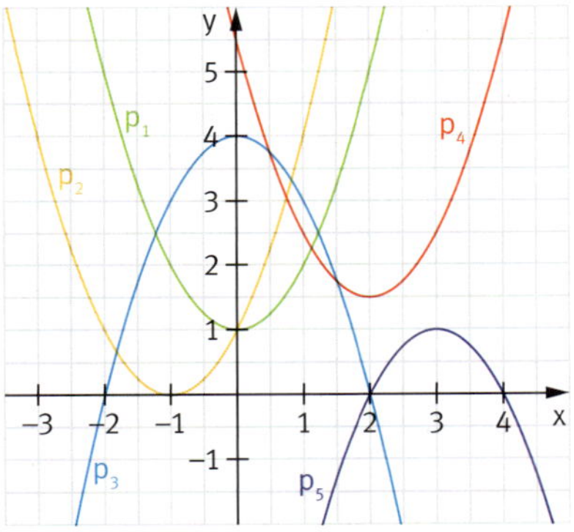


**3** Der Scheitelpunkt S und die Formvariable a einer quadratischen Funktion sind bekannt. Bestimme die Funktionsgleichung in Scheitelpunktsform.

**a)** S (1 | 2); a = 0,5 **b)** S (–3 | 7); a = –1

**c)** S (0,5 | –3,5); a = –3 **d)** S (0 | 2); $a = \frac{1}{4}$

**e)** S (–4,5 | –2); a = 7 **f)** S (8,2 | 0); $a = -\frac{2}{3}$

**4** Bestimme zeichnerisch die Koordinaten der Schnittpunkte der Parabel mit den Koordinatenachsen.

**a)** $y = -0{,}75x^2 + 0{,}75$ **b)** $y = (x + 2)^2 - 4$ **c)** $y = -3x^2 + 18{,}75$

**d)** $y = 5 \cdot (x - 1)^2 + 1$ **e)** $y = 2x^2 - 8$ **f)** $y = -2{,}5x^2 + 3x + 16$

*Lösungen zu 4: (0 | –8); (0 | 0); (0 | 0,75); (0 | 6); (0 | 16); (0 | 18,75); (–4 | 0); (–2,5 | 0); (–2 | 0); (–2 | 0); (–1 | 0); (0 | 0); (1 | 0); (2 | 0); (2,5 | 0); (3,2 | 0); keine Schnittpunkte*

**5** Der Punkt Q liegt auf dem Graphen der Funktion p: $y = 0{,}25x^2 + y_S$ ($y_S \in \mathbb{R}$). Gib den Scheitelpunkt des Graphen an.

**a)** Q (0 | 2) **b)** Q (1 | 4) **c)** Q (4 | 0) **d)** Q (0 | 0) **e)** Q (–4,5 | 3)

**6** Der Scheitel einer an der x-Achse gespiegelten und verschobenen Normalparabel p ist S (6 | –3). Die Punkte $P_1$ und $P_2$ liegen beide auf p und haben die y-Koordinate –7. Wie lauten die zugehörigen x-Koordinaten? Erläutere.

**7**

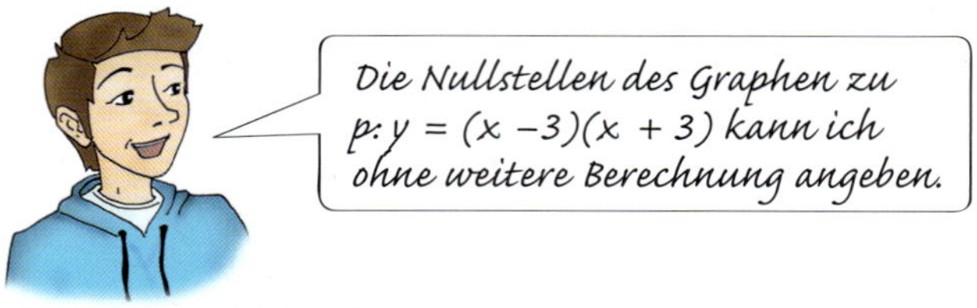
Die Nullstellen des Graphen zu
p: y = (x −3)(x + 3) kann ich
ohne weitere Berechnung angeben.

**a)** Erläutere Valentins Aussage.

**b)** Gib die Nullstellen der Funktion ohne Berechnung an.

① $p_1$: $y = x^2 - 4$ ② $p_2$: $y = (x - 1)^2$ ③ $p_3$: $y = (x + 5)(x + 5)$

**c)** Gib die Gleichung einer Parabel p an, die keine Nullstelle besitzt.

**8** Bestimme den fehlenden Koeffizienten so, dass der Punkt auf p liegt ($a, c \in \mathbb{R}$).

**a)** p: $y = a\,(x + 1)^2 + 3$ P (−2 | 7)
**b)** p: $y = -2\,(x - 2)^2 - c$ Q (−1 | −20)
**c)** p: $y = \frac{1}{3}\,(x + 5)^2 + c$ B (−2,5 | 1,75)
**d)** p: $y = ax^2 - 1{,}5$ D (3 | 34,5)

*Es gibt mehrere Möglichkeiten.*

**9** Der Punkt B gehört zum Graphen der Funktion f: $y = (x + x_S)^2$ mit $x_S \in \mathbb{R}$.
Gib die Funktionsgleichung an.

**a)** B (2 | 1) **b)** B (0 | 4) **c)** B (2 | 16) **d)** B (1 | 9) **e)** B (−1 | 3)

**10** Die Parabel p wird mit dem Vektor $\vec{v}$ auf die Parabel p' abgebildet. Führe die Abbildung in einem Koordinatensystem zeichnerisch durch und bestimme die Gleichung von p' rechnerisch.

**a)** p: $y = -2x^2$; $\vec{v} = \binom{-2}{7}$
**b)** p: $y = (x - 3)^2$; $\vec{v} = \binom{3}{2}$
**c)** p: $y = x^2 - 4$; $\vec{v} = \binom{1}{5}$
**d)** p: $y = 0{,}5\,(x + 1)^2 - 3$; $\vec{v} = \binom{0{,}5}{-2}$
**e)** p: $y = 5x^2 + 8$; $\vec{v} = \binom{-6}{-12}$
**f)** p: $y = -\frac{1}{3}\,(x - 4)^2 + 2{,}5$; $\vec{v} = \binom{7}{4}$

**11** Eine Funktion p mit $y = (x - x_S)^2$, $x_S \in \mathbb{R}$ besitzt für x = 2 und x = 9 (für x = −2,5 und x = 4,5) den gleichen Funktionswert. Gib an, für welchen x-Wert die Funktion ihren kleinsten y-Wert hat. Wie groß ist dieser?

*Mehrfachzuordnungen sind möglich.*

**12** Ordne die Punkte den Funktionsgleichungen zu, auf deren Graphen sie liegen.

① $y = 2\,(x - 2)^2 + 4$ ② $y = x^2 + 1$
③ $y + 2 = 3x^2$ ④ $y = (x - 2)^2 + 3$
⑤ $y = 0{,}5\,(x + 1)^2$

A (1 | 6) B (1 | 2) C (1,5 | 3,25) D (−1 | 1) E (−3 | 10) F (2 | 4,5) G (−5 | 52)

**13** Zeichne den Graphen zur Funktion p: $y = \frac{1}{3}x^2 - 2$ in ein Koordinatensystem.
Spiegle diesen sowohl an der x- als auch an der y-Achse und gib die Funktionsgleichungen zu den gespiegelten Parabeln an.

**14** Bekannt sind der Punkt P (−3 | 20) und die Funktion p: $y = 3x^2 + 2$.

**a)** Erläutere, wie die Lage des Punktes P in Bezug zum Graphen von p festgestellt werden kann.

**b)** Überprüfe rechnerisch die Lage des Punktes P in Bezug zum Graphen von p.

**15** Leander hat sich den Graphen der Funktion f: $y = 0{,}000001x^2 + 2$ (h: $y = 5555\,(x-1)^2 - 55$) auf dem GTR anzeigen lassen. Er meint, dass der Graph eine Parallele zur x-Achse (eine Parallele zur y-Achse) ist. Was meinst du? Erläutere.

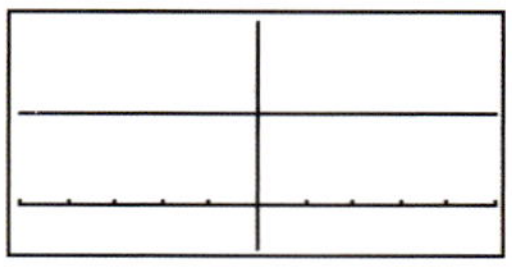

**16** Überprüfe rechnerisch, ob die angegebenen Punkte auf der Parabel liegen.

| | | | |
|---|---|---|---|
| **a)** | $y = (x-2)^2 + 5$ | P (2 \| 5) | Q (−2 \| 23) |
| **b)** | $y = \frac{1}{4}(x+7)^2$ | P (3 \| 25) | Q (11 \| 81) |
| **c)** | $y = -4x^2 - 3$ | P (−4 \| 67) | Q (6,5 \| −17,2) |
| **d)** | $y = 7\,(x-1)^2 - \frac{1}{2}$ | P (−3 \| 11) | Q (2 \| 6,5) |

**17** Dargestellt sind die Graphen zu den Funktionen f: $y = 3x^2 - 3$ und p: $y = 3x^2 + 1{,}5$.

**a)** Bestimme die Koordinaten des Vektors, der den Graphen von f auf den von p abbildet.

**b)** Der optische Eindruck bestätigt die Verschiebung nicht. Erkläre, woran dies liegt.

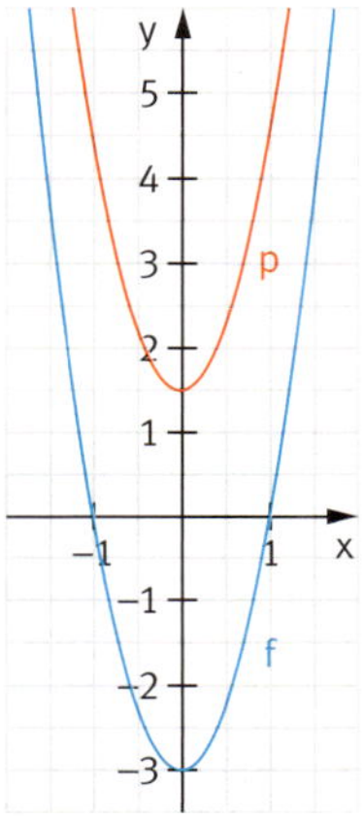
y
5
4
3
2
1
−1
−2
−3
−1
1
x
p
f

*Wie viele Punkte müssen abgebildet werden?*

**18** Die Parabel p wurde durch Parallelverschiebung mit dem Vektor $\vec{v} = \begin{pmatrix} 4{,}5 \\ -8 \end{pmatrix}$ auf die Parabel p' mit $y = -1{,}5\,(x+2)^2 - 3{,}5$ abgebildet.

**a)** Gib den Vektor $\vec{v}\,'$ an, der die Parabel p' auf die Parabel p abbildet.

**b)** Ermittle die Koordinaten des Scheitelpunkts S der Parabel p.

**c)** Gib die Gleichung der Parabel p an.

**19** Silvio überlegt:

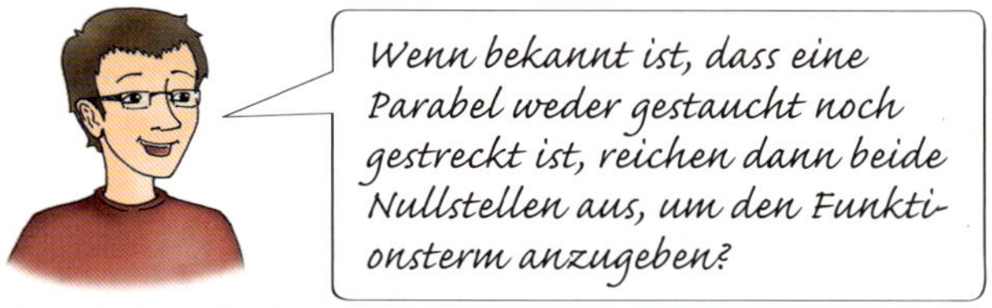
Wenn bekannt ist, dass eine Parabel weder gestaucht noch gestreckt ist, reichen dann beide Nullstellen aus, um den Funktionsterm anzugeben?

**a)** Was meinst du dazu? Begründe.

**b)** Gib alle möglichen Funktionsterme in Scheitelpunktsform an, wenn die Parabel die Nullstellen −4 und 0 hat und weder gestaucht noch gestreckt ist.

**SPIEL**

**Parabeln versenken**

Stelle zwischen dir und deiner Banknachbarin/deinem Banknachbarn eine Trennwand auf.
Anschließend denkt sich jeder von euch den Funktionsterm einer Parabel aus und zeichnet diese in ein Koordinatensystem.
Ihr nennt nun abwechselnd jeweils einen x-Wert und der andere teilt dann den zugehörigen Funktionswert zu seiner Parabel mit.
Ziel des Spiels ist es, mit möglichst wenigen Wertepaaren den Funktionsterm zu bestimmen.

Überlege dir, welche Angaben du benötigst für das Aufstellen einer ...

- Geradengleichung der Form $y = mx + t$ mit $m, t \in \mathbb{R}$ und $\mathbb{G} = \mathbb{R} \times \mathbb{R}$.
- Parabelgleichung der Form $y = a\,(x - x_S)^2 + y_S$ mit $a \in \mathbb{R}\backslash\{0\}$, $x_S, y_S \in \mathbb{R}$ und $\mathbb{G} = \mathbb{R} \times \mathbb{R}$.
- Parabelgleichung der Form $y = ax^2 + bx + c$ mit $a \in \mathbb{R}\backslash\{0\}$ und $b, c \in \mathbb{R}$ sowie $\mathbb{G} = \mathbb{R} \times \mathbb{R}$.

### Merkwissen

Um Parabeln p zeichnen oder deren Funktionsgleichung aufstellen zu können, braucht man ...

- für die **Scheitelpunktsform** der quadratischen Funktion $\mathbf{y = a \cdot (x - x_S)^2 + y_S}$ mit $a \in \mathbb{R}\backslash\{0\}$, $x_S, y_S \in \mathbb{R}$ und $\mathbb{G} = \mathbb{R} \times \mathbb{R}$ den **Koeffizienten a** sowie die Koordinaten $\mathbf{x_S}$ und $\mathbf{y_S}$ des **Scheitelpunktes S**.
- für die **allgemeine Form** der quadratischen Funktion $\mathbf{y = ax^2 + bx + c}$ mit $a \in \mathbb{R}\backslash\{0\}$ und $b, c \in \mathbb{R}$ sowie $\mathbb{G} = \mathbb{R} \times \mathbb{R}$ die **drei Koeffizienten a, b und c**.

*Man nennt a, b und c in der Gleichung $y = ax^2 + bx + c$ auch Formvariablen.*

**Beispiel:** Die Punkte P (−6 | 3) und Q (−2 | −5) liegen auf einer an der x-Achse gespiegelten Normalparabel p ($\mathbb{G} = \mathbb{R} \times \mathbb{R}$).

Gespiegelte Normalparabel $\Longrightarrow$ $a = -1$; P, Q $\in$ p liefert:

| | | |
|---|---|---|
| I $3 = -1 \cdot (-6)^2 + b \cdot (-6) + c$ | I $3 = -36 - 6b + c$ | I $3 = -36 - 6b + c$ |
| $\wedge$ II $-5 = -1 \cdot (-2)^2 + b \cdot (-2) + c$ | $\wedge$ II $-5 = -4 - 2b + c$ | $\wedge$ II $c = -1 + 2b$ |

(II) in (I) liefert: $3 = -36 - 6b - 1 + 2b \iff b = -10$ (*)

(*) in (II) liefert: $c = -1 + 2 \cdot (-10) \iff c = -21$

Die Gleichung der Parabel p lautet: $y = -x^2 - 10x - 21$.

*Die Lösung erfolgt analog, wenn statt der Koeffizienten b und c die zwei Koeffizienten a und b oder a und c gesucht sind.*

### Beispiele

**I** Gib die Gleichung der Parabel p mit $y = -4x^2 + bx + 2$ ($b \in \mathbb{R}$ und $\mathbb{G} = \mathbb{R} \times \mathbb{R}$) an, wenn P (−1 | −5) $\in$ p ist.

*Die Lösung erfolgt analog, wenn statt des Koeffizienten b der Koeffizient a oder c unbekannt ist.*

**Lösung:**
P $\in$ p liefert: $-5 = -4 \cdot (-1)^2 + b \cdot (-1) + 2 \iff b = 3$ p: $y = -4x^2 + 3x + 2$

**II** Stelle die Gleichung für eine an der x-Achse gespiegelte und verschobene Normalparabel mit dem Scheitelpunkt S (3 | −7) auf.

**Lösung:**
gespiegelte Normalparabel $\Longrightarrow$ $a = -1$ p: $y = -(x - 3)^2 - 7$

**III** Ermittle die Gleichung der Parabel p, wenn der Scheitelpunkt S (−3 | 2) und der Punkt P (1 | −5) $\in$ p bekannt sind.

**Lösung:**
Einsetzen der Punktkoordinaten von S und P in die Scheitelpunktsform liefert:
$-5 = a\,(1 - (-3))^2 + 2 \iff a = -\frac{7}{16}$ p: $y = -\frac{7}{16}(x + 3)^2 + 2$

**IV** Wie lautet die Gleichung der Parabel p, wenn bekannt ist: S (3 | –3) und b = –3?

**Lösung:**
Aus der allgemeinen Formel für die Koordinaten des Scheitelpunkts folgt:

$$\left.\begin{array}{ll} 3 = -\frac{(-3)}{2a} & \Leftrightarrow a = \frac{1}{2} \\ -3 = c - \frac{(-3)^2}{4 \cdot \frac{1}{2}} & \Leftrightarrow c = 1{,}5 \end{array}\right\} \Rightarrow p\colon y = 0{,}5x^2 - 3x + 1{,}5$$

**Verständnis**

- In welchen Fällen reichen zwei Punkte, die auf der Parabel liegen, aus, um die Gleichung der Parabel angeben zu können? Erläutere.
- Lässt sich die Gleichung einer Parabel angeben, wenn nur die Gleichung der Symmetrieachse und die Wertemenge bekannt sind? Begründe.

**Aufgaben**

*Im Folgenden gilt:*
$\mathbb{G} = \mathbb{R} \times \mathbb{R}$

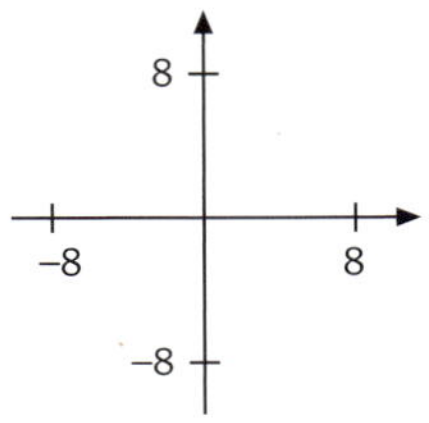


**1** Ermittle die Gleichung der quadratischen Funktion p in der allgemeinen Form und zeichne den zugehörigen Graphen, wenn Folgendes bekannt ist:

**a)** S (1 | 6), P (–1 | 2) ∈ p **b)** S (–2 | –3), P (2 | 1) ∈ p
**c)** S (–4 | 6), P (–6 | –2) ∈ p **d)** S $(\frac{1}{4} \mid -8\frac{7}{8})$; b = 1
**e)** S (–0,5 | –17); c = –16 **f)** S (72 | 44); $a = -\frac{1}{3}$
**g)** p: $y = ax^2 - 6x + 3$ Q (2 | –5) ∈ p; $a \in \mathbb{R}\setminus\{0\}$
**h)** p: $y = -x^2 - 4x + c$ Q (–3 | 6) ∈ p; $c \in \mathbb{R}$
**i)** p: $y = -2x^2 + bx + 6$ Q (–3 | 0) ∈ p; $b \in \mathbb{R}$
**j)** p: $y = 0{,}5x^2 - 4x + c$ Q (0 | 6) ∈ p; $c \in \mathbb{R}$
**k)** P (4 | –13), Q (–4 | –5) ∈ p; c = –1 und $a \in \mathbb{R}\setminus\{0\}$; $b \in \mathbb{R}$
**l)** P (1,5 | 4,5), Q (–1 | –0,5) ∈ p; b = 0,5 und $a \in \mathbb{R}\setminus\{0\}$; $c \in \mathbb{R}$
**m)** P (–6 | 1), Q (7 | –5) ∈ p; a = –0,5 und b, $c \in \mathbb{R}$

**2** Bestimme den fehlenden Koeffizienten so, dass der angegebene Punkt auf p liegt.
**a)** p: $y = a(x + 1)^2 + 3$ P (–2 | 7) **b)** p: $y = -2(x - 2)^2 - c$ Q (–1 | –20)

**3** Von einer Parabel p sind die Koordinaten eines Punktes P (–3 | 21) bekannt.
**a)** Welche zusätzlichen Informationen müssen bekannt sein, damit man die Parabelgleichung angeben kann? Finde verschiedene Möglichkeiten.
**b)** Gib dir für die Fälle aus a) konkrete Werte vor und berechne damit jeweils die Koordinaten des Scheitelpunktes S.

**4** Gegeben ist eine Funktion p: $y = ax^2 + 4x + c$ mit $a \in \mathbb{R}\setminus\{0\}$ und $c \in \mathbb{R}$.
**a)** Bestimme die Koeffizienten a und c so, dass gilt: P (0 | –4), Q (–8 | –4) ∈ p.
**b)** Ermittle, welchen Wert a = c besitzen muss, damit R (0 | –1) auf p liegt.

**5** Überprüfe, ob es möglich ist, a = b so zu wählen, dass $S_1$ (–0,5 | 4) bzw. $S_2$ (0,5 | –4) Scheitelpunkt der Parabel p mit $y = ax^2 + bx + 5$ wird.

**6** Die Formvariablen a, b und c der Funktionsgleichung einer Parabel p haben alle denselben Wert. Ermittle die Funktionsgleichung, wenn p durch P verläuft.
**a)** P (–2 | –6) **b)** P (–3,5 | 2,5) **c)** P (2 | 7)

*Man spricht von einer* ***funktionalen Abhängigkeit****, wenn zwischen zwei Größen ein funktionaler Zusammenhang besteht.*

*Berücksichtige auch die Intervallgrenzen.*

Bei einem Rechteck mit den Seitenlängen 6 cm und 4 cm wird die längere Seite um x cm verkürzt und gleichzeitig die andere Seite um 2x cm verlängert, wobei $x \in [0,5; 5,5]_{\mathbb{R}}$.

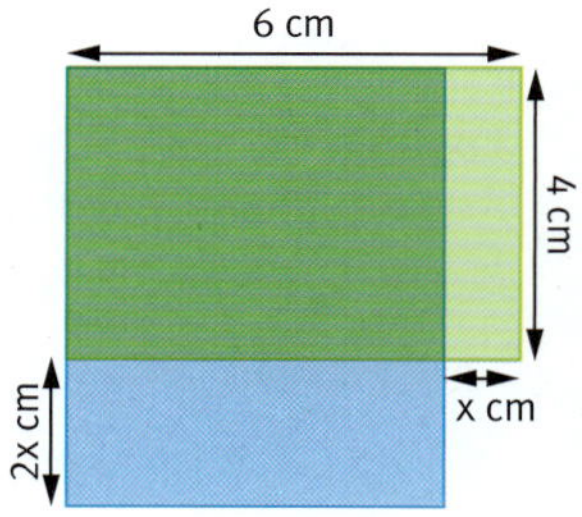


- Gib einen Term an, der den Flächeninhalt A der entstehenden Rechtecke in Abhängigkeit von x beschreibt.
- Zeichne den zu diesem Term gehörenden Graphen in ein Koordinatensystem und ermittle anhand der Zeichnung, für welche Belegungen von x der Flächeninhalt jeweils einen Extremwert annimmt.
- Bestätige die betreffenden Belegungen von x rechnerisch und gib den zugehörigen Flächeninhalt $A_{min}$ bzw. $A_{max}$ an.

## Merkwissen

Quadratische Terme der Form $T(x) = ax^2 + bx + c$ mit $a \in \mathbb{R}\setminus\{0\}$ und $b, c \in \mathbb{R}$ sowie $x \in \mathbb{R}$ besitzen immer einen **Extremwert**.

Für **a > 0** ist der zum Term gehörende Graph eine nach oben geöffnete Parabel. Sie besitzt ein **Minimum**.

Für **a < 0** ist der zum Term gehörende Graph eine nach unten geöffnete Parabel. Sie besitzt ein **Maximum**.

## Beispiele

**I** Die Punkte $Q_n$ liegen auf der Parabel p: $y = -0,3x^2 + 3x - 4,8$ mit $\mathbb{G} = \mathbb{R} \times \mathbb{R}$. Ihre x-Koordinaten sind größer als 2, aber kleiner als 8. Zusammen mit den Punkten O (0|0) und P (10|0) bilden sie Dreiecke $OPQ_n$. Stelle den Flächeninhalt A der Dreiecke $OPQ_n$ in Abhängigkeit von x dar und gib den Inhalt $A_0$ des flächengrößten Dreiecks an.

**Lösung:**

$Q_n \in p \Longrightarrow Q_n\,(x \mid -0,3x^2 + 3x - 4,8)$

$\overrightarrow{OQ_n} = \begin{pmatrix} x \\ -0,3x^2 + 3x - 4,8 \end{pmatrix}; \overrightarrow{OP} = \begin{pmatrix} 10 \\ 0 \end{pmatrix}$

*Der Term A (x) stellt einen quadratischen Term dar. Er besitzt somit einen Extremwert.*

$A\,(x) = \frac{1}{2} \cdot \begin{vmatrix} 10 & x \\ 0 & -0,3x^2 + 3x - 4,8 \end{vmatrix}$ FE

$\Longleftrightarrow A\,(x) = (-1,5x^2 + 15x - 24)$ FE

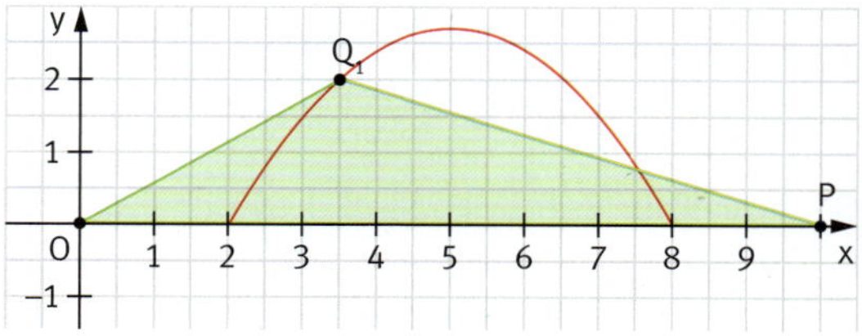


Quadratische Ergänzung liefert:

$A\,(x) = [-1,5\,(x - 5)^2 + 13,5]$ FE

Der Inhalt $A_0$ des flächengrößten Dreiecks beträgt 13,5 FE.

**II** Die Punkte $C_n$ und $D_n$ liegen auf der Parabel p mit $y = -x^2 + 4$ ($\mathbb{G} = \mathbb{R} \times \mathbb{R}$). Sie legen zusammen mit den Punkten $A_n\,(-x \mid 0)$ und $B_n\,(x \mid 0)$ Rechtecke $A_nB_nC_nD_n$ fest. Ermittle die Koordinaten des Rechtecks $A_0B_0C_0D_0$, welches unter den Rechtecken $A_nB_nC_nD_n$ den größtmöglichen Umfang $u_{max}$ besitzt.

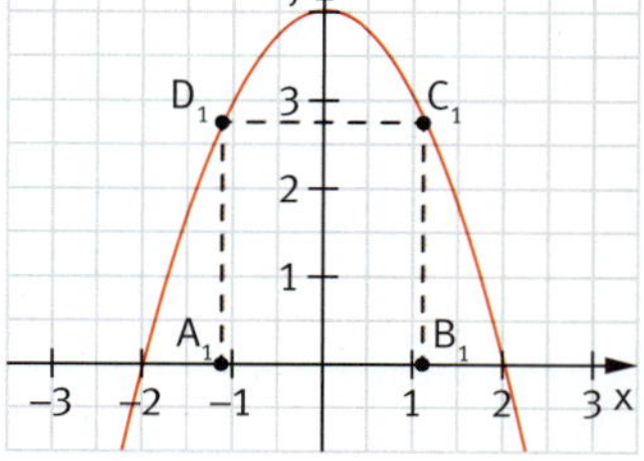

**Lösung:**
$u(x) = (2 \cdot y + 2 \cdot 2x)$ LE
$y = -x^2 + 4 \quad \Longrightarrow u(x) = (2(-x^2 + 4) + 4x)$ LE
$\qquad\qquad\quad \Longleftrightarrow u(x) = (-2x^2 + 4x + 8)$ LE
Quadratische Ergänzung liefert: $u(x) = [-2(x-1)^2 + 10]$ LE

Das Rechteck $A_0B_0C_0D_0$ besitzt für $x = 1$ den maximalen Umfang $u_{max} = 10$ LE.
$A_0(-1|0)$; $B_0(1|0)$; $C_0(1|3)$; $D_0(-1|3)$

*Die Rechtecke $A_nB_nC_nD_n$ besitzen die Breite 2x LE und die Länge y LE.*

## Verständnis

- Was lässt sich über die Extremwerte des Terms $T(x) = a(x - x_S)^2 + y_S$ mit $a \in \mathbb{R}^+$ und $x_S, y_S \in \mathbb{R}$ aussagen, wenn $x \in [x_S; x_S + 2]_{\mathbb{R}}$?
- Was lässt sich über die Extremwerte des Terms $T(x) = (x - 3)^2 - 1$ aussagen, wenn $x \in [1; 5]_{\mathbb{R}}$?

## Aufgaben

**1** Die Punkte $P_n(x|y)$ liegen auf der Parabel p: $y = 0{,}5x^2 + x + 1$ mit $\mathbb{G} = \mathbb{R} \times \mathbb{R}$. Zusammen mit den Punkten $C(-1|3{,}5)$ und $Q_n$ bilden sie Dreiecke $CP_nQ_n$, wobei für die Punkte $Q_n$ gilt: $\overrightarrow{P_nQ_n} = \binom{4}{2}$.

**a)** Zeichne die Parabel p sowie das Dreieck $CP_1Q_1$ für $x_1 = -2$ in ein Koordinatensystem und berechne den Flächeninhalt $A_1$ des Dreiecks $CP_1Q_1$.

**b)** Welche Werte für $x_n$ sind zulässig? Nutze die Zeichnung. Begründe.

**c)** Gib den Flächeninhalt A in Abhängigkeit von der Abszisse x der Punkte $P_n$ an.

**d)** Unter den Dreiecken $CP_nQ_n$ hat das Dreieck $CP_0Q_0$ den größten Flächeninhalt $A_0$. Berechne die Koordinaten der Punkte $P_0$ und $Q_0$.

*Lösung zu 1:*
*$A(x) = (-x^2 - x + 6)$ FE*

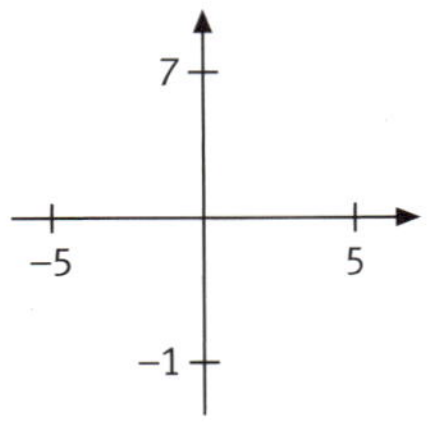


**2** Carlo stellt eine Behauptung auf.
Begründe, ob Carlo Recht hat.

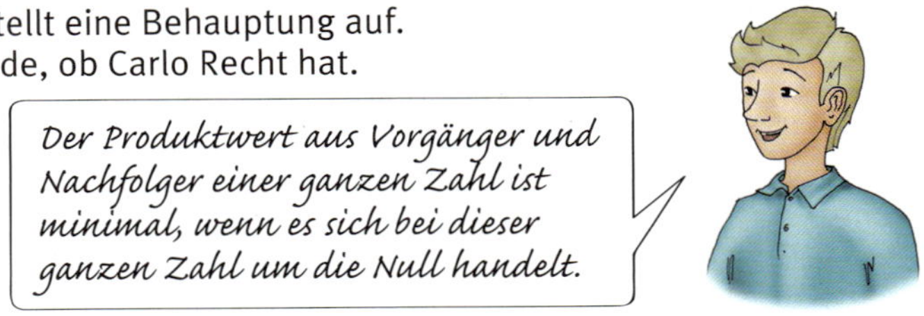

Der Produktwert aus Vorgänger und Nachfolger einer ganzen Zahl ist minimal, wenn es sich bei dieser ganzen Zahl um die Null handelt.


**3 a)** Ermittle, für welche zwei positiven rationalen Zahlen sich der größtmögliche Produktwert ergibt, wenn der Summenwert beider Zahlen 21 ist.

**b)** Ändere das Zahlenrätsel aus Teilaufgabe a) so ab, dass das Produkt der beiden positiven rationalen Zahlen den kleinstmöglichen Wert ergibt.

*Setze x für die gesuchte Zahl.*

**4** Auf der Parabel p liegen Punkte $C_n(x|x^2 + 5x + 4{,}75)$ und $D_n$, wobei die Abszisse der Punkte $D_n$ jeweils um 2 größer ist als die der Punkte $C_n$. Die Punkte $C_n$ und $D_n$ sind zusammen mit dem Punkt $A(-2|1)$ Eckpunkte von Parallelogrammen $AB_nC_nD_n$.

**a)** Zeichne die Parabel p sowie die Parallelogramme $AB_1C_1D_1$ für $x = -3{,}5$ und $AB_2C_2D_2$ für $x = -2{,}5$ in ein Koordinatensystem.

**b)** Bestimme die Koordinaten von $D_n$ in Abhängigkeit von x.

**c)** Berechne den Flächeninhalt A (x) der Parallelogramme $AB_nC_nD_n$.

**d)** Unter den Parallelogrammen $AB_nC_nD_n$ hat das Parallelogramm $AB_0C_0D_0$ den kleinsten flächeninhalt $A_0$. Ermittle den zugehörigen Wert von x.

*Lösung zu 4:*
*$D_n(x + 2|x^2 + 9x + 18{,}75)$*
*$A(x) = (2x^2 + 12x + 20{,}5)$ FE*

*Hier bietet sich ein dynamisches Geometrieprogramm an (Spurmodus).*

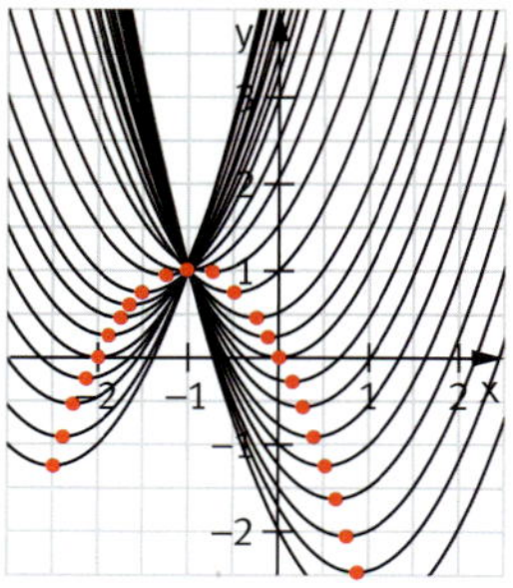


*Der Parameter einer Schar wird auch* ***Scharparameter*** *genannt.*

*Die Scheitelpunkte aller zur Schar gehörenden Parabeln sind rot markiert. Der Verlauf des Trägergraphen lässt sich erkennen.*

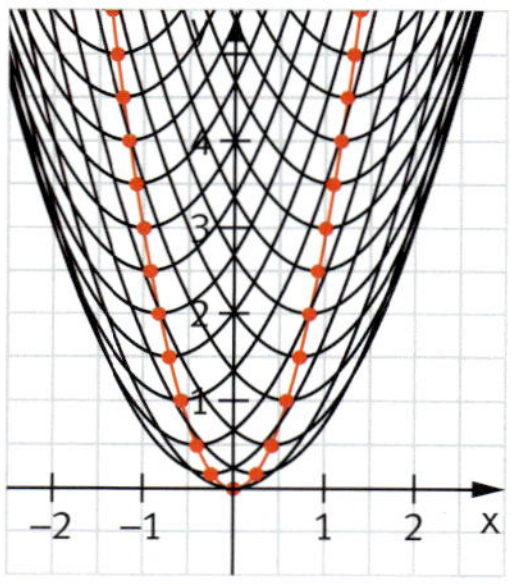


- Zeichne die Graphen zu den quadratischen Funktionen p (a): $y = x^2 + ax + a$ mit $\mathbb{G} = \mathbb{R} \times \mathbb{R}$ und $a \in [-5; 5]_{\mathbb{Z}}$.
- Betrachte die gezeichneten Graphen und beschreibe Gemeinsamkeiten und Unterschiede.
- Markiere die Scheitelpunkte der Parabeln und beschreibe, welche Form der Graph hat, auf dem sie liegen.

## MERKWISSEN

Enthält die Gleichung einer quadratischen Funktion einen **Parameter** (Formvariable), so beschreibt sie eine **Parabelschar**. Die Graphen der Schar besitzen gemeinsame Eigenschaften.

Der Graph, auf dem die Scheitelpunkte aller zur Schar gehörenden Parabeln liegen, wird als **Trägergraph** bezeichnet.

**Beispiel:**
Mithilfe der quadratischen Ergänzung erhält man die **Koordinaten der Scheitel $S_a$** der Parabelschar p (a): $y = x^2 + ax + a^2$ mit $\mathbb{G} = \mathbb{R} \times \mathbb{R}$ und $a \in \mathbb{R}$:

$$y = x^2 + ax + \left(\frac{a}{2}\right)^2 - \left(\frac{a}{2}\right)^2 + a^2 \iff y = \left(x + \frac{a}{2}\right)^2 - \frac{a^2}{4} + a^2 \implies \mathbf{S_a\left(-\frac{a}{2} \,\middle|\, \frac{3}{4}a^2\right)}$$

Das Parameterverfahren liefert die **Gleichung des Trägergraphen t** der Scheitel $S_a$:

$$\begin{array}{lclcl} \text{I } x = -\frac{a}{2} & & \text{I } a = -2x & & \text{I in II liefert:} \\ \wedge \text{ II } y = \frac{3}{4}a^2 & \iff & \wedge \text{ II } y = \frac{3}{4}a^2 & & y = \frac{3}{4}(-2x)^2 \\ & & & \implies & t\colon y = 3x^2 \end{array}$$

## BEISPIELE

**I** Die Parabelschar p (a) mit $\mathbb{G} = \mathbb{R} \times \mathbb{R}$ und $a \in \mathbb{R}$ enthält lauter verschobene Normalparabeln, deren Scheitel $S_a$ $(a \,|\, 0{,}5a)$ ist.

**a)** Gib die Gleichung der Schar p (a) in der allgemeinen Form an.

**b)** Ermittle die Gleichung des Trägergraphen t der Scheitel $S_a$. Welche Form hat der Trägergraph t?

**Lösung:**

**a)** p (a): $y = (x - a)^2 + 0{,}5a \iff$ p (a): $y = x^2 - 2ax + a^2 + 0{,}5a$

**b)** I $x = a$    I in II liefert: $y = 0{,}5x$
$\wedge$ II $y = 0{,}5a$    Der Trägergraph t: $y = 0{,}5x$ ist eine Gerade.

## VERSTÄNDNIS

- Können die beiden Parabeln $p_1$ (x): $y = x^2$ und $p_2$ (x): $y = -x^2$ zur selben Schar gehören? Begründe.
- Der Trägergraph t der Scheitel $S_a$ einer Parabelschar p (a) mit $\mathbb{G} = \mathbb{R} \times \mathbb{R}$ und $a \in \mathbb{R}$ hat die Gleichung $x = 0$. Wie könnte die Gleichung der Parabelschar p (a) lauten? Gib verschiedene Möglichkeiten an.

**Aufgaben**

*Im Folgenden gilt:*
*$\mathbb{G} = \mathbb{R} \times \mathbb{R}$*

*Ein Parameter kann mit beliebigen Buchstaben bezeichnet werden.*

**1** Zeichne die Parabeln der Schar für die angegebenen Werte. Gib die Koordinaten der Scheitel in Abhängigkeit vom Scharparameter an und ermittle die Gleichung des Trägergraphen t der Scheitel und zeichne ihn ein.

**a)** $y = x^2 + 0{,}5a;\ a \in \{0; \pm 2; \pm 4\}$
**b)** $y = (x - k)^2;\ k \in \{0; \pm 1; \pm 2\}$
**c)** $y = -(x - k)^2 + 3k;\ k \in \{0; \pm 1; \pm 2\}$
**d)** $y = (x + c)^2 + 0{,}5c;\ c \in \{\pm 1; \pm 3; \pm 5\}$
**e)** $y = \frac{1}{2}\left(x - \frac{1}{2}a\right)^2 - \frac{1}{2}a^2 + 6;\ a \in \{0; \pm 2; \pm 4\}$
**f)** $y = cx^2 - 3c;\ c \in \{-2; -1; -0{,}5\}$

**2** Ermittle die Scheitelpunktsform der Parabelschar und die Gleichung des Trägergraphen t der Scheitel.

**a)** $p\,(c)\colon y = 6cx - 9c^2 - x^2 + 2c$
**b)** $p\,(a)\colon y = 3a^2 - a + 3ax + 3 + \frac{3}{4}x^2$
**c)** $p\,(k)\colon y = \frac{2}{3}x^2 + 2kx + 1{,}5k^2 + 0{,}5k - 4$
**d)** $p\,(b)\colon y = 2bx - x^2$
**e)** $p\,(a)\colon y = 2x^2 + 0{,}5a^2 - 2ax + \frac{2}{a};\ a \neq 0$
**f)** $p\,(k)\colon y = -x^2 - 2kx + 2k$

**3**

Welche Form hat der Trägergraph der Scheitel $S_a$ der Parabelschar $p\,(a)\colon y = ax^2 + 3$ mit $a \in \mathbb{R}$ und $\mathbb{G} = \mathbb{R} \times \mathbb{R}$?
Das ist doch einfach, der Trägergraph ist entweder eine Parabel oder eine Gerade.

Hat Corinna Recht? Begründe.

**4** Die Parabelschar p (a) mit $\mathbb{G} = \mathbb{R} \times \mathbb{R}$ und $a \in \mathbb{R}$ enthält lauter verschobene Normalparabeln, deren Scheitel $S_a\,(-a \,|\, 3 - a^2)$ auf dem Trägergraphen $t\colon y = -x^2 + 3$ liegen.

*Lösung zu 4:*
*$p\,(a)\colon y = x^2 + 2ax + 3$*

**a)** Gib die Gleichung der Parabelschar p (a) in der allgemeinen Form an.

**b)** Bestätige rechnerisch, dass alle Parabeln der Schar p (a) durch den Punkt P (0 | 3) verlaufen.

**c)** Die Parabel $p_2\colon y = x^2 + 4x + 3$ gehört zur Parabelschar p (a). Wie lautet der zugehörige Scharparameter?

**d)** Erkläre, wie du vorgehst, um zu überprüfen, ob die Parabel $p_1\colon y = (x - 5)^2 - 22$ zur Parabelschar p (a) gehört. Führe die Überprüfung anschließend durch.

**e)** Verschiebe die Scharparabel $p_2\colon y = x^2 + 4x + 3$ mit dem Vektor $\vec{v} = \binom{1}{3}$. Begründe, ob die verschobene Parabel ebenfalls der Schar p (a) angehört.

**5** Alle Parabeln der Schar $p\,(a)\colon y = 2\left(x + \frac{a}{4}\right)^2 - \frac{1}{8}a^2 + a$ mit $\mathbb{G} = \mathbb{R} \times \mathbb{R}$ und $a \in \mathbb{R}$ sollen mit dem Vektor $\vec{v} = \binom{-2}{1}$ verschoben werden. Gesucht ist die Gleichung des Trägergraphen t' der verschobenen Scheitel.

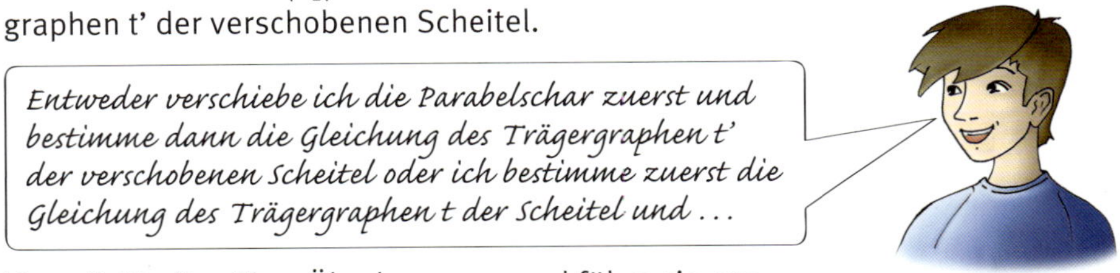
Entweder verschiebe ich die Parabelschar zuerst und bestimme dann die Gleichung des Trägergraphen t' der verschobenen Scheitel oder ich bestimme zuerst die Gleichung des Trägergraphen t der Scheitel und …

Vervollständige Tims Überlegungen und führe sie aus.

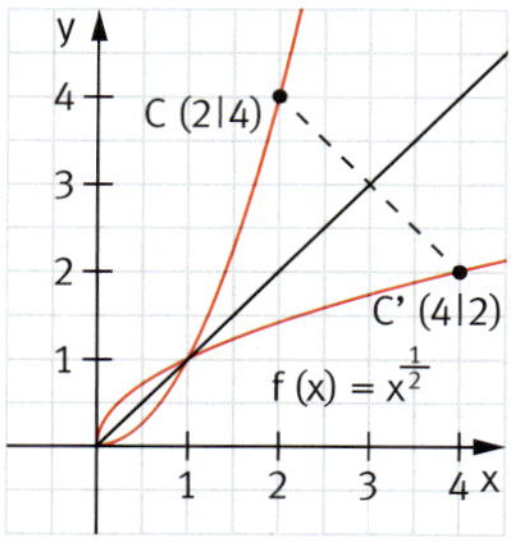


- Ein Quadrat besitzt die Seitenlänge x cm mit $x \in \mathbb{R}_0^+$. Stelle den Flächeninhalt des Quadrats in Abhängigkeit von dessen Seitenlänge dar und zeichne sodann den zugehörigen Graphen in ein Koordinatensystem.
- Gib nun die Seitenlänge des Quadrats in Abhängigkeit seines Flächeninhalts an. Zeichne auch diesen Zusammenhang in das vorhandene Koordinatensystem ein.
- Vergleiche die beiden Graphen hinsichtlich Gemeinsamkeiten und Unterschiede miteinander. Was fällt auf?

*- Die Umkehrrelation $R^{-1}$ zur Funktion f: $y = x^2$ mit $\mathbb{G} = \mathbb{R} \times \mathbb{R}$ erhält man grafisch durch Spiegelung an der Winkelhalbierenden des I. und III. Quadranten.*
*- $\mathbb{D}_f = \mathbb{W}_{R^{-1}}$ und $\mathbb{W}_f = \mathbb{D}_{R^{-1}}$*
*- Ist die Umkehrrelation zur Funktion f eine Funktion, so sagt man: „f ist umkehrbar.“*
*- $\sqrt{x} = x^{\frac{1}{2}} = x^{0,5}$*

## Merkwissen

Bei der Umkehrrelation $R^{-1}$ zur quadratischen Funktion f: $y = x^2$ mit $\mathbb{D}_f = \mathbb{R}$ ($\mathbb{W}_f = \mathbb{R}_0^+$) handelt es sich nicht um eine Funktion, da nicht jedem Element $x \in \mathbb{D}_{R^{-1}}$ genau ein Element $y \in \mathbb{W}_{R^{-1}}$ zugeordnet ist.
Wird die Definitionsmenge $\mathbb{D}_f$ geeignet eingeschränkt, z. B. $\mathbb{D}_f = \mathbb{R}_0^+$, so handelt es sich bei der Umkehrrelation um eine Funktion.
Die **Umkehrung** der quadratischen Funktion f: $y = x^2$ mit $\mathbb{D}_f = \mathbb{R}_0^+$ ($\mathbb{W}_f = \mathbb{R}_0^+$) lautet **$f^{-1}$: $y = \sqrt{x}$** mit $\mathbb{D}_{f^{-1}} = \mathbb{R}_0^+$ ($\mathbb{W}_{f^{-1}} = \mathbb{R}_0^+$). Sie stellt eine **Wurzelfunktion** dar.

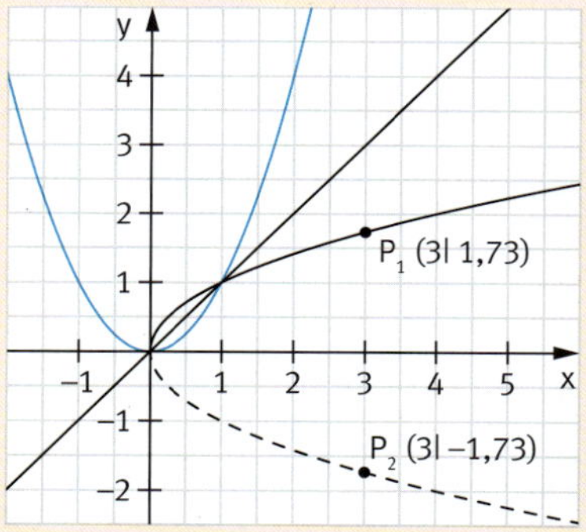


## Beispiele

**I** Gegeben ist die Funktion f: $y = \sqrt{x-1} + 2$ mit $\mathbb{G} = \mathbb{R}_0^+ \times \mathbb{R}$.

a) Bestimme $\mathbb{D}_f$ und $\mathbb{W}_f$.

b) Zeichne den Graphen zu f und die zugehörige Umkehrrelation in ein Koordinatensystem.

c) Begründe, dass f umkehrbar ist. Bestimme die Gleichung von $f^{-1}$ rechnerisch und gib $\mathbb{D}_{f^{-1}}$ und $\mathbb{W}_{f^{-1}}$ an.

**Lösung:**

a) $x - 1 \geqq 0 \iff x \geqq 1$
$\Longrightarrow \mathbb{D}_f = \{x \mid x \geqq 1\}$ und $\mathbb{W}_f = \{y \mid y \geqq 2\}$

c) Die Umkehrrelation $R^{-1}$ zu f ist eine Funktion, da jedem Element $x \in \mathbb{D}_{R^{-1}}$ genau ein Element $y \in \mathbb{W}_{R^{-1}}$ zugeordnet ist.

*$R^{-1}$ ist eine Funktion, da eine Parallele zur y-Achse den Graphen zu $R^{-1}$ in höchstens einem Punkt schneidet.*

f: $y = \sqrt{x-1} + 2$

$f^{-1}$: $x = \sqrt{y-1} + 2 \iff x - 2 = \sqrt{y-1}$
$\Longrightarrow (x-2)^2 = y - 1$
$\iff y = (x-2)^2 + 1$

$\mathbb{D}_{f^{-1}} = \{x \mid x \geqq 2\}$ und $\mathbb{W}_{f^{-1}} = \{y \mid y \geqq 1\}$

*Vertauschen der Variablen x und y liefert die Gleichung der Umkehrrelation.*

b)

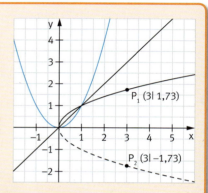

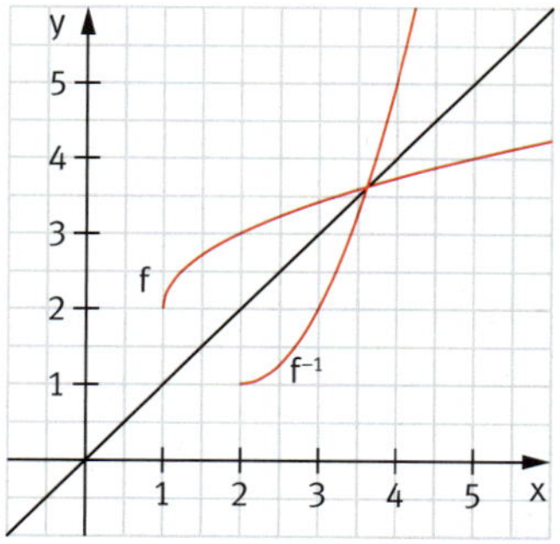


## Verständnis

- Handelt es sich bei der Umkehrrelation zur Funktion f: $y = x^2$ mit $\mathbb{D}_f = \mathbb{R}^-$ um eine Funktion? Begründe.
- Zeige, dass die Umkehrrelation einer Wurzelfunktion f: $y = \sqrt{ax + b}$ mit $a, b \in \mathbb{R}^+$ und $\mathbb{G} = \mathbb{R} \times \mathbb{R}$ stets eine Funktion ist.

**Aufgaben**

*Im Folgenden gilt:*
$\mathbb{G} = \mathbb{R} \times \mathbb{R}$

**1** Gib $\mathbb{D}_f$ und $\mathbb{W}_f$ an. Zeichne sodann den Graph der Funktion f.

**a)** f: $y = \sqrt{x}$ **b)** f: $y = -\sqrt{x}$ **c)** f: $y = \sqrt{4x}$ **d)** f: $y = -\sqrt{x+3}$

**e)** f: $y = \sqrt{x} - 2$ **f)** f: $y = 2\sqrt{x}$ **g)** f: $y = 3 - \sqrt{x}$ **h)** f: $y = -0{,}5\sqrt{x}$

*In welchen Fällen kannst du die Parabelschablone zum Zeichnen benutzen?*

**2** Ordne die Funktionsgleichungen den Graphen zu.

**a)** $f_1$: $y = -\sqrt{2x} + 3$ **b)** $f_2$: $y = -\sqrt{0{,}5x - 1} + 3$ **c)** $f_3$: $y = \sqrt{x+3} - 1$

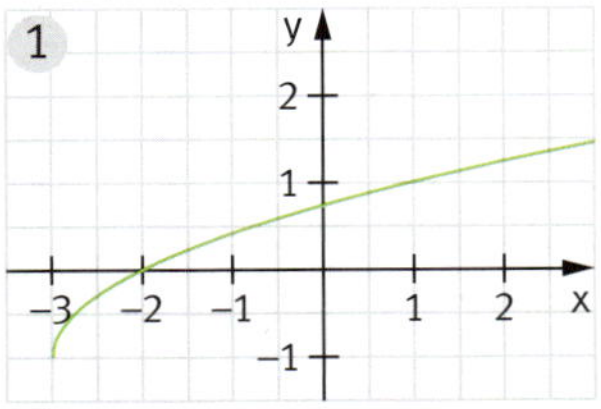


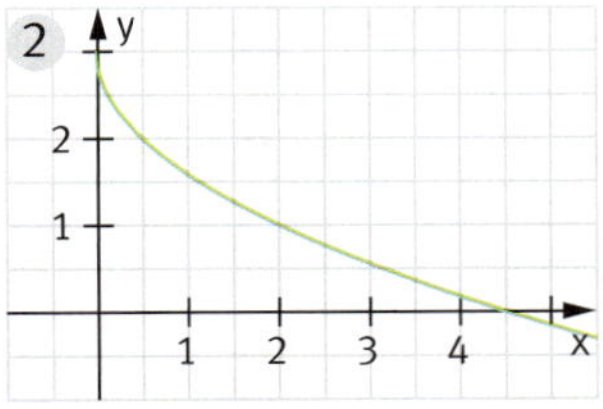


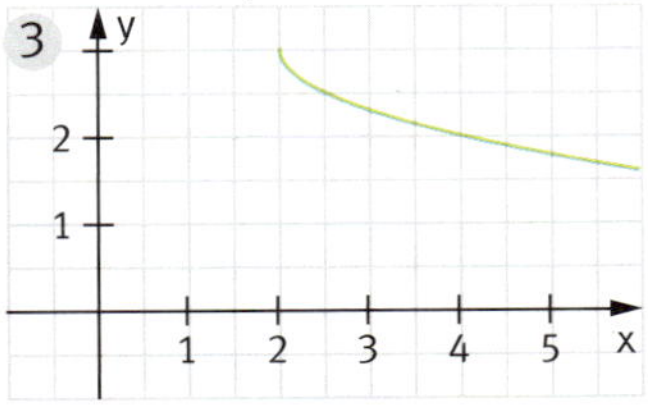


**3** (1) f: $y = x^2 - 2$ (2) f: $y = (x+2)^2$ (3) f: $y = -(x-1)^2 + 3$

(4) f: $y = -x^2 + 4$ (5) f: $y = (x-3)(x+3)$ (6) f: $y = x^2 + 4x + 2$

**a)** Gib $\mathbb{D}_f$ und $\mathbb{W}_f$ der Funktionen an. Zeichne den Graphen in ein Koordinatensystem. Um welche Art von Funktion handelt es sich?

**b)** Zeichne den Graphen der Umkehrrelation $R^{-1}$ zu f in das Koordinatensystem.

**c)** Bestimme die Gleichung der Umkehrrelation $R^{-1}$. Gib $\mathbb{D}_{R^{-1}}$ und $\mathbb{W}_{R^{-1}}$ an.

**d)** Gib für f eine möglichst große Teilmenge der Grundmenge an, auf der sie umkehrbar ist. Wie lautet die Gleichung der zugehörigen Umkehrfunktion $f^{-1}$?

**4** Was meinst du zu Simones Aussage? Erläutere.

**5** Nach Unfällen kann oft aufgrund der Bremsspur auf die gefahrene Geschwindigkeit geschlossen werden. Man rechnet hierzu näherungsweise mit $s = \frac{1}{100} \cdot v^2$.

s: Länge der Bremsspur in m; v: Geschwindigkeit zu Beginn des Bremsens in $\frac{\text{km}}{\text{h}}$

**a)** Zeichne ein s-v-Diagramm für $0 \leqq s \leqq 100$.

**b)** Entnimm dem Diagramm den Wert für v, wenn s = 10 (s = 30, s = 50, s = 90).

*Beachte, dass s auf der Abszissenachse angetragen wird.*

**Spiel**

**Quadratfunktion und Wurzelfunktion – Memory**

Denke dir zwei quadratische Funktionen und zwei Wurzelfunktionen aus. Schreibe jeweils auf ein Kärtchen die Funktionsgleichung, auf ein anderes zeichnest du den zugehörigen Graphen. Nun suchst du dir drei Partner und ihr spielt Memory. Falls euch Memory zu schwierig ist, könnt ihr auch offen spielen und nur die Zuordnungen vornehmen.

- Begründet jeweils, warum ein bestimmter Graph und eine bestimmte Gleichung zusammen gehören.
- Zeichnet die zugehörigen Umkehrrelationen und gebt die entsprechenden Gleichungen an. Für welche Definitionsmenge liegt jeweils eine Funktion vor?

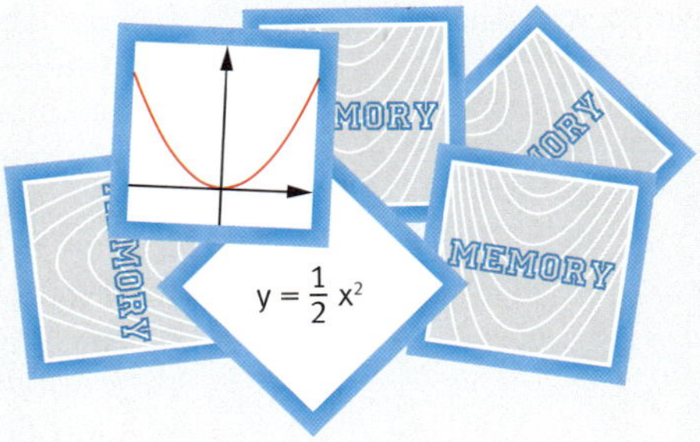

**1** In der Eifel gibt es in den Kratern erloschener Vulkane annähernd kreisförmige Seen, die man Maare nennt.

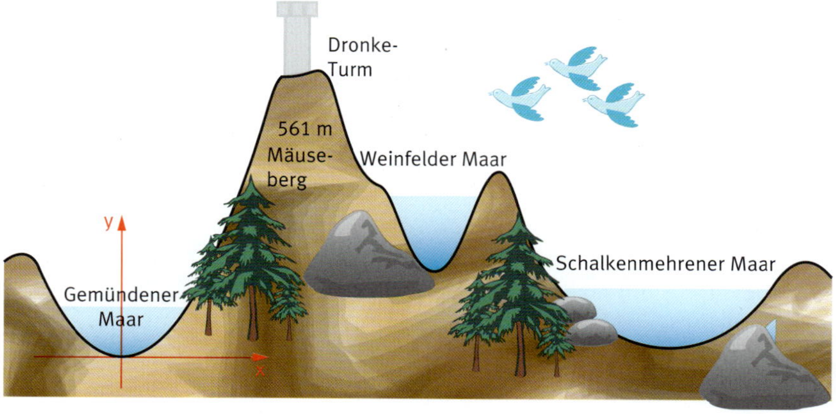


a) Die Querschnitte der Maare können mit Funktionsgleichungen der Form $y = ax^2$ beschrieben werden. Für welches Maar ist der Faktor a am kleinsten? Entscheide anhand der Skizze.

b) Der Querschnitt des Gemündener Maars wird annähernd durch die Funktionsgleichung $y = 0{,}0016x^2$ beschrieben. Die maximale Tiefe dieses Sees beträgt 38 m. Ermittle den Durchmesser der Wasserfläche.

c) Berechne die Wasserfläche des annähernd kreisförmigen Sees in Hektar.

*Unabhängig von der Form und Bewegung des Körpers betrachtet man bei Flugbahnen nur den Schwerpunkt des Körpers (hier z. B. die Badehose).*

**2** Die Klippenspringer von Acapulco sind weltberühmt. Sie springen von einem 35 m hohen Felsen in den Pazifik. Durch Überdecken mit einem Koordinatensystem kann die Flugbahn dieser Springer als Parabel modelliert werden.

a) Der Funktionswert des Scheitelpunkts entspricht der maximalen Höhe von 35,5 m, obwohl der Fels nur 35 m hoch ist. Begründe.

b) Ermittle die Funktionsgleichung dieser Flugparabel.

c) Ein anderer Springer springt von einem 10 m hohen Sprungturm. Gehe von einer identischen Flugkurve aus und bestimme so erneut die Funktionsgleichung der Flugparabel. In welcher horizontalen Entfernung vom Absprungpunkt taucht der Springer ins Wasser ein?

*Lege das Koordinatensystem geschickt fest.*

**3** Bei der Tischtennis-Weltmeisterschaft 2012 in Dortmund verteidigte der Chinese Ma Long mit einer sogenannten „Ballonabwehr“. Der Tischtennisball wird dabei in einem 3,8 m hohen Bogen 10,6 m weit zurück auf die Platte gespielt. Wie lautet eine Funktionsgleichung dieser Flugparabel?

**4** In jedem Freizeitpark ist die Fütterung der Delphine eine Attraktion. Die Delphine schwimmen in Richtung Pfleger, springen dann 3 m hoch und 8 m weit aus dem Wasser heraus und schnappen sich den Fisch.

a) Skizziere diese Parabel (1 cm entspricht 1 m).

b) Bestimme eine Funktionsgleichung der parabelförmigen Flugbahn.

**5** Das Logo der Firma Willi Würstchen ist ein graues W. Die Abbildung zeigt das Logo, das mit einem Koordinatensystem hinterlegt wurde. Näherungsweise kann man die Ränder des Buchstabens mit vier Parabeln beschreiben (Scheitelpunkte $S_1$ bis $S_4$).

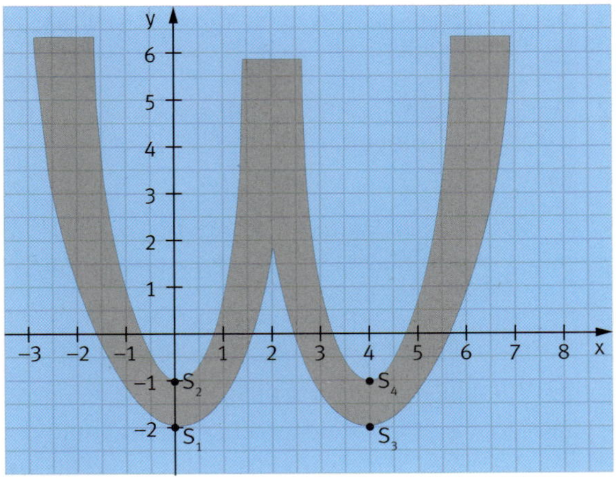


a) Gib die Koordinaten der Scheitelpunkte $S_1$ bis $S_4$ und die Nullstellen der Funktionen möglichst genau an.

b) Ermittle die Funktionsgleichungen der Parabeln mit den Scheiteln $S_1$ und $S_2$.

c) Zeichne alle Parabeln in dein Heft. Nutze Symmetrien und färbe das Logo. Beschreibe die Unterschiede zwischen deiner Kopie und dem Original.

**6** In der Abbildung siehst du eine „Traube" aus insgesamt 20 verschobenen bzw. gespiegelten und verschobenen Normalparabeln. Die Parabeln sind durch Buchstaben gekennzeichnet.

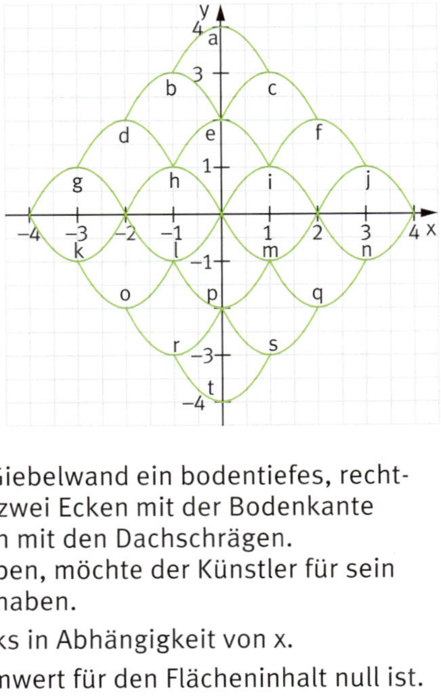


*Die Buchstaben a bis j stehen unter, die Buchstaben k bis t über dem entsprechenden Bogen.*

a) Bestimme für alle Parabelbögen k bis t die Scheitelpunkte und Funktionsgleichungen der Form $y = x^2 + px + q$.

b) Worin unterscheiden sich z. B. die Parabeln a und t, b und r, ... usw.?

c) Ermittle die Funktionsgleichungen für die Parabelbögen a bis j.

**7** In einem Dachstudio soll an der 12 m breiten Giebelwand ein bodentiefes, rechteckiges Kunstwerk so installiert werden, dass zwei Ecken mit der Bodenkante zusammenfallen und die beiden anderen Ecken mit den Dachschrägen.
Um möglichst große Gestaltungsfreiheit zu haben, möchte der Künstler für sein Kunstwerk den größtmöglichen Flächeninhalt haben.

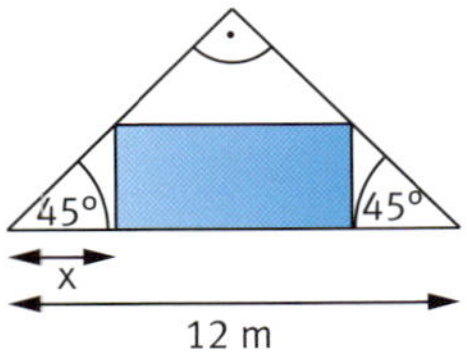


a) Bestimme den Flächeninhalt des Kunstwerks in Abhängigkeit von x.

b) Begründe, dass für x = 0 und x = 6 der Termwert für den Flächeninhalt null ist.

c) Berechne x für den größten Flächeninhalt und gib diesen an.

d) Finde mit einer Wertetabelle den x-Wert, für den das Kunstwerk quadratisch ist.

e) Berechne, um wie viel Prozent die quadratische Fläche kleiner ist als die größte rechteckige Fläche.

*Im Folgenden gilt:*
$\mathbb{G} = \mathbb{R} \times \mathbb{R}$

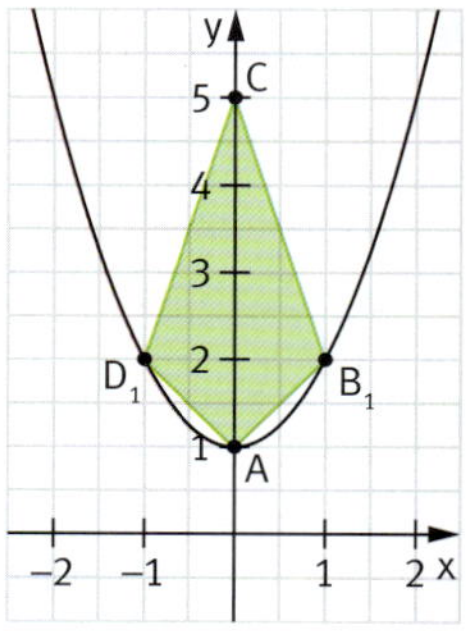


**1** Dargestellt sind der Graph zur Funktion p: $y = x^2 + 1$ mit $\mathbb{G} = \mathbb{R} \times \mathbb{R}$ sowie das Viereck $AB_1CD_1$ mit A (0 | 1), $B_1$ (1 | 2), C (0 | 5) und $D_1$ (−1 | 2). Die Punkte $B_n$ (x | $x^2 + 1$) und $D_n$ (−x | $x^2 + 1$) liegen auf der Parabel p.

a) Zeige, dass die Punkte $B_n$ durch Achsenspiegelung an der y-Achse auf die Punkte $D_n$ abgebildet werden können.

b) Handelt es sich bei den Vierecken $AB_nCD_n$ um Drachenvierecke? Begründe.

**2** Der Graph zur Funktion $f_1$ mit $y = \frac{1}{3}x^2 + 2$ wird an der x-Achse gespiegelt.

a)

*Bei der Spiegelung des Graphen an der x-Achse bleiben die Symmetrieeigenschaften erhalten, weil …*

Vervollständige Jacobs Aussage.

b) Wie lautet die Funktionsgleichung des gespiegelten Graphen?

c) Gib an, durch welche Achsenspiegelung der Graph zur Funktion $f_2$ mit $y = \frac{1}{3}(x + 1)^2 + 2$ auf sich selbst abgebildet werden kann.

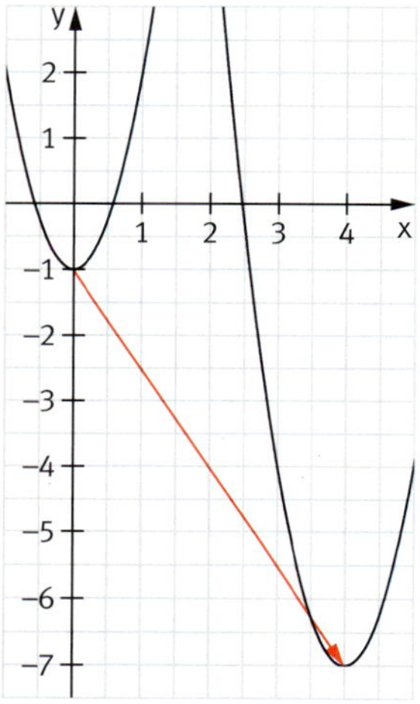


**3** Gegeben ist die Funktion f: $y = 0{,}5 \cdot (x - 2) \cdot (x + 3)$.

a) Begründe, welche Art von Funktion vorliegt.

b) Gib die Nullstellen der Funktion f ohne weitere Berechnung an.

**4** Bestimme mit der nebenstehenden Zeichnung den Vektor $\vec{v} = \begin{pmatrix} v_x \\ v_y \end{pmatrix}$ mit $v_x, v_y \in \mathbb{R}$, der den Graphen von f: $y = 3x^2 - 1$ durch Parallelverschiebung auf den von p: $y = 3x^2 - 24x + 41$ abbildet und bestätige seine Koordinaten rechnerisch.

**5** Die Parabel p mit $y = -0{,}5x^2 - 2x - 3$ wird mit dem Vektor $\vec{v} = \begin{pmatrix} -2 \\ 3 \end{pmatrix}$ auf die Parabel p' parallel verschoben.

a) Führe die Abbildung in einem Koordinatensystem zeichnerisch durch.

b) Bestimme die Gleichung der Parabel p' rechnerisch.

**6** Ermittle, welche Gleichungen jeweils dieselbe Funktion beschreiben.

1. $y = \frac{3}{4}x^2 - 2x + 1{,}5$
2. $y = \sqrt{2} \cdot (x - 4\sqrt{2})^2 - 33\sqrt{2}$
3. $y = -\frac{3}{4}x^2 + x - 4$
4. $y = -\frac{3}{4} \cdot \left(x - \frac{2}{3}\right)^2 - 3\frac{2}{3}$
5. $y = \sqrt{2}x^2 - \sqrt{8}x + 5$
6. $y = -\frac{3}{4} \cdot \left(x + \frac{4}{3}\right)^2 - 2\frac{5}{6}$
7. $y = \sqrt{2}x^2 + 16x - \sqrt{2}$
8. $y = \sqrt{2} \cdot (x - 1)^2 - \sqrt{2} + 5$

**7** Ermittle die Gleichung der quadratischen Funktion f in der allgemeinen Form.

a) A (5 | −1), B (10 | 4) ∈ f: $y = 0{,}2x^2 - bx + c$ mit $b, c \in \mathbb{R}$

b) Der Graph der Funktion f stellt eine an der x-Achse gespiegelte und verschobene Normalparabel mit dem Scheitel S (−3 | 4) dar.

c) A (3 | −1), B (2 | −7) ∈ f: $y = ax^2 + bx + c$ mit $a \in \mathbb{R}\setminus\{0\}$ und $b, c \in \mathbb{R}$.
Die Gleichung der Symmetrieachse des Graphen zu f lautet: x = 4.

**8** Die Funktion p: $y = -0{,}25x^2 + 0{,}5$ wird durch Parallelverschiebung mit dem Vektor $\vec{v} = \begin{pmatrix} -3 \\ 2 \end{pmatrix}$ auf p' abgebildet.

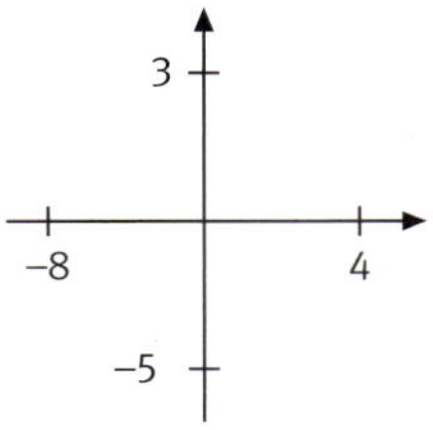


**a)** Tabellarisiere die Funktion p für $x \in [-5; 3]$ und $\Delta x = 1$. Zeichne die Graphen von p und p' in ein Koordinatensystem.

**b)** Ermittle durch Rechnung die Gleichung von p' in der allgemeinen Form.

**c)** Gib die Gleichung der Symmetrieachse s' von p' sowie $\mathbb{W}_p$ und $\mathbb{W}_{p'}$ an.

**d)** Für die Abszisse x der Punkte $B_n \in p'$ gilt: $-7 < x < -1$. Gemeinsam mit den Punkten A (−1 | −1) und C (−7 | −2) sind die Punkte $B_n$ die Eckpunkte von Dreiecken $AB_nC$. Zeichne die Dreiecke $AB_1C$ für $x = -6$ und $AB_2C$ für $x = -2$ in das Koordinatensystem ein.

**e)** Stelle den Flächeninhalt A der Dreiecke $AB_nC$ in Abhängigkeit von x dar.

**f)** Unter den Dreiecken $AB_nC$ besitzt das Dreieck $AB_0C$ den größten Flächeninhalt $A_{max}$. Ermittle den zugehörigen Wert von x und gib $A_{max}$ an.

*Lösungen zu 8:*
*p': $y = -0{,}25x^2 - 1{,}5x + 0{,}25$*
*$A(x) = (-0{,}75x^2 - 5x - 3{,}25)$ FE*

**9** Die Parabelschar p (a) wird durch $y = -x^2 + 4ax - 8a + 3$ mit $a \in \mathbb{R}$ beschrieben.

**a)** Ermittle die Gleichung des Trägergraphen t der Scheitel $S_a$.

**b)** Zeige rechnerisch, dass alle Scharparabeln durch den Punkt P (2 | −1) verlaufen.

**c)** Unter den Scharparabeln gibt es zwei Parabeln, deren Scheitel den Abstand 3 LE von der y-Achse besitzen. Berechne die Koordinaten ihrer Scheitel.

*Lösungen zu 9:*
*$S_a\,(2a \mid 4a^2 - 8a + 3)$*

**10** Bei der Weltmeisterschaft 1991 in Tokio übertraf Mike Powell (USA) im Weitsprung den bis dato aktuellen Weltrekord von 8,90 m um 5 cm. Analysen ergaben, dass sich die Flugbahn seines Körperschwerpunkts bei diesem Sprung näherungsweise durch die Funktion f: $y = -0{,}05x^2 + 0{,}3x + 1{,}35$ mit $\mathbb{G} = \mathbb{R}_0^+ \times \mathbb{R}_0^+$ beschreiben lässt, wobei x die horizontale Entfernung vom Absprungpunkt und y die Höhe des Körperschwerpunkts über dem Boden darstellt (beides in m gemessen).

**a)**

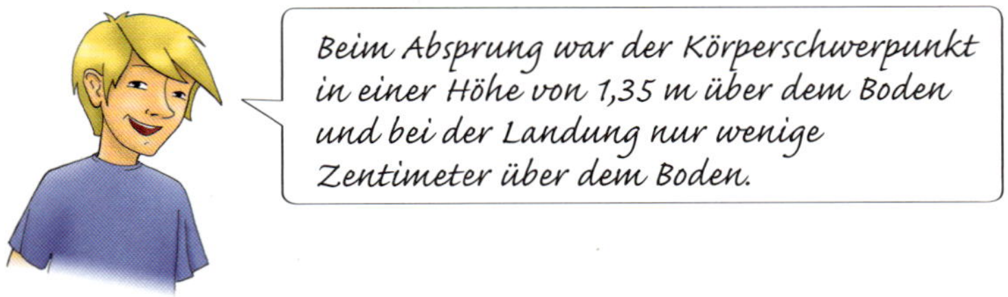

Beim Absprung war der Körperschwerpunkt in einer Höhe von 1,35 m über dem Boden und bei der Landung nur wenige Zentimeter über dem Boden.


Wie könnte Carl zu seiner Aussage kommen? Erläutere.

**b)** Ermittle mithilfe des Graphen, bei welcher horizontalen Entfernung vom Absprungpunkt sich der Körperschwerpunkt in einer Höhe von 1,00 m über dem Boden befand.

*Es gibt mehrere Möglichkeiten.*

**c)** Wäre beim Weltrekordsprung ein Smart Fortwo (Länge 2,50 m; Breite 1,51 m; Höhe 1,52 m) übersprungen worden? Erläutere deine Überlegungen.

**11** Eine Wurzelfunktion f hat die Definitionsmenge $\mathbb{D} = \{x \mid x \geqq -2\}$ und die Wertemenge $\mathbb{W} = \{y \mid y \geqq 3\}$.

**a)** Ermittle die Gleichung von f.

*Findest du verschiedene Möglichkeiten für f?*

**b)** Tabellarisiere die Funktion f in einem geeigneten Intervall und zeichne den Graphen zu f in ein Koordinatensystem.

**c)** Bestimme die Gleichung der zu f gehörenden Umkehrfunktion $f^{-1}$ und zeichne den Graphen zu $f^{-1}$ in das Koordinatensystem.

**d)** Zu welcher Parabelschar könnte der Graph zu $f^{-1}$ gehören?

Überprüfe deine Fähigkeiten und Kenntnisse. Bearbeite dazu die folgenden Aufgaben und bewerte anschließend deine Lösungen mit einem Smiley.

| ☺ | 😐 | ☹ |
|---|---|---|
| Das kann ich! | Das kann ich fast! | Das kann ich noch nicht! |

Hinweise zum Nacharbeiten findest du auf der folgenden Seite. Die Lösungen findest du unter www.ccbuchner.de/medien (Eingabe 8439-02).

**Aufgaben zur Einzelarbeit**

**1** Tabellarisiere die Funktion f für $x \in [-5; 5]$, $\Delta x = 1$ und $\mathbb{G} = \mathbb{R} \times \mathbb{R}$. Zeichne den Graphen von f in ein Koordinatensystem ein und gib $\mathbb{D}_f$ sowie $\mathbb{W}_f$ an.

**a)** f: $y = 1{,}5x^2$
**b)** f: $y = 0{,}25\,(x + 3)^2 + 2$
**c)** f: $y = -x^2 + x$
**d)** f: $y = -3x^2 - 4x - 1$
**e)** f: $y = -\frac{2}{3}\,(x - 2)^2$
**f)** f: $y = (x + 1{,}6)(x - 1{,}6)$

**2** Von einer quadratischen Funktion p ist bekannt:
- Eine der Nullstellen ist $x = 4{,}45$.
- Der Graph von p schneidet die y-Achse bei $y = 1$.
- Die Symmetrieachse von p ist s: $x = 2$.

**a)** Ermittle die Gleichung der Funktion p.
**b)** Leticia fragt sich:

Kann die Gleichung einer quadratischen Funktion auch dann ermittelt werden, wenn man nur die Symmetrieachse s und die beiden Nullstellen kennt?


Was meinst du? Begründe.

**3** Stelle die Gleichung der quadratischen Funktion f in der allgemeinen Form auf ($\mathbb{G} = \mathbb{R} \times \mathbb{R}$).

**a)** Der Graph von f ist eine an der x-Achse gespiegelte und verschobene Normalparabel mit der Symmetrieachse s: $x = -2$ und $P\,(2\,|\,-4) \in f$.
**b)** Die Gleichung von f beschreibt eine verschobene Normalparabel, die durch die Punkte $A\,(-5\,|\,3)$ und $B\,(2\,|\,10)$ verläuft.
**c)** $P\,(-4{,}5\,|\,-134)$, $Q\,(8{,}5\,|\,-420) \in$ f: $y = ax^2 + bx - 3{,}5$ mit $a \in \mathbb{R}\backslash\{0\}$ und $b \in \mathbb{R}$
**d)** Der Graph von f: $y = -2{,}5\,(x - x_S)^2 + y_S$ mit $x_S, y_S \in \mathbb{R}$ schneidet die x- und die y-Achse jeweils im Wert 5.

**4** Gib die Symmetrieachse der Funktion f sowie die Koordinaten des Scheitels S an ($\mathbb{G} = \mathbb{R} \times \mathbb{R}$).

**a)** f: $y = \frac{4}{5}x^2 - 15x - 18$
**b)** f: $y = x^2 - 4x$
**c)** f: $y = (x + 1)(x - 1) + 2$
**d)** f: $y = 6x^2 + 0{,}5$

**5** Gib die Funktionsgleichungen der abgebildeten Parabeln an.

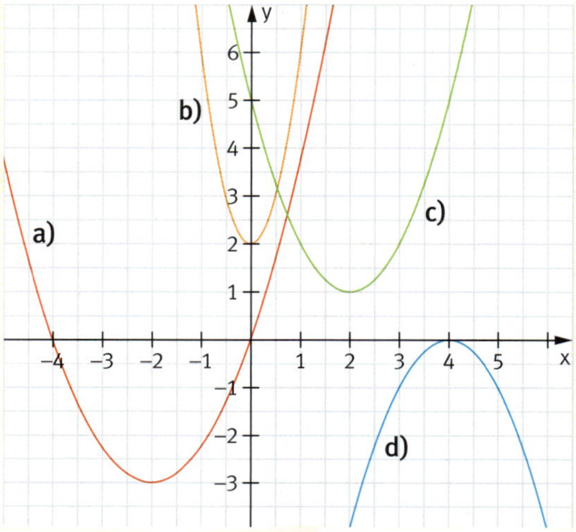


**6** Die Parabel p: $y = -2\,(x + 3)^2 - 4$ mit $\mathbb{G} = \mathbb{R} \times \mathbb{R}$ wird durch Parallelverschiebung mit dem Vektor $\vec{v} = \binom{-3}{2}$ auf p' abgebildet.

**a)** Bestimme $\mathbb{D}_p$, $\mathbb{D}_{p'}$, $\mathbb{W}_p$ und $\mathbb{W}_{p'}$.
**b)** Gib die Symmetrieachsen von p und p' an.

**7** Die Seitenlänge eines Quadrats beträgt 6 cm. Es werden nun zwei parallele Seiten des Quadrats um je x cm ($x \in \mathbb{R}_0^+$) verkürzt und die anderen beiden parallelen Seiten um je 2x cm verlängert.

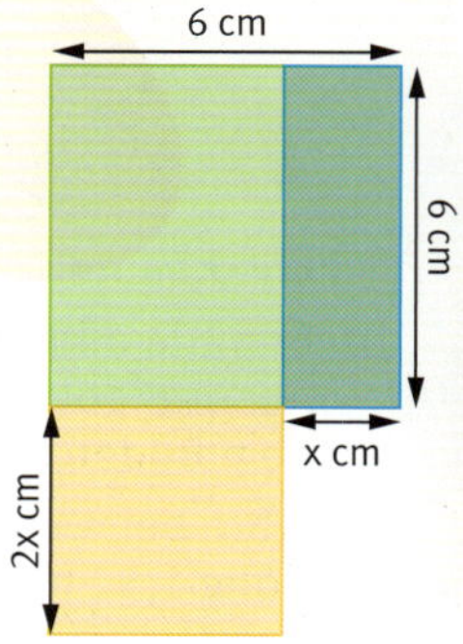


**a)** Zeichne das Quadrat und die entstehenden Rechtecke für x = 2 und x = 3.
**b)** Bestimme, welche Werte x annehmen kann.
**c)** Ermittle den Flächeninhalt A der Rechtecke in Abhängigkeit von x.
**d)** Stelle A (x) grafisch dar und gib die zugehörige Definitions- sowie Wertemenge an.
**e)** Berechne, für welchen Wert von x der Flächeninhalt maximal ist. Überprüfe am Graphen.

**8** Der Scheitel einer verschobenen Normalparabel p mit $\mathbb{G} = \mathbb{R} \times \mathbb{R}$ ist S (5 | 2).
Überprüfe rechnerisch, ob die Punkte P (7 | 6) und Q (27 | 26) zur Parabel p gehören.

**9** Gegeben sind folgende Parabelscharen:
p (b): $y = x^2 + bx - 2$ mit $\mathbb{G} = \mathbb{R} \times \mathbb{R}$ und $b \in \mathbb{R}$
p (c): $y = x^2 - 2x + 4c$ mit $\mathbb{G} = \mathbb{R} \times \mathbb{R}$ und $c \in \mathbb{R}$

**a)** Berechne jeweils die Gleichung des Trägergraphen der Scheitel der Parabelschar.

**b)** Es gibt eine Parabel, die beiden Scharen angehört. Wie lautet ihre Gleichung?

**10**

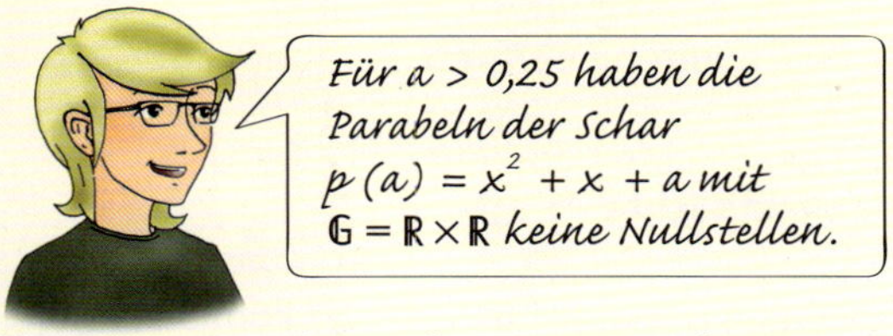
Für a > 0,25 haben die Parabeln der Schar p (a) = x² + x + a mit G = R × R keine Nullstellen.

Wie könnte Evelyn zu ihrer Aussage kommen? Erläutere.

**11** Gegeben ist die Funktion p: $y = 2\,(x^2 + 2)^2 + 4$ mit $\mathbb{G} = \mathbb{R} \times \mathbb{R}$.

**a)** Gib $\mathbb{D}_p$ und $\mathbb{W}_p$ an.

**b)** Zeichne den Graphen zu p und den Graphen der zugehörigen Umkehrrelation $R^{-1}$ in ein Koordinatensystem.

**c)** Gib für die Funktion p eine möglichst große Teilmenge der Grundmenge an, auf der sie umkehrbar ist. Wie lautet die Gleichung der zugehörigen Umkehrfunktion $p^{-1}$?

**12** Gib $\mathbb{D}_f$ sowie $\mathbb{W}_f$ an und zeichne den Graph zu f in ein Koordinatensystem ($\mathbb{G} = \mathbb{R} \times \mathbb{R}$).

**a)** f: $y = \sqrt{1 + x}$ **b)** f: $y = -\sqrt{2x}$ **c)** f: $y = \sqrt{3x - 6}$

**Aufgaben für Lernpartner**

**Arbeitsschritte**

1 Bearbeite die folgenden Aufgaben alleine.
2 Suche dir einen Partner und erkläre ihm deine Lösungen. Höre aufmerksam und gewissenhaft zu, wenn dein Partner dir seine Lösungen erklärt.
3 Korrigiere gegebenenfalls deine Antworten und benutze dazu eine andere Farbe.

Sind folgende Behauptungen **richtig** oder **falsch**? Begründe schriftlich.

**13** Eine Parabel hat stets eine Symmetrieachse.

**14** Wird eine beliebige quadratische Funktion an der y-Achse gespiegelt, so wird sie auf sich selbst abgebildet.

**15** Sind die beiden Nullstellen einer Parabel bekannt, so lässt sich die Abszisse ihres Scheitels angeben.

**16** Der Parameter b der Parabel p: $y = ax^2 + bx + c$ mit $\mathbb{G} = \mathbb{R} \times \mathbb{R}$ und $a \in \mathbb{R} \setminus \{0\}$, $b, c \in \mathbb{R}$ bewirkt eine Verschiebung des Scheitels in x- und y-Richtung.

**17** Kennt man die Koordinaten des Scheitels einer Parabel, so kann man die Gleichung der Parabel rechnerisch ermitteln.

**18** Die zu $k = 9$ gehörende Parabel der Schar p (k): $y = x^2 - 6x + k$ mit $\mathbb{G} = \mathbb{R} \times \mathbb{R}$ und $k \in \mathbb{R}$ hat zwei Nullstellen.

**19** Der Trägergraph einer Parabelschar ist selbst eine Parabel.

**20** Die Definitionsmenge einer quadratischen Funktion ist immer eine Teilmenge der Wertemenge.

**21** Schränkt man $\mathbb{D}$ auf $\mathbb{R}^+$ ein, so ist jede quadratische Funktion umkehrbar.

**22** Bei einer Wurzelfunktion sind die Funktionswerte immer positiv.

| Aufgabe | Ich kann … | Hilfe |
|---|---|---|
| 1, 6, 7, 11, 12, 20 | Definitions- und Wertemengen angeben. | S. 106 |
| 2, 3, 5, 8, 17 | Gleichungen quadratischer Funktionen aufstellen. | S. 114, 116 |
| 1, 5, 7, 11, 12 | Funktionen darstellen. | S. 108 |
| 1, 2, 4, 6, 7, 13, 14, 15, 16 | mit quadratischen Funktionen umgehen. | S. 106, 108, 110 |
| 11, 21 | Umkehrrelationen und -funktionen ermitteln. | S. 122 |
| 7 | mit funktionalen Abhängigkeiten umgehen. | S.118 |
| 9, 10, 18, 19 | mit Parabelscharen umgehen. | S. 120 |
| 12, 22 | mit Wurzelfunktionen umgehen. | S. 122 |

S. 106

Eigenschaften:

- $f(x) \geqq 0$
- $f(x) = f(-x)$ für alle $x \in \mathbb{R}$
- $f(0) = 0$ (**minimaler** Funktionswert)

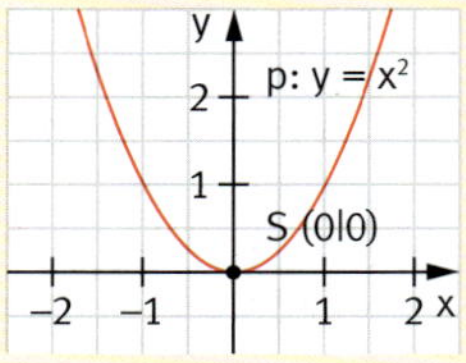


Die Gleichung $\mathbf{y = x^2}$ mit $\mathbb{G} = \mathbb{R} \times \mathbb{R}$ beschreibt eine **quadratische Funktion f**. Ihr Graph ist eine **Normalparabel**.
Der Punkt **S (0|0)** heißt **Scheitelpunkt**.

S. 108

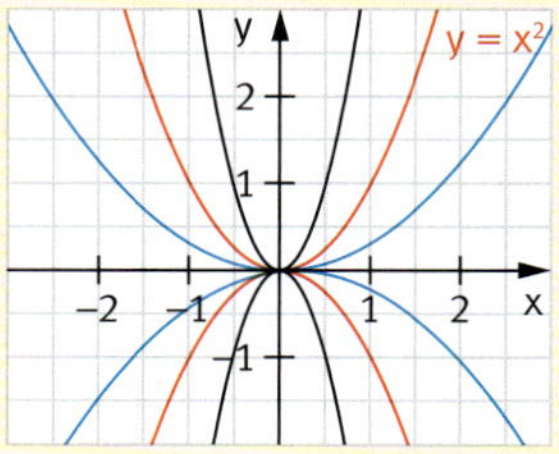


Funktionen mit der Gleichung $y = ax^2$ mit der **Formvariablen** $a \in \mathbb{R}\backslash\{0\}$ und $\mathbb{G} = \mathbb{R} \times \mathbb{R}$ beschreiben Parabeln, deren Scheitel S im Ursprung liegt.

**a > 0**: nach **oben geöffnete** Parabel
**a < 0**: nach **unten geöffnete** Parabel

**|a| > 1**: **gestreckte** Parabel
**|a| < 1**: **gestauchte** Parabel

S. 110

$\mathbf{f: y = a(x - x_S)^2 + y_S}$
mit $a \in \mathbb{R}\backslash\{0\}$, $x_S, y_S \in \mathbb{R}$ und $\mathbb{G} = \mathbb{R} \times \mathbb{R}$

Parabeln mit der Gleichung $y = ax^2$ können entlang der **x- und y-Achse verschoben** sein mit $\mathbf{S(x_S | y_S)}$.

S. 114

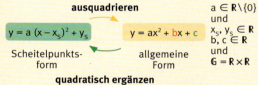

**ausquadrieren**

$y = a(x - x_S)^2 + y_S$ (Scheitelpunktsform) ⇄ $y = ax^2 + bx + c$ (allgemeine Form)

**quadratisch ergänzen**

$a \in \mathbb{R}\backslash\{0\}$ und $x_S, y_S \in \mathbb{R}$
$b, c \in \mathbb{R}$ und $\mathbb{G} = \mathbb{R} \times \mathbb{R}$

$a > 0$: **Minimum** $a < 0$: **Maximum**

Die Scheitelpunktsform der Gleichung einer Parabel kann in die allgemeine Form überführt werden und umgekehrt.

Terme der Form $ax^2 + bx + c$ mit $a \in \mathbb{R}\backslash\{0\}$ und $b, c \in \mathbb{R}$ sowie $x \in \mathbb{R}$ besitzen immer einen **Extremwert**.

S. 120

p (a): $y = x^2 + ax + a^2$ mit $\mathbb{G} = \mathbb{R} \times \mathbb{R}$ und $a \in \mathbb{R}$:

$\Leftrightarrow \quad y = \left(x + \frac{a}{2}\right)^2 - \frac{a^2}{4} + a^2$

(quadrat. Gleichung)

$\Rightarrow \mathbf{S_a\left(-\frac{a}{2} \middle| \frac{3}{4}a^2\right)}$

$$\begin{array}{lcl} \text{I } x = -\frac{a}{2} & & \text{I } a = -2x \\ \wedge \text{ II } y = \frac{3}{4}a^2 & \Leftrightarrow & \wedge \text{ II } y = \frac{3}{4}a^2 \end{array}$$

I in II liefert: $y = \frac{3}{4}(-2x)^2 \Rightarrow \mathbf{t: y = 3x^2}$

Enthält die Gleichung einer quadratischen Funktion einen **Parameter** (Formvariable), so beschreibt sie eine **Parabelschar**. Die Graphen der Schar besitzen gemeinsame Eigenschaften.

Der Graph, auf dem die Scheitelpunkte aller zur Schar gehörenden Parabeln liegen, wird als **Trägergraph** bezeichnet.

S. 122

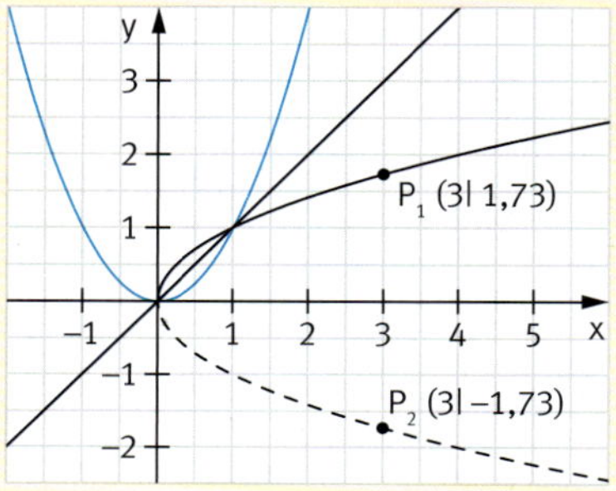


Bei der Umkehrrelation $R^{-1}$ zur Funktion f: $y = x^2$ mit $\mathbb{D}_f = \mathbb{R}$ ($\mathbb{W}_f = \mathbb{R}_0^+$) handelt es sich nicht um eine Funktion, da nicht jedem Element $x \in \mathbb{D}_{R^{-1}}$ genau ein Element $y \in \mathbb{W}_{R^{-1}}$ zugeordnet ist.
Wird $\mathbb{D}_f$ geeignet eingeschränkt, z. B. $\mathbb{D}_f = \mathbb{R}_0^+$, so handelt es sich bei $R^{-1}$ um eine Funktion.
Die **Umkehrung** der Funktion f: $y = x^2$ mit $\mathbb{D}_f = \mathbb{R}_0^+$ ($\mathbb{W}_f = \mathbb{R}_0^+$) lautet $\mathbf{f^{-1}: y = \sqrt{x}}$ mit $\mathbb{D}_{f^{-1}} = \mathbb{R}_0^+$ ($\mathbb{W}_{f^{-1}} = \mathbb{R}_0^+$).
Sie stellt eine **Wurzelfunktion** dar.

## Parallele und senkrechte Geraden

**1** Gegeben ist eine Gerade g.

**a)** Zeichne g und drei Punkte A, B und C, deren Abstand von g 3 cm ist.

**b)** Konstruiere den geometrischen Ort aller Punkte, deren Abstand von g 1,5 cm beträgt.

**c)** Zeichne im Abstand 2 cm von g eine zu g parallele Gerade h.

1 Wo liegen alle Punkte, deren Abstand von g und h gleich groß ist?

2 Wie nennt man diese Ortslinie?

**d)** Zeichne eine zu g senkrechte Gerade k. Wo liegen alle Punkte, deren Abstand …

1 von g 2 cm und von k 4 cm beträgt?

2 von g und k gleich ist?

**2** Zeichne das Dreieck ABC mit A (–3 | –3), B (3 | 3), C (–1 | 3) und die Mittelsenkrechte von [AB] in ein Koordinatensystem ein. Ermittle rechnerisch die Geradengleichung der Mittelsenkrechte. Überprüfe dein Ergebnis anhand der Zeichnung.

**3** Von der Gerade g ist der Achsenabschnitt $t = -3{,}4$ und der auf ihr liegende Punkt P $(-2\frac{3}{4} \mid 0{,}7)$ gegeben.

**a)** Bestimme die Geradengleichung von g.

**b)** Bestimme die Nullstelle von g.

**c)** Gib die Gleichung der zu g orthogonalen Ursprungsgerade an.

**d)** Berechne die Funktionsgleichung der zu g parallelen Gerade, die durch Q (–5 | 4) verläuft.

**4** Gegeben ist die Funktion g mit $y - 2{,}5 = -0{,}2x$.

**a)** Berechne die Nullstelle von g.

**b)** Wie verläuft der Graph von g?

**c)** Gib die Gleichung der Ursprungsgerade k an, die senkrecht zu g verläuft.

**d)** Überprüfe rechnerisch, ob die Gerade h mit der Gleichung $0{,}6x - 3y = 24$ parallel zu g ist.

**5** Zeige rechnerisch, dass das Viereck ABCD mit A (–3 | 0), B (0 | 1), C (–1 | 4) und D (–4 | 3) ein Quadrat ist.

**6** Gesucht ist jeweils die Parallele zur y- bzw. x-Achse, die durch den Punkt P geht. Gib ihre Gleichung an.

**a)** P (5 | –7,5) **b)** P (2 | 1,3) **c)** P (9 | 0,1)

## Praxisorientierte Aufgaben

**7** Ein Mitschüler lügt. Welcher?
Moritz sagt: Ben lügt.
Ben sagt: Leni lügt.
Leni sagt: Ich lüge nicht.

**8** In einer Kiste sind 20 rote, 20 gelbe und 20 schwarze Kugeln, die gleich schwer sind und sich gleich anfühlen. Wie viele Kugeln musst du ohne hinzusehen mindestens ziehen, damit du von einer Farbe garantiert elf Kugeln hast?

**9** Auf einer Party stößt jeder Gast mit jedem an. Es sind 3 (5, 7, 10, 11, 13, n) Leute eingeladen. Wie oft wird angestoßen?

**10** Ein Wanderer steigt auf eine Berghütte und beginnt um 7 Uhr mit dem Aufstieg. Um 15 Uhr kommt er an. Am nächsten Tag beginnt er mit dem Abstieg um 9 Uhr. Für den Auf- und Abstieg nutzt er den gleichen Pfad, geht allerdings abwärts doppelt so schnell. Gibt es einen Wegpunkt, an dem er sich beim Auf- und Abstieg zur gleichen Tageszeit befindet? Wenn ja, welchen?

**11** Welcher Füllgraph gehört zu welchem Gefäß?

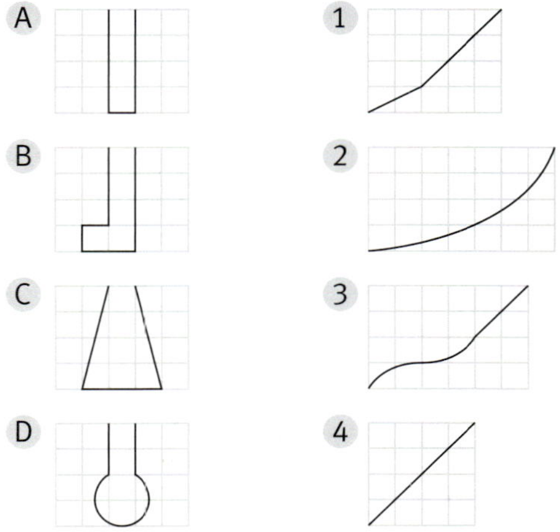

## Potenzen und Potenzgesetze

**12** Bestimme die fehlenden Potenzwerte in den Multiplikationsmauern.

a)

b)

**13** Schreibe mithilfe von Zehnerpotenzen in der Einheit m.

**a)** 7 mm **b)** 825 µm **c)** 18 nm **d)** 2,5 km

**14** Schätze zuerst. Überlege dann, welche Größen du messen musst und berechne dann.

**a)** Wie viele Blätter Papier liegen aufeinander, wenn ein Stapel im Klassenzimmer vom Fußboden bis zur Decke reicht? Die Dicke von Papier kannst du mithilfe von Faltungen ermitteln.

**b)** Wie schwer wäre ein solcher Stapel?

**15** Vereinfache so weit wie möglich.

**a)** $a^5 \cdot a \cdot a^4$ **b)** $(-20a^3b^4c) \cdot \left(-\frac{1}{4}a^2bc^3\right)$

**c)** $\left(2^{2x+2}\right)^{x+1}$ **d)** $x^4 \cdot x^{-3}$

**e)** $a^{n+1} : a^{n-1}$ **f)** $5a^2b^{-3}c \cdot 2abc^3 \cdot 0{,}5a^{-2}bc$

**g)** $\frac{7^{n+1}}{7^{n+2}}$ **h)** $\frac{x^{5-t} \cdot x^{5+t} \cdot (y-1)}{y^{11} - y^{10}}$

**16** Welche der Termwerte ergeben $\frac{1}{8}$?

(1) $2^{-3}$ (2) $\left(\frac{1}{2}\right)^3$ (3) $\left(\frac{1}{3}\right)^6$

(4) $2^{\frac{1}{3}}$ (5) $8^{-1}$ (6) 0,008

**17** Welche der Umformungen sind richtig? Verbessere die falschen in deinem Heft.

**a)** $2 \cdot 7^x = 98$
$7^x = 49$
$x = 2$

**b)** $5 \cdot 3^x = 15$
$15^x = 15$
$x = 1$

**c)** $20 + 4 \cdot 2^x = 28$
$28^x = 28$
$x = 1$

**d)** $55 + 5 \cdot 5^x = 80$
$11 + 1 \cdot 5^x = 16$
$5^x = 5$
$x = 0$

**18** Ordne den Gleichungen die Lösungen zu.

| Gleichungen | Lösungen |
|---|---|
| $x^6 = 1$ | keine Lösung |
| $x^{-1} = -\frac{1}{3}$ | $x = -3$ |
| $(x-1)^5 = -32$ | $x = -1$ |
| $x^4 + 81 = 0$ | $x_{1/2} = \pm 1$ |

## Lineare Funktionen

**19** Zeichne die Graphen folgender Funktionen.

**a)** $y = 2x - 1$ **b)** $0{,}5x = y + 1{,}5$

**c)** $3{,}6x + 4 = 2y$ **d)** $x = y$

**20** Die Punkte P und Q liegen auf g. Gib eine Geradengleichung für g in Normalform ($y = mx + t$) an.

**a)** $m = -0{,}5$; P (−3 | 2) **b)** $t = -1{,}5$; P (−1 | −0,5)

**c)** P (3 | 7); Q (3 | −8,2) **d)** $m = -2{,}4$; $t = 3$

**e)** P (−2 | −4); Q (0 | 0) **f)** P (1 | 0); Q (1,6 | 0)

**21** Gegeben sind die Punkte A (3,5 | −0,5) und B (−0,5 | 5,5). g ist die Mittelsenkrechte von [AB]. Gib die Gleichung von g in Normalform an.

**22**

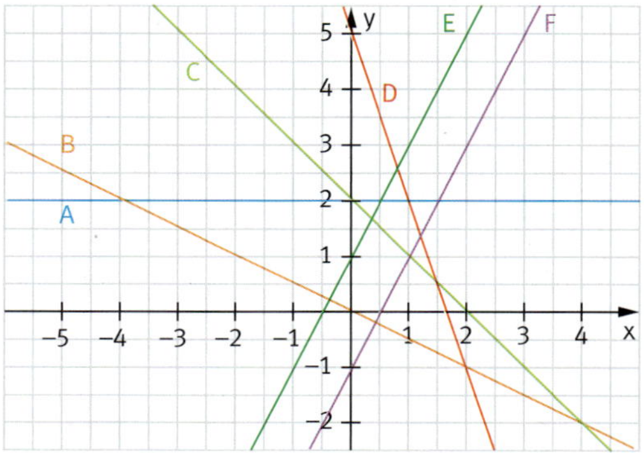


**a)** Ordne die Zuordnungen (1) bis (3) jeweils einem der Graphen A bis F zu.

(1) Vom Doppelten der Zahl x wird 1 subtrahiert.

(2)

| x | 0 | 1 | 2 | 3 |
|---|---|---|---|---|
| y | 1 | 3 | 5 | 7 |

(3)

| x | 1 | 2 | 3 | 4 |
|---|---|---|---|---|
| y | 2 | −1 | −4 | −7 |

**b)** Erstelle für die übriggebliebenen Graphen selbst eine Zuordnung.

**23** Welcher Vorgang passt zu diesem Geschwindigkeits-Zeit-Diagramm (v: Geschwindigkeit; t: Zeit)?

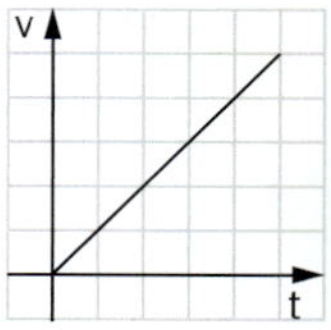


**a)** Das Fahrzeug steht.

**b)** Das Fahrzeug fährt mit gleicher Geschwindigkeit.

**c)** Das Fahrzeug beschleunigt gleichmäßig.

**d)** Das Fahrzeug bremst gleichmäßig.

**e)** Keine dieser Aussagen stimmt.

# 6 Zentrische Streckung

## Einstieg

- Hast du schon einmal im Dunkeln mit einer Taschenlampe „Gespenster“ erschaffen? Bastle ein 15 cm hohes „Gespenst“ aus Pappe und erzeuge damit in einem abgedunkelten Raum Schattenbilder an der Wand. Welche Effekte lassen sich erzielen? Wie kommen sie zustande?
- Welche Zusammenhänge zwischen Formen und Winkeln erkennst du zwischen Originalfigur und Schattenbild?
- Wie verändert sich die Größe des Schattenbildes, wenn du den Abstand zwischen Lichtquelle und Gespenst (Schattenbild) veränderst?

## Ausblick

**Am Ende dieses Kapitels hast du gelernt, …**
- was eine zentrische Streckung ist und welche Eigenschaften sie hat.
- Strecken und Figuren zentrisch zu strecken.
- Streckenlängen auf verschiedene Arten zu berechnen.
- die Ähnlichkeit von Dreiecken zu erkennen und zu begründen.

Hier wurde eine Figur in der Zeichenebene vergrößert.

- Übertrage die Tabelle ins Heft und ergänze sie. Miss die notwendigen Streckenlängen und Winkelmaße. Bilde Quotienten. Was stellst du fest?

| $\overline{ZA}$ | $\overline{ZB}$ | $\overline{ZP}$ | s | $\alpha$ |
|---|---|---|---|---|
| ▢ | ▢ | ▢ | ▢ | ▢ |
| $\overline{ZA'}$ | $\overline{ZB'}$ | $\overline{ZP'}$ | s' | $\alpha'$ |
| ▢ | ▢ | ▢ | ▢ | ▢ |

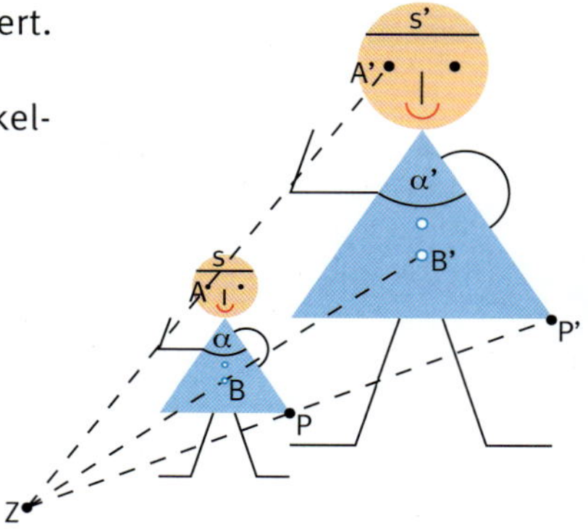


*P heißt Urpunkt, P' heißt Bildpunkt.*

- Beschreibe, wie man den Punkt P auf den Punkt P' abbilden kann.
- Erläutere Gemeinsamkeiten und Unterschiede der beiden Figuren.

*$P \xrightarrow{Z;\,k} P'$*

***Sprechweise:***
*Der Punkt P wird durch eine zentrische Streckung mit dem Zentrum Z und dem Streckungsfaktor k auf den Punkt P' abgebildet.*

## Merkwissen

Eine **zentrische Streckung** ist eine **Abbildung**, mit der man Strecken oder Figuren **maßstäblich vergrößern** oder **verkleinern** kann. Eine **zentrische Streckung** mit dem **Streckungszentrum Z** und dem **Streckungsfaktor k** hat die Schreibweise $P \xrightarrow{Z;\,k} P'$. Abbildungsvorschrift:

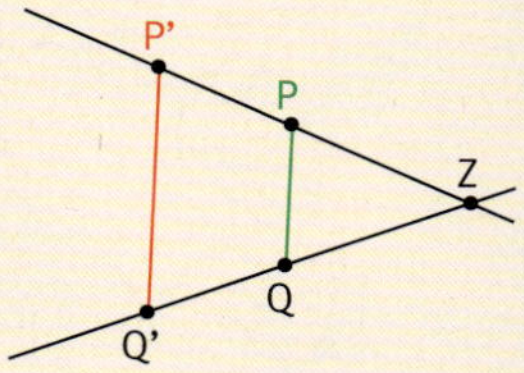


- P' ∈ ZP, d. h. der Bildpunkt P' liegt auf der Gerade durch das Streckungszentrum Z und den Urpunkt P.
- Jeder Strecke [ZP] wird eine Bildstrecke [ZP'] so zugeordnet, dass gilt: $\overline{ZP'} = |k| \cdot \overline{ZP}$ $(k \neq 0)$
- P und P' liegen für …
  - $k < 0$ auf einander entgegengesetzten Halbgeraden von Z aus.
  - $k > 0$ auf derselben Halbgerade von Z aus.

Daraus folgt:

1. $|\mathbf{k}| = \frac{\text{Länge der Bildstrecke}}{\text{Länge der Urstrecke}}$ Der **Betrag des Streckungsfaktors k** ist das Verhältnis der Länge von Bild- zu Urstrecke.
2. Jede Gerade, die nicht durch Z verläuft, wird auf eine zu ihr parallele Bildgerade abgebildet.
3. Für P = Z ist P' = P, d. h. das Streckungszentrum ist **Fixpunkt** der Abbildung.

## Beispiel

**I** Der Punkt P wurde durch zentrische Streckung an Z auf P' abgebildet. Ermittle den Streckungsfaktor k. Beschreibe dein Vorgehen.

**a)**
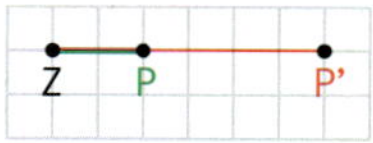


**b)**

**Lösung:**

Ermittle die Längen der Strecken [ZP] und [ZP']. Bestimme anschließend den Quotienten $k = \frac{\overline{ZP'}}{\overline{ZP}}$. Liegen P und P' auf entgegengesetzten Halbgeraden von Z aus, so ist $k < 0$.

**a)** $k = \frac{3\text{ cm}}{1\text{ cm}} = 3$ (Vergrößerung) **b)** $k = -\frac{1\text{ cm}}{3\text{ cm}} = -\frac{1}{3}$ (Verkleinerung)

## Verständnis

- Beschreibe, welche besondere Abbildung du mit dem Streckungsfaktor k = 1 (k = –1) bei einer zentrischen Streckung erhältst.
- Beschreibe den Verlauf der Bildgerade g' bei einer zentrischen Streckung, wenn die Urgerade g nicht durch das Streckungszentrum Z verläuft.

**1** Trage die Urpunkte und Bildpunkte einer zentrischen Streckung mit Streckungszentrum Z in ein Koordinatensystem ein. Gib den Streckungsfaktor k an. Handelt es sich um eine Vergrößerung oder Verkleinerung?

**a)** P (3,5 | 2); P' (–4 | –2,5); $Z_1$ (1 | 0,5) **b)** S (–4 | 4); S' (0 | 6); $Z_2$ (2 | 7)

**c)** R (1 | 5); R' (1 | 2,5); $Z_3$ (1 | 1) **d)** Q (4,5 | –1); Q' (–3,5 | –1); $Z_4$ (2,5 | –1)

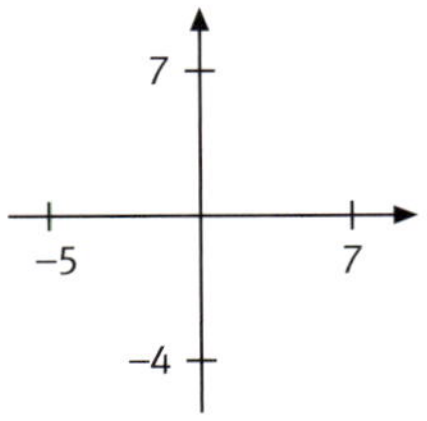


**2**

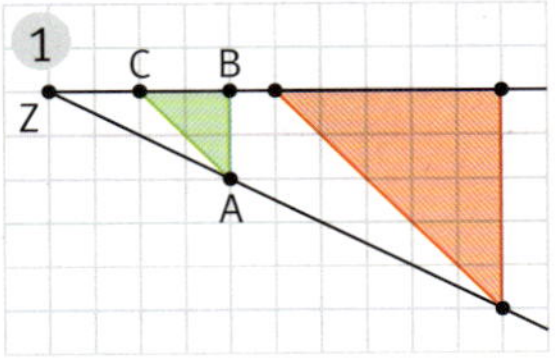


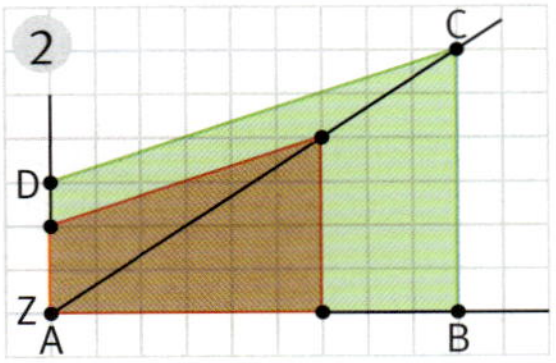


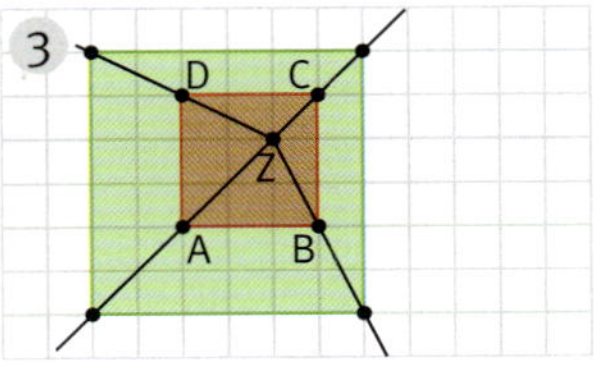


Die grüne Figur wurde durch zentrische Streckung von Z aus auf die rote abgebildet.

**a)** Übertrage die Abbildung in dein Heft. Beschrifte die Bildpunkte.

**b)** Bestimme den Streckungsfaktor k mithilfe verschiedener Streckenpaare.

**3** Überprüfe die Aussagen für eine zentrische Streckung mit Streckungszentrum Z und Streckungsfaktor $k \in \mathbb{R}$ ($k \neq 0$; $k \neq 1$).

*Es entsteht ein Lösungswort.*

| | | wahr | falsch |
|---|---|---|---|
| a) | Die Bildstrecke hat immer die k-fache Länge der Urstrecke. | A | U |
| b) | Möchte man das Verhältnis zweier Strecken bestimmen, gibt man diese in gleichen Einheiten an. | R | S |
| c) | Für k < –1 ergibt sich ein verkleinertes Bild. | T | B |
| d) | Es gibt nur eine Fixgerade. | E | I |
| e) | Urgeraden, die nicht durch Z verlaufen, sind parallel zu ihren Bildgeraden. | L | R |
| f) | Mit dem Faktor $\frac{1}{k}$ wird P' wieder auf P abgebildet. | D | M |

**4** Der Punkt P soll durch $P \xmapsto{Z;\,k} P'$ abgebildet werden.

**a)** Auf welche der Punkte A bis E lässt sich P abbilden? Bestimme jeweils k.

**b)** Begründe, warum es keine zentrische Streckung $B \xmapsto{Z;\,k} E$ geben kann.

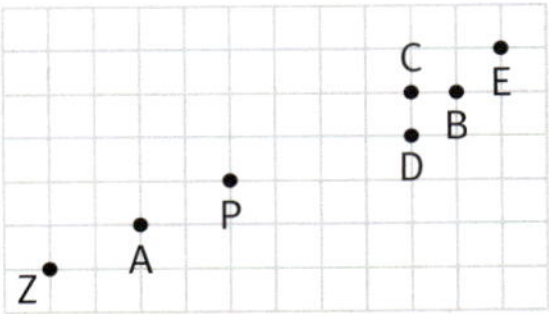


**5** Die Klasse 9a darf eine Klassenwand (8 m × 3,20 m) bemalen. Als Vorlage dient eine Folie (30 cm × 20 cm), die mit einem Overheadprojektor an die Wand projiziert wird. Lege eine zentrische Streckung zugrunde.

**a)** Welcher Streckungsfaktor ist maximal möglich?

**b)** Die Klasse entscheidet sich für k = 15.

① Wie hoch ist eine Figur auf der Wand, die auf der Folie 4,8 cm hoch ist?

② Das Haus auf der Wand wird 1,80 m hoch. Wie groß ist es auf der Folie?

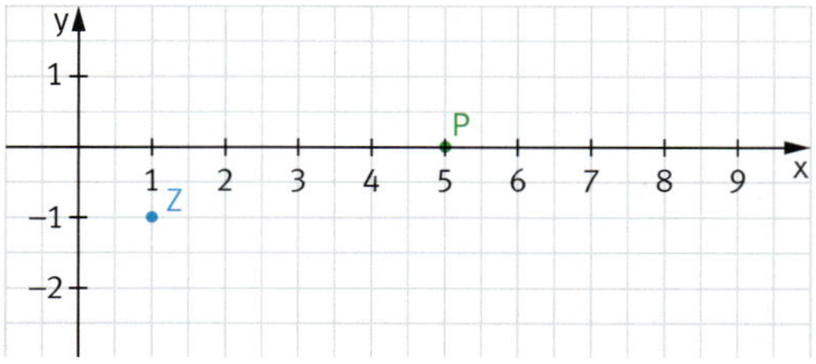


Übertrage die Punkte Z und P in ein Koordinatensystem.

- Zeichne die Halbgerade [ZP und miss die Länge $\overline{ZP}$.
- Trage von Z aus die 2-fache Länge von [ZP] auf der Halbgerade [ZP an. Du erhältst P'.
- Welcher Streckungsfaktor k wurde hier verwendet?
- Überlege, wie sich die Lage des Bildpunktes P' verändert, wenn sich das Vorzeichen des Streckungsfaktors ändert.

*P und P' liegen für …*

- ***k > 0** auf derselben Halbgerade von Z aus.*
- ***k < 0** auf einander entgegengesetzten Halbgeraden von Z aus.*

## Merkwissen

Im Zusammenhang mit der **zentrischen Streckung** gibt es als **Grundkonstruktionen** die Konstruktion von Bildpunkten, Urpunkten sowie des Streckungszentrums Z.

Beispiel zur Konstruktion der Urpunkte von A' (3 | 0) und B' (3 | 3) mit …

1 Z (0 | 0); k = 1,5 — 2 Z (0 | 2); $k = -\frac{2}{3}$

Nimm als Streckungsfaktor den Kehrwert von k, also $k' = \frac{1}{k}$:

$k' = \frac{2}{3}$ — $k' = -\frac{3}{2}$

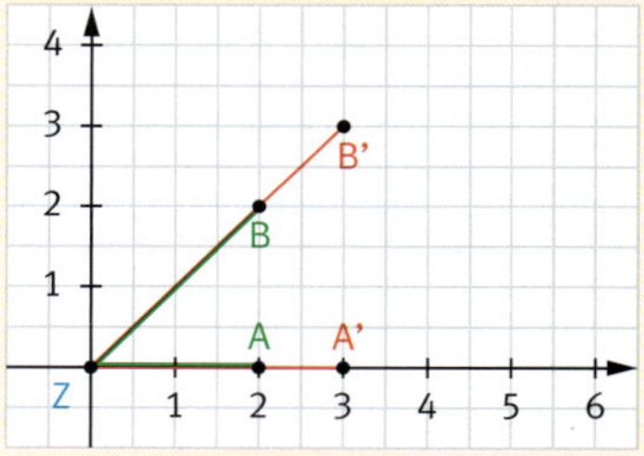


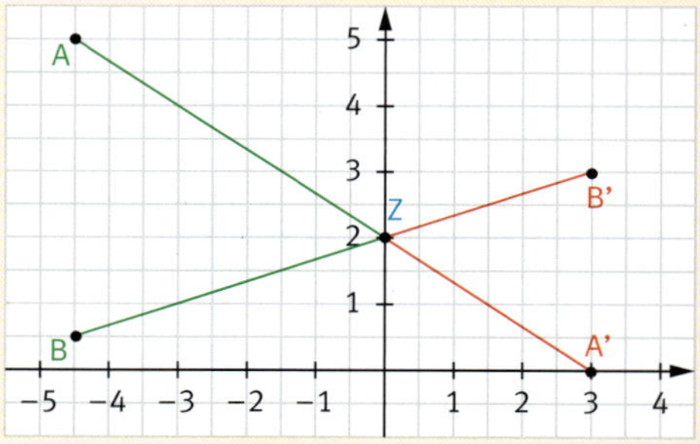


## Beispiele

**I** Konstruiere den Bildpunkt P' von P bei einer zentrischen Streckung mit Streckungszentrum Z und Streckungsfaktor $k = \frac{9}{4}$.

**Lösungsmöglichkeiten:**

1 Messen und Rechnen

- Messen von $\overline{ZP} = 1{,}6$ cm
- Berechnung von $\overline{ZP'}$:
  $\overline{ZP'} = \frac{9}{4} \cdot 1{,}6\text{ cm} = 3{,}6\text{ cm}$
- Antragen von $\overline{ZP'}$

2 Konstruktion mit Hilfsgerade

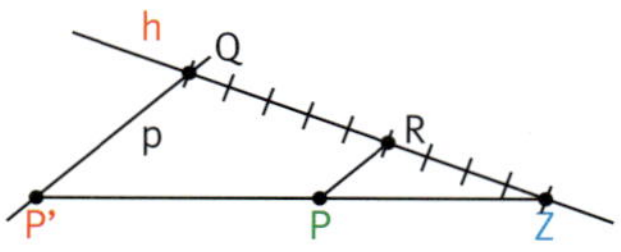


- Auf einer Hilfsgerade h durch Z trägt man zwei Strecken der Längen 9 LE und 4 LE ab, wegen $k = \frac{9}{4}$. Man erhält Q und R.
- Die Parallele p zu RP durch Q schneidet g = [ZP im Punkt P': $g \cap p = \{P'\}$.

**II** Ermittle die Koordinaten des Streckungszentrums Z zum Urpunkt P und Bildpunkt P' mit dem Streckungsfaktor $k = \frac{m}{n} = \frac{5}{4}$. Beschreibe dein Vorgehen.

**Lösung:**
Zeichne zwei parallele Geraden durch P und P'. Trage darauf Strecken der Längen n LE an P und m LE an P' an (Endpunkte Q und Q').
$PP' \cap QQ' = \{Z\}$

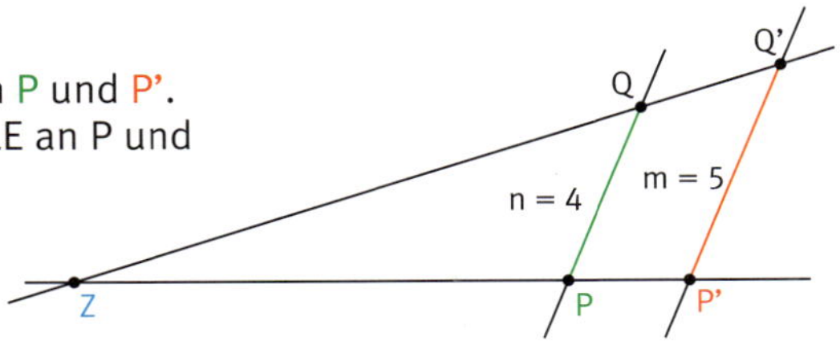


*∩ heißt „geschnitten mit".*

## Verständnis

- Bei einer zentrischen Streckung seien das Urdreieck und das Bilddreieck gleich. Welche Aussagen lassen sich über das Streckungszentrum Z und den Streckungsfaktor k treffen?
- Für welchen Streckungsfaktor wird das Urdreieck ABC auf ein Dreieck A'B'C' mit dem gleichen Flächeninhalt abgebildet?

## Aufgaben

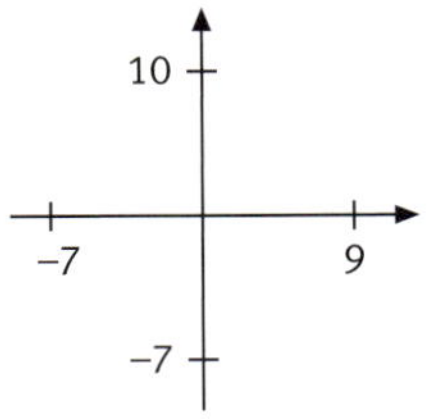


**1** Konstruiere die Bilddreiecke. Es gilt $P \xmapsto{Z;\,k} P'$.

| | | | |
|---|---|---|---|
| **a)** | Z (–2 ∣ –3) | $k = \frac{1}{2}$ | ΔABC mit A (1 ∣ 1); B (–4 ∣ 0); C (4 ∣ –2) |
| **b)** | Z (1 ∣ 4) | k = 2,5 | ΔDEF mit D (–1 ∣ 3); E (4 ∣ 2); F (3 ∣ 5) |
| **c)** | Z (2 ∣ 4) | $k = -\frac{1}{4}$ | ΔPQR mit P (6 ∣ 2); Q (2 ∣ 8); R (2 ∣ –4) |
| **d)** | Z (–1 ∣ 3) | k = –1,5 | ΔSTU mit S (0 ∣ 1); T (3 ∣ 3); U (1 ∣ 5) |

**2** P' (5 ∣ 3) ist der Bildpunkt von P bei einer zentrischen Streckung mit Streckungsfaktor k und Zentrum Z (1 ∣ 1). Bestimme die Koordinaten von P.
**a)** k = 2 **b)** $k = \frac{2}{3}$ **c)** k = –1 **d)** $k = -\frac{4}{3}$

**3** Konstruiere das Streckungszentrum Z und gib seine Koordinaten an.
**a)** P (–0,5 ∣ 1); P' (–3 ∣ 3); $k = \frac{3}{2}$ **b)** Q (2 ∣ 3); Q' (2 ∣ 2); $k = \frac{4}{5}$

*Lösungen zu 3:*
*Z (4,5 ∣ –3); Z (2 ∣ –2)*

**4** Übertrage die Figur in dein Heft und konstruiere die Bildfigur mit dem angegebenen Streckungsfaktor und -zentrum.
**a)** k = –0,5 **b)** $k = \frac{3}{4}$ **c)** k = –1 **d)** k = 3

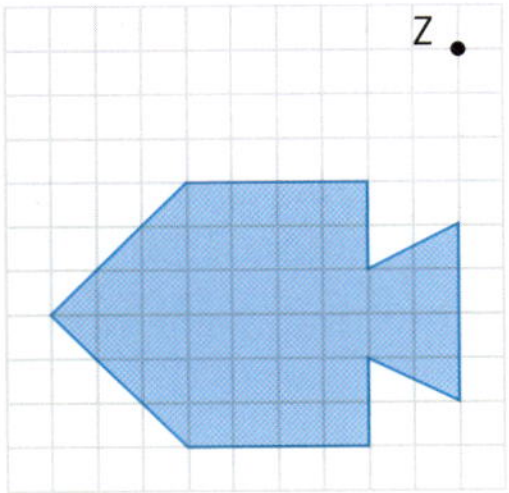


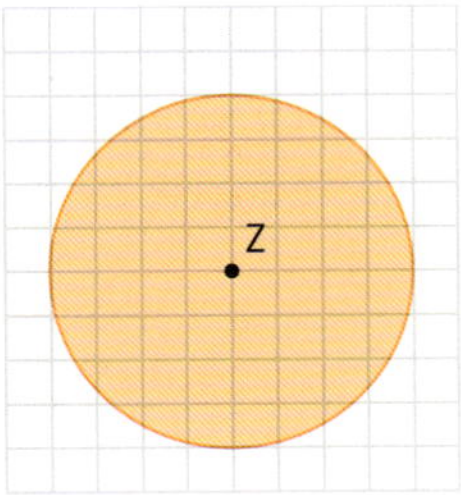


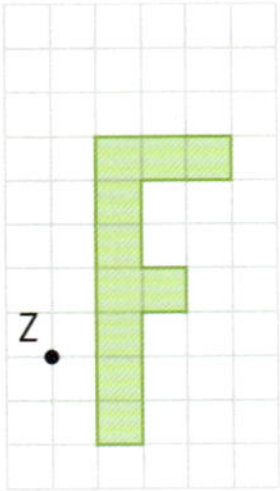


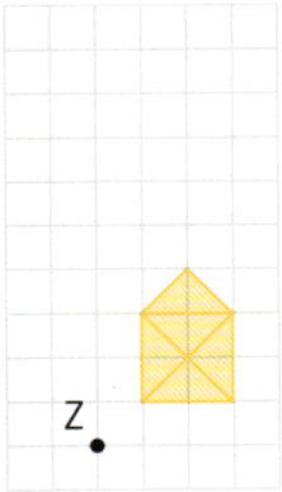


**5** Bilde das Dreieck ABC durch zentrische Streckung an Z (–1 ∣ –1) mit k ab.
**a)** A (3 ∣ –1); B (5 ∣ 2); C (4 ∣ 4); k = –1,5 **b)** A (–6 ∣ 9); B (4 ∣ –6); C (1,5 ∣ 4); $k = -\frac{2}{5}$

**6** Die Punkte A' (8 ∣ 3) und B' (3 ∣ 3) sind durch zentrische Streckung aus den Punkten A (2 ∣ 1) und B (1 ∣ 1) entstanden.
**a)** Ermittle die Koordinaten des Streckungszentrums Z.
**b)** Finde den Streckungsfaktor k heraus.

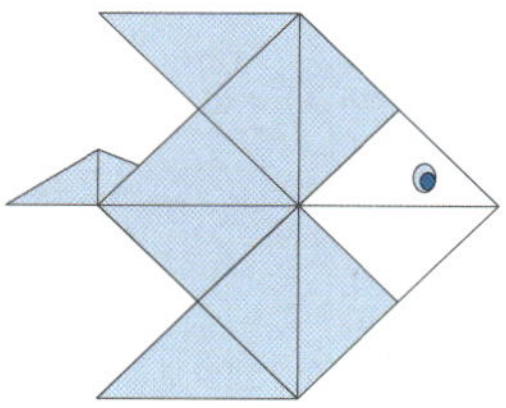

*Der Fisch wird besonders schön, wenn das Papier auf einer Seite farbig ist.*

Wir basteln einen Fisch aus einem quadratischen Stück Papier.

1

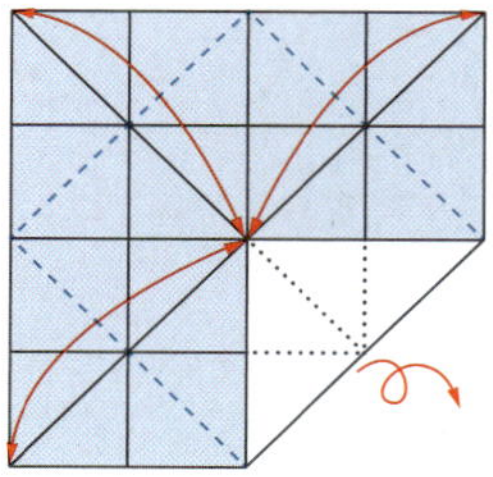

Falte die Diagonalen und Mittellinien. Viertele jede Quadratseite. Öffne nach jeder Faltung. Falte alle vier Ecken zur Mitte. Öffne drei Ecken, nur die rechte untere Ecke nicht. Wende das Blatt.

2

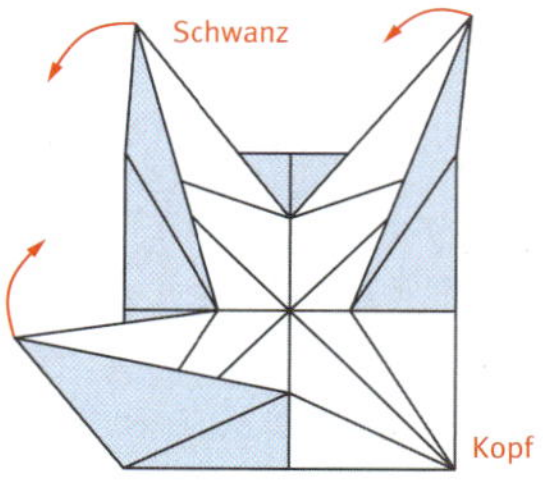


Knicke die Kanten so um, dass die drei äußeren Ecken hoch stehen. Sie bilden Flossen und Schwanz. Die Flossen werden nach hinten gelegt, der Schwanz nach unten geklappt.

3

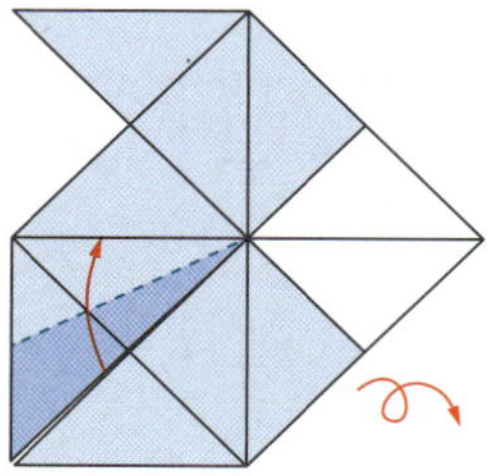

Knicke für den Schwanz die nach unten geklappte Ecke zur Hälfte nach oben, sodass Kante auf Kante liegt. Drehe die Figur: Der Fisch ist fertig.

- Entfalte den Fisch wieder und zeichne die Geraden mit dem Streckungszentrum Z sowie das Dreieck ABC in das Faltmuster ein. Markiere die Bilddreiecke für k = 2, k = 3 und k = 4.
- Untersuche Zusammenhänge zwischen Urdreieck und Bilddreieck: Vergleiche Winkelmaße und das Verhältnis gleichartiger Strecken miteinander.
- Untersuche die Flächeninhalte: Die Urfigur besteht aus einem Dreieck. Wie viele Dreiecke hat die Bildfigur für k = 2 (k = 3, k = 4)? Finde einen Zusammenhang.

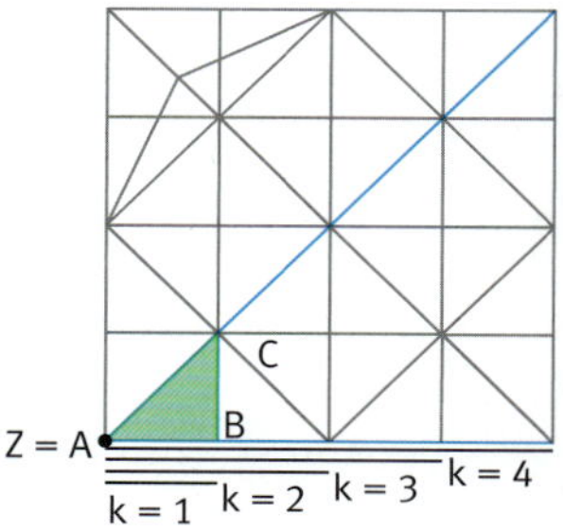


## Merkwissen

Die zentrische Streckung hat folgende **Eigenschaften**:

- Sie ist **geradentreu, winkeltreu** und **kreistreu.**
- Urfigur und Bildfigur haben den **gleichen Umlaufsinn.**
- Die zentrische Streckung ist **verhältnistreu**, d. h. das Längenverhältnis von Bildstrecken ist gleich dem Längenverhältnis der entsprechenden Urstrecken.
- Der Flächeninhalt der Bildfigur ist das $k^2$-Fache des Flächeninhalts der Urfigur: $\mathbf{A_{Bildfigur} = k^2 \cdot A_{Urfigur}}$

## Beispiele

**I** Überprüfe den Zusammenhang zwischen den Flächeninhalten A und A' des Ur- und Bilddreiecks rechnerisch.

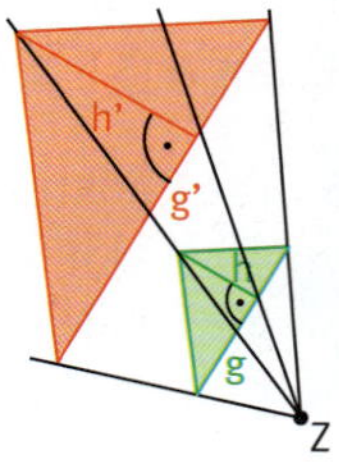


**Lösung:**

$A = \frac{1}{2} \cdot g \cdot h$

$A' = \frac{1}{2} \cdot g' \cdot h' = \frac{1}{2} \cdot (|k| \cdot g) \cdot (|k| \cdot h)$

$A' = (|k| \cdot |k|) \cdot \frac{1}{2} \cdot (g \cdot h) = k^2 \cdot A$

**II** Begründe: Die zentrische Streckung ist eine Abbildung, die ...

a) geradentreu ist. b) winkeltreu ist. c) kreistreu ist.

**Lösung:**

a) Bildet man Punkte einer Gerade ab, die nicht durch Z verläuft, dann liegen alle Bildpunkte wieder auf einer Gerade. Diese verläuft zur Urgerade parallel. Geraden durch Z werden auf sich abgebildet.

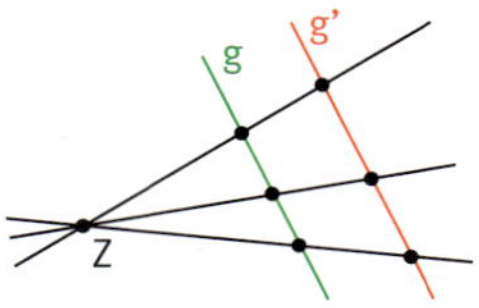


b) Zwei Geraden schneiden sich unter einem Winkel mit dem Maß $\alpha$. Da die Bildgeraden zu den Urgeraden parallel verlaufen, müssen sie sich ebenfalls unter diesem Winkelmaß schneiden: $\alpha = \alpha'$.

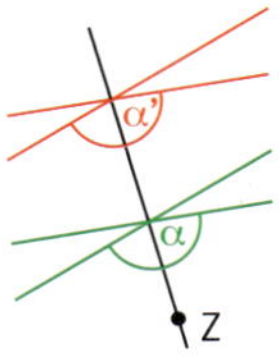


c) Der Mittelpunkt M eines Kreises wird auf M' abgebildet. Alle Radien r des Urkreises werden im gleichen Verhältnis $|k|$ gestreckt. Also sind alle Bildpunkte des Urkreises von M' gleich weit entfernt. Sie liegen auf einem Kreis um M mit $r' = |k| \cdot r$

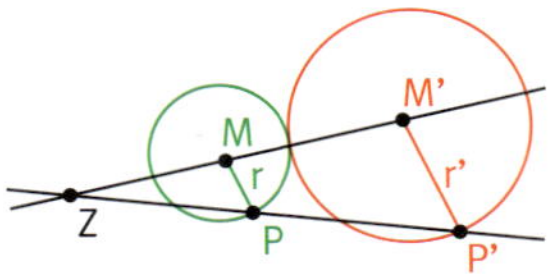


**III** Begründe, dass die zentrische Streckung verhältnistreu ist.

**Lösung:**
Vergleicht man das Längenverhältnis zweier beliebiger Urstrecken [AB] und [CD] mit dem ihrer Bildstrecken [A'B'] und [C'D'], dann gilt:

$$\left.\begin{array}{l}[AB] \xmapsto{Z;\,k} [A'B'] \Rightarrow \dfrac{\overline{A'B'}}{\overline{AB}} = |k| \\ [CD] \xmapsto{Z;\,k} [C'D'] \Rightarrow \dfrac{\overline{C'D'}}{\overline{CD}} = |k|\end{array}\right\} \Rightarrow \frac{\overline{A'B'}}{\overline{AB}} = \frac{\overline{C'D'}}{\overline{CD}} \Leftrightarrow \frac{\overline{A'B'}}{\overline{C'D'}} = \frac{\overline{AB}}{\overline{CD}}$$

Das Längenverhältnis der Bildstrecken ist gleich dem der Urstrecken.

**Verständnis**

- Begründe: Wenn M bei einer zentrischen Streckung der Mittelpunkt von [BC] ist, dann ist M' der Mittelpunkt von [B'C'].
- Begründe, warum der Umlaufsinn bei einer zentrischen Streckung gleich bleibt.

**Aufgaben**

**1** Lege auf einer Gerade g vier Punkte P, Q, R, S fest. Bilde sie durch die zentrische Streckung ab. Erläutere, welche Eigenschaften jeweils bestätigt werden.

a) $Z \in g$; $k = -0{,}5$ b) $Z \notin g$; $k = 2$

**2** Es gilt: $k\,(M;\, r) \xmapsto{Z;\,k} k'\,(M';\, r')$ mit $M\,(0|2)$, $r = 2$ cm und $Z\,(0|-1)$.

① $k = \frac{4}{3}$ ② $k = \frac{2}{3}$ ③ $k = 1{,}5$

a) Berechne r' sowie den Flächeninhalt von Urkreis und Bildkreis.

b) Zeichne die Abbildung in dein Heft.

**3** a) Zeichne ein beliebiges Dreieck ABC und bilde es unter $\Delta ABC \xmapsto{C;\,-1{,}5} \Delta A'B'C'$ ab.

b) Zeige, dass die Seitenmittelpunkte von $\Delta ABC$ auf diejenigen von $\Delta A'B'C'$ abgebildet werden.

**4** Eine gegebene Strecke [AB] soll im Verhältnis 2 : 1 geteilt werden.

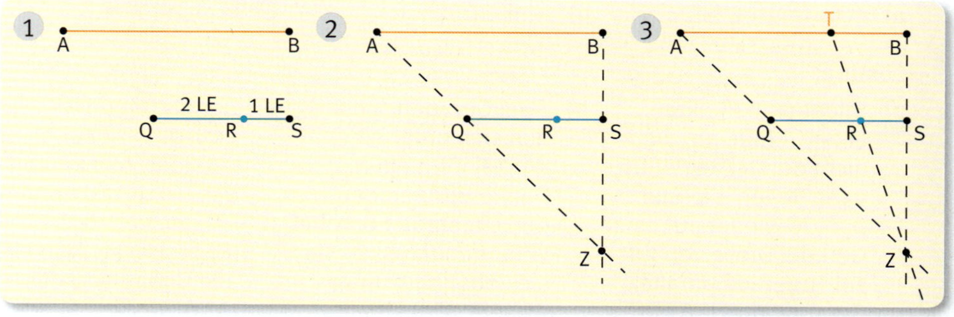


**a)** Zeichne eine Strecke [AB] der Länge 5 cm und teile sie wie in der Abbildung im Verhältnis $\overline{AT} : \overline{TB} = 2 : 1$. Beschreibe dein Vorgehen in Worten.

**b)** Teile ebenso eine 7 cm lange Strecke [AB] im angegebenen Verhältnis.
① $\overline{AT} : \overline{TB} = 3 : 2$ ② $\overline{AT} : \overline{TB} = 1 : 4$ ③ $\overline{AT} : \overline{TB} = 3 : 3$

**c)** Zeichne zwei Strecken im Verhältnis ...
① 6 : 4, wobei die kürzere Strecke 4,8 cm lang ist.
② 5 : 2, wobei die längere Strecke 7 cm lang ist.

**5** Berechne die fehlenden Werte in deinem Heft.

| | a) | b) | c) | d) | e) | f) |
|---|---|---|---|---|---|---|
| k | 1,5 | –0,7 | ☐ | ☐ | –8 | ☐ |
| $k^2$ | ☐ | ☐ | ☐ | 1,96 | ☐ | ☐ |
| A | 22 $cm^2$ | ☐ | 14 $dm^2$ | 40 $cm^2$ | ☐ | 1,2 $cm^2$ |
| A' | ☐ | 10,78 $cm^2$ | 8,96 $dm^2$ | ☐ | 832 $cm^2$ | 480 $mm^2$ |

*Lösungen zu 6:*
*(10|3); (–3|0); (1|0); (–6,5|2); (4|–2)*
*$-2; -1; \frac{1}{3}; \frac{1}{2}; 2$*

**6** Bestimme jeweils die Koordinaten von Z sowie den Streckungsfaktor k.

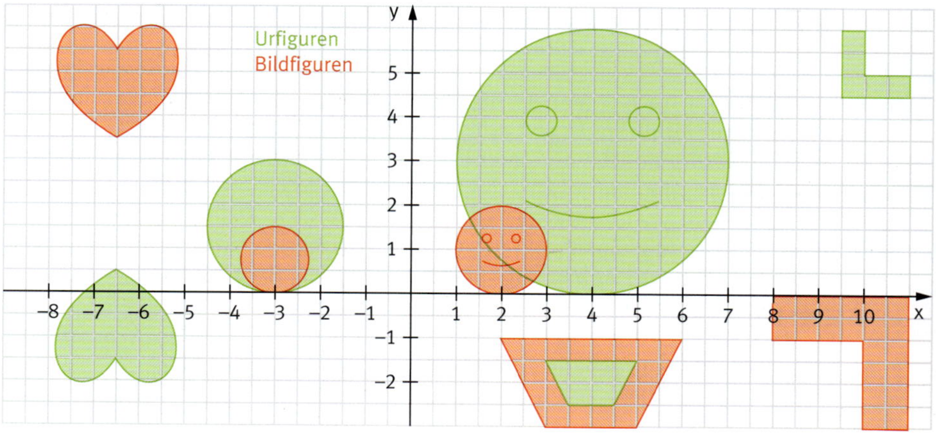


**7** Das Dreieck ABC mit A (3|1), B (5|5) und C (1|3) soll durch zentrische Streckung mit Z (3|2) und k = –1,5 auf das Dreieck A'B'C' abgebildet werden.

**a)** Zeichne das Dreieck ABC und führe die Abbildung durch.

**b)** Berechne die Flächeninhalte von Ur- und Bilddreieck. In welchem Verhältnis stehen die Flächeninhalte beider Dreiecke?

**8** Gegeben ist ein Fünfeck ABCDE mit A (2 | 1), B (5 | 1), C (5 | 4), D (3 | 5), E (1 | 4) und Z (6 | 3).

**a)** Verwende Z als Streckungszentrum und ...

① vergrößere das Fünfeck mit $k = 2$. ② verkleinere das Fünfeck mit $k = \frac{1}{2}$.

**b)** Vergrößere das Fünfeck so, dass der Bildpunkt von A die Koordinaten (0 | 0) besitzt. Bestimme k.

Werkzeug

## Zentrische Streckungen mit dynamischer Geometriesoftware

Mithilfe dynamischer Geometriesoftware kannst du Figuren zentrisch strecken. Dazu musst du Folgendes erledigen:

- Mit einem Icon einen Schieberegler erstellen.
- Eine Figur (z. B. ein Dreieck) zeichnen und einen Punkt als Streckungszentrum festlegen.
- In einem Menüpunkt zum „Abbilden“ von Objekten das Icon „Objekt zentrisch strecken“ wählen. Dabei muss das zu streckende Objekt (z. B. das Dreieck), das Streckungszentrum Z sowie der Schieberegler für den Streckungsfaktor k markiert werden.

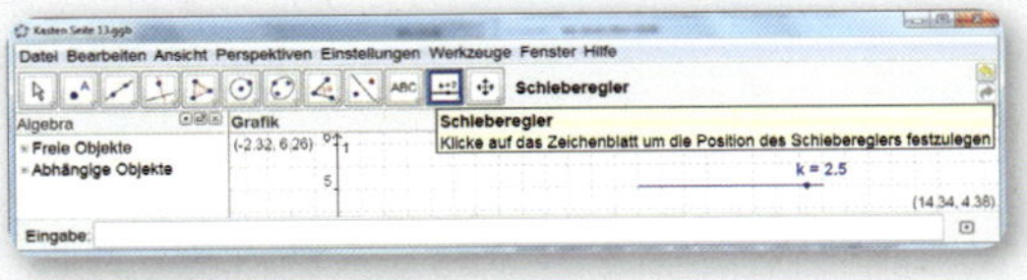


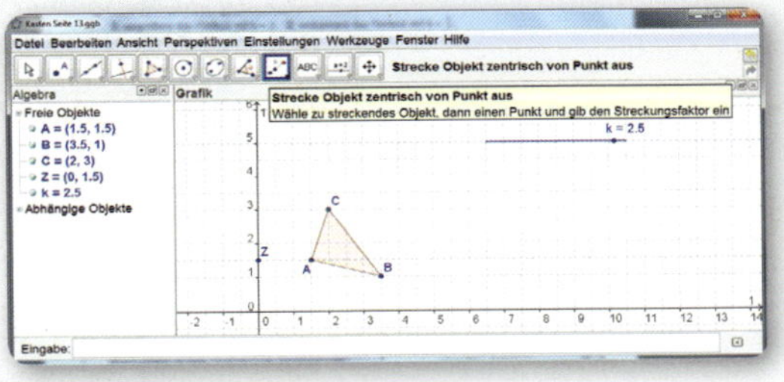


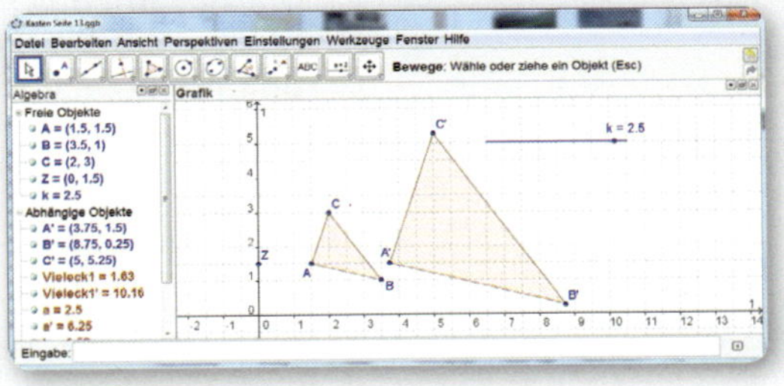


Hinweis:
Das Intervall für den Schieberegler kannst du auch nachträglich ändern. Meistens ist ein Intervall [–5; 5] ausreichend.

- Strecke mithilfe einer dynamischen Geometriesoftware verschiedene Figuren. Wähle für jede Figur verschiedene Streckungszentren.
- Beschreibe das Aussehen der Bildfigur, wenn $k < 0$ ist. Wann erhältst du eine Vergrößerung (Verkleinerung)?
- Strecke ein Dreieck ABC. Beschreibe dabei die Lage der Punkte A, B, C und A', B', C', wenn sich das Streckungszentrum Z ...
  **a)** außerhalb des Dreiecks befindet.
  **b)** innerhalb des Dreiecks befindet.
  **c)** auf einer Dreiecksseite befindet.
  **d)** auf einem Eckpunkt des Dreiecks befindet.
- In ein gleichseitiges Dreieck soll ein Quadrat so eingefügt werden, dass sein Flächeninhalt maximal ist. Um ein solches Quadrat zu erhalten, wird zunächst ein Quadrat in das Dreieck gezeichnet und dann durch eine zentrische Streckung vergrößert. Probiere die verschiedenen Lösungsmöglichkeiten aus. Begründe, dass alle Möglichkeiten zum Ziel führen (M: Mittelpunkt).

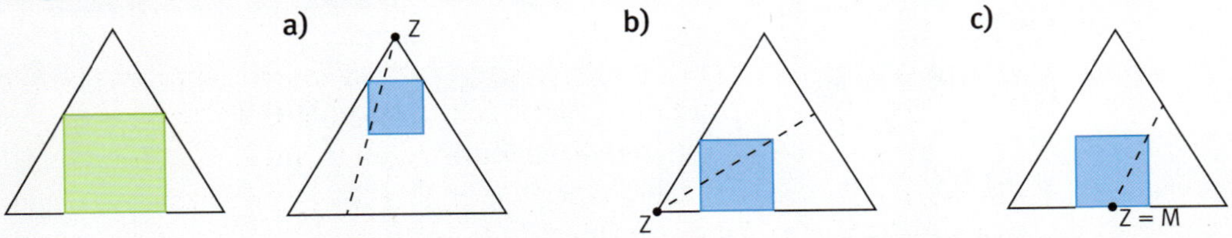

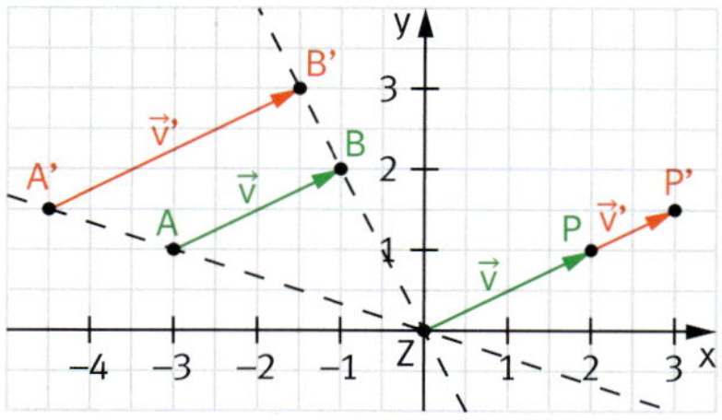


Hier gilt: $\vec{v} = \begin{pmatrix} 2 \\ 1 \end{pmatrix}$

Ist Z (0|0) das Zentrum einer zentrischen Streckung, so entspricht jedem Punkt P genau ein Pfeil $\overrightarrow{ZP}$. Dieser ist Repräsentant eines Vektors $\vec{v}$. Der Punkt P wurde von Z aus zentrisch gestreckt.

- Begründe folgende Zusammenhänge für den Bildpunkt P':
  (1) $\overrightarrow{ZP} \parallel \overrightarrow{ZP'}$ (2) $\overrightarrow{ZP'} = k \cdot \overrightarrow{ZP}$ $(k \neq 0)$
- Bestimme den Streckungsfaktor k mithilfe der Zeichnung.
- Prüfe, ob diese Zusammenhänge auch für die Streckung von $\overrightarrow{AB}$ gelten.

## Merkwissen

Ein Pfeil $\overrightarrow{PQ}$ wird durch zentrische Streckung mit dem Streckungsfaktor k auf $\overrightarrow{P'Q'}$ abgebildet. Es gelten folgende **Eigenschaften**:

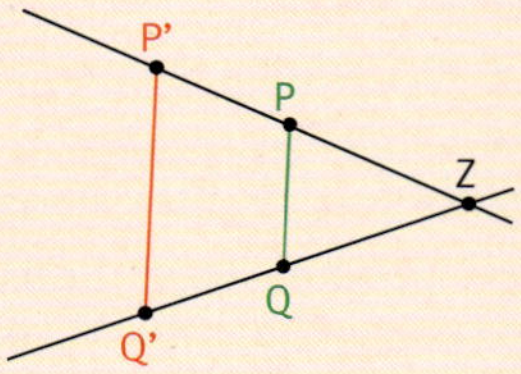


- $|\overrightarrow{P'Q'}| = |k| \cdot |\overrightarrow{PQ}|$
- $\overrightarrow{P'Q'} = \mathbf{k} \cdot \overrightarrow{PQ}$, $(k \neq 0)$
  für $k > 0$: Urpfeil und Bildpfeil sind gleich gerichtet.
  für $k < 0$: Urpfeil und Bildpfeil sind entgegengesetzt gerichtet.
- $\overrightarrow{PQ} \parallel \overrightarrow{P'Q'}$

*Urpunkt und Bildpunkt liegen stets auf einer Gerade durch das Streckungszentrum Z.*

Allgemein gilt: Ist $\overrightarrow{PQ}$ Repräsentant eines Vektors $\vec{v}$, $\overrightarrow{P'Q'}$ Repräsentant eines Vektors $\vec{v}'$, dann gilt für die zentrische Streckung von $\vec{v}$: $\vec{v}' = \mathbf{k} \cdot \vec{v}$.

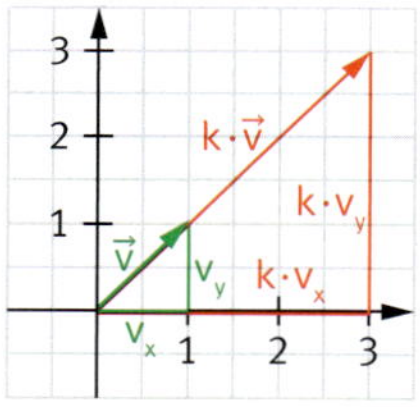


Um zu verdeutlichen, dass k eine Zahl und kein Vektor ist, bezeichnet man k als **Skalar**. Die Multiplikation eines Vektors mit einer Zahl nennt man **Skalar-Multiplikation** (kurz: S-Multiplikation). Ein Vektor wird koordinatenweise multipliziert:

$$\vec{v}' = \begin{pmatrix} v_x' \\ v_y' \end{pmatrix} = k \cdot \begin{pmatrix} v_x \\ v_y \end{pmatrix} = \begin{pmatrix} k \cdot v_x \\ k \cdot v_y \end{pmatrix}, \ (k \neq 0)$$

## Beispiele

**I** Berechne die Koordinaten des Vektors $\vec{a}'$ mit $\vec{a}' = k \cdot \vec{a}$ für $\vec{a} = \begin{pmatrix} 3 \\ 2 \end{pmatrix}$ und $k = 4$.

**Lösung:**

$\vec{a}' = k \cdot \vec{a}$ $\qquad \vec{a}' = 4 \cdot \begin{pmatrix} 3 \\ 2 \end{pmatrix} = \begin{pmatrix} 4 \cdot 3 \\ 4 \cdot 2 \end{pmatrix} = \begin{pmatrix} 12 \\ 8 \end{pmatrix}$

**II** Zeichne das Viereck ABCD und weise durch Rechnung nach, dass es ein Trapez ist. In welchem Längenverhältnis stehen die Längen der Grundlinien?
A (−2|−2); B (6|−4); C (4|2); D (2|2,5)

**Lösung:**

$\overrightarrow{AB} = \begin{pmatrix} 6-(-2) \\ -4-(-2) \end{pmatrix} = \begin{pmatrix} 8 \\ -2 \end{pmatrix}$

$\overrightarrow{DC} = \begin{pmatrix} 4-2 \\ 2-2,5 \end{pmatrix} = \begin{pmatrix} 2 \\ -0,5 \end{pmatrix}$

Prüfe: $\overrightarrow{DC} = k \cdot \overrightarrow{AB}$

(1) $k \cdot 8 = 2 \Rightarrow k = \frac{1}{4}$
(2) $k \cdot (-2) = -0,5 \Rightarrow k = \frac{1}{4}$
$\Rightarrow$ k eindeutig

$\Rightarrow AB \parallel DC \wedge \overrightarrow{DC} = \frac{1}{4} \cdot \overrightarrow{AB}$

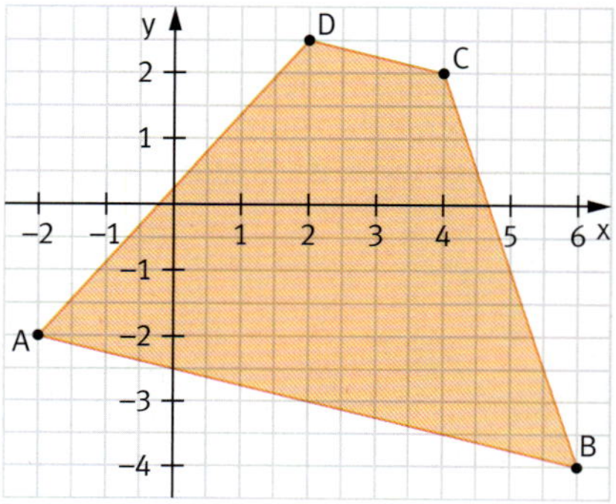

## Verständnis

- Überprüfe, ob $\overrightarrow{AB} = k \cdot \overrightarrow{CD}$ mit $\overrightarrow{AB} = \begin{pmatrix} 15 \\ -12 \end{pmatrix}$ und $\overrightarrow{CD} = \begin{pmatrix} -6 \\ 5 \end{pmatrix}$.
- Der Multiplikation eines Vektors mit dem Skalar k entspricht eine zentrische Streckung mit dem Streckungsfaktor k. Gilt dies auch umgekehrt? Begründe.

## Aufgaben

**1** Zeichne Repräsentanten der Vektoren $\overrightarrow{AB}$ und $\overrightarrow{PQ}$ in ein Koordinatensystem. Berechne die Vektorkoordinaten und überprüfe durch Rechnung, ob gilt: AB ∥ PQ.

**a)** A (1 | –3); B (–2 | 1); P (6 | –3); Q (0 | –3)

**b)** A (–6 | 0); B (–1 | –4); P (–2 | 3); Q (0,5 | 1)

**c)** A (1,5 | 5); B (7,5 | –1); P (–9 | 7); Q (–4 | 1)

**d)** A (1 | 1); B (4,5 | 1); P (–5 | –2); Q (2 | –2)

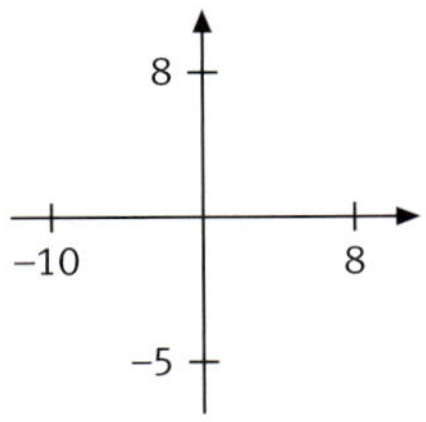


**2** Berechne die Koordinaten des Vektors $k \cdot \vec{v}$ und zeichne jeweils einen beliebigen Repräsentanten von $\vec{v}$ und $k \cdot \vec{v}$ in ein Koordinatensystem.

**a)** $\vec{v} = \begin{pmatrix} 3 \\ 2 \end{pmatrix}$; $k = -1{,}5$  **b)** $\vec{v} = \begin{pmatrix} -4 \\ 8 \end{pmatrix}$; $k = \frac{3}{4}$  **c)** $\vec{v} = \begin{pmatrix} 0 \\ 4{,}5 \end{pmatrix}$; $k = -2$

**3** Gegeben ist das Dreieck ABC mit A (–3 | 1), B (1 | 3) und C (–2 | 4).

**a)** Zeichne das Dreieck ABC und berechne die Koordinaten der Seitenmittelpunkte.

**b)** Berechne $\overrightarrow{M_aM_c}$ und $\overrightarrow{CA}$. Vergleiche beide Vektoren: Was stellst du fest?

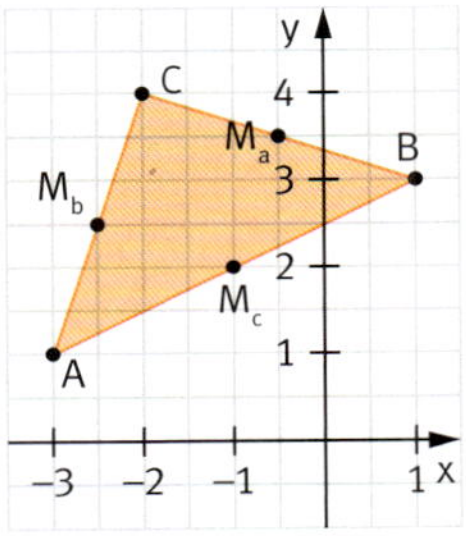


**4** Das Viereck ABCD ist durch A (0 | 5), B (–1 | 1), C (3 | –1) und D (4 | 3) gegeben.

**a)** Zeichne das Viereck in ein Koordinatensystem.

**b)** Um welche Art von Viereck handelt es sich? Begründe rechnerisch.

**c)** Strecke das Viereck zentrisch mit Z (–1 | –1) und k = 0,5.

**d)** Berechne die Flächeninhalte der beiden Vierecke ABCD und A'B'C'D' und vergleiche sie.

*Flächeninhalte berechnet man im Koordinatensystem mithilfe einer Determinante.*

**5** Zeichne jeweils das Viereck und entscheide durch Rechnung, ob ein Parallelogramm, ein Trapez oder ein allgemeines Viereck vorliegt.

**a)** A (1,5 | 3); I (2 | 0); C (5 | 4); H (3 | 5)

**b)** B (–3 | 2); E (0 | 3); R (0,5 | 5); G (–2,5 | 4)

**c)** C (–0,5 | 0); H (1 | 1); A (1,5 | 2); M (1 | 4)

**d)** D (–1 | 1); O (2 | 0); R (5 | 3); F (–1 | 5)

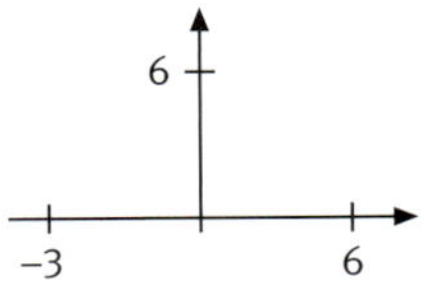


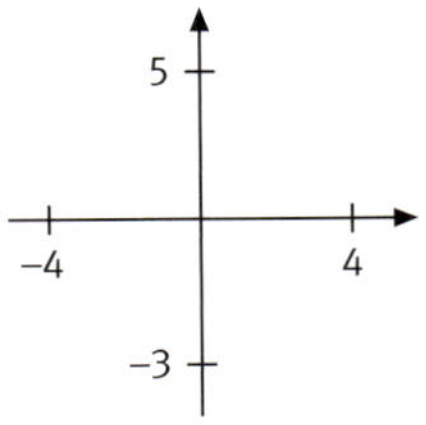


**6** Von einem Trapez PQRS sind drei Eckpunkte bekannt: P (–3 | 2), R (2 | –1) und Q (–1 | –2). Zeichne das Viereck PQRS und berechne jeweils $\overrightarrow{PS}$, wenn gilt:

**a)** $\overrightarrow{PS} = 2 \cdot \overrightarrow{QR}$  **b)** $\overrightarrow{QR} = 0{,}5 \cdot \overrightarrow{PS}$  **c)** $\overrightarrow{RQ} = -1 \cdot \overrightarrow{PS}$

**7** Der Punkt A (–1 | 1) ist Eckpunkt des Parallelogramms ABCD. E (0,5 | 0) ist Mittelpunkt der Seite [AB] und H (–0,5 | 2,5) ist Mittelpunkt der Seite [AD]. Zeichne das Viereck ABCD in ein Koordinatensystem und berechne $\overrightarrow{AB}$ sowie $\overrightarrow{BC}$.

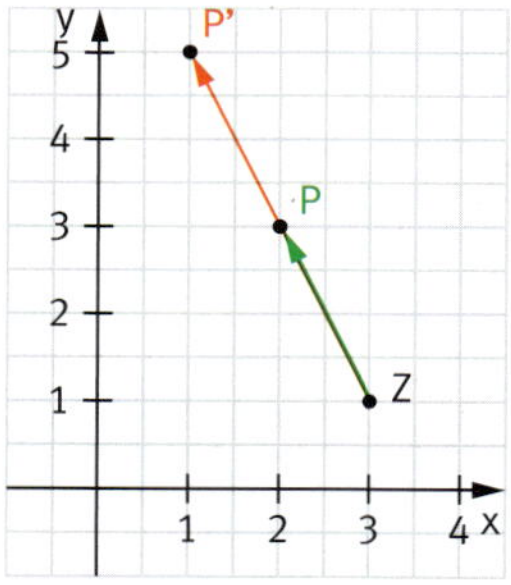


Der Punkt P (2|3) wurde von Z (3|1) aus zentrisch gestreckt.

- Welcher Streckungsfaktor k liegt zugrunde?
- Bestimme $\overrightarrow{ZP}$ sowie $\overrightarrow{ZP'}$.
- Erkläre anhand eines linearen Gleichungssystems, wie man die Koordinaten …
  1. eines Bildpunkts P' (x'|y') (bei gegebenem Z und P) bestimmen kann.
  2. eines Urpunkts P (x|y) (bei gegebenem P' und Z) bestimmen kann.
  3. des Streckungszentrums Z $(x_z|y_z)$ (bei gegebenem P und P') bestimmen kann.

*LGS: Lineares Gleichungssystem*

## Merkwissen

Sei Z $(x_z|y_z)$ das Streckungszentrum einer zentrischen Streckung mit Streckungsfaktor k, die einen Punkt P (x|y) auf P' (x'|y') abbildet. Für die zentrische Streckung ergeben sich folgende **Abbildungsgleichungen**:

$$\overrightarrow{ZP'} = k \cdot \overrightarrow{ZP} \Leftrightarrow \begin{pmatrix} x' - x_z \\ y' - y_z \end{pmatrix} = k \cdot \begin{pmatrix} x - x_z \\ y - y_z \end{pmatrix} \Leftrightarrow \begin{array}{ll} \text{I} & x' - x_z = k \cdot (x - x_z) \\ \wedge \ \text{II} & y' - y_z = k \cdot (y - y_z) \end{array}$$

Mit dem LGS kann man die fehlenden Größen bestimmen.

## Beispiele

**I** Berechne die Koordinaten des Bildpunkts P' (x'|y') bei folgender Abbildung:

$$P\,(3|4) \xmapsto{Z\,(1|2);\;k\,=\,-1{,}5} P'$$

**Lösung:**

$$\begin{pmatrix} x' - 1 \\ y' - 2 \end{pmatrix} = -1{,}5 \cdot \begin{pmatrix} 3 - 1 \\ 4 - 2 \end{pmatrix} \Leftrightarrow \begin{array}{ll} \text{I} & x' - 1 = -1{,}5 \cdot (3 - 1) \\ \wedge \ \text{II} & y' - 2 = -1{,}5 \cdot (4 - 2) \end{array} \Leftrightarrow \begin{array}{ll} \text{I} & x' - 1 = -3 \\ \wedge \ \text{II} & y' - 2 = -3 \end{array} \Leftrightarrow \begin{array}{ll} \text{I} & x' = -2 \\ \wedge \ \text{II} & y' = -1 \end{array}$$

$\Longrightarrow$ P' (−2|−1)

**II** Berechne die Koordinaten des Urpunkts A (x|y) bei $A \xmapsto{Z\,(2|-1);\;k\,=\,0{,}5} A'\,(0{,}5|0)$.

**Lösung:**

$$\begin{pmatrix} 0{,}5 - 2 \\ 0 - (-1) \end{pmatrix} = 0{,}5 \cdot \begin{pmatrix} x - 2 \\ y - (-1) \end{pmatrix} \Leftrightarrow \begin{array}{ll} \text{I} & -1{,}5 = 0{,}5x - 1 \\ \wedge \ \text{II} & 1 = 0{,}5y + 0{,}5 \end{array} \Leftrightarrow \begin{array}{ll} \text{I} & x = -1 \\ \wedge \ \text{II} & y = 1 \end{array}$$

$\Longrightarrow$ A (−1|1)

**III** Berechne die Koordinaten des Streckungszentrums Z $(x_z|y_z)$ unter

$$B\,(-2|-2) \xmapsto{Z\,(x|y);\;k\,=\,2} B'\,(-5{,}5|-1).$$

**Lösung:**

$$\begin{pmatrix} -5{,}5 - x_z \\ -1 - y_z \end{pmatrix} = 2 \cdot \begin{pmatrix} -2 - x_z \\ -2 - y_z \end{pmatrix} \Leftrightarrow \begin{array}{ll} \text{I} & -5{,}5 - x_z = -4 - 2x_z \\ \wedge \ \text{II} & -1 - y_z = -4 - 2y_z \end{array} \Leftrightarrow \begin{array}{ll} \text{I} & x_z = 1{,}5 \\ \wedge \ \text{II} & y_z = -3 \end{array}$$

$\Longrightarrow$ Z (1,5|−3)

## Verständnis

- Begründe, warum das LGS für Z (0|0) besonders einfach ist.
- Welche Lage haben die zugehörigen Vektoren im Koordinatensystem, wenn bei der Lösung des LGS keine eindeutige Lösung existiert?

**1** Berechne die fehlenden Werte und kontrolliere deine Ergebnisse durch eine Zeichnung. Es gilt: $P \xmapsto{Z;\,k} P'$.

| | a) | b) | c) | d) | e) | f) | g) | h) |
|---|---|---|---|---|---|---|---|---|
| Z | (0 \| 0) | (–1 \| –1) | (1 \| –2) | ☐ | (2 \| 1) | (5 \| –5) | (1 \| 3) | (5 \| 4) |
| k | 0,5 | –1 | –2 | 2 | –0,8 | 3 | $-\frac{2}{3}$ | $\frac{1}{3}$ |
| P | ☐ | ☐ | (3 \| –4) | (0 \| 2) | ☐ | ☐ | (4 \| 6) | (–1 \| –5) |
| P' | (–2 \| –3) | (1 \| –5) | ☐ | (0 \| 5) | (4 \| 3) | (0,5 \| 4) | ☐ | ☐ |

**2** Berechne den Streckungsfaktor k und den fehlenden Koordinatenwert.

**a)** A (–3 | 2); Z (0 | 1); A' (–6 | ☐)
**b)** B (1,5 | 6); Z (–0,5 | 3,5); B' (☐ | –1,5)
**c)** C (☐ | –1); Z (4 | 0); C' (5 | 1)
**d)** D (–3 | ☐); Z (–2 | –1); D' (0 | 2)

*Lösungen zu 2:*
*–4,5; –2,5; –2; –2; –1; 2; 3; 3*

**3** Die Strecke [AB] mit A (3 | 2) wird durch zentrische Streckung mit k = –0,5 auf [A'B'] mit A' (7,5 | 0,5) und B' (5,5 | –0,5) abgebildet.

**a)** Übertrage die Punkte sowie [A'B'] in ein Koordinatensystem und konstruiere Z und B.
**b)** Berechne die Koordinaten dieser Punkte.
**c)** Zeige rechnerisch: [AB] II [A'B'].

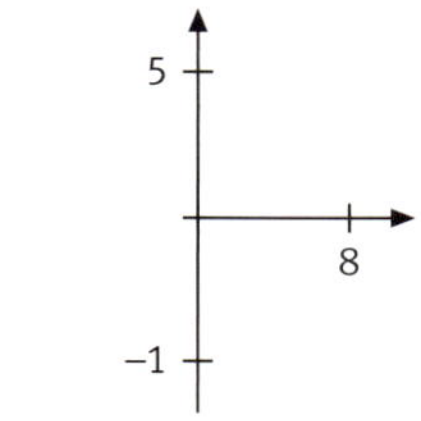


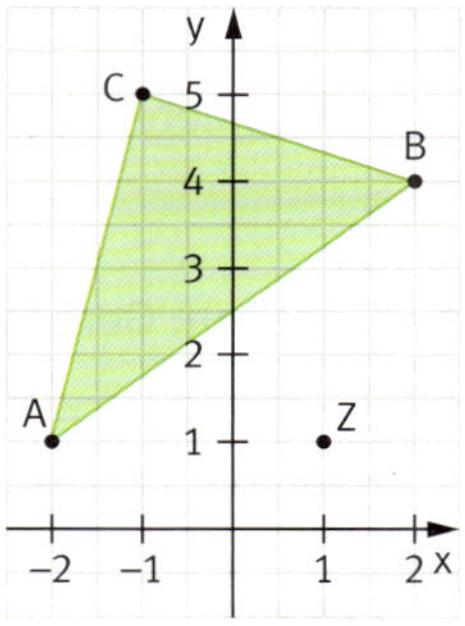


**4** Gegeben ist das Dreieck ABC.

**a)** Übertrage es in dein Heft und strecke es von Z aus mit $k_1 = -1{,}5$ und $k_2 = 0{,}5$.
**b)** Berechne die Koordinaten der Bildpunkte.
**c)** Berechne die Flächeninhalte der drei Dreiecke und vergleiche diese.

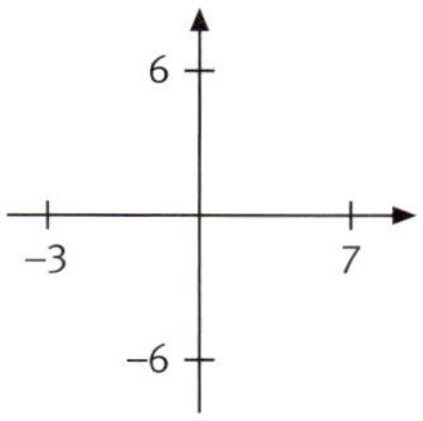


**5** Zeige durch Rechnung, dass [AB] durch zentrische Streckung auf [A'B'] abgebildet werden kann. Berechne k und die Koordinaten von Z. Kontrolliere zeichnerisch.

**a)** A (2 | 3); B (5 | 4); A' (8 | 1,5) B' (2 | –0,5)
**b)** A (–3 | 2); B (0 | –4); A' (1 | 2); B' (0 | 4)
**c)** A (–1,5 | 5); B (1 | 4); A' (0,5 | 1); B' (–7 | 4)
**d)** A (2 | 2); B (4 | 4); A' (1 | 0,5); B' (4 | 3,5)

**6** Der Punkt T soll die Strecke [PQ] mit P (0 | 1) und Q (3 | 4) so teilen, dass gilt: $\overline{PT} : \overline{TQ} = 2 : 1$.

**a)** Ermittle die Koordinaten des Punktes T durch Zeichnung.
**b)** Berechne die Koordinaten von T mithilfe der Vorschrift $\overrightarrow{PT} = \frac{2}{3} \cdot \overrightarrow{PQ}$.

**7** Der Punkt T ist Teilpunkt der Strecke [PQ]. Ermittle die fehlenden Werte durch Zeichnung und Rechnung.

**a)** P (–2 | 1); Q (2 | 4); T (☐ | ☐); $\overline{PT} : \overline{TQ} = 5 : 10$
**b)** P (–5 | –4); Q (1 | –1); T (☐ | ☐); $\overline{PT} : \overline{TQ} = 2 : 1$
**c)** P (–5 | 2); Q (5 | –3); T (1 | –1); $\overline{PT} : \overline{TQ}$ = ☐ : ☐
**d)** P (1 | 6); Q (5,5 | –3); T (☐ | 4); $\overline{PT} : \overline{TQ}$ = ☐ : ☐
**e)** P (3 | –7); Q (–6 | 2); T (–3,5 | ☐); $\overline{PT} : \overline{TQ}$ = ☐ : ☐

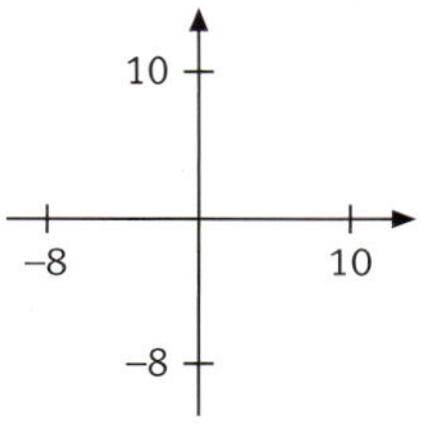

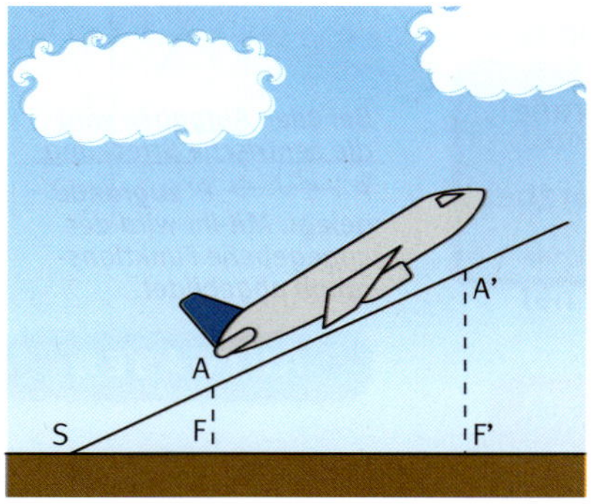


Ein Airbus A380 befindet sich bis zu einer Flughöhe von etwa 10 000 m im gleichmäßigen Steigflug. Der Monitor zeigt folgende Daten an:

| Ground Speed 340 km/h<br>Distance from Departure 5 km<br>Altitude 850 m<br>Flight Time 0:01 h | Ground Speed 420 km/h<br>Distance from Departure 12 km<br>Altitude 2040 m<br>Flight Time 0:02 h |
|---|---|

- Erkläre die Begriffe auf dem Monitor.
- In welcher Höhe befindet sich der Airbus bei einer „Distance from Destination" von 20 km? Beschreibe dein Vorgehen.
- Welche Zusammenhänge bestehen zwischen den Flughöhen und den Streckenabschnitten auf dem Boden?

*Je nach Lage der Parallelen spricht man von einer **V-Figur***

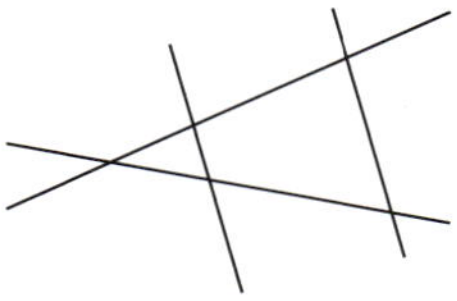

*oder einer **X-Figur**.*

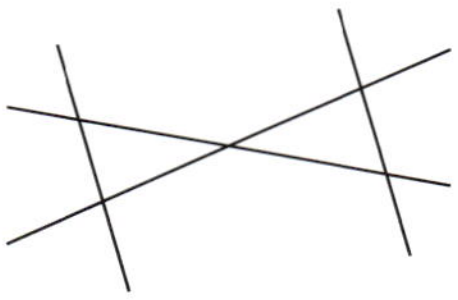

*Beachte: Beim 2. Vierstreckensatz müssen die zugehörigen Abschnitte immer auf derselben Gerade in Z beginnen.*

## Merkwissen

Werden zwei sich in Z schneidende Geraden von zwei Parallelen geschnitten, die nicht durch Z gehen, ...

- dann stehen einander entsprechende Streckenabschnitte auf den Geraden durch Z im gleichen Verhältnis (**1. Vierstreckensatz**).

  **Beispiel:**

  $\frac{\overline{ZA}}{\overline{ZA'}} = \frac{\overline{ZB}}{\overline{ZB'}}$ $\qquad$ $\frac{\overline{ZA}}{\overline{AA'}} = \frac{\overline{ZB}}{\overline{BB'}}$

- dann ist das Verhältnis der Streckenabschnitte auf den Parallelen gleich dem Verhältnis der in Z beginnenden Streckenabschnitte auf den Geraden durch Z (**2. Vierstreckensatz**).

  **Beispiel:**

  $\frac{\overline{ZA}}{\overline{ZA'}} = \frac{\overline{AB}}{\overline{A'B'}}$

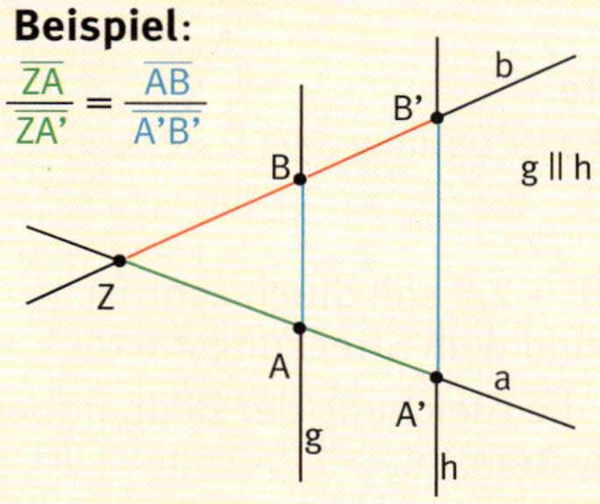


$\frac{\overline{ZA}}{\overline{ZA'}} = \frac{\overline{AB}}{\overline{A'B'}}$

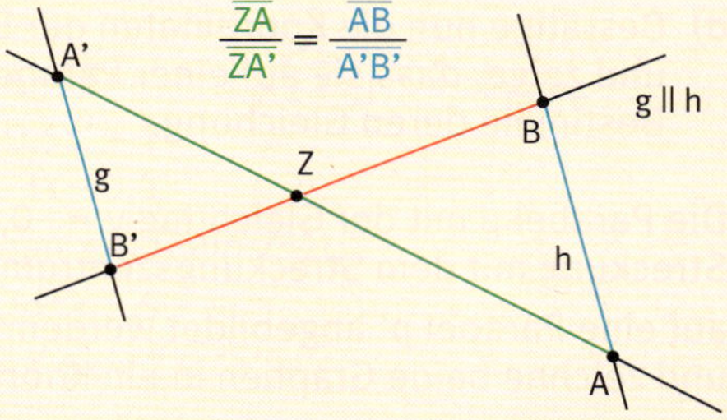


## Beispiele

*Die Vierstreckensätze führen zu Verhältnisgleichungen. Es ist einfacher, wenn die gesuchte Länge im Zähler steht.*

**I** Berechne mithilfe der Vierstreckensätze die fehlenden Streckenlängen (AB || A'B').

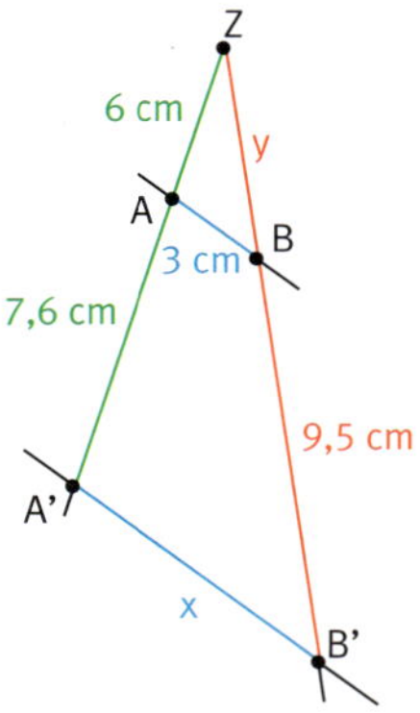


**Lösung:**

Berechnung von ...
y mit dem 1. Vierstreckensatz:

$\frac{\overline{ZB}}{\overline{BB'}} = \frac{\overline{ZA}}{\overline{AA'}}$

$\frac{y}{9{,}5\text{ cm}} = \frac{6\text{ cm}}{7{,}6\text{ cm}} \quad | \cdot 9{,}5\text{ cm}$

$y = 7{,}5\text{ cm}$

x mit dem 2. Vierstreckensatz:

$\frac{\overline{A'B'}}{\overline{AB}} = \frac{\overline{ZA'}}{\overline{ZA}}$

$\frac{x}{3\text{ cm}} = \frac{(6 + 7{,}6)\text{ cm}}{6\text{ cm}} \quad | \cdot 3\text{ cm}$

$x = 6{,}8\text{ cm}$

## Verständnis

- Begründe die Richtigkeit des Vierstreckensatzes. Nutze dabei die Eigenschaften der Verhältnistreue einer zentrischen Streckung aus Kapitel 6.3.
- Woran liegt es, dass zwar jedes Rechteck, aber nicht jedes Drachenviereck eine „X-Figur“ enthält?

## Aufgaben

**1** Überprüfe, wo die Vierstreckensätze richtig angewendet wurden (g ∥ h).

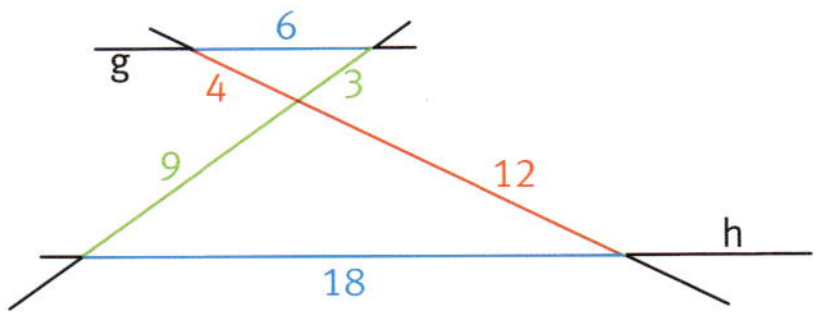


① $\frac{3}{9} = \frac{18}{6}$ ② $\frac{4}{9} = \frac{6}{18}$

③ $\frac{6}{18} = \frac{4}{12}$ ④ $\frac{3}{4} = \frac{9}{12}$

⑤ $\frac{6}{18} = \frac{9}{12}$ ⑥ $\frac{4}{6} = \frac{9}{18}$

**2** Bei Vierstreckensätzen müssen Verhältnisgleichungen gelöst werden. Bestimme die Werte der Variablen.

**a)** $\frac{5}{9} = \frac{x}{27}$ **b)** $\frac{6}{y} = \frac{45}{135}$ **c)** $\frac{12{,}5}{36} = \frac{17{,}5}{x}$ **d)** $\frac{z}{17{,}5} = \frac{22{,}2}{8{,}4}$ **e)** $\frac{0{,}5}{x} = \frac{2{,}25}{6{,}3}$

*Lösungen zu 2:*
*1,4; 15; 18; 46,25; 50,4*

**3** Berechne die farbig markierten Längen mithilfe der Vierstreckensätze (g ∥ h ∥ i).

**a)**

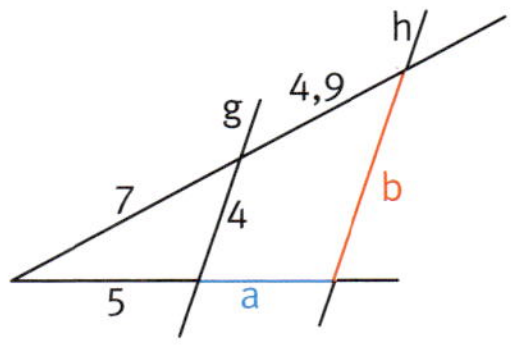


**b)**

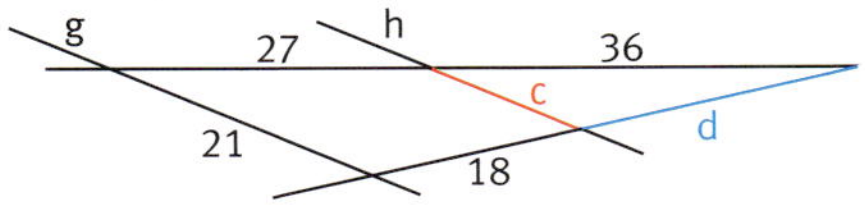


**c)**

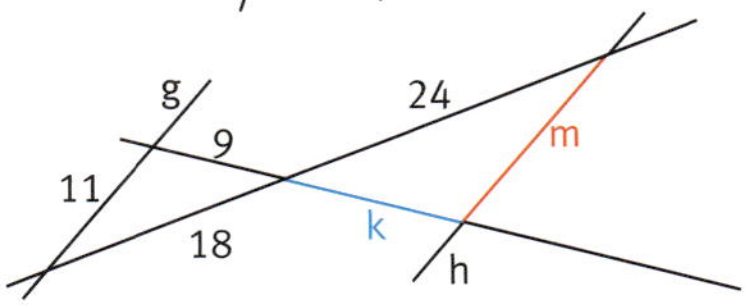


**d)**

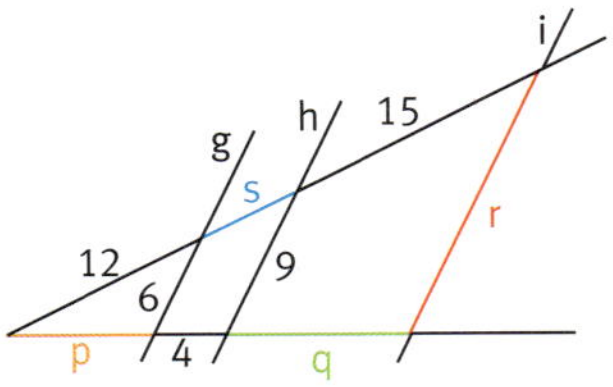


*Eigentlich müsste man die Streckenlängen mit Maßeinheiten versehen, z. B. cm oder m. Da die Einheit jedoch beliebig gewählt werden kann, kann man sie auch weglassen.*

*Lösungen zu 3:*
*12; 24; 12; $14\frac{2}{3}$; 8; 10; 6; 16,5; 3,5; 6,8*

**4** Berechne die restlichen Streckenlängen in der nachstehenden Figur (AE ∥ BF).

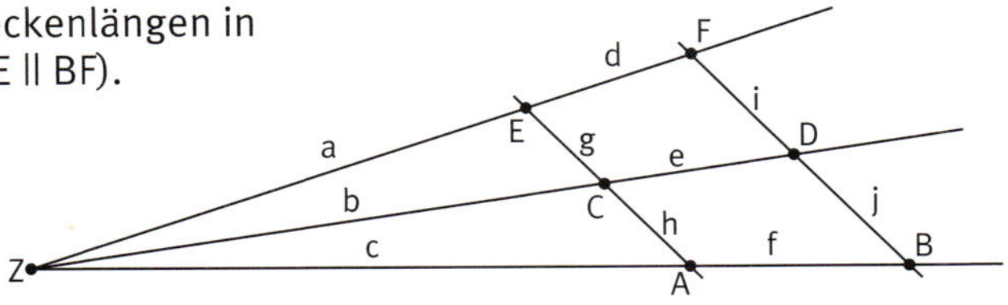


**a)** a = 4 cm; b = 5 cm; c = 7,5 cm; d = 2,5 cm; g = 2 cm; j = 5 cm

**b)** a = 3,2 cm; c = 4 cm; e = 6,5 cm; f = 8 cm; h = 1,8 cm; i = 3 cm

**c)** a = 4 cm; c = 3 cm; e = 7,4 cm; h = 2 cm; i = 3 cm; j = 6 cm

**5** In einen Dachstuhl muss eine Stütze eingebracht werden. Berechne, in welcher Entfernung zum Dachstuhlende diese eingepasst werden muss, wenn sie 0,8 m lang ist.

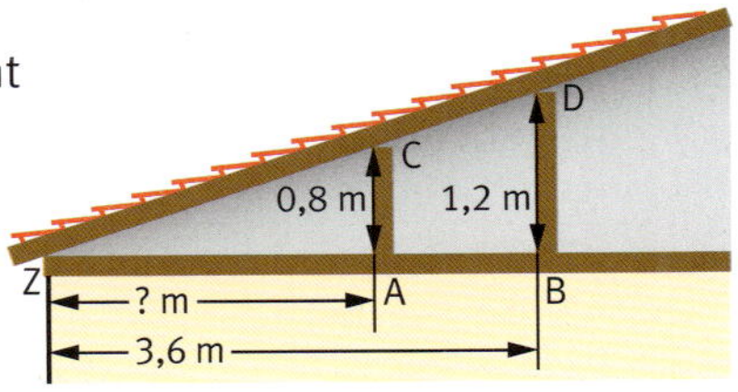

*Findest du mehrere Lösungen?*

**6** Finde möglichst viele Zusammenhänge mithilfe der Vierstreckensätze.

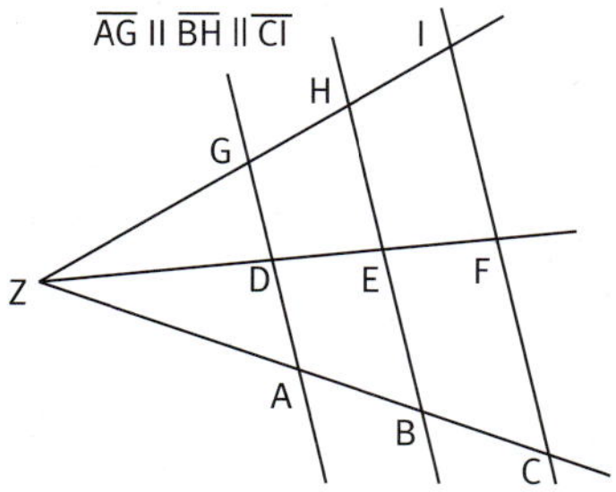


a) $\frac{\overline{ZA}}{\overline{ZB}} = \frac{\square}{\square}$ b) $\frac{\overline{ZG}}{\overline{ZI}} = \frac{\square}{\square}$ c) $\frac{\overline{ZE}}{\overline{ZF}} = \frac{\square}{\square}$

d) $\frac{\overline{ZE}}{\overline{ZH}} = \frac{\square}{\square}$ e) $\frac{\overline{ZE}}{\overline{EH}} = \frac{\square}{\square}$ f) $\frac{\overline{ZA}}{\overline{AG}} = \frac{\square}{\square}$

g) $\frac{\overline{ZI}}{\overline{ZC}} = \frac{\square}{\square}$ h) $\frac{\overline{DA}}{\overline{FC}} = \frac{\square}{\square}$ i) $\frac{\overline{HE}}{\overline{GD}} = \frac{\square}{\square}$

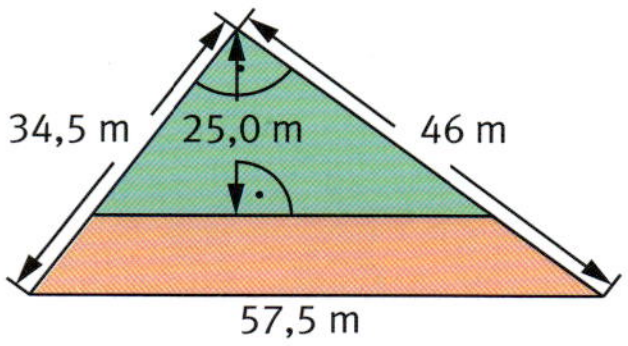


**7** Ein Grundstück hat die Form eines rechtwinkligen Dreiecks. Durch eine Straße wird ein Streifen in Trapezform abgetrennt. Berechne die Seitenlängen des verkleinerten Grundstücks.

**8** Mithilfe der Vierstreckensätze kann man die Längen unzugänglicher Strecken berechnen.
Bei einer Vermessungsübung sollen Schülergruppen die „Breite" eines Teichs bestimmen.

*alle Maße in m*

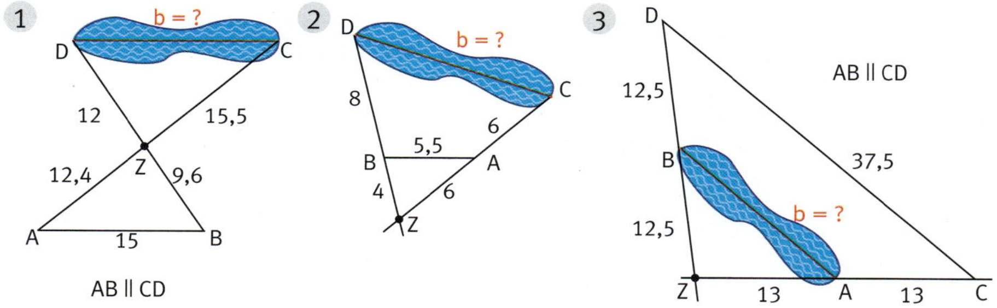


a) Welche der Gruppen 1 bis 3 können die „Breite" b bestimmen? Begründe.
b) Bestimme die Breite des Teichs mit den Ergebnissen aus a).

**9** Mithilfe eines Försterdreiecks werden Höhen von Bäumen ermittelt.
a) Übertrage die Skizze ins Heft.
b) Berechne die Höhe des Baumes. Beachte die Körpergröße des Mannes.
c) Erkläre, warum nicht der Boden angepeilt wird.

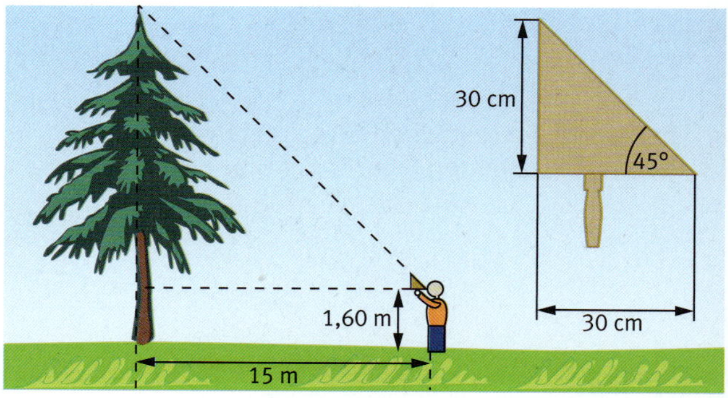


**10** Bei einem Haus wird der Giebel durch eine Fachwerkkonstruktion getragen. Berechne die Balkenlängen $b_1$ und $b_2$.

$a = 9$ m $b = 2{,}5$ m
$c = 2$ m $d = 4{,}5$ m

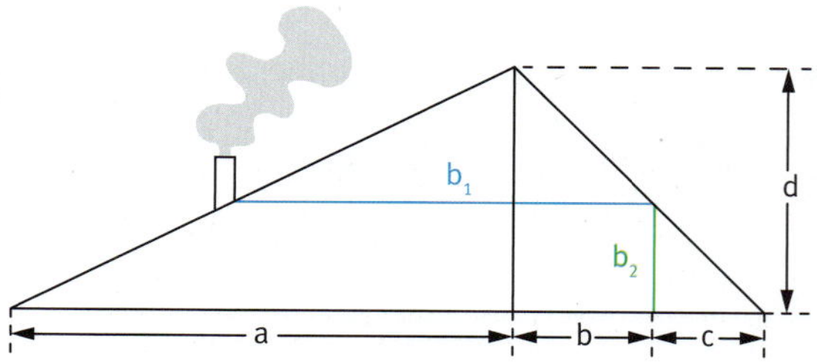

**11** In Hirschberg steht ein 4,50 m langes maßstäbliches Modell eines Füllers. Ein Schulfüller ist 15,0 cm lang und hat einen Durchmesser von 1,0 cm.

**a)** Welchen Umfang hat das Modell?

**b)** Gib den Maßstab der Vergrößerung an.

**c)** Eine normale Tintenpatrone hat etwa einen Inhalt von 1 ml. Berechne das Volumen einer Tintenpatrone für den Modellfüller.

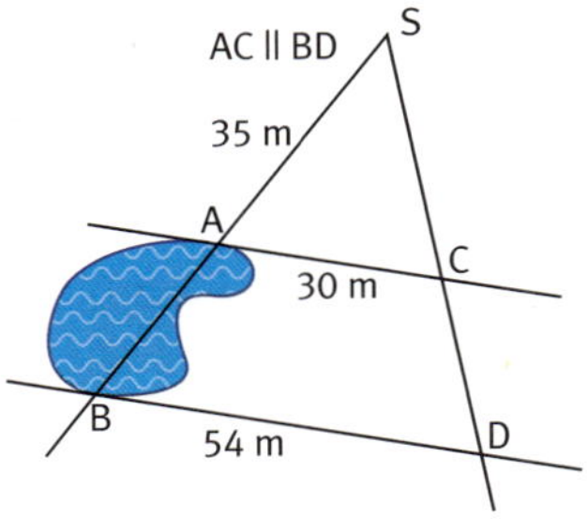


**12** Die „Breite" von Gewässern kann durch Anpeilen von markanten Punkten und durch Abmessen bestimmter Streckenlängen ermittelt werden.
Berechne die Länge der Strecke [AB].

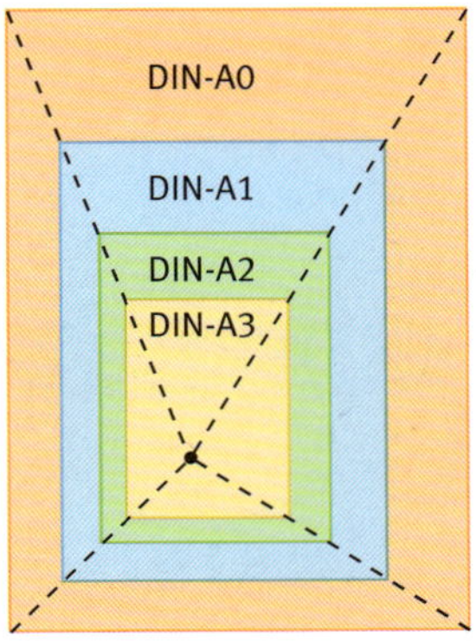


**13** Der Schatten eines Turms ist 45,5 m lang. Zur gleichen Zeit misst der Schatten eines 1,85 m großen Mannes 2,59 m. Beide Schatten enden im gleichen Punkt. Skizziere die Situation und berechne die Höhe des Turmes.

**14** DIN-Formate sind genormte Papierformate. Das Urformat ist ein Rechteck, das 1189 mm lang und 841 mm breit ist. Sein Flächeninhalt beträgt 1 $m^2$. Durch Halbierung der größeren Seite ergibt sich jeweils das nächste DIN-Format.

**a)** Berechne den Streckungsfaktor von einem DIN-Format zum nächstgrößeren (nächstkleineren).

**b)** Bestimme das Verhältnis der langen zur kurzen Blattkante bei einem Blatt vom Format DIN-A4 (vom Format DIN-A5).

**WISSEN**

**Schwerpunkt eines Dreiecks**

Die drei **Seitenhalbierenden** $s_a$, $s_b$ und $s_c$ eines Dreiecks **schneiden sich** in einem Punkt, dem **Schwerpunkt S**.

- Schneide ein beliebiges Dreieck ABC aus Pappe aus und überprüfe die Aussage (z. B. wie auf dem Foto).
- Begründe, warum die Seitenhalbierenden des Dreiecks auch Schwerlinien genannt werden.
- Es gilt: **Der Schwerpunkt teilt jede Seitenhalbierende im Verhältnis 2 : 1**. Erkläre den Zusammenhang.

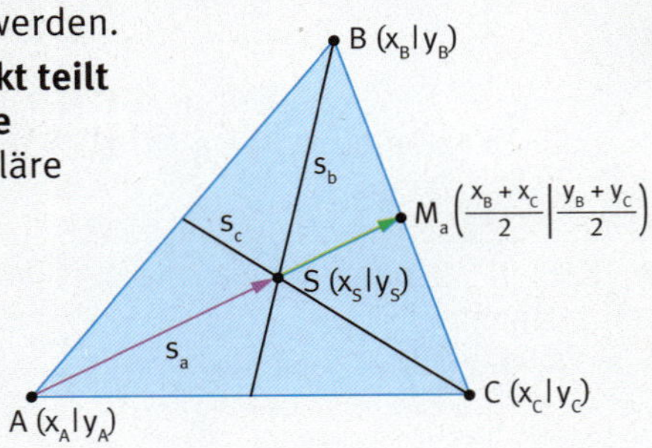


Aus der Beziehung $\overrightarrow{AS} = 2 \cdot \overrightarrow{SM}$ folgt:

$$\begin{pmatrix} x_S - x_A \\ y_S - y_A \end{pmatrix} = 2 \cdot \begin{pmatrix} \frac{1}{2}(x_B + x_C) - x_S \\ \frac{1}{2}(y_B + y_C) - y_S \end{pmatrix}$$

Ergebnis: $\mathbf{S}\left(\frac{x_A + x_B + x_C}{3}\middle|\frac{y_A + y_B + y_C}{3}\right)$

- Berechne die Koordinaten des Schwerpunkts S des Dreiecks ABC mit A (–1|2), B (2,4|0) und C (–1,4|10).
- Das Dreieck ABC hat den Schwerpunkt S (0|0). Konstruiere C und berechne seine Koordinaten für A (4|–3) und B (2|4).

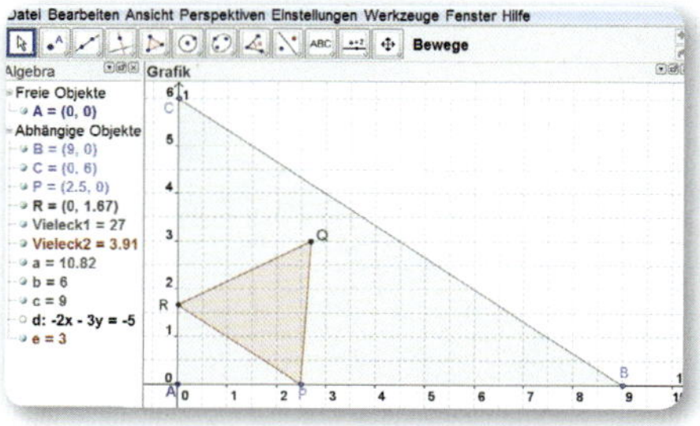


- Erstelle mit einem Geometrieprogramm folgende Konstruktion:
  1 Zeichne ein rechtwinkliges Dreieck ABC mit den Katheten b = 6 cm und c = 9 cm.
  2 Lege auf [AB] einen Punkt P fest. Konstruiere (z. B. mit Regelmäßiges Vieleck) ein gleichseitiges Dreieck PQR so, dass R ∈ [AC] und PR ∥ BC ist.
- Finde mithilfe der Spurfunktion (z. B. Spur ein) heraus, auf welcher Linie sich der Punkt Q bewegt.
- Wo erkennst du Zusammenhänge des Vierstreckensatzes?

## Merkwissen

Mit **zentrischen Streckungen** kann man **Einbeschreibungsaufgaben** lösen.

- Konstruiere zunächst eine Figur, die mit der gesuchten Figur bis auf die Größe übereinstimmt (sozusagen das Urbild).
- Bringe diese Figur anschließend mithilfe einer geeigneten zentrischen Streckung auf die verlangte Größe.

## Beispiele

**I** Einem Dreieck ABC mit $\alpha = 40°$, c = 4,4 cm und $h_c = 2{,}8$ cm soll ein Rechteck DEFG mit dem Seitenverhältnis 2 : 1 so einbeschrieben werden, dass die längere Seite auf [AB] liegt.

**Lösung:**
Das Rechteck soll folgende vier Bedingungen erfüllen:
$\overline{DE} = 2 \cdot \overline{EF}$ [DE] ⊂ [AB] G ∈ [AC] F ∈ [BC]
Ein Rechteck $D_1E_1F_1G_1$, das nur die ersten drei Bedingungen erfüllt, kann sofort konstruiert werden, wobei man $D_1 \in$ [AB] beliebig, aber mit $\overline{AD_1} < \frac{1}{2}\overline{AB}$ festlegt.
Um die vierte Bedingung zu erfüllen, muss das Rechteck zentrisch gestreckt werden mit A als Streckungszentrum. F ist der Schnittpunkt von $[AF_1$ mit [BC]. Die übrigen Punkte D, E und G erhält man als Schnittpunkte der entsprechenden Geraden mit den Dreiecksseiten.

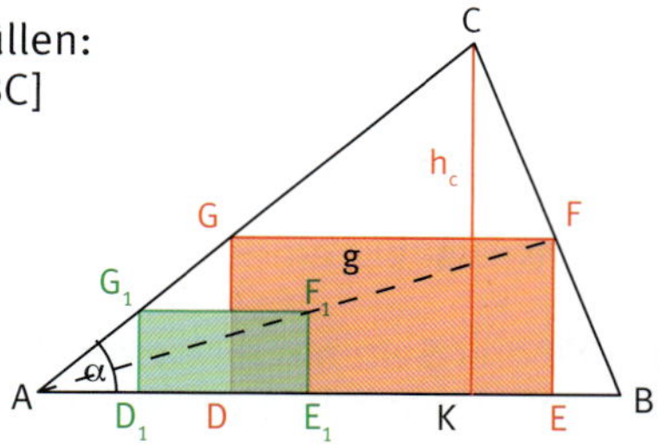


## Verständnis

- Beschreibe, wie du die Aufgabe in Beispiel I auch lösen kannst, wenn das Streckungszentrum in B liegt.
- Begründe, warum du bei einem Zahlenverhältnis in Einschreibungsaufgaben die gegebenen Zahlen zunächst mit ein und derselben beliebigen Längeneinheit versehen kannst.

## Aufgaben

**1** Einem Dreieck PQR mit P (–3,5 | –2), Q (4,5 | –3) und R (1 | 4) soll ein Rechteck STUV einbeschrieben werden, sodass Folgendes gilt:
[ST] liegt auf [PQ], U auf [QR], V auf [RP] und $\overline{SV} : \overline{ST} = 1 : 0{,}5$.
Zeichne das Dreieck sowie das Rechteck in ein geeignetes Koordinatensystem. Welche Koordinaten hat U?

**2** Einem gleichseitigen Dreieck ABC wird ein Rechteck PQRS mit $\overline{PQ} : \overline{PS} = 2 : 1$ so einbeschrieben, dass P und Q $\in$ [AB], S $\in$ [AC] sowie R $\in$ [BC] ist.

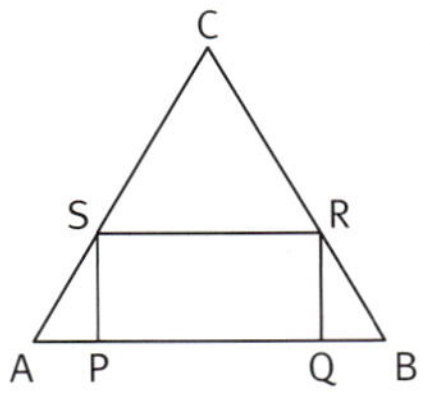


**a)** Zeichne das Dreieck ABC mit der Seitenlänge 6 cm.

**b)** Konstruiere das Rechteck PQRS.

**3** Einem Halbkreis mit dem Durchmesser $\overline{RS} = 9$ cm wird ein Rechteck ABCD so einbeschrieben, dass $\overline{AB} = 4 \cdot \overline{BC}$. [AB] liegt auf [RS]. Führe die Konstruktion durch.

**4** Durch $A_n$ (x | 0) und $C_n$ $(x \mid \frac{2}{3}x + 6)$ mit $x \in \mathbb{R}$ sind gleichseitige Dreiecke $A_nB_nC_n$ festgelegt.

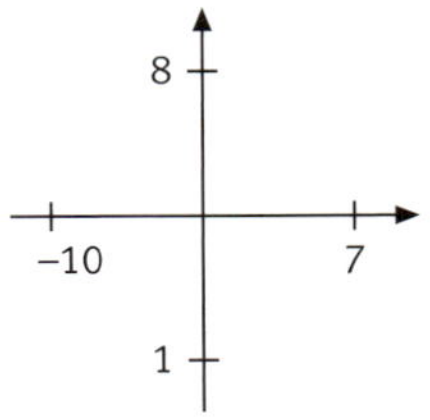


**a)** Zeichne die Dreiecke $A_1B_1C_1$, $A_2B_2C_2$ und $A_3B_3C_3$ für $x \in \{-4{,}5; -1{,}5; 0\}$ in ein Koordinatensystem.

**b)** Dem Dreieck PQR mit P (−9 | 0), Q (5 | 0) und R (1,5 | 7) kann das Dreieck $A_0B_0C_0$ der Dreiecksschar $A_nB_nC_n$ einbeschrieben werden. Zeichne die beiden Dreiecke PQR und $A_0B_0C_0$ in das Koordinatensystem ein.

**5** Dem Dreieck ABC sind Rechtecke $E_nF_nG_nH_n$ mit $[E_nF_n] \subset [AB]$, $G_n \in [BC]$ und $H_n \in [AC]$ einzubeschreiben.
Es gilt: A (0 | 0); B (12 | 0); C (8 | 6)

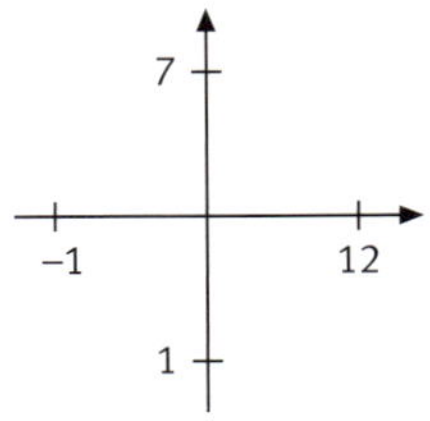


**a)** Zeichne das Dreieck ABC und beschreibe ihm das Rechteck $E_1F_1G_1H_1$ mit der Seitenlänge $\overline{F_1G_1} = 2{,}5$ cm ein. Berechne $\overline{G_1H_1}$.

**b)** Gib die Intervalle an, aus denen die Maßzahlen x und y genommen werden können, wenn gilt: $\overline{EF} = x$ cm und $\overline{FG} = y$ cm $(x, y \in \mathbb{R})$.

**c)** Stelle den Flächeninhalt der einbeschriebenen Rechtecke $E_nF_nG_nH_n$ in Abhängigkeit von x dar.

*Lösung zu 5 c):*
$A(x) = \left(-\frac{1}{2}x^2 + 6x\right)$ FE

**d)** Berechne die Belegung von x, für die sich das Rechteck $E_0F_0G_0H_0$ mit maximalem Flächeninhalt ergibt. Gib $A_{max}$ und die zugehörigen Seitenlängen an.

**6** Einem Drachenviereck ABCD mit A (0 | −4), B (6 | 2), C (0 | 6) und D (−6 | 2) sind Rechtecke $P_nQ_nR_nS_n$ mit $P_n \in [AB]$, $Q_n \in [BC]$, $R_n \in [CD]$ und $S_n \in [DA]$ einzubeschreiben. Die Rechtecksseiten sollen parallel zu den Koordinatenachsen sein.

**a)** Zeichne das Drachenviereck ABCD und beschreibe ihm das Rechteck $P_1Q_1R_1S_1$ mit $P_1$ (2 | −2) ein.

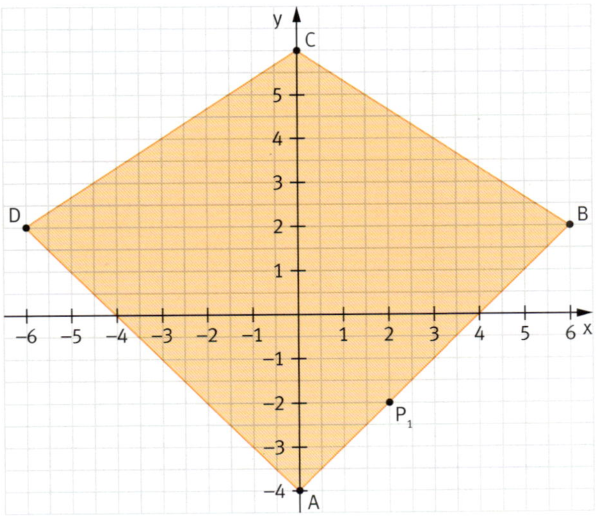


**b)** Berechne den Umfang des Rechtecks $P_1Q_1R_1S_1$.

**c)** Der Umfang der Rechtecke $P_nQ_nR_nS_n$ hängt von der Lage der Punkte $P_n$ (x | x − 4) mit $x \in \mathbb{R}$ ab. Stelle $\overline{P_nQ_n}$ und dann den Umfang der Rechtecke $P_nQ_nR_nS_n$ in Abhängigkeit von x dar.

*Lösung zu 6 c):*
$u(x) = \left(\frac{2}{3}x + 20\right)$ LE

**d)** Berechne den zum Umfang 22,2 cm gehörenden x-Wert. Wie groß sind die Seitenlängen des zugehörigen Rechtecks $P_2Q_2R_2S_2$? Zeichne es.

# 6.9 Ähnlichkeitssätze für Dreiecke

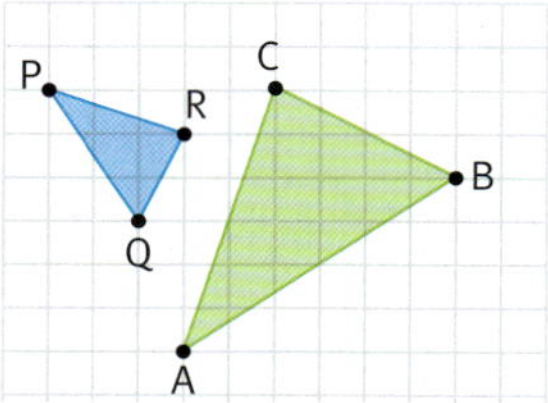


Übertrage die Dreiecke ABC und PQR in dein Heft. Du kannst auch ein dynamisches Geometrieprogramm nutzen.

- Erkläre, wie die Dreiecke durch Vergrößern oder Verkleinern auseinander hervorgehen können.
- Wie könnte man das Dreieck ABC auf das Dreieck PQR abbilden?
- Welche gemeinsamen Eigenschaften haben die beiden Dreiecke?

*Zueinander* ***ähnliche Figuren*** *besitzen die* ***gleiche Form****. Sie stimmen überein in den Maßen entsprechender* ***Winkel*** *und im Verhältnis der Längen* ***entsprechender Seiten****. Lage, Farbe oder Material sind für die Ähnlichkeit ohne Bedeutung.*

## Merkwissen

Die Verknüpfung einer zentrischen Streckung mit einer Kongruenzabbildung nennt man **Ähnlichkeitsabbildung**. Zwei Figuren A und B heißen **ähnlich** zueinander, wenn sie durch eine Ähnlichkeitsabbildung aufeinander abgebildet werden können. Man schreibt: A ~ B (sprich: „A ist ähnlich zu B.“)

**Beispiel:**

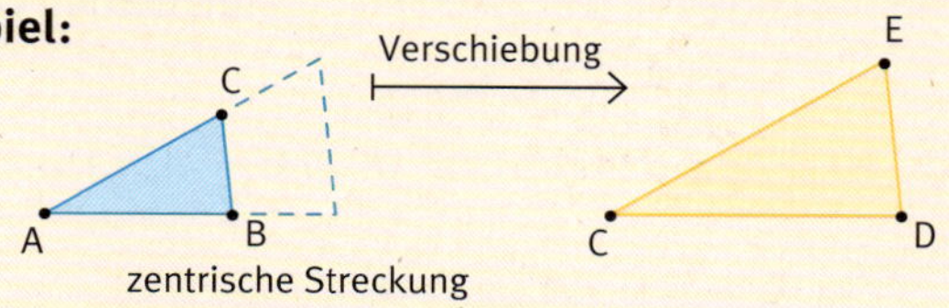


Somit $\Delta ABC \sim \Delta CDE$

*Die Ähnlichkeitssätze erinnern an die Kongruenzsätze. Jedoch wird die Längentreue der Kongruenzabbildung durch die Verhältnistreue der zentrischen Streckung ersetzt.*

Betrachtet man die Ähnlichkeitsabbildung von Dreiecken, so erhält man folgende **Ähnlichkeitssätze**:

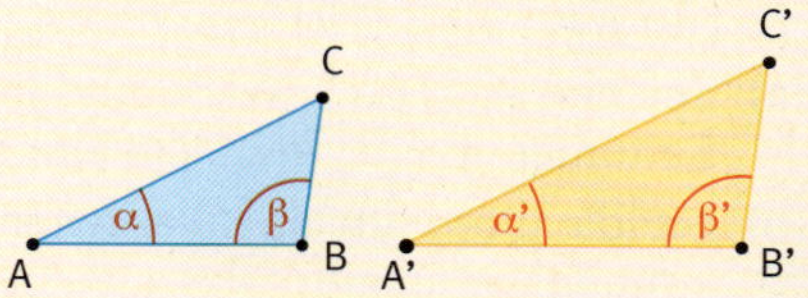


**Ähnlichkeitssatz www**
Dreiecke sind ähnlich, wenn sie in den Maßen zweier Winkel übereinstimmen.
$\alpha = \alpha' \wedge \beta = \beta'$

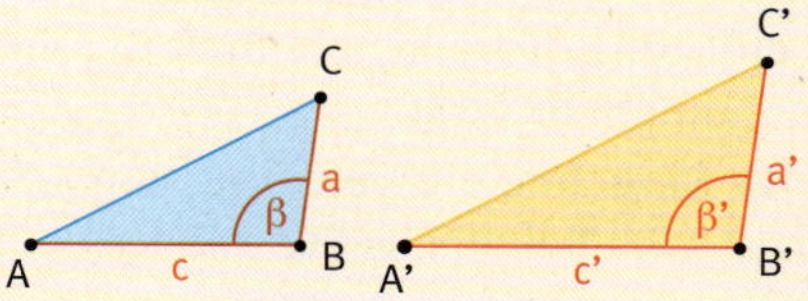


**Ähnlichkeitssatz sws**
Dreiecke sind ähnlich, wenn sie in den Verhältnissen der Längen zweier Seiten und im Maß des von ihnen eingeschlossenen Winkels übereinstimmen.
$a : c = a' : c' \wedge \beta = \beta'$

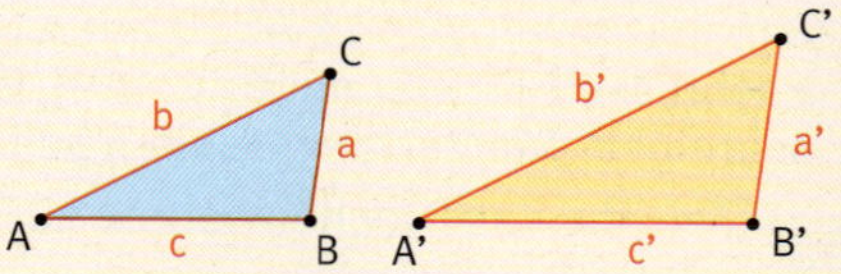


*Für andere Winkelbezeichnungen und Seiten gilt Entsprechendes.*

**Ähnlichkeitssatz sss**
Dreiecke sind ähnlich, wenn sie in den Verhältnissen der Längen ihrer drei Seiten übereinstimmen.
$a : b : c = a' : b' : c'$

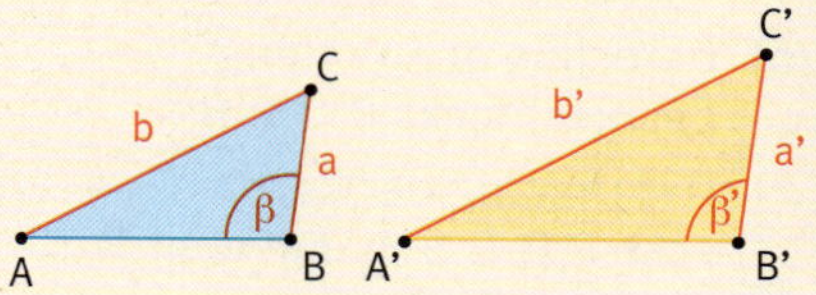


**Ähnlichkeitssatz Ssw**
Dreiecke sind ähnlich, wenn sie in den Verhältnissen der Längen zweier Seiten und im Maß des Gegenwinkels der größeren Seite übereinstimmen.

## Beispiele

**I** Zeichne zwei Dreiecke ABC mit $\alpha = 65°$ und $\beta = 70°$ sowie A'B'C' mit $\alpha' = 65°$ und $\gamma' = 45°$. Sind die Dreiecke ähnlich? Begründe.

**Lösung:**
Wegen $\beta' = 180° - 65° - 45° = 70°$ stimmen die Dreiecke in den Maßen zweier Winkel überein.
Sie sind ähnlich nach dem Ähnlichkeitssatz www.

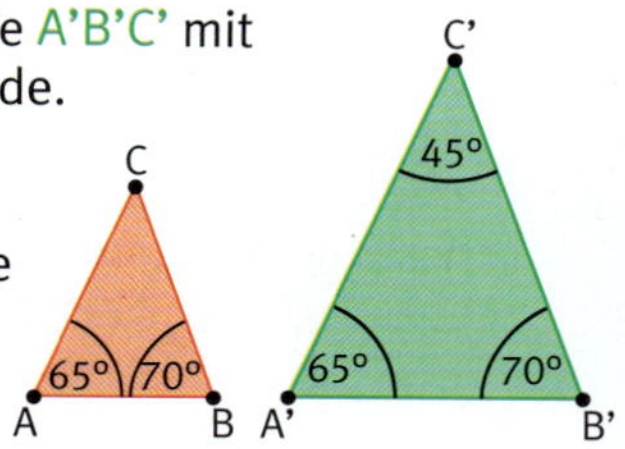

## Verständnis

- Begründe, dass die Kongruenz ein Sonderfall der Ähnlichkeit ist.
- Erkläre den Unterschied des Begriffs „ähnlich“ im Alltag und in der Mathematik.

## Aufgaben

**1** Welche der abgebildeten Dreiecke sind ähnlich? Begründe.

*alle Längenmaße in cm*

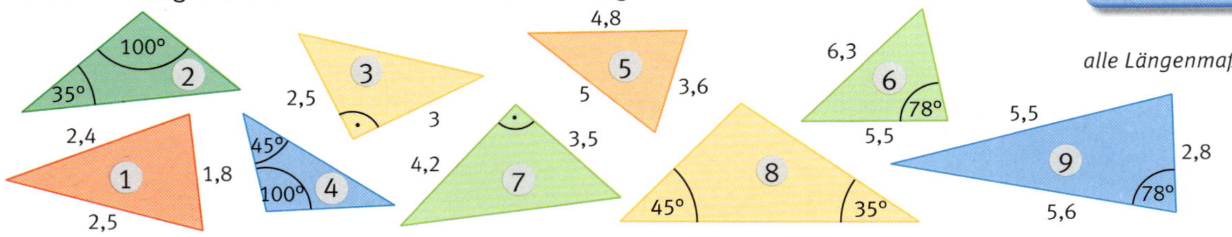


**2** Die Abbildung stellt einen Beweis für den Ähnlichkeitssatz www dar.

**Voraussetzung:** $\alpha = \alpha'$; $\beta = \beta'$; $\gamma = \gamma'$ **Behauptung:** $\Delta ABC \sim \Delta A'B'C'$

**Beweis:**

(1) $\Delta ABC \xrightarrow{A;\,k} \Delta AB^*C^*$ mit $k = \frac{\overline{A'B'}}{\overline{AB}}$

(2)
- $\alpha = \alpha'$ nach Voraussetzung
- $\overline{AB^*} = \overline{A'B'}$ wegen $k = \frac{\overline{A'B'}}{\overline{AB}}$
- $\beta^* = \beta = \beta'$ (Winkeltreue der zentrischen Streckung und Voraussetzung)

$\Longrightarrow \Delta AB^*C^* \cong \Delta A'B'C'$ (WSW)

(1) und (2) $\Longrightarrow \Delta ABC \sim \Delta A'B'C'$

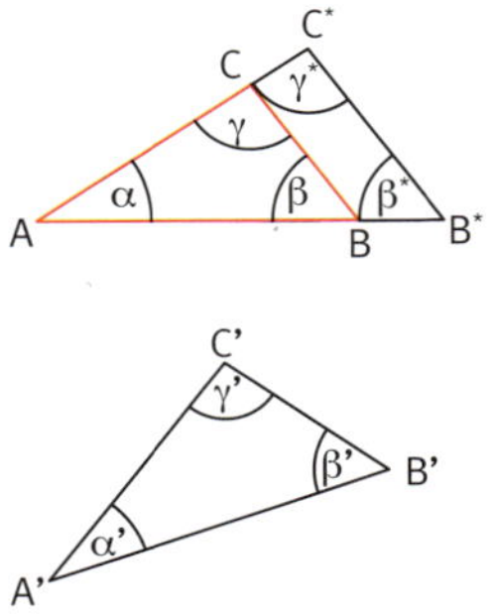


**a)** Beschreibe den Beweis in eigenen Worten. Begründe das Vorgehen.

**b)** Beweise ebenso einen weiteren Ähnlichkeitssatz.

**3** Überprüfe die Dreiecke ABC und A'B'C' auf Ähnlichkeit.

**a)** $\alpha = 57°$; b = 8 cm; c = 12 cm $\quad$ $\alpha' = 57°$; b' = 16 cm; c' = 24 cm

**b)** $\alpha = 70°$; $\beta = 50°$; c = 35 mm $\quad$ $\beta' = 50°$; $\gamma' = 80°$; b' = 6,7 cm

**c)** b = 6,4 cm; c = 2,5 cm; $\beta = 34°$ $\quad$ b' = 24,32 cm; c' = 9,5 cm; $\beta' = 34°$

**d)** a = 58 mm; c = 26 mm; $\gamma = 45°$ $\quad$ a' = 2,9 cm; c' = 2,6 cm; $\gamma = 45°$

**e)** a = 2,6 m; $\alpha = \beta = 60°$ $\quad$ b' = 47 mm; c' = 4,7 cm; $\gamma' = 60°$

**4** Die Dreiecke ABC und A'B'C' sind ähnlich. Berechne fehlende Seitenlängen.

*Erstelle zunächst eine Skizze, in die du die gegebenen Seitenlängen einträgst.*

**a)** a = 5 cm; b = 4,4 cm; c = 5,6 cm; a' = 12,5 cm

**b)** a = 25 mm; b = 45 mm; c = 55 mm; c' = 11 mm

**c)** b = 45 m; a' = 38 mm; b' = 5 cm; c' = 0,65 dm

**5** $\Delta ABC \sim \Delta A'B'C'$. Berechne die Längen der Strecken x und y.

*Lösungen zu 6: 3,75 cm; 2 cm; 3,5 cm; 4 cm*

**a)**

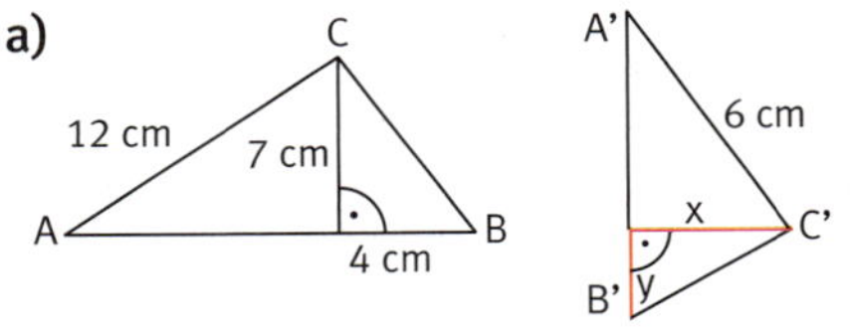


**b)**

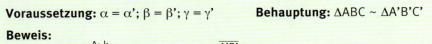

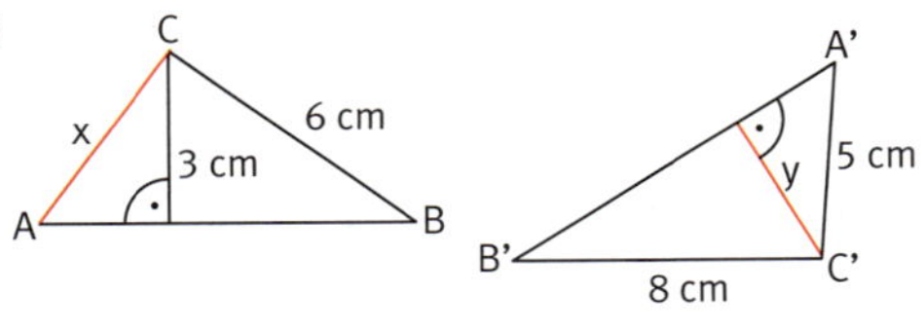

**1** Mit welchem Faktor k wurden die Figuren vergrößert bzw. verkleinert?

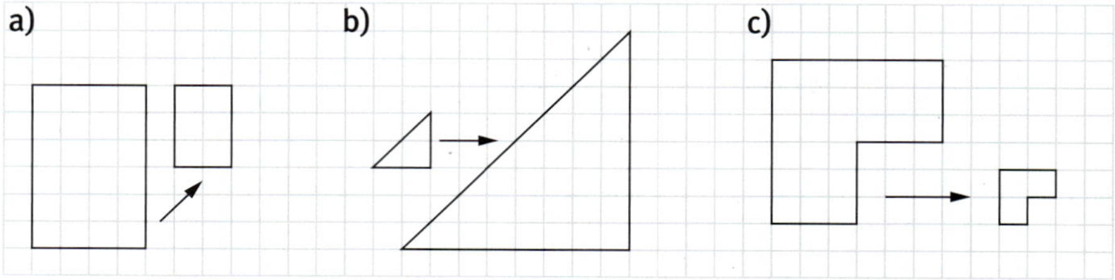


**2** Übertrage die Figuren in dein Heft und vergrößere sie mit k = 3 (verkleinere sie mit $k = \frac{1}{2}$) mit dem Streckungszentrum Z.

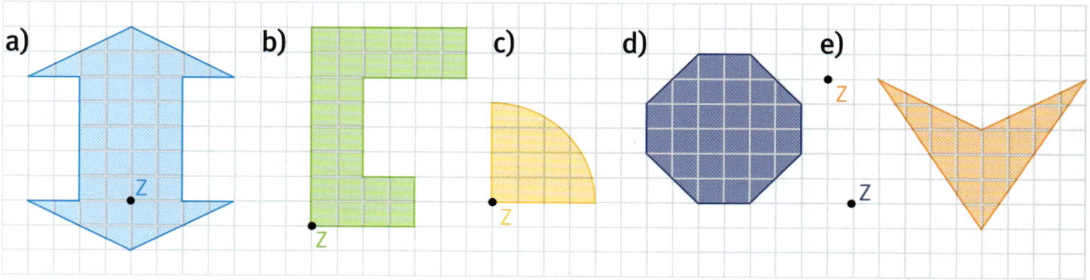


*Hier bietet sich der Einsatz eines dynamischen Geometrieprogramms an*

**3** Zeichne ein Dreieck ABC mit $\alpha = 50°$, $\beta = 70°$ und c = 4 cm.
Lege das Streckungszentrum Z …

1 außerhalb des Dreiecks.
2 innerhalb des Dreiecks.
3 auf eine Dreiecksseite.
4 auf einen Eckpunkt.

Bilde anschließend das Dreieck ABC mit folgenden Streckungsfaktoren ab.

**a)** $k = 1{,}5$ **b)** $k = \frac{2}{3}$ **c)** $k = -2{,}5$ **d)** $k = -\frac{2}{3}$

**4** Im Geometrieunterricht werden Geodreiecke zum Zeichnen an der Tafel und im Heft verwendet.

Tafelgeodreieck

Großes Geodreieck

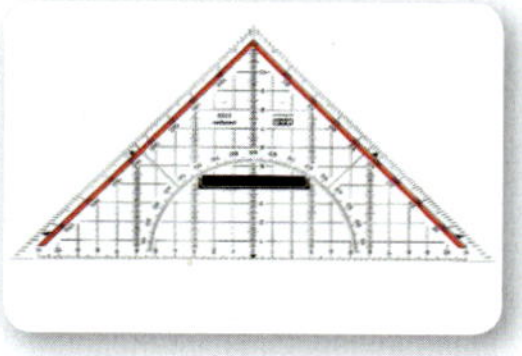

Kleines Geodreieck

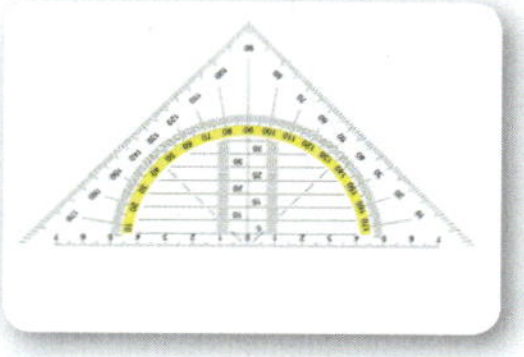

**a)** Überprüfe in deinem Klassenzimmer, in welchem Verhältnis die Seitenlängen der verschiedenen Dreiecke stehen. Bestimme den Streckungsfaktor k.

**b)** Bestimme die Dreiecksflächen. In welchem Verhältnis stehen sie zueinander?

*Eine Skizze kann helfen.*

**5** Für eine zentrische Streckung gilt: $P \xrightarrow{Z;\,k} P'$. Gib jeweils die Größe des Streckungsfaktors k an.

**a)** P' ist Mittelpunkt der Strecke [ZP].

**b)** P ist Mittelpunkt der Strecke [ZP'].

**c)** P und P' fallen aufeinander, aber nicht mit Z zusammen.

**d)** P' teilt die Strecke [ZP] im Verhältnis 2 : 3.

**e)** $\overline{ZP'} = 4 \cdot \overline{PP'}$ ; $P' \in [ZP]$

**6** **a)** Zeichne die Punkte R (3 | 1), A (6 | 3), N (4 | 5), D (2 | 5) und Z (0 | 1) sowie das Viereck RAND in ein Koordinatensystem ein.

**b)** Führe die Abbildung RAND $\xrightarrow{Z;\, k = 1{,}5}$ R'A'N'D' durch und gib die Koordinaten der Bildpunkte an.

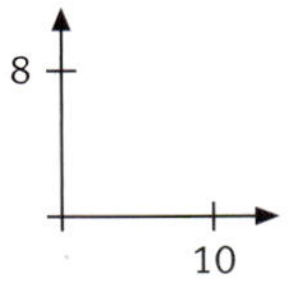


**7** Untersuche rechnerisch, welches besondere Viereck ABCD mit A (0 | 3), B (–4 | 1), C (5 | –5) und D (3 | 1) vorliegt.

**8** Gegeben ist das nebenstehende Viereck ABCD und das Streckungszentrum Z.

**a)** Übertrage das Viereck in dein Heft. Strecke es von Z aus zuerst mit dem Streckungsfaktor $k_1 = 1{,}5$ und das entstandene Bild dann mit $k_2 = -1$.

**b)** Vertausche die Reihenfolge der beiden zentrischen Streckungen. Was stellst du fest?

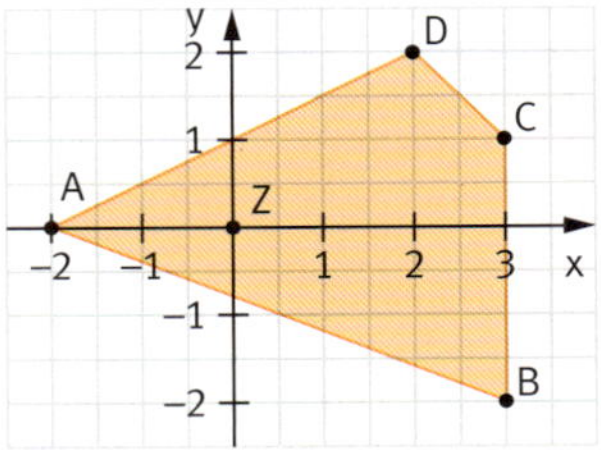


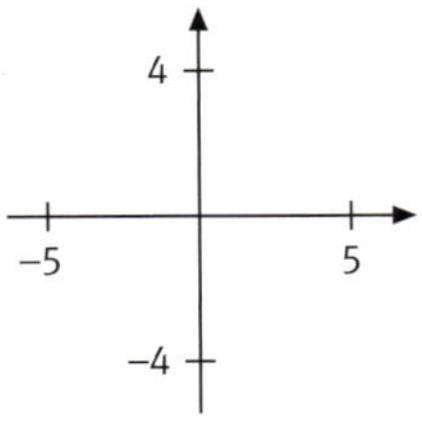


**9** Bilde die Parabeln im Koordinatensystem durch zentrische Streckung ab und ermittle die Gleichungen der Bildparabeln mithilfe des Parameterverfahrens.

**a)** p: $y = 0{,}25x^2$; Z (2 | –1); $k = 0{,}5$ **b)** p: $y = 2x^2 + 3$; Z (–1 | 2); $k = -2$

**c)** p: $y = 1{,}5x^2 + 4x + 2$; Z (2 | 2); $k = \frac{1}{3}$ **d)** p: $y = (x - 2)^2 + 3$; Z (–2 | 0); $k = \frac{1}{2}$

**10** Bestimme die Längen der farbig markierten Strecken (alle Maßangaben in cm).

*Lösungen zu 10: 3; 4; 6; 7,5; 8; 9; 12,5 Die Einheiten sind nicht angegeben.*

**a)**

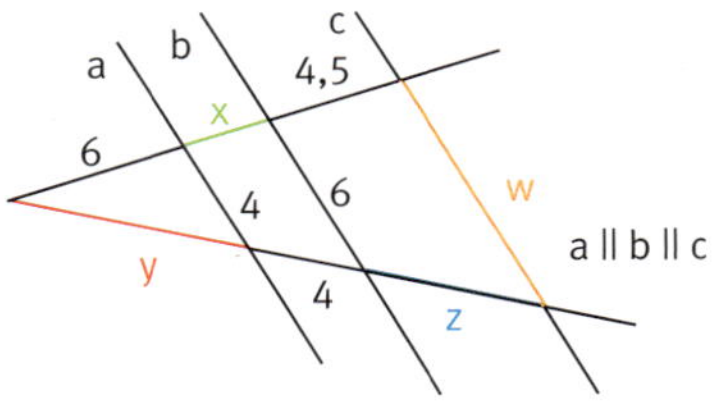


**b)**

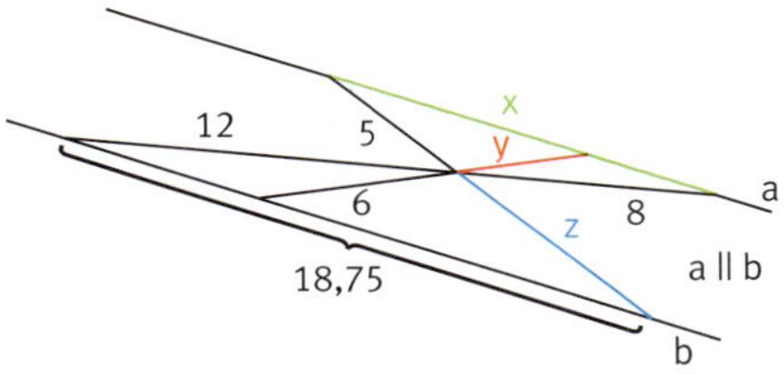


**11** Welche der Dreiecke ABC sind zueinander ähnlich?

| | |
|---|---|
| 1 $a = 9$ cm; $\beta = 81°$; $\gamma = 47°$ | 2 $b = 6{,}3$ cm; $\beta = 52°$; $\gamma = 81°$ |
| 3 $b = 9{,}9$ cm; $\alpha = 47°$; $\beta = 52°$ | 4 $c = 2{,}4$ cm; $\alpha = 80°$; $\beta = 48°$ |
| 5 $a = 7{,}2$ cm; $\alpha = 52°$; $\gamma = 48°$ | 6 $b = 6$ cm; $\alpha = 47°$; $\gamma = 80°$ |

**12** **a)** Zeichne ein beliebiges Viereck ABCD. Bilde es durch zentrische Streckung mit Z = C und $k = -1{,}5$ auf das Viereck A'B'C'D' ab.

**b)** Bestätige durch Zeichnung: Die Seitenmittelpunkte des Vierecks ABCD werden auf die Seitenmittelpunkte des Vierecks A'B'C'D' abgebildet.

**13** Die Punkte $P_n$ (x | y) liegen auf der Gerade g mit $y = -\frac{1}{2}x + 2$ ($\mathbb{G} = \mathbb{R} \times \mathbb{R}$).

**a)** Zeichne g und die Punkte $P_1$, ..., $P_4$ für $x \in \{-2; 0; 2; 4\}$ in ein Koordinatensystem. Berechne die y-Koordinaten dieser Punkte.

**b)** Durch eine zentrische Streckung mit Z (0 | 0) und $k = -0{,}5$ wird jeder Punkt von g auf einen Punkt von g' abgebildet. Trage die Bildpunkte $P_1'$, ..., $P_4'$ ein und gib ihre Koordinaten an. Ermittle die Gleichung von g'.

Überprüfe deine Fähigkeiten und Kenntnisse. Bearbeite dazu die folgenden Aufgaben und bewerte anschließend deine Lösungen mit einem Smiley.

| ☺ | 😐 | ☹ |
|---|---|---|
| Das kann ich! | Das kann ich fast! | Das kann ich noch nicht! |

Hinweise zum Nacharbeiten findest du auf der folgenden Seite. Die Lösungen findest du unter www.ccbuchner.de/medien (Eingabe 8439-02).

**Aufgaben zur Einzelarbeit**

**1** Konstruiere die Bildpunkte zu A (–2 | 2), B (3 | 0) und C (4 | 4) bei der zentrischen Streckung $\Delta ABC \xmapsto{Z;\,k} \Delta A'B'C'$.

**a)** k = 1,5; Z (–1 | –2) **b)** k = –1; Z (–2 | 2)
**c)** k = 2,5; Z (1 | 2) **d)** k = –0,5; Z (1 | 2)

**2** Konstruiere die Urpunkte bei der zentrischen Streckung $P \xmapsto{Z;\,k} P'$. Gib ihre Koordinaten an.

**a)** P' (2 | 3); Z (0 | 0); $k = \frac{2}{3}$
**b)** P' (2 | 1,5); Z (1,5 | 2); k = –0,25
**c)** P' (–1,5 | 1); Z (–2 | 2); k = –0,5
**d)** P' (–1 | 1); Z (2 | –2); k = 3

**3** Konstruiere das Streckungszentrum Z und gib seine Koordinaten an.

**a)** P (–2 | 3); P' (–4,5 | 4); k = 2
**b)** P (2 | 2); P' (3,5 | 5); k = 2,5
**c)** P (1 | –1); P' (0,5 | –1,25); k = 1,25
**d)** P (–3 | –2); P' (–2 | 0); k = 0,5

**4** Übertrage die Figur in dein Heft und vergrößere sie mit k = 3. Wähle selbst ein Streckungszentrum und zeichne es ein.

**a)**
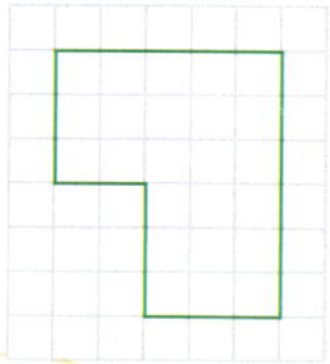

**b)**
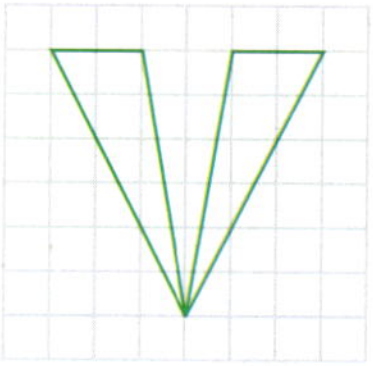

**c)**
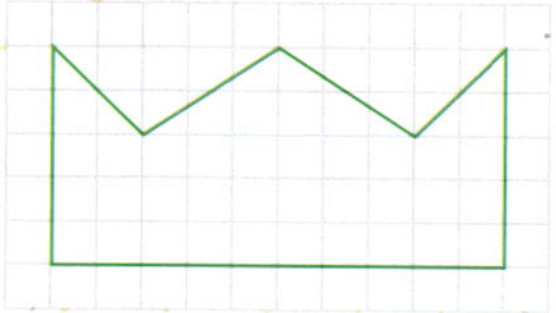

**5** Bestimme den Faktor k, wenn es sich um eine Vergrößerung (Verkleinerung) handelt.

**a)**
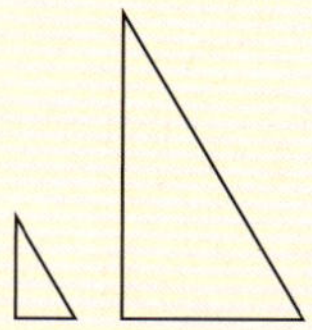

**b)**
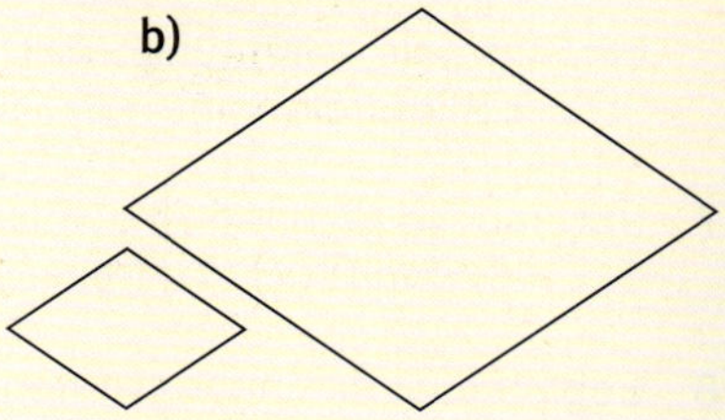

**6** Berechne die fehlenden Werte.

| | a) | b) | c) | d) |
|---|---|---|---|---|
| k | 0,5 | | | –2 |
| $k^2$ | | 0,64 | | |
| A | 22 $cm^2$ | | 360 $m^2$ | |
| A' | | 128 $dm^2$ | 518,4 $m^2$ | 48 $mm^2$ |

**7** Parallelogramm oder Trapez? Begründe rechnerisch und überprüfe durch eine Zeichnung.

**a)** A (1 | –1) B (7 | –1) C (2 | 1) D (0 | 1)
**b)** A (0 | 3) B (–3 | 0) C (3 | –3) D (6 | 0)
**c)** A (5 | 2) B (0,5 | 5) C (–1 | 3) D (5 | –1)
**d)** A (7 | –1) B (9 | 4,5) C (0 | 3) D (1 | –2)

**8** Zeige, dass [AB] durch zentrische Streckung auf [A'B'] abgebildet werden kann. Berechne k und die Koordinaten von Z. Überprüfe zeichnerisch.

**a)** A (0 | –4) B (–6 | 0) A' (0 | 2) B' (3 | 0)
**b)** A (5 | 4) B (–1 | 5,5) A' (–2 | –3) B' (6 | –5)

**9** **a)** Stelle möglichst viele Zusammenhänge mit dem 1. oder 2. Vierstreckensatz her.

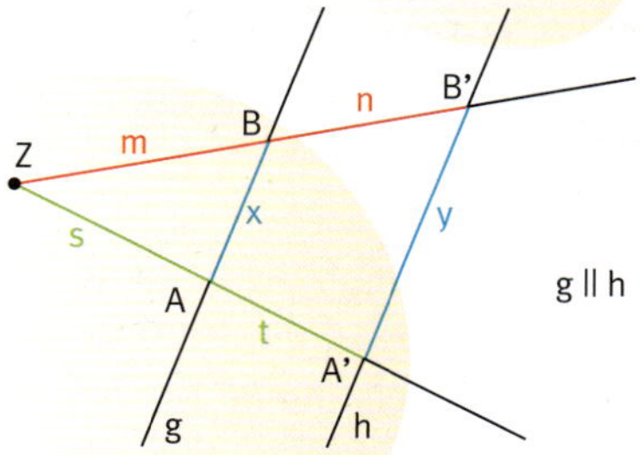


**b)** Berechne die fehlenden Längen (Maße in cm).

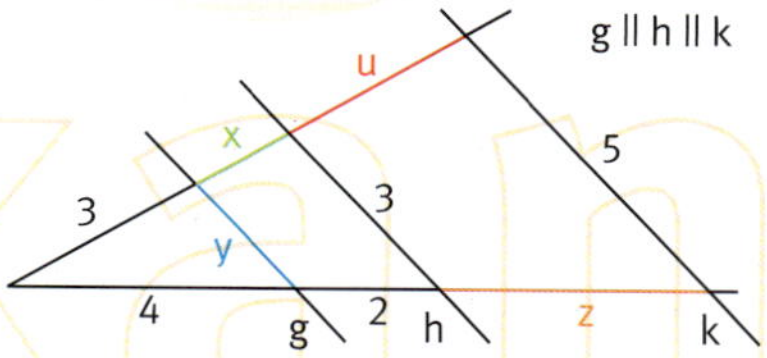

**10** Berechne die Höhe h des Turms.

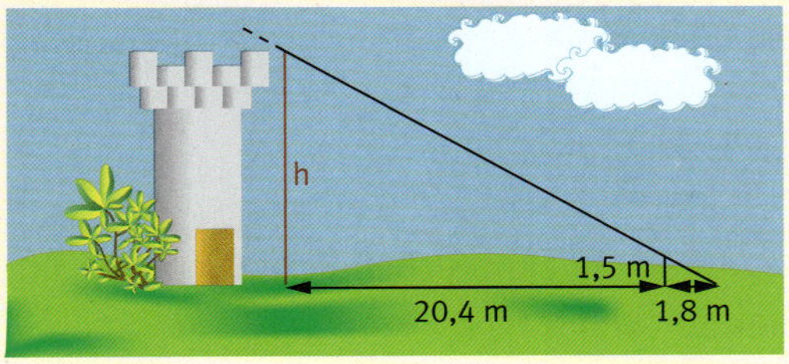


**11** Dem Dreieck ABC soll ein Quadrat DEFG so einbeschrieben werden, dass gilt: $D \in [AB]$; $E \in [AB]$; $F \in [BC]$ und $G \in [AC]$.

**a)** Zeichne das Dreieck ABC mit a = 6,5 cm, c = 4 cm und $\beta = 65°$.

**b)** Konstruiere das Quadrat DEFG.

**12** Entscheide, ob die Dreiecke ABC und A'B'C' zueinander ähnlich sind. Begründe.

**a)** a = 4 cm; b = 6 cm; c = 3,5 cm
a' = 6 cm; b' = 9 cm; c' = 4,5 cm

**b)** $\alpha = 42°$; $\beta = 77°$; c = 45 mm
$\beta' = 77°$; $\gamma' = 61°$; a' = 6 cm

**c)** $\alpha = 56°$; b = 3,4 cm; c = 7,4 cm
$\alpha' = 56°$; b' = 43,18 dm; c' = 9398 mm

**d)** $\gamma = 56°$; a = 8 cm; c = 7 cm
$\beta' = 56°$; b' = 8 mm; a' = 7 mm

**e)** $\alpha = \beta = 60°$
a' = b' = c' = 2,8 cm

**f)** $\gamma = 90°$; a = 3 cm; b = 4 cm
c' = 15 cm; a = 9 cm; b = 12 cm

**Aufgaben für Lernpartner**

**Arbeitsschritte**

1 Bearbeite die folgenden Aufgaben alleine.
2 Suche dir einen Partner und erkläre ihm deine Lösungen. Höre aufmerksam und gewissenhaft zu, wenn dein Partner dir seine Lösungen erklärt.
3 Korrigiere gegebenenfalls deine Antworten und benutze dazu eine andere Farbe.

Sind folgende Behauptungen **richtig** oder **falsch**? Begründe schriftlich.

**13** Führe eine zentrische Streckung an Z (0|2) durch. Bestimme die Gleichung der Bildfigur.

**a)** g: $y = \frac{1}{4}x + 3$; $k = -3$

**b)** p: $y = \frac{1}{2} \cdot (x - 2)^2 + 4$; $k = -\frac{1}{2}$

**14** Bei dem Streckungsfaktor $\frac{1}{3}$ ist jede Bildstrecke dreimal so lang wie die zugehörige Urstrecke.

**15** Bei einer zentrischen Streckung wird der Mittelpunkt einer Urstrecke auf den Mittelpunkt der Bildstrecke abgebildet.

**16** Verdoppelt man die Seitenlängen eines Dreiecks, so verdoppelt sich auch dessen Flächeninhalt.

**17** Den Vierstreckensatz kann man anwenden, wenn zwei sich schneidende Geraden von zwei weiteren Geraden geschnitten werden.

**18** Mithilfe des Vierstreckensatzes kann man in der Natur oftmals auch unzugängliche Streckenlängen bestimmen.

**19** Zwei Dreiecke sind zueinander ähnlich, wenn sie im Maß eines Winkels übereinstimmen.

**20** Die Kongruenzsätze für Dreiecke sind Sonderfälle der Ähnlichkeitssätze für Dreiecke.

**21** Gleichschenklige Dreiecke sind stets zueinander ähnlich.

| Aufgabe | Ich kann ... | Seite |
|---|---|---|
| 1, 2, 3, 15 | Bild- und Urpunkt sowie das Streckungszentrum bei einer zentrischen Streckung ermitteln. | S. 136 |
| 4, 14 | Figuren maßstäblich vergrößern und verkleinern. | S. 134 |
| 5 | den Streckungsfaktor k bei einer zentrischen Streckung erkennen. | S. 134 |
| 6, 7, 16 | den Flächeninhalt von Ur- und Bildfigur bestimmen. | S. 138 |
| 7 | zentrische Streckungen mithilfe von Vektoren durchführen. | S. 142, 144 |
| 8 | das Streckungszentrum und den Streckungsfaktor bei gegebenem Bild und Urbild bestimmen. | S. 136 |
| 9, 10, 17, 18 | Streckenverhältnisse anhand der Vierstreckensätze aufstellen sowie Streckenlängen bestimmen. | S. 148 |
| 13 | Geraden und Parabeln zentrisch strecken. | S. 146 |
| 11 | Einbeschreibungsaufgaben lösen. | S. 152 |
| 12, 19, 20, 21 | erkennen, ob Dreiecke zueinander ähnlich sind. | S. 154 |

S. 134
S. 136
S. 138

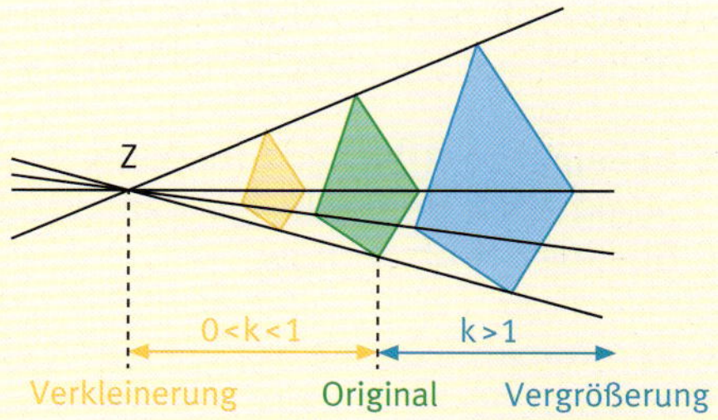


Bei einer **zentrischen Streckung** mit dem **Streckungszentrum Z** werden Figuren maßstäblich vergrößert oder verkleinert.

$$|\mathbf{k}| = \frac{\text{Länge der Bildstrecke}}{\text{Länge der Urstrecke}}$$

Eigenschaften der zentrischen Streckung:

- **geraden-, winkel- und kreistreu**
- **Der Umlaufsinn bleibt erhalten.**
- **verhältnistreu**
- $\mathbf{A_{Bildfigur} = k^2 \cdot A_{Urfigur}}$

S. 142

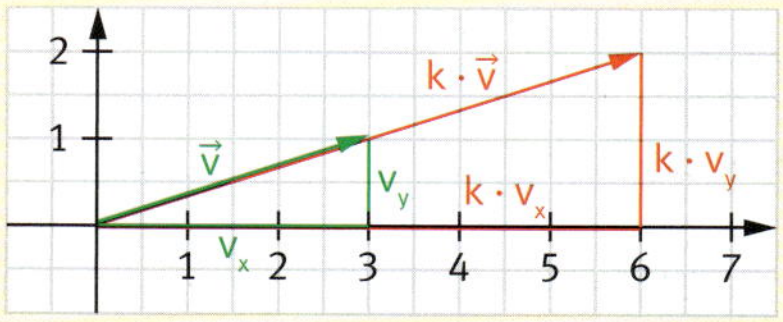


Bei der zentrischen Streckung eines Vektors $\vec{v}$ mit dem Streckungsfaktor k (k ≠ 0) gilt:

$$\vec{v}' = \begin{pmatrix} v_x' \\ v_y' \end{pmatrix} = k \cdot \begin{pmatrix} v_x \\ v_y \end{pmatrix} = \begin{pmatrix} k \cdot v_x \\ k \cdot v_y \end{pmatrix}$$

S. 148

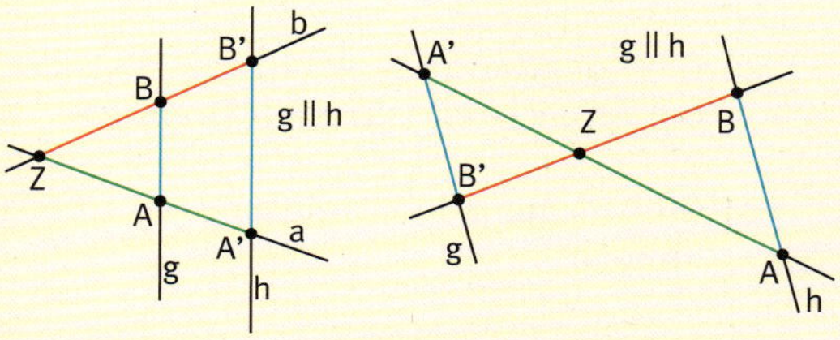


Möglichkeiten:

$$\frac{\overline{ZA}}{\overline{ZA'}} = \frac{\overline{ZB}}{\overline{ZB'}} \qquad \frac{\overline{ZA}}{\overline{ZA'}} = \frac{\overline{AB}}{\overline{A'B'}}$$

**1. Vierstreckensatz**
Werden zwei sich in Z schneidende Geraden von zwei Parallelen, die nicht durch Z gehen, geschnitten, dann stehen einander entsprechende Streckenabschnitte auf den Geraden durch Z im gleichen Verhältnis.

**2. Vierstreckensatz**
Werden zwei sich in Z schneidende Geraden von zwei Parallelen, die nicht durch Z gehen, geschnitten, dann ist das Verhältnis der Streckenabschnitte auf den Parallelen gleich dem Verhältnis der Streckenabschnitte auf den Geraden durch Z.

S. 154

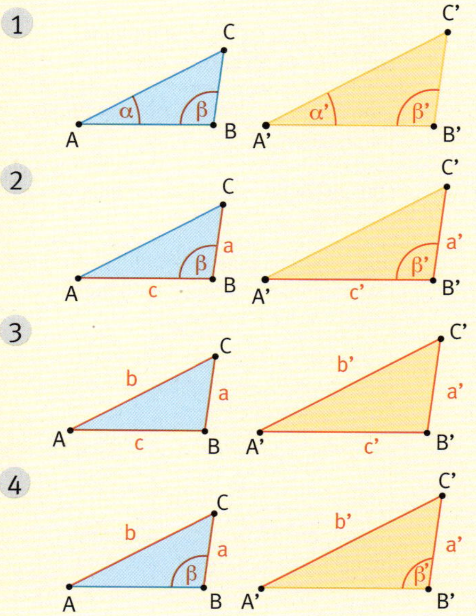


Die Verknüpfung einer zentrischen Streckung mit einer Kongruenzabbildung nennt man **Ähnlichkeitsabbildung**.
Zwei Figuren A und B heißen **ähnlich** zueinander, wenn sie durch eine Ähnlichkeitsabbildung aufeinander abgebildet werden können.
Man schreibt: A ~ B (sprich: „A ist ähnlich zu B.")

**Ähnlichkeitssätze für Dreiecke**
Zwei **Dreiecke** sind zueinander **ähnlich**, wenn sie übereinstimmen in den ...

1. Maßen zweier Winkel.
2. Verhältnissen zweier Seitenlängen und dem Maß des von ihnen eingeschlossenen Winkels.
3. Verhältnissen dreier Seitenlängen.
4. Verhältnissen zweier Seitenlängen und dem Maß des Gegenwinkels der größeren Seite.

## Baumdiagramme

**1** Wie viele verschiedene zweistellige Zahlen lassen sich aus den Ziffern 1, 2, 3 und 4 bilden, wenn jede Ziffer ...

**a)** nur höchstens einmal vorkommen darf?

**b)** auch doppelt vorkommen darf?

Veranschauliche an einem Baumdiagramm.

**2** In einer Urne befinden sich 1 weiße, 2 rote und 3 schwarze Kugeln. Man zieht nacheinander zwei Kugeln. Zeichne ein Baumdiagramm und gib den Ergebnisraum sowie die Anzahl der möglichen Ergebnisse an bei Ziehen ...

**a)** ohne Zurücklegen. **b)** mit Zurücklegen.

**3** Herr Huber nimmt an einem Quiz teil. Die ersten 7 von insgesamt 10 Fragen hat er richtig beantwortet, bei den Fragen 8 bis 10 hat er leider keine Ahnung mehr, sodass er nur raten kann. Bei jeder Frage stehen vier Antworten zur Verfügung, von denen nur eine richtig ist.
Zeichne für die letzten drei Fragen ein Baumdiagramm und berechne die Wahrscheinlichkeiten für folgende Ereignisse.

**a)** A: „Alle Lösungen sind richtig."

**b)** B: „Keine Lösung ist richtig."

**c)** C: „Nur die ersten beiden Lösungen sind richtig."

**d)** D: „Nur die letzte Lösung ist richtig."

**e)** E: „Nur eine (beliebige) Lösung ist richtig."

**f)** F: „Mindestens eine Lösung ist richtig."

**4** Erfinde zu folgendem Baumdiagramm eine passende Sachsituation und bestimme die fehlenden Wahrscheinlichkeiten.

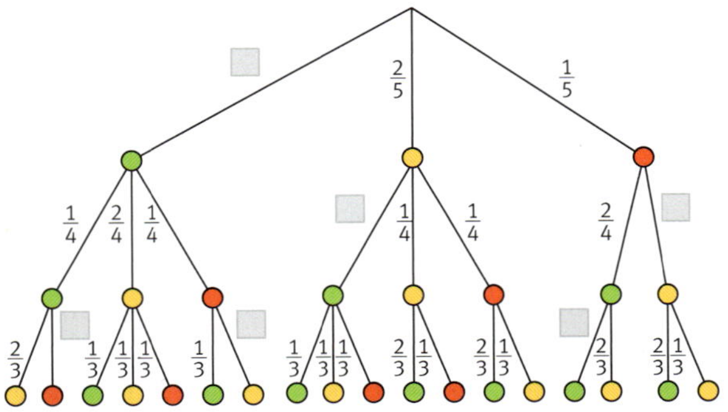


## Schrägbilder

**5** Konstruiere das Schrägbild eines 7 cm hohen Quaders ABCDEFGH ($q = 0{,}5$; $\omega = 60°$).
Für die Seiten der Grundfläche ABCD gilt: $\overline{AB} = 5$ cm und $\overline{BC} = 4$ cm. Die Punkte A und C liegen auf der Schrägbildachse.

**6** Zeichne die Grundfläche ABCD des Schrägbilds in wahrer Größe in dein Heft und bestimme anschließend deren Flächeninhalt.
Im Schrägbild gilt: $q = 0{,}5$; $\omega = 45°$.

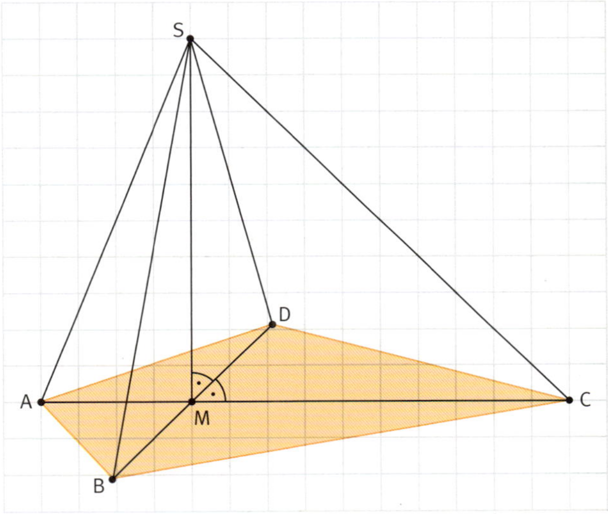


**7** Das gleichseitige Dreieck ABC mit der Seitenlänge 7 cm ist Grundfläche einer Pyramide ABCS.
Die Strecke [CS] steht senkrecht auf ABC mit $\overline{CS} = 8$ cm.
Zeichne das Schrägbild der Pyramide mit $q = 0{,}5$; $\omega = 45°$ und der Schrägbildachse AC.

**8** Tim hat ein Schrägbild des Buchstabens „C" erstellt. Erkläre, welcher Fehler Tim unterlaufen ist, und zeichne das Schrägbild richtig in dein Heft.

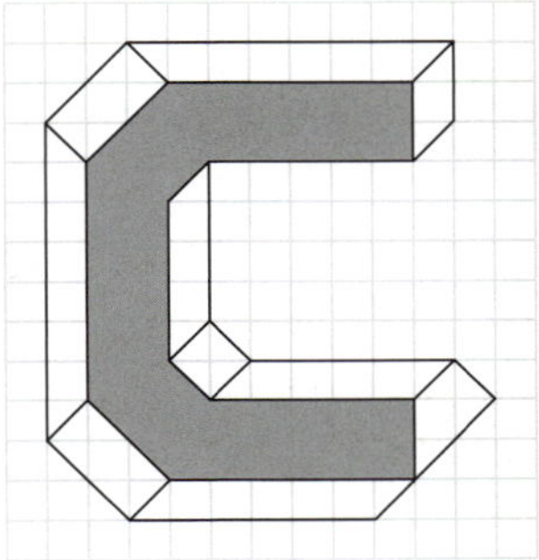

## Funktionale Abhängigkeiten

**9** Dem Dreieck ABC wurde ein Parallelogramm PQRC einbeschrieben. Es gilt: $\overline{AC}$ = 6 cm, $\overline{AB}$ = 8 cm und $\overline{AQ}$ = x cm und $\overline{QR}$ = y cm. Bestimme y in Abhängigkeit von x.

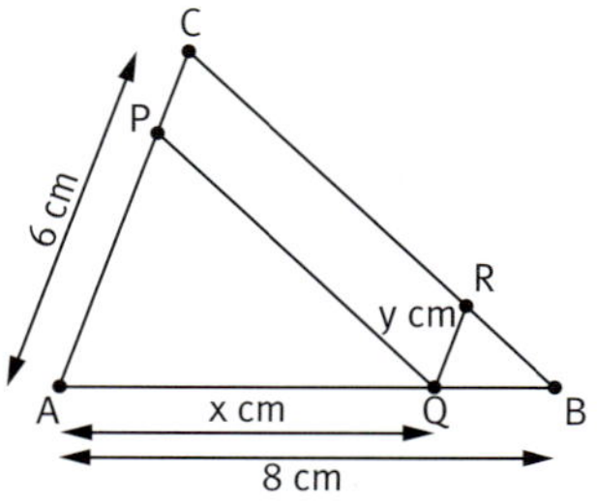


**10** Eine Raute ABCD mit $\overline{AC}$ = 7 cm und $\overline{BD}$ = 10 cm ist gegeben.
Verlängert man die Diagonale [AC] über A und C hinaus um jeweils 2x cm und verkürzt [BD] von B und D ausgehend um jeweils x cm, so erhält man eine Schar von Rauten $A_nB_nC_nD_n$.

**a)** Zeichne die Raute ABCD und dazu für x = 2 die Raute $A_1B_1C_1D_1$.

**b)** Zeige, dass für den Flächeninhalt der Rauten $A_nB_nC_nD_n$ in Abhängigkeit von x gilt:
$A(x) = (-4x^2 + 13x + 35)\ \text{cm}^2$

**c)** Ermittle durch Rechnung, für welche Belegung von x man die Raute mit dem größten Flächeninhalt erhält.

**11** Die Dreiecke $ABC_n$ sind durch A (–3 | –6), B (3 | 1) und $C_n$ gegeben. $C_n$ liegt auf der Gerade g mit y = 0,25x + 3.

**a)** Zeichne die Gerade g sowie zwei verschiedene Dreiecke $ABC_1$ und $ABC_2$ in ein Koordinatensystem und berechne deren Flächeninhalt.

**b)** Zeige, dass für den Flächeninhalt der Dreiecke $ABC_n$ in Abhängigkeit von der x-Koordinate von $C_n$ gilt: A (x) = (–2,75x + 16,5) FE

**c)** Tabellarisiere die funktionale Abhängigkeit aus Aufgabe b) und zeichne den Graphen.

**12** Gegeben ist eine Schar von Dreiecken $ABC_n$ mit A (1,5 | 1), B (5,5 | 0) und $C_n$ (x | 0,25x + 3,5).

**a)** Zeichne die zu $x_1 = 2$ und $x_2 = 6$ zugehörigen Dreiecke $ABC_1$ und $ABC_2$ und berechne den Flächeninhalt des Dreiecks $ABC_2$.

**b)** Berechne die Koordinaten des Punktes $C_3$, für den sich ein Dreieck $ABC_3$ ergibt, dessen Flächeninhalt 7,25 FE beträgt.

**c)** Berechne die Koordinaten des Punktes $D_4$ des Parallelogramms $ABC_4D_4$ mit $C_4$ (8 | 5,5).

## Winkel

**13** Miss die Maße der markierten Winkel.

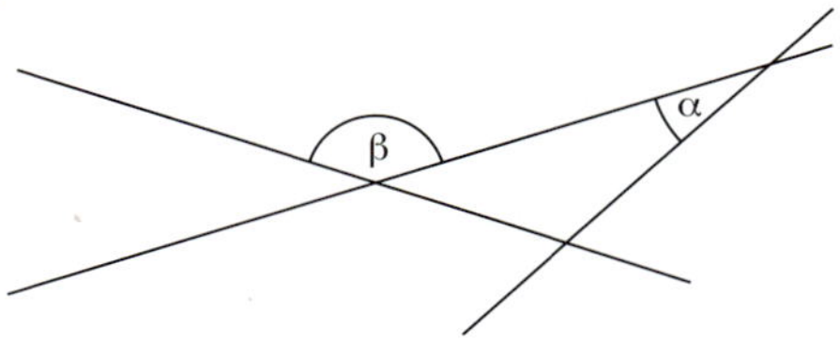


**14** Zeichne Winkel mit folgenden Maßen in dein Heft.
60°; 172°; 317°; 5°; 212°; 270°

**15** Gegeben ist ein Sechseck ABCDEF mit A (1 | 1), B (5 | 0), C (9 | 2), D (10 | 6), E (6 | 4) und F (3 | 7).

**a)** Zeichne das Sechseck.

**b)** Zerlege das Sechseck in vier Dreiecke und begründe die Innenwinkelsumme des Sechsecks. Überprüfe an der Zeichnung.

**16** Löse näherungsweise mithilfe einer Zeichnung. Unter welchen Winkeln schneiden sich die Diagonalen eines Rechtecks, bei dem die eine Seite doppelt so lang ist wie die andere?

**17** Das Dreieck ABC ist gleichschenklig mit der Seite [BC] als Basis. Zudem gilt g || h. Berechne die fehlenden Winkelmaße.

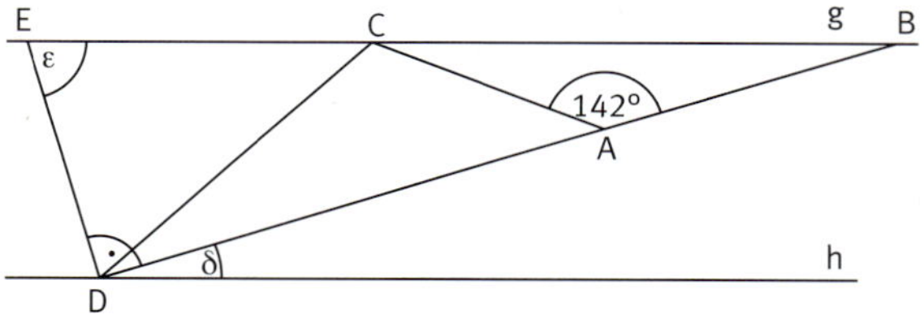


**18** Es ist ein Rechteck ABCD mit a = 12 cm und b = 8 cm gegeben.

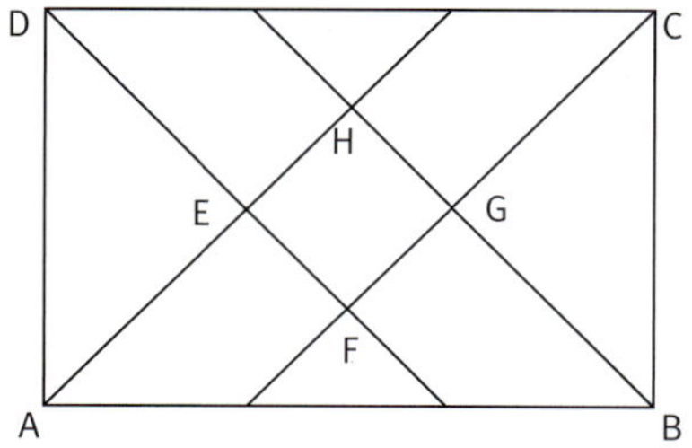


**a)** Zeichne das Rechteck und die vier Winkelhalbierenden der Innenwinkel.

**b)** Welche Figuren und Winkel entstehen dadurch im Rechteck ABCD?

**c)** Zeige, dass das Viereck EFGH ein Quadrat ist, und berechne seinen Flächeninhalt.

# 7 Quadratische Gleichungen und Ungleichungen

## Einstieg

- Der arabische Mathematiker Al-Chwarizmi hat schon vor über 1000 Jahren ein Verfahren beschrieben, wie man quadratische Gleichungen lösen kann. Das Blatt zeigt das Beispiel für die Gleichung $x^2 + 8x = 48$. Beschreibe sein Vorgehen.
- Löse ebenso die Gleichungen: $x^2 + 8x = 84$ und $x^2 + 4x = 21$.
- Erkläre, warum Al-Chwarizmi auf diese Weise nur stets eine Lösung einer quadratischen Gleichung findet.

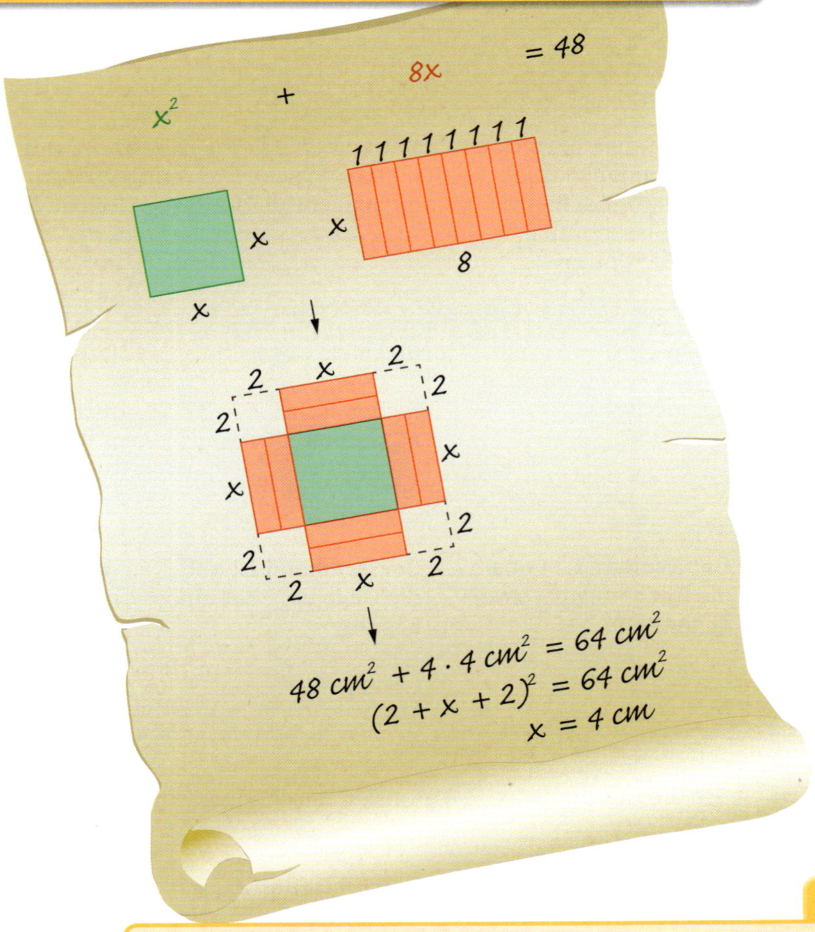


## Ausblick

**Am Ende dieses Kapitels hast du gelernt, ...**

- quadratische Gleichungen und Ungleichungen auf verschiedene Arten zu lösen.
- Wurzelgleichungen auf verschiedene Arten zu berechnen.
- quadratische Gleichungssysteme zu lösen.
- die Lösung von quadratischen Gleichungen geometrisch zu interpretieren.
- Schnitte zwischen Parabeln und Geraden systematisch zu betrachten.

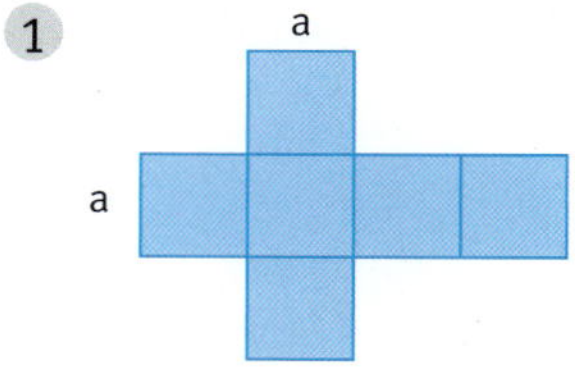


Das Netz eines Würfels hat den Flächeninhalt 486 cm².

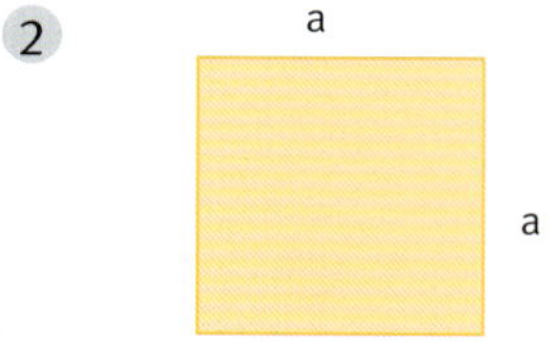


Ein Quadrat hat den Flächeninhalt 36 m².

Die kreisförmige Rosette einer Kirche überdeckt eine Fläche von 1018 dm².

- Stelle jeden Sachverhalt als Gleichung dar.
- Löse die Gleichungen. Achte auf die Anzahl der Lösungen in Zusammenhang mit dem Sachverhalt.

## Merkwissen

Gleichungen, die sich auf die **allgemeine Form $ax^2 + bx + c = 0$** (a b, c $\in \mathbb{R}$, $a \neq 0$) bringen lassen, heißen **quadratische** Gleichungen. Man unterscheidet **reinquadratische** ($b = 0$) und **gemischtquadratische Gleichungen** ($b \neq 0$).
Jede reinquadratische Gleichung lässt sich durch Umformen auf die Form $x^2 = d$ bringen mit $d = -\frac{c}{a}$.

*Wenn nichts anderes vereinbart ist, gilt $\mathbb{G} = \mathbb{R}$.*

| $d > 0$ | $d = 0$ | $d < 0$ |
|---|---|---|
| Beispiel: $x^2 = 4$ | Beispiel: $x^2 = 0$ | Beispiel: $x^2 = -2$ |
| rechnerisch:<br>$x_{1/2} = \pm\sqrt{4}$<br>$x_{1/2} = \pm 2$<br>$x_1 = -2;\ x_2 = 2$ | rechnerisch:<br>$x_{1/2} = \pm\sqrt{0}$<br>$x_{1/2} = \pm 0$<br>$x = 0$ | rechnerisch:<br>$x^2 = -2$ |
| Der **Radikand** ist **positiv**, die Gleichung hat **zwei Lösungen**. | Der **Radikand** ist **null**, die Gleichung hat **eine Lösung**. | Der **Radikand** ist **negativ**, die Gleichung hat **keine Lösung**. |
| $\mathbb{L} = \{-2;\ 2\}$ | $\mathbb{L} = \{0\}$ | $\mathbb{L} = \varnothing$ |

## Beispiele

**I** Löse die Gleichung $2x^2 = 6$ grafisch. Beschreibe dein Vorgehen.

*Jede reinquadratische Gleichung $x^2 = d$ lässt sich auf die Form $x^2 - d = 0$ bringen.*

**Lösung:**
Wir können die reinquadratische Gleichung $2x^2 = 6$ umformen in $x^2 = 3 \Leftrightarrow x^2 - 3 = 0$.
Die Lösung der Gleichung können wir als Nullstellen der Funktion $y = x^2 - 3$ verstehen. Für die Anzahl der Nullstellen gelten dieselben Bedingungen wie im Merkwissen.

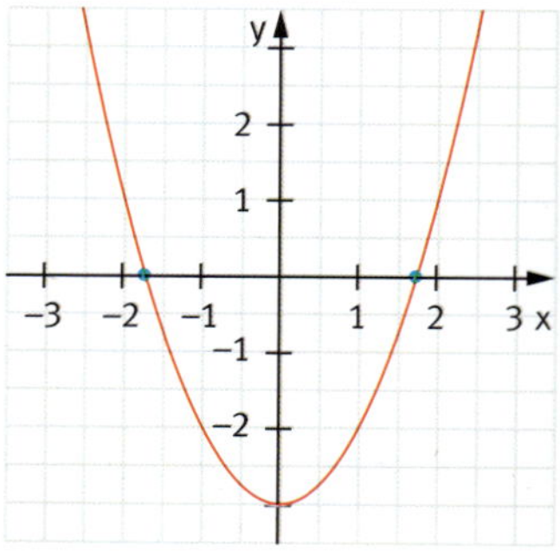


*Beim grafischen Lösen von quadratischen Gleichungen sind die abgelesenen Werte oft nur Näherungswerte.*

Der Zeichnung entnimmt man:
$x_1 \approx -1{,}7;\ x_2 \approx 1{,}7$
$\mathbb{L} = \{-1{,}7;\ 1{,}7\}$

## Verständnis

- Überprüfe, ob die Gleichung $9^2 + x = 0$ quadratisch ist.
- Begründe, warum die reinquadratische Gleichung $x^2 + 144 = 0$ keine Lösung hat.

## Aufgaben

**1** Gib zunächst die Anzahl der Lösungen an und bestimme anschließend die Lösungsmenge rechnerisch.

a) $x^2 = 169$ b) $x^2 = -196$ c) $2x^2 = 450$ d) $256 - x^2 = 0$

e) $x^2 = 2{,}89$ f) $z^2 = \frac{36}{121}$ g) $a^2 = \frac{729}{-289}$ h) $z^2 + \frac{1}{16} = 0$

**2** Bestimme zeichnerisch die Lösungsmenge wie in Beispiel I.

a) $x^2 - 2 = 0$ b) $x^2 + 2 = 0$ c) $-x^2 + 2 = 0$ d) $x^2 = 0$ e) $3x^2 = 21$

**3** Überprüfe die folgende rechnerische Lösung der Gleichungen. Berichtige.

a)
$\frac{1}{4}x^2 = 4 \quad | \cdot 4$
$x^2 = 16$
$x = 4$
$\mathbb{L} = \{4\}$

b)
$3 - x^2 = 6 \quad | + 3$
$x^2 = 9$
$x_1 = -3;\ x_2 = 3$
$\mathbb{L} = \{-3; 3\}$

**4** Bestimme die Lösungsmenge rechnerisch.

a) $x^2 + 2 = 18$ b) $y^2 - 5 = 22$ c) $9 - x^2 = 5$

d) $7 - 4t^2 = 18t^2$ e) $12x^2 - 7 = -7$ f) $2{,}25a^2 + 15 = 12$

g) $2t + 8 = t \cdot (2 + 3t)$ h) $x \cdot (2x - 6) = 4 - 6x$ i) $z \cdot (z^2 + 8) = 0$

j) $7x \cdot (3x + 5) - 11 = 5x\,(2x + 7)$ k) $(x + 3)^2 - 7x + 8 = (x - 5) \cdot (x + 5) - x$

*Lösungen zu 4:*
*$\varnothing$; $\varnothing$; 0; 0; ±1; ±2; ±4; $\pm\sqrt{\frac{7}{22}}$; $\pm\sqrt{\frac{8}{3}}$; $\pm\sqrt{2}$; $\pm\sqrt{27}$*

**5** Löse mit dem Taschenrechner und runde das Ergebnis auf zwei Dezimalen.

a) $x^2 = 2{,}89$ b) $7{,}4t^2 = 55$ c) $6{,}3z^2 = 1{,}5^2$ d) $1{,}3^4 = 3{,}5x^2$

e) $z^2 = \sqrt{33}$ f) $\frac{x^2}{12} = \sqrt{144}$ g) $\frac{t^2}{\sqrt{7}} = 2{,}4$ h) $\frac{3x^2 - 2{,}7}{1{,}23^2} = \sqrt{1{,}45}$

**6** Bestimme die Definitions- und die Lösungsmenge der Gleichungen.

| | | | | | | | |
|---|---|---|---|---|---|---|---|
| a) | $\frac{7 - x}{4 + 2x} = \frac{x - 3}{x + 9}$ | b) | $\frac{3 + x}{-2x - 1} = \frac{1 - 2x}{x - 3}$ | c) | $\frac{12 - x}{2x - 2} = \frac{x + 6}{2 + x}$ | d) | $\frac{1{,}5x + 6}{x + 6{,}5} = \frac{x + 1}{2x - 3}$ |

**7** Gib zur angegebenen Lösungsmenge eine reinquadratische Gleichung an.

*Findest du mehrere Möglichkeiten?*

a) $\mathbb{L} = \{-3; 3\}$ b) $\mathbb{L} = \{-\sqrt{0{,}5}; \sqrt{0{,}5}\}$ c) $\mathbb{L} = \{-3\sqrt{2}; 3\sqrt{2}\}$

d) $\mathbb{L} = \{0\}$ e) $\mathbb{L} = \varnothing$ f) $\mathbb{L} = \{-\frac{1}{2}; \frac{1}{2}\}$

**8**
(1) $x^2 = a$ (2) $\frac{1}{2}x^2 - a = 0$ (3) $2x^2 = -a$
(4) $\frac{1}{2}x^2 - 4a = 0$ (5) $7x^2 - 7a = 0$ (6) $ax^2 - a = 0$

a) Gib Zahlen für a so an, dass die Gleichung zwei, eine oder keine Lösung(en) hat ($-5 \leqq a \leqq 5$).

b) Begründe deine Lösung rechnerisch oder grafisch.

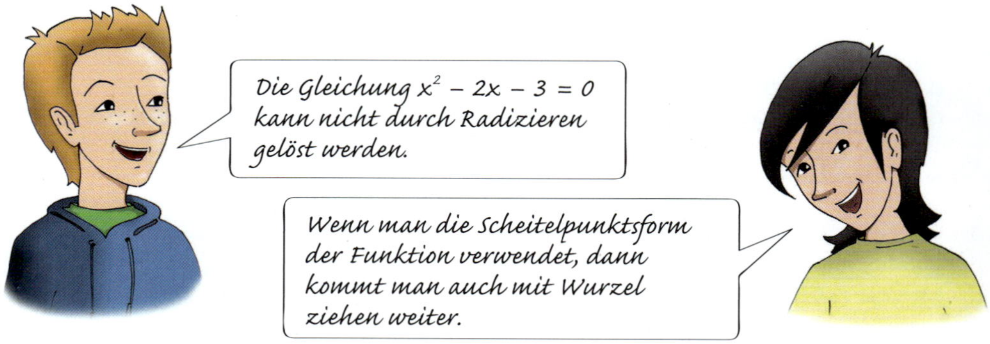
Die Gleichung $x^2 - 2x - 3 = 0$ kann nicht durch Radizieren gelöst werden.
Wenn man die Scheitelpunktsform der Funktion verwendet, dann kommt man auch mit Wurzel ziehen weiter.

- Überprüfe Jakobs Aussage.
- Finde eine Möglichkeit, die Gleichung zu lösen.
- Beurteile Evas Aussage.

## Merkwissen

*Jede beliebige quadratische Gleichung lässt sich auf die Normalform bringen.*

Liegt eine quadratische Gleichung in der Form $\mathbf{x^2 + px + q = 0}$ vor, so spricht man von der **Normalform** einer quadratischen Gleichung.
Jede quadratische Gleichung kann auf verschiedene Arten gelöst werden.

**Beispiel:** $x^2 + 6x + 5 = 0$

*Binomische Formel:* $(x + a)^2 = x^2 + 2ax + a^2$

1 rechnerisch: Umformung mit quadratischer Ergänzung

$$\underbrace{x^2 + 6x + 3^2}_{(x+3)^2} \underbrace{- 9 + 5}_{-4} = 0$$

$(x + 3)^2 - 4 = 0 \quad | + 4$

$(x + 3)^2 = 4$

$x + 3 = \pm 2 \quad | - 3$

$x_1 = -5;\ x_2 = -1$

$\mathbb{L} = \{-5; -1\}$

2 grafisch: Nullstellen der zugehörigen quadratischen Funktion $y = x^2 + 6x + 5$

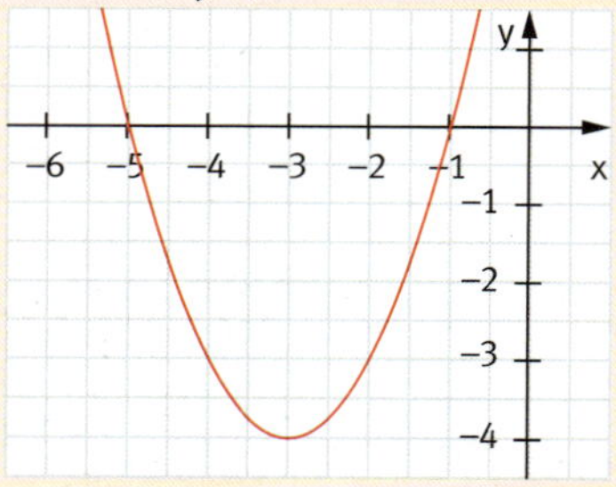
y
x
−6
−5
−4
−3
−2
−1
−1
−2
−3
−4

$x_1 = -5;\ x_2 = -1$

$\mathbb{L} = \{-5; -1\}$

*Auch hier gilt:*
*Bei $(x + a)^2 = d$ erhält man für …*
- *$d > 0$ zwei Lösungen.*
- *$d = 0$ eine Lösung.*
- *$d < 0$ keine Lösung.*

## Beispiele

**I** Bestimme die Lösungsmenge der Gleichung $x^2 - 2x - 3 = 0$.

*Binomische Formel:* $(x - a)^2 = x^2 - 2ax + a^2$

**Lösung**:

rechnerisch:

$x^2 - 2x + 1^2 - 1 - 3 = 0$

$(x - 1)^2 - 4 = 0 \quad | + 4$

$(x - 1)^2 = 4$

$x - 1 = \pm 2 \quad | + 1$

$x_1 = -1;\ x_2 = 3$

$\mathbb{L} = \{-1; 3\}$

grafisch:

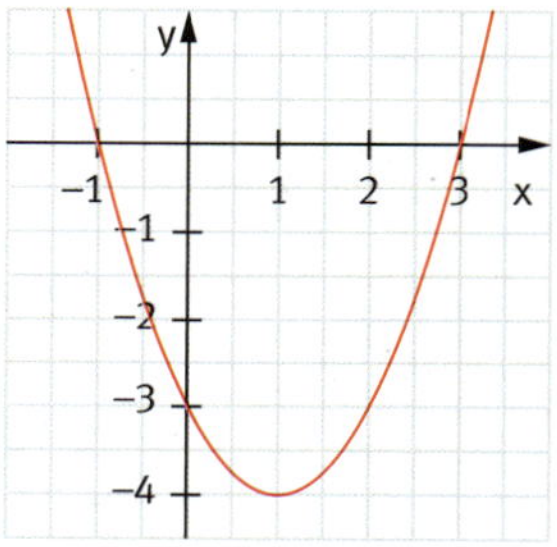
y
x
−1
1
2
3
−1
−2
−3
−4

## VERSTÄNDNIS

- Begründe, dass aus einer Gleichung der Form $x^2 + bx = 0$ die Lösungen $x_1 = 0$ und $x_2 = -b$ direkt abgelesen werden können.
- Begründe, dass die Anzahl der Lösungen für $(x + a)^2 = d$ von d abhängt.

## AUFGABEN

*Wenn nichts anderes vereinbart ist, gilt $\mathbb{G} = \mathbb{R}$.*

**1** Gib die Anzahl der Lösungen der Gleichung an. Löse sie anschließend.

**a)** $x^2 - 1 = 1{,}5x$ **b)** $3 - x^2 = 2x$ **c)** $8 \cdot (x + 1) \cdot (x - 1) - 36 \cdot (2x - 5) = 18$

**d)** $x \cdot (2x - 1{,}5) = -1{,}5$ **e)** $3 \cdot (3 - x) \cdot (3 + x) = 0$ **f)** $4x \cdot (x + 8) = 4x - 49$

**2** Ordne den Gleichungen die richtige Lösungsmenge zu.

*Als Lösungswort ergibt sich ein bekannter mathematischer Satz.*

| | | |
|---|---|---|
| 1 $x^2 + 4x + 3 = 0$ | 2 $x^2 + 2x - 15 = 0$ | 3 $x^2 + 3x + 2{,}25 = 0$ |
| 4 $x^2 - 4x + 5 = 0$ | 5 $x^2 - 5x + 4 = 0$ | 6 $x^2 + 3x + 2 = 0$ |
| 7 $0 = x^2 + \frac{7}{20}x - \frac{3}{10}$ | 8 $x^2 - 6x + 9 = 0$ | 9 $x^2 + 2{,}5x - 3{,}5 = 0$ |
| 10 $x^2 - x = 0$ | 11 $x^2 + 2{,}5x + 3 = 0$ | 12 $0 = 12 + 8x + x^2$ |

| | | |
|---|---|---|
| I $\mathbb{L} = \{-3{,}5; 1\}$ | S $\mathbb{L} = \{-3; -1\}$ | A $\mathbb{L} = \{-5; 3\}$ |
| E $\mathbb{L} = \{0; 1\}$ | V $\mathbb{L} = \{3\}$ | T $\mathbb{L} = \varnothing$ |
| D $\mathbb{L} = \{1; 4\}$ | E $\mathbb{L} = \{-2; -1\}$ | A $\mathbb{L} = \{-6; -2\}$ |
| T $\mathbb{L} = \{-1{,}5\}$ | Z $\mathbb{L} = \varnothing$ | S $\mathbb{L} = \{-0{,}75; 0{,}4\}$ |

**3** Löse die quadratischen Gleichungen grafisch.

**a)** $x^2 = 2x + 3$ **b)** $x^2 - 6x + 5 = 0$ **c)** $4x^2 + 36x + 77 = 0$

**d)** $x^2 - x = 0{,}75$ **e)** $x \cdot (x - 1) = -2$ **f)** $x^2 + 2x = 0$

**4** Löse rechnerisch. Runde gegebenenfalls auf zwei Dezimalen.

**a)** $2x^2 + 6x = x^2 - 3$ **b)** $2 \cdot (x - 2)^2 + x^2 = x \cdot (x + 3)$

**c)** $x^2 - 3x + 16 = 2x^2 - 6x + 3$ **d)** $4x^2 - 9 - x \cdot (x - 4) = (-2x + 4)^2$

**e)** $(x + 7) \cdot (x + 3) = (x - 3) \cdot (x + 1)$ **f)** $(x - 2) \cdot (x + 3) = (x - 3) \cdot (x + 2)$

*Lösungen zu 4:*
*$\mathbb{L} = \{-2{,}41; 5{,}41\}$;*
*$\mathbb{L} = \{0{,}86; 4{,}64\}$;*
*$\mathbb{L} = \{-5{,}45; -0{,}55\}$;*
*$\mathbb{L} = \{-2\}$; $\mathbb{L} = \{0\}$;*
*$\mathbb{L} = \{1{,}34; 18{,}66\}$*

**5** Bestimme die Definitions- und die Lösungsmenge der Gleichungen.

**a)** $\frac{x + 1}{x + 2} = \frac{x + 3}{x + 4}$ **b)** $\frac{4x + 4}{x + 2} + x = 0$ **c)** $\frac{3x + 1}{-4 - 5x} = \frac{-x - 1}{2x + 0{,}5}$

**6** Bestimme die Zahl.

**a)** Subtrahiert man vom Quadrat einer natürlichen Zahl das Dreifache der Zahl, so erhält man 130.

**b)** Die Differenz aus einer Zahl und ihrem Kehrwert ist 2,1.

**c)** Man erhält die fünffache Differenz einer Zahl und 3, wenn man die Zahl mit der Summe der Zahl und 13 multipliziert.

**7** Bestimme die Belegung des Koeffizienten a so, dass die Gleichung keine, eine oder zwei Lösung(en) hat.

**a)** $x^2 - 4x + a = 0$ **b)** $x^2 + ax + 12 = 0$ **c)** $(x - a)^2 = 0$

**d)** $(x + a)^2 = 0$ **e)** $x^2 + 7x + a = 0$ **f)** $x^2 - ax + 3 = 0$

*Im Folgenden gilt $\mathbb{G} = \mathbb{R}$.*

Bei der rechnerischen Lösung der Normalform einer quadratischen Gleichung werden stets dieselben Lösungsschritte durchlaufen. Eine Umformung der Normalform $x^2 + px + q = 0$ ($p, q \in \mathbb{R}$) ergibt eine Lösungsformel, mit der alle Gleichungen dieser Art gelöst werden können.

- Übertrage die Umformung ins Heft und setze sie zur Herleitung einer Lösungsformel weiter fort.

$$x^2 + px + q = 0$$
$$x^2 + px + \left(\frac{p}{2}\right)^2 - \left(\frac{p}{2}\right)^2 + q = 0$$

- Überprüfe, unter welchen Bedingungen für p und q die quadratische Gleichung keine, eine bzw. zwei Lösung(en) hat.

## Merkwissen

**Herleitung der Lösungsformel** für die **allgemeine Form** einer quadratischen Gleichung $ax^2 + bx + c = 0$ ($a, b, c \in \mathbb{R}$, $a \neq 0$):

$$ax^2 + bx + c = 0 \quad |:a$$
$$x^2 + \frac{b}{a}x + \frac{c}{a} = 0 \quad |\text{ quadr. Ergänzung}$$
$$x^2 + \frac{b}{a}x + \left(\frac{b}{2a}\right)^2 - \left(\frac{b}{2a}\right)^2 + \frac{c}{a} = 0 \quad |\text{ Vereinfachung}$$
$$\left(x + \frac{b}{2a}\right)^2 - \frac{b^2 - 4ac}{4a^2} = 0 \quad |+\frac{b^2-4ac}{4a^2}$$
$$\left(x + \frac{b}{2a}\right)^2 = \frac{b^2 - 4ac}{4a^2}$$
$$x + \frac{b}{2a} = \pm\sqrt{\frac{b^2 - 4ac}{4a^2}} \quad |-\frac{b}{2a},\text{ Vereinfachung}$$
$$x = -\frac{b}{2a} \pm \frac{\sqrt{b^2 - 4ac}}{2a}$$
$$\mathbf{x_1 = \frac{-b - \sqrt{b^2 - 4ac}}{2a};\ x_2 = \frac{-b + \sqrt{b^2 - 4ac}}{2a}}$$

*Die Lösungsformel wird manchmal als a-b-c-Formel oder als Mitternachtsformel bezeichnet.*

## Beispiele

**I** Bestimme die Lösungsmenge der Gleichung mithilfe der Lösungsformel.

a) $-2x^2 + 3x + 4 = 0$ b) $\frac{2}{3}x^2 - 8x + 24 = 0$

*Vergleiche die Koeffizienten der Gleichung mit der allgemeinen Form $ax^2 + bx + c = 0$. Beachte Vorzeichen und Rechenzeichen.*

**Lösung:**

a) $-2x^2 + 3x + 4 = 0$

$a = -2;\ b = 3;\ c = 4$

$$x_{1/2} = \frac{-3 \pm \sqrt{3^2 - 4 \cdot (-2) \cdot 4}}{2 \cdot (-2)}$$
$$x_{1/2} = \frac{-3 \pm \sqrt{41}}{-4}$$
$$x_1 = \frac{-3 + \sqrt{41}}{-4}$$
$$x_2 = \frac{-3 - \sqrt{41}}{-4}$$
$$\mathbb{L} = \left\{\frac{-3 + \sqrt{41}}{-4};\ \frac{-3 - \sqrt{41}}{-4}\right\}$$

*Oftmals gibt man auch gerundete Werte für $x_1$ und $x_2$ an.*

b) $\frac{2}{3}x^2 - 8x + 24 = 0$

$a = \frac{2}{3};\ b = -8;\ c = 24$

$$x_{1/2} = \frac{-(-8) \pm \sqrt{(-8)^2 - 4 \cdot \frac{2}{3} \cdot 24}}{2 \cdot \frac{2}{3}}$$
$$x_{1/2} = \frac{8 \pm \sqrt{0}}{\frac{4}{3}}$$
$$x = \frac{8}{\frac{4}{3}} = 6$$
$$\mathbb{L} = \{6\}$$

## VERSTÄNDNIS

- Bestimme die Koeffizienten a, b und c in folgenden Gleichungen:
  1 $-2x^2 + 3x - 4 = 0$   2 $x^2 - 7{,}5x + 2 = 0$   3 $3x^2 + 4 = 0$
- Überprüfe mithilfe der Lösungsformel aus dem Merkwissen die Lösungsformel für die Normalform einer quadratischen Gleichung (siehe Einstieg).

## AUFGABEN

**1** Bestimme die Lösungsmenge der Gleichung. Runde geeignet.

a) $2x^2 - 6x + 4 = 0$   b) $x^2 + 4x + 4 = 0$   c) $x^2 - 0{,}5x - 7{,}5 = 0$
d) $-3x^2 - 6x + 2{,}25 = 0$   e) $0{,}5x^2 - 9x - 8 = 0$   f) $1{,}5x^2 + 7x - 4 = 0$
g) $2x^2 - 0{,}5x - 3{,}75 = 0$   h) $x^2 + 1{,}5x + \frac{9}{16} = 0$   i) $3x^2 + 18x + 21 = 0$

*Lösungen zu 1:*
*$\mathbb{L} = \{-5{,}18; 0{,}51\}$; $\mathbb{L} = \{-4{,}41; -1{,}59\}$; $\mathbb{L} = \{-2{,}5; 3\}$; $\mathbb{L} = \{-2\}$; $\mathbb{L} = \{-2{,}32; 0{,}32\}$; $\mathbb{L} = \{-1{,}25; 1{,}5\}$; $\mathbb{L} = \{-0{,}85; 18{,}85\}$; $\mathbb{L} = \{0{,}75\}$; $\mathbb{L} = \{1; 2\}$;*

**2** Bringe die Gleichungen in die Form $ax^2 + bx + c = 0$. Bestimme die Lösungsmenge.

a) $x^2 = 2{,}4x - 1{,}43$   b) $1{,}5x^2 + 0{,}75x = 1{,}26$   c) $x^2 - 7x = 2{,}75$
d) $2x^2 = 0{,}4x + 0{,}48$   e) $x \cdot (x - 4) = -4$   f) $(3 - x) \cdot 3x = -15$

**3** Bestimme die Lösungsmenge. Runde auf zwei Dezimalen.

a) $3x \cdot (2x - 7) - 8 = 4x \cdot (3x + 7)$
b) $2 \cdot (5x - 3) \cdot x - 3 \cdot (7 - x) = -4 \cdot (x - 3) \cdot (x + 3)$
c) $5x \cdot [2 - (2x - 9) + 5x] = (9x - 4) \cdot (-2 - 5x)$
d) $(x + 5)^2 - (3x + 8)^2 = (x + 7) \cdot (x - 7)$

*Lösungen zu 3:*
*$\mathbb{L} = \{-1{,}01; 0{,}13\}$; $\mathbb{L} = \{-8; -0{,}17\}$; $\mathbb{L} = \{-1{,}91; 2{,}13\}$; $\mathbb{L} = \{-4{,}47; 0{,}25\}$*

**4** a) Bestimme die Lösungen der quadratischen Gleichung mit der Lösungsformel. Was fällt dir auf?

1 $2x^2 + x - 15 = 0$   2 $9x^2 - 9x + 2{,}25 = 0$   3 $x^2 - 0{,}1x + 0{,}9 = 0$

b) In der Lösungsformel der quadratischen Gleichung treten Wurzeln auf.

> Den Term unter der Wurzel in der Lösungsformel nennt man **Diskriminante D** mit **$D = b^2 - 4ac$.**
> Für die Lösbarkeit einer quadratischen Gleichung gibt es drei Fälle:
>
> **$D > 0$**
> Es ergeben sich **zwei verschiedene Lösungen** $x_1$ und $x_2$.
>
> **$D = 0$**
> Es ergibt sich **eine Lösung**, da $x_1 = x_2$ ist.
>
> **$D < 0$**
> Der Term $\sqrt{D}$ ist nicht definiert. Die Gleichung hat in $\mathbb{R}$ **keine Lösung**.

Bestimme mithilfe der Diskriminante die Anzahl der Lösungen und dann die Lösungsmenge.

1 $2x^2 - 20x + 42 = 0$   2 $-3x^2 + 18x - 75 = 0$   3 $3x^2 + 6x - 105 = 0$
4 $-x^2 - 5x - 5{,}25 = 0$   5 $-x^2 - 5x + 24 = 0$   6 $7x^2 = 3{,}5x + 10{,}5$
7 $-3x = -2{,}24 - x^2$   8 $100x \cdot (x + 3) = 559$   9 $2{,}5x^2 - 25x = 62{,}5$

**5** a) Die Seiten eines Rechtecks sind 4 cm und 7 cm lang. Eine Seite wird um x cm verkürzt, die andere um x cm verlängert. Bestimme x so, dass das neue Rechteck den Flächeninhalt 21,25 cm² hat.

b) Die Seiten eines Quadrats der Seitenlänge 12 cm werden um x cm verkürzt bzw. 2x cm verlängert. Prüfe, ob ein Rechteck mit dem Flächeninhalt 165 cm² (160 cm²) entstehen kann.

*zu 5a):*

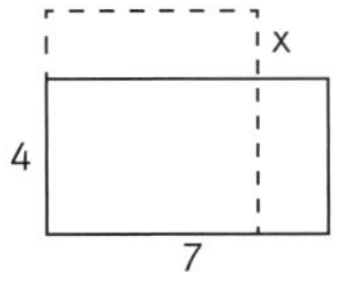

*Lösungen zu 6:*
*–68; 6,5; 58; 76,5625; 112,47; 500; 1296; 313 600*
*Angegeben sind nur die Werte der Diskriminanten.*

**6** Bestimme zuerst mithilfe der Diskriminante die Anzahl der Lösungen und dann die Lösungsmenge.

**a)** $2x^2 - 10x + 21 = 0$ **b)** $-x^2 - 10x - 10{,}5 = 0$ **c)** $3x^2 + 6x - 105 = 0$
**d)** $3{,}5x^2 = 1{,}75x + 5{,}25$ **e)** $100x \cdot (x + 3) = 559$ **f)** $4x^2 - 9 = -x^2 + 16$
**g)** $1{,}5x^2 + 0{,}5\sqrt{2} \cdot x = 1$ **h)** $x^2 - 4 \cdot (\sqrt{12} - \sqrt{6})\,x - 12\sqrt{4} = 0$

**7** Tritt in einer quadratischen Gleichung neben der Hauptvariable (hier: x) noch eine Formvariable auf, dann hängt die Lösbarkeit der Gleichung von dieser Formvariable ab. Mithilfe der Diskriminante kann die Lösbarkeit der Gleichung untersucht werden.

**Beispiele:**

1 Für welche Werte von m ist $x^2 - 8x + 2 - m = 0$ in $\mathbb{R}$ nicht lösbar?

$a = 1;\ b = -8;\ c = 2 - m$
$D = b^2 - 4ac$
$D = (-8)^2 - 4 \cdot 1 \cdot (2 - m)$
$D = 56 + 4m$
$D < 0$; also $56 + 4m < 0$
$\Leftrightarrow\ m < -14$

$\mathbb{L} = \varnothing$ für $m < -14$

2 Für welche Belegung von a hat die Gleichung $2ax^2 + 4x - 8 = 0$ in $\mathbb{R}$ zwei Lösungen?

$a = 2a;\ b = 4;\ c = -8$
$D = b^2 - 4ac$
$D = 4^2 - 4 \cdot 2a \cdot (-8)$
$D = 16 + 64a$
$D > 0$, also $16 + 64a > 0$
$\Leftrightarrow\ a > -0{,}25$
$\mathbb{L} = \left\{\frac{-1 - \sqrt{1 + 4a}}{a};\ \frac{-1 + \sqrt{1 + 4a}}{a}\right\}$ für $a > -0{,}25$

**a)** Für welche Belegung von a hat die Gleichung in $\mathbb{R}$ zwei Lösungen? Bestimme die Lösungsmenge.

1 $x^2 - x + a = 0$ 2 $x^2 - \frac{a}{4} = 7x$ 3 $5x^2 - 7x = 49a$
4 $ax^2 + 2x + \frac{a}{4} = 0$ 5 $ax^2 - 2x + 4 = 0$ 6 $ax^2 + 1 = \frac{4}{5}x$

**b)** Für welches t hat die Gleichung genau eine Lösung? Gib die Lösungsmenge an.

1 $0{,}2x^2 + 4x - 5t = 0$ 2 $4x^2 + 12 = 12x - t$ 3 $x^2 - 13x = 2t - 3$
4 $x^2 - (t + 0{,}5) \cdot x + \frac{25}{16} = 0$ 5 $tx^2 + 3tx - 1 = 2tx - 1$ 6 $3x^2 - 7x = \frac{1}{6}t - 2$

*Lösungen zu 7 c):* $m > \frac{1}{3};\ m > \frac{13}{4};\ m < -\frac{157}{8}$

**c)** Bestimme alle Werte von m, für die die Gleichung keine Lösung hat.

1 $3mx^2 - 6x + 9 = 0$ 2 $(2 - m)\,x^2 - 5x - 5 = 0$ 3 $x^2 - 13x = 2m - 3$

**8** Bestimme t so, dass die Diskriminante D den angegebenen Wert annimmt. Bestimme dann die Lösungsmenge der Gleichung in $\mathbb{R}$.

**a)** $2x^2 + 8x - 6t = 0$ ($D = 16$) **b)** $3tx^2 - 4{,}5x + 5 = 0$ ($D = -19{,}5$)
**c)** $x^2 + (t - 2) \cdot x - t = 0$ ($D = 8$) **d)** $0{,}5 \cdot (x - t) \cdot (x + 5) = 0$ ($D = 0$)

**9** Gegeben ist die Parabelschar p (m): $y = (x - 3)^2 + m$.

**a)** Zeichne für $m \in \{-3; -2; -1; 0; 1; 2\}$ die zugehörigen Parabeln von p (m).

**b)** Gib die Bedingung an, für welche die Gleichung $(x - 3)^2 + m = 0$ zwei (eine, keine) Lösung(en) hat.

**c)** Lies aus der Grafik die zu m gehörenden Lösungen der Gleichung so genau wie möglich ab. Überprüfe die Lösungen rechnerisch.

**10** Wie heißt die nicht natürliche Zahl, deren Zwölffaches um 288 kleiner ist als das Dreifache ihres Quadrates?

**11** Bestimme zunächst die Definitions- und dann die Lösungsmenge.

a) $x + 2 = \frac{10}{x - 2}$ b) $\frac{x - 3}{2} = \frac{5x - 4}{2x}$ c) $\frac{5x + 3}{4x - 7} = 3x + 8$

d) $4x - 5 = \frac{3x}{5 - x}$ e) $\frac{1 - x}{2 - 2x^2} = \frac{-2}{3x + 1}$ f) $\frac{4x + 3}{-1 - 3x} = \frac{1 - 0{,}5x}{2x + 0{,}5}$

**12** Beim Postversand gibt es verschiedene Paketgrößen.

a) Berechne die Länge und Breite des Pakets, wenn es doppelt so lang wie breit ist und bei einer Höhe von 15 cm ein Volumen von 27 $dm^3$ hat.

b) Ein 30 cm breites Paket ist um 24 cm länger als es hoch ist. Sein Volumen beträgt 15 187,5 $cm^3$. Berechne die Maße des Pakets.

Werkzeug

**Quadratische Gleichungen mit dem GTR**

Der grafikfähige Taschenrechner (GTR) bietet verschiedene Möglichkeiten, quadratische Gleichungen zu lösen.

**Grafische Lösungsmöglichkeit**

Lösung der Gleichung $0{,}5x^2 + 2x - 5 = 3$

1 Im Menü F5 wird der Funktionsterm $y = 0{,}5x^2 + 2x - 5$ eingegeben und der Funktionsgraph mit F6 (DRAW) gezeichnet. Um die Lösung für $y = 3$ zu erhalten, müssen die zugehörigen x-Werte bestimmt werden.

2 Mit F5 (G-Solv) wird das Lösungsmenü geöffnet.

3 Mit F6 (▷) wird die zweite Seite der Funktionen aufgerufen.

4 F2 (X-CAL) ermöglicht es, x-Werte zu vorgegebenen y-Werten zu berechnen. Es öffnet sich ein Fenster, um den y-Wert vorzugeben.

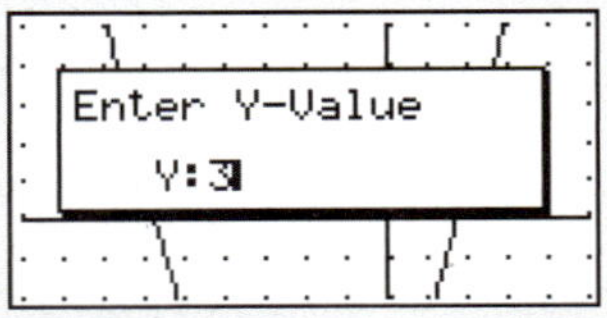


5 Mit EXE werden in der Grafik der Punkt und die Koordinaten des Punktes angezeigt, also auch der entsprechende x-Wert.

6 Mit der Cursor-Taste nach rechts wird die zweite Lösung angezeigt.

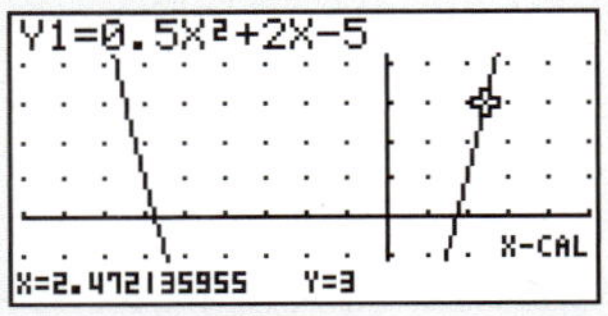


Um die **Nullstellen** einer Funktion anzuzeigen, muss $y = 0$ festgelegt werden.

**Rechnerische Lösungsmöglichkeit**

Um quadratische Gleichungen mit dem GTR lösen zu können, müssen sie in die Form $\mathbf{a}x^2 + \mathbf{b}x + \mathbf{c} = 0$ gebracht werden.
(Beispiel: $0{,}5x^2 + 2x - 5 = 3 \Longrightarrow 0{,}5x^2 + 2x - 8 = 0$)

Der gewöhnliche Solver kann nicht angewendet werden, da dieser nur eine Lösung berechnet. Es muss daher über das Lösungsmenü ALPHA der Unterpunkt F2 (Polynomgleichung) aufgerufen werden und der Grad 2 für quadratische Gleichungen mit F1 festgelegt werden.

An der entsprechenden Stelle müssen die Werte für a, b und c eingegeben werden.
Für das Beispiel: $a = 0{,}5$; $b = 2$ und $c = -8$

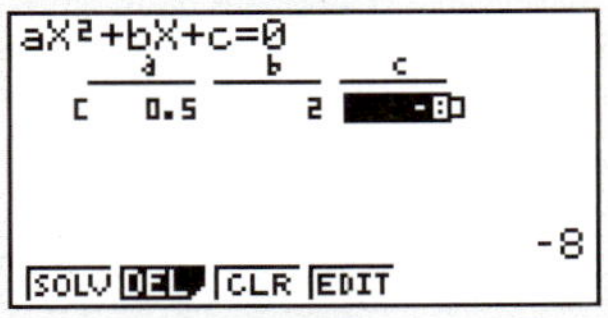


Mit EXE oder F1 (SOLV) werden die beiden Lösungen $x_1 = 2{,}4721$ und $x_2 = -6{,}742$ angezeigt, allerdings meist nur gerundete Werte.

- Bestimme die Lösungsmenge der Gleichung mit dem GTR grafisch und rechnerisch.

1 $20x^2 - 7x - 6 = 0$ 2 $0{,}5x^2 - 5x = 12$ 3 $4x^2 - 4x = 7$ 4 $x^2 = 0{,}2x + 0{,}24$

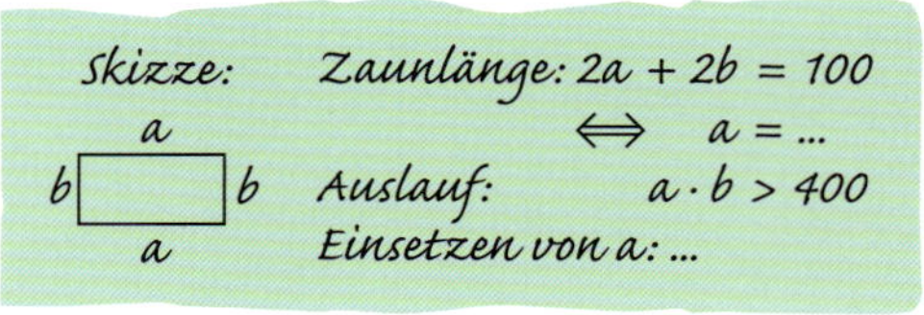


Herr Sappl möchte für seine Ziegen auf einer großen Wiese einen neuen rechteckigen Auslauf bauen. Er hat 100 m Zaun zur Verfügung.

- Bestimme die Bereiche, in denen die Seitenlängen der Zäune liegen, wenn der Auslauf mindestens 400 m² betragen soll. Übertrage dazu den Ansatz in dein Heft und setze ihn fort.

## Merkwissen

*Jede quadratische Ungleichung kann in diese Form umgewandelt werden.*

Ungleichungen der Form $\mathbf{ax^2 + bx + c < | \leqq 0}$ heißen **quadratische Ungleichungen**. Sie können auf verschiedene Arten gelöst werden.

**Grafische Lösung**

Wie bei quadratischen Gleichungen können auch bei Ungleichungen zunächst die **Nullstellen** der quadratischen Funktion $y = ax^2 + bx + c$ festgestellt werden ($y = 0$).
Dann ermittelt man diejenigen Werte von x, für die der Funktionsgraph oberhalb der x-Achse ($y > 0$) bzw. unterhalb der x-Achse ($y < 0$) verläuft.

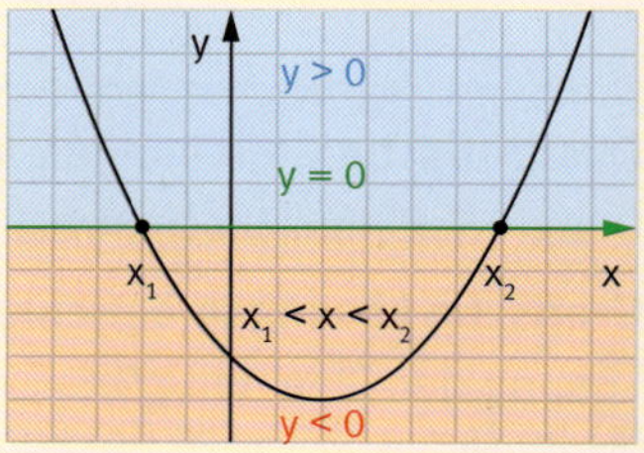


**Rechnerische Lösung**

*Sind die Lösungen einer quadratischen (Un-)Gleichung bekannt, kann man diese auch als Produkt von **Linearfaktoren** schreiben.*

*Hinweis: Erkennt man bereits am Funktionsterm, ob die Parabel nach oben oder unten geöffnet ist, dann kann man dieses Wissen nutzen, um die Fallunterscheidung zu umgehen.*

| | |
|---|---|
| Stelle zunächst die zur Ungleichung gehörende quadratische Gleichung auf und bestimme deren Lösungen. | $\mathbf{x^2 + x - 2 \leqq 0}$<br>Zugehörige Gleichung:<br>$x^2 + x - 2 = 0$<br>Lösungen: $x_1 = -2$; $x_2 = 1$ |
| Schreibe die Ungleichung in Linearfaktoren. | Linearfaktoren: $(x + 2) \cdot (x - 1) \leqq 0$ |
| Führe eine **Fallunterscheidung** durch und prüfe dadurch, wann die Ungleichung erfüllt ist. Dabei gelten die Regeln der Multiplikation: Zwei gleiche Vorzeichen ergeben ein positives, zwei ungleiche Vorzeichen ein negatives Ergebnis. | Fallunterscheidung:<br>1. Fall<br>$x + 2 \geqq 0 \quad \land \quad x - 1 \leqq 0$<br>$\Leftrightarrow x \geqq -2 \quad \land \quad x \leqq 1$<br>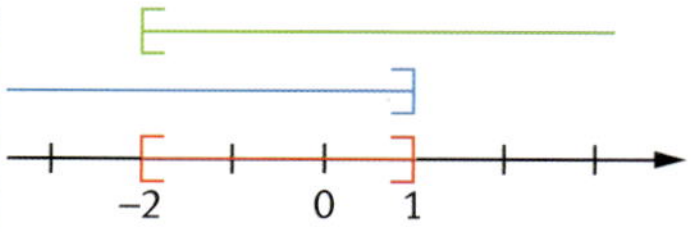<br>$\mathbb{L}_1 = \{x \mid -2 \leqq x \leqq 1\}$<br><br>2. Fall<br>$x + 2 \leqq 0 \quad \land \quad x - 1 \geqq 0$<br>$\Leftrightarrow x \leqq -2 \quad \land \quad x \geqq 1$<br>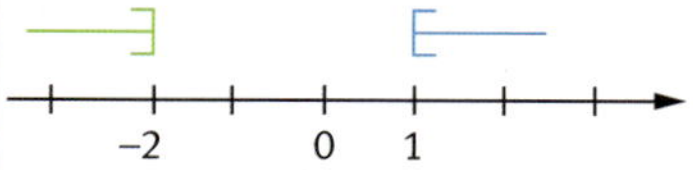<br>$\mathbb{L}_2 = \varnothing$ |
| Bestimme die Lösungsmenge. | $\mathbb{L} = \mathbb{L}_1 \cup \mathbb{L}_2 = \{x \mid -2 \leqq x \leqq 1\} = [-2; 1]$ |

**Beispiele**

**I** Bestimme die Lösungsmenge der Ungleichung $x^2 + 2x - 3 \geqq 0$ grafisch.

**Lösung:**
Zugehörige Funktion: $y = x^2 + 2x - 3$
Scheitelpunktsform: $y = (x + 1)^2 - 4$ mit $S\,(-1\,|\,-4)$

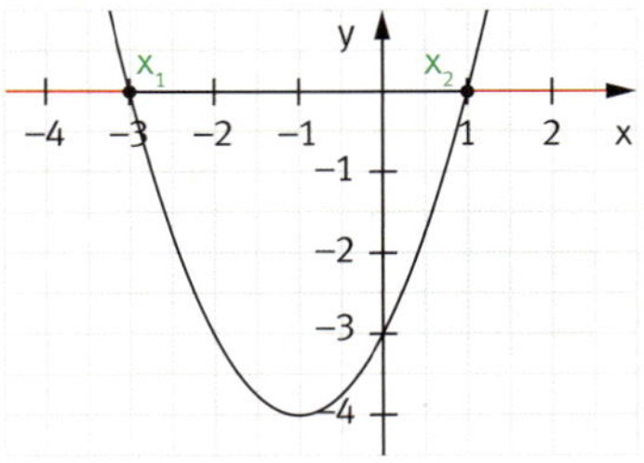


Dem Graphen entnehmen wir:
1. Nullstellen: $x_1 = -3$; $x_2 = 1$
2. Intervalle, in denen die Ungleichung erfüllt ist:
   $x \leqq -3 \;\vee\; x \geqq 1$
   Lösungsmenge: $\mathbb{L} = \{x\,|\,x \leqq -3 \;\vee\; x \geqq 1\}$

*Die Lösungsmenge lässt sich auch schreiben als: $\mathbb{L} = \mathbb{R} \setminus\, ]-3;\, 1[$*

**Verständnis**

- Begründe, dass die Ungleichungen $-2x^2 + 3x - 4 \leqq 0$ und $x^2 - 1{,}5x + 2 \geqq 0$ die gleiche Lösungsmenge haben.
- Richtig? „Die Lösungsmenge einer quadratischen Ungleichung ist nie leer." Begründe.

**Aufgaben**

**1** Löse die Ungleichungen grafisch wie in Beispiel I.
**a)** $-x^2 + 9 < 0$ **b)** $x^2 - 4 > 0$ **c)** $2x^2 - 6 > 0$
**d)** $-1{,}5x^2 + 12 < 0$ **e)** $2x^2 + 4x + 4 \geqq 0$ **f)** $-0{,}5x^2 + 3x \leqq 1$

**2** Bestimme die Lösungsmenge. Führe eine Fallunterscheidung durch.
**a)** $(x - 1) \cdot (x + 4) \geqq 0$ **b)** $\frac{1}{2}(x - 3)^2 > 0$ **c)** $(x + 0{,}2) \cdot (x + 0{,}4) \leqq 0$

**3** Bestimme die Lösungsmenge rechnerisch.

*Das Lösungswort ist eine Gemeinde in Bayern.*

1 $x^2 - 2{,}5x + 3 \geqq 0$
2 $4x^2 + 20x - 56 < 0$
3 $-3x^2 + 9x + 12 \geqq 0$
4 $x^2 + x - 3{,}75 > 0$
5 $2 \cdot (x + 1) \cdot (x - 2) > 0$
6 $x^2 - 0{,}35 \leqq 0{,}2x$

R $\mathbb{L} = [-1;\, 4]$
A $\mathbb{L} = \mathbb{R}$
C $\mathbb{L} = \{x\,|\,x < -1 \;\vee\; x > 2\}$
U $\mathbb{L} = \,]-7;\, 2[$
H $\mathbb{L} = [-0{,}5;\, 0{,}7]$
A $\mathbb{L} = \{x\,|\,x < -2{,}5 \;\vee\; x > 1{,}5\}$

**4** Gegeben ist die Parabel p mit $y = x^2 - 6x + 5$.
**a)** Erstelle eine Wertetabelle und zeichne p für $x \in [-1;\, 7]$ und $\Delta x = 1$.
**b)** Bestätige die Nullstellen aus a) durch Rechnung.
**c)** Ermittle grafisch, für welche Werte von x gilt: $x^2 - 6x + 5 \leqq 0$.
**d)** Bestätige dein Ergebnis aus c) rechnerisch.

**5** **a)** Für welche Belegung von m erhält man zwei Lösungen der quadratischen Gleichung $x^2 + mx + 2m + 5 = 0$? Begründe den Ansatz und setze ihn im Heft fort.

Diskriminante $D = m^2 - 4 \cdot 1 \cdot (2m + 5) = m^2 - 8m - 20$
Bedingung für zwei Lösungen: $D > 0$, also $m^2 - 8m - 20 > 0$

**b)** Bestimme die Belegung von m für:
1 $x^2 + mx + 0{,}75m - 0{,}5 = 0$
2 $-2x^2 + 2mx + m - 1{,}5 = 0$

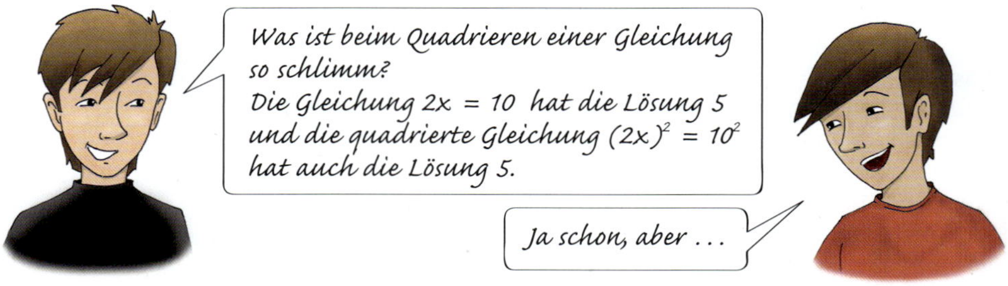
Was ist beim Quadrieren einer Gleichung so schlimm? Die Gleichung 2x = 10 hat die Lösung 5 und die quadrierte Gleichung (2x)² = 10² hat auch die Lösung 5.
Ja schon, aber ...

- Vervollständige den Satz von Mika. Welchen Einwand könnte er haben?

## Merkwissen

Tritt in einer Gleichung die **Variable im Radikanden einer Wurzel** auf, so spricht man von einer **Wurzelgleichung**.
Für die Lösung der Gleichung müssen **alle Wurzeln definiert** sein. Man ermittelt also zuerst die Definitionsmengen aller vorkommenden Wurzelterme.
Die **Definitionsmenge der Wurzelgleichung** ist dann deren Schnittmenge.

**Beispiel:** $\sqrt{5-x} = \sqrt{2x+5}$ $\quad \mathbb{G} = \mathbb{R}$

$5 - x \geqq 0 \quad \mathbb{D}_1 = \{x \mid x \leqq 5\}$

$2x + 5 \geqq 0 \quad \mathbb{D}_2 = \{x \mid x \geqq -2{,}5\}$

$\mathbb{D} = \mathbb{D}_1 \cap \mathbb{D}_2 = \{x \mid -2{,}5 \leqq x \leqq 5\}$

*Die Probe ist hier wichtig zur Überprüfung der Lösungen.*

Wurzelgleichungen löst man durch **Quadrieren der Links- und Rechtsterme** der Gleichung. Durch das Quadrieren können Lösungen hinzukommen, die nicht Lösung der Ausgangsgleichung sind.

## Beispiele

**I** Löse die Gleichungen. Beschreibe das Vorgehen.

a) $18 - 2\sqrt{x} = 4$ b) $\sqrt{x^2 + 6x + 13} = \sqrt{7 - x}$ c) $\sqrt{x + 13} = \sqrt{2x + 12} - 1$

a) Wurzelterm nur auf einer Seite der Gleichung

b) Wurzelterme auf beiden Seiten der Gleichung: $\sqrt{T_1} = \sqrt{T_2}$

c) Wurzelterme auf beiden Seiten der Gleichung: $\sqrt{T_1} = \sqrt{T_2} + T_3$

**Lösung:**

a) $18 - 2\sqrt{x} = 4 \quad \mathbb{D} = \mathbb{R}_0^+$

Isolieren der Wurzel: $2\sqrt{x} = 14 \Leftrightarrow \sqrt{x} = 7$

Quadrieren: $(\sqrt{x})^2 = 7^2 \Leftrightarrow x = 49$

Probe: $18 - 2\sqrt{49} = 18 - 2 \cdot 7 = 4$ wahr

Lösungsmenge: $\mathbb{L} = \{49\}$

b) $\sqrt{x^2 + 6x + 13} = \sqrt{7 - x} \quad \mathbb{D} = \{x \mid x \leqq 7\}$

Quadrieren: $x^2 + 6x + 13 = 7 - x \Leftrightarrow x^2 + 7x + 6 = 0$

Lösen ergibt: $x_1 = -6;\ x_2 = -1$

Probe: $x_1$: $\sqrt{(-6)^2 + 6 \cdot (-6) + 13} = \sqrt{7 - (-6)} \Leftrightarrow \sqrt{13} = \sqrt{13}$ wahr

$x_2$: $\sqrt{(-1)^2 + 6 \cdot (-1) + 13} = \sqrt{7 - (-1)} \Leftrightarrow \sqrt{8} = \sqrt{8}$ wahr

Lösungsmenge: $\mathbb{L} = \{-6; -1\}$

c) $\sqrt{x+13} = \sqrt{2x+12} - 1 \quad \mathbb{D} = \{x \mid x \geqq -6\}$

Quadrieren: $\left(\sqrt{x+13}\right)^2 = \left(\sqrt{2x+12} - 1\right)^2$ — Binomische Formel

$x + 13 = 2x + 12 - 2 \cdot 1 \cdot \sqrt{2x+12} + 1$

Isolieren der Wurzel: $2 \cdot \sqrt{2x+12} = x$ — Struktur wie unter a)

Quadrieren: $4 \cdot (2x + 12) = x^2$

Lösen ergibt: $x_1 = -4;\ x_2 = 12$

Probe: $x_1$: $\sqrt{-4+13} = \sqrt{-8+12} - 1 \Leftrightarrow 3 = 1$ falsch

$x_2$: $\sqrt{12+13} = \sqrt{24+12} - 1 \Leftrightarrow 5 = 5$ wahr

Lösungsmenge: $\mathbb{L} = \{12\}$

## Verständnis

- Erkläre, ob das beidseitige „Wurzelziehen“ bei einer Gleichung eine Äquivalenzumformung ist.
- Begründe, warum es in Beispiel I a) nicht sinnvoll ist, die Gleichung sofort auf beiden Seiten zu quadrieren.

## Aufgaben

**1** Bestimme die Definitions- und die Lösungsmenge.

a) $\sqrt{x} = 7$ b) $\sqrt{x} + 5 = 17$ c) $\sqrt{x+3} = 45$

d) $\sqrt{x-8} = 16$ e) $\sqrt{x-5} = 12$ f) $\sqrt{(x+3)^2} = 5$

*Lösungen zu 1:*
*$x \in \mathbb{R}$; $x \geqq -3$; $x \geqq 0$*
*$x \geqq 0$; $x \geqq 5$; $x \geqq 8$*
*Angegeben sind nur die Definitionsmengen.*

**2** Wie lautet die Definitionsmenge der Wurzelgleichung? Löse anschließend.

a) $\sqrt{22x - 42} = \sqrt{18x + 18}$ b) $\sqrt{15 - x} = \sqrt{3 + x}$

c) $6\sqrt{x-4} = 8\sqrt{x-32}$ d) $\frac{4}{3}\sqrt{2x-14} = \frac{1}{3}\sqrt{x+8}$

**3** Bestimme die Lösungsmenge. Beschreibe dein Vorgehen wie in Beispiel I.

a) $x - \sqrt{x} = 10$ b) $x - \sqrt{x-4} = 6$ c) $x - \sqrt{3x+1} = 9$

d) $x + \sqrt{5 \cdot (x+8)} = 2$ e) $x + \sqrt{3 \cdot (x+7)} = -1$ f) $\sqrt{x+4} = 2 - x$

**4** Finde die richtigen Lösungen. Wie lautet das Lösungswort?

1 $\sqrt{2x-17} - \sqrt{x} = 2$

2 $\sqrt{x+104} = \sqrt{x} + 8$

3 $\sqrt{x+8} + \sqrt{x-1} = 9$

4 $156\sqrt{2x+7} - 369 = 33\sqrt{2x+7}$

5 $3\sqrt{129-2x} = 11\sqrt{2x+1}$

6 $\sqrt{x+1} - 2 = \sqrt{x-11}$

7 $\sqrt{40 + 4x + 4\sqrt{x}} = 7$

8 $\sqrt{20 - \sqrt{34-2x}} = 4$

9 $\sqrt{4x-15} \cdot \sqrt{9x-26} = 6x - 20$

| | | |
|---|---|---|
| 1 I | 4 C | 6,25 L |
| 9 N | 10 G | 15 H |
| 17 E | 49 G | $\frac{1}{36}$ U |

**5** Untersuche die Wurzelgleichung $\sqrt{x} + 1 = \sqrt{x+3}$.

a) Bestimme die Definitionsmenge der Gleichung in $\mathbb{G} = \mathbb{R}$.

b) Zeichne die Graphen $f_1$: $y = \sqrt{x} + 1$ und für $f_2$: $y = \sqrt{x+3}$ mithilfe einer Parabelschablone in ein Koordinatensystem.

c) Beschreibe die Bedeutung des Schnittpunkts der Graphen von $f_1$ und $f_2$ für die Wurzelgleichung.

*In der Zeichnung gilt: 1 Einheit ≙ 50 m*

Eine Zahnradbahn soll aus einem Tunnel kommend eine annähernd parabelförmige Schlucht überqueren und auf der anderen Seite die Fahrt in einem weiteren Tunnel fortsetzen. Die Steigung der Bahn ist konstant.

- In welcher Höhe über der Talstation verlässt die Bahn den Tunnel (fährt sie wieder in den Tunnel ein)? Beschreibe dein Vorgehen.

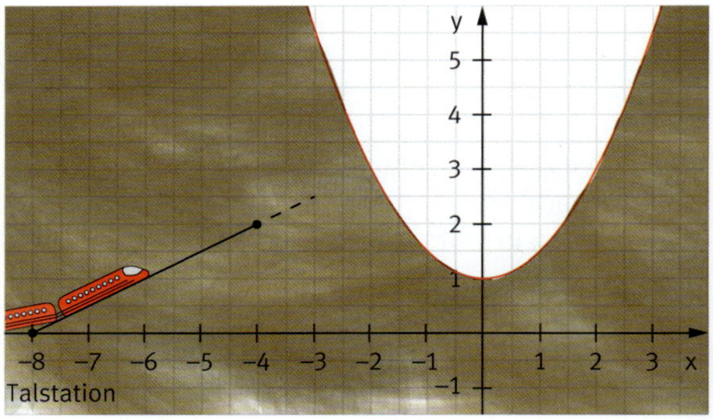


## Merkwissen

*Bei der Bestimmung der Schnittpunkte zweier Geraden löst man ein lineares Gleichungssystem.*

Die Bestimmung gemeinsamer Punkte einer Parabel und einer Gerade (oder einer anderen Parabel) führt auf ein Gleichungssystem, bei dem mindestens eine Gleichung quadratisch ist. Man spricht von einem **quadratischen Gleichungssystem.**

Quadratische Gleichungssysteme können wie lineare Gleichungssysteme **grafisch** und **rechnerisch gelöst** werden.

## Beispiele

**I** Bestimme die gemeinsamen Punkte der Parabel p: $y = (x-1)^2 - 2$ und der Gerade g: $y = -x + 5$ grafisch und rechnerisch. Beschreibe dein Vorgehen.

**Lösung:**

**grafisch**

1 Zeichne die Graphen zu p und g in ein Koordinatensystem.

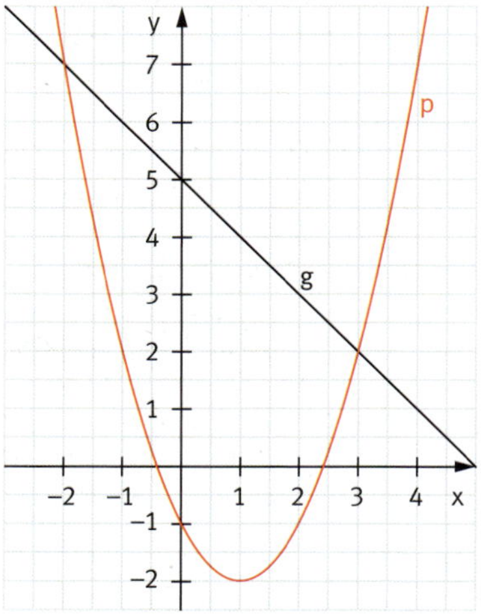


2 Entnimm der Zeichnung die Schnittpunkte: $S_1\,(-2|7)$ und $S_2\,(3|2)$

3 Lösungsmenge:
$\mathbb{L} = \{(-2|7); (3|2)\}$

*Beim grafischen Lösungsverfahren sollte man eine Probe anschließen.*

**rechnerisch**

1 Notiere das quadratische Gleichungssystem:

$$\begin{aligned} \text{I}\quad & y = (x-1)^2 - 2 \\ \wedge\ \text{II}\quad & y = -x + 5 \end{aligned}$$

2 Gleichsetzen der Gleichungen liefert:

$$\begin{aligned} & (x-1)^2 - 2 = -x + 5 \\ \Leftrightarrow\ & x^2 - 2x + 1 - 2 = -x + 5 \\ \Leftrightarrow\ & x^2 - x - 6 = 0 \end{aligned}$$

3 Löse die entstandene Gleichung:

$$x_{1/2} = \frac{1 \pm \sqrt{(-1)^2 - 4 \cdot 1 \cdot (-6)}}{2}$$

$x_1 = -2$; $x_2 = 3$

4 Berechne den Wert für y durch Einsetzen in I oder II:
$y_1 = -(-2) + 5 = 7$; $y_2 = -3 + 5 = 2$

5 Lösungsmenge:
$\mathbb{L} = \{(-2|7); (3|2)\}$

## Verständnis

- Wie können eine Gerade und eine Parabel zueinander liegen? Beschreibe jeweils die Lösungsmenge des zugehörigen Gleichungssystems.
- Philipp meint: Es gibt im Prinzip drei Möglichkeiten, wie zwei Parabeln zueinander liegen können. Stimmst du zu? Begründe.

## Aufgaben

**1** Sabine und Luca lösen das quadratische Gleichungssystem auf verschiedene Weisen. Beschreibe das Vorgehen.

$$\begin{aligned} &\text{I} \quad y = x^2 + 3x - 3 \\ \wedge\ &\text{II} \ -x^2 + 3x + 5 \end{aligned}$$

Sabine

$$\begin{aligned} &\text{I} \quad y = x^2 + 3x - 3 \\ \wedge\ &\text{II} \ y = -x^2 + 3x + 5 \end{aligned}$$

$x^2 + 3x - 3 = -x^2 + 3x + 5$
$2x^2 - 8 = 0$
$x^2 = 4$
$\Longrightarrow x_1 = -2;\ x_2 = 2$

$y_1 = (-2)^2 + 3 \cdot (-2) - 3 = -5$
$y_2 = 2^2 + 3 \cdot 2 - 3 = 7$

$\mathbb{L} = \{(-2|-5);\ (2|7)\}$

Luca

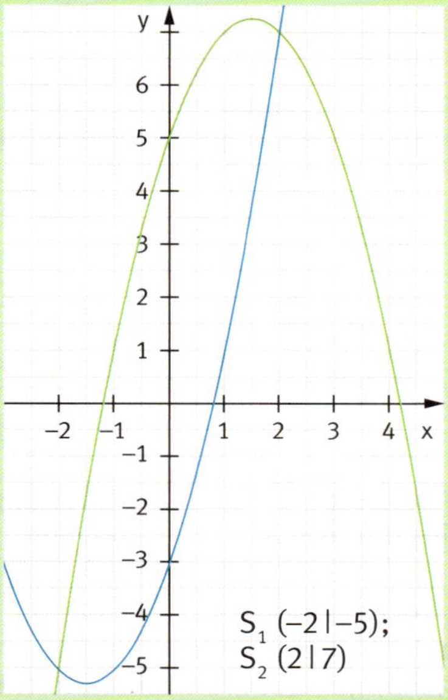


**2** Bestimme grafisch die Koordinaten der Schnittpunkte der Funktionsgraphen.

*Überprüfe deine Ergebnisse durch Einsetzen.*

a) g: $y = -x + 4$
p: $y = -x^2 + 6$

b) g: $y = -2x + 3$
p: $y = x^2 - 3x + 3$

c) g: $y = 2x + 1$
p: $y = -x^2 + 3x$

d) $p_1$: $y = (x - 1)^2 - 2$
$p_2$: $y = -x^2 + 3$

e) $p_1$: $y = (x + 2)^2$
$p_2$: $y = -(x + 3)^2 + 5$

f) $p_1$: $y = 2x^2$
$p_2$: $y = -0{,}5x^2 - 2{,}5x - 0{,}625$

*Lösungen zu 2:*
*(1|2); (−1|5); (2|2); kein Schnittpunkt; (1|1); (0|3); (−1|1); (−4|4); (−0,5|0,5)*

**3** a) Entnimm der Zeichnung die Gleichungen zu den Geraden $g_1$, $g_2$, $g_3$ sowie zu den Parabeln $p_1$, $p_2$ und $p_3$.

b) Lies die Koordinaten der Punkte $P_n$ ab:
$\{P_1; P_2\} = g_3 \cap p_1$ $\quad \{P_3; P_4\} = g_3 \cap p_3$ $\quad \{P_5\} = g_1 \cap p_1$ $\quad \{P_6\} = g_2 \cap p_3$

c) Weise durch Rechnung nach, dass gilt:
1 $g_3 \cap p_2 = p_1 \cap p_2$ $\quad$ 2 $(g_1 \cap p_1) \subset (p_1 \cap p_2)$

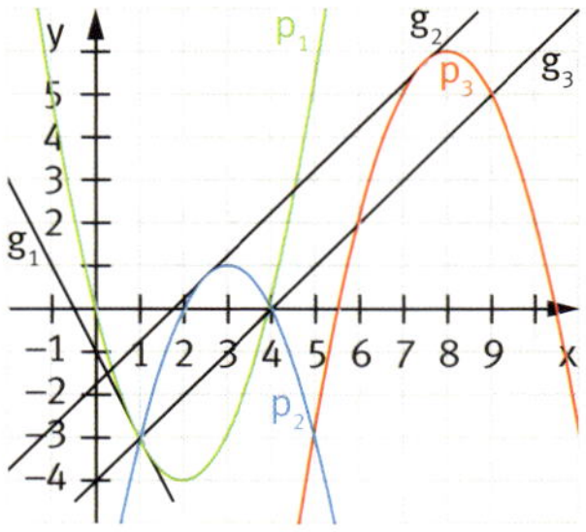


**4** Bestimme die Lösungsmenge. Überprüfe mit dem GTR.

a) $\text{I}\ y = x + 4$
$\wedge\ \text{II}\ y = x^2 - x + 4$

b) $\text{I}\ y = -x^2 + 6$
$\wedge\ \text{II}\ y = x^2 + 3x$

c) $\text{I}\ y = x^2 - x + 9$
$\wedge\ \text{II}\ y = 2x^2 + 8x - 2$

d) $\text{I}\ y = -x^2 - 5x + 4$
$\wedge\ \text{II}\ y = 2x^2 + 2x - 3$

e) $\text{I}\ 3x^2 + y - 27 = 0$
$\wedge\ \text{II}\ y = \frac{1}{2}x \cdot (x - 6) + 7$

f) $\text{I}\ y = 0{,}2x^2 - x + 3$
$\wedge\ \text{II}\ y = \frac{1}{10}x^2 + x + 3$

**7** Die Diskriminantenbedingung lässt sich zur Tangentenbestimmung nutzen.

**1 Tangente mit vorgegebener Steigung an eine Parabel**
Geraden mit derselben Steigung ergeben eine **Parallelenschar** mit Scharparameter t.

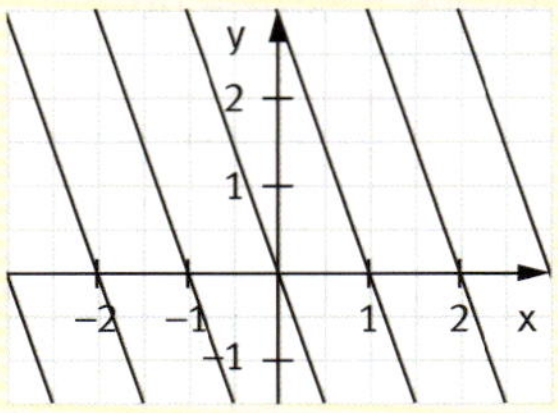


Gesucht: Gleichung einer Tangente mit der Steigung $m = -3$ an die Parabel p: $y = -2x^2 + 3x + 4$

Gleichung der Parallelenschar:
$y = -3x + t$
Gleichsetzen der Funktionsterme:
$-2x^2 + 3x + 4 = -3x + t$
$\Leftrightarrow\ -2x^2 + 6x + 4 - t = 0$
Diskriminante D: $D = b^2 - 4ac$
$D = 6^2 - 4 \cdot (-2) \cdot (4 - t) = 68 - 8t$

Bedingung für Tangente: $D = 0$
$68 - 8t = 0 \Leftrightarrow t = 8{,}5$

Tangentengleichung:
$y = -3x + 8{,}5$

**2 Tangente durch einen gegebenen Punkt an eine Parabel**
Geraden durch einen Büschelpunkt ergeben ein **Geradenbüschel** mit Scharparameter m.

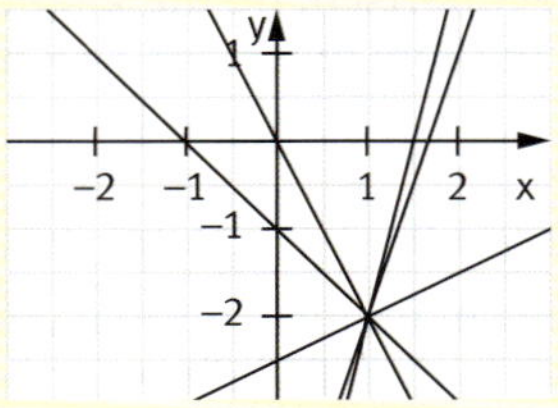


Gesucht: Gleichung von Tangenten durch B (1|−2) an die Parabel p: $y = (x - 2)^2 - 1$

Gleichung des Geradenbüschels:
$y = m \cdot (x - 1) - 2$
Gleichsetzen der Funktionsterme:
$(x - 2)^2 - 1 = m \cdot (x - 1) - 2$
$\Leftrightarrow\ x^2 - (4 + m)\,x + 5 + m = 0$
Diskriminante D: $D = b^2 - 4ac$
$D = \ldots = m^2 + 4m - 4$

Bedingung für Tangente: $D = 0$
$\ldots\ m_{1/2} = -2 \pm \sqrt{8}$
$m_1 \approx -4{,}8;\ m_2 \approx 0{,}8$

Tangentengleichungen ergeben:
$g_1$: $y = -4{,}8x + 2{,}8$; $g_2$: $y = 0{,}8x - 2{,}8$

*zu 2:*
*Es gibt zwei Tangenten durch den Punkt B an die Parabel p.*

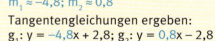

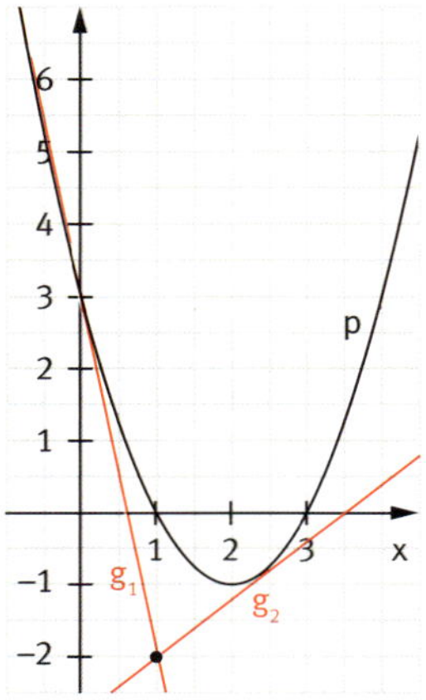


**a)** Bestimme die Gleichung der Tangente mit der gegebenen Steigung an p.
1. p: $y = x^2 - 4x + 1$ $m = 2$
2. p: $y = -2x^2 + 1$ $m = -4$
3. p: $y = \frac{1}{2}x^2 + 3x$ $m = -2$
4. p: $y = -0{,}75x^2$ $m = 3$

**b)** Bestimme die Gleichung von Tangenten durch B an p.
1. p: $y = x^2 - 4$ B (1|−4)
2. p: $y = -2x^2 + x - 1$ B (−3|4)
3. p: $y = 2{,}5x^2 - \frac{1}{2}x + 3$ B (6|0)
4. p: $y = -\frac{1}{4}x^2 - 2x + 2$ B (−4|6)

**8** Für welchen Wert des Parameters $a \in \mathbb{R}$ liegt mit dem Graphen von g (a) eine Tangente (Sekante, Passante) vor?

**a)** g (a): $y = ax + 1$
p: $y = x^2$

**b)** g (a): $y = ax + 3$
p: $y = -x^2 - 1$

**c)** g (a): $y = ax - 4$
p: $y = -x^2 - x - 1{,}75$

**d)** g (a): $y = 3x + a$
p: $y = x^2$

**e)** g (a): $y = ax + \frac{1}{2}a$
p: $y = -x^2$

**f)** g (a): $y = -x + 2a$
p: $y = x^2 + 2x + 3$

**9** Gegeben ist die Parabel p mit $y = -\frac{1}{2}x^2 - 4x + 3$ und der Punkt P (2|2).

**a)** Untersuche, ob es durch P Sekanten, Tangenten oder Passanten gibt.

**b)** Welche Lage zu p muss P haben? Überprüfe an einer Zeichnung.

**10** Weise nach, dass A (–2 | 1) auf allen Geraden der Schar g (m) liegt, nicht aber auf p. Bestimme die Schnittpunkte $S_n$ von p mit den Geraden der Schar g (m) für $m \in \{-0{,}5; 0; 0{,}5; 1; 2; 3\}$.
p: $y = (x-1)^2 - 1$  g (m): $y = m(x+2) + 1$

**11** Bei Autorennstrecken gibt es Kurven, deren Verlauf Parabeln gleicht. In der Zeichnung sind eine Parabel $p_1$ und eine Parabelschar p (a) durch eine Strecke [AB] verbunden.
$p_1$: $y = -0{,}5x^2 - 2x + 5$; p (a): $y = a(x-4)^2 - 1$; A (2 | 1); B (0 | 5)

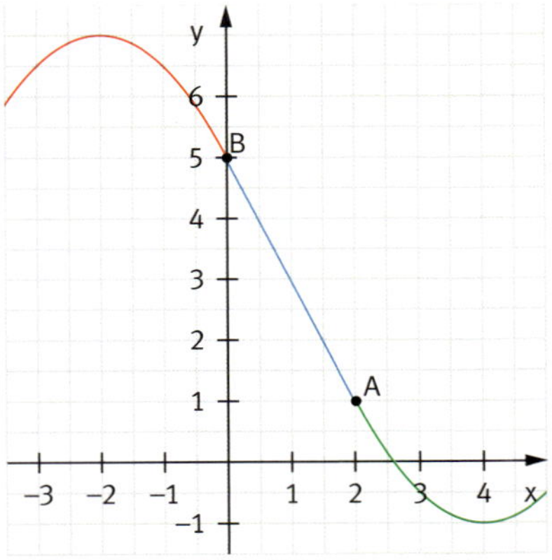


*Zeichne bei den Parabeln jeweils nur die entsprechenden Abschnitte.*

**a)** Zeichne $p_1$ sowie A und B in dein Heft.
**b)** Zeige rechnerisch, dass AB Tangente an $p_1$ ist.
**c)** Es sei AB auch Tangente an p (a). Bestimme a.
**d)** Stell dir vor, die Skizze zeige den Verlauf einer Autorennstrecke.
1 Bestimme $\overline{AB}$ zeichnerisch, wenn gilt: 1 LE ≙ 100 m.
2 Berechne die Zeit, die ein Sportwagen für [AB] benötigt, der mit durchschnittlich 180 $\frac{km}{h}$ fährt.

**12** Die Parabel p: $y = -\frac{1}{2}x^2 - 2x + 3{,}5$ und die Gerade g: $y = -0{,}5x + 1{,}5$ sind gegeben.

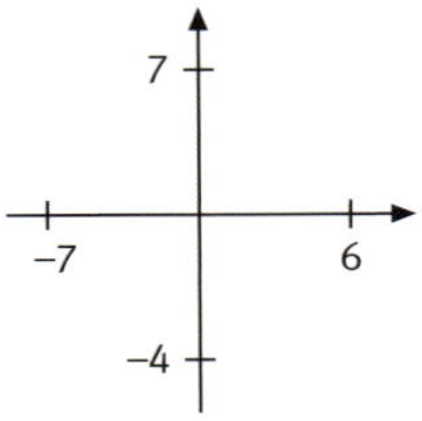


**a)** Zeichne p und g in ein Koordinatensystem.
**b)** Berechne die Nullstellen der beiden Funktionen.
**c)** Berechne die Koordinaten der Schnittpunkte A und B beider Graphen.
**d)** Eine Parallele zu g ist Tangente an die Parabel p. Berechne die Gleichung von t und die Koordinaten des Berührpunktes T.
**e)** Auf dem Parabelbogen liegen zwischen den Punkten A und B die Punkte $C_n$ $(x \mid -\frac{1}{2}x^2 - 2x + 3{,}5)$. Zeichne das Dreieck $ABC_1$ für $x = -1$ ein.
**f)** Gib das Intervall für x an, in dem Dreiecke $ABC_n$ existieren.
**g)** Berechne den Flächeninhalt der Dreiecke $ABC_n$ in Abhängigkeit von x.
**h)** Bestimme den Wert für x so, dass das Dreieck den Flächeninhalt 5 FE hat.
**i)** Das Dreieck $ABC_0$ habe maximalen Flächeninhalt. Bestimme die Koordinaten von $C_0$ und begründe, warum T und $C_0$ identisch sind.

*Lösung zu 12 g): $A(x) = (-1{,}25x^2 - 3{,}75x + 5)$ FE*

**13** Für welchen Wert des Parameters a berührt die Gerade g die zugehörige Scharparabel? Bestimme die Koordinaten des Berührpunktes. Überprüfe zeichnerisch.

**a)** g: $y = 2x + 7$
p (a): $y = (x + 2a)^2$

**b)** g: $y = -2x + 3$
p (a): $y = x^2 + a^2$

**c)** g: $2x - y + 2 = 0$
p (a): $y = 0{,}5ax^2$

**d)** g: $2x + y + 2 = 0$
p (a): $y = -(x - a)^2$

**e)** g: $y = 4x + 3$
p (a): $y = -(x-1)^2 + a^2$

**f)** g: $y = -2x + 1$
p (a): $y = (x - a)^2 - 2a$

**14** Welche nach oben geöffnete Normalparabel, deren Scheitel auf der Gerade g liegt, berührt die Gerade t?

**a)** g: $x = 3$
t: $y = 2x - 4$

**b)** g: $y = -2$
t: $y = x + 3$

**c)** g: $y = x$
t: $y = -x$

## 7.8 Vermischte Aufgaben

*Lösungen zu 1:*
*$\mathbb{L} = \{-16; 0\}$; $\mathbb{L} = \{-6{,}5; 3{,}5\}$; $\mathbb{L} = \{-4; 4\}$; $\mathbb{L} = \{-4; 14\}$; $\mathbb{L} = \{-4; 16\}$; $\mathbb{L} = \{-3{,}5; 14{,}5\}$; $\mathbb{L} = \{-2\sqrt{2}; 2\sqrt{2}\}$; $\mathbb{L} = \{-2; 0\}$; $\mathbb{L} = \{-\sqrt{2}; \sqrt{2}\}$; $\mathbb{L} = \{-1; 1\}$; $\mathbb{L} = \{3; 11\}$; $\mathbb{L} = \varnothing$*

**1** Bestimme rechnerisch die Lösungsmenge der quadratischen Gleichung.

**a)** $x^2 - 16 = 0$ **b)** $x^2 + 16x = 0$ **c)** $x^2 + 16 = 0$
**d)** $x^2 - 2 = 0$ **e)** $x^2 + 2x = 0$ **f)** $x^2 - 8 = 0$
**g)** $x^2 - 14x + 33 = 0$ **h)** $x^2 - 12x - 64 = 0$ **i)** $x^2 - 10x - 56 = 0$
**j)** $x^2 - 11x = 50{,}75$ **k)** $x^2 + 3x = 22{,}75$ **l)** $x^2 - 17 = -16$

**2** Bestimme zunächst die Anzahl der Lösungen der quadratischen Gleichung mithilfe der Diskriminate D. Ermittle anschließend die Lösungsmenge.

**a)** $x^2 + x + 1 = 0$ **b)** $x^2 - 4x + 8 = 0$ **c)** $x^2 - \frac{1}{4}x - \frac{1}{4} = 0$
**d)** $2x^2 + x + 1 = 0$ **e)** $-\frac{1}{2}x^2 + \frac{1}{3}x - 1 = 0$ **f)** $2x^2 - 28x + 98 = 0$

**3** Löse die Zahlenrätsel. Beachte die Definitionsmenge.

**a)** Die Summe einer natürlichen Zahl und ihrer Quadratzahl ergibt 132.
**b)** Das Produkt zweier aufeinander folgender natürlicher Zahlen beträgt 812.
**c)** Zwei Zahlen unterscheiden sich um 7. Das Produkt beider Zahlen ist 450.
**d)** Die Summe der Quadrate von vier aufeinander folgenden geraden natürlichen Zahlen beträgt 1176.
**e)** Von zwei Zahlen ist eine um 12 größer als die andere. Das Produkt der beiden Zahlen beträgt 864.
**f)** Die Summe der Quadrate des dritten und vierten Teils einer Zahl ergibt 12,25.

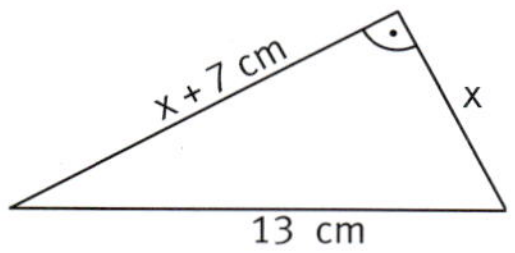


*Für geometrische Aufgaben sind Skizzen unentbehrlich.*

**4** Die Hypotenuse eines rechtwinkligen Dreiecks ist 13 cm lang. Die beiden Katheten unterscheiden sich um 7 cm.

**a)** Berechne die Länge der Dreiecksseiten.
**b)** Ermittle den Umfang und Flächeninhalt des Dreiecks.

**5** Die Höhe eines Dreiecks ist um 4 cm kleiner als die Grundseite. Der Flächeninhalt dieses Dreiecks beträgt 160 $cm^2$. Berechne die Länge der beiden Strecken.

*Findest du verschiedene Möglichkeiten?*

**6** Gib eine quadratische Gleichung an, welche $\mathbb{L}$ als Lösungsmenge hat.

**a)** $\mathbb{L} = \{-0{,}5; 2\}$ **b)** $\mathbb{L} = \{0{,}03; 0{,}5\}$ **c)** $\mathbb{L} = \{-8; 23\}$

*Lösungen zu 7:*
*$\mathbb{L} = \{-1; 1\}$; $\mathbb{L} = \{-4; 4\}$; $\mathbb{L} = \{1; 2\}$; $\mathbb{L} = \{-\sqrt{3}; \sqrt{3}\}$; $\mathbb{L} = \{-2; 2\}$; $\mathbb{L} = \{-\frac{1}{6}; \frac{1}{6}\}$; $\mathbb{L} = \{-21; -3\}$*

**7** Berechne die Lösungsmenge. Achte auf die Definitionsmenge.

**a)** $6x^2 + 10x + 4 = (x + 1) \cdot (7x + 3)$ **b)** $(12x + 3)^2 = 72x + 13$
**c)** $(5x + 3)^2 + (5x - 3)^2 = 218$ **d)** $(3 + x) \cdot (x - 3) + (x + 9)^2 = (x - 3)^2$
**e)** $\frac{52 - 7x}{x - 36} = \frac{13x - 28}{4 - 9x}$ **f)** $\frac{-7 + 3x}{3 + x} = \frac{2x - 5}{1 + 2x}$ **g)** $\frac{3x^2 + 5}{12} = 1 + \frac{2x^2 - 5}{6}$

**8** Wenn man den Radius eines Kreises um 39 cm vergrößert, so steigt sein Flächeninhalt auf das 6,25-Fache. Ermittle die Durchmesser beider Kreise.

**9** Ulf kauft in einem Geschäft Schrauben für 30 €. In einem anderen Geschäft kostet eine Schraube 5 ct weniger, er erhält dort für den gleichen Betrag 100 Schrauben mehr. Wie viele Schrauben hat Ulf gekauft?

**10** Bestimme die Lösungsmenge der Ungleichung.

**a)** $x^2 - 2x - 15 \leqq 0$ **b)** $4x^2 - 7x - 16{,}86 > 1$ **c)** $2x^2 + x + 3 \geqq 0$
**d)** $x^2 \leqq \sqrt{2}\,x$ **e)** $2x^2 + 5x - 7 \geqq 0$ **f)** $\frac{1}{2}x^2 + 2\sqrt{2}\,x < \sqrt{2}$

**11** Gib eine quadratische Gleichung der Form $ax^2 + bx + c = 0$ mit dem angegebenen Koeffizienten an, die die angegebene Lösungsmenge besitzt.

**a)** $\mathbb{L} = \{-2; 3\}$ $a = 2$ **b)** $\mathbb{L} = \{-7; 3\}$ $b = 4$

**c)** $\mathbb{L} = \{-3{,}5; 1{,}5\}$ $c = -2$ **d)** $\mathbb{L} = \{-0{,}1; 0{,}5\}$ $a = 5$

**12** Gib eine quadratische Ungleichung an, die folgende Lösungsmenge hat.

**a)** $\mathbb{L} = \{x \mid -0{,}5 \leqq x \leqq 2\}$ **b)** $\mathbb{L} = \{x \mid x < -8 \;\vee\; x > 23\}$

**13** Für welche Werte von m besitzt die Gleichung zwei Lösungen?

*Beachte die Definitionsmenge.*

**a)** $mx^2 + 3x + 7 = 0$ **b)** $4x^2 - 4mx + 4m + 16{,}25 = 0$

**c)** $mx^2 + 4x - (3 - 2m) = 0$ **d)** $-3mx^2 + 5m + 3 = 0$

**14** Bestimme die Definitionsmenge und löse die Wurzelgleichung.

**a)** $2x - 5 = -\sqrt{x - 1}$ **b)** $\sqrt{x - 2} = 4 - x$ **c)** $7 - \sqrt{4x + 1} = 2x$

**d)** $x - 4 = \sqrt{13 - 4x}$ **e)** $\sqrt{\sqrt{16x^4}} = 2x$ **f)** $3x + \sqrt{8x^2 - 9x - 20} = 4$

**15** Gegeben ist die Gleichung $\sqrt{x} + 2 = \sqrt{2x + 8}$.

**a)** Bestimme die Definitionsmenge und löse die Gleichung.

**b)** Zeichne den Graphen der Funktion $f_1$ mit $y = \sqrt{x} + 2$ und $f_2$ mit $y = \sqrt{2x + 8}$ in ein Koordinatensystem.

**c)** Welche Bedeutung hat der Schnittpunkt der Graphen für die Wurzelgleichung?

**16** Die Schwingungsdauer T eines Pendels hängt von der Pendellänge l wie folgt ab:

$T = 2\pi \sqrt{\frac{l}{g}}$ mit Erdbeschleunigung $g \approx 9{,}81\ \frac{m}{s^2}$.

**a)** Berechne die Schwingungsdauer für l = 50 cm.

**b)** Wie lang ist ein Pendel, das für eine Schwingung T = 2 s benötigt?

**c)** Beschreibe, wie man an einem 5 m langen Pendel die Kreiszahl π bestimmen kann.

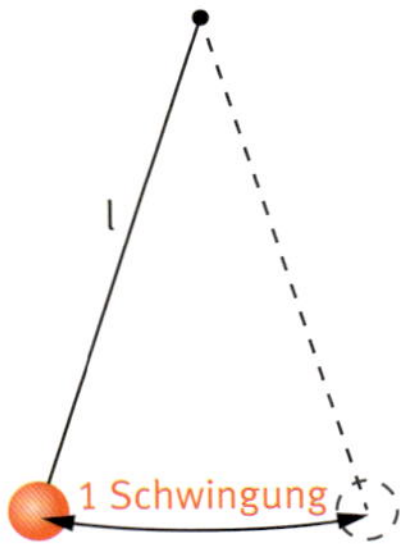


*Die angegebene Formel gilt nur für „kleine“ Amplituden.*

**17** Gegeben ist ein Quadrat mit 4 cm Seitenlänge. Man erhält neue Quadrate, wenn man die Quadratseiten um x cm verlängert.

**a)** Stelle den Flächeninhalt des neuen Quadrats in Abhängigkeit von x dar.

**b)** Für welchen Wert von x hat der Flächeninhalt den Wert 64 FE?

**c)** Welche Bedingung gilt für x, wenn der Flächeninhalt 64 FE nicht übersteigen soll?

**18** In einem rechteckigen Baugrundstück von 24 m Länge und 18 m Breite soll eine Baugrube so angelegt werden, dass sie $\frac{2}{3}$ der ursprünglichen Fläche einnimmt und auf allen Seiten ein gleich breiter Grundstücksstreifen übrig bleibt. Berechne die Länge und Breite des Streifens.

**19** Gegeben ist eine Parabel $p_1$ mit $y = -0{,}5x^2 + 9$.

**a)** Zeichne $p_1$ für $x \in [-5; 5]$.

**b)** Berechne die Nullstellen der Funktion.

**c)** Die Parabel gehört zur Parabelschar p (b): $y = -0{,}5x^2 + b$. Berechne die Schnittpunkte $S_n$ mit der x-Achse und $T_n$ mit der y-Achse in Abhängigkeit von b.

**20** Gegeben sind die Punkte P (–1 | 0) und Q (–2 | $y_Q$) sowie die Parabel p mit der Gleichung $y = 2x^2 + 12x + 18$.

**a)** Bestimme $y_Q$ so, dass $Q \in p$ gilt.

**b)** Die Gerade PQ hat mit p noch einen weiteren Punkt R gemeinsam. Berechne seine Koordinaten.

**c)** Ermittle die Gleichungen der Geraden $t_1$ und $t_2$, welche die Parabel berühren und durch den Punkt P gehen.

**d)** Berechne die Koordinaten der Berührpunkte.

**e)** Welchen Wert kann die Steigung einer Gerade durch P haben, damit eine Passante bezüglich p vorliegt?

**21** Zwei geradlinige Straßen $s_1$ und $s_2$ sollen durch einen Parabelbogen „ohne Knick“ miteinander verbunden werden. Die Straßen werden durch die Geradengleichungen $s_1$: $y = x + 5{,}5$ und $s_2$: $y = -2x + 4$ beschrieben. Die einzupassende Parabel soll die Gleichung $y = -0{,}5x^2 + bx + c$ erfüllen.

**a)** Bestimme b und c.

**b)** Stelle den Sachverhalt grafisch dar.

**22** Gegeben ist die Parabelschar p (a) mit der Gleichung $y = ax^2 - 2x + 1$.

**a)** Für welchen Wert von $a \in \mathbb{R} \setminus \{0\}$ hat die zugehörige Parabel mit der x-Achse keinen Punkt gemeinsam? Für welchen Wert berührt sie die x-Achse?

**b)** Zeige, dass alle Scharparabeln durch den Punkt P (0 | 1) gehen.

**c)** Weise durch Rechnung nach, dass man für a = 0 eine gemeinsame Tangente aller Scharparabeln erhält.

*Lösung zu 22 d):*
$S_n\left(\frac{1}{a} \mid 1 - \frac{1}{a}\right)$

**d)** Bestimme die Koordinaten der Scheitel in Abhängigkeit von a.

**e)** Der Trägergraph der Scheitelpunkte hat mit jeder Parabel der Schar außer dem Scheitel $S_n$ noch einen zweiten Punkt $T_n$ gemeinsam. Bestimme die Koordinaten von $T_n$ in Abhängigkeit von a. Was fällt dir auf?

**23** Gegeben ist die Parabel p mit $y = -x^2 - 4x + 1$ und die Geradenschar g (t) mit $y = -x + t$.

**a)** Zeichne die zu $t \in \{-3; 1; 6\}$ gehörenden Geraden $g_1$, $g_2$ und $g_3$ sowie die Parabel p in ein gemeinsames Koordinatensystem.

**b)** Ermittle aus der Zeichnung die Koordinaten der Schnittpunkte $S_1$ und $T_1$ von p mit $g_1$. Überprüfe durch Einsetzen in die entsprechende Gleichung.

**c)** Berechne die Koordinaten der Schnittpunkte $S_2$ und $T_2$ von p und $g_2$.

**d)** Berechne die Koordinaten der gemeinsamen Punkte $S_n$ und $T_n$ in Abhängigkeit von t.

**e)** Für welchen Wert von t berührt die zugehörige Gerade $g_4$ die Parabel? Berechne die Koordinaten der Berührpunkte und zeichne $g_4$ ein.

**f)** Gib die Bereiche von t an, für welche die Gerade Passante an p ist.

**24** Durch $y = -x^2 - kx - k$ mit $k \in \mathbb{R}$ ist eine Parabelschar p (k) festgelegt.

**a)** Welche Parabel der Schar geht durch den Punkt P (–3 | –1)?

**b)** Bestimme die gemeinsamen Punkte der zu k = –2 und k = –1 gehörenden Parabeln.

**c)** Weise rechnerisch nach, dass alle Scharparabeln durch den Punkt Q (–1 | –1) gehen. Gibt es noch weitere gemeinsame Punkte zweier Scharparabeln?

**d)** Ermittle in Abhängigkeit von k die Koordinaten der Scheitelpunkte $S_n$.

**e)** Zeichne die zu $k \in \{-2; -1; 2; 4; 6\}$ gehörenden Parabeln $p_2, ..., p_5$ in ein gemeinsames Koordinatensystem.

**f)** Die Parabel p mit $y = x^2 + 2x$ hat mit jeder Parabel der Schar neben dem Punkt P (–1 | –1) noch einen weiteren Punkt gemeinsam. Bestimme die Koordinaten dieser Punkte $P_n$ in Abhängigkeit von k.

**g)** Welche Bedeutung haben die Punkte $P_n$ für die Parabelschar? Welche Bedeutung hat deshalb p für die Parabelschar? Trage p in die Zeichnung ein.

*Lösung zu 24 d):*
$S_n\left(-\frac{1}{2}k \,\middle|\, \frac{1}{4}k^2 - k\right)$

## GESCHICHTE

**François Viète**

François Viète (1540–1603) war ein begeisterter französischer Hobbymathematiker, der bis heute weltberühmt ist.
Unter anderem entdeckte er den Zusammenhang zwischen den Nullstellen einer quadratischen Funktion und der Normalform der zugehörigen Funktionsgleichung. Dieser Zusammenhang steckt im „Satz von Vieta", der lateinischen Form seines Nachnamens.

- Recherchiere über das Leben von François Viète.
- Nenne weitere bedeutende Erkenntnisse des Mathematikers François Viète.

**Satz von Vieta**

Besitzt die quadratische Funktion $y = x^2 + px + q$ die Nullstellen $x_1$ und $x_2$, so gilt: $x_1 + x_2 = -p$ und $x_1 \cdot x_2 = q$

Weiterhin gilt: $x^2 + px + q = (x - x_1) \cdot (x - x_2)$

Mithilfe dieses Satzes kannst du Nullstellen kontrollieren oder auch Nullstellen geschickt erraten.

**Beispiel:**

Funktionsgleichung: $y = x^2 - x - 72$

Für $p = -1$ und $q = -72$ lassen sich mit der Lösungsformel die Nullstellen $x_1 = -8$ und $x_2 = 9$ bestimmen.

Probe mit dem Satz von Vieta:

$x_1 + x_2 = -p \qquad -8 + 9 = 1 \qquad \Rightarrow p = -1$

$x_1 \cdot x_2 = q \qquad (-8) \cdot 9 = -72 \qquad \Rightarrow q = -72$

- Berechne die Nullstellen der Funktionen und kontrolliere die Lösung mithilfe des Satzes von Vieta.

1 $y = x^2 - 7x + 10$ 2 $y = x^2 - 3x - 18$ 3 $y = x^2 - 6x - 27$ 4 $y = x^2 + 7x - 120$

5 $y = x^2 - 12x - 45$ 6 $y = x^2 + 4x - 45$ 7 $y = x^2 - 2x - 35$ 8 $y = x^2 + 8x + 7$

- Gegeben sind die Nullstellen einer verschobenen Normalparabel. Bestimme mithilfe des Satzes von Vieta die Funktionsvorschrift.

1 $x_1 = -2; x_2 = 5$ 2 $x_1 = 6; x_2 = 18$ 3 $x_1 = -7; x_2 = 4$

4 $x_1 = 3{,}5; x_2 = -2{,}5$ 5 $x_1 = -1{,}2; x_2 = -3{,}6$ 6 $x_1 = 8; x_2 = 0$

Überprüfe deine Fähigkeiten und Kenntnisse. Bearbeite dazu die folgenden Aufgaben und bewerte anschließend deine Lösungen mit einem Smiley.

| ☺ | 😐 | ☹ |
|---|---|---|
| Das kann ich! | Das kann ich fast! | Das kann ich noch nicht! |

Hinweise zum Nacharbeiten findest du auf der folgenden Seite. Die Lösungen findest du unter www.ccbuchner.de/medien (Eingabe 8439-02).

**Aufgaben zur Einzelarbeit**

**1** Bestimme die Lösungsmenge.

**a)** $x^2 - 121 = 0$ **b)** $(x + 9) \cdot (x - 9) = 0$
**c)** $7x^2 - 63 = 0$ **d)** $x \cdot (x + 25) = 25x + 529$

**2** Gib eine Gleichung an, die hier grafisch gelöst wurde. Löse sie rechnerisch und überprüfe.

**a)**

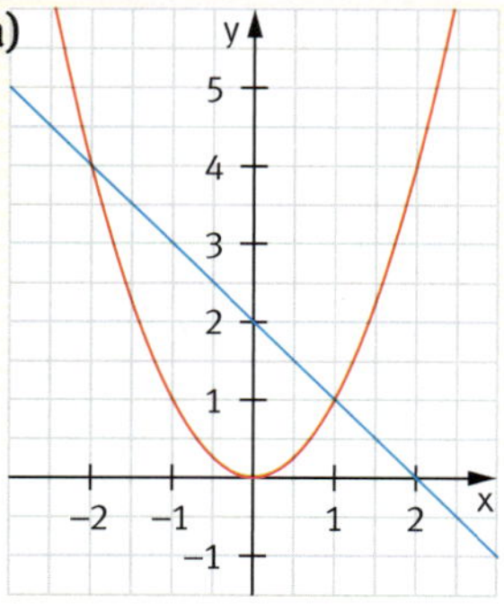

**b)**

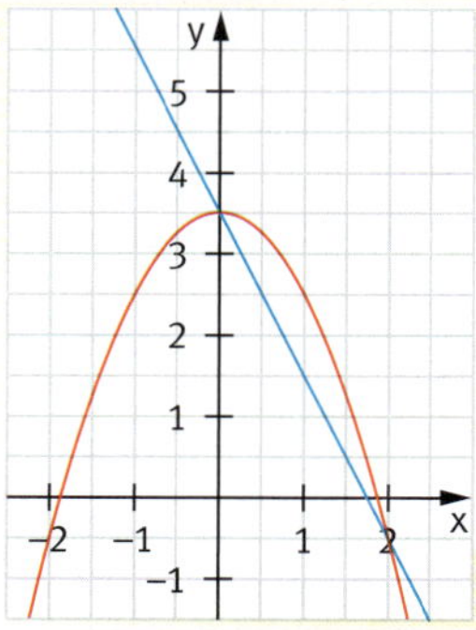

**3**

Sympathische und humorvolle, natürliche Zahl gesucht!

**a)** Multipliziere dich mit dir selbst und vermehre dich um dein Doppeltes, dann erhältst du 323.

**b)** Die Summe aus deiner Hälfte und deinem Quadrat ergibt 742,5.

**c)** Die Summe aus deinem Quadrat und dem zehnten Teil von dir ergibt 101.

**d)** Die Differenz aus deinem Quadrat und dir ergibt dich.

**4** Löse die Gleichungen grafisch.

**a)** $x^2 = 3x - 2$ **b)** $x^2 - 5x = -4$
**c)** $2x^2 + x = 3$ **d)** $x^2 + 2x - 3 = 0$
**e)** $3x^2 + 3x = 0$ **f)** $-7x + 5 = -2x^2$

**5** Löse die Gleichungen rechnerisch.

**a)** $(x + 12)(x - 23) = 0$ **b)** $2x^2 - 8x = 330$
**c)** $0{,}5x^2 = 2x - 38{,}5$ **d)** $\frac{1}{2}x^2 - \frac{3}{10}x = \frac{9}{25}$

**6** Von einer quadratischen Metallplatte werden an allen vier Ecken kongruente gleichschenklige Dreiecke abgeschnitten. Berechne die Länge x, wenn sich der Flächeninhalt der Platte um 12,5 % verringern soll.

**7** Stelle anhand der Zeichnung eine Ungleichung zum markierten Bereich auf und überprüfe die ablesbaren Lösungen rechnerisch.

**a)**

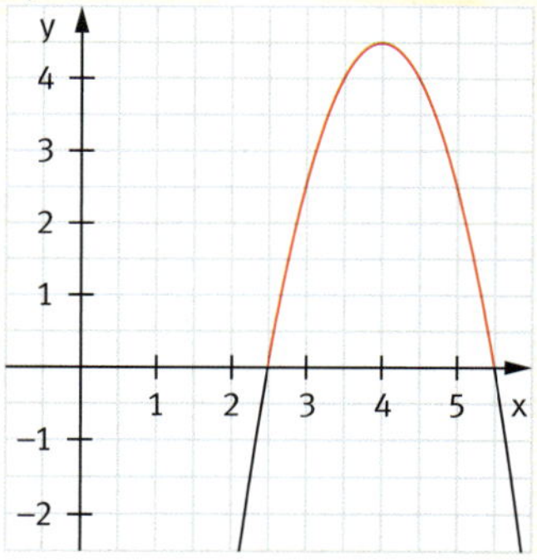

**b)**

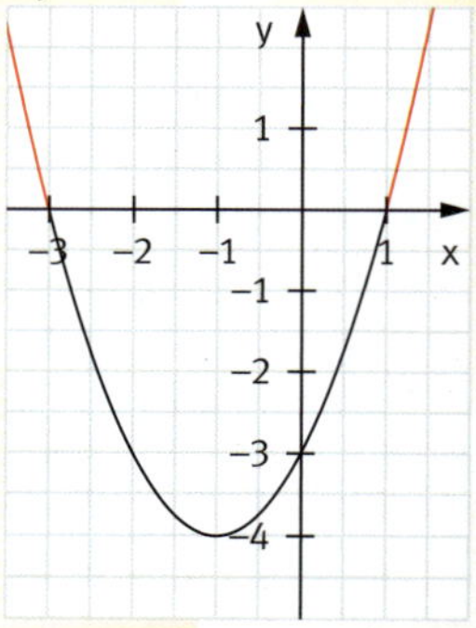

**8** Gib eine quadratische Ungleichung an, die die folgende Lösungsmenge besitzt.

**a)** $\mathbb{L} = \{x \mid -0{,}5 \leq x \leq 2\}$ **b)** $\mathbb{L} = \{x \mid x < -8 \lor x > 23\}$

**9** Löse die Ungleichung rechnerisch und überprüfe deine Ergebnisse durch eine Zeichnung.

**a)** $\frac{1}{2}x^2 + \frac{5}{2}x - \frac{15}{2} \leq 5$ **b)** $-\frac{1}{3}x^2 + x > -3$
**c)** $-(x - 9)(x + 5) < 2$ **d)** $x^2 + 4 \geq 3x - 4$

**10** Löse die Wurzelgleichungen.

**a)** $2x - 5 = -\sqrt{x - 1}$ **b)** $\sqrt{x - 2} = 4 - x$
**c)** $7 - \sqrt{4x + 1} = 2x$ **d)** $x - 4 = \sqrt{13 - 4x}$
**e)** $3x + \sqrt{8x^2 - 9x - 20} = 4$ **f)** $\sqrt{x} + 2 = \sqrt{2x + 8}$

**11** Bestimme erst die Anzahl der Schnittpunkte der beiden Funktionsgraphen und dann gegebenenfalls deren Koordinaten.

**a)** $y = 2x^2 - 2x$ $\quad y = 0{,}5x + 2$

**b)** $y = -0{,}25x^2 - 0{,}5x + 4{,}25$ $\quad y = -\frac{1}{8}x + 4{,}5$

**c)** $y = -x^2 - 4x + 1$ $\quad y = -x + 3{,}25$

**d)** $y = \frac{1}{4}x^2 + 0{,}5x$ $\quad y = x^2 - 4x + 6$

**e)** $y = 0{,}125x^2 + 1{,}25x + 12{,}5$ $\quad y = 0{,}5x^2 + 3x + 15$

**f)** $y = x^2 - x - 1$ $\quad y = -x^2 + x + 1$

**12** Für welchen Parameter t ist die Gerade g eine Tangente an die Parabel p?

**a)** p: $y = x^2 + 1$ $\quad$ g: $y = -2x + t$

**b)** p: $y = -0{,}5x^2 + 2x$ $\quad$ g: $y = -x + t$

**13** Bestimme durch Rechnung die Gleichung der Tangenten, die vom Punkt P (2|–4) aus an die Parabel p mit $y = x^2 - 6x + 8$ gezeichnet werden können. Berechne die Koordinaten der Berührpunkte $B_1$ und $B_2$ und überprüfe zeichnerisch.

**14** Zeige, dass die Gerade mit $y = x - 0{,}25$ die Parabeln der Parabelschar p (k) mit $y = x^2 - 2kx + k^2 + k$ berührt.

**15** Die Parabelschar p (k) mit $y = x^2 - 4kx + 8k^2 - 1$ ist gegeben. Gib die Gleichung der Gerade an, auf der alle Scheitelpunkte der Parabelschar p (a) liegen.

**Arbeitsschritte**

1 Bearbeite die folgenden Aufgaben alleine.

2 Suche dir einen Partner und erkläre ihm deine Lösungen. Höre aufmerksam und gewissenhaft zu, wenn dein Partner dir seine Lösungen erklärt.

3 Korrigiere gegebenenfalls deine Antworten und benutze dazu eine andere Farbe.

Sind folgende Behauptungen **richtig** oder **falsch**? Begründe schriftlich.

**16** Eine reinquadratische Gleichung heißt reinquadratisch, weil alle vorkommenden Terme quadratisch sind.

**17** Reinquadratische Gleichungen der Form $x^2 = d$ sind nur lösbar, wenn d eine Quadratzahl ist.

**18** Die Diskriminante D für die Gleichung $-3x^2 - 2x + 5 = 0$ lautet $D = -2^2 - 4 \cdot (-3) \cdot 5$

**19** Die Lösungen einer quadratischen Gleichung der Form $ax^2 + bx + c = dx^2 + ex + f$ können grafisch auch als Schnittpunkte zweier Parabeln aufgefasst werden.

**20** Wurzelgleichungen haben stets dieselbe Lösungsmenge wie die zugehörenden quadrierten Gleichungen.

**21** Aus einer Parallelenschar von Geraden gibt es stets eine Gerade, die Tangente an eine Parabel ist.

**22** Es gibt Parabelscharen, die keinen gemeinsamen Punkt haben.

**23** Die Gleichung $\frac{\sqrt{3}}{3x} + x = \sqrt{5}$ ist eine Wurzelgleichung.

**24** Die Ungleichung $2x \geqq x^2$ hat die Lösungsmenge $\mathbb{L} = \{0; 1; 2\}$.

**25** Die Lösungsmenge einer Gleichung ist immer eine Teilmenge ihrer Definitionsmenge.

| Aufgabe | Ich kann ... | Hilfe |
|---|---|---|
| 1, 2, 16, 17 | reinquadratische Gleichungen rechnerisch lösen. | S. 164 |
| 4 | quadratische Gleichungen grafisch lösen. | S. 166 |
| 3, 5, 6, 18 | die Lösungsformel für quadratische Gleichungen anwenden. | S. 168 |
| 7, 8, 9, 24 | quadratische Ungleichungen grafisch und rechnerisch lösen. | S. 172 |
| 10, 20, 23 | verschiedene Arten von Wurzelgleichungen lösen. | S. 174 |
| 11, 19 | Systeme quadratischer Gleichungen auf verschiedene Arten lösen. | S. 176 |
| 12, 13, 14, 15, 21, 22 | die Diskriminantenbedingung bei Geraden- und Parabelscharen anwenden. | S. 178 |

# 7.10 Auf einen Blick



**S. 164**

$x^2 = 81$ $\quad$ $(x + 3)^2 = 64$

$x = \sqrt{81}$ $\quad$ $x + 3 = \sqrt{64}$

$\mathbb{L} = \{-9; 9\}$ $\quad$ $\mathbb{L} = \{-11; 5\}$

Eine quadratische Gleichung lässt sich direkt lösen, wenn sie **reinquadratisch** oder als **binomische Formel** dargestellt ist.

**S. 168**

$-0{,}5x^2 + 2x + 6 = 0$

$x_{1/2} = \frac{-2 \pm \sqrt{2^2 - 4 \cdot (-0{,}5) \cdot 6}}{2 \cdot (-0{,}5)}$

$x_1 = -2;\ x_2 = 6$

$\mathbb{L} = \{-2; 6\}$

**Gemischtquadratische Gleichungen** der Form $ax^2 + bx + c = 0$ lassen sich mit der **allgemeinen Lösungsformel** lösen.

$x_{1/2} = \frac{-b \pm \sqrt{b^2 - 4ac}}{2a}$

**S. 169**

1 $2x^2 - 3x - 2 = 0$
$\Longrightarrow D = (-3)^2 - 4 \cdot 2 \cdot (-2) = 25$

2 $-0{,}5x^2 + 5x - 12{,}5 = 0$
$\Longrightarrow D = 5^2 - 4 \cdot (-0{,}5) \cdot (-12{,}5) = 0$

3 $-3x^2 - 5x - 4 = 0$
$\Longrightarrow D = (-5)^2 - 4 \cdot (-3) \cdot (-4) = -23$

Bei quadratischen Gleichungen kann man die Anzahl der Lösungen an der **Diskriminante D** aus der Lösungsformel ablesen mit $D = b^2 - 4ac$.

1 $D > 0$: Es gibt zwei Lösungen.

2 $D = 0$: Es gibt eine Lösung.

3 $D < 0$: Es gibt keine Lösung.

**S. 172**

$-2x^2 - 2x + 12 \leqq 0$

$-2x^2 - 2x + 12 = 0 \Longrightarrow x_1 = -3;\ x_2 = 2$

Es gilt: $-2\,(x - 2)\,(x + 3) \leqq 0$, wenn …

1 $x - 2 \geqq 0 \ \wedge\ x + 3 \geqq 0 \Longrightarrow \mathbb{L}_1 = \{x \mid x \geqq 2\}$

2 $x - 2 \leqq 0 \ \wedge\ x + 3 \leqq 0 \Longrightarrow \mathbb{L}_2 = \{x \mid x \leqq -3\}$

$\mathbb{L} = \mathbb{L}_1 \cap \mathbb{L}_2 = ]-3; 2[$

Bei der Lösung **quadratischer Ungleichungen** der Form $y = ax^2 + bx + c \geqq\leqq 0$ kann man zunächst anhand der **Nullstellen** der zugehörigen Funktion den quadratischen Term in seine **Linearfaktoren** zerlegen. Mit der anschließenden **Fallunterscheidung** bestimmt man die Lösungsmenge.

**S. 174**

$\sqrt{x + 3} = \sqrt{4 - 2x}$ $\quad$ $\mathbb{D} = [-3; 2]$

$x + 3 = 4 - 2x$

$3x = 1$

$x = \frac{1}{3}$ $\quad$ $\mathbb{L} = \{\frac{1}{3}\}$ (da $\frac{1}{3} \in \mathbb{D}$)

**Wurzelgleichungen** werden durch **Quadrieren** gelöst.
Die **Definitionsmenge der Wurzeln** muss beachtet werden.

**S. 176**

$p_1$: $y = x^2 - 2x - 1$ $\quad$ $p_2$: $y = -0{,}5x^2 - x + 1{,}5$

$x^2 - 2x - 1 = -0{,}5x^2 - x + 1{,}5$

$\Longleftrightarrow 1{,}5x^2 - x - 2{,}5 = 0$

$x_1 = -1;\ x_2 = \frac{5}{3}$

in $p_1$: $y_1 = (-1)^2 - 2 \cdot (-1) - 1 = 2$

$y_2 = \left(\frac{5}{3}\right)^2 - 2 \cdot \frac{5}{3} - 1 = -\frac{14}{9}$

$\mathbb{L} = \{(-1 \mid 2);\ (\frac{5}{3} \mid -\frac{14}{9})\}$

Die Lösungsmenge eines **quadratischen Gleichungssystems** kann man durch das **Gleichsetzungsverfahren** und mithilfe der **Lösungsformel** bestimmen.
Geometrisch entspricht das Vorgehen der Bestimmung der Schnittpunkte zweier Funktionsgraphen.

**S. 178**

$p\,(a) \cap g$: $x^2 + ax + 4 = 0{,}5x - 5$

$D = (a - 0{,}5)^2 - 4 \cdot 1 \cdot 9 = a^2 - a - 35{,}75 = 0$

$a_1 = -5{,}5;\ a_2 = 6{,}5$

g Tangente an p (a) für $a \in \{-5{,}5; 6{,}5\}$

$(a + 5{,}5)\,(a - 6{,}5) < 0$

g Passante an p (a) für $a \in [-5{,}5; 6{,}5]$

Zwei Schnittpunkte von p (a) und g für $a \in \mathbb{R} \setminus [-5{,}5; 6{,}5]$

Bei **Scharfunktionen** kann der **Parameter** die **Form** oder die **Lage** der Funktionsgraphen beeinflussen. Er beeinflusst damit auch die Anzahl der Schnittpunkte zweier Funktionsgraphen.

## Prozentrechnung

**1** Gib den Anteil in Prozent an.
**a)** 50 : 100 **b)** $\frac{1}{3}$ **c)** 0,75 **d)** 0,05

**2** Um wie viel Prozent ist 20 kleiner als 25?

**3** Gib die Anteile der verschiedenen Farben in Prozent an.

**4** Barbara hat sich eine Skijacke gekauft und dabei 30 € gespart. Der Händler hat 15 % Nachlass gewährt. Berechne den ursprünglichen Preis der Jacke.

**5** Ein Bluray-Player, der normalerweise 89 € kostet, wird nun 19 % billiger angeboten. Um wie viel € ist das Gerät jetzt billiger?

**6** Im Ausverkauf wird der Preis einer Ware um 14 % gesenkt. Sie kostete vor der Senkung 58 €. Zu welchem Preis wird die Ware verkauft?

**7** Beim Kauf eines Fahrrades wurden 30 % Anzahlung geleistet. Berechne den Kaufpreis, wenn die Anzahlung 126 € beträgt.

**8** Die Herstellungskosten eines Staubsaugers setzen sich aus 15 % Materialkosten und 55 % Fertigungskosten zusammen. Der Rest sind sonstige Kosten (Verwaltung, Vertrieb, ...).
Erstelle ein Kreisdiagramm.

**9** Luca führt über alles Buch. Zu Beginn des Schuljahres waren 50 % Jungen in der Klasse. Als ein neuer Schüler dazukommt, steigt dieser Anteil auf 52 %. Wie viele Mädchen sind in der Klasse?

**10** Ein Quadrat hat 12 cm lange Diagonalen. Um wie viel Prozent verringert sich der Flächeninhalt des Vierecks, wenn man eine Diagonale um 2 cm verlängert und dafür die andere um 2 cm verkürzt?

## Funktionen der indirekten Proportionalität

**11** Eine Hyperbel mit der zugehörigen Funktionsgleichung $y = \frac{k}{x}$ geht durch den Punkt P.
Berechne die Gleichung der Hyperbel.
**a)** P (0,25 | 12) **b)** P (–2,5 | –5) **c)** P (–6 | 0,9)

**12** Es sollen verschiedene rechteckige Papierstreifen mit einem Flächeninhalt von jeweils 48 cm² ausgeschnitten werden.
**a)** Gib einige passende Paare (Länge x cm | Breite y cm) an.
**b)** Erstelle zur Zuordnung *Länge x cm* $\longmapsto$ *Breite y cm* eine Funktionsgleichung und zeichne den Graphen.
**c)** Zeichne einige der Rechtecke aus a) in dasselbe Koordinatensystem. Beschreibe, was du feststellst.
**d)** Welche Form hat das Rechteck mit dem kleinsten Umfang? Zeichne es ebenfalls ein.

**13** Berechne.
**a)** Wenn 15 Arbeiter 400 Stunden benötigen, um ein Haus zu bauen, wie viele Stunden benötigen dann 24 Arbeiter?
**b)** Wenn einer dieser Bauarbeiter 17 € in der Stunde bekommt, wie hoch sind die Lohnkosten für das Haus?
**c)** Um den Keller nach einem Starkregen von Wasser zu befreien, müssten die Bauarbeiter drei Pumpen 4 h lang betreiben. Eine Pumpe ist jedoch kaputt. Wie viel länger als geplant dauert das Auspumpen nun?

**14** Gegeben ist die Funktion f mit der Gleichung $y = \frac{4}{x}$ mit $\mathbb{G} = \mathbb{R}^+ \times \mathbb{R}$.
**a)** Tabellarisiere f für $x \in [0; 12]$ mit $\Delta x = 0{,}5$ und zeichne den Graphen zu f (1 LE = 1 cm).
**b)** Die Strecke $[B_nD_n]$ mit 2 cm ist Diagonale der Rauten $A_nB_nC_nD_n$. Es gilt: $A_n\ (x \mid -4)$; $C_n\ (x \mid \frac{4}{x})$
Zeichne die Raute $A_1B_1C_1D_1$ für x = 4 und berechne deren Flächeninhalt.
**c)** Stelle den Flächeninhalt der Rauten $A_nB_nC_nD_n$ in Abhängigkeit von x dar.
**d)** Der Eckpunkt $C_1$ der Raute $A_1B_1C_1D_1$ liegt auf der Gerade g mit der Gleichung $y = 0{,}5x + 2$.
Berechne die Koordinaten von $C_1$.

## Satz des Thales

**15** Von einem Quadrat ist nur die Länge der Diagonale mit 4 cm bekannt. Konstruiere das Quadrat in deinem Heft. Findest du auch eine Lösungsmöglichkeit ohne den Satz des Thales?

**16** Konstruiere ein rechtwinkliges Dreieck ABC mit $\overline{AB} = 9$ cm und Höhe $h_c = 4{,}5$ cm.
Bestätige oder widerlege Pias Überlegung.

**17** Gegeben ist ein Kreis mit dem Radius r = 3 cm. Ein Punkt P liegt 7 cm vom Mittelpunkt des Kreises entfernt. Konstruiere die Tangenten an diesen Kreis so, dass P auf ihnen liegt.

**18** Berechne die fehlenden Winkelmaße.

a)

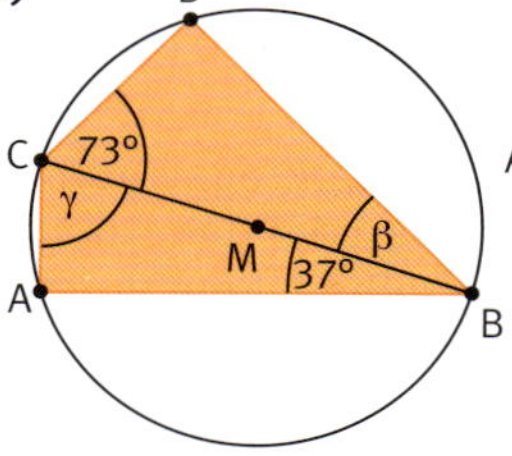


b)

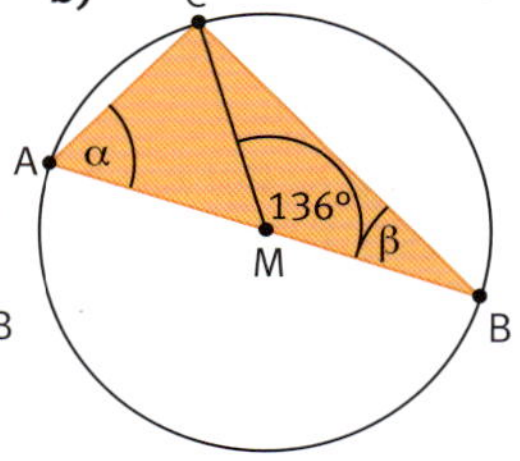


**19** Gegeben ist ein bei C rechtwinkliges Dreieck ABC. Wie verändert sich der Winkel γ, wenn C nach außerhalb des Thaleskreises über [AB] geschoben wird?

**20** Bestimme die fehlenden Winkelmaße.

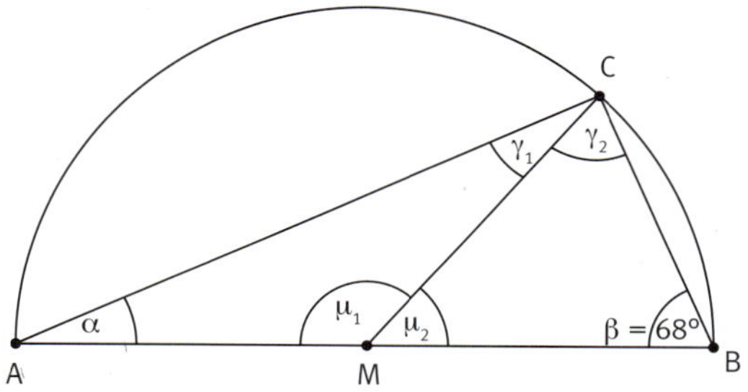


## Lineare Gleichungssysteme

**21** Bestimme jeweils den Schnittpunkt der Graphen, die zu den angegebenen linearen Funktionen gehören. Bestimme diese Schnittpunkte mithilfe ...

1 einer Rechnung auf zwei Dezimalen.
2 einer Zeichnung.
3 eines grafikfähigen Taschenrechners.

a) $f_1$: y = 0,4x + 3 $f_2$ : y = −1,8x + 6
b) $f_1$: 2y + 4x = 6 $f_2$: y = −4x + 8
c) $f_1$: y = −1,2 (x − 4) + 1 $f_2$: y = −1,8 (x − 2) + 2
d) $f_1$: y = −40x + 4000 $f_2$: y = 80x + 1000

**22** Zwei Mobilfunkanbieter bemühen sich um neue Kunden.

**Talkers**
monatliche Grundgebühr: 4,98 €
Gesprächsminute: 3 ct

**PhoneFriends**
monatliche Grundgebühr: keine
Gesprächsminute: 9 ct

a) Welchen Anbieter würdest du wählen? Begründe.
b) Wie müsste sich dein Gesprächsverhalten ändern, damit du zum Konkurrenten wechselst?
c) Wann sind die beiden Anbieter preisgleich?

**23** Ein Kapital von 20 000 € bringt in einer bestimmten Zeit 850 € Zinsen. Bei einer um 26 Tage längeren Laufzeit wären die Zinsen um 130 € höher.

**24** Mit einer 8-Liter-Kanne muss man dreimal öfter laufen, um ein Fass zu leeren, als mit einer 10-Liter-Kanne.
Bestimme das Fassungsvermögen des Fasses.

# 8 Flächensätze am rechtwinkligen Dreieck

## Einstieg

Untersucht rechtwinklige Dreiecke genauer.

- Nehmt eine gut 3 m lange Paketschnur und knotet sie an den Enden zusammen. Zusätzlich braucht ihr noch ein Maßband.
- Nehmt den Schnurring und spannt ihn am Boden eures Klassenzimmers in einer Ecke des Raumes so auf, dass ein rechtwinkliges Dreieck entsteht (die beiden kürzeren Seiten liegen dann an den Wänden an).
- Messt die Längen der Dreiecksseiten.
- Quadriert nun die Maßzahlen der Längen der beiden kürzeren Seiten und addiert diese Werte. Vergleicht diese Summe mit dem Quadrat der Maßzahl der Länge der langen Seite. Was stellt ihr fest?
- Verändert das Dreieck (die beiden kurzen Seiten sollen dabei immer an den Wänden anliegen) und rechnet erneut. Was stellt ihr fest?

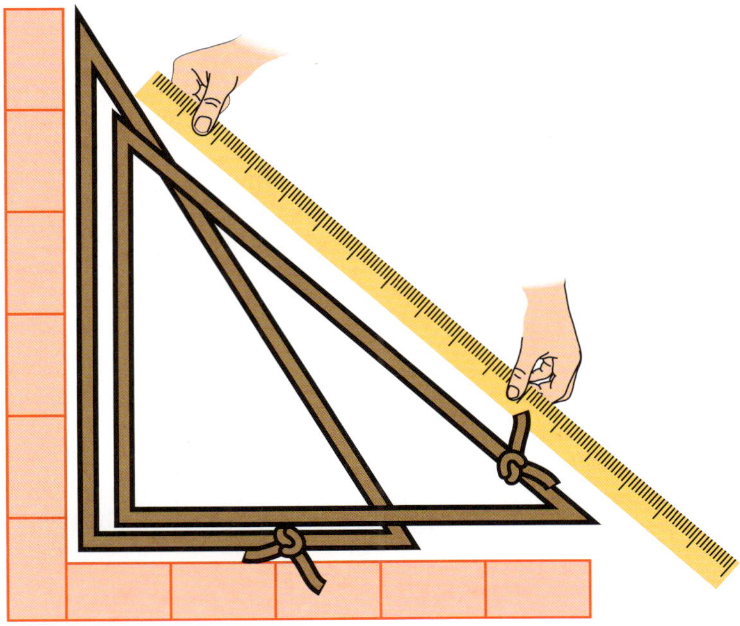

## Ausblick

**Am Ende dieses Kapitels hast du gelernt, ...**

- Seitenlängen und Höhen in rechtwinkligen Dreiecken zu berechnen.
- Streckenlängen im Koordinatensystem zu bestimmen.
- die Flächensätze für Berechnungen in verschiedenen Anwendungen zu nutzen.

*Verwende ein Geometrieprogramm, wenn möglich.*

- Konstruiere drei verschiedene rechtwinklige Dreiecke ABC und zeichne jeweils die Höhe $h_c = [CH]$ auf die Hypotenuse [AB] ein.
- Übertrage die Tabelle in dein Heft und ergänze jeweils die Länge einzelner Strecken. Beschreibe Zusammenhänge und interpretiere sie durch Flächen.

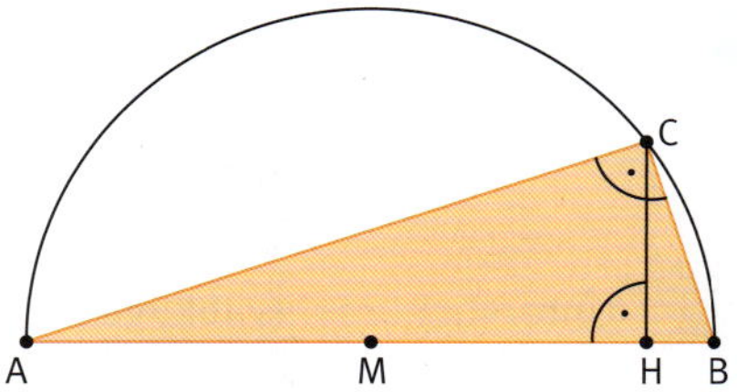


| Dreieck | $\overline{CH}$ | $\overline{AH}$ | $\overline{HB}$ | $\overline{CH}^2$ | $\overline{AH} \cdot \overline{HB}$ | $\overline{AC}^2$ | $\overline{AB} \cdot \overline{AH}$ |
|---|---|---|---|---|---|---|---|
| Beispiel | 3 cm | 9 cm | 1 cm | 9 cm² | 9 cm² | 90 cm² | 90 cm² |
| 1 | ▢ | ▢ | ▢ | ▢ | ▢ | ▢ | ▢ |

## Merkwissen

In jedem bei C **rechtwinkligen** Dreieck **ABC** teilt die Höhe $h_c$ das Dreieck in zwei bei H rechtwinklige Dreiecke AHC und HBC. Diese sind **ähnlich** zum Ausgangsdreieck ABC:
In den Dreiecken ABC, AHC und HBC treten aufgrund des Satzes über die Innenwinkelsumme im Dreieck nur Winkel mit den Maßen $\alpha$, $\beta$ und 90° auf.
Also gilt: $\Delta ABC \sim \Delta AHC \sim \Delta HBC$
In ähnlichen Dreiecken stehen entsprechende Seiten im gleichen Verhältnis.

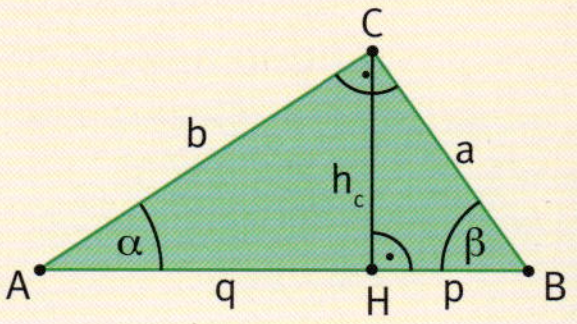


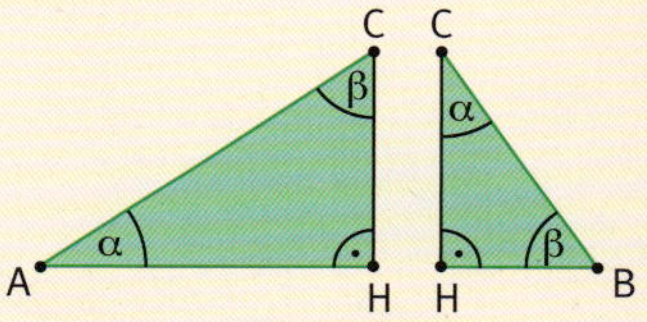


*Diese Beziehungen im rechtwinkligen Dreieck beschrieb bereits Euklid (ca. 300 v.Chr.) in seinem Buch „Elemente“.*

### Höhensatz

In einem rechtwinkligen Dreieck ist das Quadrat über der zur Hypotenuse gehörenden Höhe h flächeninhaltsgleich dem Rechteck aus den beiden Hypotenusenabschnitten.

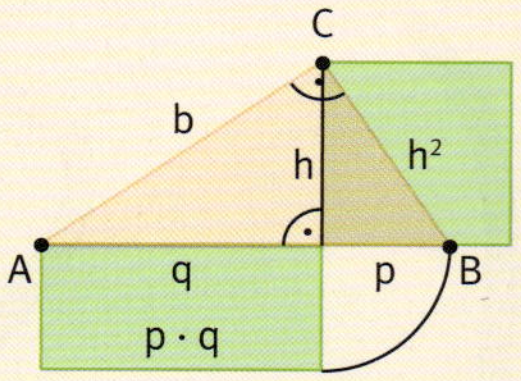


Beweis:

$\Delta HBC \sim \Delta AHC$: $\frac{\overline{HC}}{\overline{HB}} = \frac{\overline{AH}}{\overline{HC}} \Leftrightarrow \overline{HC}^2 = \overline{AH} \cdot \overline{HB}$

$\Rightarrow$ $\mathbf{h^2 = p \cdot q}$

*Höhensatz, Kathetensätze und der Satz des Pythagoras (siehe nächstes Kapitel) werden auch als Flächensätze bezeichnet.*

### Kathetensätze

In einem rechtwinkligen Dreieck ist das Quadrat über einer Kathete flächeninhaltsgleich dem Rechteck aus Hypotenuse und dem zugehörigen Hypotenusenabschnitt.

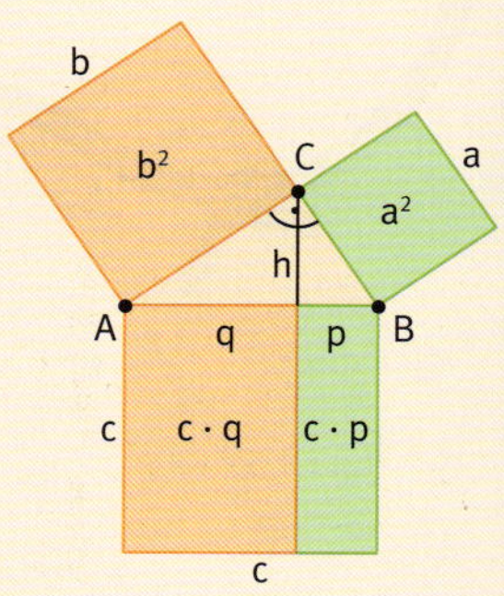


Beweis:

$\Delta AHC \sim \Delta ABC$: $\frac{\overline{AC}}{\overline{AH}} = \frac{\overline{AB}}{\overline{AC}} \Leftrightarrow \overline{AC}^2 = \overline{AB} \cdot \overline{AH}$

$\Rightarrow$ $\mathbf{b^2 = c \cdot q}$

$\Delta HBC \sim \Delta ABC$: $\frac{\overline{BC}}{\overline{HB}} = \frac{\overline{AB}}{\overline{BC}} \Leftrightarrow \overline{BC}^2 = \overline{AB} \cdot \overline{HB}$

$\Rightarrow$ $\mathbf{a^2 = c \cdot p}$

## Beispiele

**I** Im rechtwinkligen Dreieck ABC mit der Hypotenuse [AB] gilt c = 10 cm und b = 6 cm. Bestimme a, p, q und $h_c$ durch Anwendung der Flächensätze.

**Lösung:**

Kathetensatz: $b^2 = c \cdot q \iff q = \frac{b^2}{c} \implies q = \frac{(6\text{ cm}^2)}{10\text{ cm}} = 3{,}6\text{ cm}$

Mit $c = p + q$ folgt: $p = c - q \implies p = 10\text{ cm} - 3{,}6\text{ cm} = 6{,}4\text{ cm}$

Kathetensatz: $a^2 = c \cdot p \implies a = \sqrt{10\text{ cm} \cdot 6{,}4\text{ cm}} = \sqrt{64\text{ cm}^2} = 8\text{ cm}$

Höhensatz: $h_c^{\,2} = p \cdot q \implies h_c = \sqrt{3{,}6\text{ cm} \cdot 6{,}4\text{ cm}} = \sqrt{23{,}04\text{ cm}^2} = 4{,}8\text{ cm}$

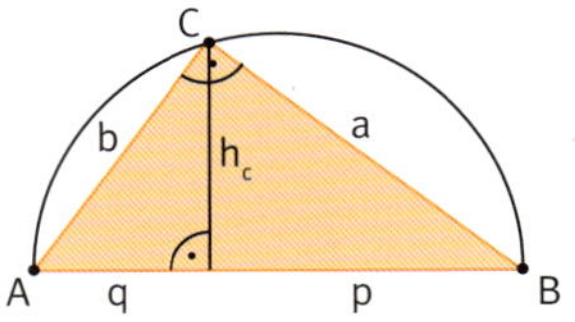


## Verständnis

- „Da jedes stumpfwinklige Dreieck eine Höhe besitzt, kann man den Höhensatz auch bei diesen Dreiecken anwenden.“ Stimmt das?

## Aufgaben

**1** Bestimme rechnerisch die fehlenden Längen für das bei C rechtwinklige Dreieck ABC.

| | a) | b) | c) | d) | e) | f) |
|---|---|---|---|---|---|---|
| a | | | 72 mm | 80 cm | | |
| b | 4,0 km | | | | 6,8 cm | |
| c | 5,0 km | | 100 mm | | 12 cm | 6 dm |
| $h_c$ | | | | | | |
| p | | 5,6 cm | | 4 dm | | 22 cm |
| q | | 3,4 cm | | | | |

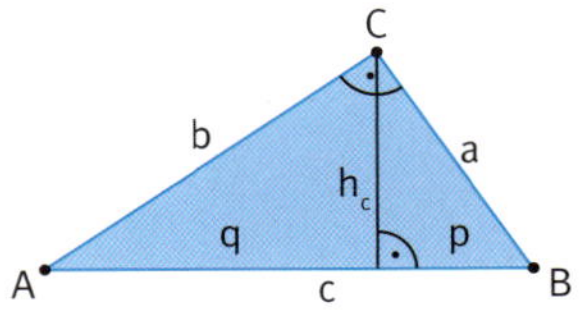


**2** Bestimme den Flächeninhalt des rechtwinkligen Dreiecks ABC.

**a)** $q = 6$ cm; $c = 14{,}5$ cm; $\gamma = 90°$ **b)** $b = 8$ cm; $q = 4{,}8$ cm; $\gamma = 90°$

**c)** $q = 6$ cm; $h_c = 11$ cm; $\gamma = 90°$ **d)** $b = 8$ cm; $c = 14{,}8$ cm; $\gamma = 90°$

**3** **a)** Thomas wandelt ein Quadrat der Seitenlänge s = 6 cm durch Konstruktion und mithilfe einer Rechnung in ein flächeninhaltsgleiches Rechteck der Seitenlängen q und p um mit p = 4,8 cm. Begründe das Vorgehen von Thomas.

*Verwende jeweils den Höhensatz.*

**Konstruktion**

1. Zeichne das Quadrat ABCD.
2. Verlängere [AB] über B hinaus um p = 4,8 cm, Eckpunkt E.
3. $m_{[CE]} \cap AB = \{M\}$
4. $k\,(M;\ r = \overline{MC}) \cap AB = \{E; F\}$
5. $q = \overline{FB}$
6. Zeichne das Rechteck mit den Seitenlängen q und p.

**Rechnung**

$h^2 = p \cdot q$ (Höhensatz mit h = s)

$(6\text{ cm})^2 = 4{,}8\text{ cm} \cdot q$

$\implies q = 36\text{ cm}^2 : 4{,}8\text{ cm} \implies q = 7{,}5\text{ cm}$

$p = 4{,}8\text{ cm};\ q = 7{,}5\text{ cm}$

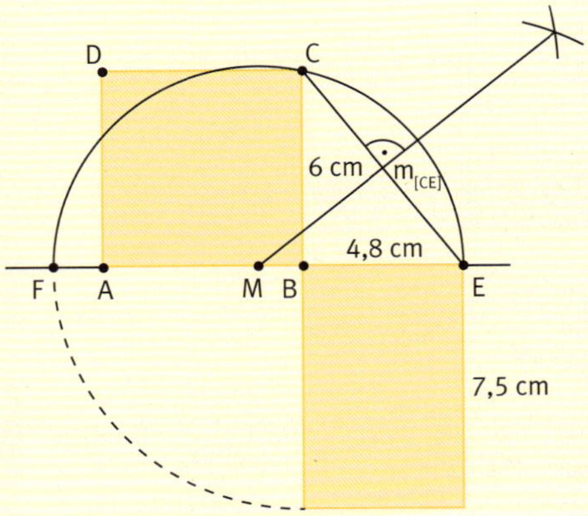


**b)** Wandle ebenso ein Quadrat der Seitenlänge s durch Konstruktion und Rechnung in ein flächengleiches Rechteck mit den Seitenlängen q und p um.

① s = 40 mm; q = 80 mm ② s = 6,6 cm; p = 99 mm

③ s = 20 mm; p = 25 mm ④ s = 0,48 dm; p = 64 mm

*Findest du auch eine Lösung mit dem Kathetensatz?*

*Verwende ein Geometrie-programm, wenn möglich.*

- Konstruiere über der Strecke [AB] einen Thaleskreis k. Lege dann fünf Punkte $C_1$, $C_2$, ..., $C_5$ auf k fest. Damit werden fünf Dreiecke $ABC_n$ festgelegt. Bestimme anschließend die Längen der Strecken a = $\overline{BC_n}$, b = $\overline{AC_n}$ und c = $\overline{AB}$ durch genaues Abmessen.

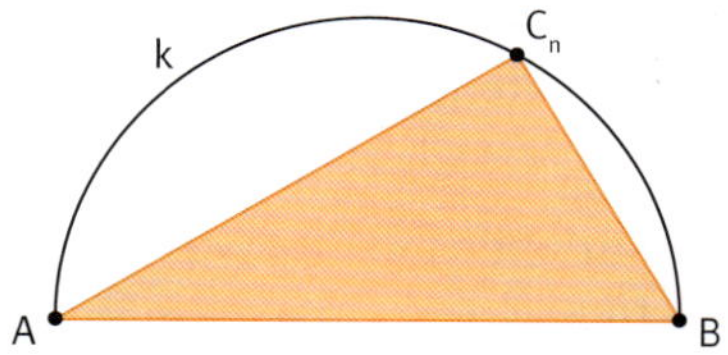

- Trage die zusammengehörigen Werte in eine Tabelle ein. Beschreibe algebraische Zusammenhänge.

| Dreieck | $c^2$ | $(a-b)^2$ | $(a+b)^2$ | $a^2 + b^2$ | $a^2 - b^2$ |
|---|---|---|---|---|---|
| Beispiel | 25 cm² | 1 cm² | 49 cm² | 25 cm² | 7 cm² |
| 1 | ☐ | ☐ | ☐ | ☐ | ☐ |
| 2 | ☐ | ☐ | ☐ | ☐ | ☐ |
| 3 | ☐ | ☐ | ☐ | ☐ | ☐ |
| 4 | ☐ | ☐ | ☐ | ☐ | ☐ |
| 5 | ☐ | ☐ | ☐ | ☐ | ☐ |

*C*
*Kathete b*  *Kathete a*

*A*  *Hypotenuse c*  *B*

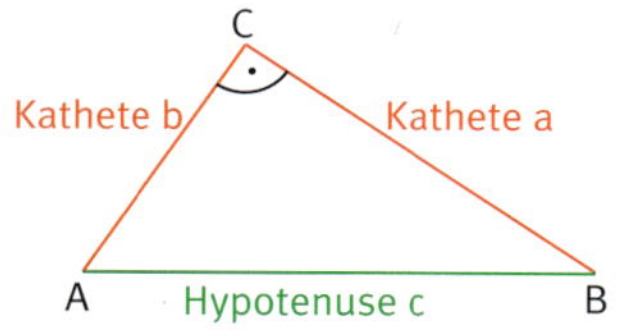

*Die Hypotenuse liegt stets dem rechten Winkel gegenüber.*

**MERKWISSEN**

**Satz des Pythagoras**
In einem rechtwinkligen Dreieck hat das Quadrat über der Hypotenuse den gleichen Flächeninhalt wie die beiden Quadrate über den Katheten zusammen.

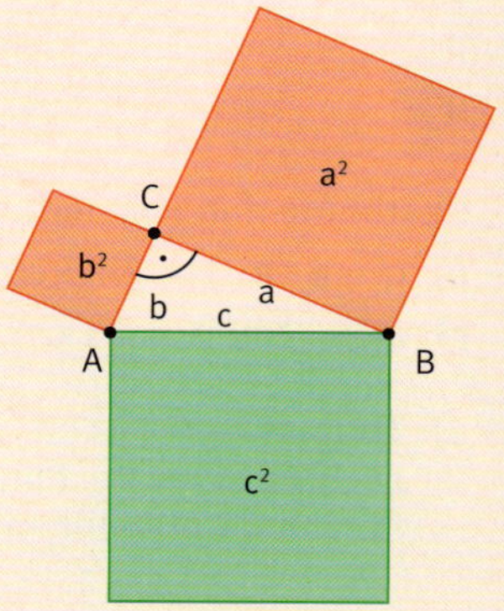

Mit den Bezeichnungen in der Abbildung gilt kurz:
$a^2 + b^2 = c^2$

Beweis:
Nach den Kathetensätzen gilt: I $\quad a^2 = c \cdot p$
$\qquad\qquad\qquad\qquad\qquad$ II $\ b^2 = c \cdot q$
I + II liefert: $a^2 + b^2 = c \cdot p + c \cdot q$ $\quad$ (Distributivgesetz)
$\qquad \Longleftrightarrow a^2 + b^2 = c \cdot (p + q)$ $\quad$ (c = p + q)
$\qquad \Longleftrightarrow a^2 + b^2 = c^2$

**BEISPIELE**

*In einem Dreieck liegt die Seite a dem Eckpunkt A gegenüber.*

I $\quad$ 1

2

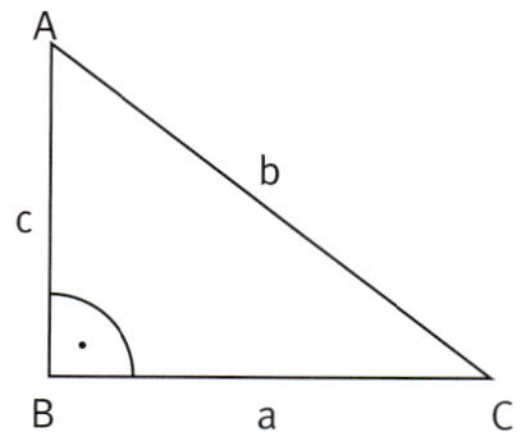

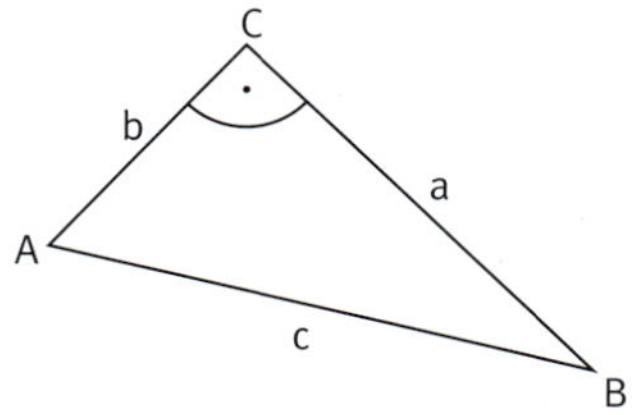

a) Benenne die Seiten der Dreiecke mit den Begriffen Hypotenuse und Katheten.
b) Stelle jeweils den Satz des Pythagoras im Dreieck auf.

**Lösung:**
1 a) Hypotenuse b; Katheten a und c $\qquad$ 2 a) Hypotenuse c; Katheten a und b
$\quad$ b) $b^2 = a^2 + c^2$ $\qquad\qquad\qquad\qquad\qquad\qquad$ b) $c^2 = a^2 + b^2$

**II** Berechne die fehlenden Seitenlängen im rechtwinkligen Dreieck.

a)

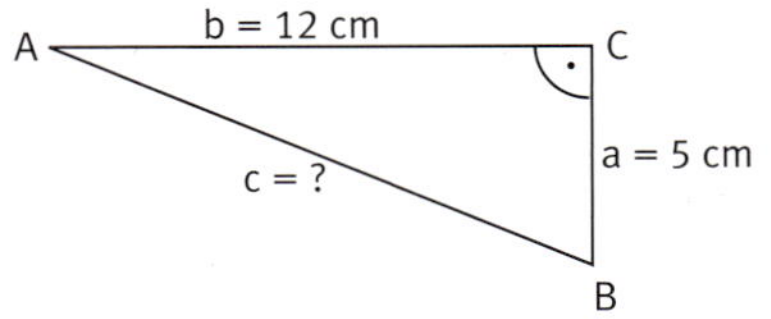

b)

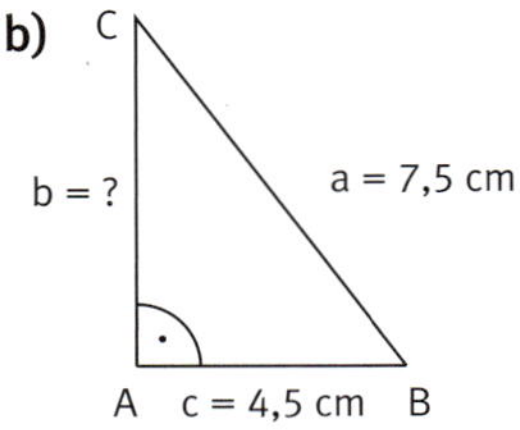

**Lösung:**

a) $c^2 = a^2 + b^2$
$c^2 = (5\ \text{cm})^2 + (12\ \text{cm})^2$
$c^2 = 25\ \text{cm}^2 + 144\ \text{cm}^2 = 169\ \text{cm}^2$
$c = 13\ \text{cm}$ oder $c = -13\ \text{cm}$

Seitenlängen sind stets
positiv, also ist $c = 13\ \text{cm}$ lang.

b) $a^2 = b^2 + c^2$
$b^2 = a^2 - c^2$
$b^2 = (7{,}5\ \text{cm})^2 - (4{,}5\ \text{cm})^2$
$b^2 = 56{,}25\ \text{cm}^2 - 20{,}25\ \text{cm}^2 = 36\ \text{cm}^2$
$b = 6\ \text{cm}$ oder $b = -6\ \text{cm}$

Seitenlängen sind stets
positiv, also ist $b = 6\ \text{cm}$ lang.

*Wenn alle Maße einer Aufgabe in der gleichen Einheit angegeben sind (z. B. alles in cm bzw. cm²), dann kann man die Rechnung auch ohne Einheiten durchführen.*
*Das Ergebnis ist dann in der Grundeinheit anzugeben.*

## VERSTÄNDNIS

- Wozu kann man den Satz des Pythagoras verwenden? Beschreibe.
- Stefan ist der Meinung, dass die Formel von Pythagoras für alle Dreiecke angewendet werden kann. Hat er Recht?
- Marta meint, dass die Seitenlängen der beiden Katheten zusammen die Seitenlänge der Hypotenuse ergeben. Stimmt das? Erläutere.

**1** Skizziere das Dreieck im Heft. Markiere die beiden Katheten und die Hypotenuse mit unterschiedlichen Farben. Wie lautet der Satz des Pythagoras mit den jeweiligen Bezeichnungen?

AUFGABEN

a)

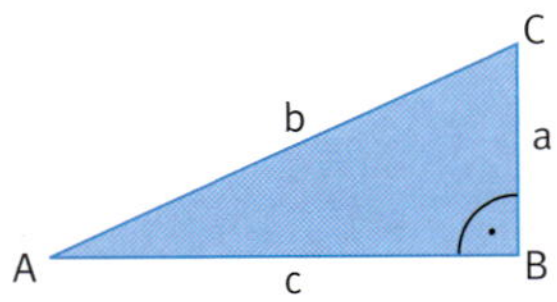

b)

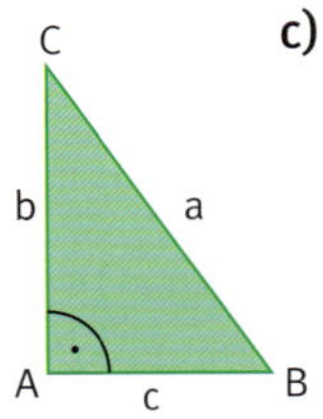

c)

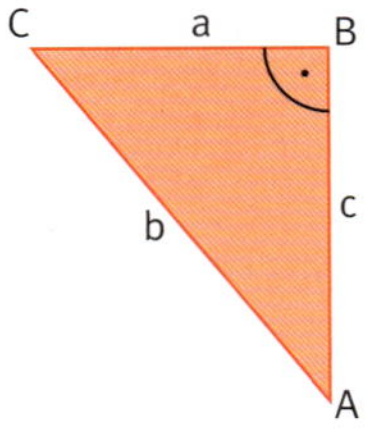

d)

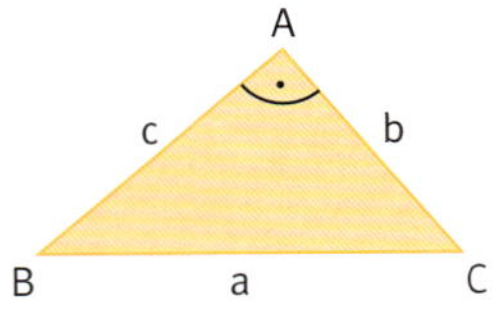

**2** Übertrage die Tabelle in dein Heft. Zeichne jeweils das Dreieck (alle Maßangaben in cm). Was fällt dir auf?

| | a | b | c | $a^2$ | $b^2$ | $a^2 + b^2$ | <, >, = | $c^2$ | Dreiecksart |
|---|---|---|---|---|---|---|---|---|---|
| a) | 4 | 5 | 7 | ☐ | ☐ | ☐ | ☐ | ☐ | ☐ |
| b) | 4 | 5 | 5,5 | ☐ | ☐ | ☐ | ☐ | ☐ | ☐ |
| c) | 4 | 3 | 5 | ☐ | ☐ | ☐ | ☐ | ☐ | ☐ |
| d) | 6 | 5 | 8 | ☐ | ☐ | ☐ | ☐ | ☐ | ☐ |
| e) | 3,5 | 3,5 | 6 | ☐ | ☐ | ☐ | ☐ | ☐ | ☐ |
| f) | 1,5 | 2,0 | 2,5 | ☐ | ☐ | ☐ | ☐ | ☐ | ☐ |
| g) | 4,2 | 5,6 | 7 | ☐ | ☐ | ☐ | ☐ | ☐ | ☐ |
| h) | 2,6 | 5,9 | 8,2 | ☐ | ☐ | ☐ | ☐ | ☐ | ☐ |

*Ein Dreieck kann spitzwinklig, rechtwinklig oder stumpfwinklig sein. Dabei richtet sich die Bezeichnung nach der Winkelart des größten Innenwinkels.*

**3** Überprüfe durch Auszählen der Kästchen, ob der Satz des Pythagoras im Dreieck ABC gilt.

a)
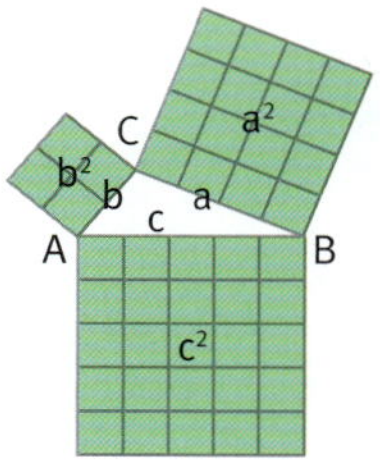


b)
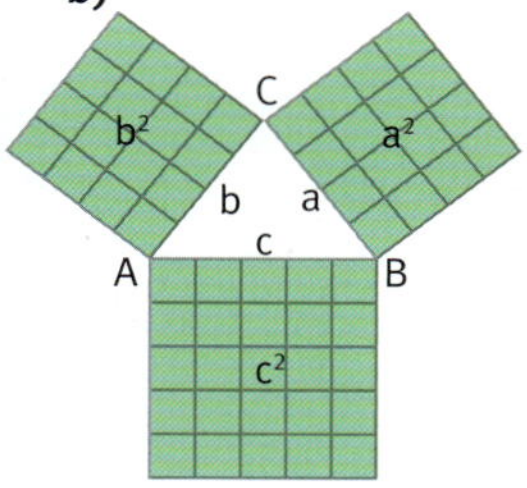


c)
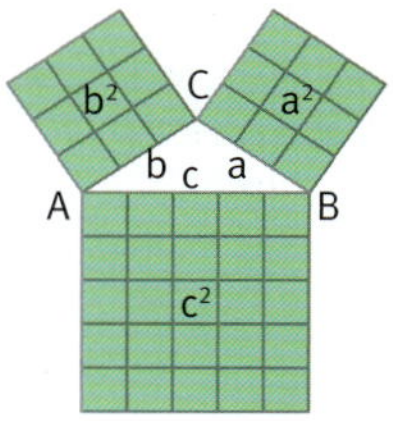


d)
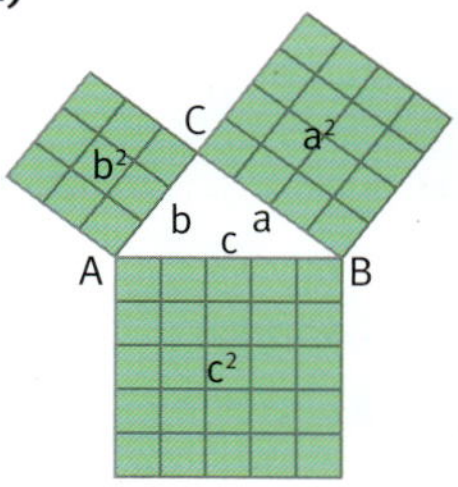


*Achte auf die Einheiten.*

**4** Übertrage die Tabelle in dein Heft und berechne den Flächeninhalt des dritten Quadrats in einem bei C rechtwinkligen Dreieck ABC.

| | a) | b) | c) | d) | e) | f) |
|---|---|---|---|---|---|---|
| $a^2$ | 16 $cm^2$ | | 81 $dm^2$ | 2,5 $dm^2$ | 2,48 $m^2$ | |
| $b^2$ | 25 $cm^2$ | 49 $cm^2$ | | 75 $cm^2$ | | 122 $dm^2$ |
| $c^2$ | | 112 $cm^2$ | 135 $dm^2$ | | 4,32 $m^2$ | 2,6 $m^2$ |

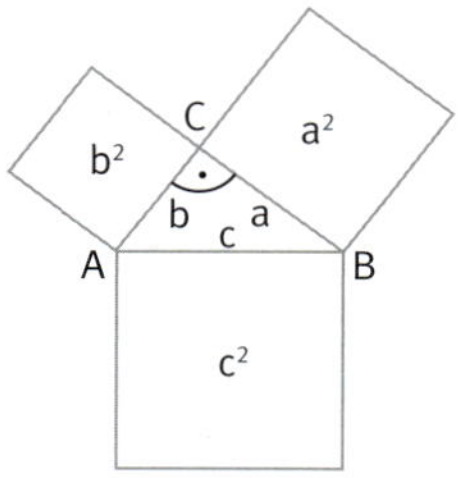


**5** Erkläre die Rechnung. Welche Überlegung zu den Seitenlängen wurde angestellt?

| | a) | b) |
|---|---|---|
| Gegeben | a = 6 cm; b = 8 cm | a = 3 cm; c = 5 cm |
| Gesucht | c | b |
| Rechnung ohne Einheiten | $c^2 = a^2 + b^2$<br>$c^2 = 6^2 + 8^2$<br>$c^2 = 36 + 64$<br>$c^2 = 100$<br><br>c = 10 oder c = –10 | $b^2 = c^2 - a^2$<br>$b^2 = 5^2 - 3^2$<br>$b^2 = 25 - 9$<br>$b^2 = 16$<br><br>b = 4 oder b = –4 |
| Antwort | c = 10 cm | b = 4 cm |

*Lösungen zu 6:*
*8; 10; 12; 15; 24; 41*
*Die Maßeinheiten sind nicht angegeben.*

**6** Berechne die Seitenlängen im rechtwinkligen Dreieck ABC.

| | a) | b) | c) | d) | e) | f) |
|---|---|---|---|---|---|---|
| Kathete a | 9 cm | 5 dm | | 7 mm | 9 m | |
| Kathete b | 12 cm | | 15 cm | | 40 m | 24 cm |
| Hypotenuse c | | 13 dm | 17 cm | 25 mm | | 26 cm |

*Lösungen zu 7:*
*24,0; 58; 144,5; 3,5; 16; 7,0; 3,7; 9,8; 4,2; 0,8; 6,4; 1,2*
*Die Einheiten sind nicht angegeben.*

**7** Berechne mithilfe des Satzes des Pythagoras die fehlenden Seitenlängen, den Umfang und den Flächeninhalt des Dreiecks. Runde auf eine Dezimale.

a)
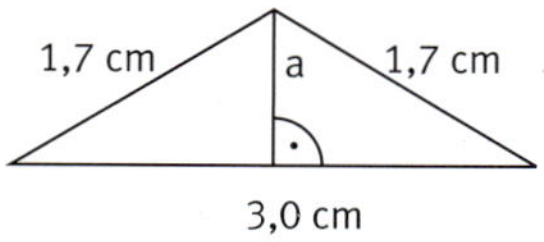


b)
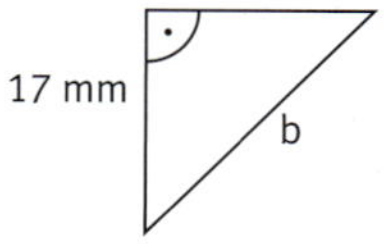


c)
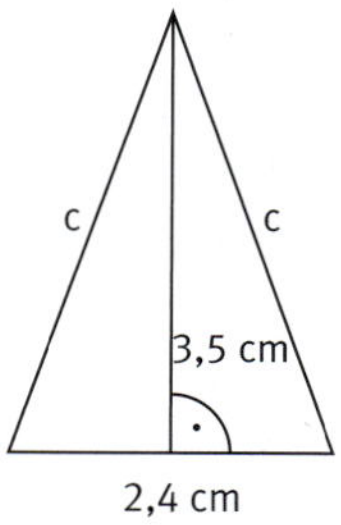


d)
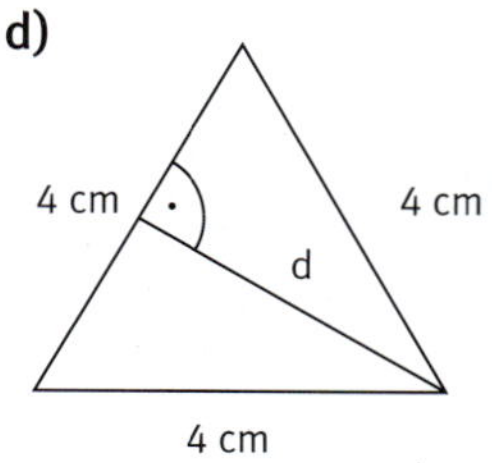

**8** ① $\overline{AB} = 6$ cm; $\overline{BC} = 4{,}5$ cm ② $\overline{AB} = 5{,}4$ cm; $\overline{BC} = 4{,}8$ cm
③ $\overline{AB} = 5{,}2$ cm; $\overline{BC} = 5{,}2$ cm ④ $\overline{AB} = 52$ mm; $\overline{BC} = 4{,}4$ cm

**a)** Zeichne das Rechteck ABCD und trage die Diagonale [BD] ein. Berechne $\overline{BD}$.

**b)** Fälle das Lot von A auf die Diagonale und berechne die Länge der Lotstrecke.

**9** Die Flächeninhalte der Kathetenquadrate betragen in einem rechtwinkligen Dreieck 441 $cm^2$ und 4 $dm^2$.

**a)** Bestimme den Flächeninhalt des Hypotenusenquadrats.

**b)** Berechne die Länge der Hypotenuse.

**10** Oft werden Fußwege über Wiesen abgekürzt. Ermittle die Ersparnis der Weglänge in Metern (Prozent der ursprünglichen Länge) bei Verwendung des Trampelpfads.

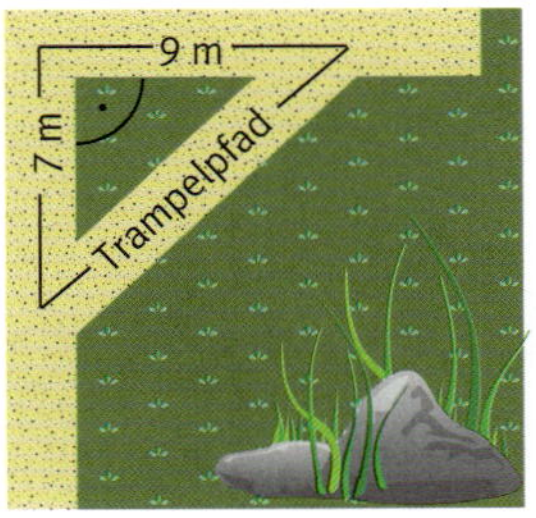


**11** In einem gleichschenklig-rechtwinkligen Dreieck beträgt der Flächeninhalt des Hypotenusenquadrats 128 $cm^2$. Wie lang sind die beiden Katheten?

**12** Zeichne mit einem Geometrieprogramm ein bei C rechtwinkliges Dreieck ABC, wobei C auf dem Thaleskreis über der Strecke [AB] liegt. Konstruiere über den Seiten des Dreiecks jeweils die Seitenquadrate und lass dir den jeweiligen Flächeninhalt anzeigen (Werkzeug „Messen"). Verändere nun die Lage des Punktes C und überprüfe die Gültigkeit des Satzes von Pythagoras.

**13** Die Darstellungen zeigen zwei historische Beweise für den Satz von Pythagoras durch die Zerlegung von Figuren in Teilfiguren. Vergleiche ihre Flächen und Flächeninhalte miteinander. Stelle dazu geeignete Terme auf.

**a)** China (ca. 2000 Jahre alt) **b)** Indien (ca. 1000 Jahre alt)

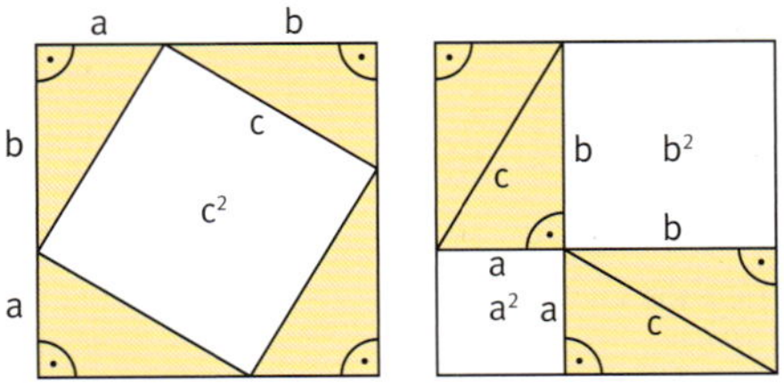


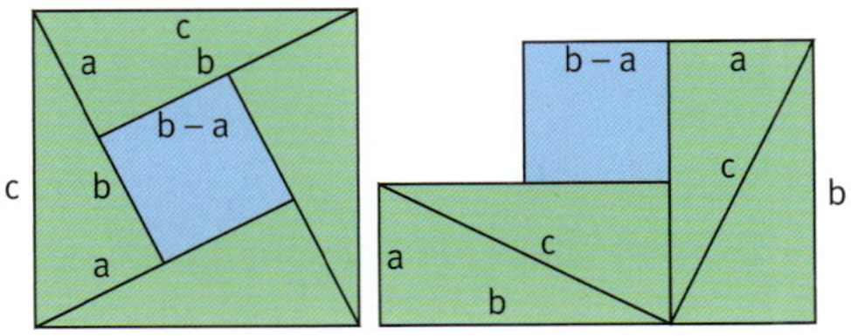




**Die Umkehrung des Satzes von Pythagoras**

Pythagoras war ein berühmter griechischer Philosoph und Mathematiker, der vor über 2500 Jahren auf Samos lebte. Er gründete eine „Schule" für Wissenschaftler, die sich mit Philosophie und Mathematik beschäftigte. Den nach ihm benannten Satz hat Pythagoras nicht entdeckt, doch er hat wohl versucht, ihn zu begründen.

Überprüfe die Umkehrung des Satzes von Pythagoras:

- Untersuche die Zahlentripel (3|4|5), (5|12|13) und (35|84|91), indem du sie als Einsetzung in der Gleichung $a^2 + b^2 = c^2$ verwendest.
  Welche Bedeutung haben die Zahlentripel für rechtwinklige Dreiecke?
- Formuliere die Umkehrung des Satzes von Pythagoras.
- Überprüfe, ob die zugehörigen Dreiecke rechtwinklig sind.
  (56|90|106) (119|120|169) (8,5|4|7,5) (12|5|16)
- Recherchiere zu den Themen „Pythagoreische Tripel" und „Satz des Pythagoras".

*Überlege, welche Seite die Hypotenuse darstellen würde.*

**14** Ist das ΔABC rechtwinklig? Prüfe mit der Umkehrung des Satzes von Pythagoras.

**a)** a = 5 cm; b = 4 cm; c = 7 cm **b)** a = 18 cm; b = 24 cm; c = 30 cm

**c)** a = 4 dm; b = 3 dm; c = 5 dm **d)** a = 12 m; b = 13 m; c = 5 m

**e)** a = 14 m; b = 6 m; c = 8 m **f)** a = 40 mm; b = 50 mm; c = 3 cm

**15** In einem Kreis mir Radius r = 5,8 cm ist eine Sehne s mit 8 cm Länge eingezeichnet.

**a)** Zeichne den Kreis und die dazugehörige Sehne.

**b)** Berechne den Abstand des Mittelpunkts M des Kreises von der Sehne s.

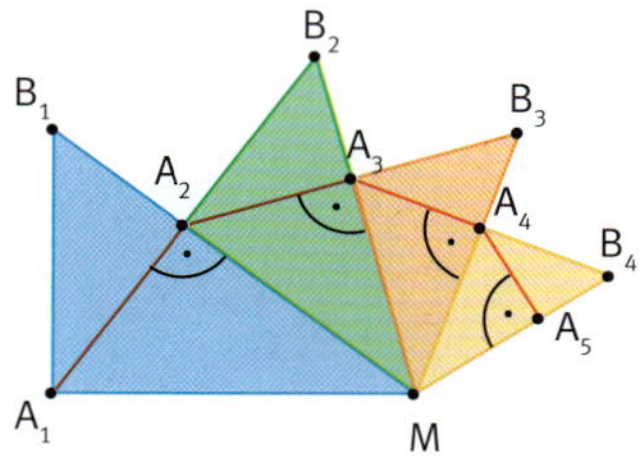

**16 a)** Übertrage die abgebildete „pythagoreische Spirale" in dein Heft und ergänze das fehlende Dreieck $A_5MB_5$.
Folgende Maße sind dabei gegeben:
$\overline{A_1M} = 8$ cm; $\overline{A_1B_1} = 6$ cm; $\sphericalangle MA_1B_1 = 90°$
und $\overline{A_1A_2} = \overline{A_2B_2}$ bzw. allgemein $\overline{A_{n-1}A_n} = \overline{A_nB_n}$

**b)** Berechne die Länge des eingezeichneten roten Streckenzugs von $A_1$ bis $A_6$.

**17** Bei einem Drachen sollen der komplette Rahmen und die beiden Diagonalen aus leichten Carbonstreben hergestellt werden. Bei der Bauanleitung fehlen leider die Längen der Diagonalen. Berechne sie.

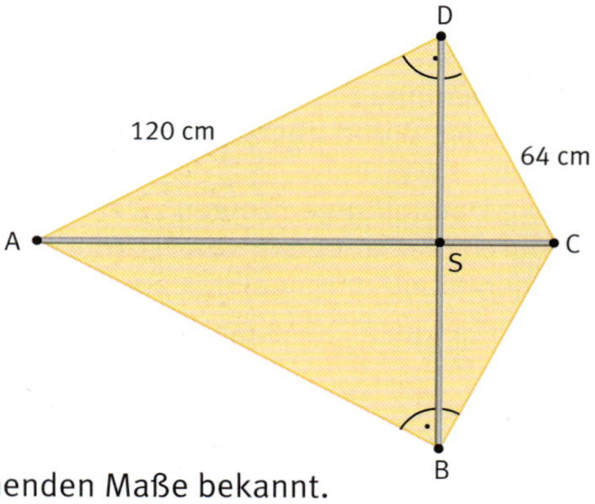


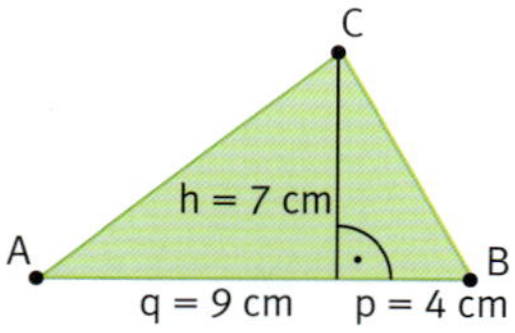


**18** Von einem Dreieck ABC sind die nebenstehenden Maße bekannt.

**a)** Zeige, dass das Dreieck nicht rechtwinklig ist. Begründe deine Antwort.

**b)** Verändere ein Maß so, dass das dazugehörige Dreieck rechtwinklig wird. Bestimme anschließend alle weiteren Maße für das neue rechtwinklige Dreieck. Zeichne das Dreieck und trage den Thaleskreis ein.

**19 a)** Konstruiere ein gleichseitiges Dreieck ABC mit der Seitenlänge a = 5 cm.

**b)** Berechne die Höhe des Dreiecks. Überprüfe das Ergebnis an der Konstruktion.

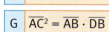

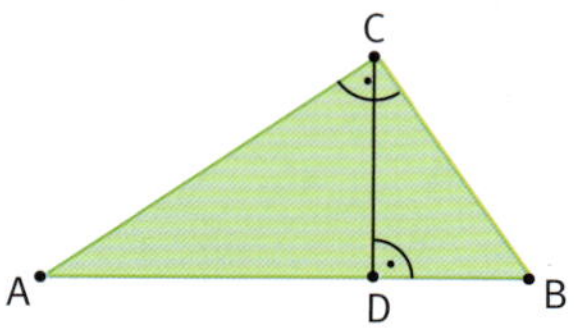


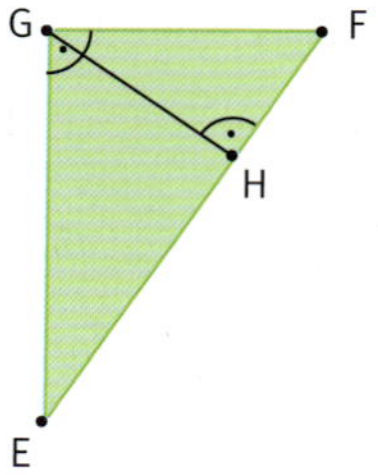


**20** Suche die zu den Zeichnungen in der Randspalte passenden Formeln. Die dazugehörigen Buchstaben ergeben in der richtigen Reihenfolge ein Lösungswort.

| | | | | | |
|---|---|---|---|---|---|
| F | $\overline{CD}^2 = \overline{AB} \cdot \overline{DB}$ | S | $\overline{BC}^2 = \overline{BD} \cdot \overline{BA}$ | E | $\overline{BC}^2 = \overline{BD} + \overline{BA}$ |
| G | $\overline{AC}^2 = \overline{AB} \cdot \overline{DB}$ | A | $\overline{FG}^2 = \overline{HF} \cdot \overline{FE}$ | U | $\overline{AC}^2 = \overline{AD} \cdot \overline{BA}$ |
| G | $\overline{AC}^2 = \overline{AD} \cdot \overline{AB}$ | K | $\overline{EG}^2 = \overline{EF} \cdot \overline{GH}$ | P | $\overline{GH}^2 = \overline{FG}^2 - \overline{FH}^2$ |
| S | $\overline{GH}^2 = \overline{HE} \cdot \overline{FH}$ | A | $\overline{AB}^2 = \overline{BC}^2 + \overline{AC}^2$ | | |

**21** Gegeben: $a = 10$ cm; $c = 26$ cm im rechtwinkligen Dreieck ABC mit $\gamma = 90°$
Gesucht: p, q und h

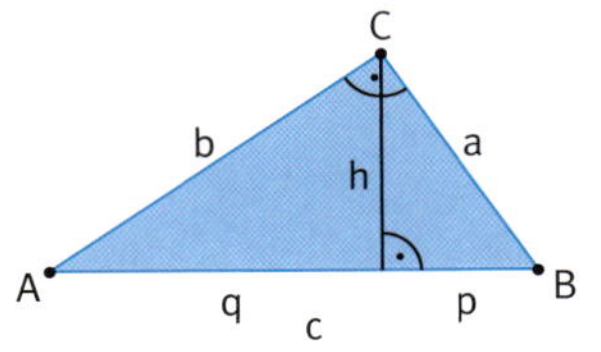


| *Felix:* | *Anna:* |
|---|---|
| 1 $a^2 = c \cdot p$ | 1 $b^2 = c^2 - a^2$ |
| $\Rightarrow (10\text{ cm})^2 = 26\text{ cm} \cdot p$ | $\Rightarrow b = \sqrt{(26\text{ cm})^2 - (10\text{ cm})^2} = 24\text{ cm}$ |
| $\Rightarrow 100\text{ cm}^2 : 26\text{ cm} = p$ | $\Rightarrow (24\text{ cm})^2 : 26\text{ cm} = q$ |
| $\Leftrightarrow 3{,}85\text{ cm} \approx p$ | $\Leftrightarrow 22{,}15\text{ cm} \approx q$ |
| 2 $q = c - p \Rightarrow q = 6{,}15\text{ cm}$ | 2 $p = c - q \Rightarrow p = 3{,}85\text{ cm}$ |
| 3 $h^2 = p \cdot q$ | 3 $h^2 = pq$ |
| $\Rightarrow h^2 = 10\text{ cm} \cdot 3{,}85\text{ cm} = 38{,}5\text{ cm}$ | $\Rightarrow h^2 = 26\text{ cm} \cdot 3{,}85\text{ cm} = 100{,}10\text{ cm}^2$ |
| $\Rightarrow h = 6{,}2\text{ cm}$ (gerundet) | $\Leftrightarrow h \approx 10{,}0\text{ cm}$ |

**a)** Untersuche die Rechnungen von Felix und Anna. Verbessere fehlerhafte Teilrechnungen und Notationen.

**b)** Erstelle eine Musterlösung zur Aufgabe. Finde verschiedene Rechenwege.

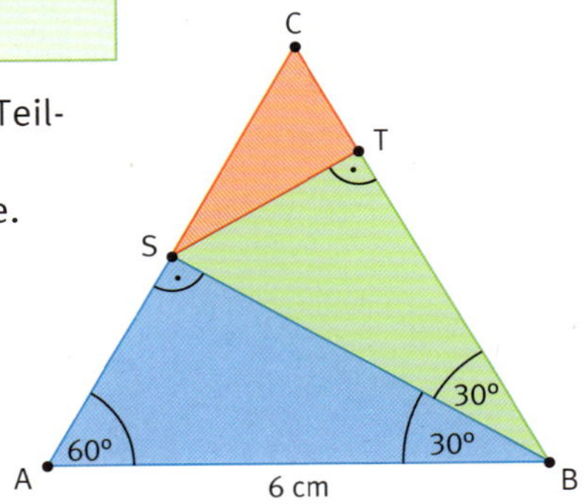


**22** Dem gleichseitigen Dreieck ABC wird ein rechtwinkliges Dreieck BTS einbeschrieben (siehe Skizze).

**a)** Zeige, dass die Dreiecke ABS und BTS ähnlich zueinander sind.

**b)** Berechne für die angegebenen Maße die Flächeninhalte der beiden Dreiecke ABS und BTS.

## Wissen

**Beweise des Satzes von Pythagoras**

Der Satz des Pythagoras ist sicherlich einer der mathematischen Sätze, für die es die meisten Beweise gibt. Hier findest du zwei bekannte Möglichkeiten.

**a)** Beweis von Garfield:
James A. Garfield (1831 – 1881) war der 20. Präsident der USA.
Seine Beweisfigur:

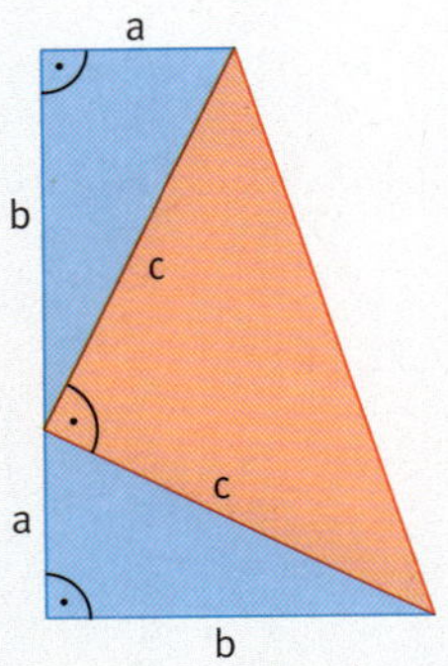


- Begründe, dass die Beweisfigur ein Trapez ist.
- Beweise den Satz des Pythagoras, indem du den Flächeninhalt des Trapezes und der drei Teildreiecke betrachtest.

**b)** Beweis von Leonardo da Vinci:
Leonardo da Vinci (1452 – 1519) war ein italienischer Bildhauer, Maler und Architekt.
Seine Beweisfigur:

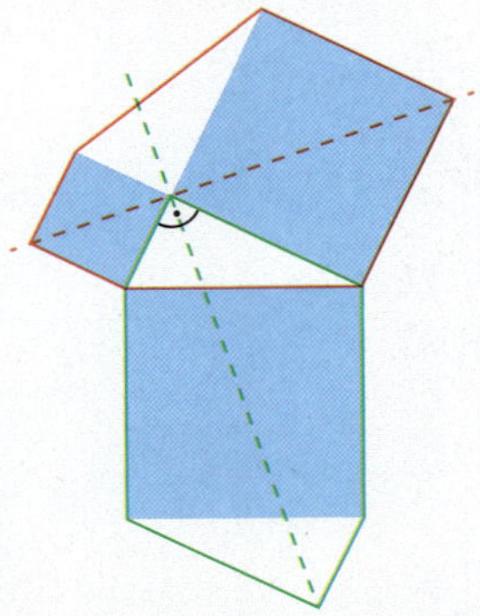

Ergänzung zweier kongruenter Dreiecke zur Pythagoras-Figur.

- Untersuche die Symmetrieeigenschaften des rot (grün) umrandeten Sechsecks.
- Zeige, dass man durch Drehung eine Sechseckhälfte in die andere überführen kann. Folgere damit den Satz des Pythagoras.

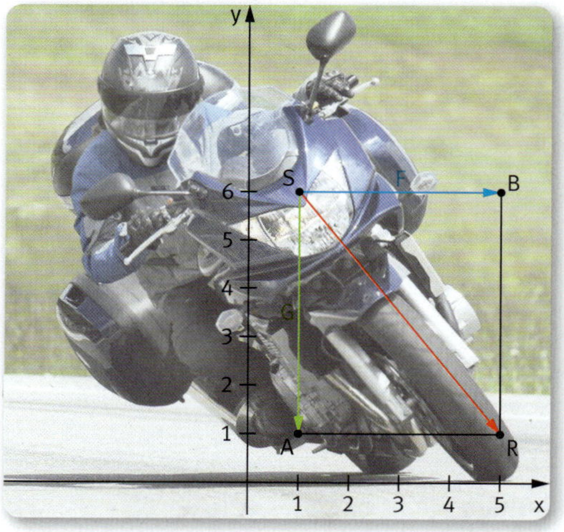


1 LE ≙ 700 N

In der Fahrschule lernt man, dass bei Kurvenfahrten sogenannte Fliehkräfte entstehen. Sie sind zur Kurvenaußenseite gerichtet und greifen am Schwerpunkt S an. Die Kraftpfeile von Fliehkraft $\vec{F}$ und Gewichtskraft $\vec{G}$ erzeugen ein „Kräfteparallelogramm".

- Übertrage die Zeichnung in ein Koordinatensystem. Dabei ist S (1 | 6) der gemeinsame Fußpunkt aller drei Pfeile. Die Pfeile $\overrightarrow{SA} = \begin{pmatrix} 0 \\ -5 \end{pmatrix}$ und $\overrightarrow{SB} = \begin{pmatrix} 4 \\ 0 \end{pmatrix}$ stellen die Gewichtskraft $\vec{G}$ und die Fliehkraft $\vec{F}$ dar.
- Bestimme die Koordinaten des Pfeils $\overrightarrow{SR}$, der sich als Summenpfeil aus $\vec{F}$ und $\vec{G}$ ergibt und dabei die Kraft darstellt, mit der der Fahrer und das Motorrad auf die Straße gedrückt werden (Anpresskraft).
- Berechne die Länge des Pfeils $\overrightarrow{SR}$ und damit die Anpresskraft in N.

## Merkwissen

*Es gilt jeweils:*
$\mathbb{G} = \mathbb{R} \times \mathbb{R}$

Die **Länge einer Strecke** [AB] mit A $(x_A | y_A)$ und B $(x_B | y_B)$ kann man mithilfe des Satzes von Pythagoras berechnen. Es gilt:

$$\overline{AB} = \sqrt{(x_B - x_A)^2 + (y_B - y_A)^2}\ \text{LE}$$

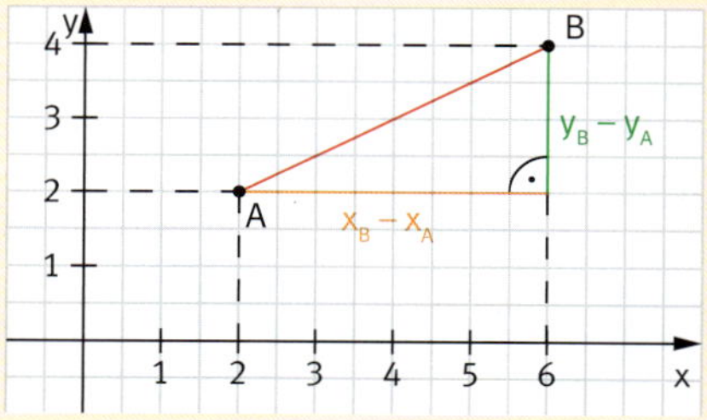


*Der Betrag eines Vektors ist die Länge des zugehörigen Pfeils.*

Allgemein kann man den **Betrag eines Vektors** $\vec{a} = \begin{pmatrix} a_x \\ a_y \end{pmatrix}$ wie folgt berechnen:

$$|\vec{a}| = \sqrt{a_x^2 + a_y^2}$$

## Beispiele

**I** Berechne den Betrag der Vektoren $\vec{a} = \begin{pmatrix} -2 \\ 5{,}5 \end{pmatrix}$ und $\vec{b} = \begin{pmatrix} 2\frac{1}{3} \\ -5 \end{pmatrix}$. Runde auf eine Dezimale.

**Lösung:**
$|\vec{a}| = \sqrt{(-2)^2 + 5{,}5^2} \approx 5{,}9$ $\qquad$ $|\vec{b}| = \sqrt{\left(2\frac{1}{3}\right)^2 + (-5)^2} \approx 5{,}5$

**II** Berechne die Länge der Strecke [AB] mit A (–3 | 0,5) und B (–0,3 | 7,8).

**Lösung:**
$\overline{AB} = \sqrt{(-0{,}3 - (-3))^2 + (7{,}8 - 0{,}5)^2}\ \text{LE} = \sqrt{7{,}29 + 53{,}29}\ \text{LE} \approx 7{,}78\ \text{LE}$

## Verständnis

- „Wenn man die Strecke [AB] als Pfeil interpretiert, dann kann man mit der Formel $|\vec{a}| = \sqrt{a_x^2 + a_y^2}$ deren Länge bestimmen." Stimmt das?
- „Kennt man den Betrag eines Vektors und seine x-Koordinate, dann kann man seine y-Koordinate eindeutig berechnen." Stimmt das? Begründe.

1 Berechne die Länge der Strecke [AB] ($t \in \mathbb{R}$).

| | a) | b) | c) | d) | e) |
|---|---|---|---|---|---|
| A | (4 I 5) | (0,3 I 5,4) | (–1 I 8) | (0 I 5) | (t I 2t) |
| B | (–2,4 I –5) | (–0,4 I 9) | (4 I –2,3) | (–5 I 0) | (4 + t I 2t – 8) |

2 Das Viereck ABCD wird durch A (–2 I 0,5), B (8 I 0), C (4,5 I 7) und D (–1 I 5,5) festgelegt.

a) Berechne den Umfang u des Vierecks.

b) Bestimme die Länge der beiden Diagonalen [AC] und [BD].

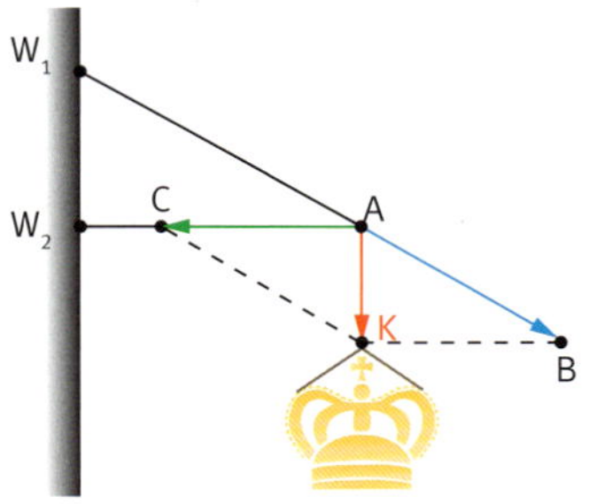


3 Am Wirtshaus „Zur goldenen Krone" ist eine Krone befestigt. Die Skizze stellt anhand des Kräfteparallelogramms KBAC die Kräfte dar, die im Punkt A wirken.

a) Ermittle die Länge des Pfeils $\overrightarrow{AC}$ aus den Koordinaten der Pfeile $\overrightarrow{AK} = \begin{pmatrix} 0 \\ -3 \end{pmatrix}$ und $\overrightarrow{AB} = \begin{pmatrix} 5 \\ -3 \end{pmatrix}$.

b) Berechne die Größe der einzelnen Kräfte, die im Punkt A wirken, wenn 1 LE in a) einer Kraft von 100 N entspricht.

4 Überprüfe, ob das Dreieck ABC rechtwinklig und/oder gleichschenklig ist.

| | a) | b) | c) | d) | e) |
|---|---|---|---|---|---|
| A | (–2 I 4) | (2 I 4) | (3 I 4) | (5 I 4) | (5,5 I 0) |
| B | (5 I 8) | (–3 I 2) | (–5 I 6) | (1 I 7) | (2,5 I 0,5) |
| C | (2 I 10) | (4 I –1) | (–2 I 1) | (–7 I 0) | (3 I –1,5) |

5 Gegeben sind die Punkte A (2 I 3) und B (5 I 2).

a) Trage die Punkte in ein Koordinatensystem ein.

b) Der Eckpunkt $C_1$ (x I 7) mit $x \in \mathbb{R}$ liegt auf einer Parallelen zur x-Achse. Konstruiere das Dreieck $ABC_1$ so, dass es gleichschenklig mit Basis [AB] ist.

c) Ist das Dreieck $ABC_1$ auch gleichseitig? Begründe rechnerisch.

d) Zeige rechnerisch, dass alle Eckpunkte $C_n$ von gleichschenkligen Dreiecken $ABC_n$ auf der Gerade g mit $y = 3x - 8$ liegen. Um welche Gerade handelt es sich?

e) Bestimme und begründe den Wertebereich für die x-Koordinate der Punkte $C_n$.

6 Zeichne das Viereck ABCD und prüfe rechnerisch die Vierecksform nach.

a) A (–0,5 I –3); B (7,5 I –4); C (3,5 I 3) und D (–4,5 I 4)

b) A (0,5 I 6); B (–3 I 0); C (3,5 I –3) und D (6,5 I 3)

*Nutze ein Geometrieprogramm.*

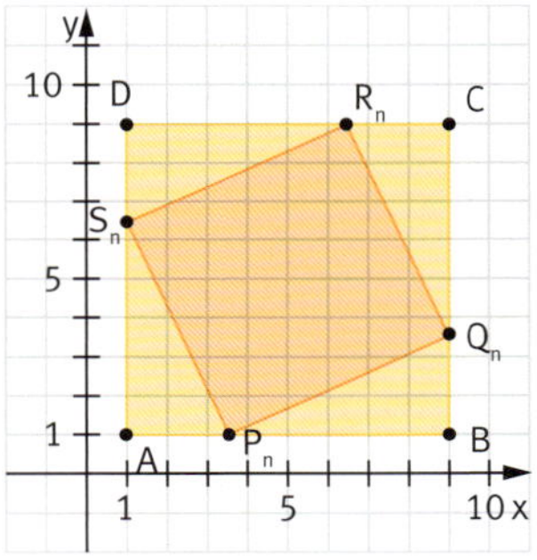


7 Einem Quadrat ABCD mit A (1 I 1), B (9 I 1) und C (9 I 9) werden Vierecke $P_nQ_nR_nS_n$ einbeschrieben. Dabei gilt: $\overline{AP_n} = \overline{BQ_n} = \overline{CR_n} = \overline{DS_n} = x$ cm ($x \in \mathbb{R}$)

a) Zeichne für x = 2,5 das Quadrat ABCD und das Viereck $P_1Q_1R_1S_1$ in ein Koordinatensystem.

b) Bestimme die Koordinaten der Eckpunkte und weise nach, dass das Viereck $P_1Q_1R_1S_1$ ein Quadrat ist.

c) Weise allgemein nach, dass die Vierecke $P_nQ_nR_nS_n$ Quadrate sind.

d) Bestimme den Flächeninhalt A der Vierecke $P_nQ_nR_nS_n$ in Abhängigkeit von x.

e) Tabellarisiere A (x) in einem geeigneten Intervall und bestimme rechnerisch den Extremwert für A (x).

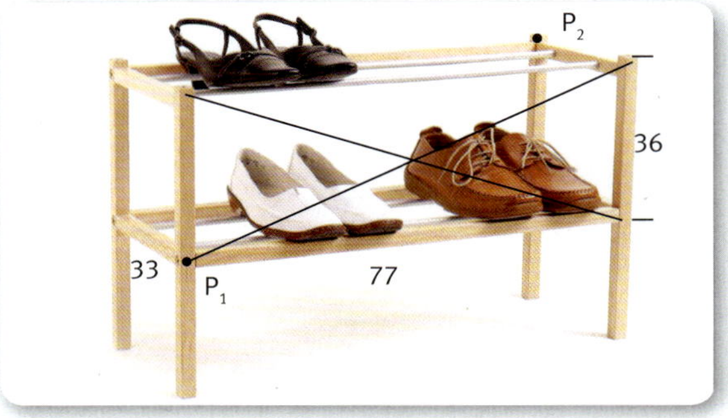


Ein Schuhregal soll mit zwei Querstreben wie abgebildet stabilisiert werden.

- Beschreibe, wie man aus den gegebenen Maßen die Länge einer Querstrebe berechnen kann (Maßangaben in cm). Gib die Länge an.
- Johanna möchte herausfinden, wie weit die Punkte $P_1$ und $P_2$ voneinander entfernt sind. Hilf ihr.

*Gegebenenfalls muss man zunächst ein Hilfsdreieck verwenden.*

*Es gilt: $\mathbb{G} = \mathbb{R}^+$*

*Der Würfel ist ein Spezialfall eines Quaders mit $a = b = c$.*

## Merkwissen

Um die Länge von Strecken in Körpern zu berechnen, versucht man, **rechtwinklige Dreiecke** so zu finden, dass man zwei Seitenlängen kennt, um dann die fehlende **Länge der dritten Seite mithilfe der Flächensätze** zu berechnen.

**Diagonalen im Quader**

Fächendiagonale:
$e^2 = a^2 + b^2$
$\Rightarrow$ $\mathbf{e = \sqrt{a^2 + b^2}}$

Raumdiagonale:
$d^2 = e^2 + c^2$
$d^2 = a^2 + b^2 + c^2$
$\Rightarrow$ $\mathbf{d = \sqrt{a^2 + b^2 + c^2}}$

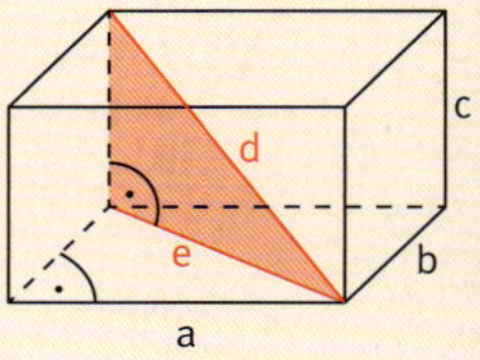


**Diagonalen im Würfel**

Flächendiagonale:
$\mathbf{e} = \sqrt{2a^2} = \mathbf{a\sqrt{2}}$
$\mathbf{e} = \mathbf{a\sqrt{2}}$

Raumdiagonale:
$\mathbf{d} = \sqrt{3a^2} = \mathbf{a\sqrt{3}}$
$\mathbf{d} = \mathbf{a\sqrt{3}}$

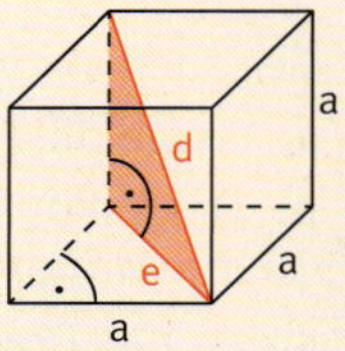


## Beispiele

**I** Nebenstehende Skizze zeigt den Quader ABCDEFGH. Berechne $\overline{BD}$ und $\overline{BH}$. Runde auf eine Dezimale.

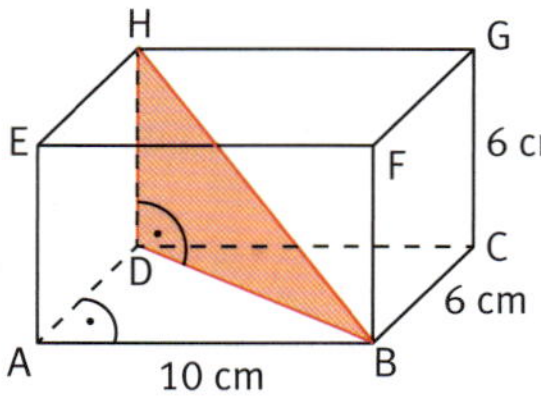


**Lösung:**

$\overline{BD}^2 = \overline{AB}^2 + \overline{AD}^2$

$\overline{BD} = \sqrt{100\text{ cm}^2 + 36\text{ cm}^2}$
$\overline{BD} \approx 11{,}7\text{ cm}$

$\overline{BH}^2 = \overline{BD}^2 + \overline{DH}^2$

$\overline{BH} = \sqrt{(11{,}7\text{ cm})^2 + 36\text{ cm}^2} \approx 13{,}1\text{ cm}$
$\overline{BH} \approx 13{,}1\text{ cm}$

oder: $\overline{BH} = \sqrt{(6\text{ cm})^2 + (6\text{ cm})^2 + (10\text{ cm})^2}$
$\overline{BH} \approx 13{,}1\text{ cm}$

## Verständnis

- Anna behauptet: „Nur bei einem Würfel gibt es vier Raumdiagonalen, die gleich lang sind. Beim Quader nicht." Stimmt das? Begründe.
- Überprüfe, ob beim Würfel Kanten senkrecht auf einer Raumdiagonale stehen.

**1** Ein Würfel hat eine Kantenlänge von 4 cm.

**a)** Zeichne ein Schrägbild des Würfels und trage ein rechtwinkliges Dreieck ein, über das du die Länge einer Raumdiagonale bestimmen kannst.

**b)** Berechne die Länge der Raumdiagonale des Würfels.

**c)** Wie ändert sich die Länge der Raumdiagonale, wenn die Kantenlänge des Würfels verdoppelt (verdreifacht) wird? Vermute zuerst und überprüfe rechnerisch.

**2** ①

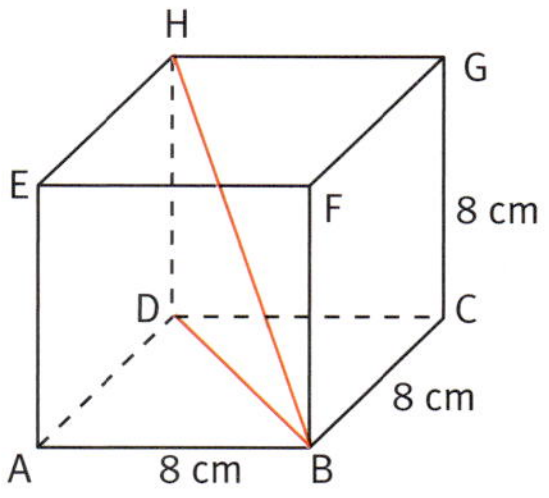


②

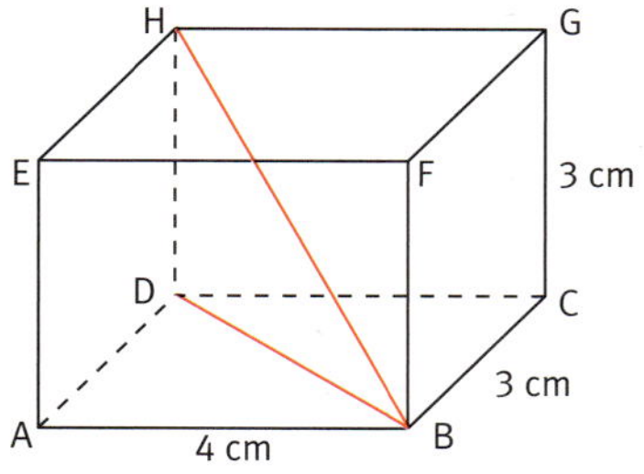


**a)** Baue das Kantenmodell des Körpers aus Holzstäbchen nach.

**b)** Bestimme die Länge der rot eingezeichneten Diagonalen durch Abmessen.

**c)** Überprüfe das Ergebnis aus b) durch eine Rechnung.

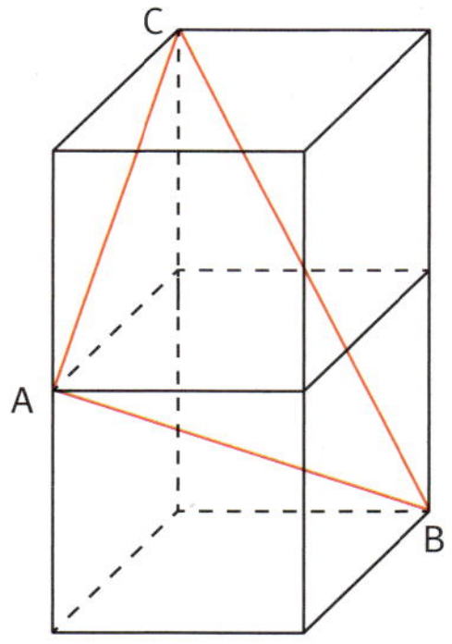


**3** Die Abbildung nebenan zeigt zwei aufeinander gestapelte Würfel mit einer Kantenlänge von jeweils 4 cm. Berechne die Länge der rot eingezeichneten Strecken.

**4** Ein Quader ABCDEFGH ist 12 cm lang, 5 cm breit und 5 cm hoch.

**a)** Baue ein Kantenmodell des Quaders.

**b)** Zeichne das Dreieck AFD in wahrer Größe auf Karton. Berechne dazu die fehlenden Seitenlängen. Schneide das Dreieck aus und passe es in das Kantenmodell ein.

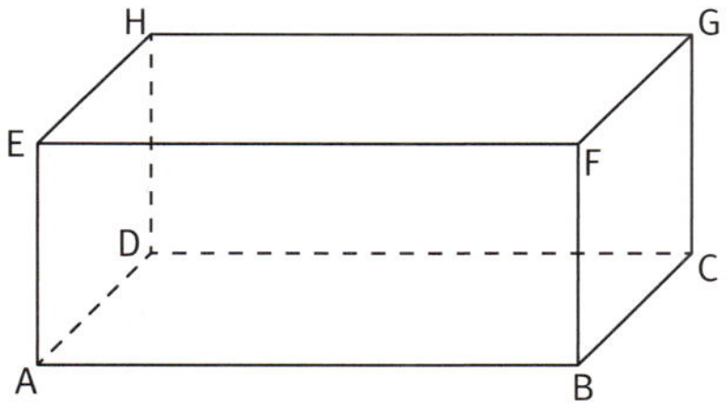


**5** Bei einer quadratischen Pyramide ABCDS mit $\overline{AB} = a = 4$ cm und $\overline{MS} = h = 8$ cm ist die Länge einer Seitenkante s sowie einer Seitenflächenhöhe $h_a$ gesucht.

**Seitenkantenlänge s**

Im Stützdreieck AMS gilt: $\overline{AM} = \frac{1}{2} \cdot \overline{AC}$ mit $\overline{AC} = a \cdot \sqrt{2}$

$\overline{AM} = \frac{1}{2} \cdot a \cdot \sqrt{2} \Longrightarrow \overline{AM} = 2 \cdot \sqrt{2}$ cm

$s^2 = \overline{AM}^2 + \overline{MS}^2 \Longrightarrow s^2 = [(2 \cdot \sqrt{2})^2 + 8^2]\,\text{cm}^2 \Longrightarrow s \approx 8{,}5$ cm

**Seitenflächenhöhe $h_a$**

Im Stützdreieck MHS gilt: $h_a^2 = \overline{MH}^2 + \overline{MS}^2$ mit $\overline{MH} = \frac{1}{2}a = 2$ cm

$h_a^2 = (2^2 + 8^2)\,\text{cm}^2 \Longrightarrow h_a \approx 8{,}2$ cm

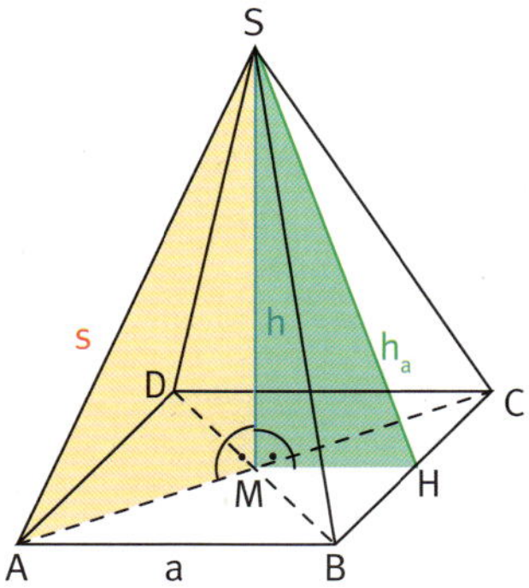


**a)** Beschreibe den Rechenweg. Nutze die Abbildung der Pyramide dazu.

**b)** ① Zeichne ein Schrägbild einer geraden quadratischen Pyramide ABCDS mit der Grundkantenlänge $\overline{AB} = a = 6{,}0$ cm und der Höhe $\overline{MS} = h = 6{,}4$ cm und trage die beiden Stützdreiecke AMS und MHS farbig ein.

② Berechne die Länge der Seitenkante s und der Seitenflächenhöhe $h_a$.

③ Berechne den Inhalt der Mantelfläche M der Pyramide.

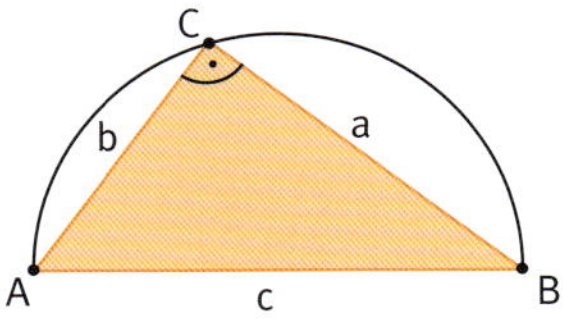


*Lösungen zu 1:*
*9,5; 30,9; 10,0; 10,6; 14,3; 100,1; 9,8; 18,0; 11,4; 50,2*
*Die Einheiten sind nicht angegeben.*

**1** Gegeben ist das rechtwinklige Dreieck ABC mit der Hypotenuse [AB]. Berechne die fehlenden Werte. Runde auf eine Dezimale.

| | a) | b) | c) | d) | e) |
|---|---|---|---|---|---|
| a | 9 cm | | 3,4 dm | 14 dm | 8,8 cm |
| b | 4 cm | 6,5 m | | | |
| c | | 11,5 m | | 20 dm | 14,4 cm |
| A | | | 17 dm² | | |

**2**

| 1 Quadrat | 2 Rechteck | 3 gleichseitiges Dreieck |
|---|---|---|
| 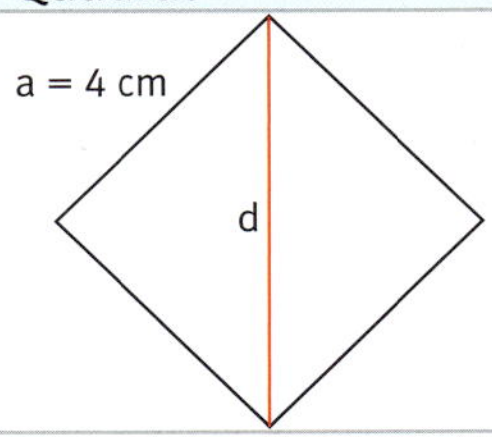  | 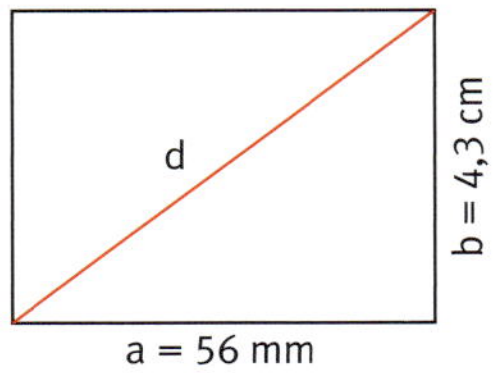  | 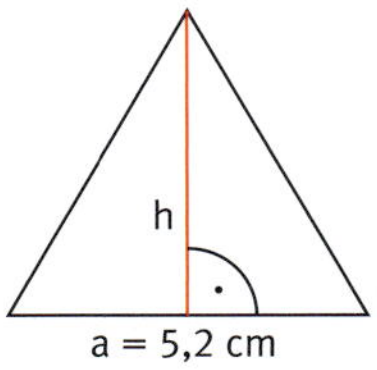  |
| allgemein: $d = \sqrt{2} \cdot a$ | allgemein: $d = \sqrt{a^2 + b^2}$ | allgemein: $h = \frac{\sqrt{3}}{2} \cdot a$ |

**a)** Bestimme die Länge der rot markierten Strecke.
**b)** Leite die allgemeinen Formeln für die „roten" Strecken her.

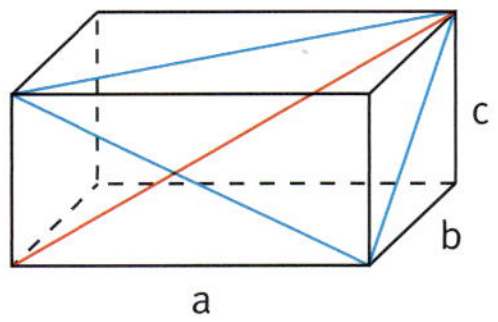


**3** Berechne die Länge der drei Flächendiagonalen und der Raumdiagonale im abgebildeten Quader.

**a)** a = 4 cm; b = 6,5 cm; c = 3,8 cm
**b)** a = 24 mm; b = 2,5 cm; c = 1,8 cm
**c)** a = 5 cm; b = 2,5 cm; c = 1 dm
**d)** a = 2,4 m; b = 2,5 m; c = 2b
**e)** a = 2b; b = 3c; c = 3,4 cm
**f)** a = 2,5b; b = 0,5c; c = 23,4 cm

**4** Bestimme die Höhe h, den Umfang u und den Flächeninhalt A eines gleichseitigen Dreiecks mit der Seitenlänge 6 cm (8 mm; 2,4 km). Runde auf eine Dezimale.

**5** Zeichne das Dreieck ABC mit A (2|0,5), B (8|0,5) und C (1|7). Berechne die Länge der Höhe $h_c$ sowie den Flächeninhalt A und den Umfang u des Dreiecks.

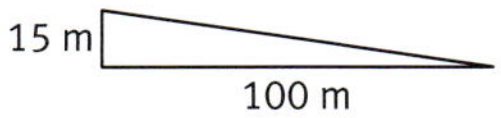


**6** Eine Straße hat eine Steigung von 15 %, wenn man bei einer waagrechten Bewegung von 100 m einen Höhenunterschied von 15 m überwindet.

**a)** Wie lang ist eine geradlinige Fahrstrecke, wenn man bei einer durchschnittlichen Steigung von 12 % einen Höhenunterschied von 200 m (1200 m; 2,5 km) überwinden muss?
**b)** Welche Steigung hat eine Fahrbahn, wenn man bei einer geradlinigen Fahrstrecke von 580 m einen Höhenunterschied von 56 m schafft?
**c)** Wie groß ist der Fehler, wenn man anstelle der Fahrstrecke in Aufgabe b) eine 580 m lange waagrechte Bewegung annimmt?

**7** Eine quaderförmige Trinkverpackung hat die folgenden Außenmaße:
Länge l = 12 cm, Breite b = 8 cm und Höhe h = 21 cm
Bestimme die maximalen Längen unterschiedlicher Trinkhalme, die nicht knickbar sind, wenn man sie entlang einer Diagonale an einer der Außenflächen anklebt.

**8** Bei Bildschirmen und Monitoren wird als Größenangabe meist die Länge der Diagonale in Zoll angegeben. Vervollständige die fehlenden Werte.

1 Zoll (1") ≙ 2,54 cm

| | **a)** | **b)** | **c)** | **d)** |
|---|---|---|---|---|
| Höhe | 88,6 cm | 711 mm | 42,1 cm | 21,2 cm |
| Breite | 49,8 cm | 533 mm | ☐ | ☐ |
| Diagonale in cm | ☐ | ☐ | 48,3 cm | 43,2 cm |
| Diagonale in Zoll | ☐ | ☐ | ☐ | ☐ |

**9** Welchen Umfang hat ein gleichseitiges Dreieck mit …

**a)** der Höhe h = 1 m?   **b)** dem Flächeninhalt A = 1 m²?

**10**

$$h = \frac{1}{3}\sqrt{a^2} \quad h = \frac{1}{2}\sqrt{3a^2} \quad h = \frac{a}{2}\sqrt{3a} \quad h = a\sqrt{\frac{3}{4}} \quad h = \frac{a}{3}\sqrt{4} \quad h = \frac{a}{2}\sqrt{3}$$

**a)** Überprüfe jeweils, ob man mit der angegebenen Formel die Höhe h eines gleichseitigen Dreiecks der Seitenlänge a bestimmen kann.

**b)** Zeige die Äquivalenz der richtigen Formeln aus a) durch Umformen.

**c)** Bestimme die fehlenden Werte für ein gleichseitiges Dreieck ABC.

| | **a)** | **b)** | **c)** | **d)** | **e)** |
|---|---|---|---|---|---|
| a | 9 cm | ☐ | ☐ | 14 dm | ☐ |
| h | ☐ | 6,5 m | ☐ | ☐ | 8,8 cm |
| A | ☐ | ☐ | 80 mm² | ☐ | ☐ |

**11** Beim Kauf von Anlegeleitern ist die mit der Leiter erreichbare Höhe (in der Skizze $\overline{AC}$) entscheidend. Zudem muss von den Streckenlängen $\overline{AC}$ und $\overline{BC}$ ein bestimmtes Verhältnis erfüllt werden. Es gilt: $\overline{BC} : \overline{AC}$ muss zwischen 1 : 2,5 und 1 : 3,75 liegen.

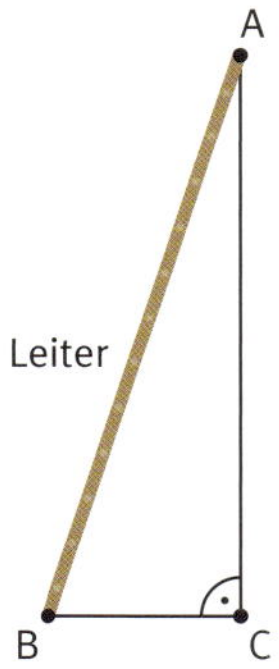

**a)** In welchem Bereich muss der sogenannte Anstellwinkel CBA ungefähr liegen? Ermittle zeichnerisch.

**b)** Berechne, in welchem Bereich die mit einer 7,5 m langen Leiter erreichbare Höhe liegt.

**c)** Wie lang muss eine Leiter sein, wenn der Anlegepunkt A 4,5 m über dem Boden sein soll? Bestimme das Intervall.

**12** Mithilfe des Netzes einer Pyramide soll deren Höhe bestimmt werden.

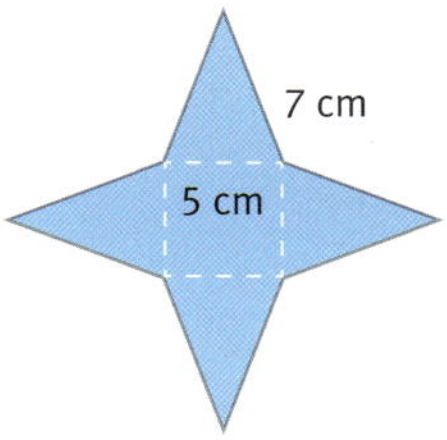

**a)** Skizziere ein Schrägbild der Pyramide.

**b)** Berechne die Pyramidenhöhe. Erkläre anhand des Schrägbildes dein Vorgehen.

7 cm

5 cm

**13** Ein Gefrierschrank (Höhe 2,25 m, Breite 85 cm, Tiefe 85 cm) soll in einem Kellerraum der Höhe 2,35 m aufgestellt werden. Überprüfe zeichnerisch und durch Rechnung, ob der Gefrierschrank aufgestellt werden kann, wenn er zuvor liegend in den Keller transportiert wurde.

**14** In Fürth gibt es ein Hotel in Form einer quadratischen Glaspyramide. Die Höhe der Pyramide beträgt 40 m, die Länge der Grundflächenkante 52 m.

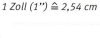

**a)** Berechne die Länge einer Seitenkante und der Grundflächendiagonalen.

**b)** Berechne den Inhalt der Mantelfläche der Pyramide.

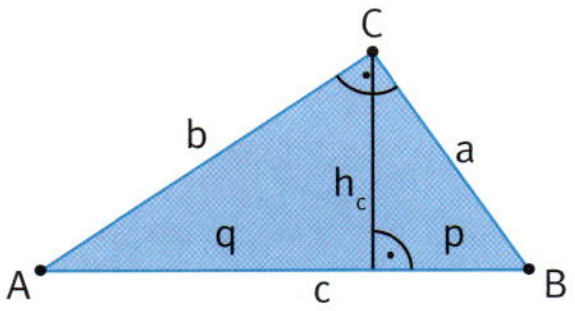

Lösungen zu 15 a) bis d):
2,0; 3,1; 3,2; 3,6; 4,4; 4,4;
5,1; 5,4; 5,5; 5,7; 7,1; 9,0;
69,3; 120,1; 138,7; 160,1

**15** Bestimme die fehlenden Streckenlängen für das bei C rechtwinklige Dreieck ABC. Runde auf eine Nachkommastelle.

| Maße | a) | b) | c) | d) | e) | f) |
|---|---|---|---|---|---|---|
| a | ☐ | 7,0 cm | ☐ | ☐ | ☐ | ☐ |
| b | ☐ | ☐ | 4,0 cm | 80,0 cm | 6,8 cm | ☐ |
| c | ☐ | 9,0 cm | ☐ | ☐ | 9,1 cm | 60,0 cm |
| $h_c$ | ☐ | ☐ | 2,5 cm | ☐ | ☐ | ☐ |
| p | 5,6 cm | ☐ | ☐ | ☐ | ☐ | 22,0 cm |
| q | 3,4 cm | ☐ | ☐ | 40,0 cm | ☐ | ☐ |

**16** Beim Bau von Eisenbahnstrecken werden Bodenunebenheiten durch Dämme ausgeglichen. Ein 7 m hoher Damm soll am Gleisbett 14,30 m breit sein. Wie lang muss die Dammsohle sein, wenn ein Böschungswinkel von $\alpha = 30°$ vorgeschrieben ist?

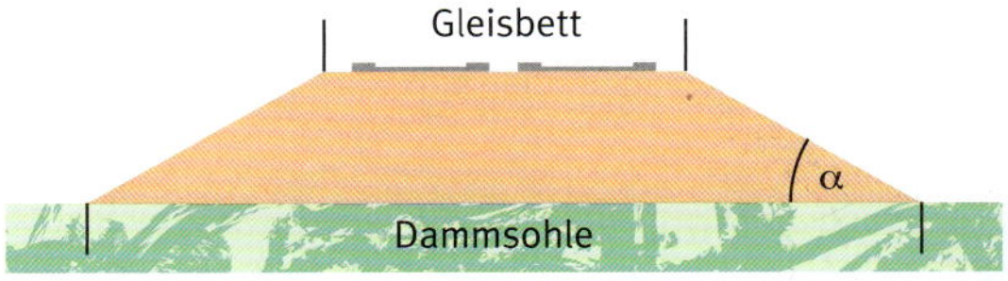

Lösungen zu 17:
59,2; 42,3; 35,2; 53,2
Die Einheiten sind nicht angegeben.

**17** Bestimme den Flächeninhalt des rechtwinkligen Dreiecks ABC.

   a) p = 6,2 cm; c = 13 cm; $\gamma = 90°$    b) a = 8 m; p = 3,8 m; $\gamma = 90°$
   c) b = 5,5 cm; c = 12,8 cm; $\alpha = 90°$    d) b = 15,5 cm; c = 8 cm; $\beta = 90°$

**18** Berechne die Streckenlängen in der nebenstehenden Figur. Nutze die Flächensätze zur Berechnung möglichst „effektiv" für eine schnelle Lösung. Es gilt:
$\overline{AB}$ = 5 cm; $\overline{AH}$ = 0,7 cm
$\overline{AG}$ = 1 cm; $\overline{GC}$ = 1,9 cm und GF ⊥ AC

   a) $\overline{BC}$       b) $\overline{GF}$
   c) $\overline{AF}$       d) d (E; AM)

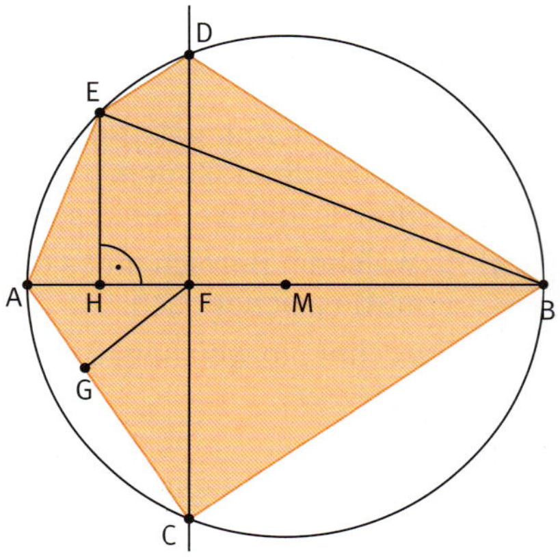

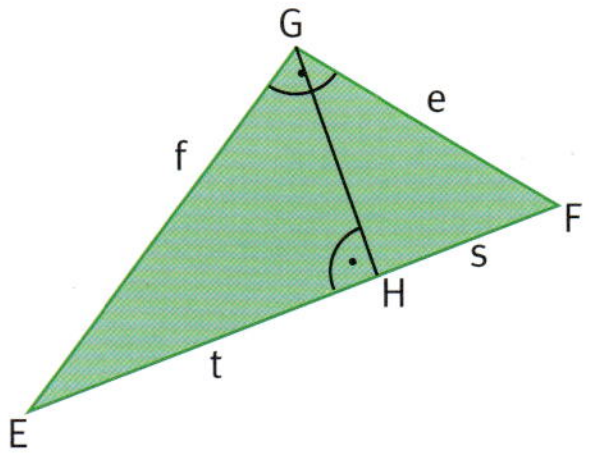

**19** Formuliere für das Dreieck EFG die Flächensätze und berechne alle fehlenden Streckenlängen (Seiten bzw. Hypotenusenabschnitte).
   Es gilt: $\overline{EG}$ = 7,8 cm       $\overline{HG}$ = 4,2 cm

**20** Gegeben ist ein Tetraeder ABCS mit der Kantenlänge a = 6 cm.
   a) Welche Ebene wird durch die Geraden g = AS und h = AB erzeugt?
   b) Beschreibe die Lage der Ebenen zueinander, in denen die Flächen des Tetraeders liegen.
   c) Welche Winkelarten kommen im Körper vor? Begründe.
   d) Bestimme die Höhe $h_a$ einer Seitenfläche des Tetraeders.
   e) Gib eine Formel an, mit der sich in Abhängigkeit von der Kantenlänge a eines Tetraeders sein Oberflächeninhalt angeben lässt.

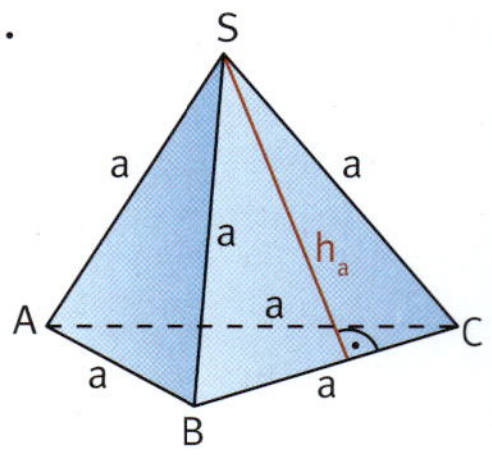

**21** Wandle das Quadrat mit der Seitenlänge s durch Konstruktion und durch Rechnung in ein flächengleiches Rechteck mit den Seitenlängen q und p um.

**a)** $s = 4{,}8$ cm; $q = 2{,}4$ cm  **b)** $s = 5{,}4$ cm, $q = 3{,}6$ cm
**c)** $s = 4{,}9$ cm; $p = 6{,}3$ cm  **d)** $s = 2{,}8$ cm; $p = 4{,}9$ cm

**22** Ein Spiegel soll vor der oberen Kante eines Verkaufsraums sicher angebracht werden. Dazu wird der Spiegel (im Querschnitt betrachtet) an den Auflagepunkten A und B befestigt. Zudem wird aus Sicherheitsgründen ein Stahlseil lotrecht an der Spiegelfläche angebracht und im Punkt C in der Kante zwischen Decke und Wand verankert.
Bestimme rechnerisch die Länge des Stahlseils [CD] sowie die Entfernung der Seilhalterung D am Spiegel von den Auflagepunkten A und B.

Ansicht im Querschnitt

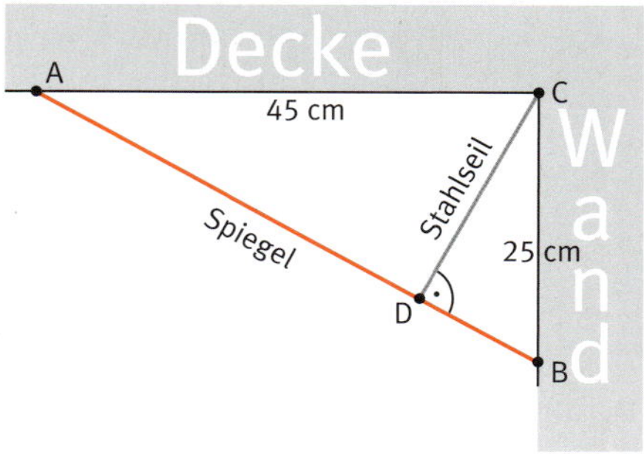

*In der Realität werden meist Spiegel verwendet, die nach außen gewölbt sind. Findest du hierfür eine Erklärung?*

**23** Die Cheops-Pyramide hatte bei ihrer Fertigstellung eine Höhe von ca. 146 m. Ihre Grundfläche ist ein Quadrat mit einer Seitenlänge von ca. 230 m. Die Spitze S liegt lotrecht über dem Schnittpunkt der Diagonalen der Grundfläche.

**a)** Zeichne ein Schrägbild der Pyramide mit: $q = 0{,}5$; $\omega = 45°$; 100 m ≙ 5 cm. Bezeichne die Eckpunkte der Grundfläche mit A, B, C und D, die Spitze mit S.

**b)** Heute beträgt die Höhe nur noch ca. 137 m. Statt der Pyramidenspitze findet der Besucher eine Plattform vor. Zeichne diese Plattform EFGH so in dein Schrägbild ein, dass gilt: $E \in [AS]$, $F \in [BS]$, $G \in [CS]$ und $H \in [DS]$. Beschreibe die Lage der Kanten [EF], [FG], [GH] und [HE] in Bezug auf die Grundfläche ABCD.

**c)** Nenne jeweils Paare von Kanten, die auf zueinander parallelen (windschiefen) Geraden liegen. Wie viele solcher Geradenpaare gibt es?

**d)** Berechne die Länge einer Diagonale der Grundfläche und die einstige Länge einer Seitenkante.

**e)** Berechne den Inhalt der Mantelfläche der ursprünglichen Pyramide.

**f)** Vergleiche die Mantelfläche der ursprünglichen Pyramide mit der Oberfläche (ohne Grundfläche) der heutigen „abgesägten" Pyramide aus b). Entscheide, was größer ist.

**24** An einer Küste steht ein Leuchtturm der Höhe h. Verwende als Erdradius den Wert $r = 6371$ km.

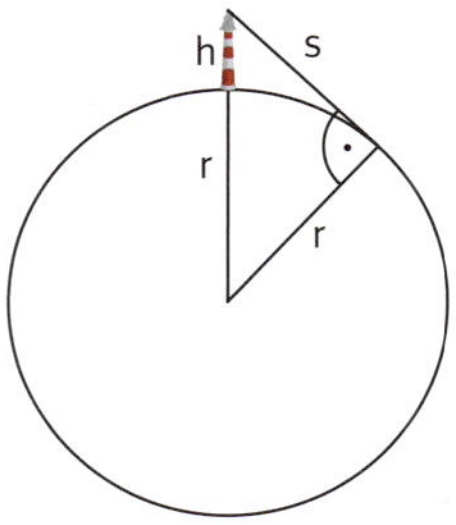


**a)** Gib einen Term für die Sichtweite s an. Berechne die Sichtweite für $h = 40$ m.

**b)** Als Faustformel findet man oft $s(r; h) = \sqrt{2rh}$. Erkläre die Gültigkeit dieser Formel. Berechne mit ihr die Sichtweite vom Leuchtturm und vergleiche diese mit dem Ergebnis aus Teilaufgabe a).

**c)** Wie weit ist der Horizont bzw. die Horizontlinie entfernt, wenn man von einem Boot bei klarer Sicht über's Meer blickt? Modelliere die Situation geeignet.

## Pythagoras und die Seilspanner

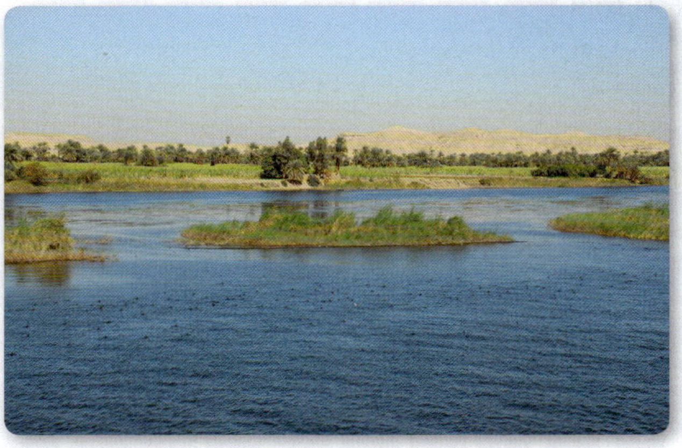

Im alten Ägypten (um 2000 v. Chr.) mussten jedes Jahr nach der Nilüberschwemmung die Felder neu vermessen werden. Dies war die Aufgabe der sogenannten „Seilspanner“, die mithilfe von Knotenschnüren (vgl. Seite 145) rechte Winkel erzeugen mussten.

**a)** Begründe das Vorgehen mit der Knotenschnur vom Einstieg in dieses Kapitel.

**b)** Gib für die Gesamtlänge l eines Seils der Seilspanner den jeweiligen Abstand zweier Knoten an und bestimme die Maße der drei Seitenlängen. Das Verhältnis der Seitenlängen soll dabei jeweils gleich sein wie im gegebenen Beispiel. Übertrage dazu die Tabelle in dein Heft, fülle sie aus und überprüfe, ob die so gewonnenen Dreiecke den Satz des Pythagoras erfüllen.

| Seillänge l | 12 m | 24 m | ▢ | ▢ |
|---|---|---|---|---|
| Abstand der Knoten | 1 m | ▢ | ▢ | 2,3 m |
| Kathete 1 | 3 m | ▢ | ▢ | ▢ |
| Kathete 2 | 4 m | ▢ | ▢ | ▢ |
| Hypotenuse | 5 m | ▢ | 0,75 m | ▢ |
| Pythagoras erfüllt? | ja | ▢ | ▢ | ▢ |

## Pythagoreische Zahlentripel

(3 | 4 | 5): Fast jeder kennt diese drei natürlichen Zahlen als pythagoreisches Zahlentripel. Unter einem solchen Tripel („drei Zahlen“) versteht man drei natürliche Zahlen x, y und z, die die Gleichung $x^2 + y^2 = z^2$ erfüllen. Man kann die Zahlen als Seitenlängen eines rechtwinkligen Dreiecks interpretieren.

Das Tripel (3 | 4 | 5) findet sich bereits auf babylonischen Tontafeln in der Zeit der Hammurabi-Dynastie (ca. 1800 bis 1500 v. Chr). Die Keilschrifttafel Plimpton 322 enthält 15 verschiedene pythagoreische Tripel, unter anderem (56 | 90 | 106) und (119 | 120 | 169). Dies zeigt, dass wohl bereits vor mehr als 3000 Jahren ein Rechenverfahren zur Bestimmung von solchen Tripeln bekannt war.

**a)** Untersuche, ob mit (x | y | z) jeweils ein pythagoreisches Tripel vorliegt, für das gilt: $x^2 + y^2 = z^2$.

| x | y | z |
|---|---|---|
| 56 | 90 | 106 |
| 116 | 120 | 169 |
| 15 | 8 | 17 |
| 5 | 12 | 13 |
| 34 | 12 | 37 |
| 21 | 20 | 27 |
| 9 | 24 | 25 |
| 63 | 16 | 65 |
| 43 | 28 | 53 |
| 9 | 40 | 41 |

**b)** Toni behauptet, dass man aus dem Zahlentripel (3 | 4 | 5) durch Multiplikation mit einer natürlichen Zahl k stets neue pythagoreische Tripel (3k | 4k | 5k) erzeugen kann.

1. Belege Tonis Behauptung durch einen rechnerischen Nachweis.
2. Begründe die Richtigkeit dieses Vorgehens geometrisch mithilfe ähnlicher Dreiecke.

**c)** Man kann pythagoreische Zahlentripel (x | y | z) mit $x^2 + y^2 = z^2$ auch mit folgendem Verfahren herstellen:
Man nimmt eine natürliche Zahl n und setzt für $x = 4n^2 - 1$, $y = 4n$ und $z = 4n^2 + 1$ ein.

1. Weise nach, dass die so gewonnenen Zahlen ein pythagoreisches Tripel bilden.
2. Bestimme drei Zahlentripel und überprüfe deren Richtigkeit.

**Pythagoras falten**
Nimm ein quadratisches Stück Papier (z. B. Origami-Papier) und falte damit die folgende Windmühle. Am besten faltest du die Windmühle zweimal.

1
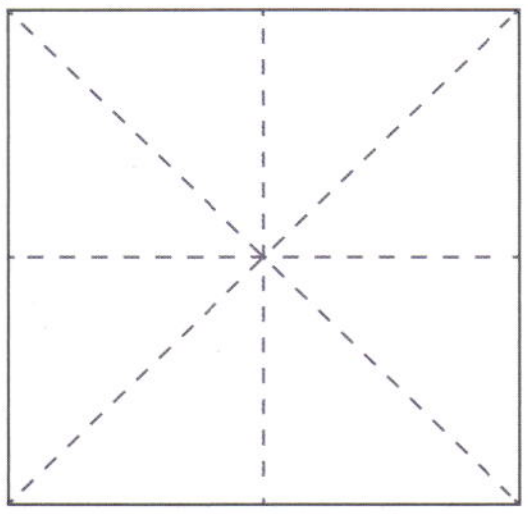
Lege die weiße Fläche nach oben, falte Diagonalen und Mittellinien und öffne wieder.

2
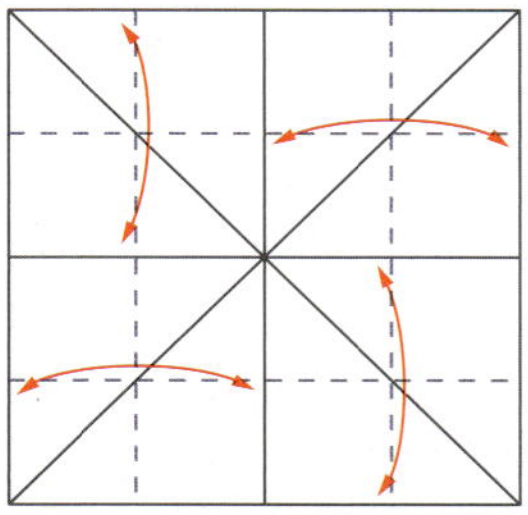
Falte alle Quadratseiten zu ihrer parallelen Mittellinie und wieder zurück.

3
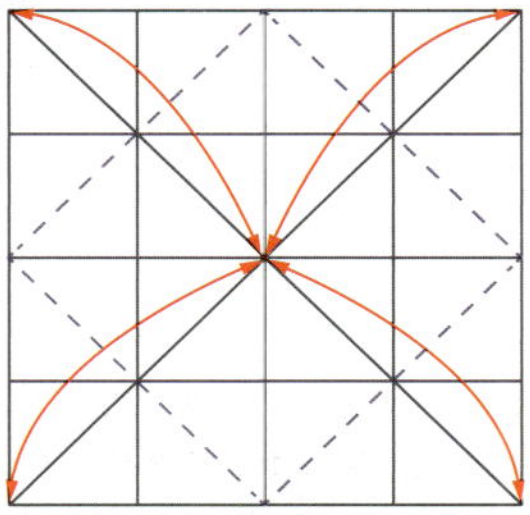
Falte alle vier Ecken zur Mitte und öffne sie wieder.

4
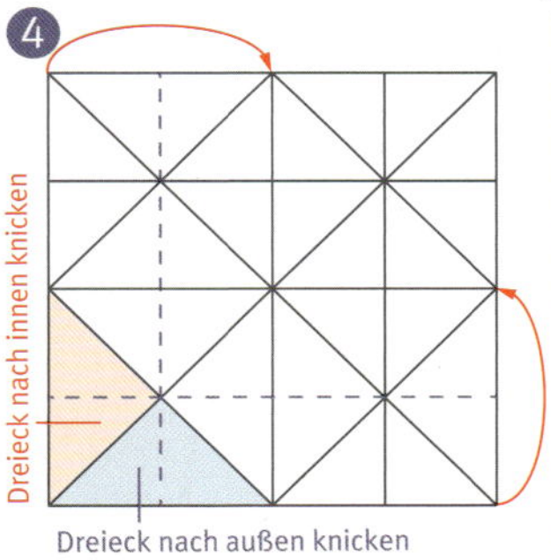

Falte zwei angrenzende Quadratseiten entlang der markierten Faltkante um ...

5
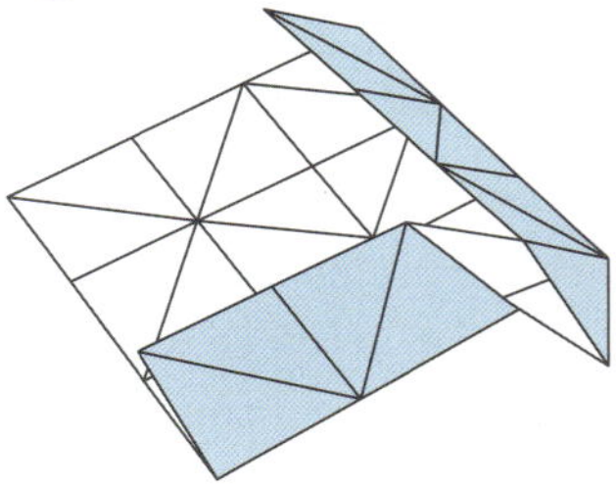
und forme in der Ecke einen überstehenden Windmühlenflügel.

6

Wiederhole die Schritte 4 und 5 reihum. Fertig ist die Windmühle.

Entfalte die beiden Windmühlen wieder und betrachte das Faltmuster. Im Faltmuster sind viele rechtwinklige Dreiecke versteckt.

**a)** Markiere die abgebildeten Dreiecke im jeweiligen Faltmuster.

**b)** Suche die zugehörigen Quadrate über den Dreiecksseiten und markiere sie in verschiedenen Farben. Dabei sollen die Quadrate jeweils auf dem Faltmuster liegen.

**c)** Überprüfe den Satz des Pythagoras.

Windmühle 1:
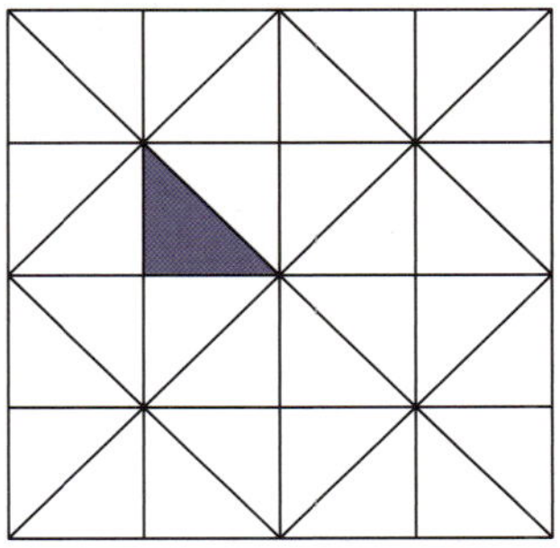

Windmühle 2:
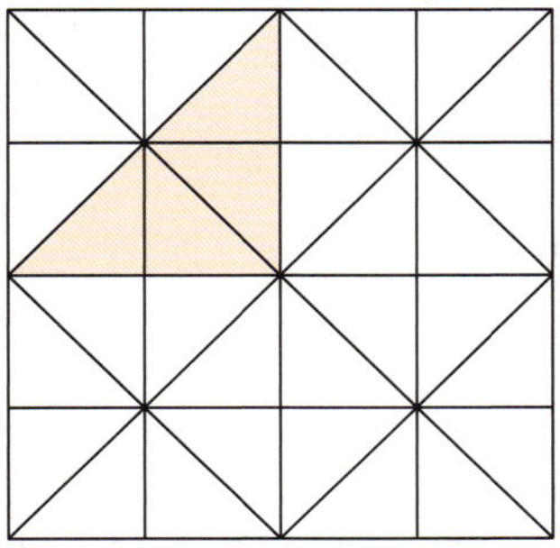

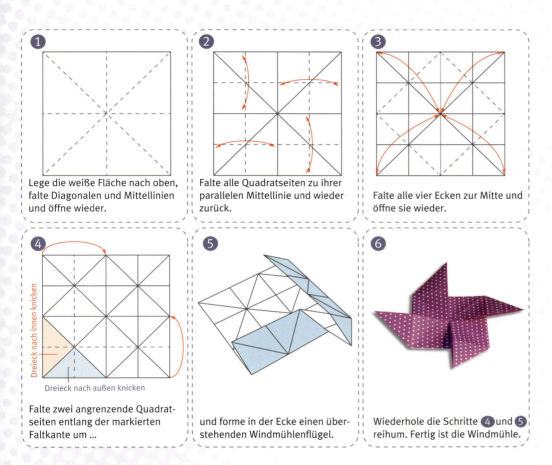

Überprüfe deine Fähigkeiten und Kenntnisse. Bearbeite dazu die folgenden Aufgaben und bewerte anschließend deine Lösungen mit einem Smiley.

| ☺ | 😐 | ☹ |
|---|---|---|
| Das kann ich! | Das kann ich fast! | Das kann ich noch nicht! |

Hinweise zum Nacharbeiten findest du auf der folgenden Seite. Die Lösungen findest du unter www.ccbuchner.de/medien (Eingabe 8439-02).

**Aufgaben zur Einzelarbeit**

**1** Wende die Flächensätze für rechtwinklige Dreiecke mit den gegebenen Bezeichnungen an.

**a)**

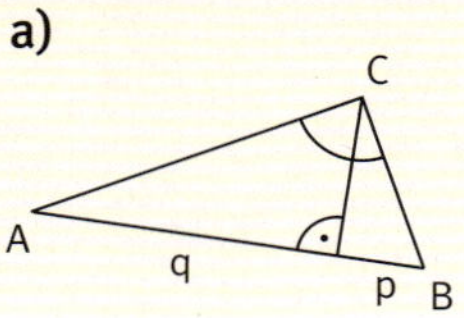


**b)**

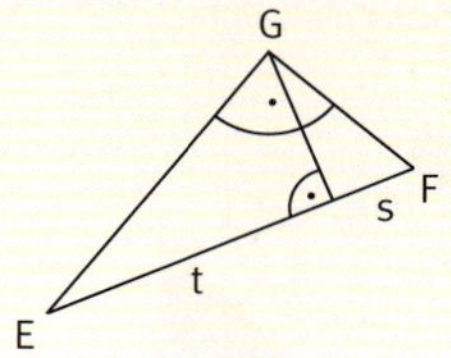


**2** Berechne die fehlende Seitenlänge im rechtwinkligen Dreieck ABC (Hypotenuse [AB]).

**a)** $a = 5$ cm; $b = 9$ cm

**b)** $b = 5$ cm; $c = 9$ cm

**c)** $a = 4{,}5$ cm; $b = 0{,}8$ dm

**d)** $a = 125$ mm; $c = 34$ cm

**3** Berechne mithilfe des Satzes von Pythagoras die fehlende Streckenlänge a.

**a)**

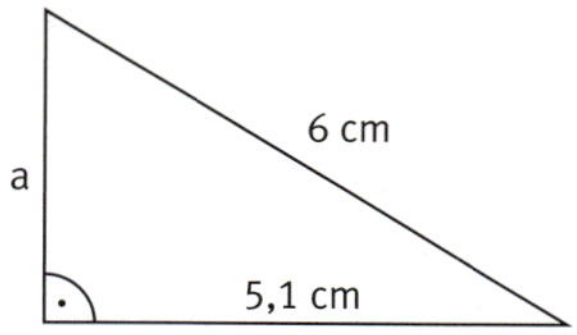


**b)**

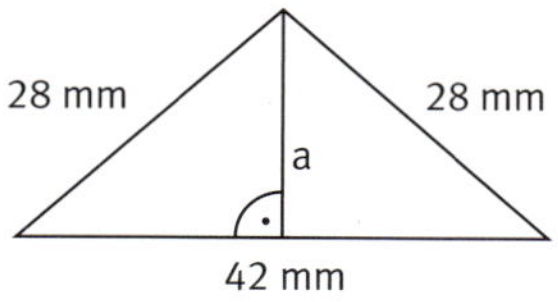


**c)**

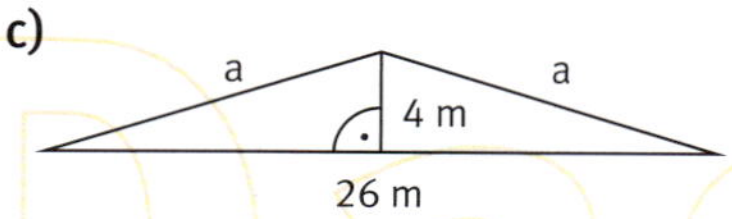


**4** Ist das Dreieck ABC rechtwinklig? Überprüfe mit der Umkehrung des Satzes von Pythagoras.

**a)** $a = 6$ cm; $b = 5$ cm; $c = 8$ cm

**b)** $a = 55$ cm; $b = 4{,}8$ dm; $c = 73$ cm

**c)** $a = 4$ m; $b = 5$ m; $c = 30$ cm

**d)** $a = 12$ m; $b = a + 1$ m; $c = 5$ m

**5** Im rechtwinkligen Dreieck ABC mit $\gamma = 90°$ ist $c = 9$ cm und $b = 5$ cm. Bestimme a, p, q und $h_c$ mithilfe der Flächensätze.

**6** Bestimme die fehlenden Streckenlängen für das rechtwinklige Dreieck ABC mit $\gamma = 90°$.

| | a) | b) | c) | d) |
|---|---|---|---|---|
| a | □ | 82 mm | □ | 80 cm |
| b | □ | □ | 3,0 km | □ |
| c | □ | 10 cm | □ | □ |
| $h_c$ | □ | | 1,5 km | □ |
| p | 4,6 cm | □ | □ | 4 dm |
| q | 3,1 cm | □ | □ | □ |

**7** Bestimme den Flächeninhalt des rechtwinkligen Dreiecks ABC.

**a)** $p = 6$ cm; $c = 15{,}4$ cm; $\gamma = 90°$

**b)** $a = 8$ cm; $p = 4{,}8$ cm; $\gamma = 90°$

**c)** $q = 5{,}5$ cm; $c = 14{,}8$ cm; $\gamma = 90°$

**8** Wandle das Quadrat mit der Seitenlänge s durch Konstruktion und Rechnung in ein flächengleiches Rechteck mit den Seitenlängen q und p um.

**a)** $s = 4{,}2$ cm; $q = 6{,}3$ cm

**b)** $s = 4{,}5$ cm, $p = 2{,}5$ cm

**c)** $s = 60$ mm; $p = 90$ mm

**9** Berechne die Diagonalenlänge d im Rechteck ABCD (Seitenlängen a und b).

**a)** $a = 5{,}6$ dm; $b = 4{,}3$ dm

**b)** $a = 7{,}4$ cm; $b = 65$ mm

**c)** $a = 2b$; $b = 9$ cm

**10** Gegeben ist ein Quader der Kantenlänge a, b und c. Berechne die Länge der drei Flächendiagonalen.

**a)** $a = 5{,}6$ dm; $b = 4{,}3$ dm; $c = 1{,}2$ dm

**b)** $a = 7{,}4$ cm; $b = 65$ mm; $c = 4{,}3$ cm

**c)** $a = 2b$; $b = 2c$ und $c = 9$ cm

**11** Bestimme rechnerisch die Länge der roten Strecken.

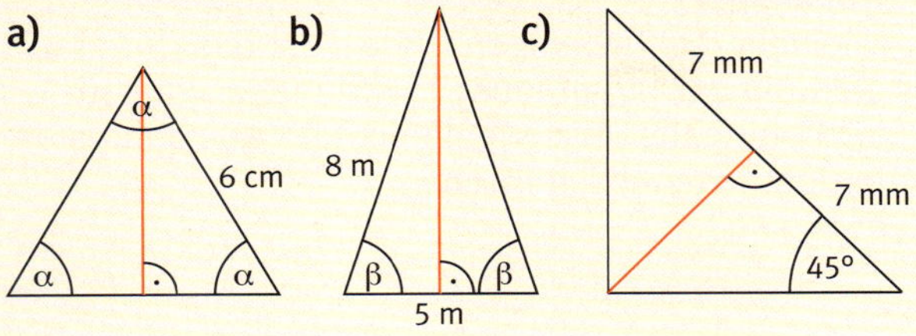


**12** Berechne die Länge der Strecke [AB].

| | a) | b) | c) |
|---|---|---|---|
| A | (4 \| 3) | (0,3 \| 2,4) | (1 \| 6) |
| B | (−2,4 \| 2) | (−0,2 \| 7) | (−4 \| −2) |

**13** Bestimme rechnerisch den Betrag des Vektors (Länge des zugehörigen Pfeils).

a) $\begin{pmatrix} -3 \\ 4 \end{pmatrix}$ b) $\begin{pmatrix} 3 \\ -4{,}5 \end{pmatrix}$ c) $\begin{pmatrix} 2{,}5 \\ -3{,}8 \end{pmatrix}$ d) $\begin{pmatrix} -25 \\ 38 \end{pmatrix}$

**14** Eine Pyramide mit quadratischer Grundfläche hat eine Kantenlänge von a = 5 cm und eine Pyramidenhöhe von h = 6 cm.

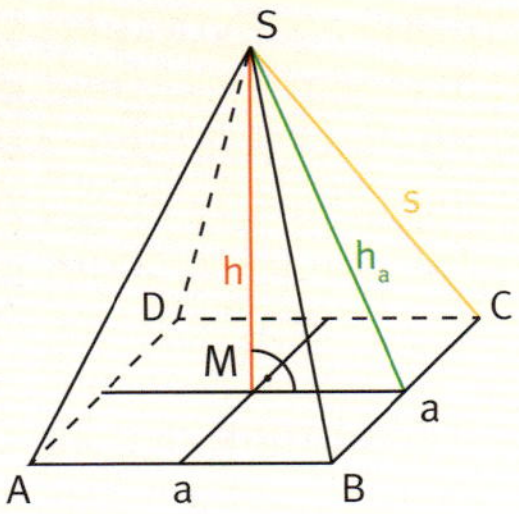


**a)** Berechne die Höhe $h_a$ einer Seitenfläche.

**b)** Berechne die Länge s einer Seitenkante.

Beschreibe jeweils dein Vorgehen.

**Arbeitsschritte**

1. Bearbeite die folgenden Aufgaben alleine.
2. Suche dir einen Partner und erkläre ihm deine Lösungen. Höre aufmerksam und gewissenhaft zu, wenn dein Partner dir seine Lösungen erklärt.
3. Korrigiere gegebenenfalls deine Antworten und benutze dazu eine andere Farbe.

Sind folgende Behauptungen **richtig** oder **falsch**? Begründe schriftlich.

**15** $a^2 + b^2 = c^2$ gilt für jedes rechtwinklige Dreieck ABC.

**16** In jedem Dreieck gilt: $h^2 = p \cdot q$.

**17** Die Hypotenuse c in einem rechtwinkligen Dreieck wird durch die Höhe $h_c$ in zwei gleich lange Abschnitte geteilt.

**18** Der Kathetensatz besagt, dass in einem rechtwinkligen Dreieck der Flächeninhalt des Quadrats über einer Kathete genauso groß ist wie der Flächeninhalt eines Rechtecks mit der Hypotenuse und dem zugehörigen Hypotenusenabschnitt als Seitenlängen.

**19** Wenn man die Koordinaten der Endpunkte einer Strecke kennt, kann man ihre Länge berechnen.

**20** Die Länge einer Strecke und den Betrag eines Vektors kann man mit der gleichen Formel berechnen.

**21** Mit der Formel $d = \sqrt{a^2 + b^2}$ kann man die Länge der Diagonale d eines Rechtecks mit den Seitenlängen a und b berechnen.

**22** In einem Quadrat mit der Seitenlänge a kann man die Länge der Diagonale d mithilfe von $d = \sqrt{3a^2}$ berechnen.

**23** Zur Berechnung von Streckenlängen in einem Körper sucht man beliebige Dreiecke, von denen man zwei Seitenlängen kennt. Die fehlende Seitenlänge berechnet man mithilfe der Flächensätze.

**24** Die Raumdiagonale eines Quaders kann man mit $d = \sqrt{a + b + c}$ berechnen.

| Aufgabe | Ich kann … | Hilfe |
|---|---|---|
| 1, 5, 6, 7, 16, 17, 18 | den Höhensatz und die Kathetensätze in rechtwinkligen Dreiecken anwenden. | S. 192 |
| 2, 3, 5, 7, 9, 11, 15, 21, 22 | den Satz des Pythagoras in rechtwinkligen Dreiecken anwenden. | S. 194 |
| 4 | die Umkehrung des Satzes von Pythagoras zur Überprüfung rechtwinkliger Dreiecke nutzen. | S. 197 |
| 8 | ein Quadrat in ein flächengleiches Rechteck konstruktiv umwandeln. | S. 193 |
| 19 | Längen von Strecken im Koordinatensystem berechnen. | S. 200 |
| 12, 13, 20 | den Betrag eines Vektors rechnerisch bestimmen. | S. 200 |
| 10, 14, 23, 24 | Streckenlängen in Körpern rechnerisch bestimmen. | S. 202 |

S. 192

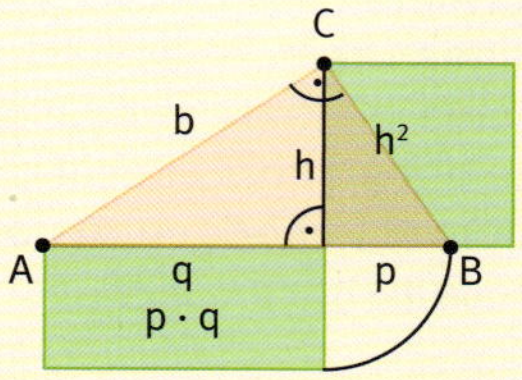


**Höhensatz**
In einem rechtwinkligen Dreieck ist das Quadrat über der zur Hypotenuse gehörenden Höhe h flächeninhaltsgleich dem Rechteck aus den beiden Hypotenusenabschnitten.
$\mathbf{h^2 = p \cdot q}$

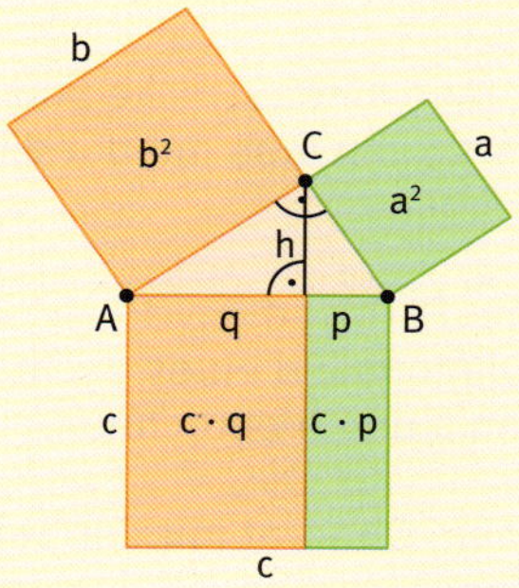


**Kathetensätze**
In einem rechtwinkligen Dreieck ist das Quadrat über einer Kathete flächeninhaltsgleich dem Rechteck aus Hypotenuse und zugehörigem Hypotenusenabschnitt.
$\mathbf{a^2 = c \cdot p}$ $\mathbf{b^2 = c \cdot q}$

S. 194
S. 197

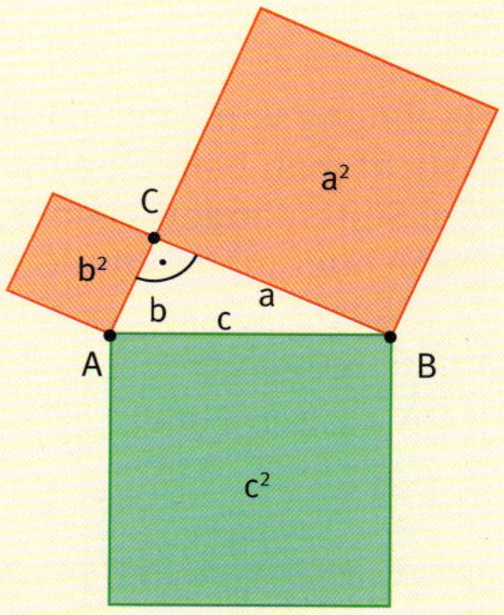


**Satz des Pythagoras**
In einem rechtwinkligen Dreieck hat das Quadrat über der Hypotenuse den gleichen Flächeninhalt wie die Quadrate über den Katheten zusammen.
Mit den Bezeichnungen in der Abbildung gilt kurz:
$a^2 + b^2 = c^2$

**Umkehrung des Satzes von Pythagoras**
Wenn in einem Dreieck ABC mit den Seitenlängen a, b und c die Beziehung $a^2 + b^2 = c^2$ gilt, dann ist das Dreieck rechtwinklig mit [AB] als Hypotenuse.

S. 200

Es gilt jeweils: $\mathbb{G} = \mathbb{R} \times \mathbb{R}$

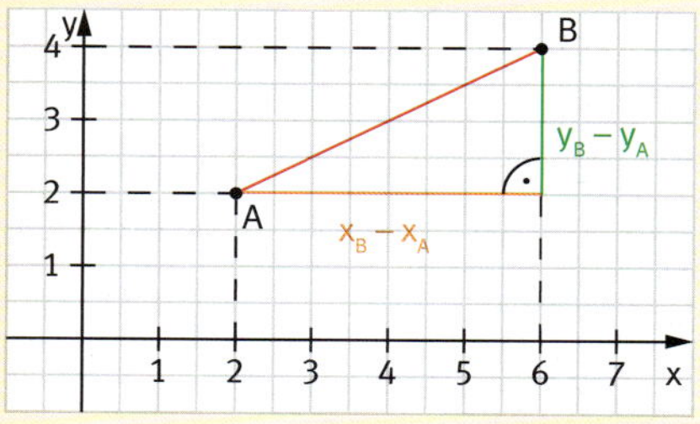


Die **Länge einer Strecke** [AB] mit A $(x_A | y_A)$ und B $(x_B | y_B)$ kann man mithilfe des Satzes von Pythagoras berechnen:
$\overline{AB} = \sqrt{(x_B - x_A)^2 + (y_B - y_A)^2}$ LE

Allgemein kann man den **Betrag** (Länge des zugehörigen Pfeils) **eines Vektors** $\vec{a} = \begin{pmatrix} a_x \\ a_y \end{pmatrix}$ wie folgt berechnen:
$|\vec{a}| = \sqrt{a_x^2 + a_y^2}$

S. 202

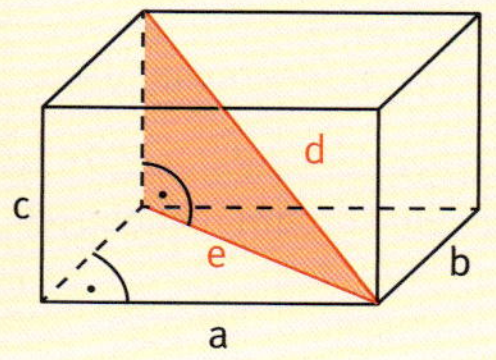


$e = \sqrt{a^2 + b^2}$

$d = \sqrt{a^2 + b^2 + c^2}$

Um die Länge von Strecken in Körpern zu berechnen, versucht man, **rechtwinklige Dreiecke** so zu finden, dass man zwei Seitenlängen kennt, um dann die fehlende **Länge der dritten Seite mithilfe der Flächensätze** zu berechnen.

## Erwartungswert

**1** Die Abbildung zeigt das Netz eines Würfels.

**a)** Du würfelst mit diesem Würfel und bekommst die gewürfelten Augen in € ausbezahlt. Welchen Betrag würdest du „auf lange Sicht" erwarten?

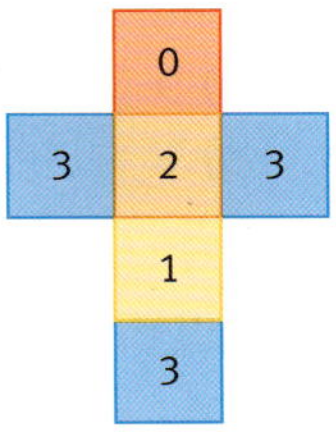


**b)** Zeichne selbst ein Netz mit dem Erwartungswert 2,50 (€).

**2** Aus der abgebildeten Urne werden drei Kugeln mit Zurücklegen gezogen, die Werte der drei Kugeln werden addiert. Berechne den Erwartungswert dieses Experiments.

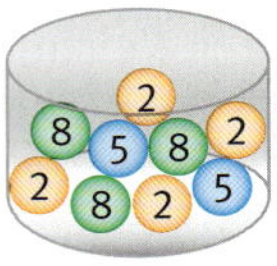


**3** Wie muss der Erwartungswert des Gewinns bei einem Glücksspiel sein, damit das Spiel fair (unfair, günstig) für den Spieler ist? Finde für jede Situation ein einfaches Beispiel.

**4** Am Tag der offenen Tür einer Realschule werden 500 Lose verkauft. Jedes Los gewinnt!

**a)** Wie teuer muss die SMV die Lose verkaufen, damit Ein- und Ausnahmen übereinstimmen?

**b)** Jedes Los wird für 5 € verkauft und der Erlös geht an ein Heim. Berechne die Höhe der Spende.

**5** Bei einem Spiel (Einsatz 1 €) wird ein Würfel zwei Mal hintereinander geworfen. Man gewinnt 2 €, wenn man jeweils die gleiche Zahl würfelt.

**a)** Berechne den durchschnittlich zu erwartenden Verlust.

**b)** Berechne, wie groß der auszuzahlende Betrag im Gewinnfall sein müsste, damit bei einem Einsatz von 1 € das Spiel fair ist.

**6** Auf einem Volksfest gewinnt man mit dem Glücksrad 32 €, wenn bei zweimaligem Drehen nur „weiß" kommt, sonst bekommt man nichts. Welches Glücksrad wird gedreht, wenn der Einsatz 2 € beträgt und das Spiel fair ist?

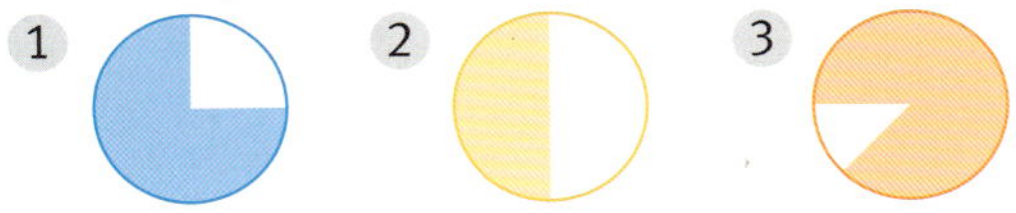


## Zentrische Streckung

**7** Berechne die Koordinaten von P', wenn gilt: $P \xmapsto{Z;\,k} P'$.

**a)** P (1 | 2) Z (4 | 5) k = 3

**b)** P (1 | 2) Z (4 | 5) k = –3

**c)** P (7 | –11) Z (–3 | 8) k = 1

**d)** P (200 | 300) Z (70 | –80) k = –50

**e)** P (–5 | 25) Z (10 | –15) $k = -\frac{1}{5}$

**8** Der Punkt Q (0 | 2) wird durch zentrische Streckung mit dem Faktor k = 2 auf Q' (0 | 5) abgebildet. Berechne die Koordinaten des Zentrums Z.

**9** Die Gerade g mit $y = \frac{1}{2}x + 2$ wird durch zentrische Streckung mit Z (–3 | 3) und k = 2 auf die Gerade g' abgebildet. Zeichne beide Geraden in ein Koordinatensystem und berechne die Gleichung von g'.

**10** Das Dreieck ABC mit A (–2 | –1), B (4 | 0) und C (1 | 4) wird durch zentrische Streckung mit Z (0 | 0) und k = 4 auf das Dreieck A'B'C' abgebildet. Berechne den Flächeninhalt des Dreiecks A'B'C'.

**11** Dem gleichschenkligen Dreieck ABC mit $\overline{AB}$ = 8 cm und $h_c$ = 6 cm ist das Quadrat PQRS mit der Seitenlänge x cm einbeschrieben. Führe die Konstruktion durch.

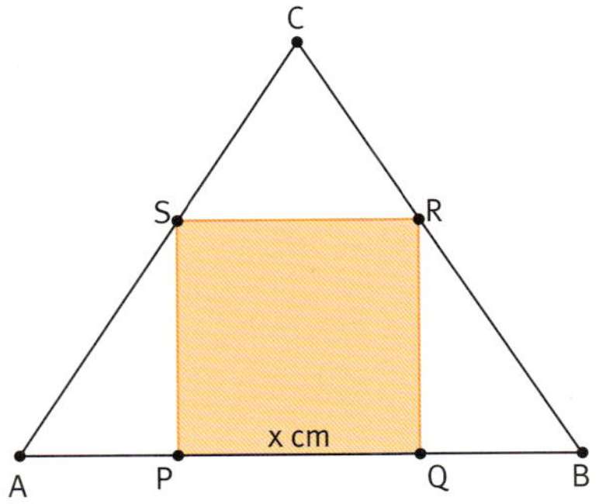


**12** Der Schatten eines jungen Baumes ist 2,8 m lang. Die Sonnenstrahlen treffen in einem Winkel von 35° auf den Boden.

**a)** Wie groß ist der Baum? Löse zeichnerisch.

**b)** Marie ist 1,6 m groß. Wie lang ist ihr Schatten, wenn sie neben diesem Baum steht?

## Einbeschreibungsaufgaben

**13** Dem Dreieck ABC wird ein Rechteck PQRS so einbeschrieben, dass die Seite [PQ] auf der Strecke [AB], der Punkt R auf [BC] und der Punkt S auf [AC] liegt. Die Seite [PQ] des Rechtecks ist dreimal so lang wie die Seite [QR].
Es gilt: A (1 | 1), B (8 | 1), C (3 | 6)
Berechne die Seitenlängen des Rechtecks PQRS.

**14** Dem gleichschenkligen Dreieck ABC mit Basis [AB], $\overline{AB}$ = 10 cm und $h_c$ = 7 cm ist das Quadrat PQRS der Seitenlänge x cm einbeschrieben. Berechne x.

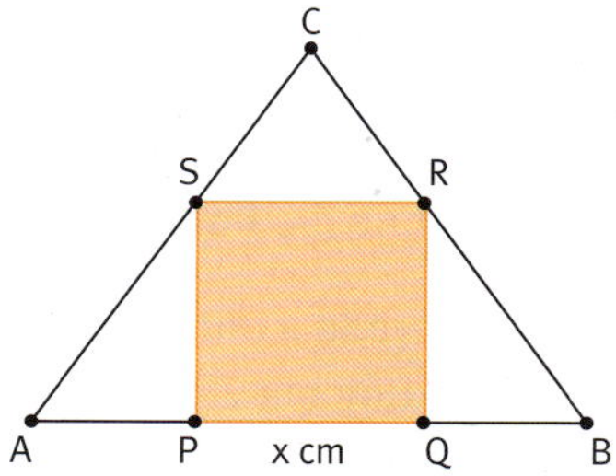


**15** Einem gleichseitigen Dreieck ABC mit der Seitenlänge 8 cm ist ein möglichst großes Rechteck PQRS einzubeschreiben, dessen Seitenlängen das Verhältnis 2 : 1 aufweisen. Die lange Seite des Rechtecks soll dabei auf einer Seite des Dreiecks liegen. Konstruiere das Rechteck und miss die Seitenlängen. Berechne anschließend den Flächeninhalt des Rechtecks PQRS.

**16** Ein rechtwinkliges Dreieck, dessen eine Kathete doppelt so lang ist wie die andere, soll einem Kreis mit Radius r = 5 cm einbeschrieben werden. Führe die Konstruktion durch und beschreibe dein Vorgehen.

**17** Das Quadrat PQRS mit der Seitenlänge x cm ist dem bei C rechtwinkligen Dreieck ABC einbeschrieben:

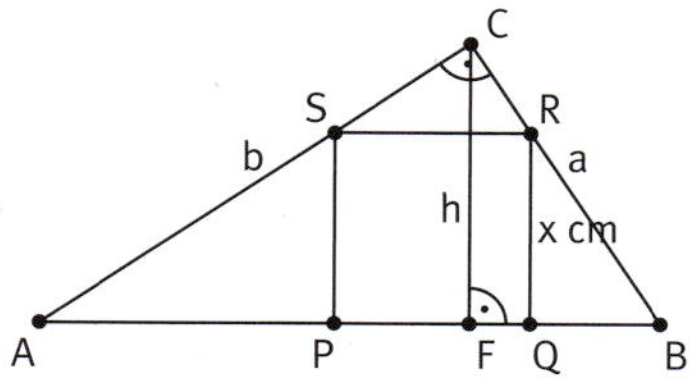


**a)** Zeichne die Figur für a = 4 cm und b = 6 cm.

**b)** Zeige, dass für die Höhe $h = \overline{FC}$ allgemein gilt:
$h = \frac{ab}{\sqrt{a^2 + b^2}}$ cm und bestimme h für die in a) verwendeten Werte.

**c)** Berechne für die in a) gezeichnete Figur den Wert von x.

**d)** Finde ähnliche Teildreiecke in der Figur.

## Reelle Zahlen

**18** Welche Zahlen ergeben quadriert folgende Werte? Oder gibt es keine derartige Zahl?

**a)** 9 **b)** 10 000 **c)** −81 **d)** 0
**e)** 1 **f)** −1 **g)** $\frac{1}{25}$ **h)** 0,81

**19** Ordne die Zahlen der Größe nach. Beginne dabei mit der kleinsten Zahl.
$1\frac{1}{2}$; 1,42; 1,41422; $\sqrt{2}$; $\sqrt{1{,}96}$; $\frac{56\,572}{39\,982}$

**20** Welche Ergebnisse stimmen?

**a)** $\sqrt{3^2} =$
(1) 3 (2) 9 (3) $\sqrt{3}$

**b)** $\sqrt{3}^{\,2} =$
(1) 3 (2) 9 (3) $\sqrt{3^2}$

**c)** $-\sqrt{2}^{\,2} =$
(1) 2 (2) −2 (3) 1 (4) −1 (5) existiert nicht

**d)** $\sqrt{-2}^{\,2} =$
(1) 2 (2) −2 (3) 1 (4) −1 (5) existiert nicht

**e)** $\sqrt{(-2)^2} =$
(1) 2 (2) −2 (3) 1 (4) −1 (5) existiert nicht

**21** Welche Zahlen stehen anstelle der Platzhalter?

**a)** $\sqrt{200} = \sqrt{2} \cdot$ ☐ **b)** $\sqrt{48} = \sqrt{3} \cdot$ ☐
**c)** $\sqrt{75} = 5 \cdot$ ☐ **d)** $\sqrt{0{,}02} = 0{,}1 \cdot$ ☐

**22** Vereinfache so weit wie möglich.

**a)** $\frac{\sqrt{7} + 3\sqrt{7}}{\sqrt{7}}$ **b)** $\frac{5\sqrt{13} - 3\sqrt{13}}{2}$

**c)** $\frac{8\sqrt{4} - 6\sqrt{2}}{\sqrt{8}}$ **d)** $\frac{\sqrt{7} \cdot (\sqrt{7} + \sqrt{3}) - 5}{\sqrt{3}}$

**e)** $(5\sqrt{2x} - 2\sqrt{3x})(4\sqrt{3x} - 3\sqrt{2x})$

**23** Bestimme die Lösungsmenge ($\mathbb{G} = \mathbb{R}$).
Ermittle zunächst die Definitionsmenge.

**a)** $\sqrt{x + 1} + 11 = 2$ **b)** $5 = \sqrt{x - 2}$

**24** Zeige zuerst mit deinen Händen, wie lang die Seitenlänge eines Quadrates mit dem Flächeninhalt 1 m² in etwa ist. Zeige dann, wie lang die Seitenlänge eines Quadrats mit dem halben Flächeninhalt ist. Miss die geschätzte Länge ab und überprüfe rechnerisch.

# 9 Berechnungen am Kreis

## Einstieg

Beim Kugelstoßen wird ausgehend vom Mittelpunkt des Stoßkreises (Durchmesser 213 cm) ein Feld unter einem Winkel von etwa 35° angetragen.
Das Feld wird dabei von zwei Strecken und einem Kreisbogen begrenzt.

- Zeichne ein solches Feld im Maßstab 1 : 100 bis zu einer maximalen Wurfweite von 10 m in dein Heft.
- Alle 2 m wird die Weite auf dem Feld markiert. Trage diese Weitenlinien in deine Zeichnung ein.
- Schätze die Länge aller Linien möglichst genau ab, die man zeichnen muss, um das Feld aus dem Heft in Realität zu zeichnen.
- Wie groß ist der Flächeninhalt des Feldes in der Realität?

## Ausblick

**Am Ende dieses Kapitels hast du gelernt, ...**

- Zusammenhänge zwischen den Größen am Kreis mathematisch zu beschreiben.
- Größen am Kreis und an Kreisteilen zu berechnen.
- die Berechnungen an Kreisen und Kreisteilen für Anwendungen zu nutzen.

# 9.1 Die Kreiszahl π

Das Hinterrad eines Hochrads hat 32 cm Radius, das Vorderrad 80 cm.

- Gib den Streckungsfaktor an, durch den das Hinter- auf das Vorderrad abgebildet werden kann.
- Übertrage die Tabelle in dein Heft und vervollständige sie. Beziehe weitere runde Gegenstände aus deiner Umwelt ein.

*Erinnere dich:*
*$d = 2r$*

| Gegenstand | Radius r | Umfang u | $\frac{u}{d}$ | Flächeninhalt A | $\frac{A}{r^2}$ |
|---|---|---|---|---|---|
| Vorderrad | 32 cm | ▢ | ▢ | ▢ | ▢ |
| Hinterrad | 80 cm | ▢ | ▢ | ▢ | ▢ |
| Dosenboden | ▢ | ▢ | ▢ | ▢ | ▢ |

## Merkwissen

Bei **Kreisen** gibt es folgende **Proportionalitäten**:

- Der Umfang des Kreises ist proportional zum Durchmesser bzw. Radius.
- Der Flächeninhalt des Kreises ist proportional zum Quadrat des Radius.

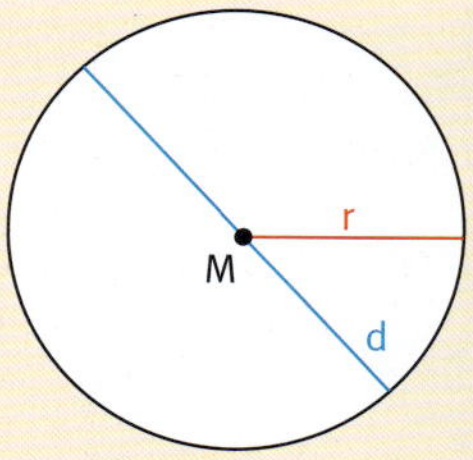


Der **Proportionalitätsfaktor** ist in beiden Fällen die **Kreiszahl π** (sprich: Pi).
π ist eine irrationale Zahl: $\pi = 3{,}1415926535897932...$

*Finde die Taste für π auf deinem Taschenrechner und kontrolliere, auf wie viele Dezimalen der Taschenrechner einen Wert für π angibt.*

Für den Umfang eines Kreises gilt: $\mathbf{u = \pi \cdot d}$ bzw. $\mathbf{u = 2\pi \cdot r}$
Für den Flächeninhalt eines Kreises gilt: $\mathbf{A = \pi \cdot r^2}$

## Beispiele

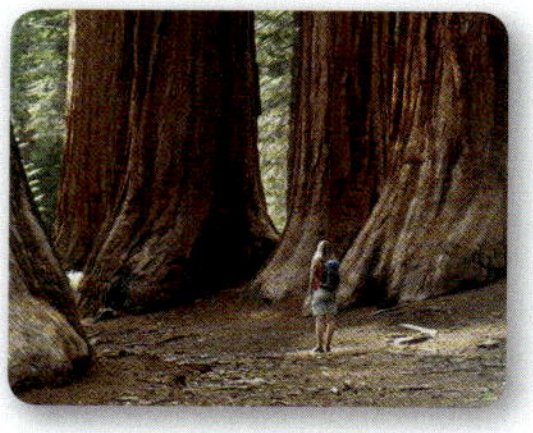

**I** Einer der größten Bäume der Welt befindet sich im Sequoia-Nationalpark in den USA. In Schulterhöhe hat der Baum einen Umfang von 24,5 m. Berechne seinen Durchmesser.

**Lösung:**

$u = \pi \cdot d \quad \Leftrightarrow \quad d = \frac{u}{\pi}$

$d = \frac{24{,}5\text{ m}}{\pi} \approx 7{,}80\text{ m}$

**II** Vor Fußballspielen im Europapokal wird im Mittelkreis des Fußballplatzes das Banner mit dem Logo des Wettbewerbs ausgebreitet. Berechne die Größe der Bannerfläche, wenn der Mittelkreis einen Radius von 9,15 m hat.

**Lösung:**

$A = \pi \cdot r^2$

$A = \pi \cdot (9{,}15\text{ m})^2 \approx 263{,}0\text{ m}^2$

## Verständnis

- Wie verändert sich der Flächeninhalt eines Kreises, wenn man seinen Radius verdoppelt (verdreifacht, halbiert)?
- Begründe, warum gilt: $A = \pi \cdot r^2 = \frac{\pi}{4} \cdot d^2 = \frac{u}{2} \cdot r$

**1** Ein Hula-Hoop-Reifen hat einen Durchmesser von 80 cm. Berechne seinen Umfang.

**2** Ein Trampolin hat einen Durchmesser von 3,50 m. Berechne den Flächeninhalt der Hüpffläche und den Umfang des Trampolins.

**3** Berechne die fehlenden Kreisgrößen. Runde auf zwei Dezimalen.

| | a) | b) | c) | d) | e) |
|---|---|---|---|---|---|
| r | ▢ | 3,56 dm | ▢ | ▢ | ▢ |
| d | 25,42 dm | ▢ | ▢ | ▢ | ▢ |
| u | ▢ | ▢ | 3,46 km | ▢ | 45 cm |
| A | ▢ | ▢ | ▢ | 345 ha | ▢ |

*Lösung zu 3:*
*14,32; 1,10; 10,48; 12,71; 507,51; 65,85; 79,86; 7,16; 7,12; 39,82; 0,55; 0,95; 20,96; 161,06; 22,37*
*Die Einheiten sind nicht angegeben.*

**4** Um den Durchmesser von Bäumen zu messen, verwenden Förster ein spezielles Forstmaßband, auf dem man direkt den Durchmesser des Baumes ablesen kann.

**a)** Welchen Durchmesser (Umfang) hat der Baum?

**b)** Erkläre, wie ein solches Maßband funktioniert.

**5** Die fränkische Seenlandschaft wurde mithilfe riesiger Muldenkipper gestaltet. Das Rad eines solchen Kippers hat einen Durchmesser von 3,90 m.
Wie viele Umdrehungen macht es auf einer Strecke der Länge 1 km?

**6** Pizzabäcker Bruno bietet seiner Kundschaft Pizzen in zwei Größen an. Die kleine Pizza hat einen Durchmesser von 24 cm und kostet 3,80 €, die große Pizza mit einem Durchmesser von 36 cm kostet 7,60 €. Bernd und Susanne überlegen, ob sie zwei kleine Pizzen kaufen oder sich lieber eine große Pizza teilen sollten.

**7** Eine der Hauptursachen für einen hohen $CO_2$-Ausstoß und damit die Erderwärmung ist der Verkehr. Nach einer Studie dürften, um die Erderwärmung auf 2 °C zu begrenzen, auf jeden Menschen nur 2000 kg $CO_2$-Ausstoß pro Jahr kommen. Die Grafik vergleicht diese Größe mit dem Ausstoß von $CO_2$ beim Autofahren bzw. einem Flug.

**a)** Berechne die Flächeninhalte der einzelnen Kreise. Bestimme dazu den Durchmesser mit dem Lineal.

**b)** Überprüfe, welche Größen des Kreises proportional zu den angegebenen Emissionen sind.

**c)** Welcher Eindruck entsteht bei der Darstellung? Zeichne drei verschiedene Kreise so, dass die Flächeninhalte den Sachverhalt wiedergeben.

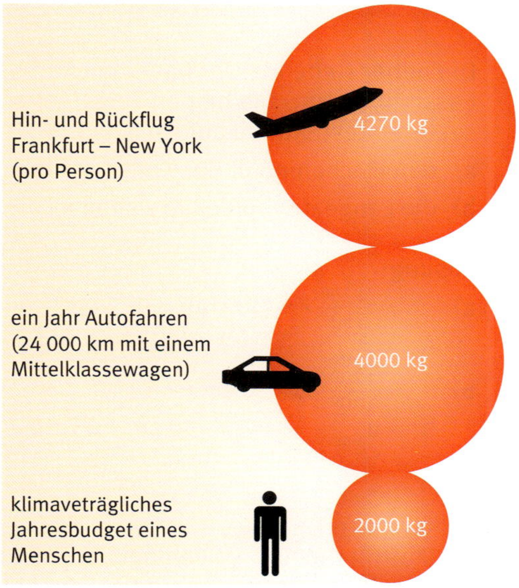

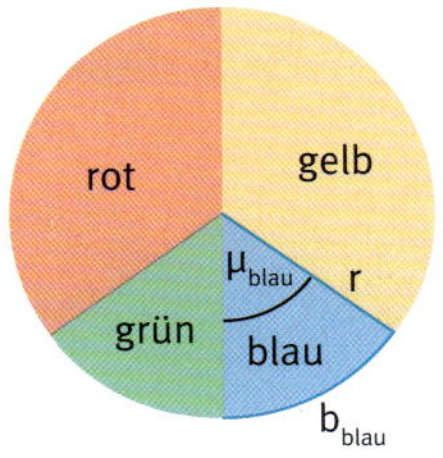


Für ein Glücksrad wird eine Kreisfläche in verschiedene Bereiche unterteilt.

- Zeichne einen Kreis mit Radius r = 5 cm und unterteile ihn beliebig in vier verschieden große „Kreissektoren". Übertrage die Tabelle in dein Heft und vervollständige für jeden Kreissektor die verschiedenen Maße.

| | gelb | blau | grün | rot |
|---|---|---|---|---|
| Mittelpunktswinkel | $\mu_{gelb}$ = ☐ | $\mu_{blau}$ = ☐ | $\mu_{grün}$ = ☐ | $\mu_{rot}$ = ☐ |
| Flächeninhalt des Kreissektors | $A_{gelb}$ = ☐ | $A_{blau}$ = ☐ | $A_{grün}$ = ☐ | $A_{rot}$ = ☐ |
| Länge des Kreisbogens | $b_{gelb}$ = ☐ | $b_{blau}$ = ☐ | $b_{grün}$ = ☐ | $b_{rot}$ = ☐ |
| Umfang des Kreissektors | $u_{gelb}$ = ☐ | $u_{blau}$ = ☐ | $u_{grün}$ = ☐ | $u_{rot}$ = ☐ |

- Bestimme Zusammenhänge zwischen den Größen am Kreissektor und dem Vollkreis.

## Merkwissen

Sind bei einem Kreis der Radius r und der Mittelpunktswinkel μ gegeben, so lassen sich folgende Kreisteile berechnen:

**Länge b des Kreisbogens**

$b = \frac{\mu}{360°} \cdot 2\pi r = \frac{\mu}{180°} \cdot \pi r$

Für den **Umfang $u_s$ des Kreissektors** gilt damit:

$u_s = b + 2r$

**Flächeninhalt $A_s$ des Kreissektors**

$A_s = \frac{\mu}{360°} \cdot \pi r^2$

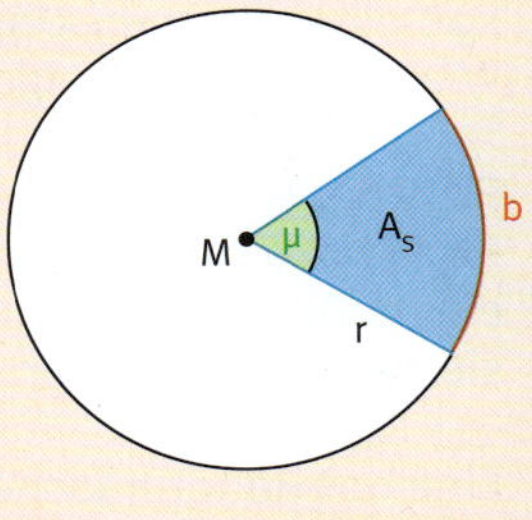


## Beispiele

**I** Die nebenstehende Uhr hat einen Radius von 30 cm. Es ist 20.00 Uhr. Die beiden Zeiger legen zwei Kreissektoren fest. Runde auf cm bzw. cm². Berechne …

**a)** den Flächeninhalt der Kreissektoren.

**b)** die Länge der beiden Kreisbögen.

**Lösung:**

**a)** $A_{S_1} = \frac{120°}{360°} \cdot \pi\,(30\text{ cm})^2 \approx 942\text{ cm}^2$

$A_{S_2} = A_{Kreis} - A_{S_1} = \pi\,(30\text{ cm})^2 - 942\text{ cm} \approx 1885\text{ cm}$

**b)** $b_1 = \frac{120°}{180°} \cdot \pi \cdot 30\text{ cm} \approx 63\text{ cm}$

$b_2 = u_{Kreis} - b_1 = 2\pi \cdot 30\text{ cm} - 63\text{ cm} \approx 125\text{ cm}$

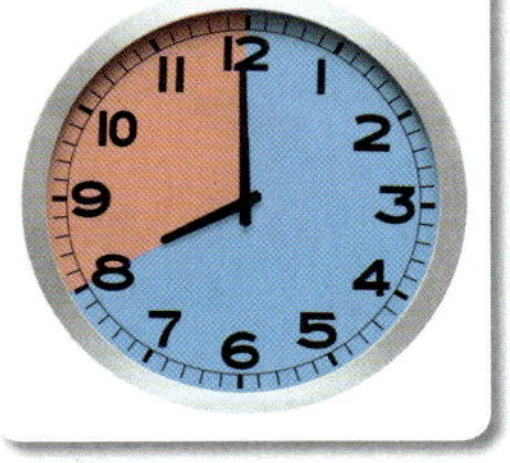

*Die beiden Kreissektoren ergänzen sich gegenseitig zum Vollkreis.*

## Verständnis

- Matthias meint: „Wenn man bei einem Kreis mit konstantem Radius r den Kreissektor so verändert, dass sich dessen Flächeninhalt verdoppelt, so verdoppelt sich auch die Länge des zugehörigen Kreisbogens." Stimmt das? Begründe.

**1** Berechne die Länge des Kreisbogens.

**a)** $r = 1{,}7$ cm; $\mu = 45°$ **b)** $r = 13$ m; $\mu = 175°$ **c)** $r = 1{,}8$ km; $\mu = 70°$
**d)** $r = 47$ cm; $\mu = 140°$ **e)** $r = 38$ mm; $\mu = 99°$ **f)** $r = 80$ m; $\mu = 1°$

**2** Berechne Flächeninhalt und Umfang des Kreissektors.

**a)** $r = 2{,}5$ cm; $\mu = 35°$ **b)** $d = 100$ m; $\mu = 175°$ **c)** $r = 1{,}5$ km; $\mu = 70°$

**3** Übertrage ins Heft und berechne die fehlenden Größen. Runde geeignet.

| | a) | b) | c) | d) | e) | f) |
|---|---|---|---|---|---|---|
| r | ▢ | ▢ | | ▢ | ▢ | 0,02 m |
| d | ▢ | 6 mm | ▢ | ▢ | ▢ | ▢ |
| $\mu$ | 50° | ▢ | ▢ | 65° | 80° | ▢ |
| b | ▢ | ▢ | ▢ | ▢ | 48 m | $\frac{1}{2}\pi$ cm |
| $A_{Sektor}$ | 40 cm² | ▢ | 20 cm² | $\frac{3}{4}\pi$ dm² | ▢ | ▢ |
| $u_{Sektor}$ | ▢ | 0,8 cm | ▢ | ▢ | ▢ | ▢ |

*Lösungen zu 3:*
*34,4; 9,6; 10,0; 1,6; 27,6; 116,8; 8,4; 0,04; 3,0; 825,6; 2,0; 38,2; 18,0; 3,0; 4,0; 2,3; 6,3; 143,2; 8,0; 68,8; 2,0; 45,0; 5,6; 19,2*
*Die Einheiten sind nicht angegeben.*

**4** Übertrage die Figur und berechne die Länge der blauen Randlinie und den Flächeninhalt für a = 5 cm.

*Die Mittelpunkte der Kreisbögen sind teilweise markiert.*

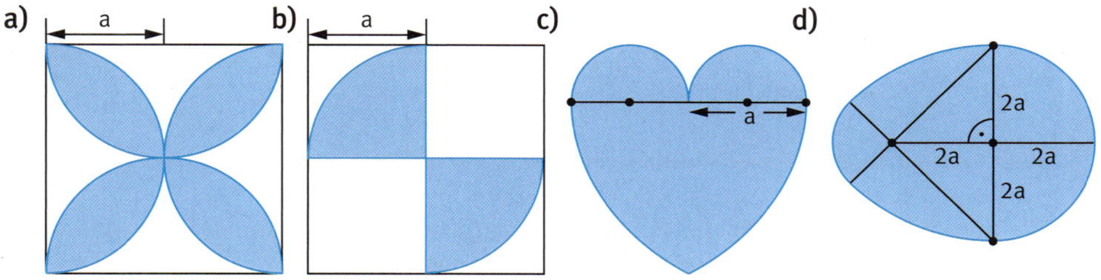


**5** Zeige folgenden Zusammenhang zwischen dem Flächeninhalt $A_S$ und der Länge des Kreisbogens b eines Kreissektors: $A_S = \frac{1}{2} r \cdot b$.

Geschichte

### Hippokrates von Chios

Hippokrates lebte um 440 v. Chr. in Griechenland. Er war nicht nur ein hervorragender Astronom, sondern auch ein exzellenter Mathematiker. Überlieferungen zufolge soll auf ihn die Bezeichnung von Punkten und Strecken in der Geometrie zurückgehen.
Die Abbildung zeigt die sogenannten Möndchen des Hippokrates.

- Übertrage die Zeichnung mit c = 5 cm und a = 4 cm in dein Heft.
- Zeige, dass der Flächeninhalt des abgebildeten Dreiecks ABC genauso groß ist wie die Summe der grünen Möndchenflächen. Verwende die konkreten Maße.
- Beweise die obige Flächengleichheit allgemein für ein bei C rechtwinkliges Dreieck mit den Seitenlängen a, b und c.

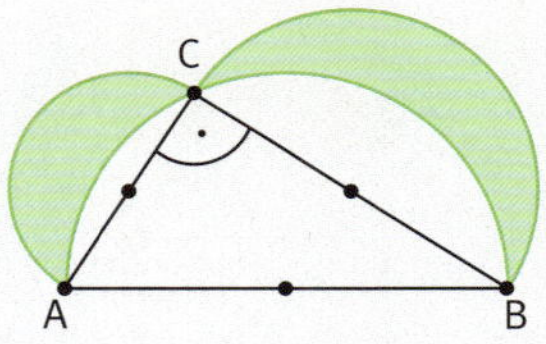

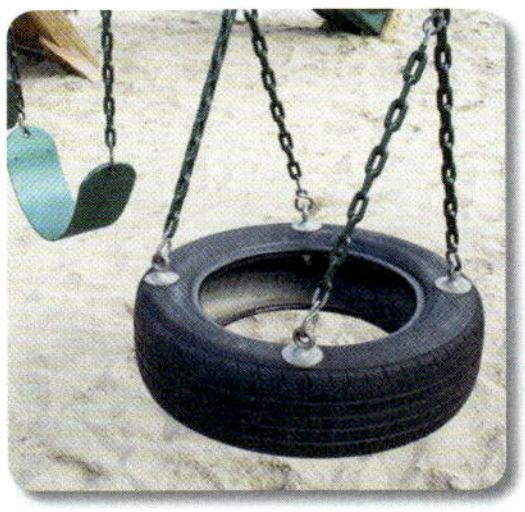

Aus alten Autoreifen kann man Schaukeln herstellen. Die Sitzfläche der Schaukel hat dabei die Form eines Kreisrings.

- Suche eine Reifenschaukel in deiner Umwelt und bestimme näherungsweise deren Sitzfläche. Beschreibe dein Vorgehen. Alternativ kannst du auch den Flächeninhalt eines beliebigen Kreisrings bestimmen.
- Beschreibe, wie man den Umfang eines solchen Kreisrings bestimmen kann.

## Merkwissen

Sei bei einem **Kreisring** R der Radius des Außenkreises und r der Radius des Innenkreises. Dann folgt für die Berechnung am Kreisring:

**Flächeninhalt $A_{Ring}$**

$A_{Ring} = A_{Außenkreis} - A_{Innenkreis}$

$A_{Ring} = \pi \cdot R^2 - \pi \cdot r^2$

$A_{Ring} = \pi \cdot (R^2 - r^2)$

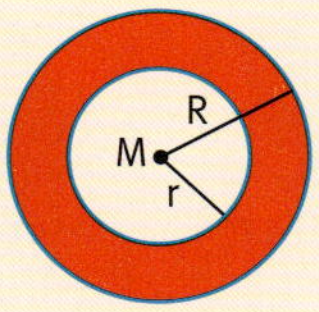


**Umfang $u_{Ring}$**

$u_{Ring} = u_{Außenkreis} + u_{Innenkreis}$

$u_{Ring} = 2\pi \cdot R + 2\pi \cdot r$

$u_{Ring} = 2\pi \cdot (R + r)$

Als **Kreissegment** bezeichnet man den Teil eines Kreises, der durch einen Kreisbogen und eine Kreissehne begrenzt wird. Der **Flächeninhalt** eines Kreissegments ergibt sich damit als Differenz des Flächeninhalts des Kreissektors und eines gleichschenkligen Dreiecks:

$A_{Segment} = A_{Sektor} - A_{\Delta MAB}$

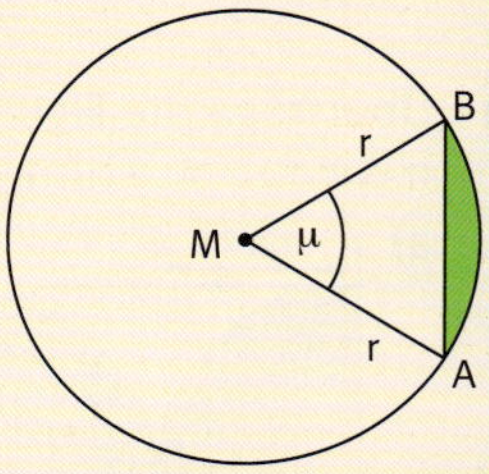


## Beispiele

*In diesem Fall haben wir den Sonderfall eines gleichschenkligen Dreiecks: ein gleichseitiges Dreieck.*

**I** Die abgebildete Skulptur hat einen Außenradius von 35 cm und einen Innenradius von r = 1 dm. Berechne Flächeninhalt und Umfang der Skulptur.

**Lösung:**

$A_{Ring} = \pi\,[(35\text{ cm})^2 - (10\text{ cm})^2] = \pi \cdot 1125\text{ cm}^2 \approx 3534\text{ cm}^2 = 35{,}34\text{ dm}^2$

$u_{Ring} = 2\pi\,(35\text{ cm} + 10\text{ cm}) = 2\pi \cdot 45\text{ cm} \approx 283\text{ cm} = 28{,}3\text{ dm}$

**II** a) Zeichne einen Kreissektor mit Radius r = 3 cm und μ = 60° auf ein Blatt.

b) Berechne den Flächeninhalt des Kreissektors.

c) Färbe nun das Kreissegment blau und berechne seinen Flächeninhalt.

**Lösung:**

a)

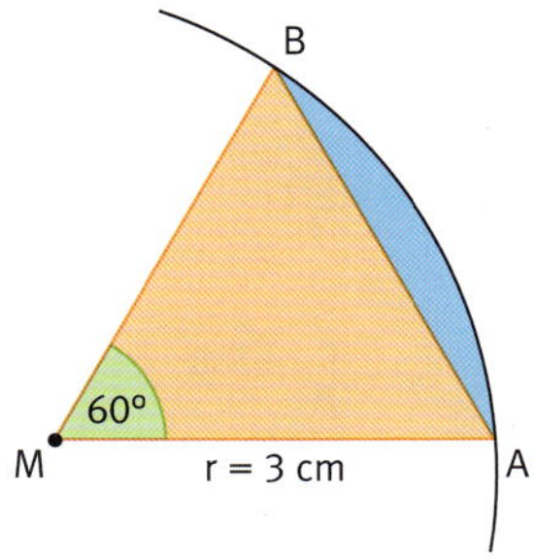


b) $A_S = \frac{60°}{360°} \cdot \pi \cdot (3\text{ cm})^2 \approx 4{,}7\text{ cm}^2$

c) $A_{Segment} = A_{Sektor} - A_{\Delta MAB}$

$= 4{,}7\text{ cm}^2 - \frac{1}{2} \cdot 3\text{ cm} \cdot \sqrt{3^2 - 1{,}5^2}\text{ cm} \approx 0{,}8\text{ cm}^2$

## Verständnis

- Überprüfe die folgende Aussage: „Verdoppelt man den Außen- und den Innenradius eines Kreisrings, so verdoppelt sich auch der Umfang des Kreisrings."

## Aufgaben

**1** Berechne den Flächeninhalt und den Umfang des Kreisrings.
a) R = 8 cm; r = 5 cm  b) R = 28 cm; r = 15 cm  c) R = 7 m; r = 0,4 m

**2** Berechne die fehlenden Größen der Tabelle. Runde auf zwei Dezimalen.

| | a) | b) | c) | d) | e) | f) |
|---|---|---|---|---|---|---|
| R | ▢ | ▢ | 6 cm | 4,5 dm | 54 cm | ▢ |
| r | 2 dm | 4,55 m | ▢ | 2,5 dm | 18 cm | 0,02 m |
| $A_{Ring}$ | 36 dm² | ▢ | 64 cm² | ▢ | ▢ | ▢ |
| $u_{Ring}$ | ▢ | 60 m | ▢ | ▢ | ▢ | 1,4 m |

*Lösungen zu 2: 3,93; 5,00; 0,20; 3,95; 37,26; 13,50; 43,98; 8143,01; 0,12; 62,52; 43,98; 452,39*
*Die Einheiten sind nicht angegeben.*

**3** Beim Bogenschießen werden über die 90-m-Distanz Zielscheiben mit einem Durchmesser von 1,22 m verwendet. Auf den Scheiben aus Papier sind konzentrische Kreise aufgedruckt. Der innere gelbe Kreis hat einen Durchmesser von 12,2 cm. Die Kreisringe sind jeweils gleich „dick".
a) Berechne den Flächeninhalt der Zielscheibe.
b) Berechne die Flächeninhalte der einzelnen Ringe.

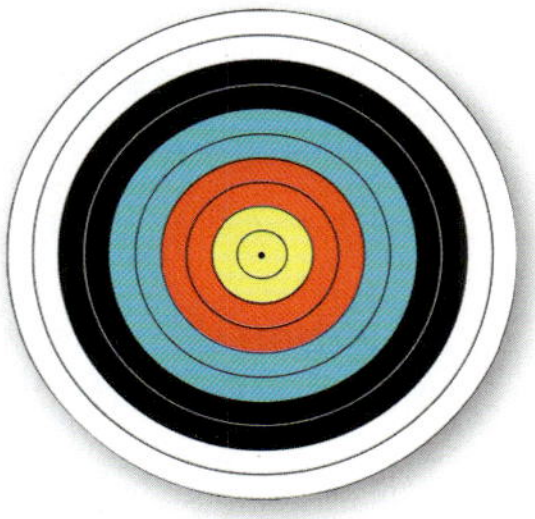

*Konzentrische Kreise haben einen gemeinsamen Mittelpunkt, aber verschiedene Radien.*

**4** Bei dem Kreissegment eines Viertelkreises mit dem Radius r = a ergeben sich für den Flächeninhalt und den Umfang folgende Zusammenhänge:

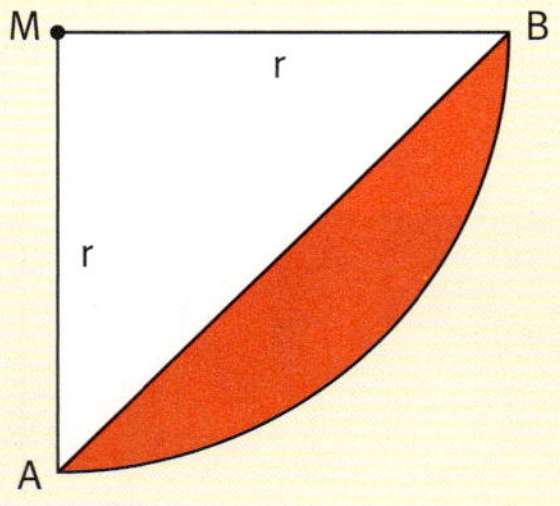


Flächeninhalt des Segments eines Viertelkreises:
$$A_{Segment} = A_{Viertelkreis} - A_{Dreieck}$$
$$= \frac{1}{4}r^2\pi - \frac{1}{2}r^2 = \frac{1}{4}r^2 \cdot (\pi - 2) \approx 0{,}29r^2$$

Länge des Umfang des Segments eines Viertelkreises:
$$u_{Segment} = \overset{\frown}{AB} + \overline{AB}$$
$$= \frac{1}{4} \cdot 2r\pi + r\sqrt{2} = r \cdot \left(\frac{\pi}{2} + \sqrt{2}\right) \approx 3{,}0r$$

a) Überprüfe die Richtigkeit der Berechnungen.
b) Zeichne zunächst ein Kreissegment und berechne anschließend seinen Umfang und Flächeninhalt.
(1) r = 0,6 dm; μ = 90°  (2) r = 40 mm; μ = 60°  (3) r = 5 cm; μ = 45°

*Bestimme geschickt die Höhe des gleichschenkligen Dreiecks.*

**5** Übertrage die farbig markierte Figur in dein Heft und berechne die Länge der grünen Randlinie sowie den Flächeninhalt.

a)
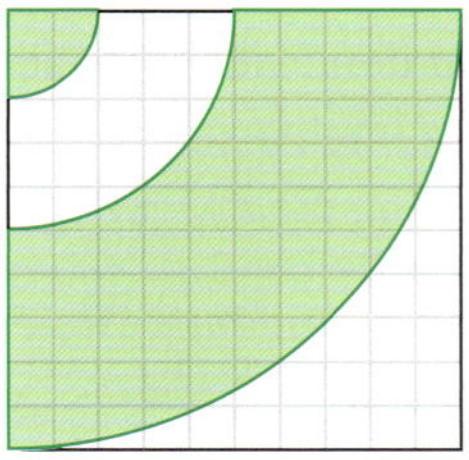

b)
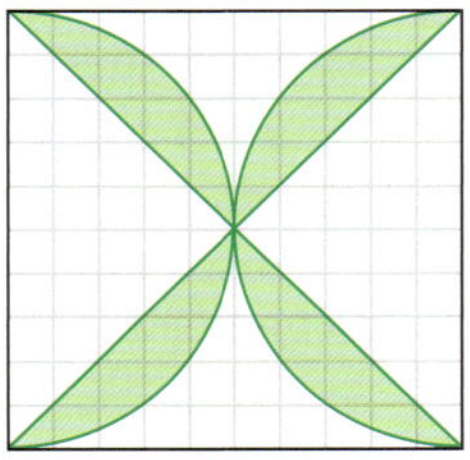

**6** Der Scheibenwischer eines Autos überstreicht bei einem Vollauschlag einen Winkel von 135°. Der Reinigungsgummistreifen ist 45 cm lang und 15 cm vom Drehpunkt entfernt angebracht. Berechne die Größe der Fläche, die der Wischergummi überstreicht.

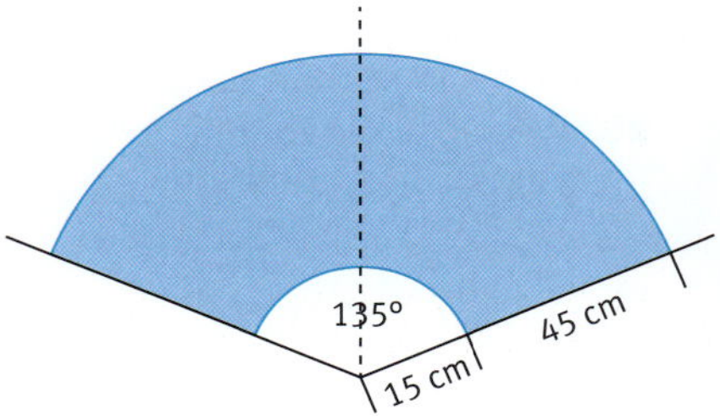

**7** Bei einer von einem Wassertropfen ausgelösten Welle bilden vier konzentrische Kreise drei Kreisringe. Ihre Flächeninhalte betragen jeweils 30 $cm^2$. Der Flächeninhalt des innersten Kreises ist 40 $cm^2$.

**a)** Bestimme durch Rechnung zunächst die Radien der äußeren Kreise und zeichne anschließend die konzentrischen Kreise.

**b)** Bestimme die Breite der Kreisringe.

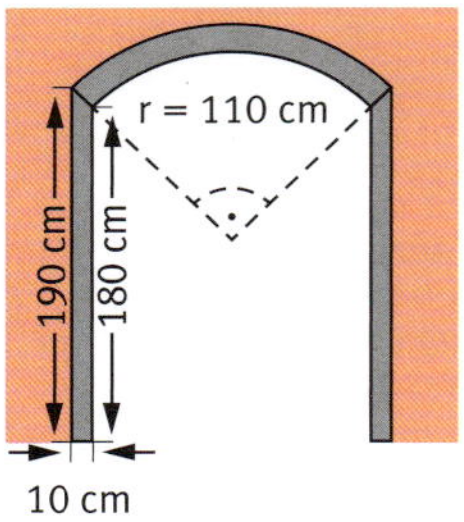


**8** Zur Unterstützung eines Torbogens verwendet man in der Regel drei Steinplatten.

**a)** Berechne den Flächeninhalt $A_G$ der drei grauen Steinplatten.

**b)** Das Volumen V der Steinplatten ergibt sich aus $V = A_G \cdot d$, wobei d die Tiefe des Torbogens ist. Berechne V für d = 25 cm.

**c)** Welche Masse haben die Steinplatten, wenn die Dichte des Steins $\rho = 2{,}8\,\frac{kg}{dm^3}$ beträgt?

**9** Gegeben ist nebenstehender Sportplatz mit Wettkampfbahn.

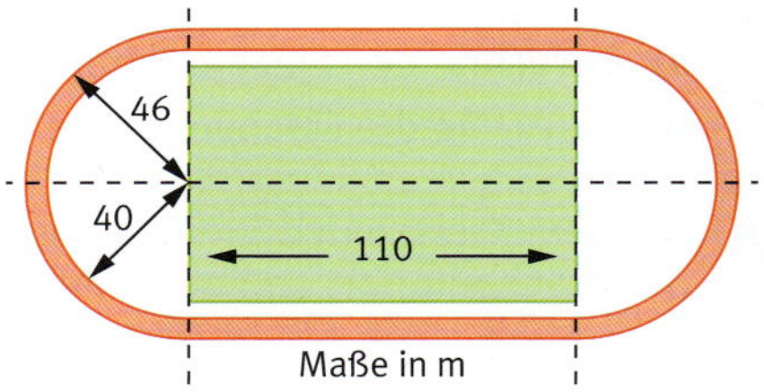


**a)** Bestimme für die von der Wettkampfbahn begrenzte Innenfläche den Flächeninhalt und den Umfang.

**b)** Berechne den Flächeninhalt der Bahn.

**c)** Für die Renovierung der Wettkampfbahn müssen pro Quadratmeter 1250 € bezahlt werden. Wie teuer ist die Renovierung?

**10** Die Sportart Ringen findet auf einer Ringermatte statt, deren zentrale gelbe Ringkampffläche einen Durchmesser von 7 m hat. Diese Kampffläche wird von einer 1 m breiten (roten) Passivzone umgeben. Berechne, wie viel Prozent der gesamten Kreisfläche diese rote Passivzone ausmacht.

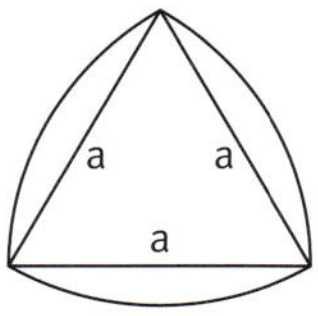


*Theoretisch könnte man Räder für Autos in Form von Reuleaux-Dreiecken bauen.*

**11** Die Abbildung zeigt ein sogenanntes Reuleaux-Dreieck, dem ein gleichseitiges Dreieck zugrunde liegt.

**a)** Berechne den Umfang und den Flächeninhalt eines solchen „Dreiecks" für …

(1) a = 5 cm. (2) allgemeines a.

**b)** Das Reuleaux-Dreieck hat beispielsweise mit dem Kreis eine besondere Eigenschaft gemeinsam: Beide Figuren haben jeweils überall dieselbe Breite. Schneide einen Kreis und ein Reuleaux-Dreieck aus Pappe aus und zeige diese Eigenschaft. Recherchiere gegebenenfalls.

**12** Die Abbildung zeigt die Sitzverteilung des 18. Deutschen Bundestages nach der Wahl im Jahr 2013.

a) Bestimme anhand der Sitzverteilung die Anteile der einzelnen Parteien im Bundestag.

b) Stelle die Sitzverteilung in deinem Heft in Form eines halben Kreisrings dar mit R = 5 cm und r = 2 cm.

c) Berechne jeweils den Flächeninhalt der einzelnen Teile des Kreisrings für jede Partei in der Darstellung in deinem Heft aus b).

18. Deutsche Bundestag

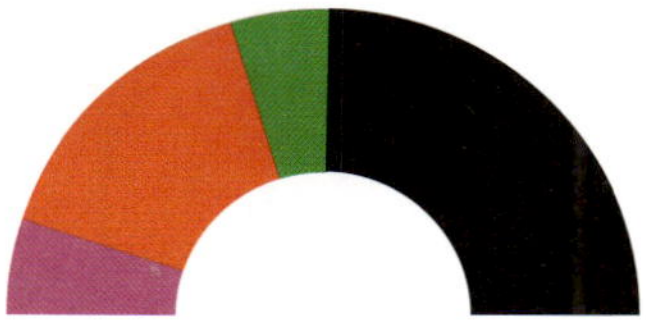

von 163 Sitzen entfallen auf:
- Die Linke: 64
- SPD: 193
- Bündnis 90/Die Grünen: 63
- CDU/CSU: 311

**13** Berechne jeweils den Flächeninhalt der rot und blau eingefärbten Fläche in Abhängigkeit von r. Es gilt: R = 2 r.

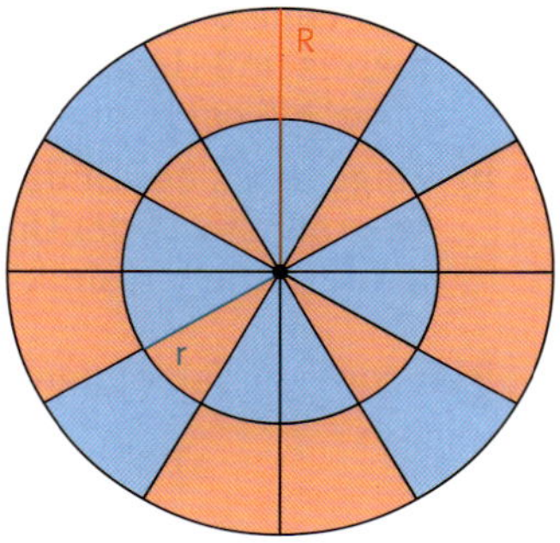


**14** Lauter Möndchen:

a) Berechne den Flächeninhalt der grün gekennzeichneten Fläche für R = 20 cm und r = 8 cm.

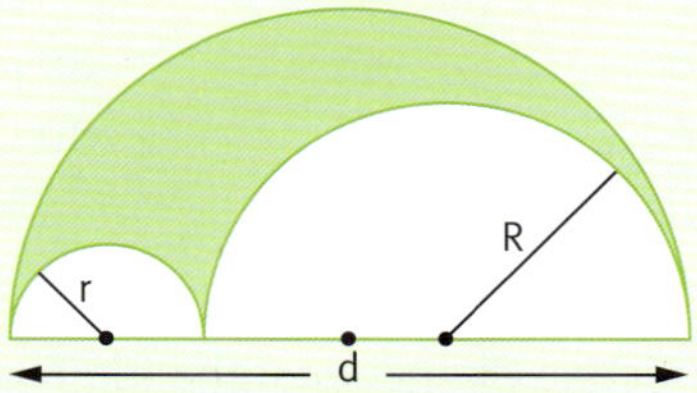


b) Weise allgemein nach, dass die grün und die gelb gefärbte Fläche denselben Flächeninhalt haben.

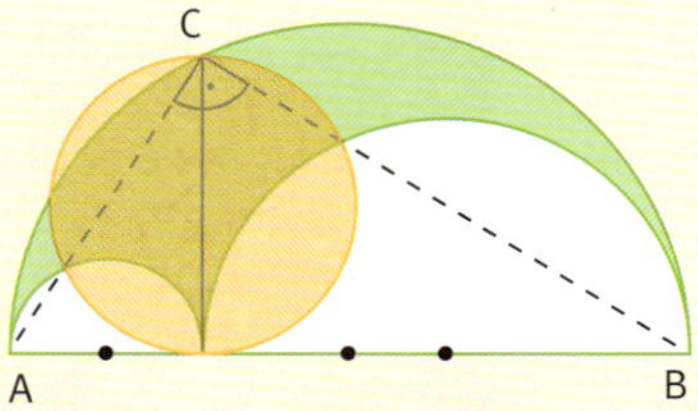


c) Beweise, dass die farbig gekennzeichnete Fläche denselben Flächeninhalt hat wie das Dreieck ABC.
Hinweis: Beachte auch den Kasten zu den Möndchen des Hippokrates auf Seite 219.

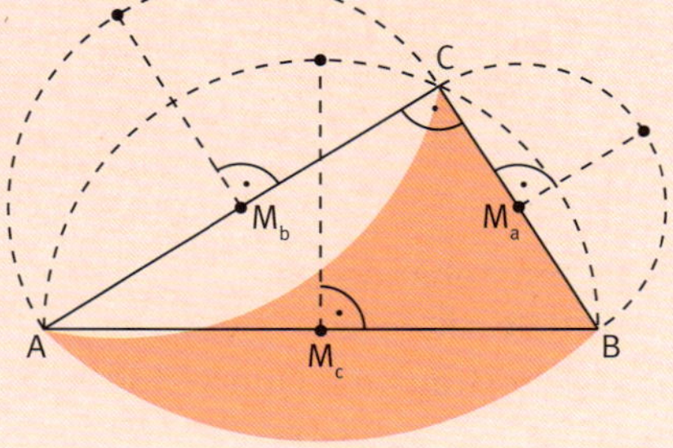

**1** Berechne Flächeninhalt und Umfang (innen und außen) der farbigen Figuren.

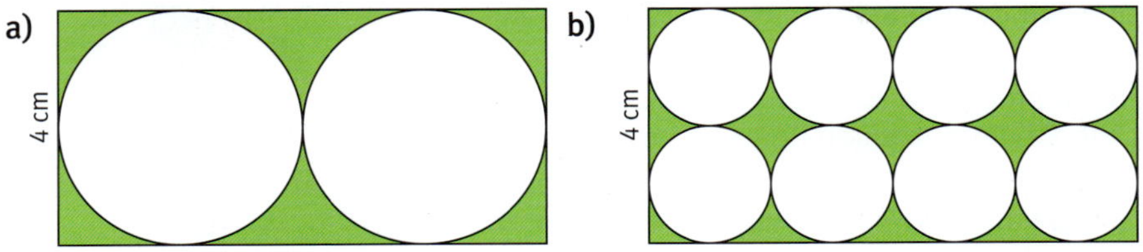


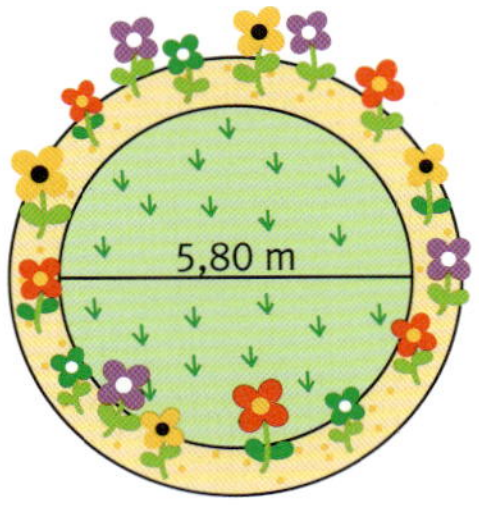


**2** Um eine kreisförmige Rasenfläche mit einem Durchmesser von 5,80 m soll ein Streifen von 70 cm Breite mit Blumen bepflanzt werden. Berechne die Größe der zu bepflanzenden Fläche.

**3** **a)** Berechne die Größe der Kreisringfläche, die Inkreis und Umkreis eines gleichseitigen Dreiecks mit a = 5 cm bilden.
**b)** Zeige, dass der Umfang der zwei kleinen Kreise so groß ist wie der Umfang des Kreises, dem sie einbeschrieben sind.

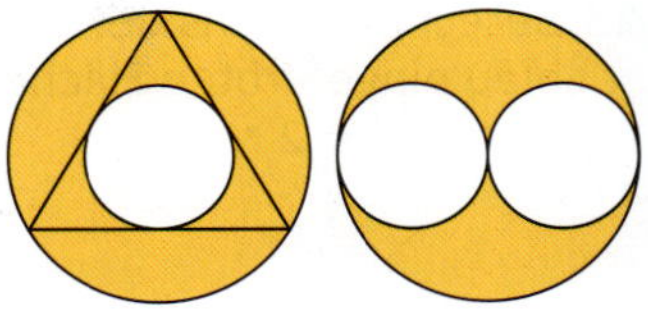

**4** Berechne die fehlenden Größen eines Kreissektors. Runde auf zwei Dezimalen.

| | a) | b) | c) | d) | e) |
|---|---|---|---|---|---|
| r | 6 cm | ▢ | ▢ | 3,2 dm | ▢ |
| d | ▢ | ▢ | 4,8 dm | ▢ | ▢ |
| $\mu$ | 40° | ▢ | 122° | ▢ | 40° |
| b | ▢ | 80 mm | ▢ | ▢ | 1,6 m |
| $A_{Sektor}$ | ▢ | 30 cm² | ▢ | 38 cm² | ▢ |
| $u_{Sektor}$ | ▢ | ▢ | ▢ | ▢ | ▢ |

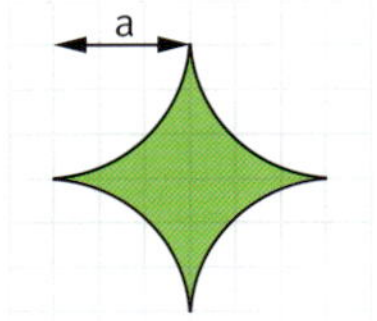


**5** Zeichne die nebenstehende Figur und berechne ihren Umfang und Flächeninhalt für …
**a)** a = 1,5 cm. **b)** a = 4 cm. **c)** allgemeines a.

**6** Die abgebildeten Figuren haben alle den gleichen Flächeninhalt $A = 40\ cm^2$. Vergleiche ihre Umfänge.

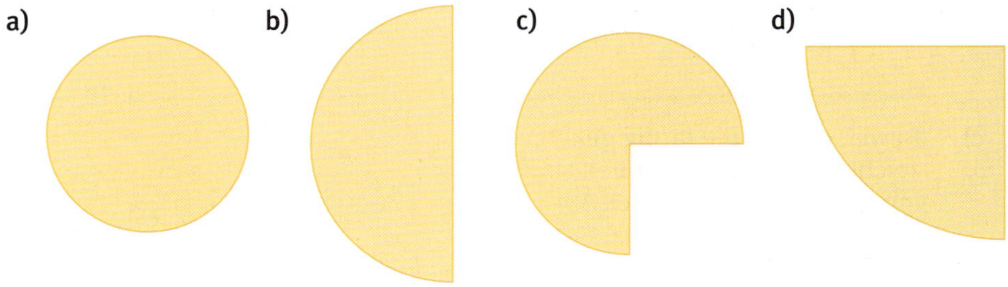


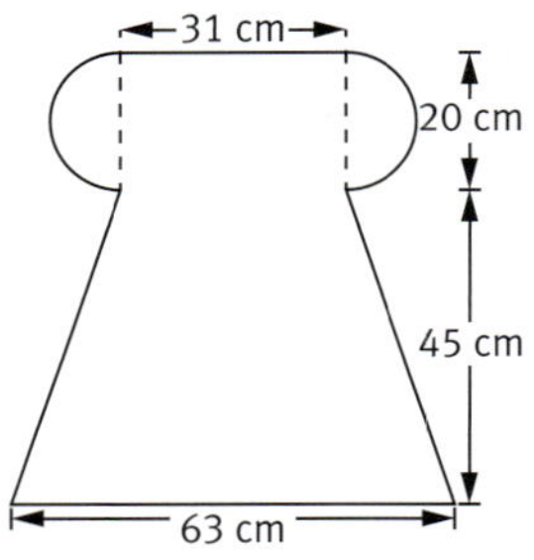


**7** Nebenstehende Skizze zeigt die Querschnittsfläche eines achsensymmetrischen Werkstücks.
**a)** Übertrage die Querschnittsfläche im Maßstab 1 : 10 in dein Heft.
**b)** Berechne den Flächeninhalt und den Umfang der Querschnittsfläche.

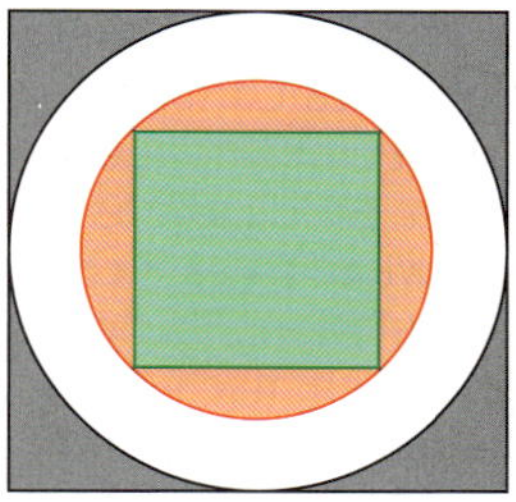

**8** Das nebenstehende punktsymmetrische Leinwandgemälde lässt sich durch die unterschiedliche Farbenwahl in vier Flächen einteilen. Die Leinwand ist quadratisch und hat eine Seitenlänge von a = 50 cm. Das innenliegende grüne Quadrat hat eine Seitenlänge von $\frac{a}{2}$.

**a)** Übertrage das Gemälde im Maßstab 1 : 10 in dein Heft.

**b)** Berechne die Inhalte der einzelnen Farbflächen.

**c)** Berechne die Inhalte der vier einzelnen Farbflächen allgemein.

**9** Gegeben ist eine Schar von Kreisringen, die einen Innenradius von r = 1 m und einen Außendurchmesser von $d(x) = (2 + x)$ m mit $x \in \mathbb{R}^+$ besitzen.

**a)** Stelle Umfang und Flächeninhalt der Kreisringe in Abhängigkeit von x dar.

**b)** Bestimme x so, dass der zugehörige Ring einen ...

① Flächeninhalt von 100 m² hat. ② einen Umfang von 50 m hat.

**11** Für die folgende Aufgabe gehen wir von einem Erdradius von 6378 km aus.

**a)** Berechne den Äquatorialumfang.

**b)** Stell dir vor, jemand legt entlang des Äquators ein Seil um die Erde. Jetzt wird die Länge des Seils um 1 m verlängert. Wie weit steht das Seil von der Erde ab, wenn man es überall gleichmäßig hochhebt? Skizziere zunächst.

**c)** Zeige, dass die Zunahme des Radius unabhängig vom Ausgangsradius ist.

**12** Der Heckscheibenwischer eines Autos überstreicht einen Winkel von 170°. Der Gummistreifen ist 35 cm lang und 10 cm vom Drehpunkt entfernt angebracht.

**a)** Fertige eine Skizze an.

**b)** Berechne den Inhalt der Fläche, die der Wischergummi überstreicht.

**c)** Die vom Heckscheibenwischer überstrichene Fläche beträgt 56 % der gesamten Heckscheibe. Der Scheibenwischer der Frontscheibe überstreicht bei Vollausschlag eine Fläche von 4860 cm². Dies entspricht 73 % der Frontscheibe. Welche Scheibe ist größer? Vergleiche prozentual.

**Geschichte**

**Die Kreiszahl π in der Geschichte der Menschheit**

Heute weiß man, dass die Kreizahl π irrational ist, d. h. ihre Dezimaldarstellung ist unendlich und weist keine Periode auf. Deshalb waren die Menschen seit langem darum bemüht, π möglichst genau anzugeben.

Archimedes

| Zeit | Personen(kreis) | Näherungswert |
|---|---|---|
| 2000 v. Chr. | Ägypter | $\left(\frac{16}{9}\right)^2$ |
| 220 v. Chr. | Archimedes (Griechenland) | $3\frac{10}{120} < \pi < 3\frac{1}{7}$ |
| 600 n. Chr. | Brahmagupta (Indien) | $\sqrt{10}$ |
| 1611 n. Chr. | Vieta (Italien) | $1{,}8 + \sqrt{1{,}8}$ |

- Berechne, welcher der angegebenen Werte π am genauesten angibt. Verwende als Vergleichsgröße den Taschenrechner-Wert von π.
- Recherchiere, mit welcher Methode Archimedes den Umfang eines Kreises ermittelt hat.
- Recherchiere im Internet, wie viele Nachkommastellen von π derzeit bekannt sind.

### π experimentell bestimmen

In Monte-Carlo, einer Stadt im Fürstentum Monaco, steht eines der berühmtesten Spielcasinos der Welt. Spielcasinos sind Orte des Zufalls – und so verwundert es nicht, dass eine mathematische Simulation, bei der Zufallszahlen zum Einsatz kommen, nach dieser Stadt benannt ist. Mit der **Monte-Carlo-Methode** kannst du zum Beispiel den Flächeninhalt von Kreisen bzw. einen Näherungswert für die Kreiszahl π bestimmen.
Die Idee ist, den Flächeninhalt des Kreises gegenüber dem des umschriebenen Quadrats abzuschätzen. Lass dazu Reiskörner zufällig auf das Quadrat regnen. Die Anzahl der Körner, die im Inneren des Kreises liegen, verhält sich zu der Gesamtzahl der Körner wie die Fläche des Kreises zu der des Quadrats.

$A_{Kreis} = \pi \cdot r^2$
$A_{Quadrat} = 4 \cdot r^2 \quad \Longrightarrow \frac{A_{Kreis}}{A_{Quadrat}} = \frac{\pi \cdot r^2}{4 \cdot r^2} = \frac{\pi}{4}$

Die **relative Häufigkeit** der Körner (Punkte) im Inneren des Kreises ist also ein Schätzwert für $\frac{\pi}{4}$.

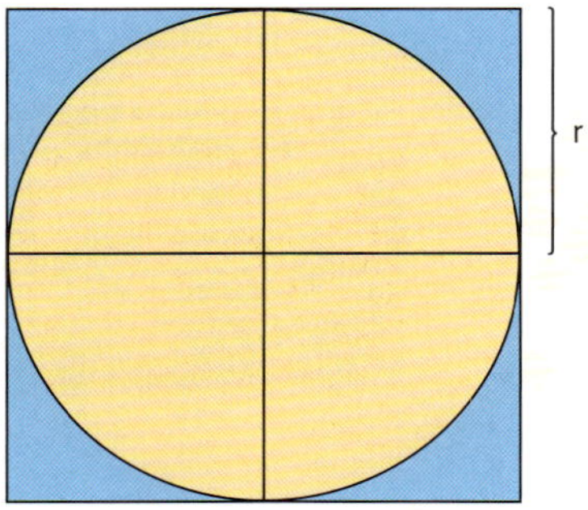


a) Bastle eine Schachtel mit quadratischer Grundfläche. Zeichne einen Kreis so ein, dass sein Rand die Quadratseiten berührt.
Bestimme einen Näherungswert für π.
Führe dazu das Experiment mit 100 Reiskörnern 20-mal durch und berechne den Mittelwert.
Beachte: Körner auf der Kreislinie gehören zum Kreis.
Tipp: Um dir das Abzählen der Körner zu ersparen, kannst du sie auch wiegen.

b) Führe dazu das Zufallsexperiment mit einem Viertelkreis durch und nimm statt Reiskörnern 100 Reißnägel. Was ändert sich in der Berechnung für π? Gib die Abweichung deiner Näherungslösung vom Taschenrechner-Wert von π in Prozent an.

### π mit dem örtlichen Telefonbuch bestimmen

In einem Telefonbuch werden die letzten beiden Ziffern der Telefonnummern von x aufeinander folgenden Personen betrachtet (auf die ersten Ziffern muss verzichtet werden, da diese in einem Telefonbezirk einen charakteristischen Wert besitzen, wodurch sie keinen Zufallszahlcharakter mehr besitzen):

| Person | Endziffern der Telefonnummer | Daraus resultierender Punkt P |
|---|---|---|
| 1 | ...4356 | $P_1$ (0,56 \| 0,78) |
| 2 | ...2778 | |
| 3 | ...9214 | $P_2$ (0,14 \| 0,07) |
| 4 | ...1807 | |
| ... | ... | ... |

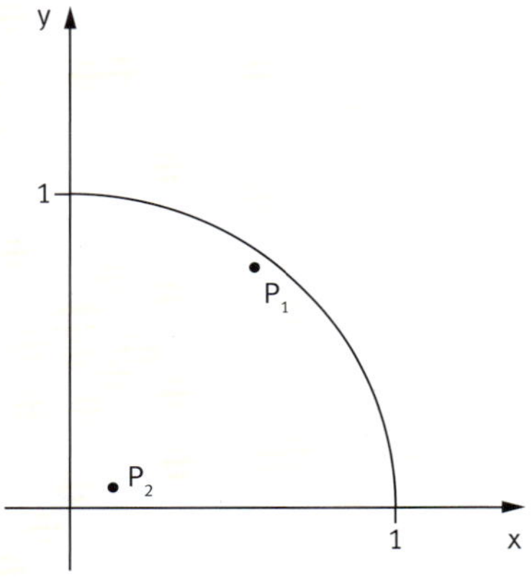

a) Ermittle von einer beliebigen Seite eines Telefonbuchs aus 40 aufeinander folgenden Telefonnummern 20 Zufallspunkte.

b) Bestimme mit diesen Punkten analog zum oben angeführten Experiment einen Näherungswert für π, indem du prüfst, ob die Punkte auf dem Viertelkreis liegen oder nicht.

c) Gib die Abweichung deiner Näherungslösung vom Taschenrechnerwert von π an.

**π mit einem Tabellenprogramm bestimmen**
Das Zufallsexperiment kann auch durch Punkte, deren Koordinaten Zufallszahlen zwischen 0 und 1 sind, simuliert werden. Die Zufallszahlen können mit einem Tabellenkalkulationsprogramm (Befehl in Excel: =Zufallszahl()) oder mittels CAS erzeugt werden.

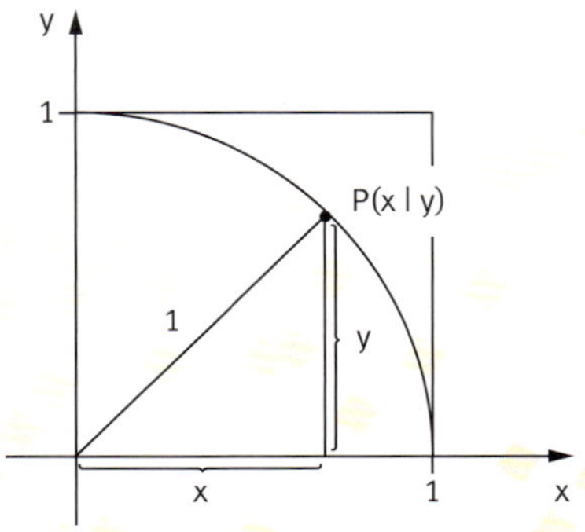


| | A | B | C | D | E | F | G |
|---|---|---|---|---|---|---|---|
| 1 | Versuch Nr. | Zufallszahl x-Koordinate | Zufallszahl y-Koordinate | $x^2 + y^2$ | Punkt auf dem Viertelkreis? | Anzahl Punkte | Näherungswert für Pi |
| 2 | 1 | 0,747189186 | 0,993966403 | 1,54626089 | Nein | 0 | 0 |
| 3 | 2 | 0,480473244 | 0,908466077 | 1,056165151 | Nein | 0 | 0 |
| 4 | 3 | 0,06815689 | 0,835632986 | 0,702927849 | Ja | 1 | 1,333333333 |
| 5 | 4 | 0,749986385 | 0,016770971 | 0,562760844 | Ja | 2 | 2 |
| 6 | 5 | 0,092284332 | 0,10278039 | 0,019080207 | Ja | 3 | 2,4 |
| 7 | 6 | 0,562551582 | 0,637441037 | 0,722795358 | Ja | 4 | 2,666666667 |
| 8 | 7 | 0,251767678 | 0,428203906 | 0,246745549 | Ja | 5 | 2,857142857 |
| 9 | 8 | 0,901158318 | 0,126618409 | 0,828118535 | Ja | 6 | 3 |
| 10 | 9 | 0,11951898 | 0,674982114 | 0,469885641 | Ja | 7 | 3,111111111 |
| 11 | 10 | 0,356182354 | 0,116824173 | 0,140513757 | Ja | 8 | 3,2 |
| 12 | 11 | 0,679168493 | 0,72553596 | 0,98767227 | Ja | 9 | 3,272727273 |
| 13 | 12 | 0,280669146 | 0,998147209 | 1,075073021 | Nein | 9 | 3 |
| 14 | 13 | 0,652849974 | 0,792702226 | 1,054589907 | Nein | 9 | 2,769230769 |
| 15 | 14 | 0,463807703 | 0,821184186 | 0,889461053 | Ja | 10 | 2,857142857 |
| 16 | 15 | 0,066619075 | 0,852719163 | 0,731568073 | Ja | 11 | 2,933333333 |
| 17 | 16 | 0,005177015 | 0,303333517 | 0,092038024 | Ja | 12 | 3 |
| 18 | 17 | 0,612522888 | 0,006682898 | 0,37522895 | Ja | 13 | 3,058823529 |
| 19 | 18 | 0,313978597 | 0,026458699 | 0,099282622 | Ja | 14 | 3,111111111 |

**a)** Erläutere das abgebildete Tabellenblatt. Wie wird mittels der Koordinaten eines Zufallspunkts P entschieden, ob P auf dem Viertelkreis liegt oder nicht?

**b)** Erstelle ein Tabellenblatt und bestimme einen Näherungswert für π.

**c)** Erläutere das Diagramm in Abhängigkeit von der Punkteanzahl. Nimm Stellung zur Aussage: Der Wert für π wird „immer besser". Überprüfe selbst mithilfe des Tabellenblattes.

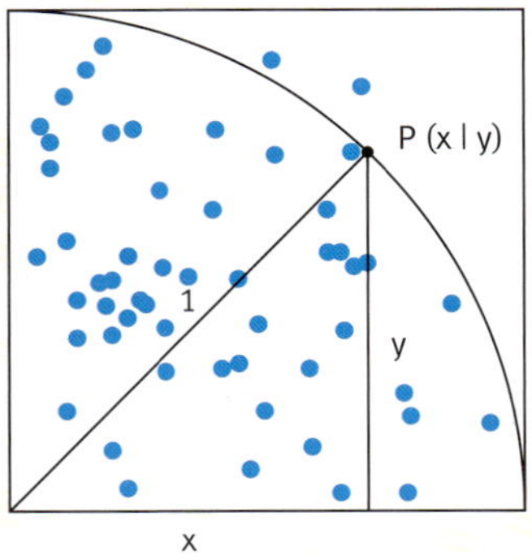


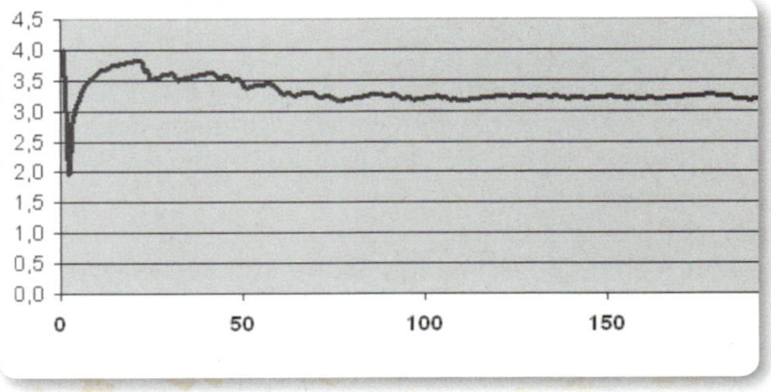

Überprüfe deine Fähigkeiten und Kenntnisse. Bearbeite dazu die folgenden Aufgaben und bewerte anschließend deine Lösungen mit einem Smiley.

| ☺ | 😐 | ☹ |
|---|---|---|
| Das kann ich! | Das kann ich fast! | Das kann ich noch nicht! |

Hinweise zum Nacharbeiten findest du auf der folgenden Seite. Die Lösungen findest du unter www.ccbuchner.de/medien (Eingabe 8439-02).

**Aufgaben zur Einzelarbeit**

**1** Berechne Umfang und Flächeninhalt der Kreise.
   **a)** $r = 5{,}7$ cm  **b)** $r = 2{,}5$ cm  **c)** $r = 18$ mm
   **d)** $r = 0{,}15$ km  **e)** $d = 6{,}2$ cm  **f)** $d = 1{,}91$ km

**2** Berechne den Radius und den Flächeninhalt der Kreise.
   **a)** $u = 165$ m  **b)** $u = 2$ km  **c)** $u = 9$ m
   **d)** $u = 7{,}4$ dm  **e)** $u = 40\,000$ km  **f)** $u = 2\pi$ m

**3** Berechne den Radius und den Umfang der Kreise.
   **a)** $A = 548$ cm²  **b)** $A = 2$ m²  **c)** $A = 19{,}625$ a
   **d)** $A = 7{,}7$ km²  **e)** $A = 47$ ha  **f)** $A = 3{,}14$ km²

**4** Welchen Durchmesser und welche Querschnittsfläche hat ein Baumstamm von 94 cm (20,5 dm; 3,78 m) Umfang?

**5** Berechne den Durchmesser eines Leitungsdrahtes mit einer Querschnittsfläche von 1 cm² (80 mm²; 34 mm²).

**6** Berechne Flächeninhalt und Umfang eines Kreises mit $r = 8$ cm. Innerhalb welcher Grenzen liegt das Ergebnis, wenn mit zwei (drei) gültigen Stellen von $\pi$ gerechnet wird?

**7** Berechne die fehlenden Größen für Kreissektoren. Runde auf eine Dezimale.

|  | a) | b) | c) | d) |
|---|---|---|---|---|
| r | 5 dm | 4,8 cm | ☐ | ☐ |
| d | ☐ | ☐ | ☐ | ☐ |
| μ | 40° | 125° | ☐ | 35° |
| b | ☐ | ☐ | 85 cm | 110 mm |
| $A_s$ | ☐ | ☐ | 32 dm² | ☐ |

**8** Übertrage die Tabelle in dein Heft. Berechne die gesuchten Kreisteile.

|  | a) | | | | b) | | | |
|---|---|---|---|---|---|---|---|---|
| r | ☐ | ☐ | ☐ | ☐ | ☐ | ☐ | ☐ | ☐ |
| b | ☐ | ☐ | ☐ | ☐ | ☐ | ☐ | ☐ | ☐ |
| $A_{Sektor}$ | ☐ | ☐ | ☐ | ☐ | ☐ | ☐ | ☐ | ☐ |

**9** Die Radien eines Kreisrings betragen $R = 7{,}5$ cm und $r = 5{,}8$ cm. Berechne den Flächeninhalt des Kreisrings.

**10** Um ein kreisförmiges Rosenbeet mit einem Durchmesser von 7,20 m soll ein Rasenstreifen von 60 cm Breite angesät werden.
   **a)** Fertige eine Skizze an.
   **b)** Berechne den Flächeninhalt des Rasenstreifens.
   **c)** Der Rasenstreifen soll innen und außen von Steinen eingegrenzt werden. Für welche Länge müssen insgesamt Steine bereitgestellt werden?

**11** Um wie viel Prozent ist der Flächeninhalt eines Kreises größer als der Flächeninhalt eines Quadrats, das den gleichen Umfang wie der Kreis hat?

**12** Bestimme den Mittelpunktswinkel eines Kreissektors, der den gleichen Flächeninhalt hat wie ein Quadrat über dem Radius des Kreissektors.

**13** Ein geostationärer Satellit steht relativ zur Erdoberfläche gesehen immer an der gleichen Stelle. Berechne für einen mittleren Erdumfang von 40 024 km die Tangentiallänge t.

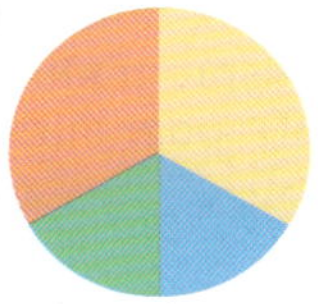

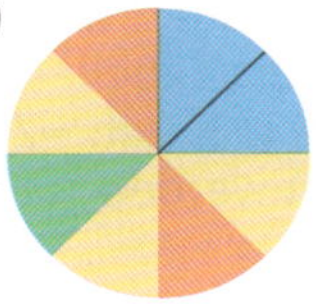

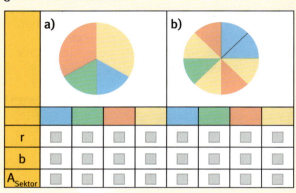

**14** Einräder kann man in den Größen 16, 18 und 20 Zoll kaufen (1 Zoll = 2,54 cm). Wie viele Umdrehungen macht ein solches Einrad dabei jeweils auf einer Wegstrecke von 1,5 km?

**15** Bei einem Fahrrad haben die Räder einen äußeren Durchmesser von d = 67 cm. Ein Kettenblatt der Tretkurbel hat 48 Zähne, drei der Ritzel am Hinterrad besitzen 24, 20 und 16 Zähne.

**a)** Berechne die Übersetzungen der einzelnen Gänge.

**b)** Ein Radfahrer fährt eine 9 km lange Trainingsstrecke. Wie oft muss er die Tretkurbel treten, wenn er jeweils ein Drittel der Strecke mit einem der drei Gänge aus a) fährt?

**16** Nebenstehende Schablone soll aus einer rechteckigen Holzplatte gesägt werden. Wie viel Prozent beträgt der Holzabfall?

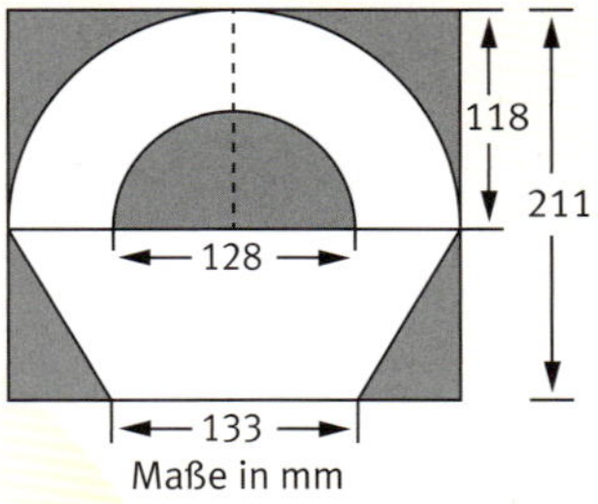


**17** Das Bild zeigt je eine grüne, gelbe und blaue Fläche. Die gekennzeichneten Mittelpunkte zerlegen den Durchmesser des großen Kreises in sechs gleich lange Teile. Zeige allgemein, dass die drei Flächen den gleichen Flächeninhalt besitzen.

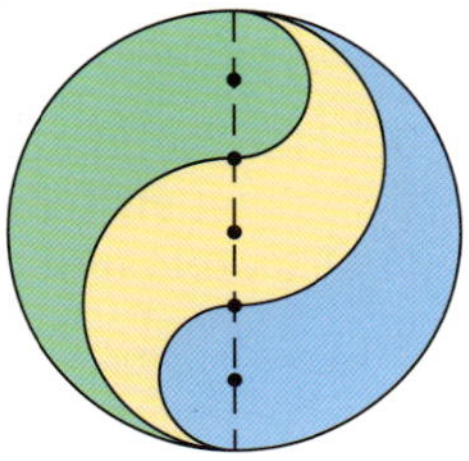

**Arbeitsschritte**

1 Bearbeite die folgenden Aufgaben alleine.
2 Suche dir einen Partner und erkläre ihm deine Lösungen. Höre aufmerksam und gewissenhaft zu, wenn dein Partner dir seine Lösungen erklärt.
3 Korrigiere gegebenenfalls deine Antworten und benutze dazu eine andere Farbe.

Sind folgende Behauptungen **richtig** oder **falsch**? Begründe schriftlich.

**18** Die Kreiszahl $\pi$ lässt sich als Bruch darstellen.

**19** Radius und Umfang eines Kreises sind zueinander proportional.

**20** Durchmesser und Flächeninhalt eines Kreises sind zueinander proportional.

**21** Das Maß des Mittelpunktswinkels ist direkt proportional zur Länge des zugehörigen Kreisbogens.

**22** Der Umfang des Kreissektors ist genauso groß wie die Summe des zugehörigen Kreisbogens und des Kreisdurchmessers.

**23** Zur Berechnung des Flächeninhalts des Kreissektors benötigt man keinen Mittelpunktswinkel.

**24** Verdoppelt man sowohl den Innen- als auch den Außenradius eines Kreisrings, so verdoppelt sich die Kreisringfläche.

**25** Die Fläche des Kreissegments ist direkt proportional zur zugehörigen Kreissektorfläche.

**26** Das Maß des Mittelpunktswinkels ist direkt proportional zur Fläche des zugehörigen Kreissegments.

| Aufgabe | Ich kann … | Hilfe |
|---|---|---|
| 1, 3, 4, 6, 11, 14, 15, 17, 19, 20 | am Kreis Flächeninhalt bzw. Umfang bestimmen und Zusammenhänge erkennen. | S. 216 |
| 2, 3, 4, 5, 13 | am Kreis den Radius aus Flächeninhalt bzw. Umfang bestimmen. | S. 216 |
| 7, 8, 12, 21, 22, 23 | fehlende Kreisgrößen am Kreisbogen und -sektor berechnen. | S. 218 |
| 9, 10, 16, 24 | fehlende Größen am Kreisring ermitteln. | S. 220 |
| 25, 26 | Größen von einfachen Kreissegmenten berechnen. | S. 220 |

S. 216

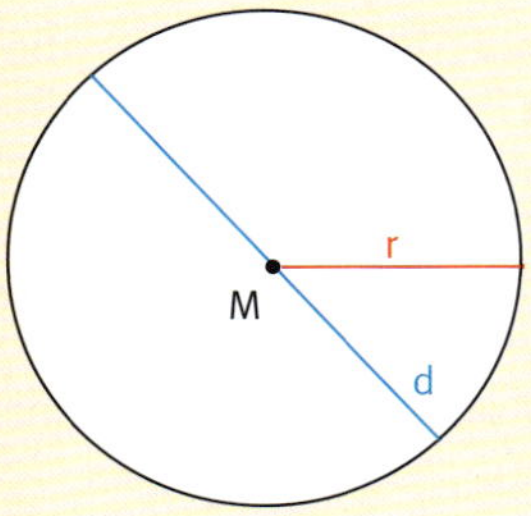


Bei Kreisen gibt es folgende Proportionalitäten:

- Der Umfang des Kreises ist proportional zum Durchmesser bzw. Radius.
- Der Flächeninhalt des Kreises ist proportional zum Quadrat des Radius.

Der **Proportionalitätsfaktor** ist jeweils die **Kreiszahl** $\pi$ (sprich: Pi).
$\pi$ ist eine irrationale Zahl:
$\pi = 3{,}1415926535897932...$

**Umfang u eines Kreises**
$u = \pi \cdot d = 2\pi \cdot r$

**Flächeninhalt A eines Kreises**
$A = \pi \cdot r^2$

S. 218

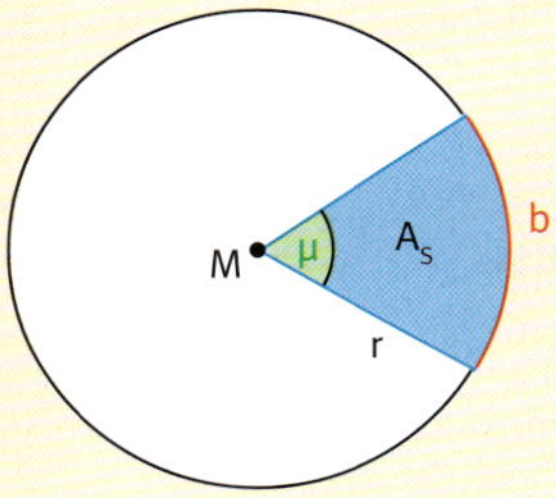


Sind bei einem Kreis der Radius r und der Mittelpunktswinkel $\mu$ gegeben, so lassen sich folgende Kreisteile berechnen:

**Länge b des Kreisbogens**
$b = \frac{\mu}{360°} \cdot 2\pi\, r = \frac{\mu}{180°} \cdot \pi\, r$

**Umfang $u_S$ des Kreissektors**
$u_S = b + 2r$

**Flächeninhalt $A_S$ des Kreissektors**
$A_S = \frac{\mu}{360°} \cdot \pi\, r^2$

S. 220

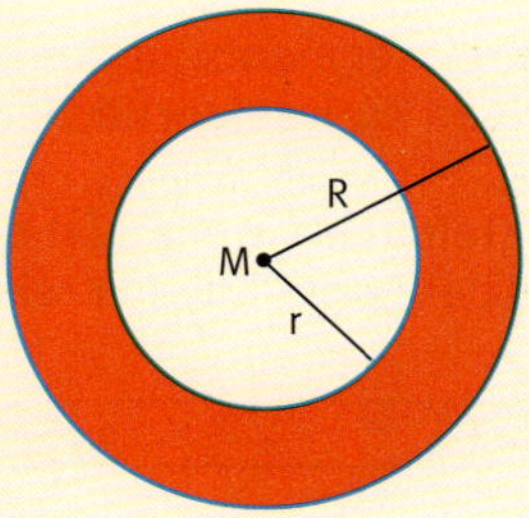


Sei bei einem Kreisring R der Radius des Außenkreises und r der Radius des Innenkreises. Dann gilt:

**Flächeninhalt $A_{Ring}$ der Kreisringfläche**
$A_{Ring} = \pi \cdot (R^2 - r^2)$

**Umfang $u_{Ring}$ der Kreisringfläche**
$u_{Ring} = 2\pi \cdot (R + r)$

S. 220

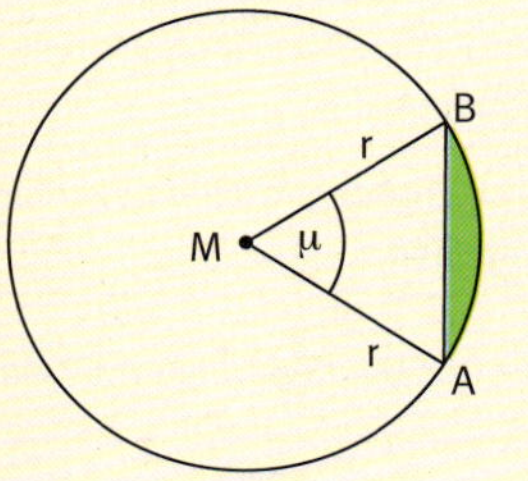


Der **Flächeninhalt eines Kreissegments** ergibt sich damit als Differenz des Flächeninhalts des Kreissektors und eines gleichschenkligen Dreiecks:
$A_{Segment} = A_{Sektor} - A_{\Delta MAB}$

## Quadratische Funktionen

**1** Gib an, welche der folgenden Punkte auf der Parabel mit der Gleichung $y = x^2$ liegen:
A (−2|−4); B (−1|1); C (2|2); D (4|16); E (5|55)

**2** Gegeben ist eine Parabel p: $y = 5x^2$. Ergänze die fehlenden Koordinaten so, dass die Punkte auf der Parabel liegen.
A (2|□); B ($\frac{1}{2}$|□); C (□|0); D (□|25)

**3** Bestimme zu den jeweiligen Funktionswerten die passenden Gleichungen der Form $y = ax^2$.

| x | −2 | −0,5 | 0 | 0,5 | 2 |
|---|---|---|---|---|---|
| **a)** | 4 | 0,25 | 0 | 0,25 | 4 |
| **b)** | 6,4 | 0,4 | 0 | 0,4 | 6,4 |
| **c)** | −6,4 | −0,4 | 0 | −0,4 | −6,4 |
| **d)** | 2 | 0,125 | 0 | 0,125 | 2 |
| **e)** | −2 | −0,125 | 0 | −0,125 | −2 |

**4** Bestimme die Koordinaten des Scheitelpunktes der quadratischen Funktion.

**a)** $y = x^2 - 3$ **b)** $y = (x + 2)^2$
**c)** $y = 2{,}5x^2 - 4$ **d)** $y = -(x^2 + 3) - 1$

**5** Ordne den Graphen jeweils die passende Funktionsgleichung zu.

A $y = -0{,}5\,(x - 1)^2$
B $y = 2x + 1$
C $y = 2x^2 - 4x + 5$
D $y = (x + 2)^2$
E $y = -2x^2 - 1{,}5$

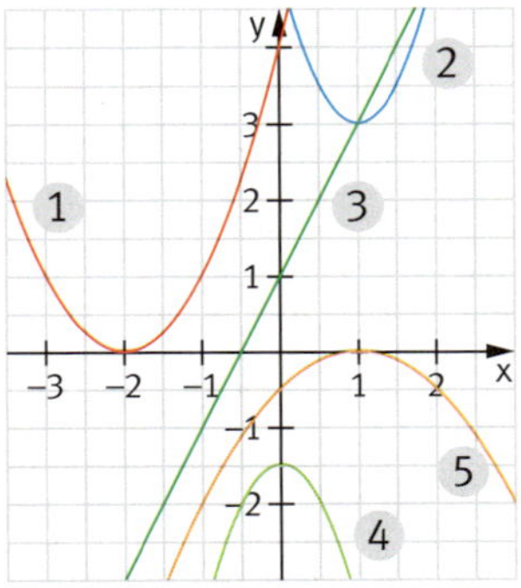


**6** Die Parabel p wird durch den Vektor $\vec{v}$ auf die Parabel p' abgebildet. Ermittle rechnerisch die Parabelgleichung von p'.

**a)** p: $y = -2x^2 + 10x - 20$ $\vec{v} = \binom{3}{5}$

**b)** p: $y = 0{,}4x^2 - 12x - 2$ $\vec{v} = \binom{-2}{3}$

**7** Bestimme die Koordinaten des Scheitelpunktes, die Definitions- und Wertemenge und die Symmetrieachse der Parabel.

**a)** $y = -0{,}5x^2 + 8x + 18$ **b)** $y = -2x^2 + 12x + 19$

## Zusammengesetzte Zufallsexperimente

**8** Eine Laplace-Münze wird zweimal hintereinander geworfen. Bestimme die Wahrscheinlichkeit dafür, dass …

**a)** im ersten Wurf „Zahl“ kommt.
**b)** im zweiten Wurf „Zahl“ kommt.
**c)** nur im zweiten Wurf „Zahl“ kommt.
**d)** höchstens einmal „Zahl“ kommt.
**e)** in beiden Würfen „Zahl“ kommt.

**9** Anne und Lukas werfen Körbe mit dem Basketball. Annes Trefferquote liegt bei 40 %, die von Lukas bei 30 %. Mit welcher Wahrscheinlichkeit gelingt insgesamt mindestens ein Korb, wenn jeder nur einmal werfen darf?

**10** Das abgebildete Glücksrad wird zweimal gedreht. Berechne die Wahrscheinlichkeit (als Bruch), dass …

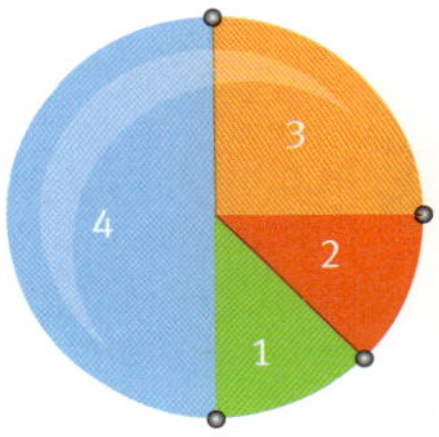


**a)** zuerst 1 und dann 3 auftritt.
**b)** beide Male eine ungerade Zahl auftritt.
**c)** die Summe der beiden Zahlen 8 ergibt.
**d)** die Summe der beiden Zahlen 5 ergibt.
**e)** beide Zahlen gleich sind.
**f)** die zweite Zahl kleiner ist als die erste.

**11** Vervollständige die fehlenden Wahrscheinlichkeiten im Baumdiagramm.

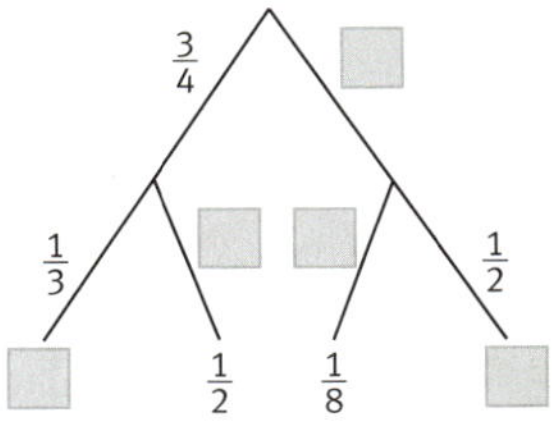


**12** Beim Lotto „3 aus 5“ wird dreimal je eine Kugel gezogen und wieder zurückgelegt. Welche der folgenden Terme geben die Wahrscheinlichkeit an, dass dabei höchstens zweimal die Eins gezogen wird?

1 $\left(\frac{2}{5}\right)^2 \cdot \frac{3}{5}$ 2 $1 - \left(\frac{1}{5}\right)^3$

3 $3 \cdot \frac{2}{5} \cdot \frac{3}{5}$ 4 $1 - \left(\frac{2}{5}\right)^3$

5 $\left(\frac{4}{5}\right)^3 + 3 \cdot \frac{4}{5} \cdot \left(\frac{1}{5}\right)^2 + 3 \cdot \left(\frac{4}{5}\right)^2 \cdot \frac{1}{5}$

## Satzgruppe des Pythagoras

**13** a) Zeige rechnerisch, dass das Dreieck ABC mit A (−1 | 3), B (9 | 3) und C (7 | 7) rechtwinklig ist.

b) Berechne die Höhe $h_c$ des bei C rechtwinkligen Dreiecks ABC mit a = 4 cm und b = 3 cm.

**14** Das Dreieck ABC ist rechtwinklig bei B. Überprüfe, ob auch für die eingezeichneten Halbkreise der „Satz des Pythagoras“ gilt.

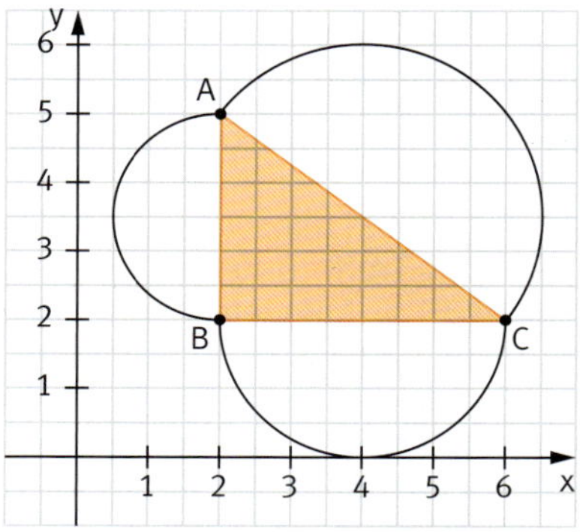


**15** In eine zylinderförmige Dose (h = 10 cm, d = 6 cm, Öffnungsrand 2 cm vom Dosenrand entfernt) wird ein 19 cm langer Trinkhalm gesteckt. Wie weit ragt der Halm mindestens aus der Dose?

**16** Drei gleich große Kreise mit Radius r berühren sich gegenseitig. Welchen Inhalt hat die von ihnen eingeschlossene, grün gefärbte Fläche?

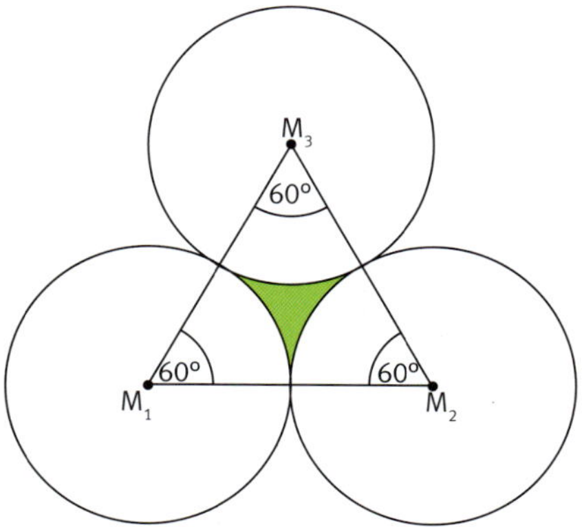


**17** Berechne den Umfang des in dem Quader grau schattierten Dreiecks. Runde auf eine Dezimale.

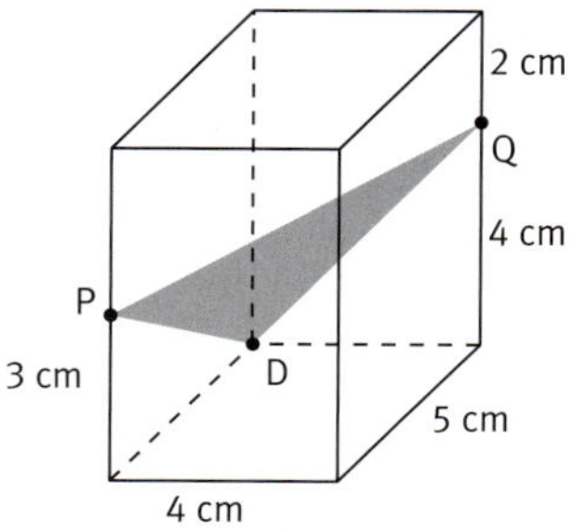


## Flächeninhalt ebener Vielecke

**18** Berechne den Flächeninhalt des Parallelogramms ABCD mit A (5 | 2), B (9 | 3) und C (7 | 5,5).

**19** Ein Dreieck ABC mit A (−2 | −2), B (3 | −1) und C ($x_C$ | 2) hat einen Flächeninhalt von 9,5 FE. Berechne $x_C$ mithilfe der Vektoren $\overrightarrow{AB}$ und $\overrightarrow{AC}$.

**20** Bestimme den Flächeninhalt der Figur.

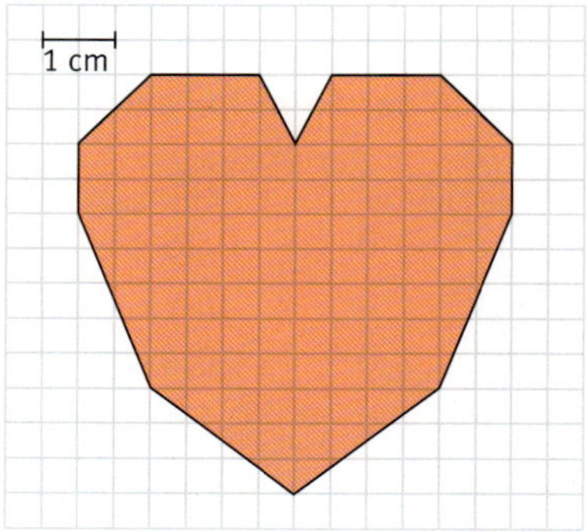


**21** Ein Parallelogramm hat einen Flächeninhalt von 33,8 $cm^2$, eine Höhe von 5,2 cm und einen Umfang von 26 cm.
Zeige, dass es sich um eine Raute handelt.

**22** Die Schenkel eines Trapezes mit dem Umfang u = 21 cm sind 4 cm bzw. 5 cm lang.
Berechne die Höhe des Trapezes, wenn dessen Flächeninhalt A = 19,2 $cm^2$ beträgt.

**23** Gesucht ist ein Drachenviereck mit dem Flächeninhalt 30 $cm^2$.

a) Zeichne mindestens zwei solcher Drachenvierecke in dein Heft.

b) Wähle eines dieser Drachenvierecke für deine weitere Arbeit aus. Verändere die Länge einer oder beider Diagonalen, belege die Veränderung mit Variablen und gib den Flächeninhalt des neuen Drachenvierecks mithilfe eines Terms an. Tabellarisiere diesen Flächenterm.

**24** Der Eckpunkt B des Parallelogramms ABCD liegt auf der y-Achse. Es gilt: A (−7 | 1); $\overrightarrow{AD} = \binom{2}{4}$.
Der Flächeninhalt des Parallelogramms beträgt 29 FE. Berechne die Koordinaten der Eckpunkte B, C und D.

# 10 Raumgeometrie

**Einstieg**

- Welche Form hat dieses Aquarium?
- Schätze, wie viel Wasser sich im Aquarium befindet.
- Wie kann man die Füllmenge für das Aquarium ausrechnen?
- Wie viel Quadratmeter Glas müssen bei einer Reinigung geputzt werden?
- Unterscheidet sich die Größe der Glasfläche innen und außen?

**Ausblick**

**Am Ende dieses Kapitels hast du gelernt, ...**

- wie man die Oberfläche von Prismen, Zylindern, Kegeln, Pyramiden und Kugeln bestimmt.
- wie man das Volumen dieser Körper bestimmt.
- wie man die Oberfläche und das Volumen von zusammengesetzten Körpern bestimmt.

Verpackungen haben oft die Form von Prismen oder Zylindern.

- Findest du Gemeinsamkeiten bei den Netzen dieser Verpackungen?
- Gibt es bei den Verpackungen Flächen, die kongruent zueinander sind?
- Welche Größen musst du bestimmen, um die Oberfläche eines Prismas oder Zylinders zu berechnen?

*Ein Prisma heißt gerade, wenn die Seitenflächen senkrecht auf der Grund- und Deckfläche des Prismas stehen.*

*Die Grund- und Deckfläche eines geraden Prismas kann ein beliebiges n-Eck sein.*

*Der Quader ist auch ein gerades Prisma.*

*Statt Oberflächeninhalt sagt man auch kurz „Oberfläche“ oder „Größe der Oberfläche“.*

## Merkwissen

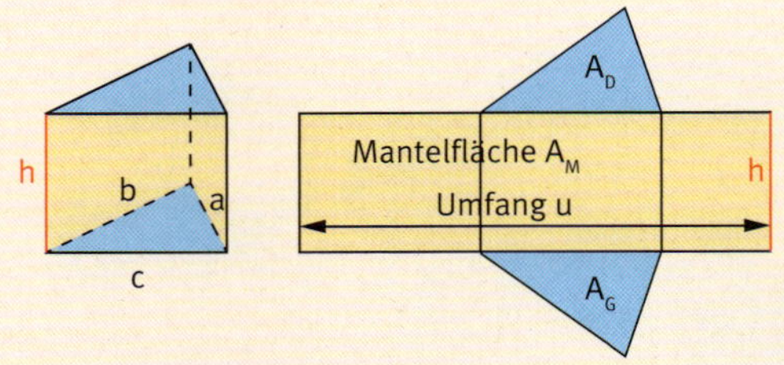


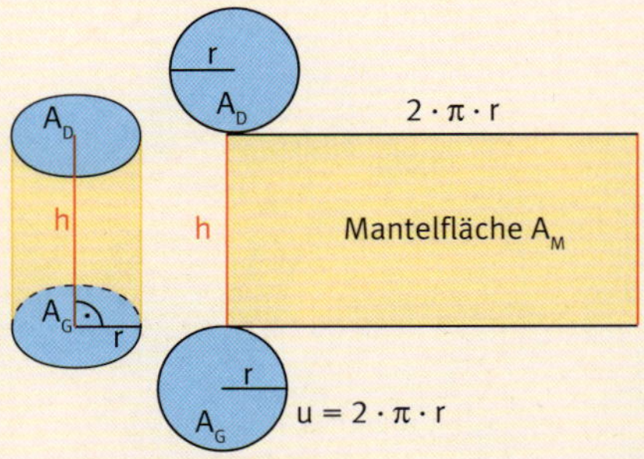


Für die Berechnung der **Oberfläche O** eines **Prismas** oder **Zylinders** mit der **Grundfläche $A_G$** und der **Mantelfläche $A_M$** gilt: $\mathbf{O = 2 \cdot A_G + A_M}$.

Beim geraden Prisma gilt:
$O_{Prisma} = 2 \cdot A_G + u \cdot h$

Beim Zylinder gilt:
$O_{Zylinder} = 2 \cdot \pi \cdot r^2 + 2 \cdot \pi \cdot r \cdot h = 2\pi r\,(r + h)$

## Beispiele

**I** Gegeben ist das Netz eines Körpers.

**a)** Um welchen Körper handelt es sich?

**b)** Berechne seinen Oberflächeninhalt O.

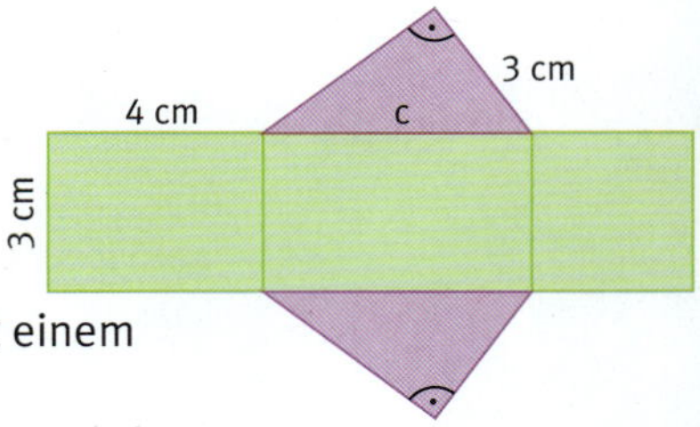

**Lösung:**

**a)** Das Netz gehört zu einem geraden Prisma mit einem rechtwinkligen Dreieck als Grundfläche.

**b)** $A_G = 0{,}5 \cdot (4\text{ cm} \cdot 3\text{ cm}) = 6\text{ cm}^2$
$c = \sqrt{(3\text{ cm})^2 + (4\text{ cm})^2} = 5\text{ cm}$
$A_M = u \cdot h = (4\text{ cm} + 5\text{ cm} + 3\text{ cm}) \cdot 3\text{ cm} = 36\text{ cm}^2$
$O = 2 \cdot A_G + A_M = 12\text{ cm}^2 + 36\text{ cm}^2 = 48\text{ cm}^2$

**II** Eine 425-ml-Konservendose hat einen Durchmesser von 7,4 cm und eine Höhe von 11 cm. Wie viel Blech wird dafür mindestens benötigt? Runde auf ganze $\text{cm}^2$.

**Lösung:**

$O = 2 \cdot A_G + A_M$
$O = 2 \cdot \pi \cdot r^2 + 2 \cdot \pi \cdot r \cdot h$ mit: $r = 7{,}4\text{ cm} \cdot \frac{1}{2} = 3{,}7\text{ cm}$
$O = 2 \cdot \pi \cdot (3{,}7\text{ cm})^2 + 2\pi \cdot 3{,}7\text{ cm} \cdot 11\text{ cm}$
$O \approx 86\text{ cm}^2 + 256\text{ cm}^2 = 342\text{ cm}^2$

Man benötigt mindestens 342 $\text{cm}^2$ Blech.

## Verständnis

- Hannes behauptet: „Die Mantelfläche eines gleichseitigen Prismas besteht immer aus Quadraten." Hat er Recht?
- Theresa überlegt, wie sich die Mantelfläche eines Zylinders verändert, wenn man nur den Radius (nur die Höhe) verdreifacht. Kannst du ihr helfen?

## Aufgaben

**1** Berechne die Oberflächeninhalte der geraden Prismen (Maße in mm).

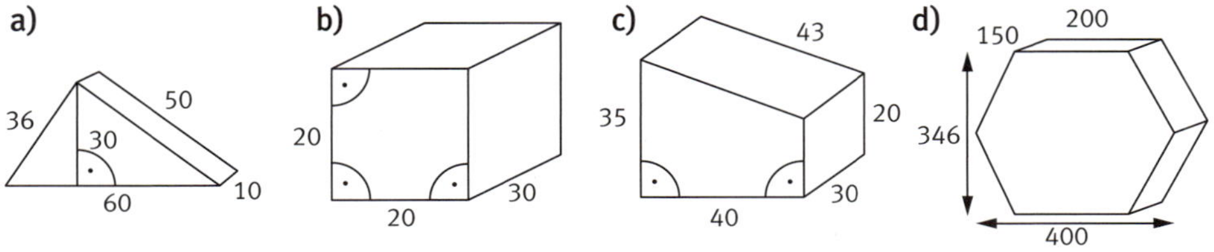


**2** Zeichne jeweils ein Schrägbild und Netz der geraden Prismen und berechne den Oberflächeninhalt O.

| | a) | b) | c) |
|---|---|---|---|
| Skizze der Grundfläche $A_G$ | 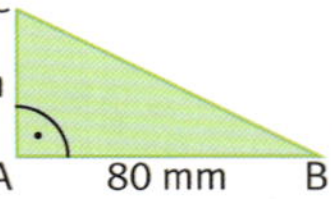 C, 40 mm, A, 80 mm, B | a = b = c = 1,2 dm  C, A, B | 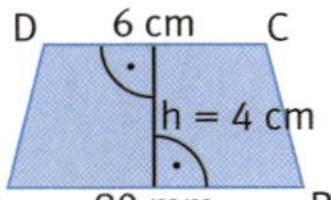 D, 6 cm, C, h = 4 cm, A, 80 mm, B |
| Körperhöhe h | 7,5 cm | 90 mm | 86 mm |

*Achte immer auf **gleiche Einheiten** bei den Größen.*

*Verwende beim Schrägbild q = 0,5 und ω = 45°. Die Schrägbildachse kannst du selbst wählen.*

**3** Zeichne je ein Netz des Zylinders und berechne seine Oberfläche.

**a)** u = 15,7 cm; h = 3,5 cm  **b)** r = 3 cm; h = 2 cm  **c)** d = h = 4 cm

**4** Berechne die fehlenden Stücke eines Zylinders. Runde auf eine Dezimale.

| | a) | b) | c) | d) | e) |
|---|---|---|---|---|---|
| Radius r | 6 cm | | | 0,7 m | |
| Zylinderhöhe h | 8 cm | 6 cm | | | |
| Grundflächeninhalt $A_G$ | | 113,1 cm² | 28,3 cm² | | |
| Mantelflächeninhalt $A_M$ | | | 56,5 cm² | | 376,8 m² |
| Oberflächeninhalt O | | | | 15,2 m² | 533,8 m² |

*Lösungen zu 4:
527,8; 226,2; 6,0; 113,1; 2,8; 78,5; 301,6; 5,0; 3,0; 12,2; 113,1; 3,0; 1,5; 452,4; 12,0*

**5** Der Durchmesser einer Litfaßsäule beträgt 1,40 m.
Welche Fläche kann beklebt werden, wenn die Säule 2,75 m hoch ist?

**6** Gegeben sind die Grundflächen von drei geraden Prismen (alle Maße in cm).

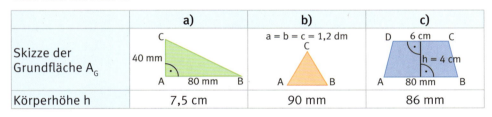

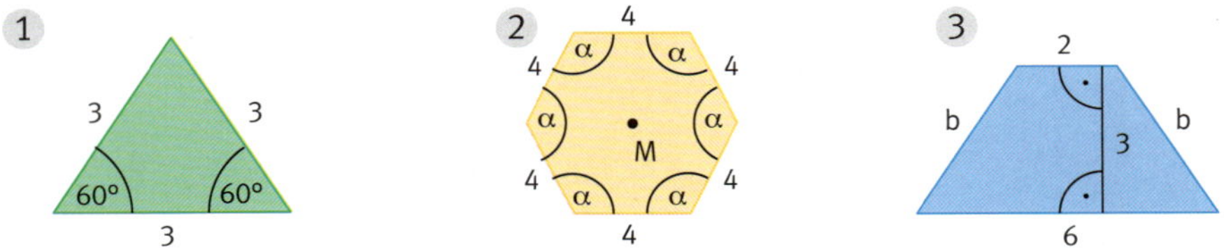


**a)** Vervollständige die Netze der Prismen, wenn jedes Prisma 4 cm hoch ist.

**b)** Berechne die Oberfläche der Prismen.

1
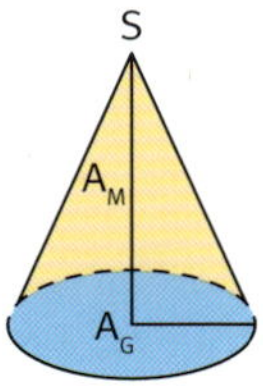


2
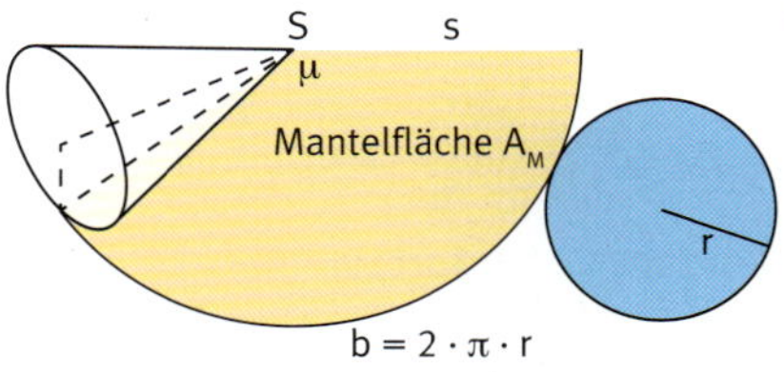


3
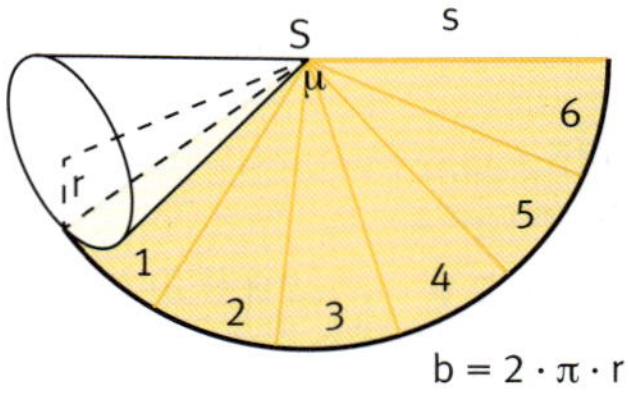


4
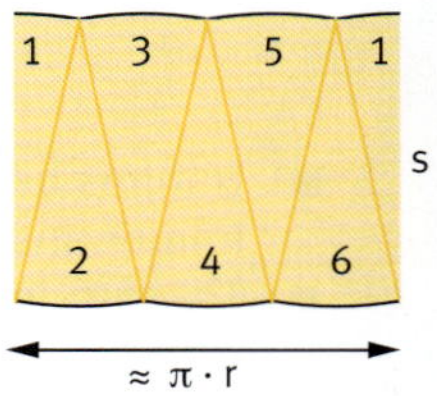


5
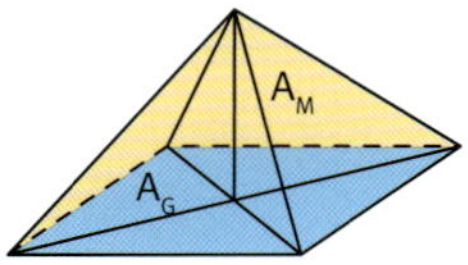


Bild 1 zeigt einen Kreiskegel mit Grundfläche $A_G$ und Mantelfläche $A_M$. Beschreibe die Bilder 2, 3 und 4.

- Erzeuge die Mantelfläche eines Kegels durch Abrollen. Zerschneide die Mantelfläche des Kegels in „Tortenstücke" und lege Bild 4 nach.
- Wie kannst du die Größe der Mantelfläche des Kreiskegels berechnen?
- Aus welchen Teilflächen besteht die Mantelfläche einer Pyramide (Bild 5)?
- Erkläre, wie du die Mantelfläche einer Pyramide berechnen würdest.

$h_a = \sqrt{h^2 + \left(\frac{a}{2}\right)^2}$

$h_a = \sqrt{s^2 - \left(\frac{a}{2}\right)^2}$

$s = \sqrt{h_a^2 + \left(\frac{a}{2}\right)^2}$

*Die Mantelfläche einer Pyramide besteht aus Dreiecken. Wenn die Pyramide gerade ist, sind die Dreiecke gleichschenklig.*

## Merkwissen

Für die Berechnung der **Oberfläche O** einer **Pyramide** oder eines **Kreiskegels** mit der **Grundfläche $A_G$** und der **Mantelfläche $A_M$** gilt: $\mathbf{O = A_G + A_M}$.

Für die n-eckige Pyramide gilt speziell:
$\mathbf{O_{Pyramide} = A_G + n \cdot A_{Dreieck}}$

Für den Kegel gilt speziell:
$\mathbf{O_{Kegel} = \pi \cdot r^2 + \pi \cdot r \cdot s = \pi r \cdot (r + s)}$

## Beispiele

**I** Viele Biogasanlagen haben kegelförmige Dächer. Berechne den Flächeninhalt eines solchen Daches. Der Durchmesser beträgt 10 m, die Länge der Mantellinie 5,4 m.

**Lösung:**
$A_M = \pi \cdot r \cdot s$
$A_M = \pi \cdot 5\text{ m} \cdot 5{,}4\text{ m} \approx 84{,}8\text{ m}^2$
Das Dach hat einen Flächeninhalt von etwa 85 m².

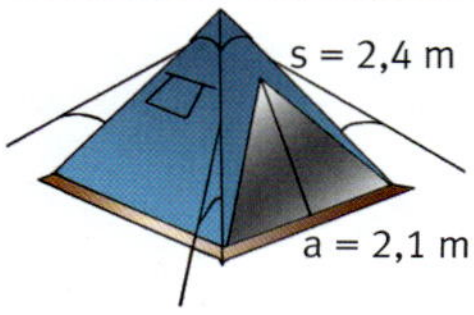


**II** Manche Zelte haben (annähernd) die Form einer quadratischen Pyramide. Berechne den Flächeninhalt der benötigten Zeltplane für Boden und Seitenflächen.

**Lösung:**
$h_a^2 = s^2 - \left(\frac{a}{2}\right)^2$

$h_a = \sqrt{s^2 - \left(\frac{a}{2}\right)^2}$

$h_a = \sqrt{(2{,}4\text{ m})^2 - \left(\frac{2{,}1\text{ m}}{2}\right)^2} \approx 2{,}16\text{ m}$

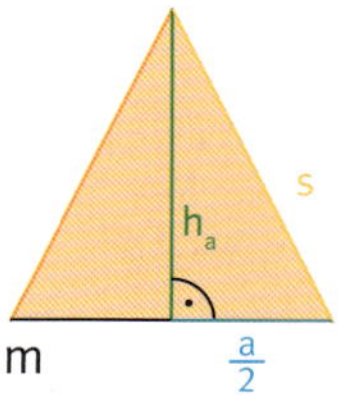


$A_G = (2{,}1\text{ m})^2 = 4{,}41\text{ m}^2$
$A_M = 4 \cdot A_{Dreieck} = 4 \cdot \frac{1}{2} \cdot a \cdot h_a$
$A_M = 2 \cdot 2{,}1\text{ m} \cdot 2{,}16\text{ m} \approx 9{,}07\text{ m}^2$
$O_{Zelt} = 4{,}41\text{ m}^2 + 9{,}07\text{ m}^2 = 13{,}48\text{ m}^2$

## Verständnis

- Die Seitenflächen einer Pyramide sind gleichseitige Dreiecke. Stimmt das?
- Die Anzahl der Seitenflächen einer Pyramide stimmt mit der Anzahl ihrer Ecken überein. Ist das richtig? Begründe.
- Wenn man die Höhe eines Kegels oder einer Pyramide verdoppelt, dann verdoppelt sich auch der Inhalt der Mantelfläche. Ist das korrekt?

## Aufgaben

*Lösungen zu 1:*
*7,3; 7,6; 16,0; 58,4; 74,4; 8,0; 5,0; 6,4; 80,0; 144,0; 5,5; 6,5; 25,0; 60,0; 85,0; 4,6; 4,8; 9,0; 28,8; 37,8; 12,0; 11,7; 144,0; 240,0; 384,0; 6,0; 9,5; 10,0; 10,4; 120,0*

**1**

| | 1 | 2 | 3 | 4 | 5 | 6 |
|---|---|---|---|---|---|---|
| a | 5 cm | 4 dm | 3 cm | | | |
| h | | 7 dm | | 3 cm | 8 cm | |
| $h_a$ | 6 cm | | | | 10 cm | |
| s | | | 5 cm | | | |
| $A_G$ | | | | 64 $cm^2$ | | 36 $cm^2$ |
| $A_M$ | | | | | | |
| O | | | | | | 156 $cm^2$ |

a) Berechne die fehlenden Größen der quadratischen Pyramide mit den Bezeichnungen wie im Merkwissen.

b) Stelle die Pyramide im Schrägbild dar und zeichne ein Netz.

*Fertige stets eine Planfigur an und kennzeichne die gegebenen Stücke farbig.*

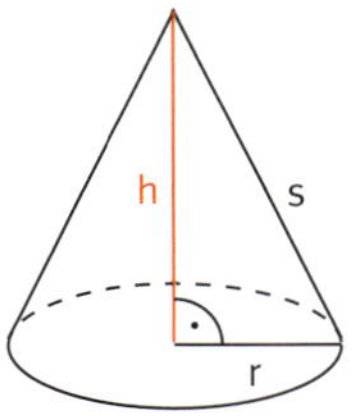


**2** Berechne die fehlenden Größen des Kegels. Runde auf eine Nachkommastelle.

| | a) | b) | c) | d) | e) | f) |
|---|---|---|---|---|---|---|
| r | 2,5 cm | 8 dm | | | | |
| h | 6 cm | | 4 cm | 12 cm | | |
| s | | 17 dm | 5 cm | | 5,5 cm | |
| $A_G$ | | | | 78,5 $cm^2$ | | |
| $A_M$ | | | | | 25,9 $cm^2$ | 7,0 $m^2$ |
| O | | | | | | 12,3 $m^2$ |

*Lösungen zu 2:*
*51,1; 201,1; 3,0; 5,0; 28,3; 47,1; 1,1; 1,3; 75,4; 19,6; 1,5; 15,0; 1,7; 6,5; 427,3; 13,0; 5,3; 282,7; 7,1; 5,3; 70,7; 628,4; 33,0; 204,2*

**3** Ein Kegeldach mit sogenannten Biberschwänzen zu decken ist für Dachdecker eine anspruchsvolle Aufgabe. Schätze die Anzahl an Biberschwänzen ab, die man für das große Kegeldach (im Hintergrund) braucht. Ein Biberschwanz hat die Maße 18 cm × 38 cm. Das Kegeldach hat einen Durchmesser von 11 m, die Mantellinie ist 6,5 m lang. Damit das Dach dicht ist, braucht man eine Doppeldeckung, außerdem rechnet man für Verschnitt mit ca. 30 % mehr Ziegeln.

**4** Bei einem geraden Kreiskegel kann die Mantelfläche als Kreissektor mit dem **Maß μ** des **Mittelpunktswinkels**, dem Radius s (Mantellinie) und der **Bogenlänge b** abgewickelt werden.
Zeige, dass gilt: $\mu = \frac{r}{s} \cdot 360°$.

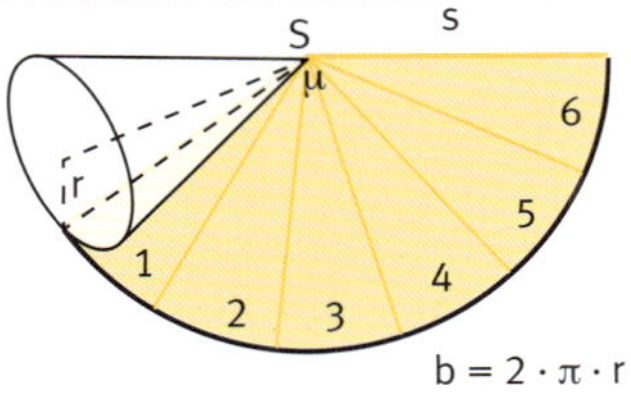

# 10.3 Volumen von Prisma und Zylinder

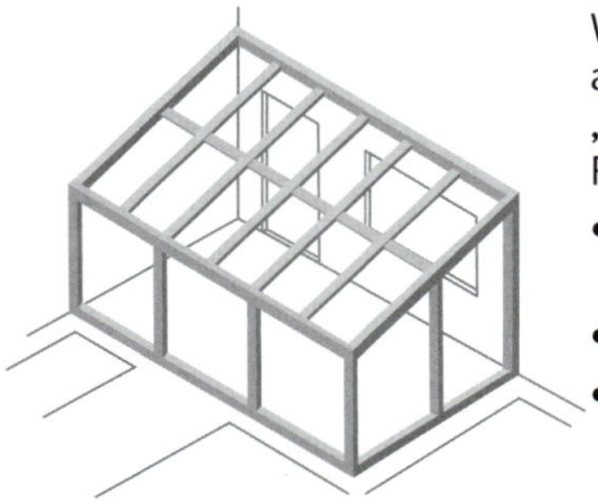

Wolfgang möchte für seinen Wintergarten ein Klimagerät kaufen. In der Betriebsanleitung steht:
„Die Leistung des Klimageräts muss so gewählt werden, dass die Luft im Inneren des Raumes pro Stunde mindestens 20-mal ausgetauscht wird."

- Durch welchen geometrischen Körper kann man den Wintergarten mathematisch beschreiben?
- Wie würdest du das Volumen dieses Körpers bestimmen?
- Welche Maße des Wintergartens musst du dafür messen?

*Jede Grundfläche eines vielseitigen Prismas kann in rechtwinklige Dreiecke, Rechtecke, Trapeze usw. zerlegt werden. Somit kann man jede Vielecksgrundfläche berechnen.*
$A_G = A_1 + A_2 + A_3 + \ldots$

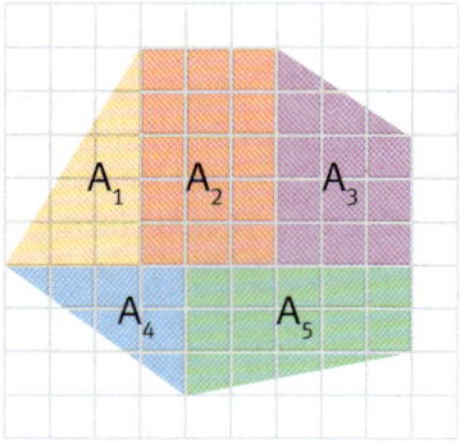


## Merkwissen

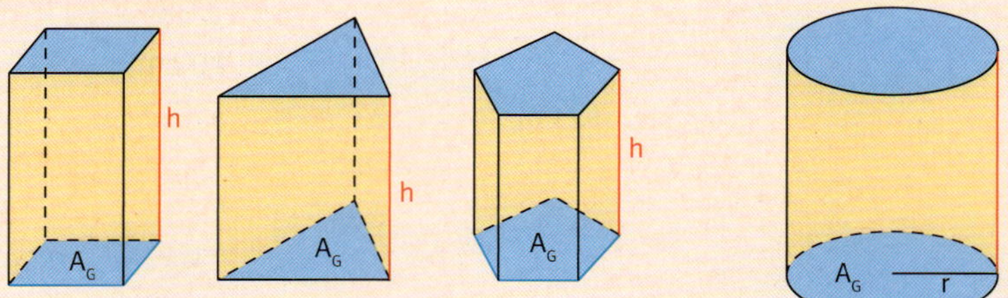


Für die Berechnung des **Volumens V** eines **Prismas** oder eines **Zylinders** mit der **Grundfläche $A_G$** und der **Höhe h** gilt: $\mathbf{V_{Prisma} = A_G \cdot h}$.
Beim Zylinder gilt speziell: $\mathbf{V_{Zylinder} = \pi \cdot r^2 \cdot h}$

## Beispiele

**I** Könntest du diesen Eichenstamm tragen, wenn 1 cm³ Eichenholz 0,67 g wiegt?

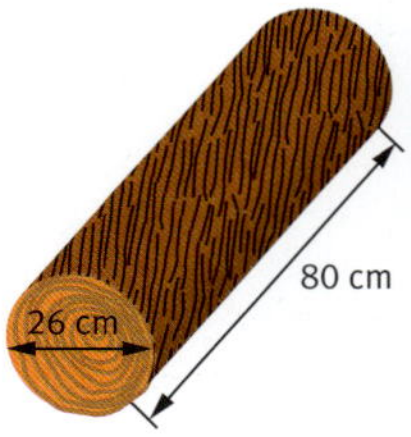


**Lösung:**
$V = \pi \cdot r^2 \cdot h$
$V = \pi \cdot (13\text{ cm})^2 \cdot 80\text{ cm} \approx 42\,474\text{ cm}^3$
$m = 42\,474\text{ cm}^3 \cdot 0{,}67\,\frac{\text{g}}{\text{cm}^3} \approx 28\,458\text{ g} \approx 28{,}5\text{ kg}$
Der Stamm wiegt ca. 28,5 kg und kann getragen werden.

**II** Wie viele 50-l-Säcke Blumenerde benötigt Karla, um den Blumenkübel randvoll zu füllen?

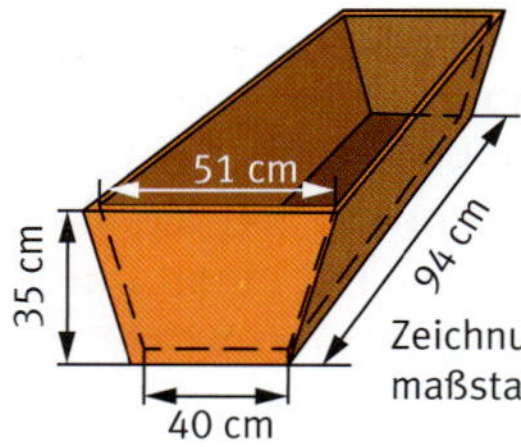

Zeichnung nicht maßstabsgetreu

**Lösung:**
$V = A_{G\,Trapez} \cdot h$ $\qquad V_{Prisma} = \left(\frac{a+c}{2}\right) \cdot h_{Trapez} \cdot h$

$V = \left(\frac{40\text{ cm} + 51\text{ cm}}{2}\right) \cdot 35\text{ cm} \cdot 94\text{ cm} = 149\,695\text{ cm}^3$

$V \approx 150\text{ l}$

Karla benötigt drei 50-l-Säcke Blumenerde, um den Kübel randvoll zu füllen.

## Verständnis

- Mit welcher Flächenformel musst du rechnen, wenn die Grundfläche $A_G$ eines Prismas ein Trapez (Parallelogramm, Drachenviereck) ist?
- Wie ändert sich das Volumen eines Zylinders, wenn du nur die Höhe h (die Grundfläche $A_G$, den Radius r) verdoppelst?

AUFGABEN

**1** Berechne das Volumen des Zylinders. Runde sinnvoll.

**a)** $r = 7{,}5$ cm; $h = 17$ cm **b)** $d = 8{,}4$ m; $h = 55{,}4$ m **c)** $A_G = 75$ cm²; $h = 2$ dm

*Lösungen zu 1 und 2: 3004; 1500; 2352; 3070; 24,5; 270*

**2** Berechne das Volumen des Prismas.

**a)** $A_G = 36$ cm²; $h = 7{,}5$ cm **b)** $A_G = 5{,}6$ m²; $h = 42$ dm **c)** $A_G = 16\frac{1}{3}$ m²; $h = 150$ cm

**3** Berechne das Volumen der abgebildeten geraden Prismen (Maße in mm).

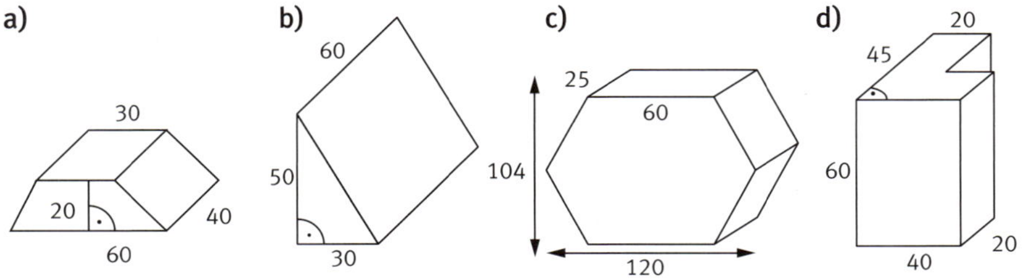


**4** Berechne die fehlenden Größen eines Zylinders.

| | a) | b) | c) | d) |
|---|---|---|---|---|
| Radius r | 6 cm | | | 0,70 m |
| Umfang u | | | 18,85 cm | |
| Grundflächeninhalt $A_G$ | | 113,1 cm² | | |
| Zylinderhöhe h | 8 cm | | 5,6 cm | |
| Volumen $V_{Zylinder}$ | | 1357 cm³ | | 77 m³ |

*Lösungen zu 4: 113,1; 6,0; 12,0; 3,0; 904,8; 28,3; 158,5; 4,4; 1,5; 37,7; 50,0; 37,7*

**5** Berechne das Volumen der geraden Prismen, wenn die Grundfläche gegeben ist.

**a)** Dreieck ABC mit $b = 5{,}6$ cm; $h_b = 4{,}2$ cm; $h_{Prisma} = 7$ cm

**b)** Trapez ABCD mit $a \parallel c$; $a = 72$ mm; $c = 48$ mm; $h_a = 25$ mm; $h_{Prisma} = 60$ mm

*Skizziere zunächst die Körper.*

WISSEN

**Das Prinzip von Cavalieri**

Bonaventura Francesco Cavalieri (* 1598 Mailand; † 1647 in Bologna) war ein italienischer Mathematiker. Sein Spezialgebiet waren Oberflächen und Volumen. Das nach ihm benannte Prinzip lässt sich so formulieren:

Haben zwei Körper dieselbe Höhe, so haben sie auch das gleiche Volumen, wenn ihre Schnittflächen in Ebenen parallel zur Grundfläche stets den gleichen Flächeninhalt haben.

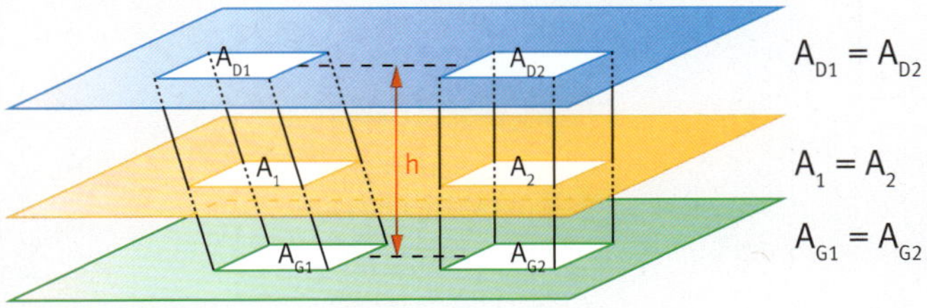


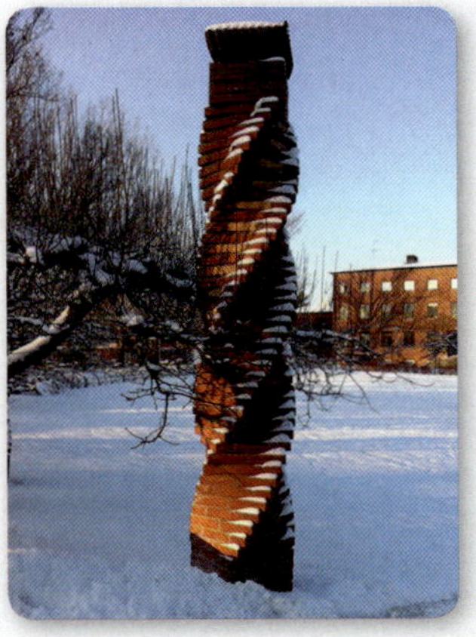

- Erkläre, warum die beiden Türme in der Zeichnung dasselbe Volumen haben.
- Warum hat die Backsteinskulptur das gleiche Volumen wie ein gerades Prisma gleicher Höhe und gleicher Grundfläche?
- Stelle selbst mit gleichartigen Münzen oder Bierdeckeln unterschiedliche Prismen und Körper her, die aber dasselbe Volumen haben.

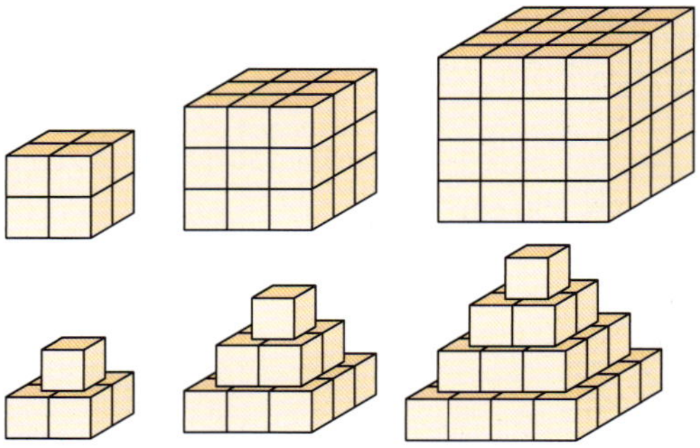


Die abgebildeten Würfel-Pyramiden-Paare haben alle die gleiche Grundfläche und die gleiche Höhe, bestehen aber aus einer unterschiedlichen Anzahl kleinerer Würfel.

- Aus wie vielen kleinen Würfeln besteht der 1. (2., 3.) Würfel und die 1. (2., 3.) Pyramide?
- Aus wie vielen kleinen Würfeln würde das 4. und 5. Würfel-Pyramiden-Paar jeweils bestehen? Stelle zunächst einen Term auf.
- Nutze ein Tabellenkalkulationsprogramm für große Zahlen (bis Grundkantenlänge 250). Wie oft passt die Pyramide jeweils in den Würfel?

| | A | B | C | D | E |
|---|---|---|---|---|---|
| 1 | | Zahl kleiner Würfel | | | |
| 2 | Nr. | Grundkantenlänge | Würfel | Pyramide | Quotient |
| 3 | 1 | 2 | 8 | 5 | 1,60 |
| 4 | 2 | 3 | 27 | 14 | 1,93 |
| 5 | 3 | 4 | 64 | =B5*B5+D4 | 2,13 |
| 6 | 4 | 5 | 125 | 55 | 2,27 |
| 7 | 5 | 6 | 216 | 91 | 2,37 |

## Merkwissen

Für das **Volumen V** einer **Pyramide** mit der **Grundfläche $A_G$** und der **Höhe h** gilt:

$$V_{Pyramide} = \frac{1}{3} \cdot A_G \cdot h.$$

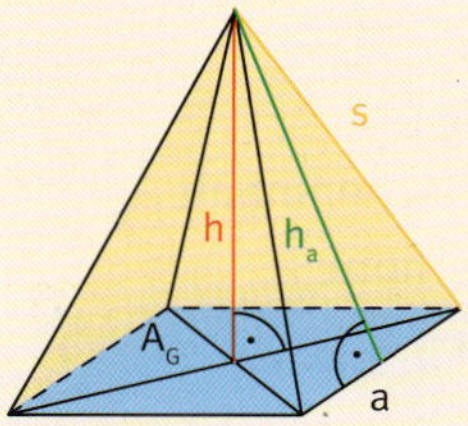


## Beispiele

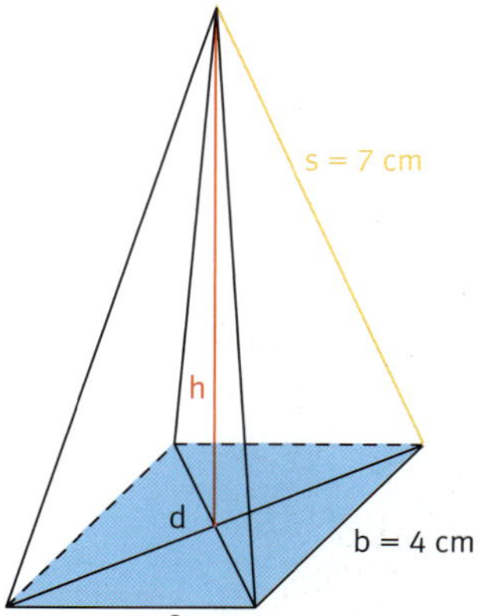


*Der Satz des Pythagoras ist für Berechnungen an Körpern sehr wichtig. Fertige immer eine Planfigur an und zeichne darin die benötigten rechtwinkligen Dreiecke ein.*

**I** Gegeben ist eine gerade Pyramide mit rechteckiger Grundfläche (a = 3 cm und b = 4 cm). Die Seitenkanten der Pyramide sind s = 7 cm lang. Berechne ihr Volumen.

**Lösung:**

Skizze:

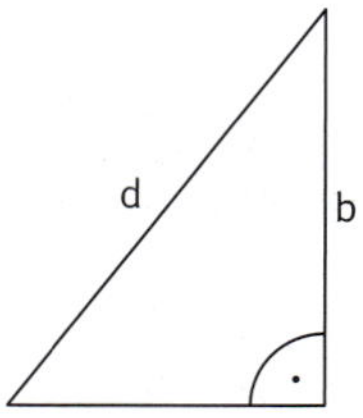


$d^2 = a^2 + b^2$

$d^2 = (3\text{ cm})^2 + (4\text{ cm})^2 = 25\text{ cm}^2$

$d = 5\text{ cm}$

Skizze:

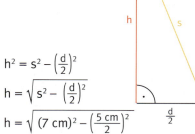

$h^2 = s^2 - \left(\frac{d}{2}\right)^2$

$h = \sqrt{s^2 - \left(\frac{d}{2}\right)^2}$

$h = \sqrt{(7\text{ cm})^2 - \left(\frac{5\text{ cm}}{2}\right)^2}$

$h \approx 6{,}5\text{ cm}$

$V = \frac{1}{3} \cdot A_G \cdot h = \frac{1}{3} a \cdot b \cdot h = \frac{1}{3} \cdot 3\text{ cm} \cdot 4\text{ cm} \cdot 6{,}5\text{ cm} = 26\text{ cm}^3$

Die Pyramide hat ein Volumen von (ungefähr) 26 cm³.

## Verständnis

- Valentina behauptet, dass sich das Volumen einer Pyramide verdoppelt, wenn die Höhe verdoppelt wird. Hat sie Recht?
- Theresa möchte die Veränderung des Volumens einer quadratischen Pyramide wissen, wenn die Höhe und die Grundseitenlänge verdoppelt (halbiert) wird. Kannst du ihr helfen?

## Aufgaben

**1** Berechne die gesuchten Größen. Gehe ähnlich wie in Beispiel I vor.

a)

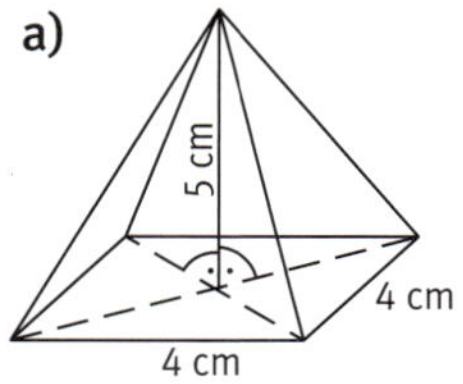


quadratische Pyramide

$V_{Pyramide} = ?$

b)

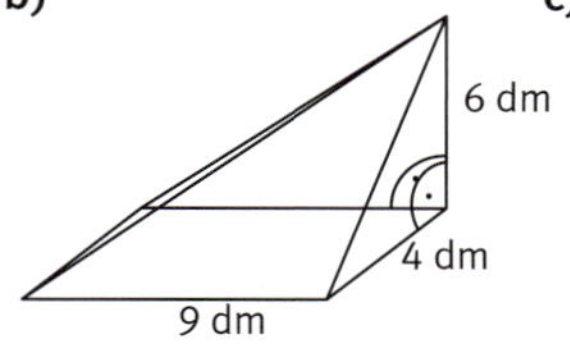


rechteckige Pyramide

$V_{Pyramide} = ?$

c)

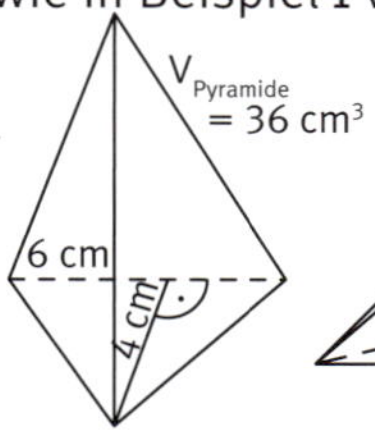


dreieckige Pyramide

$h = ?$

d)

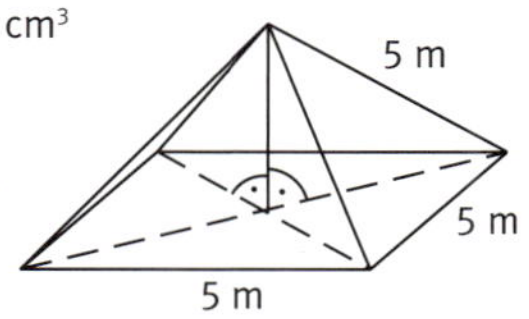


quadratische Pyramide

$h = ?$ $V_{Pyramide} = ?$

**2** Gegeben ist eine Pyramide ABCDS mit quadratischer Grundfläche, bei der alle Kantenlängen a = 5 m betragen. Die Spitze S liegt auf dem Lot zur Grundfläche, das den Diagonalenschnittpunkt der Grundfläche enthält.

a) Zeichne ein Netz der Pyramide im Maßstab 1 : 100 und berechne ihren Oberflächeninhalt.

b) Berechne das Volumen der Pyramide.

c) Berechne das Volumen der Pyramide in Abhängigkeit von der Kantenlänge a.

**3** Berechne das Volumen der Pyramide.

*Skizziere zunächst den Körper.*

a) Pyramide mit quadratischer Grundfläche mit $a = 6$ cm und $h_a = 10$ cm

b) Pyramide mit rechteckiger Grundfläche mit $a = 8$ cm, $b = 6$ cm und $s = 12$ cm

c) Pyramide mit dreieckiger Grundfläche mit $g = 8$ cm, $h_g = 5$ cm und $h = 9$ cm

**4** Gegeben ist ein reguläres Oktaeder der Kantenlänge 3 cm.

a) Zeichne ein Netz des Oktaeders.

b) Berechne den Inhalt seiner Oberfläche.

c) Berechne sein Volumen.

d) Berechne das Volumen eines Oktaeders in Abhängigkeit von der Kantenlänge a.

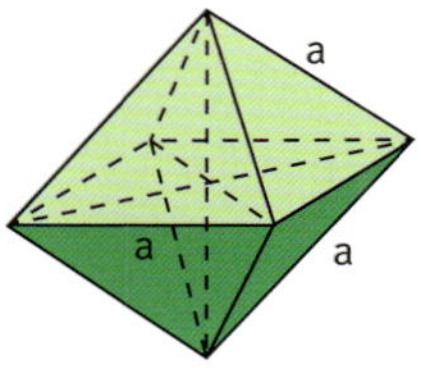


## Versuch

**Experimente zum Volumen von Pyramiden**

Begründet die Volumenformeln für Pyramiden experimentell durch …

- Umschütten: Wie oft passt das Pyramidenvolumen in ein Prisma gleicher Grundfläche und Höhe?
- Verdrängungsmessungen: Vergleicht dabei den unterschiedlichen Anstieg im Messbecher.

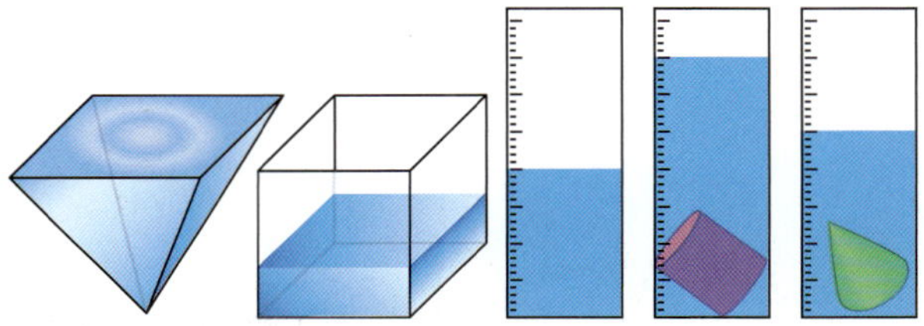

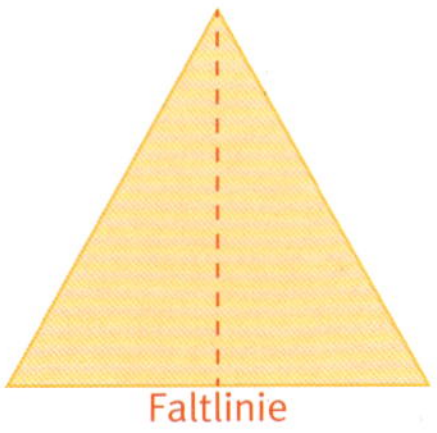


Schneide ein gleichschenkliges Dreieck aus, falte es in der Mitte und klebe es entlang der Faltung an einen Spieß.

- Drehe den Spieß so schnell du kannst. Es entsteht dabei ein sogenannter Rotationskörper, den du sicherlich benennen kannst.
- Wie kannst du das Volumen des Rotationskörpers berechnen?
  Tipp: Alle vier Körper besitzen die gleiche Höhe h und den gleichen Grundflächeninhalt $A_G$.

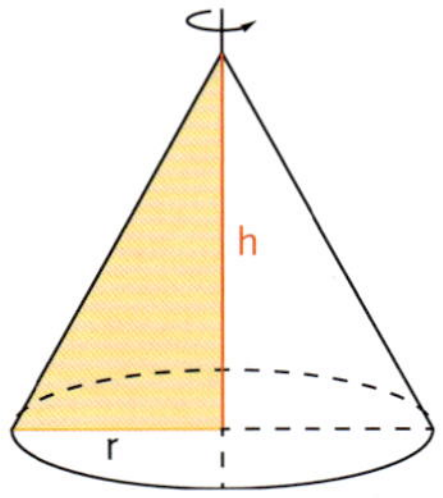


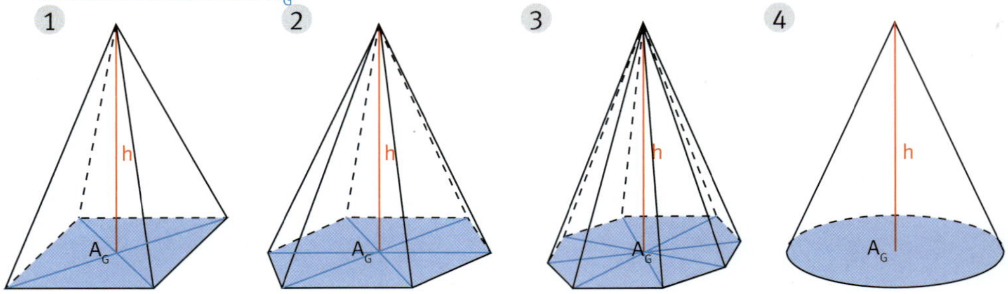


*Der Kegel ist ein **Rotationskörper**, der beispielsweise durch Rotation (Drehung) eines **gleichschenkligen Dreiecks** um seine Höhe auf die Basis entsteht. Ein **Axialschnitt** eines Kegels entsteht, wenn man ihn so zerschneidet, dass die Schnittebene die Spitze des Kegels und eine Mittelsehne der Grundfläche enthält.*

## Merkwissen

Für das **Volumen V** eines **Kegels** mit der **Grundfläche $A_G$** und der **Höhe h** gilt:

$$V_{Kegel} = \frac{1}{3} \cdot A_G \cdot h = \frac{1}{3}\pi \cdot r^2 \cdot h$$

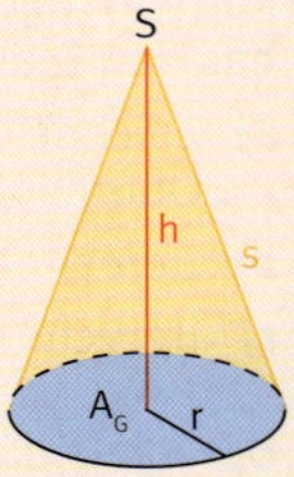


## Beispiele

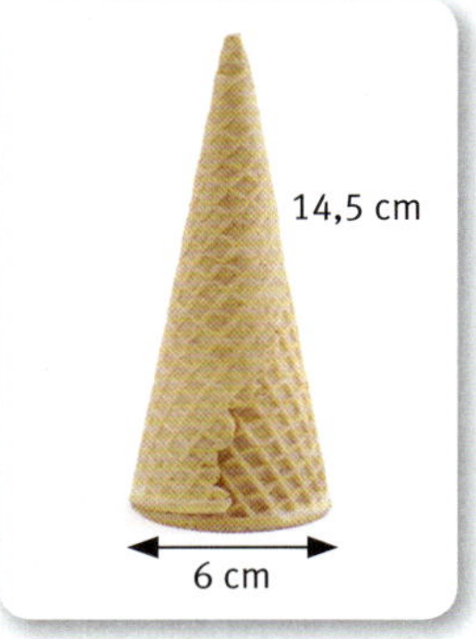


**I** Berechne das Volumen der abgebildeten Eiswaffel.

**Lösung:**

Skizze:

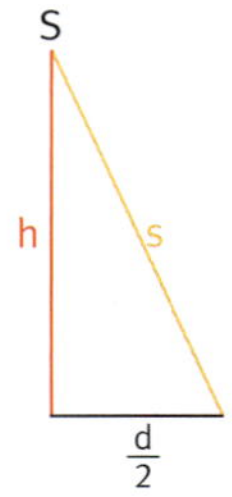


$a^2 = h^2 + \left(\frac{d}{2}\right)^2$

$h = \sqrt{s^2 - \left(\frac{d}{2}\right)^2}$

$h = \sqrt{(14{,}5\text{ cm})^2 - \left(\frac{6\text{ cm}}{2}\right)^2} \approx 14{,}2\text{ cm}$

$V = \frac{1}{3} A_G \cdot h = \frac{1}{3}\pi \cdot r^2 \cdot h = \frac{1}{3}\pi \cdot (3\text{ cm})^2 \cdot 14{,}2\text{ cm} \approx 133{,}8\text{ cm}^3$

Die Eiswaffel hat ein Volumen von ungefähr 134 ml.

**II** Ein Kegel der Höhe 60 cm hat ein Volumen von 56,5 dm³. Wie groß ist sein Radius r?

**Lösung:**

$V = \frac{1}{3}\pi \cdot r^2 \cdot h \implies r = \sqrt{\frac{3V}{\pi \cdot h}}$

$r = \sqrt{\frac{3 \cdot 56{,}5\text{ dm}^3}{\pi \cdot 6\text{ dm}}} \approx 3{,}0\text{ dm}$

Der Radius des Kegels beträgt etwa 3 dm.

## Verständnis

- Hannes überlegt, wie sich das Volumen des Kegels verändert, wenn die Höhe verdoppelt (verdreifacht) wird. Kannst du ihm helfen?
- Valentina will wissen, wie sich das Volumen des Kegels verändert, wenn die Höhe und der Radius verdoppelt (halbiert) wird. Kannst du helfen?

## Aufgaben

**1** Berechne die fehlenden Größen des Kegels. Runde auf eine Dezimale.

| | a) | b) | c) | d) | e) | f) |
|---|---|---|---|---|---|---|
| r | 35 mm | | | | | |
| d | | 12 cm | | | | |
| $A_G$ | | | 794 mm² | | 3,8 m² | 1,5 dm² |
| h | 80 mm | | 11 mm | 4 cm | | |
| s | | 15 cm | | 5 cm | | |
| V | | | | | 4,1 m³ | |
| O | | | | | | 5,1 dm² |

*Lösungen zu 1:*
*70,0; 3848,5; 87,3; 102 625,4; 13 447,6; 6,0; 113,1; 13,7; 516,5; 395,8; 15,9; 31,8; 19,3; 2912,2; 1758,3; 3,0; 6,0; 28,3; 37,7; 75,4; 1,1; 2,2; 3,2; 3,4; 15,6; 0,7; 1,4; 1,4; 1,6; 0,7*

**2** Der Sand einer Eieruhr rinnt in exakt fünf Minuten von oben nach unten.

a) Wie viele Kubikmillimeter Sand befinden sich in der Eieruhr?

b) Wie viel Sand rinnt in einer Minute in den unteren Zylinder?

c) In welcher Höhe von der Engstelle entfernt muss der Strich für 4 min (3 min, 2 min, 1 min) angebracht werden?

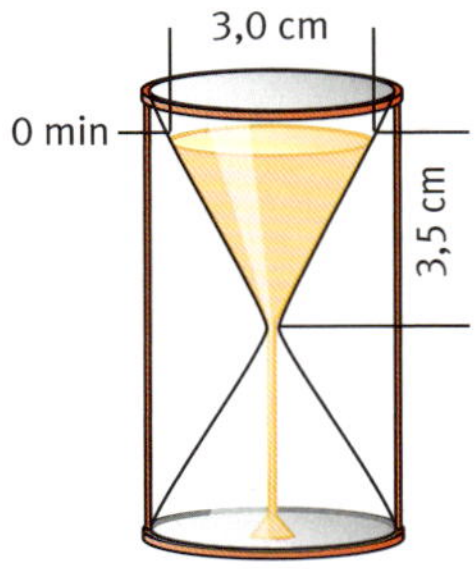


*Fertige zunächst eine Planfigur an.*

**3** Gegeben ist der Axialschnitt eines Doppelkegels mit r = 3 cm.

a) Berechne das Volumen des Doppelkegels.

b) Berechne den Oberflächeninhalt des Doppelkegels.

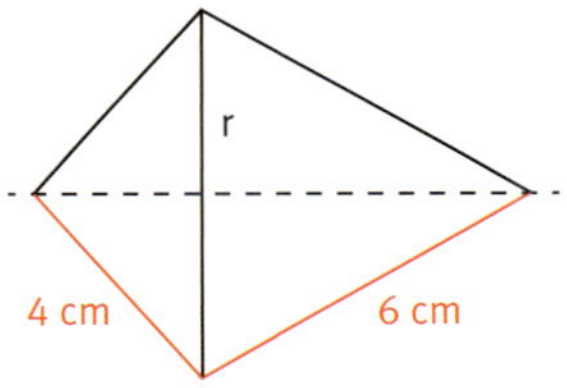


**4** Bei einer Messingskulptur in Kegelform mit Radius $r_1$ und Höhe $h_1$ kann durch eine Parallele zur Grundebene der obere Kegelteil mit Radius $r_2$ und Höhe $h_2$ wie in nebenstehender Skizze entfernt werden.
$r_1 = 10$ cm; $r_2 = 5$ cm; $h_1 = 30$ cm

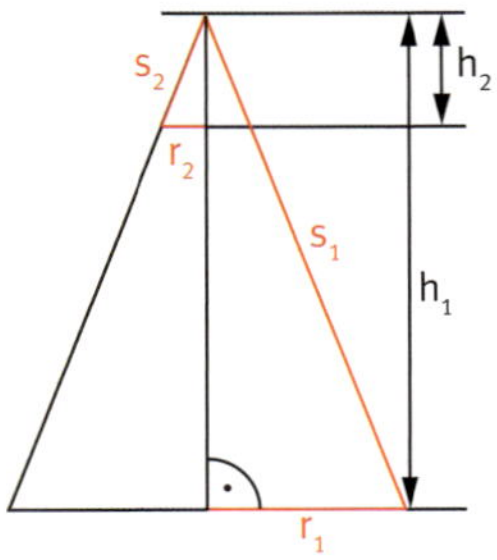


a) Berechne $h_2$ und die Länge der Mantellinie $s_2$ des oberen Kegelteils.

b) Den unteren Restteil der Messingskulptur bezeichnet man als **Kegelstumpf**. Berechne den Oberflächeninhalt des Kegelstumpfs.

c) Berechne die Masse des Kegelstumpfs aus Messing, wenn $\rho_{Messing} = 8{,}3\,\frac{g}{cm^3}$.

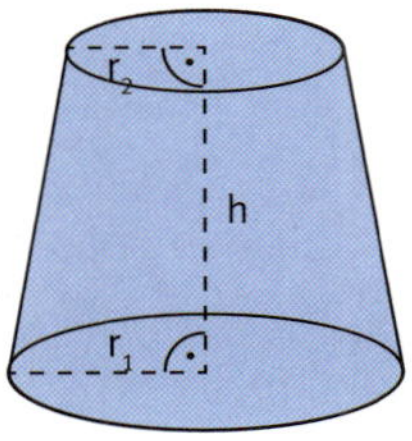


**5** Ein Messbecher hat im Innern die Form eines Kegels mit einer lichten Weite von 12 cm und einer Mantellinie von 16 cm Länge.

a) Wie viel Liter Wasser kann man maximal einfüllen?

b) In welcher Entfernung von der Kegelspitze muss der Eichstrich für 50 cm³ (für 250 cm³) angebracht werden?

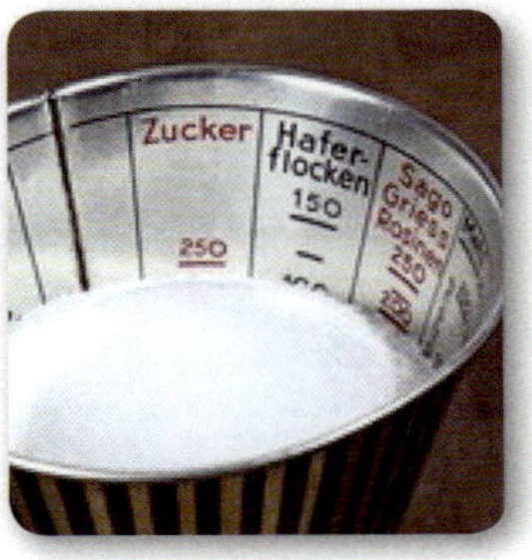

## 10.6 Volumen der Kugel

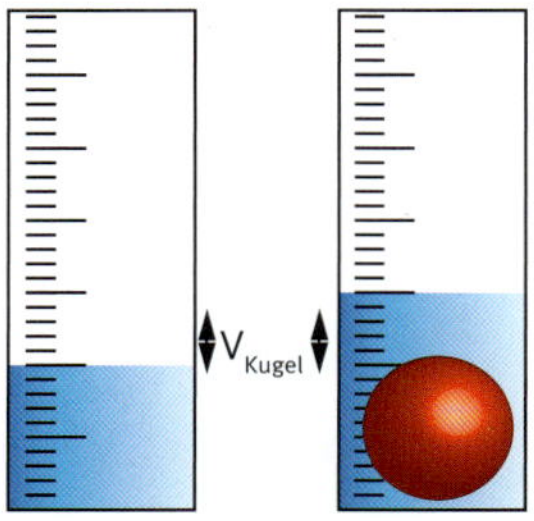


*Schreibe $\frac{4}{3}$ als Dezimalbruch.*

Besorge dir Kugeln unterschiedlicher Größe.

- Miss den Durchmesser und ermittle so den Radius dieser Kugeln.
- Ermittle experimentell das Volumen dieser Kugeln.
- Eva überlegt sich, dass in der Volumenformel einer Kugel $r^3$ und $\pi$ enthalten sein müssen. Erkläre Evas Überlegung.
- Ergänze die Tabelle. Stelle das Volumen V in Abhängigkeit von $\pi \cdot r^3$ grafisch dar.
- Welcher proportionale Zusammenhang ergibt sich?

| | A | B | C | D | E |
|---|---|---|---|---|---|
| 1 | d | r | V | $\pi \cdot r^3$ | $V : (\pi \cdot r^3)$ |
| 2 | 3,00 | 1,50 | 14,00 | 10,60 | 1,32 |
| 3 | 4,00 | 2,00 | 34,00 | 25,13 | 1,35 |

### Merkwissen

Für das **Volumen V einer Kugel** mit dem **Radius r** gilt:

$$V_{Kugel} = \frac{4}{3} \cdot \pi \cdot r^3$$

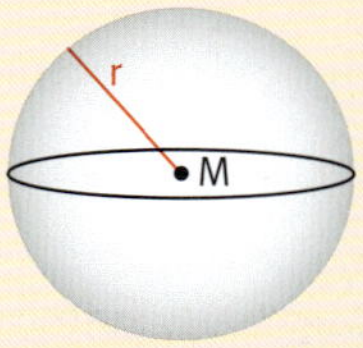


### Beispiele

**I** Ein Fußball der Größe 5 hat einen Radius von 11 cm. Wie groß ist das Volumen eines solchen Fußballs? Runde auf eine Stelle nach dem Komma.

**Lösung:**

$V = \frac{4}{3}\pi \cdot r^3 = \frac{4}{3}\pi \cdot (11\text{ cm})^3 \approx 5575{,}3\text{ cm}^3 \approx 5{,}6\text{ l}$

Der Fußball hat ein Volumen von ungefähr 5,6 l.

**II** In Rödental bei Coburg steht an einem Kreisverkehr diese Plastik, eine Kugel mit dem Umfang 553 cm. Berechne das Volumen der Kugel.

**Lösung:**

$u = 2\pi \cdot r \quad \Longrightarrow \quad r = \frac{u}{2\pi} = \frac{553\text{ cm}}{2\pi} \approx 88\text{ cm}$

$V = \frac{4}{3}\pi \cdot r^3 = \frac{4}{3}\pi \cdot (88\text{ cm})^3 \approx 2\,854\,543\text{ cm}^3 \approx 2855\text{ dm}^3$

Die Kugel hat ein Volumen von ungefähr 2855 l.

*Den Umfang einer Kugel berechnet man wie den Umfang eines Kreises, dessen Mittelpunkt der Kugelmittelpunkt ist.*

### Verständnis

- Franziska sagt: „Verdoppelt man den Radius einer Kugel, so verachtfacht sich das Volumen." Stimmt das?
- Du weißt schon, dass $r = \frac{d}{2}$. Gib die Formel zur Berechnung des Kugelvolumens mit dem Durchmesser an.

### Aufgaben

*Lösungen zu 1: 65,4; 113,1; 4,2; 0,5; 268,1; 1072,5; 33,5; 418,9; 50,3; 29,3; 353,1; 402,1*

**1** Berechne das Volumen der Kugel. Runde geeignet.

**a)** $r = 25$ mm **b)** $d = 60$ cm **c)** $r = 1$ m **d)** $d = 1$ cm

**e)** $r = \frac{2}{5}$ cm **f)** $d = 12{,}7$ dm **g)** $r = \sqrt[3]{8}$ m **h)** $r = \sqrt[3]{100}$ mm

**i)** $r = \sqrt[3]{12}$ m **j)** $d = 2 \cdot \sqrt[3]{7}$ m **k)** $r = 2 \cdot \sqrt[3]{10}$ cm **l)** $d = 4 \cdot \sqrt[3]{12}$ dm

**2** Berechne den Radius und den Durchmesser der Kugel.

a) $V = 14\,137\ cm^3$ b) $V = 3054\ mm^3$ c) $V = 82{,}5\ m^3$ d) $V = 51\ l$
e) $V = 5000\ m^3$ f) $V = 12\,000\ dm^3$ g) $V = 137\ hl$ h) $V = 12\,450\ l$

*Lösungen zu 2:*
*(nur Radius)*
*15,0; 3,2; 2,7; 2,3; 9,0; 14,2; 14,4; 10,6;*

**3** Gasometer werden häufig kugelförmig gebaut. Die abgebildeten Gasometer haben einen Durchmesser von 40 m. Berechne das Volumen von zehn solchen Gasometern.

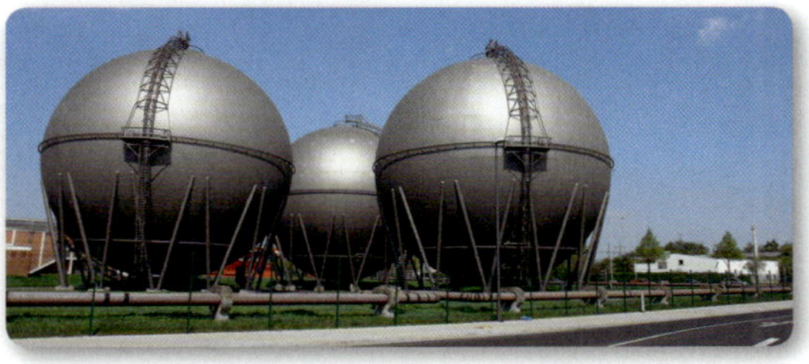

**4** In eine halbkugelförmige Schüssel passen 1,5 l Wasser, wenn man sie bis zum Rand füllt. Berechne den Innendurchmesser dieser Schüssel.

**WISSEN**

**Kugelvolumen mit Cavalieri**

Man kann die Volumenformel für Kugeln auch mithilfe des Prinzips von Cavalieri (siehe Seite 239) herleiten. Man vergleicht dazu das Volumen einer Halbkugel (Radius r) mit dem eines Zylinders (Radius und Höhe jeweils r), aus dem ein Kegel ausgefräst wird.

**Halbkugel** **Vergleichskörper**

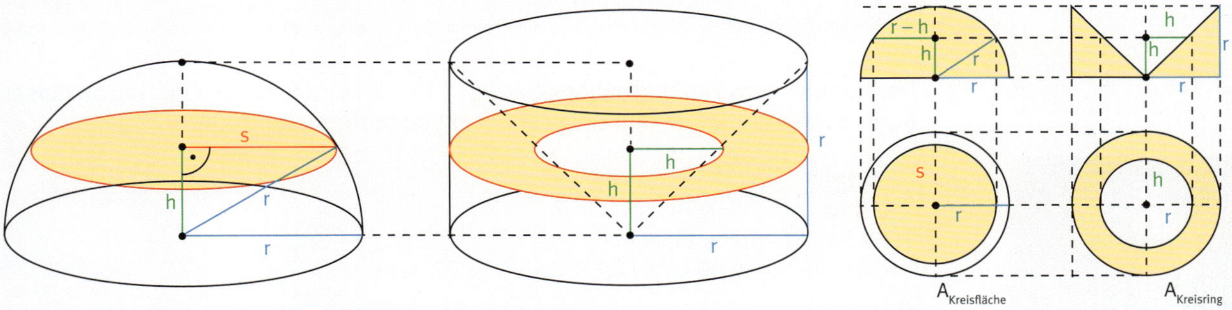


Die beiden Körper werden parallel zur jeweiligen Grundfläche in beliebiger **Höhe h** geschnitten.
Als Schnittfläche entsteht ...

eine **Kreisfläche** mit dem **Radius s**.
$A_{Kreisfläche} = \pi \cdot s^2 = \pi \cdot (r^2 - h^2)$

ein **Kreisring** mit den Radien r und h.
$A_{Kreisring} = \pi \cdot r^2 - \pi \cdot h^2 = \pi \cdot (r^2 - h^2)$

Somit gilt: $\mathbf{A_{Kreisfläche} = A_{Kreisring}}$

Da die Bedingungen des Prinzips von Cavalieri erfüllt sind, haben die beiden Körper das **gleiche Volumen:**

$$\mathbf{V_{Halbkugel} = V_{Vergleichskörper}}$$

$V_{Vergleichskörper}$ können wir nun sehr einfach berechnen:

$V_{Vergleichskörper} = V_{Zylinder} - V_{Kegel} = \pi \cdot r^2 \cdot h - \frac{1}{3}\pi \cdot r^2 \cdot h$; mit h = r folgt:

$V_{Vergleichskörper} = \pi \cdot r^2 \cdot r - \frac{1}{3}\pi \cdot r^2 \cdot r = \pi \cdot r^3 \cdot - \frac{1}{3}\pi \cdot r^3 = \frac{2}{3}\pi \cdot r^3 = V_{Halbkugel}$

Das Volumen der Vollkugel: $V_{Vollkugel} = 2 \cdot V_{Halbkugel} = 2 \cdot \frac{2}{3}\pi \cdot r^3 = \frac{4}{3}\pi \cdot r^3$

- Erkläre das Prinzip des Cavalieri anhand eines Quaders und eines schiefen Prismas.
- Beschreibe die obige Herleitung des Kugelvolumens mit eigenen Worten.

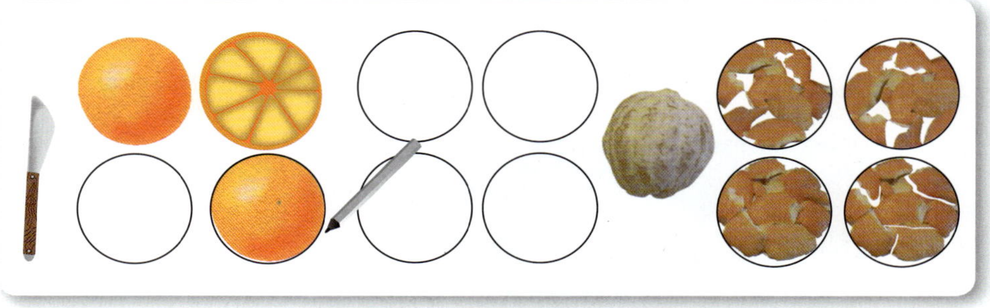

Paul soll die Größe der Oberfläche einer Kugel bestimmen. Er sagt: „Den Flächeninhalt eines Kreises kann ich berechnen. Wenn ich eine (annähernd runde) Apfelsine halbiere, kenne ich den Durchmesser dieser Apfelsine. Ich zeichne Kreise mit dem Radius der Kugel. Dann schäle ich die Apfelsine und überprüfe, wie viele solcher Kreise ich mit der Schale komplett belegen kann."

- Beschreibe in eigenen Worten den Versuch von Paul.
- Wie viele solcher Kreise kannst du mit dieser Schale belegen?
- Findest du eine Formel für die Oberfläche einer Kugel?

## Merkwissen

Für die **Oberfläche O einer Kugel** mit dem **Radius r** gilt:

$\mathbf{O_{Kugel} = 4 \cdot \pi \cdot r^2}$

oder

$\mathbf{O_{Kugel} = \pi \cdot d^2}$

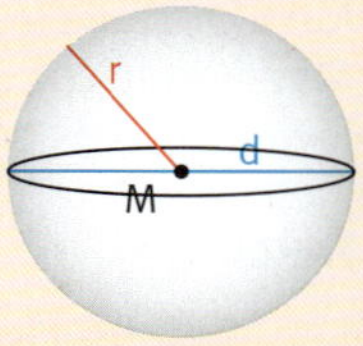

## Beispiele

**I** Der Radius eines Heißluftballons beträgt 13 m. Wie groß ist die Oberfläche dieses Ballons, wenn man annimmt, dass er exakt kugelförmig ist?

**Lösung:**

$O = 4 \cdot \pi \cdot r^2$

$O \approx 4 \cdot \pi \cdot (13\text{ m})^2 \approx 2124\text{ m}^2$

Der Ballon hat etwa eine Oberfläche von 2124 m².

**II** Die Oberfläche eines kleinen Modellheißluftballons ist 707 dm² groß. Berechne das Volumen dieses Modellheißluftballons.

**Lösung:**

$O = 4 \cdot \pi \cdot r^2$

$r = \sqrt{\frac{O}{4 \cdot \pi}}$

$r \approx \sqrt{\frac{707\text{ dm}^2}{4 \cdot \pi}} \approx 7{,}5\text{ dm}$

$V = \frac{4}{3} \cdot \pi \cdot r^3 = \frac{4}{3} \cdot \pi \cdot (7{,}5\text{ dm})^3$

$V \approx 1767\text{ dm}^3 = 1767\text{ l}$

Der Modellheißluftballon hat ein Volumen von etwa 1770 l.

## Verständnis

- Wie verändert sich die Oberfläche einer Kugel, wenn du den Radius halbierst (verdoppelst, verdreifachst)?
- Begründe die Gleichheit der Oberflächenformel der Kugel: $4 \cdot \pi \cdot r^2 = \pi \cdot d^2$.

Aufgaben

**1** Berechne den Oberflächeninhalt der Kugel. Runde auf eine Dezimale.

a) $r = 7$ mm  b) $d = 1$ cm  c) $r = 2{,}7$ dm  d) $d = 56$ mm

e) $r = \sqrt{3}$ m  f) $r = \frac{2}{3}$ dm  g) $d = \sqrt{18}$ cm  h) $d = 17{,}5$ mm

*Lösungen zu 1 und 2: 615,8; 3,1; 91,6; 9852,0; 37,7; 5,6; 56,5; 962,1; 2,5; 65,4; 1017,9; 3053,6; 19,5; 31 059,4; 4,0; 201,1; 91,6; 82,4; 3,6; 195,4; 6,2; 1,4*

**2** Berechne die fehlenden Größen einer Kugel. Runde auf eine Dezimale.

| | a) | b) | c) | d) | e) | f) | g) |
|---|---|---|---|---|---|---|---|
| r | ▢ | 9 mm | ▢ | ▢ | 2,7 dm | ▢ | 0,7 m |
| O | 78,5 dm² | ▢ | 4778 mm² | ▢ | ▢ | 162,9 cm² | ▢ |
| V | ▢ | ▢ | ▢ | 268,08 m³ | ▢ | ▢ | ▢ |

**3** Die Lunge eines erwachsenen Menschen besteht aus etwa 400 Millionen kleinen Lungenbläschen. Jedes Lungenbläschen hat einen Durchmesser von 0,2 mm.

a) Wie groß ist die Oberfläche eines solchen Lungenbläschens?

b) Die Biologielehrerin behauptet, dass die Fläche aller Lungenbläschen ausreichen würde, um den Boden eines Klassenraums zu bedecken.

**4** Tischtennis ist eine der schnellsten Ballsportarten der Welt. Um den Sport für die Zuschauer attraktiver zu gestalten, wurden im Jahr 2001 einige Regeln geändert. So vergrößerte sich der Durchmesser der Tischtennisbälle von 38 mm auf 40 mm. Um wie viel Prozent vergrößerte sich …

a) die Oberfläche der Bälle?

b) das Volumen der Bälle?

**5** Mario kauft einen Würfel Knetmasse mit einer Kantenlänge von 5 cm. Aus diesem Würfel formt er eine Kugel. Vergleiche die …

a) Volumen von Würfel und Kugel.

b) Oberflächen von Würfel und Kugel.

Wissen

**Oberfläche der Kugel**

Um den Oberflächeninhalt einer Kugel zu bestimmen, kannst du auch ein Näherungsverfahren durchführen. Dazu zerlegst du die Kugeloberfläche in n kleine kongruente Teilflächen und verbindest deren Eckpunkte mit dem Kugelmittelpunkt M. Die dadurch entstehenden Körper kannst du **näherungsweise** mit n Pyramiden vergleichen. Die Höhe h der Pyramide ist näherungsweise der Radius r der Kugel.

$V_{Kugel} \approx V_{Pyramide\ 1} + V_{Pyramide\ 2} + V_{Pyramide\ 3} + \ldots + V_{Pyramide\ n}$

$V_{Kugel} \approx \frac{1}{3} \cdot A_{G_1} \cdot h + \frac{1}{3} \cdot A_{G_2} \cdot h + \frac{1}{3} \cdot A_{G_3} \cdot h + \ldots + \frac{1}{3} \cdot A_{G_n} \cdot h$

$V_{Kugel} \approx \frac{1}{3} \cdot (A_{G_1} + A_{G_2} + A_{G_3} + \ldots + A_{G_n}) \cdot h$

Es gilt: $A_{G_1} + A_{G_2} + A_{G_3} + \ldots + A_{G_n} \approx O_{Kugel}$ und $h \approx r$

$V_{Kugel} \approx \frac{1}{3} \cdot O_{Kugel} \cdot r \iff \frac{4}{3}\pi \cdot r^3 = \frac{1}{3} \cdot O_{Kugel} \cdot r \iff \mathbf{O_{Kugel} = 4\pi \cdot r^2}$

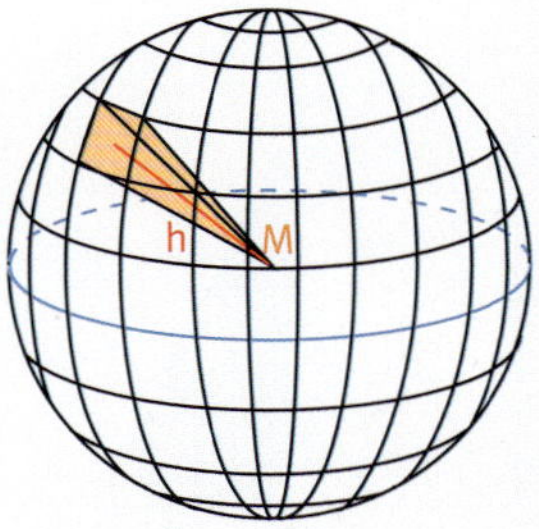


$h_{Pyramide} = r_{Kugel}$

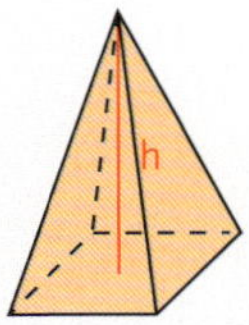


- Beschreibe die Idee, die dem Näherungsverfahren zugrunde liegt.
- Erkläre die einzelnen Umformungsschritte.

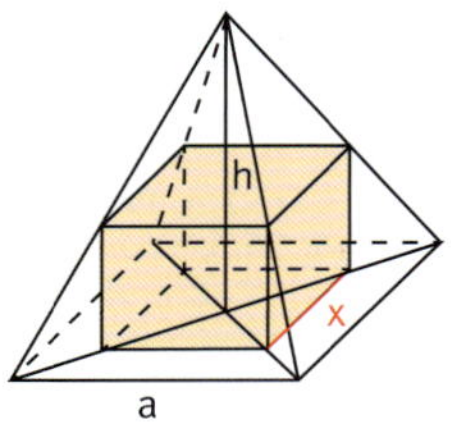


Einer geraden Pyramide mit quadratischer Grundfläche soll ein Quader wie in der Skizze dargestellt einbeschrieben werden.

- Beschreibe die Form des Quaders.
- Beschreibe, wie sich die Höhe des Quaders in Abhängigkeit von seiner Breite ändert. Welche „Randwerte“ sind möglich?
- Begründe, dass es unter den Quadern einen gibt, der maximales Volumen aufweist.

*Wenn man mit Einheiten (z. B. cm) rechnet, verwendet man statt der Größe a oft nur deren Maßzahl x: a = x cm.*

## Merkwissen

Lässt sich eine Größe b durch eine Größe a mithilfe einer Funktionsgleichung ausdrücken, spricht man von einer **funktionalen Abhängigkeit**. a bezeichnet man als **Parameter** oder Variable.

## Beispiele

*Erstelle immer zunächst eine Skizze (Vorderansicht bzw. Axialschnitt), sodass man beispielsweise einen Vierstreckensatz gut anwenden kann.*

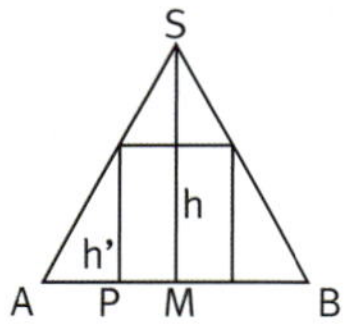


**I** Einer geraden Pyramide mit quadratischer Grundfläche ABCDS mit Grundkantenlänge a = 60 cm und Höhe h = 120 cm soll ein Quader (Breite und Länge je x cm) wie in der Skizze dargestellt einbeschrieben werden. Stelle die Höhe h' des Quaders in Abhängigkeit von x dar. Gib die Definitionsmenge für x an.

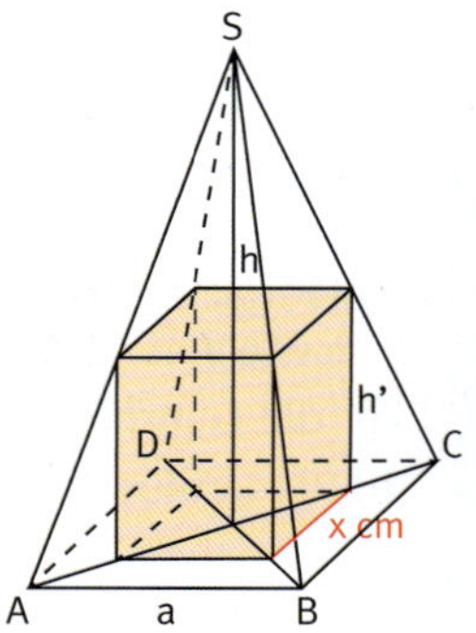


**Lösung:**

$$\frac{h'}{h} = \frac{\overline{AP}}{\overline{AM}}$$

$$\frac{h'}{120\text{ cm}} = \frac{30\text{ cm} - \frac{x\text{ cm}}{2}}{30\text{ cm}}$$

$$h' = 4 \cdot \left(30\text{ cm} - \frac{x\text{ cm}}{2}\right) = 2\,(60 - x)\text{ cm}$$

$$\mathbb{D} = \,]0;\,60[$$

**II** Einer geraden Pyramide mit quadratischer Grundfläche und Grundkantenlänge a = 6 cm und Höhe $h_0$ = 6 cm ist ein Zylinder einbeschrieben. Stelle für 0 < x < 3 den Mantelflächeninhalt M (x) und das Volumen V (x) des Zylinders in Abhängigkeit vom Radius r = x cm dar.

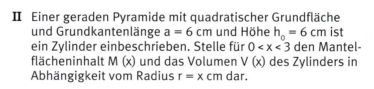

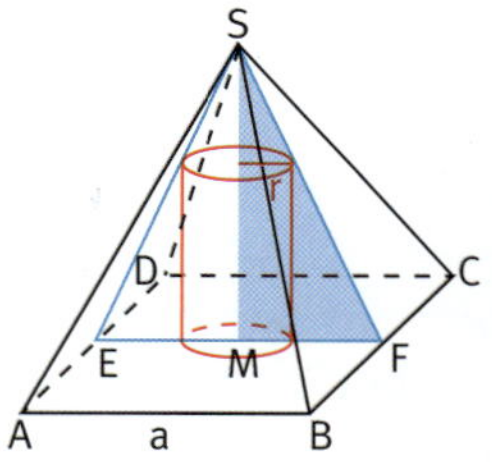


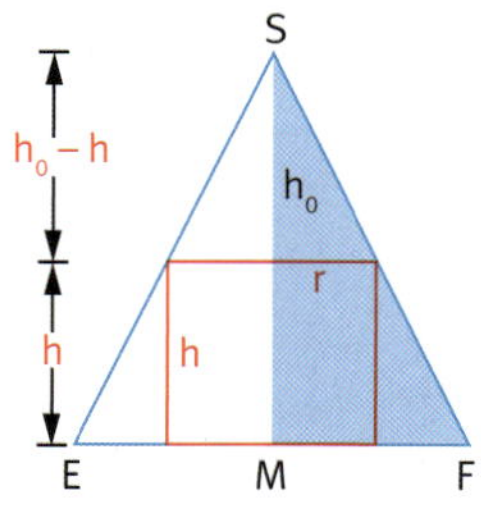


**Lösung:**

Die Anwendung des Vierstreckensatzes ergibt:

$$\frac{h_0 - h}{r} = \frac{h_0}{0{,}5a}$$

$$\frac{6\text{ cm} - h}{r} = \frac{6\text{ cm}}{3\text{ cm}}$$

$$\frac{6\text{ cm} - h}{x\text{ cm}} = 2$$

$$6\text{ cm} - h = 2x\text{ cm}$$

$$h = 6\text{ cm} - 2x\text{ cm}$$

$$h\,(x) = (6 - 2x)\text{ cm}$$

$$M = 2\pi r \cdot h$$

$$M\,(x) = 2\pi \cdot x \cdot (6 - 2x)\text{ cm}^2 = 4\pi x \cdot (3 - x)\text{ cm}^2$$

$$V = \pi r^2 \cdot h$$

$$V\,(x) = \pi x^2 \cdot (6 - 2x)\text{ cm}^3 = 2\pi x^2\,(3 - x)\text{ cm}^3$$

## Verständnis

- Wie hängt der Flächeninhalt eines Quadrats von seinem Umfang ab?

**Aufgaben**

**1** Ein gerader Kreiskegel hat einen Grundkreisradius von $r = 4$ cm und eine Mantellinie der Länge $s = 10{,}4$ cm.

**a)** Berechne die Höhe h des Kegels.

**b)** Berechne das Maß des Mittelpunktswinkels der Abwicklung des Kegelmantels.

**c)** Dem Kegel werden gerade Kreiszylinder mit dem Radius $r = x$ cm und der Höhe $h = y$ cm einbeschrieben. Zeichne den Axialschnitt von Kegel und Zylinder mit $x = 2{,}5$ und gib die Definitionsmenge für x und y an.

**d)** Bestimme den Inhalt der Mantelfläche des Zylinders in Abhängigkeit von x.

**e)** Für welchen Wert von x erhält man den maximalen Inhalt der Zylindermantelfläche?

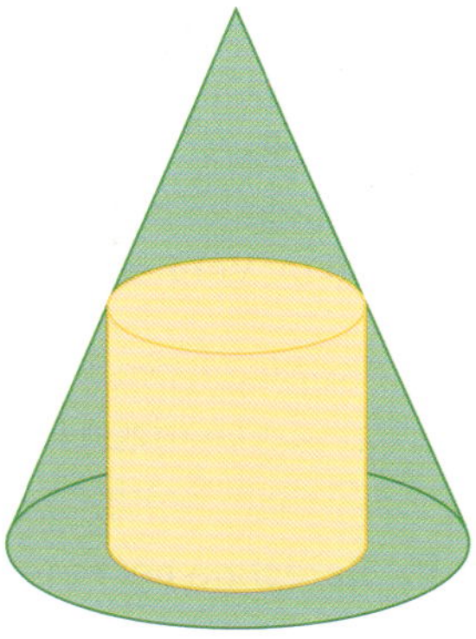

*Lösungen zu 1 a) und d)*
*$h = 9{,}6$ cm*
*$M(x) = -4{,}8\pi\,(x^2 - 4x)$ cm$^2$*

**2** Die Grundfläche der geraden Pyramide ABCDS ist ein Quadrat mit der Kantenlänge $a = 7$ cm. Die Pyramidenhöhe beträgt 14 cm. Parallelebenen im Abstand x zur Grundfläche ABCD schneiden die Kanten der Pyramide in den Punkten $A_n$, $B_n$, $C_n$ und $D_n$.

**a)** Aus welchem Intervall darf man x wählen?

**b)** Zeichne ein Schrägbild mit $q = 0{,}5$; $\omega = 45°$ und Schrägbildachse AB.

**c)** Es entstehen neue, einbeschriebene Pyramiden $A_nB_nC_nD_nF$, wenn die Punkte $A_n$, $B_n$, $C_n$ und $D_n$ mit dem Höhenfußpunkt F der Pyramide ABCDS verbunden werden. Zeichne die Pyramide $A_1B_1C_1D_1F$ für $x = 3{,}5$ in b) ein.

**d)** Stelle das Volumen der einbeschriebenen Pyramiden in Abhängigkeit von x dar und bestimme das Volumen der Pyramide $A_1B_1C_1D_1F$.

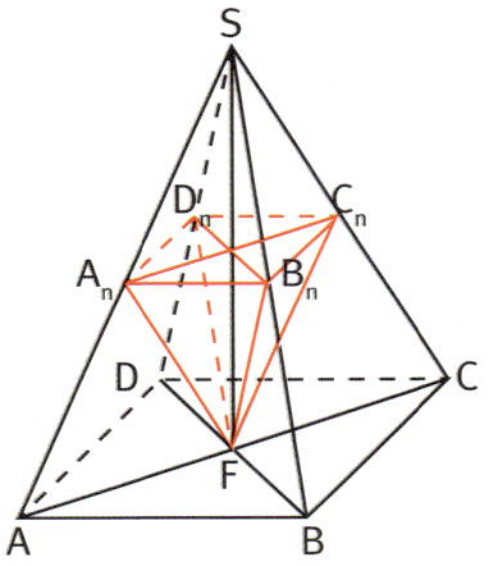


**3** Einer Kugel mit dem Radius 5 cm ist ein Zylinder mit dem Radius $r = x$ cm $(0 < x < 5)$ einbeschrieben.

**a)** Berechne die Höhe des Zylinders in Abhängigkeit von x.

**b)** Berechne das Zylindervolumen in Abhängigkeit von x.

**c)** Tabellarisiere V (x) für $x \in [0; 5[$ mit $\Delta x = 0{,}5$ und zeichne den Graphen.

**d)** Bestimme mithilfe des Graphen den Wert für x, für den das Volumen maximal wird. Gib $V_{max}$ an.

**e)** Überprüfe $V_{max}$ rechnerisch.

*Lösung zu 3 b):*
*$V(x) = 2\pi x^2 \cdot \sqrt{25 - x^2}$ cm$^3$*

**4** Einem geraden Kegel ($r_K = 5$ cm und $s = 13$ cm) werden Kreiszylinder ($r_Z = x$ cm und $h_Z = y$ cm) einbeschrieben. Zu jedem Zylinder gibt es eine Kugel, die sowohl die Deckfläche des Zylinders von oben als auch den Kegelmantel von innen berührt.

**a)** Gib die Definitionsmenge für x und die Wertemenge y an und zeichne einen Axialschnitt für $x = 3$.

**b)** Vergleiche die Volumina der drei Körper für $x = 3$.

**c)** Stelle den Mantelflächeninhalt M (x) der Zylinder in Abhängigkeit von x dar.

**d)** Entscheide durch Rechnung, ob es einen einbeschriebenen Zylinder mit einer Oberfläche von $60\pi$ cm$^2$ gibt.

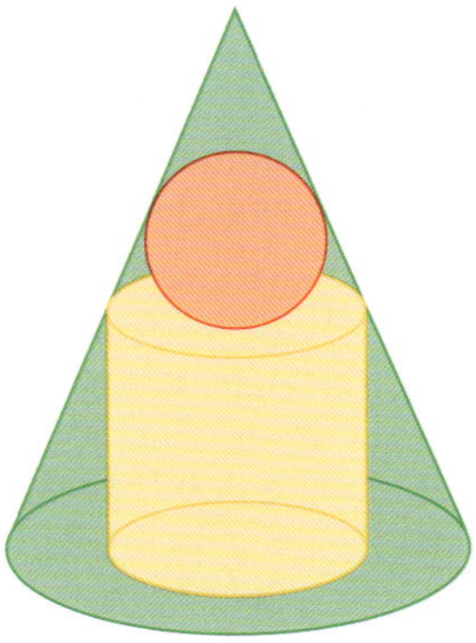

*Lösung zu 4 c):*
*$M(x) = \pi\,(-4{,}8x^2 + 24x)$ cm$^2$*

**1** Auf dem Dach einer Schule wurde eine Astrokuppel errichtet. Die Halbkugel hat einen Durchmesser von 6 m.

a) Berechne die Oberfläche dieser Halbkugel.

b) Berechne den Rauminhalt der Kuppel.

c) Eine ähnliche Kuppel befindet sich auf Hawaii. Diese hat einen Durchmesser von 18 m. Vergleiche Oberfläche und Rauminhalt beider Kuppeln.

*Fertige zunächst eine Skizze der Körper an.*

**2** a) Berechne die fehlenden der Größen $A_G$, $A_M$, O und V eines regelmäßigen ...

1 dreiseitigen Prismas mit h = 8 cm und $A_M = 96\ cm^2$.

2 sechsseitigen Prismas mit h = 6 cm und $V = 140{,}4\ cm^2$.

b) Berechne bei einem Zylinder die fehlenden der Größen r, h, $A_M$, O und V.

1 r = 20 cm; $A_M = 240\ cm^2$ 2 h = 6,8 cm; $V = 458{,}4\ cm^3$

c) Berechne bei einer geraden Pyramide mit quadratischer Grundfläche die fehlenden der Größen a, h, s, O und V.

1 a = 6,4 cm; s = 12,8 cm 2 a = 4,8 cm; $O = 153{,}8\ cm^2$

d) Bestimme die nicht angegebenen Größen r, h, s, $A_M$, O und V eines Kreiskegels.

1 r = 4,5 cm; h = 8,5 cm 2 s = 15,2 cm; $A_M = 372{,}5\ cm^2$

e) Berechne den Inhalt der Oberfläche und das Volumen einer Kugel mit ...

1 r = 2,8 cm. 2 d = 9,6 cm. 3 r = 14,3 cm. 4 r = 0,4 cm. 5 d = 17,8 dm.

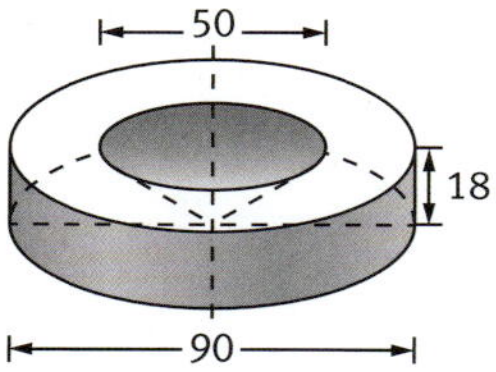


**3** Eine zylindrische Messingscheibe ist konisch (kegelförmig) ausgebohrt. Dabei liegt die Spitze der Bohrung im Mittelpunkt der Messingscheibe. Welche Masse hat die Scheibe, wenn $\rho_{Messing} = 8{,}3\ \frac{g}{cm^3}$ (Maße in mm)?

**4** Eine Tennishalle hat die Gestalt eines liegenden Halbzylinders. Sie ist 42 m lang und 32 m breit. Das gewölbte Dach besteht aus Stahltrapezblech, Vorder- und Rückwand bestehen aus Holz.

a) Wie viele Quadratmeter Stahltrapezblech werden benötigt?

b) Eine Malerfirma streicht die Außenseite der Vorder- und Rückwand. Wie hoch sind die Kosten, wenn die Firma pro $m^2$ mit 8,40 € ohne Mehrwertsteuer rechnet?

**5** Die Grundfläche eines 12 cm hohen Quaders ist ein Quadrat ABCD mit der Seitenlänge a = 4 cm. Man erhält neue Quader, indem man die Kanten [AB] und [CD] jeweils nach beiden Seiten um x cm verlängert. Die Länge der anderen Grundkanten wird beibehalten und die Höhe $h_a$ wird um 2x cm verkleinert.

a) Zeichne ein Schrägbild des ursprünglichen Quaders und des zu x = 1 gehörenden neuen Quaders (q = 0,5; ω = 30°; Schrägbildachse AB).

b) Bestimme die Definitionsmenge und berechne das Volumen der Quader in Abhängigkeit von x.

c) Für welchen Wert von x ist das Quadervolumen größer als $192\ cm^3$ (grafische und rechnerische Lösung)?

d) Für welchen Wert von x nimmt das Volumen einen Extremwert an?

*Lösung zu 5 b): $V(x) = (-16x^2 + 64x + 192)\ cm^3$*

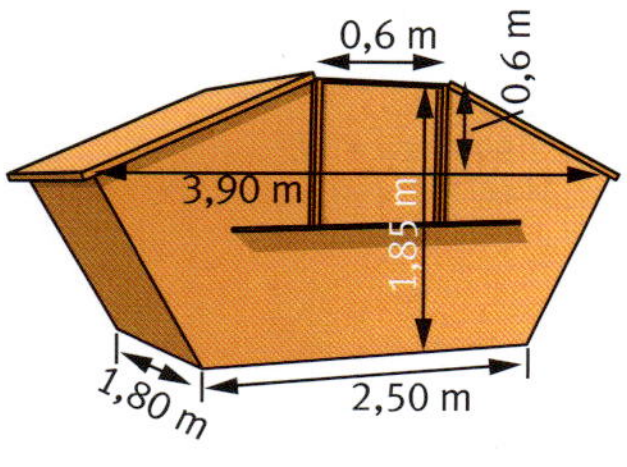


**6** Wie viele Kubikmeter Bauschutt passen in diese Mulde, wenn sie randvoll gefüllt ist?

**7** Am Ortseingang der Porzellanstadt Selb befindet sich das Modell einer kugelförmigen Teekanne mit einem Umfang von 8,40 m.

**a)** Wie viel Liter Tee würden in diese Kanne passen? Schätze zunächst.

**b)** Die Kannenwand hat eine Dicke von 15 cm. Wie schwer ist die Kanne, wenn 1 $dm^3$ Porzellan eine Masse von 2,3 kg hat?

**c)** Auf der Oberfläche der Kanne ist die Erde abgebildet. Etwa 70 % der Erdoberfläche sind mit Wasser bedeckt. Wie viele Quadratmeter der Teekanne sind demnach blau gefärbt?

**d)** In welchem Maßstab zur Erde wurde diese Teekanne hergestellt?

**8** Die Festung Marienberg in Würzburg hat einen runden, ca. 40 m hohen Bergfried mit einem Umfang von ca. 44 m. Der Turm hat ein Dach in Form eines Kegels, der in der Spitze rechtwinklig ist.

**a)** Zeichne den Axialschnitt im Maßstab 1 : 100. Bestimme die fehlenden Angaben.

**b)** Berechne das Gesamtvolumen des Bergfrieds einschließlich des Dachraumes.

**c)** Das Dach des Bergfrieds soll neu eingedeckt werden. Wie hoch ist der Kostenvoranschlag, wenn ein Quadratmeter 88,80 € zuzüglich MwSt. kostet?

**9** Bei Verbrennungsmotoren bewegen sich Kolben in zylinderförmigen Verbrennungskammern auf und ab. Die Bewegungshöhe der Zylinder nennt man Hub. Das Gesamtvolumen der Kammern ist der Hubraum.
Berechne den Hubraum eines Pkw-Motors mit vier Zylindern, wenn der Kolbendurchmesser d = 80 mm und der Kolbenhub h = 145 mm beträgt.

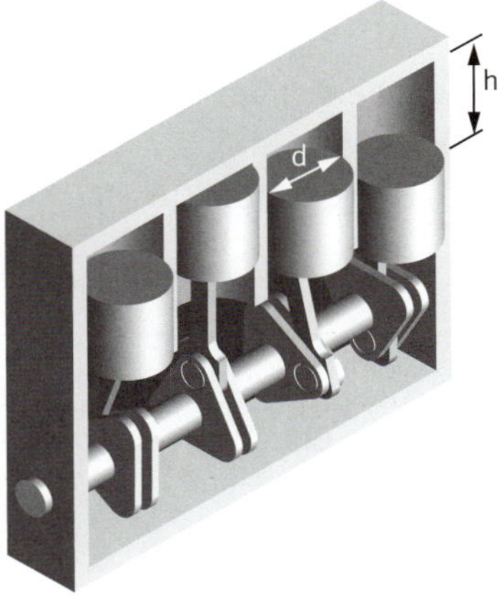


**10** Ein zylindrisches Gefäß mit einem Innendurchmesser von 6 cm ist 8 cm hoch mit Wasser gefüllt. In das Gefäß werden vier Eisenkugeln mit einem Durchmesser von 2 cm geworfen. Die Kugeln tauchen vollständig unter.
Um wie viel steigt der Wasserspiegel?

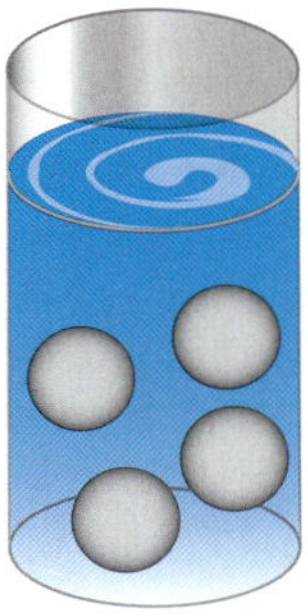

**11** Das „Schleizer Dreieck" ist die älteste Naturrennstrecke der Welt. Die Stadtväter von Schleiz stellten für Werbezwecke eine 5,10 m hohe Pyramide auf, die diese Rennstrecke symbolisieren soll.

**a)** Welchen Raum nimmt diese Pyramide mit quadratischer Grundfläche ein? Die Kanten der Grundfläche sind 6,40 m lang.

**b)** Die Mantelfläche der Pyramide besteht aus 4 mm dicken Stahlplatten. Berechne die Masse der Mantelfläche.

*1 $dm^3$ Stahl hat eine Masse von 7,85 kg.*

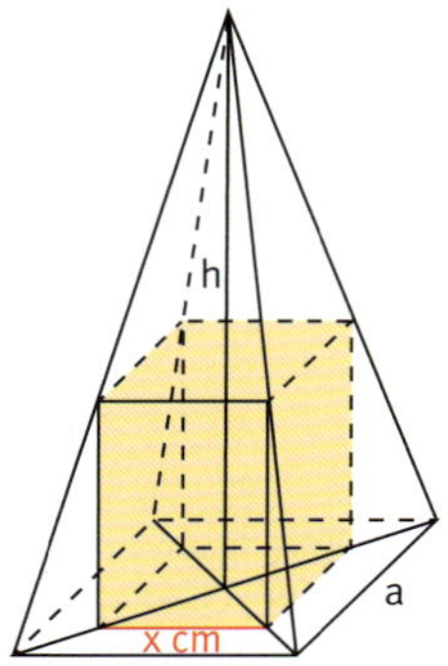


*Lösungen zu 12 a) und c):*
*$V(x) = 2x^2 \cdot (6 - x)\ cm^3$*
*$M(x) = 8x \cdot (6 - x)\ cm^2$*

**12** Einer geraden quadratischen Pyramide mit der Grundkantenlänge a = 6 cm und der Höhe h = 12 cm sind Quader mit der Grundkantenlänge x cm einbeschrieben.

**a)** Stelle das Volumen der Quader in Abhängigkeit von x dar. Gib die maximale Definitionsmenge an.

**b)** Zeichne den Graphen von V (x) und bestimme grafisch das maximale Volumen.

**c)** Stelle die Mantelfläche des Quaders in Abhängigkeit von x dar.

**d)** Überlege, ob V (x) und M (x) ihren extremen Wert für den gleichen x-Wert annehmen.

**13** Vom Dach einer Hütte wird Regenwasser gesammelt und in einem großen, zylinderförmigen Tank gespeichert. Vorderansicht und Draufsicht der Hütte sind im Zweitafelbild im Maßstab 1 : 400 dargestellt. Entnimm die notwendigen Maße der Zeichnung.

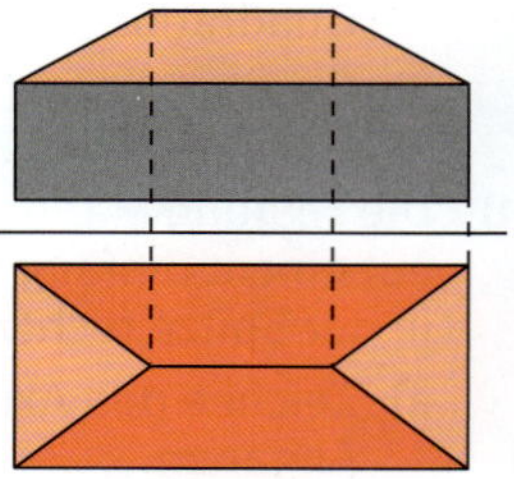


**a)** In der Nacht regnete es 15 l pro $m^2$. Um wie viele Zentimeter ist der Wasserspiegel im Tank dadurch angestiegen, wenn der zylinderförmige Tank einen Durchmesser von 2,4 m hat?

**b)** Im Jahr 2012 wurde das Dach der Hütte neu gedeckt. Berechne die Kosten, die entstehen, wenn pro Quadratmeter 74,25 € veranschlagt werden.

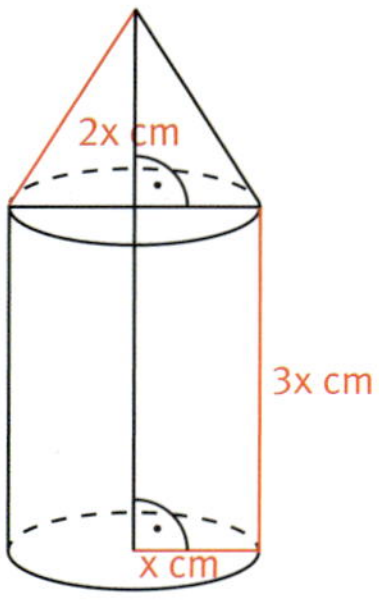


**14** Gegeben ist der nebenstehende zusammengesetzte Körper.

**a)** Zeichne für x = 2 den Axialschnitt des Körpers.

**b)** Berechne die Oberfläche und das Volumen des Körpers in Abhängigkeit von x.

## Wissen

### Zylinder – Kugel – Kegel

Archimedes von Syrakus (* um 287 v. Chr. auf Sizilien; † 212 v. Chr.) fand heraus, dass sich das Volumen von Kegel, Kugel und Zylinder bei gleicher Höhe und Durchmesser verhält wie 1 : 2 : 3, also:

$V_{Kegel} : V_{Kugel} : V_{Zylinder} = 1 : 2 : 3$

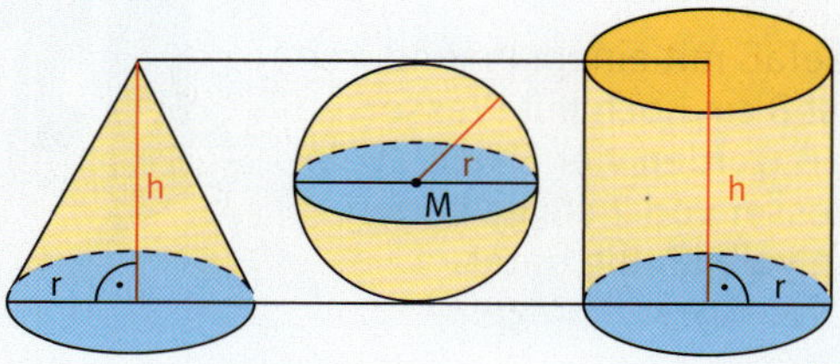

Diese Grafik lies Archimedes auf seinen Grabstein meiseln, weil er so stolz auf seine Entdeckung war.

- Zeige den Zusammenhang rechnerisch.

Führe folgenden Eintauchversuch durch. Tauche eine Kugel in einen Zylinder mit gleichem Durchmesser und einer Höhe h = 2 · r ein.

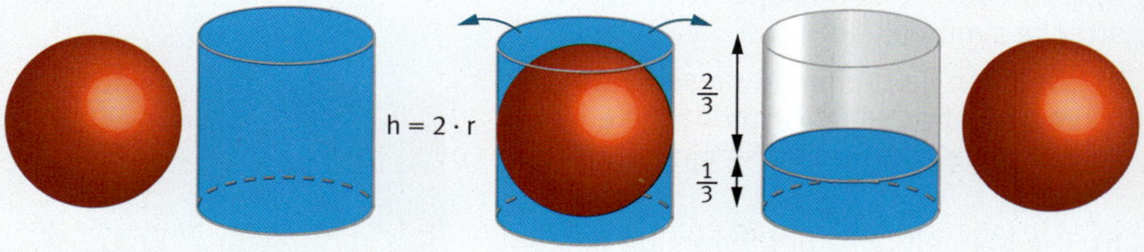


- Welcher Anteil des Wassers läuft über?
- Welcher Anteil des Wassers verbleibt im Zylinder, wenn man die Kugel wieder herausnimmt?
- Führe den gleichen Versuch mit einem Kegel durch, der den gleichen Radius und die gleiche Höhe hat.

**15** Das Eiscafe „Kugeltraum“ hat einen neuen, 1,50 m hohen Werbeaufsteller. Es ist das Modell einer Eistüte mit einer Kugel Eis.

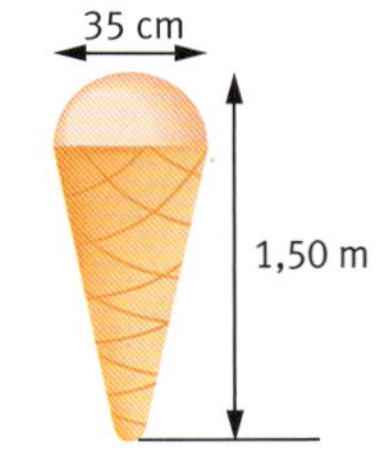


**a)** Berechne das Volumen dieses Aufstellers.

**b)** Wie groß ist die gesamte Oberfläche des Aufstellers?

**c)** Die Eissorten werden an der Eisbar in zwölf quaderförmige Behälter (a = 25 cm, b = 15 cm, c = 12 cm) gefüllt. Wie viele Liter Eis passen dort hinein?

**d)** Zum Abmessen der Portionen werden halbkugelförmige Kellen mit 4,8 cm Durchmesser benutzt. Eisverkäufer Jan macht damit perfekte Kugeln. Wie viele Portionen Eis können im Idealfall insgesamt verkauft werden?

**e)** Mit einer anderen halbkugelförmigen Kelle können 1500 Kugeln verkauft werden. Welchen Durchmesser hat diese Kelle? Schätze zuerst.

**16** zu **a)**

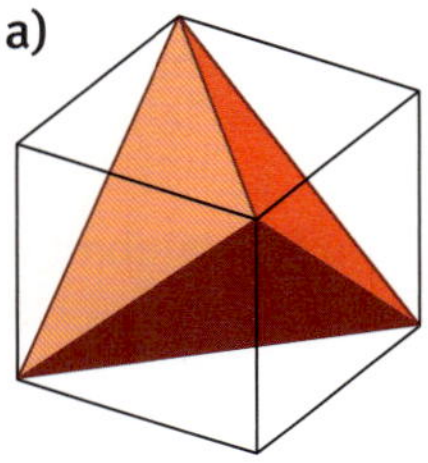

zu **b)**

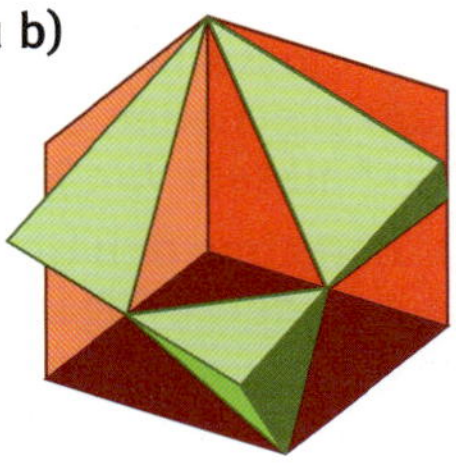

zu **c)**

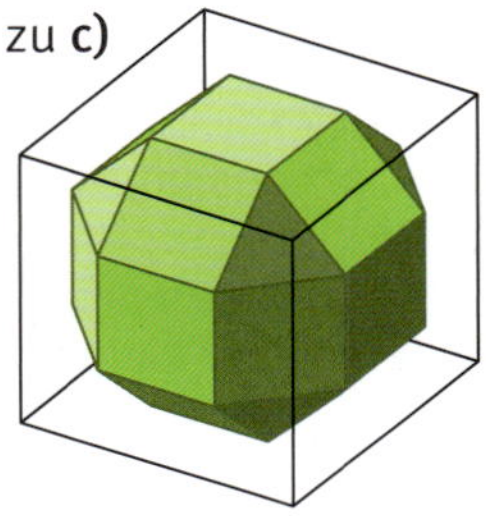

**a)** Ein Tetraeder wird passgenau in einen Würfel mit 20 cm Kantenlänge geschoben. Welchen Anteil des Würfelvolumens besitzt das Tetraeder?

*Zerlege den Würfel geschickt.*

**b)** Bestimme das Volumen dieses Würfelzwillings. Überlege dabei, welcher Würfel für dich der Grundkörper ist (s = 10 cm).

**c)** Bestimme das Volumen des grünen sogenannten Rhomben-Kuboktaeders. Die Kantenlänge beträgt 5 cm. Bestimme auch die Kantenlänge des umbeschriebenen Würfels.

**17** Valentina macht in diesem Jahr zusammen mit ihren Eltern Urlaub auf der Insel Rügen. Sie freut sich schon darauf, dort das bekannte Jagdschloss Granitz zu besuchen.
Nebenstehende Skizze stellt etwas vereinfacht dar, wie das Schloss zusammengesetzt ist. Benenne die einzelnen mathematischen Körper und berechne den ungefähren Rauminhalt des Jagdschlosses.

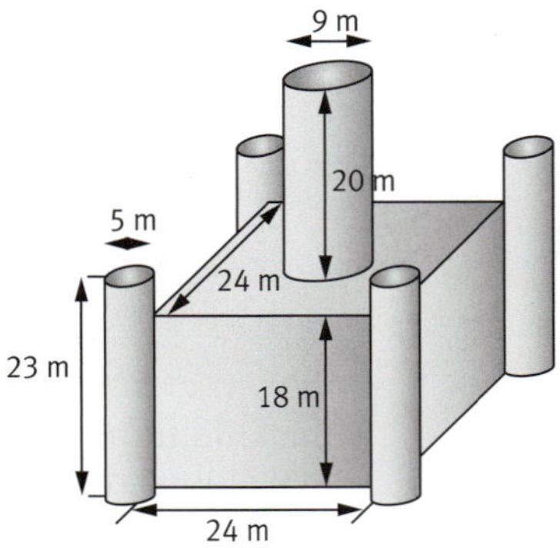

**18** Der Schraubverschluss einer Flasche Badezusatz hat die Form eines Hohlzylinders mit aufgesetzter hohler Halbkugel (Maße in mm). Er soll zum Dosieren benutzt werden.
Die Flasche enthält 1 l Badezusatz. Wie viele Bäder kann man damit nehmen, wenn man pro Bad jeweils die Füllung einer Verschlusskappe verwenden soll? Schätze zuerst und überprüfe dann rechnerisch.

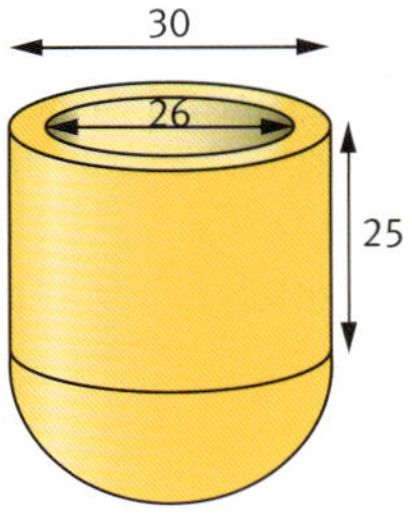

### Viva Las Vegas

... sangen schon Elvis Presley oder ZZ-Top.
Die Stadt Las Vegas in den USA ist eine der aufregendsten Städte der Welt, sie wird jedes Jahr von mehr als 85 Millionen Touristen besucht.
Neben dem Glücksspiel, das rund um die Uhr angeboten wird, ist Las Vegas vor allem wegen seiner vielen Themenhotels bekannt.
Suche in Büchern oder im Internet Wissenswertes über Las Vegas und stelle es deiner Klasse vor.

### Hotel „Ceasars Palace“ – mit Colosseum

Das Colosseum beherbergt ein Theater mit Platz für 4300 Zuschauer. Es hat eine Höhe von 36 m und einen Durchmesser von 78,5 m.

**a)** Berechne den Umfang und den Rauminhalt des zylinderförmigen Colosseums.

**b)** Die Bühne des Colosseums nimmt etwa 51 % der Grundfläche ein. Welche Maße hat die Bühne, wenn diese annähernd quadratisch ist?

### Hotel „Luxor“ – die Pyramide

Das Hauptgebäude dieses Hotels ist eine 107 m hohe gerade Pyramide mit quadratischer Grundfläche, die der Cheopspyramide in Ägypten nachempfunden ist. Die Seitenflächen des „Luxor“ bestehen aus dunklem Glas.

**a)** Berechne die Glasfläche des „Luxor“, wenn die Grundkanten der Pyramide eine Länge von 175 m haben.

**b)** Welches Volumen besitzt diese Pyramide?

### Hotel „Paris“ – noch ein Eiffelturm

Der „Eiffelturm“ vor dem Hotel „Paris“ ist eine exakte Nachbildung des Originals im Maßstab 1 : 2.

**a)** Welche Höhe besitzt dieser Turm, wenn das Original einschließlich Antenne 328 m hoch ist?

**b)** Schätze mithilfe von a) den Durchmesser der Werbekugel rechts auf dem Bild ab und berechne deren Oberflächeninhalt und Volumen.

Der Pool dieses Hotels hat einen Durchmesser von 48 m. Er hat die Form eines Zylinders mit einem nach unten angesetzten Kegel. Der Zylinder hat eine Höhe von 50 cm, der Kegel von 1,10 m.

**c)** Wie viel Liter Wasser passen etwa in diesen Pool?

**Die Hoover-Talsperre**

Der riesige Energiebedarf von Las Vegas wird zu einem Großteil von der zwischen 1931 und 1935 erbauten Hoover-Talsperre gedeckt. Diese staut den Colorado-River zum größten Stausee der USA.

**Die Talsperre im Querschnitt**

Der Querschnitt der Talsperre ist ein Trapez mit einer Höhe von 221 m. An der Sohle ist der Damm 201 m dick, auf der Dammkrone nur noch 14 m.

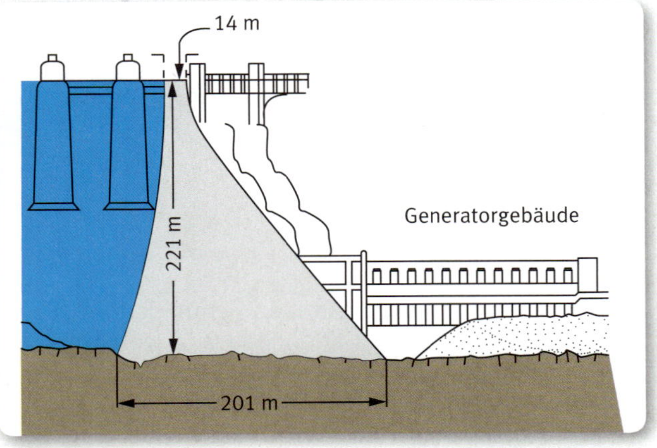


a) Berechne die Querschnittsfläche.

b) Die Dammkrone ist 379,2 m lang. Ermittle damit das Volumen des Hoover-Damms.

c) In der Literatur wird das Volumen mit 2,6 Millionen Kubikmetern angegeben.
Findest du Gründe für die Abweichung?

**Der Bau der Talsperre**

Der Beton für die Talsperre wurde in einer Anlage gemischt und dann in einem Kübel mittels Kran auf den Staudamm gebracht. Der Kübel war 2,5 m hoch und hatte 1,80 m Durchmesser.

a) Wie viele Kubikmeter Beton passten in diesen Kübel?

Die Talsperre konnte nicht komplett gegossen werden, da es sonst 100 Jahre gedauert hätte, bis der letzte Beton ausgehärtet wäre. Man setzte deshalb den Damm aus einzelnen, 1,50 m hohen trapezförmigen Prismen zusammen. Die parallelen Seiten des Trapezes hatten einen Abstand von rund 30 m und waren etwa 25 m und 20 m lang.

b) Berechne das Volumen eines solchen Prismas.

c) Wie viele Kübel benötigte man für den Bau eines solchen Prismas?

**Der Lake Meade**

Der mit dem Hoover-Damm aufgestaute Lake Meade hat bei Vollstau eine Fläche von 69 000 ha und eine durchschnittliche Tiefe von 51 m.

a) Wie viel Kubikmeter Wasser fasst der Lake Meade?

b) Durch heiße Sommer in Nevada und Arizona verdunsten jährlich 3 % der Wassermenge des Lake Meade. Um wie viele Meter sinkt der Wasserspiegel dabei im Durchschnitt?

c) Vergleiche die Verdunstungsmenge mit dem Jahreswasserverbrauch von Berlin. (Erfurt, deiner Stadt).

Überprüfe deine Fähigkeiten und Kenntnisse. Bearbeite dazu die folgenden Aufgaben und bewerte anschließend deine Lösungen mit einem Smiley.

| ☺ | 😐 | ☹ |
|---|---|---|
| Das kann ich! | Das kann ich fast! | Das kann ich noch nicht! |

Hinweise zum Nacharbeiten findest du auf der folgenden Seite. Die Lösungen findest du unter www.ccbuchner.de/medien (Eingabe 8439-02).

**Aufgaben zur Einzelarbeit**

1 Berechne das Volumen und die Oberfläche eines geraden Prismas mit 5,6 cm Körperhöhe. Die Grundfläche des Prismas ist ein …
   a) rechtwinkliges Dreieck mit a = 3,6 cm, b = 2,4 cm und $\gamma$ = 90°.
   b) Parallelogramm mit a = 8,4 cm, b = 6,2 cm und $h_a$ = 5,0 cm.
   c) gleichschenkliges Trapez mit a = 7,0 cm, c = 4,0 cm und $h_a$ = 2,8 cm.

2 Ein gerades Prisma ist 8 cm hoch und hat ein gleichseitiges Dreieck mit 12 cm Seitenlänge als Grundfläche. Berechne Volumen und Oberfläche.

3 Der Nord-Ostsee-Kanal ist 98 km lang und durchschnittlich 9 m tief. Seine Querschnittsfläche ist ein symmetrisches Trapez. An der Wasseroberfläche ist der Kanal 72 m und auf der Kanalsohle 25 m breit.
   a) Fertige eine beschriftete Skizze an.
   b) Tom behauptet, dass in diesem Kanal mehr als 1 km³ Wasser ist. Hat er Recht?

4 Berechne die fehlenden Größen eines Zylinders.

|  | a) | b) | c) | d) | e) |
|---|---|---|---|---|---|
| r | 3,6 cm | 25 mm | 6,8 cm | ☐ | ☐ |
| $A_G$ | ☐ | ☐ | ☐ | ☐ | 2,4 m² |
| h | 7,8 cm | 7,3 cm | ☐ | 12 dm | ☐ |
| $A_M$ | ☐ | ☐ | ☐ | ☐ | ☐ |
| V | ☐ | ☐ | 3249 cm³ | 360 l | 750 l |

5 Ein 8 m tiefer zylinderförmiger Brunnen hat einen äußeren Durchmesser von 1,80 m. Die Wandstärke beträgt 20 cm. Wie viel Wasser kann der Brunnen maximal fassen?

6 Berechne die fehlenden Größen einer geraden Pyramide mit quadratischer Grundfläche. Runde auf zwei Stellen nach dem Komma.

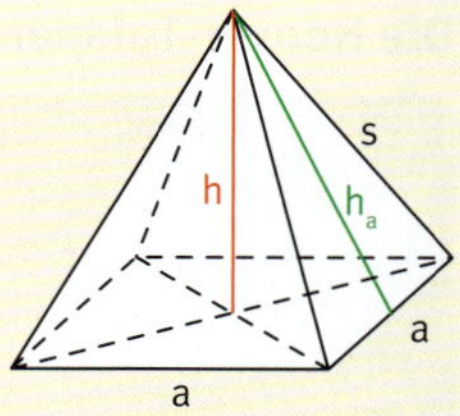

|  | a) | b) | c) | d) |
|---|---|---|---|---|
| a | 50 cm | ☐ | ☐ | ☐ |
| h | 0,8 m | 30 dm | 45 mm | ☐ |
| $h_a$ | ☐ | ☐ | 1 dm | |
| s | ☐ | ☐ | ☐ | ☐ |
| $A_G$ | ☐ | 95 m² | ☐ | 72 cm² |
| $A_M$ | ☐ | ☐ | ☐ | ☐ |
| O | ☐ | ☐ | ☐ | 3,56 dm² |
| V | ☐ | ☐ | ☐ | ☐ |

7 Eine gerade Pyramide mit rechteckiger Grundfläche (a = 45 mm; b = 60 mm) ist 85 mm hoch. Berechne das Volumen und die Oberfläche dieser Pyramide.

8 Berechne Volumen und Oberfläche eines regelmäßigen Tetraeders mit einer Kantenlänge von 150 mm. Das Tetraeder ist 122,5 mm hoch.

9 Berechne Volumen und Oberflächeninhalt des Kreiskegels.
   a) r = 4 cm; h = 8,5 cm   b) h = 45 mm; s = 60 mm
   c) u = 9,0 m; h = 4,8 m   d) d = 2,8 cm; s = 3,4 cm

10 Berechne die fehlenden Größen eines Kegels.
   a) V = 0,9 dm³; h = 12 cm
   b) u = 40 dm; O = 100 m²
   c) $A_M$ = 340 mm²; s = 1,7 dm
   d) d = 12 cm; h = 2,4 dm

11 Die Diagonalen einer geraden Pyramide ABCDS mit quadratischer Grundfläche ABCD werden jeweils von B und D und von A und C aus s um x cm verkürzt und die Höhe h der Pyramide um x cm verlängert. Es gilt: $\overline{AB}$ = 10 cm; h = 6 cm.
   a) Zeichne ein Schrägbild der Pyramide: q = 0,5; $\omega$ = 45°; Schrägbildachse AB
   b) Stelle das Volumen V der Pyramide in Abhängigkeit von x dar.
   c) Bestimme rechnerisch, für welche Belegung von x das Volumen maximal ist.

**12** Berechne die fehlenden Größen einer Kugel.

| | a) | b) | c) | d) |
|---|---|---|---|---|
| r | 6 cm | 2,88 m | ▢ | ▢ |
| O | ▢ | ▢ | $1{,}5\ m^2$ | ▢ |
| V | ▢ | ▢ | ▢ | $19{,}66\ m^3$ |

**13** Aus 30,8 ml Kunststoff wird eine Hohlkugel mit dem Außendurchmesser 10 cm gegossen. Berechne die Dicke der Kugelwand.

**14** Ein Handball hat einen Umfang von 58 cm. Wie viel Quadratzentimeter Leder werden verarbeitet, wenn 15 % Verschnitt eingeplant werden?

**15** Eine Glaskugel hat 12 cm Durchmesser. 1 $dm^3$ Glas hat eine Masse von 2,4 kg. Wie schwer ist die Kugel?

**16** Berechne Volumen und Oberfläche der Körper (Maße in mm).

a)
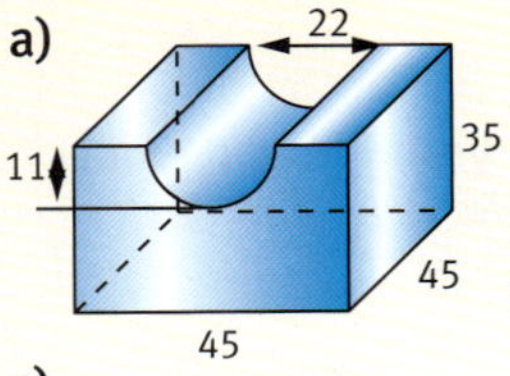


b)
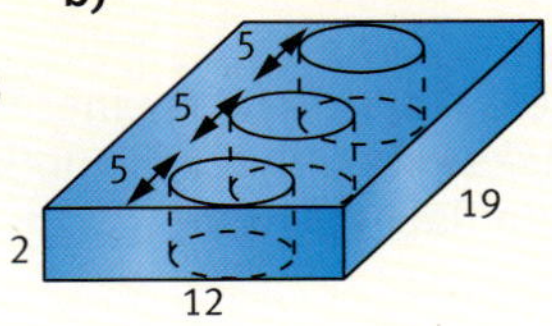


c)
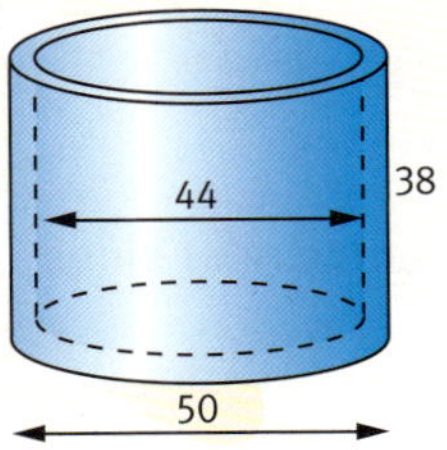


**Aufgaben für Lernpartner**

**Arbeitsschritte**

1. Bearbeite die folgenden Aufgaben alleine.
2. Suche dir einen Partner und erkläre ihm deine Lösungen. Höre aufmerksam und gewissenhaft zu, wenn dein Partner dir seine Lösungen erklärt.
3. Korrigiere gegebenenfalls deine Antworten und benutze dazu eine andere Farbe.

Sind folgende Behauptungen **richtig** oder **falsch**? Begründe schriftlich.

**17** Die Mantelfläche eines Kegels ist immer gleich groß wie seine Grundfläche.

**18** Das Volumen eines Zylinders hat bei gleichen Grundeinheiten stets eine größere Maßzahl als die Oberfläche.

**19** Verdoppelt man den Radius einer Kugel, dann verdoppelt sich auch ihr Volumen.

**20** Das Volumen eines Kegels ist das Produkt aus Grundfläche und Höhe des Kegels.

**21** Verdoppelt man die Höhe einer quadratischen Pyramide, dann verdoppelt sich auch ihr Volumen.

**22** Die Seitenflächen einer Pyramide sind immer gleichschenklige Dreiecke.

**23** Die Oberfläche eines Kreiskegels besteht aus zwei Kreisflächen.

**24** Bei jedem Prisma ergibt sich das Volumen aus dem Produkt des Flächeninhalts der Mantelfläche und der Höhe des Prismas.

**25** Verdoppelt man den Durchmesser einer Kugel, so vervierfacht sich ihre Oberfläche.

**26** Vergrößert man eine Kugel so, dass ihre Oberfläche auf das Vierfache steigt, dann steigt gleichzeitig ihr Volumen auf das Achtfache.

**27** Die Oberfläche eines Zylinders verdoppelt sich, wenn man den Radius verdoppelt.

**28** Die Grundfläche einer Pyramide ist immer ein Quadrat.

| Aufgabe | Ich kann ... | Hilfe |
|---|---|---|
| 1, 2, 3, 4, 5, 18, 24, 27 | Berechnungen am Prisma und am Zylinder durchführen. | S. 234, 238 |
| 6, 7, 8, 9, 10, 17, 20, 21, 22, 23, 28 | Berechnungen an der Pyramide und am Kegel durchführen. | S. 236, 240, 242 |
| 12, 13, 14, 15, 19, 25, 26 | Berechnungen an der Kugel durchführen. | S. 244, 246 |
| 16 | Berechnungen an zusammengesetzten Körpern durchführen. | |
| 11 | Berechnungen mit funktionalen Abhängigkeiten durchführen. | S. 248 |

S. 234
S. 238

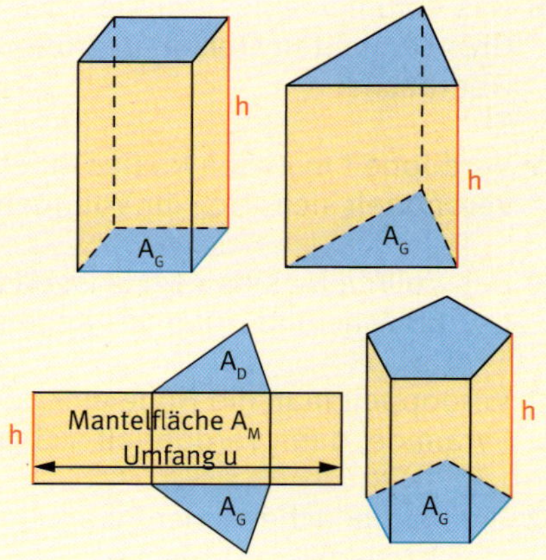


Bei einem **Prisma** gilt:

$A_M = u \cdot h$

$O_{Prisma} = 2 \cdot A_G + A_M = 2 \cdot A_G + u \cdot h$

$V_{Prisma} = A_G \cdot h$

S. 234
S. 238

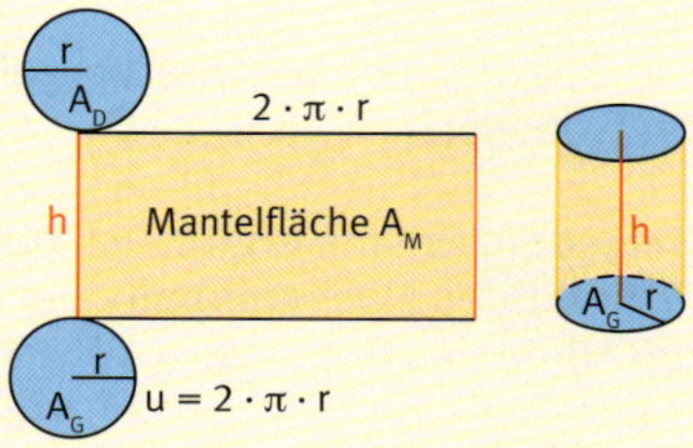


Bei einem **Zylinder** gilt:

$A_M = u \cdot h = 2\pi \cdot r \cdot h$

$O_{Zylinder} = 2 \cdot A_G + A_M = 2\pi r\,(r + h)$

$V_{Zylinder} = \pi \cdot r^2 \cdot h$

S. 236
S. 240
S. 242

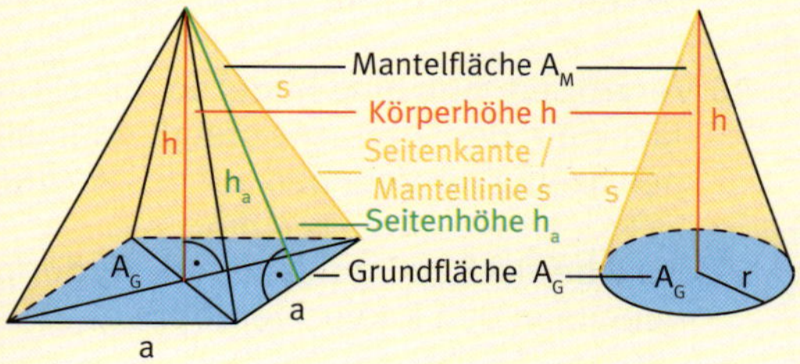


Für die **Oberfläche O** einer **Pyramide** und eines **Kreiskegels** mit der Grundfläche $A_G$ und der Mantelfläche $A_M$ gilt:

$\mathbf{O = A_G + A_M}$

$O_{Pyramide} = A_G + A_{Dreieck\,1} + A_{Dreieck\,2} + \ldots$

$O_{Kegel} = \pi \cdot r^2 + \pi \cdot r \cdot s = \pi r \cdot (r + s)$

Für das **Volumen V** einer **Pyramide** oder eines **Kreiskegels** gilt:

$V = \frac{1}{3} \cdot A_G \cdot h$

$V_{Pyramide} = \frac{1}{3} \cdot A_{Vieleck} \cdot h$

$V_{Kegel} = \frac{1}{3}\pi \cdot r^2 \cdot h$

S. 244
S. 246

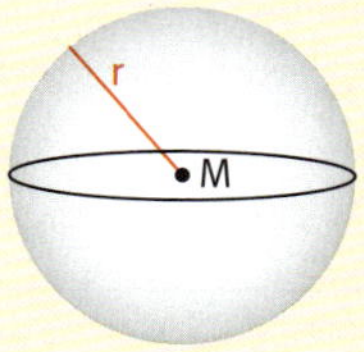


Bei einer **Kugel** gilt:

$O_{Kugel} = 4\pi \cdot r^2$

$V_{Kugel} = \frac{4}{3}\pi \cdot r^3$

S. 248

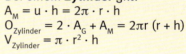

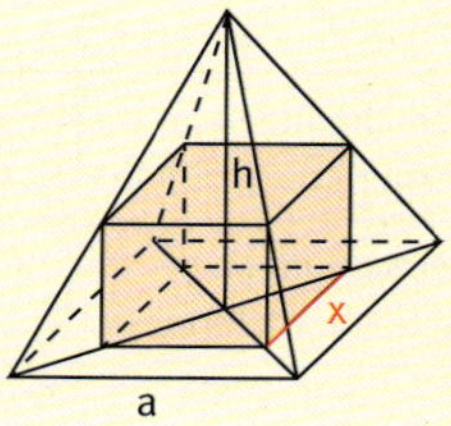


Lässt sich eine Größe b durch eine Größe a mithilfe einer Funktionsgleichung ausdrücken, spricht man von einer **funktionalen Abhängigkeit.** a bezeichnet man als **Parameter** oder Variable.

## Quadratische Gleichungen und Ungleichungen

**1** Löse die Gleichung ($\mathbb{G} = \mathbb{R}$). Gib zunächst die Anzahl der Lösungen an.

**a)** $x^2 = 9$
**b)** $2x^2 + 2{,}5 = 0$
**c)** $(x - 3)(x + 4) = 0$
**d)** $3x^2 + 4x - 4 = 0$
**e)** $2x + 5x + 6 = 0$
**f)** $x^2 - 6x = 27$
**g)** $60x^2 + 57x = 18$
**h)** $2x^2 + kx - k^2 = 0$

**2** Pia, Marcel und Sebastian sollten die Gleichung $x^2 - 1{,}5x - 1 = 0$ grafisch lösen. Obwohl alle drei die Lösungen $x_1 = -0{,}5$ und $x_2 = 2$ erhalten haben, sind sie jeweils unterschiedlich vorgegangen.

Pia:

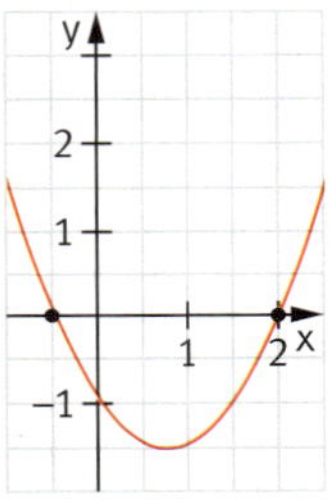


Marcel:

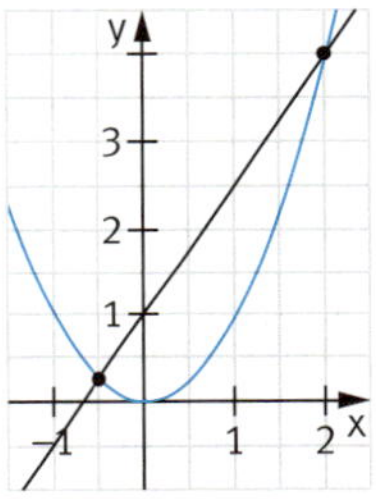


Sebastian:

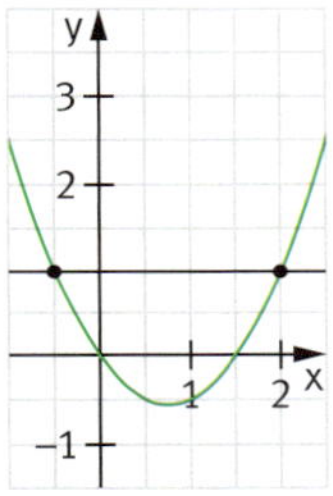


**a)** Überprüfe die Näherungslösungen rechnerisch.
**b)** Erläutere die einzelnen Vorgehensweisen.
**c)** Ermittle mit allen drei grafischen Verfahren die Lösungen der Gleichung $0{,}5x^2 + 5x + 10{,}5 = 0$. Welches Verfahren erscheint dir am günstigsten? Begründe.

**3** Ein Rechteck hat einen Flächeninhalt von 243 m², die Breite beträgt $\frac{3}{4}$ der Länge. Berechne die Seitenlängen des Rechtecks.

**4** Gegeben ist die Ungleichung $2x^2 - 5x - 3 \leqq 0$.

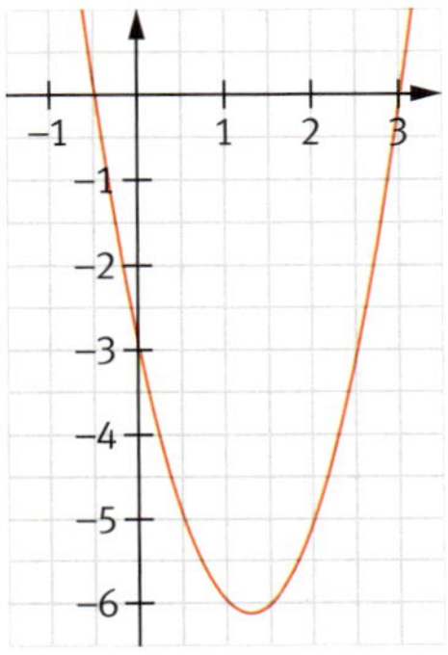

**a)** Abgebildet ist der Graph von $f: y = 2x^2 - 5x - 3$. Bestimme anhand der Zeichnung die Lösungsmenge der Gleichung.
**b)** Überprüfe rechnerisch dein Ergebnis von oben.

**5** Löse die quadratischen Ungleichungen.

**a)** $3x^2 - 4x - 2 \leqq 0$
**b)** $5x^2 - 8x + 3 \leqq 2x^2 + 4x + 5$
**c)** $5x^2 - 8x + 4 > 0$

## Berechnungen am Kreis

**6** **a)** Ein Kreis hat den Radius r = 3 cm. Berechne seinen Flächeninhalt und Umfang.
**b)** Ein Kreis hat einen Umfang von 14,7 cm, der Radius eines zweiten Kreises ist 3,5 cm groß. Welcher Kreis hat den größeren Flächeninhalt?
**c)** Ein Kreis hat den Umfang u = 36 cm. Welchen Radius hat ein Kreis mit fünffachem Umfang?

**7** *Ein Kreis mit Radius r hat den Flächeninhalt A. Also hat ein Kreis mit doppeltem Radius auch den doppelten Flächeninhalt.*

Nimm Stellung zu Lenis Aussage.

**8** Berechne jeweils den Inhalt der gelben Fläche.

**a)**

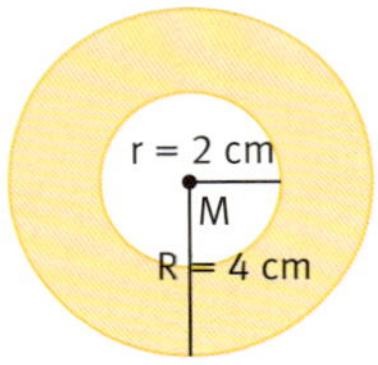


**b)**

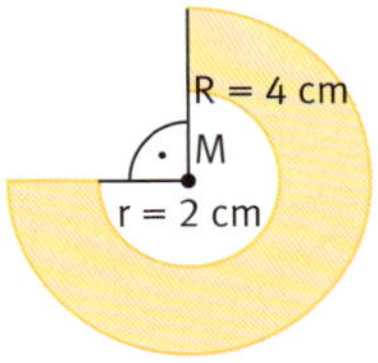


**9** Bestimme die Länge des Kreisbogens b und den Flächeninhalt A.

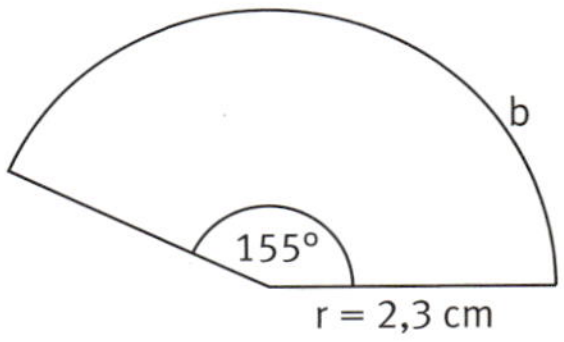


**10** Berechne den Umfang und den Flächeninhalt der gelben Figur.

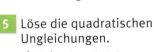

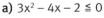

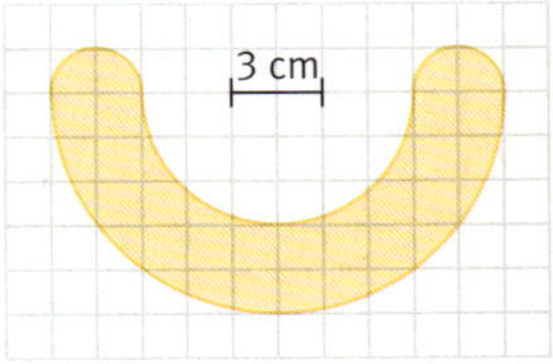


**11** Die Tabelle zeigt folgende Größen von Kreissektoren: Radius r, Mittelpunktswinkel μ, Bogenlänge b und Flächeninhalt A. Übertrage die Tabelle ins Heft und vervollständige sie. Runde auf zwei Dezimalen.

| | | | | |
|---|---|---|---|---|
| r in cm | 6,5 | 30 | | |
| μ | 60° | | 125° | 25° |
| b in cm | | 52 | | 25 |
| A in cm² | | | 85 | |

## Daten

**12** Berechne die Varianz und die Standardabweichung der folgenden Datenreihen.

**a)** 4; 0; 9; 6; 5; 9

**b)** 4; 4; 4; 4; 4; 4

**c)** 1; 6; 1; 6; 1; 6; 1

**13** Mit einer Laborwaage wurde wiederholt die Masse eines Briefes gemessen.
22,94 g; 22,90 g; 22,92 g; 22,76 g; 22,80 g; 22,85 g; 22,84 g; 22,86

Bestimme den Mittelwert und die Standardabweichung der Massen.

**14** Schüler recherchieren im Internet die Preise für zwei verschiedene Computerersatzteile.

**a)** Berechne die jeweilige Standardabweichung.

**b)** Bei welchem Teil schwankt der Preis stärker?

| Teil 1 | Teil 2 |
|---|---|
| 3,00 € | 8,00 € |
| 3,20 € | 7,80 € |
| 4,10 € | 7,50 € |
| 4,70 € | 7,40 € |
| 5,10 € | 8,20 € |
| 3,50 € | 8,10 € |

**15** Ein Landwirt pflanzte letztes Jahr eine Getreidesorte an, deren Ähren im Durchschnitt 30 Körner trugen. Dieses Jahr probiert er eine neue Sorte und er erhält folgende Stichprobe (Körner pro Ähre):
42; 25; 23; 38; 41; 32; 43; 34; 21; 25; 35; 37; 41; 25; 34; 27
Beurteile, ob sich der Wechsel für den Landwirt gelohnt hat.

**16** Bei einem Spiel wird dreimal mit einem Würfel geworfen. Zeigt der Würfel höchstens eine 2, wird der Spieleinsatz verdoppelt, ansonsten geht die Hälfte verloren.

**a)** Stelle das Spiel in einem Baumdiagramm dar.

**b)** Würdest du an dem Spiel teilnehmen? Begründe mithilfe des Erwartungswertes bei einem Einsatz von 20 € (von x €).

## Funktionsscharen

**17** Bestimme die Gleichung derjenigen Gerade der Parallelenschar g (t): $y = -2x + t$, auf der der folgende Punkt liegt.

**a)** A (–3 | 4) **b)** B (–2 | 5) **c)** C (7 | 18)

**18** Bestimme jeweils den Büschelpunkt B des Geradenbüschels g (m).

**a)** $y = m(x - 1) + 4$ **b)** $y - 4 = m(x + 2)$

**c)** $y = 23 + m(x + 2)$ **d)** $y = mx + 4m + 1$

**19** Gegeben ist das Geradenbüschel g (m): $y = m(x - 2) + 3$.

**a)** Gib den Büschelpunkt B an.

**b)** Bestimme die Gleichung der Gerade, die den Punkt P (1 | 2) enthält.

**c)** Berechne die Nullstellen der Büschelgeraden in Abhängigkeit von m. Gibt es Geraden aus dem Büschel, die keine Nullstellen besitzen?

**d)** Berechne die Gleichung der Gerade des Geradenbüschels, die auf g (0,5): $y = 0{,}5(x - 2) + 3$ senkrecht steht.

**e)** Prüfe, ob die Gerade h: $5x - y - 23 = 0$ zur Geradenschar gehört.

**20** Bestimme die Gleichung des Trägergraphen t der Scheitelpunkte der Parabeln. Berechne den Wert des Parameters, für den eine der Parabeln durch den Punkt P verläuft.

**a)** p (a): $y = -x^2 - 4ax + 2$ P (1 | 3)

**b)** p (d): $y = (x + 3d)^2 - 0{,}5d^2 + 1$ P (4 | 3)

**c)** p (a): $y = 8a + ax - ax^2 + 4x$ P (1 | 36)

**d)** p (k): $y = -x^2 + 4kx - 2k + 0{,}5$ P (–2 | –3,5)

**21** Eine Parabelschar hat folgende Gleichung: p (k): $y = -x^2 - 2kx - x - 3k^2 + k + 5$

**a)** Bestimme die Koordinaten der Scheitelpunkte in Abhängigkeit von k.

**b)** Zeichne die Parabeln für $k \in \{-2; -1; 0; 1\}$.

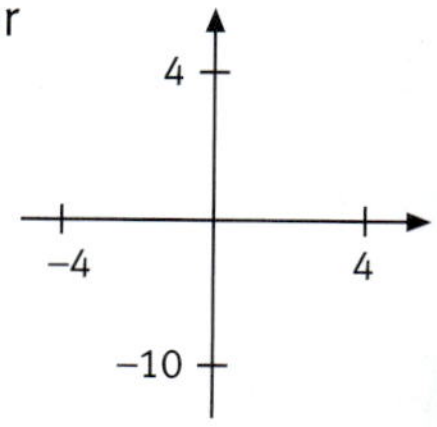


**c)** Stelle die Gleichung des Trägergraphen der Scheitelpunkte auf und zeichne auch diesen in das Koordinatensystem.

**d)** Keine der Scharparabeln geht durch den Punkt A (2 | 4). Zeige dies durch Rechnung.

Adidas AG, Herzogenaurach – S. 244; Bildagentur Hamburg / Marian René Menges, Hamburg – S. 3, 67; Creaton AG, Wertingen – S. 237; Wolfgang Deuter, Germering – S. 3, 35; DIZ / Süddeutscher Verlag, Bilderdienst / SZ-Photo, Horst Müller, München – S. 127; Flughafen Dresden GmbH / Weimer, Dresden – S. 57; Fotoagentur CARO / Kruppa, Berlin – S. 5, 233; Fotolia / alho007 – S. 156; - / Michael Eichhorn – S. 253; - / Einstein – S. 58; - / euregiophoto – S. 181; - / frankoppermann – S. 202; - / ramzi hachicho – S. 208; - / Werner Hilpert – S. 251; - / icholakov – S. 246; - / Jgz – S. 216; - / Kadmy – S. 217; - / Bernd Kröger – S. 243; - / Stefan Merkle – S. 183; - / pico – S. 156; - / Birgit Reitz-Hofmann – S. 234; - / synto – S. 247; - / Turbowerner – S. 245; - / Marc Xavier – S. 200; Getty Images / Robert Harding World Imagery, München – S. 39; Georg Klingler, Roth – S. 237; Klaus Krebs, Plauen – S. 222; Matthias Ludwig, Frankfurt – S. 43, 61 (2), 216, 217, 239; Mauritius Images / Superstock, Mittenwald – S. 56; Musei Capitolini, Rom – S. 197; Orlamünder Dach-Wand-Abdichtung, Göppingen – S. 237; Dr. Günter Rothmeier, Regensburg – S. 135; Shotshop GmbH, Berlin – S. 60; Thinkstock / AbleStock.com – S. 25; - / DigitalVision – S. 29; - / Fuse – S. 109; - / Goodshoot – S. 29; - / Hemera – S. 41; - / iStockphoto – S. 3, 5, 16, 28, 31, 66, 85, 90, 124, 125, 151, 164, 171, 182, 184, 190, 198, 204, 207, 215, 216, 218, 220, 222, 229, 242, 254, 260; - / Jupiterimages – S. 3, 15; - / MonkeyBusiness – S. 83; - / PolkaDot – S. 96; - / Purestock – S. 4, 105; Tanja Trost, Karsbach – S. 220; Georg Vollmer, Bamberg – S. 151; Wildner + Designer GmbH, Fürth – S. 87, 89, 97, 226; www.wikimedia.org / S. 207, 225; www.wikimedia.org / Dr. Manuel – S. 185; www.wikimedia.org / Drahkrub – S. 205; www.wikimedia.org / Richard Huber – S. 27; www.wikimedia.org / KauOr – S. 131; www.wikimedia.org / LasPovarga – S. 255; www.wikimedia.org / pushkin02 – S. 219.